Textquellen untersuchen

Wenn du Textquellen genau und kritisch befragst, kannst du herausfinden, wie es damals gewesen sein könnte. Fachleute nennen diesen Vorgang „Rekonstruktion von Geschichte“. Um Ereignisse und Entwicklungen „rekonstruieren“ und beurteilen zu können, kannst du diese Fragen beantworten:

1. Wer ist der Verfasser? Ist sein Name bekannt? Wissen wir etwas über seinen Beruf, seine Aufgaben, seine politische Haltung? Hat er erlebt, was er berichtet?
2. Aus welcher Sicht schreibt er? Steht er auf der Seite einer Gruppe mit bestimmten Wünschen und Interessen?
3. Wertet er? Wie glaubwürdig ist der Autor?
4. Handelt es sich um Urkunden, Gesetze, Flugblätter, Briefe, Reden, Lebenserinnerungen aus der dargestellten Zeit (*Primärquellen*) oder um eine nachträglich verfasste Beschreibung eines Ereignisses oder einer Person (*Sekundärtexte*), die Fakten und Zusammenhänge deutet?
5. Welche Sprache kennzeichnet den Text? Spielen bestimmte Wörter eine besondere Rolle?

Um den *Inhalt* einer Textquelle zu erfassen, sind diese Arbeitsschritte sinnvoll:

1. unbekannte Begriffe klären,
2. den Text in Abschnitte gliedern,
3. eine Zusammenfassung der wichtigsten Aussagen schreiben.

Karten auswerten

Geschichtskarten behandeln meist ein besonderes Thema und beziehen sich dabei auf eine bestimmte Zeit und einen ausgewählten Raum (z. B. ein Land).

Mögliche Leitfragen:

1. Worüber informiert die Karte? Was zeigt sie nicht?
2. Auf welche Zeit(en) und Region(en) bezieht sie sich? Zeigt sie einen Zustand oder eine Entwicklung?
3. Welche Bedeutung haben die Zeichen der Legende (Zeichenerklärung)?
4. Welche Bodenschätze oder Güter waren wann wo in welchem Umfang vorhanden?

Wenn du alle Informationen verknüpft und im Zusammenhang betrachtet hast, kannst du das Ergebnis aufschreiben oder vortragen.

Siehe dazu auch den Lerntipp auf Seite 185.

Kunstwe … rstehen

Bauten

Abbildungen v… im Geschichtsbuch … nnst folgenden Frage…

1. Wer ließ das Gebäude/Bau… zahlte es?
2. Wann war das?
3. Welche Interessen mögen der/die Auftraggeber gehabt haben?
4. Welchem Zweck sollte das Bauwerk dienen?
5. Was kennzeichnet das Bauwerk (Größe, Lage, Form und Stil)?
6. Bildet das Bauwerk mit anderen eine Einheit?
7. Wurde es später verändert? Warum?

Gemälde und Statuen

Kunstwerke wie Gemälde und Statuen bilden die Wirklichkeit nicht ab; sie sind aber keine reine Erfindung des Künstlers. Die Wahl des Themas und die Art der Darstellung spiegeln das Denken der Zeit ihrer Entstehung. Sie können deshalb geschichtliche Quellen sein. Uns interessieren ihre Themen und ihre Gestaltung sowie die Aussageabsicht des Künstlers.

Antworten auf folgende Fragen sind dazu hilfreich:

1. Welche Informationen gibt uns der Bildtitel?
2. Wie ist das Kunstwerk aufgebaut?
3. Ist das Kunstwerk auffallend groß oder klein?
4. Welche Personen werden dargestellt?
5. Welche Gegenstände sind zu sehen?
6. Wie groß sind sie gemalt?
7. Aus welcher Sicht?
8. Wofür wurden welche Farben oder Materialien verwendet?

Versuche, das Kunstwerk mit Ereignissen seiner Entstehungszeit zu verknüpfen. Überlege, welche Wirkung der Künstler erzielen wollte.

1. Wer war der Künstler?
2. Hatte er einen Auftrag?
3. Aus welchem Anlass entstand das Kunstwerk? Für welchen Zweck?
4. Wo wurde es gezeigt?
5. Berücksichtige deine Kenntnisse aus dem Kunstunterricht oder informiere dich über Kennzeichen der künstlerischen Epoche, aus der das Kunstwerk stammt.

Plakate untersuchen

Parteien setzen seit Langem besonders im Wahlkampf Plakate ein, um für ihre Ziele zu werben. Sie werden vor allem dort geklebt und aufgehängt, wo täglich viele Menschen vorbeikommen – an befahrenen Straßen, auf Bahnhöfen und in Stadtzentren.

Plakate werden meist so gestaltet, dass sie auffallen und auf den ersten Blick wirken. Die Texte sind in der Regel kurz – sie sollen sich schon beim flüchtigen Lesen einprägen. Die Gestaltung und die Texte von Plakaten enthalten interessante Informationen über die Zeit, in der sie entstanden sind. Insofern sind sie historische Quellen. Aus ihnen erfahren wir etwas über die Parteien und ihre politischen Vorstellungen.

Siehe dazu auch Seite 70.

Karikaturen analysieren

Karikaturen sind gezeichnete Kommentare, beispielsweise zu Ereignissen oder Personen. Sie vereinfachen oder verzerren die Wirklichkeit, um etwas hervorzuheben. Sie zeigen Schwächen von Personen, bemängeln Zustände und Entwicklungen in übertriebener Form.

Um Karikaturen als historische Quelle auswerten zu können, solltest du zunächst beschreiben, wer oder was auf welche Weise dargestellt ist. Kläre dann, in welchem politischen Zusammenhang die Zeichnung entstanden ist und woher sie kommt. Was will der Zeichner ausdrücken? Welche Darstellungsmittel wendet er an? Lässt sich sein politischer Standort bestimmen? Überlege, welche Wirkung die Karikatur erzielt haben könnte.

Anregungen dazu findest du auf Seite 209.

Denkmäler untersuchen

Denkmäler erinnern nicht nur an eine Person oder ein Ereignis. Sie berichten uns auch etwas über die Vorstellungen der Menschen, die sie geplant, entworfen und bezahlt haben. Daher lohnt es sich, ihre Entstehungszeit und -geschichte (Planung, Auftraggeber und Finanzierung), ihren Typ (Standbild, Mahnmal, Sieges-, Helden- oder Nationaldenkmal), ihre Gestaltung (Material, Form, Symbole, Figuren, Inschriften), Lage und Wirkung zu untersuchen.

Siehe dazu das Beispiel auf Seite 150 f.

Fotos prüfen

Fotos sind Aufnahmen eines einzigen Augenblicks: Sie spiegeln einen von vielen einzelnen Entwicklungsschritten. Was das Foto gerade zeigt, war oft gleich nach der Aufnahme schon anders. Fotos belegen, wie Menschen zu einem bestimmten Zeitpunkt aussahen, wie sie gekleidet waren oder wie sie wohnten.

Fotos sind eine wichtige Quelle für die Alltagsgeschichte. Wir müssen aber ihren Quellenwert genau prüfen, denn es gibt viele Möglichkeiten, sie zu manipulieren: Es können unerwünschte Bildteile entfernt, bestimmte Inhalte hervorgehoben oder so retuschiert werden, dass sie eine Wirklichkeit vortäuschen. Durch die digitale Bildbearbeitung ist diese Gefahr noch gewachsen.

Siehe auch den Lerntipp auf Seite 95.

Filme auswerten

Im Fernsehen und in den Kinos laufen oft Filme, deren Handlung in Zeiten spielt, die vergangen sind: Filme über das Leben einzelner Persönlichkeiten, über Caesar, Luther oder Kolumbus, über Gladiatoren, Ritter, Piraten oder Kriege. Diese Spiel-, Historien- und Unterrichtsfilme oder Doku-Dramen (eine Mischung aus Dokumentar- und Spielfilmen) versuchen, Ereignisse und Personen in einen geschichtlichen Zusammenhang zu setzen. Sie erzählen – oft auf der Grundlage von Romanen – von bestimmten Menschen und außergewöhnlichen Ereignissen. Dabei zeigen sie alte Stadtansichten, Kutschen, Schiffe, Waffen oder Kleider und stellen vergangene Lebensbedingungen dar. Ob das Dargestellte historisch richtig wiedergegeben worden ist, kannst du nur feststellen, wenn dir zuverlässige Informationen über die Zeit bekannt sind.

Filmemacher interpretieren mit ihren künstlerischen Mitteln bewusst die Personen und Themen einer bestimmten Zeit. Insofern sind Filme auch historische Quellen über die Zeit, in der sie produziert wurden.

Wenn du einen Film untersuchst, solltest du festhalten, mit welchen filmischen Mitteln gearbeitet worden ist. Entscheidend für jede Filmanalyse ist daher die Frage: *Was wird mit welcher Wirkung gezeigt?* Anhaltspunkte für eine Untersuchung sind folgende Fragen:

- Was ist zu sehen? Aussagen über Ausstattung und Dekoration, Wirkung der Schauspieler und Orte der Handlung
- Wie sind die Filmbilder und -szenen gestaltet? Aussagen über Kameraperspektiven (normale oder verfremdete Ansichten), Kamerabewegungen (ruhig oder hektisch) und Szenengestaltungen (Überblendungen oder Szenenwechsel)
- Wie wirken Sprache, Geräusche und Musik auf uns?

Lies dazu auch den Lerntipp auf Seite 162 f.

Das waren Zeiten 3

Deutschland, Europa und die Welt bis zur Gegenwart

Ausgabe Thüringen

herausgegeben von
Dieter Brückner
und Harald Focke

C.C.BUCHNER

Das waren Zeiten – Ausgabe Thüringen

Unterrichtswerk für Geschichte an Gymnasien

Band 3 für die Klassenstufe 9/10

Herausgeber: Dieter Brückner und Harald Focke

Bearbeiter: Peter Adamski, Ulrich Bongertmann, Dieter Brückner, Harald Focke, Steffi Hummel, Martina Tschirner und Jürgen Weber
mit Beiträgen von Bernhard Brunner, Markus Sanke und Matthias Wanitschke
unter Beratung von Michael Mayer

- Dieser Titel ist auch als **digitale Ausgabe** erhältlich (**BN 449301**).
- Zu diesem Lehrwerk ist **Lehrermaterial** auf CD-ROM erschienen (**BN 4496**).

Dieses Werk folgt der reformierten Rechtschreibung und Zeichensetzung.
Ausnahmen bilden Texte, bei denen künstlerische, philologische und lizenzrechtliche Gründe einer Änderung entgegenstehen.

Auf verschiedenen Seiten dieses Buches finden sich Verweise (*Links*) auf Internetadressen.
Haftungshinweis: Trotz sorgfältiger inhaltlicher Kontrolle wird die Haftung für die Inhalte externer Seiten ausgeschlossen.

1. Auflage, 2. Druck 2018
Die letzte Zahl bedeutet das Jahr dieses Druckes.
Alle Drucke dieser Auflage sind, weil untereinander unverändert, nebeneinander benutzbar.

Lektorat: Klaus Dieter Hein-Mooren

Korrektorat: Kerstin Schulbert

Gestaltung: Peter Lowin und Günter Sieling

Umschlag: Artbox, Bremen
(unter Verwendung des Mauerbildes *TRABI – TEST THE BEST* von Birgit Kinder
www.wandmalerei-berlin.de, 1990)

Layout, Satz, Karten und Grafik: Artbox, Bremen

Druck- und Bindung: creo Druck & Medienservice GmbH, Bamberg

ISBN 978-3-7661-4493-5

Inhalt

Imperialismus und Erster Weltkrieg

Weimarer Republik

Nationalsozialismus und Zweiter Weltkrieg

Deutschland und die geteilte Welt nach 1945

Höhepunkte des Kalten Krieges und die beiden deutschen Staaten

Neuordnungen der Welt und Deutschlands Wiedervereinigung

Kleines Lexikon zur Geschichte

Die Auswahl der Ausblicke im Unterricht richtet sich nach den Schwerpunkten des schulinternen Lehrplans.

Mit diesem Buch erfolgreich lernen

Liebe Schülerinnen und Schüler,

in diesem Band erfahrt ihr etwas über die Welt um 1900 und den Ersten Weltkrieg, die erste deutsche Demokratie der Weimarer Republik und die nationalsozialistische Diktatur und den Zweiten Weltkrieg. Abschließend beschäftigt ihr euch mit den Jahrzehnten seit dem Zweiten Weltkrieg, die eure Großeltern und Eltern zum Teil noch miterlebt haben.

Wir haben euer Geschichtsbuch so aufgebaut:

◀ Auftaktseiten

- Jedes Hauptkapitel beginnt mit einem großen Bild und einer interessanten Erzählung (Geschichte erzählt). Sie stellen euch ein besonderes Ereignis vor und machen euch auf die kommenden Themen neugierig.

◀ Einblick-Seiten

- Die Informationen auf den Einblick-Seiten dienen der ersten Orientierung. Sie deuten an, was euch auf den nächsten Seiten erwartet und welche Fragen ihr anhand der von uns ausgewählten Texte und Abbildungen beantworten sollt.

▶ **Seite mit unserer Darstellung**

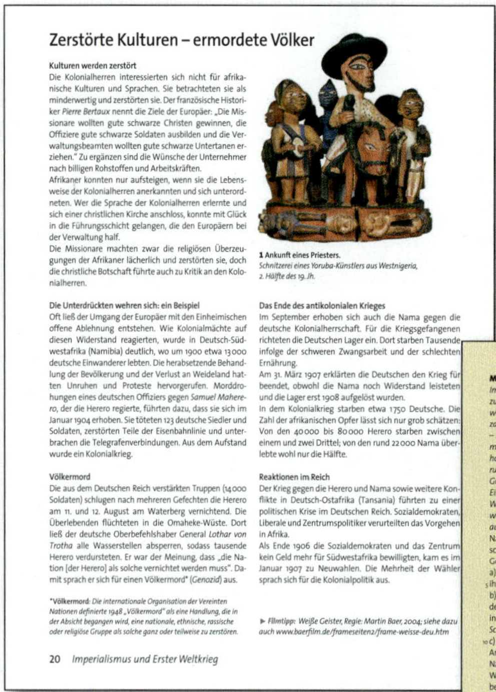

- Auf den *Darstellungsseiten* haben wir Schulbuchautoren das zusammengefasst, was Wissenschaftler (Historiker) zu bestimmten Themen erforscht haben. Wir beschreiben und erklären euch, was wir für wichtig halten.

- Mit den Seiten Mit Material arbeiten könnt ihr euch ein eigenes Bild über frühere Zeiten machen. Achtet auf die Herkunft und die Entstehungszeit der Vorlagen. Lest die Bildunterschriften und Einführungen genau.

▼ **Seite mit Materialien**

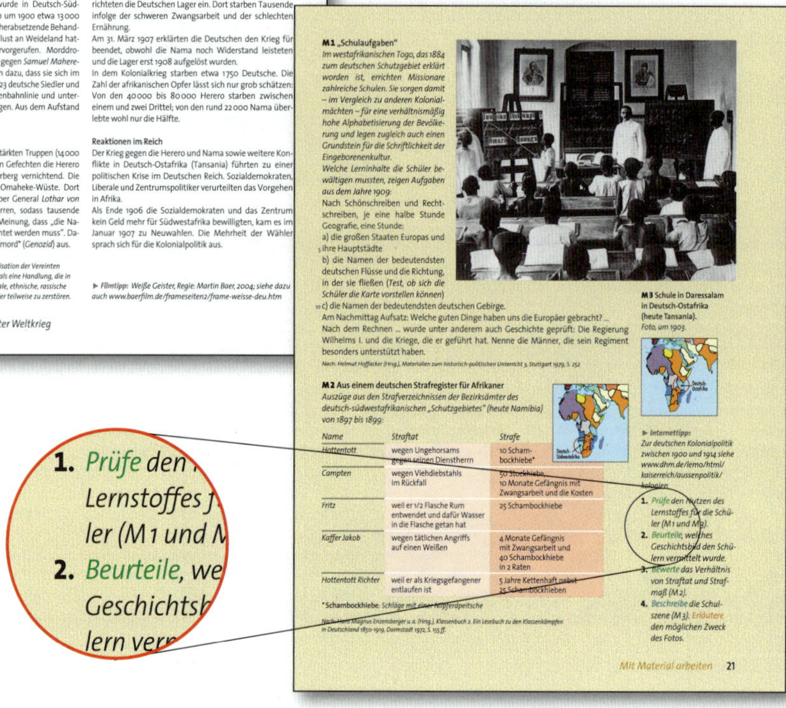

- Unsere *Arbeitsvorschläge* geben vielfältige Anregungen für den Umgang mit unseren Darstellungen und Materialien.
Damit klar ist, was zu tun ist, haben wir die Verben der Arbeitsvorschläge farblich unterschiedlich gekennzeichnet. Vorn im Buch findet ihr dazu die notwendigen Hinweise („Aufgaben begreifen"). Stellt auch eigene Fragen an unsere Darstellung und die von uns ausgewählten Materialien!

▶ **Ausblick-Seiten**

- Zusätzliche Angebote findet ihr auf unseren Ausblick-Seiten. Sie vertiefen bereits bekannte oder behandeln neue Themen.
Gedacht sind sie für eure unterschiedlichen Interessen und Fähigkeiten.

▶ ***Geschichte In Clips***

Auf unserer Homepage (*www.ccbuchner.de*) bieten wir euch „Geschichte in Clips" an. Dort findet ihr Filmausschnitte zu Ereignissen, die in diesem Buch behandelt werden. Gebt dazu in das Suchfeld unserer Internetseite den im Buch genannten Clip-Code ein.

◄ Lerntipp-Seiten

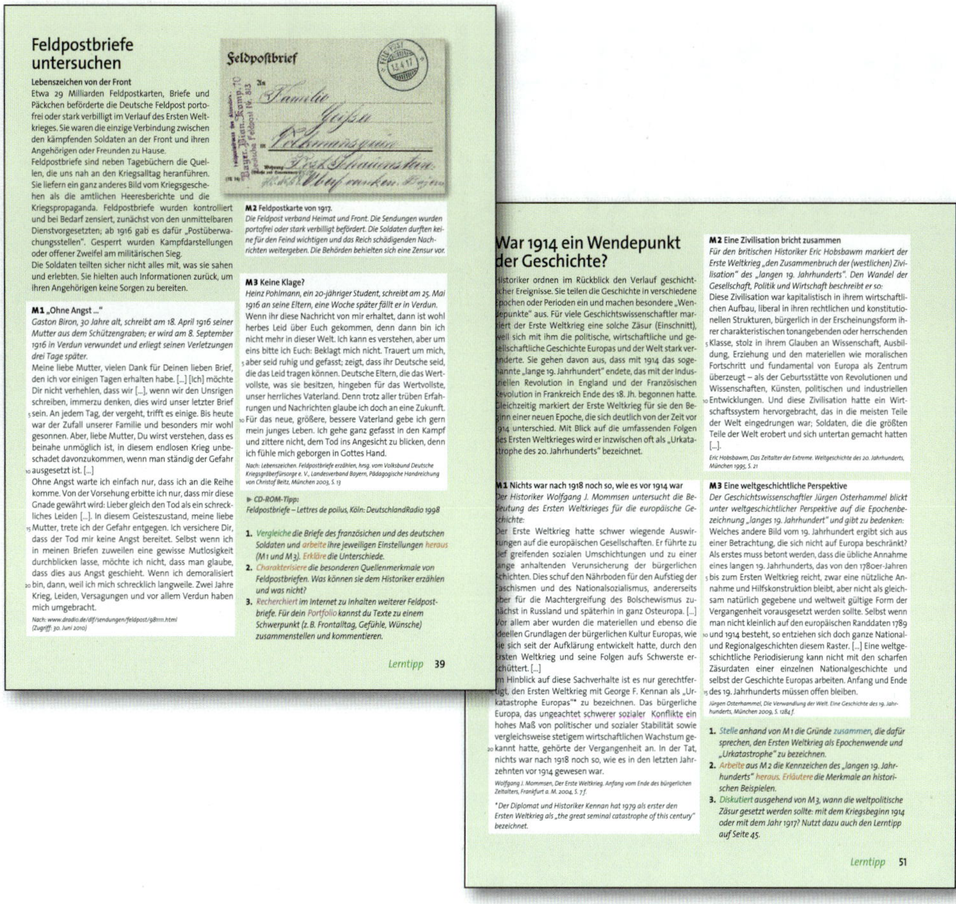

- Lerntipp-Seiten helfen euch, bestimmte Arbeitsweisen erfolgreich anzuwenden.
Einführende Hilfen dazu findet ihr vorn und hinten im Buch.
- Wenn ihr noch mehr wissen wollt, könnt ihr die *Lese-*, *Film-*, *Internet-* und *Exkursionstipps* nutzen.

- Die Durchblick-Seiten helfen euch, das Gelernte anzuwenden und zu behalten. Nach jedem Großkapitel haben wir Materialien und Aufgaben zusammengestellt, mit denen ihr euer Sachwissen wiederholen und eure Fertigkeiten (Kompetenzen) festigen und anwenden könnt. So seid ihr fit für Tests und Klassenarbeiten.

- In dem *Kleinen Lexikon zur Geschichte* am Ende des Buches findet ihr kurze und knappe Informationen zu ausgewählten Daten, Begriffen und Namen.
- Beim Nachschlagen helfen euch zwei *Register*: Das eine enthält die Stichwörter („*Wo steht was?*"), das andere die Namen („*Wer steht wo?*").

Viel Freude mit diesem Buch wünschen euch die Herausgeber im Namen aller, die daran mitgearbeitet haben.

Dieter Brückner und Harald Focke

▼ Durchblick-Seiten

Imperialismus und Erster Weltkrieg

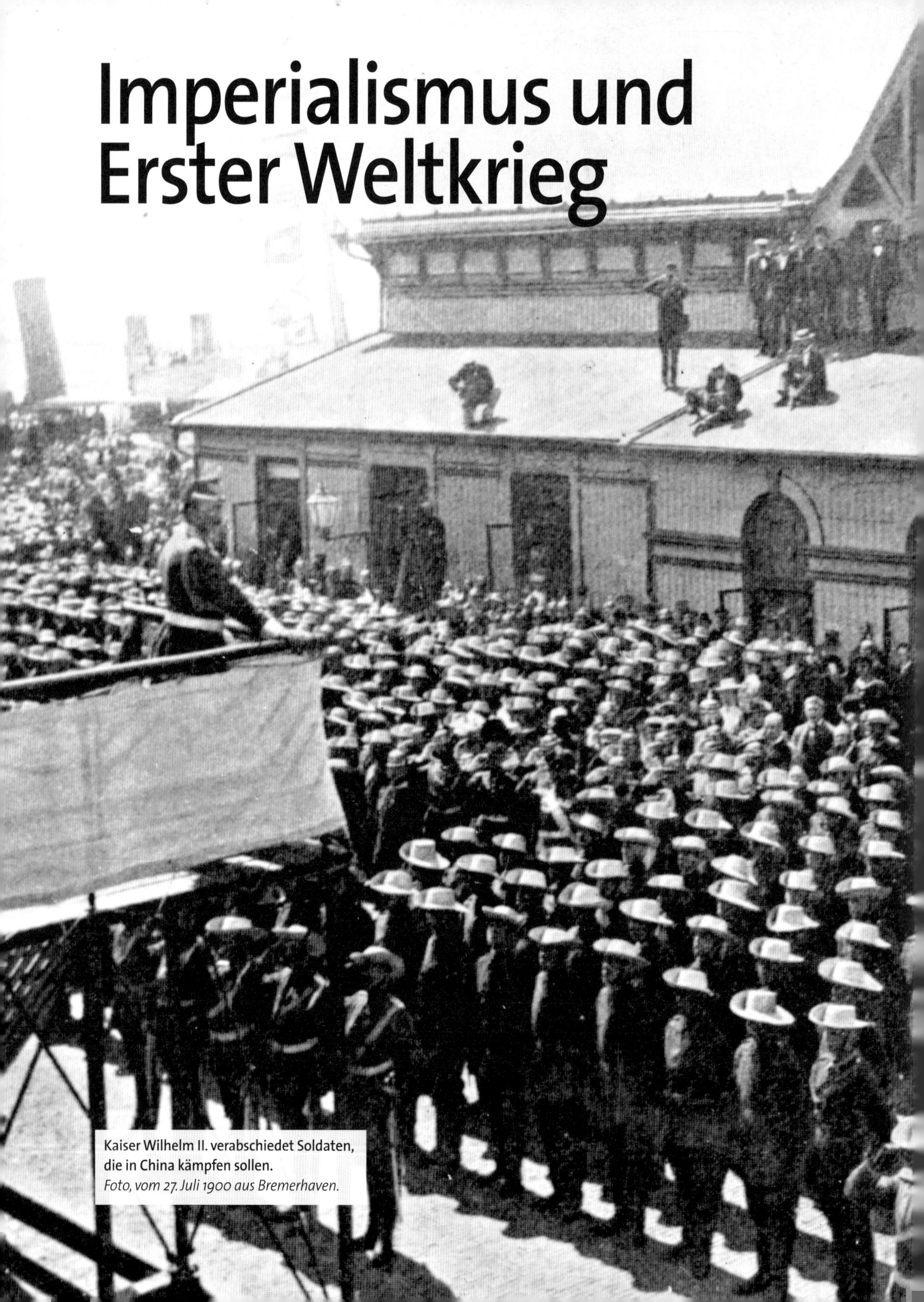

Kaiser Wilhelm II. verabschiedet Soldaten, die in China kämpfen sollen.
Foto, vom 27. Juli 1900 aus Bremerhaven.

Imperiales Gehabe

„Stillgestanden! Zum ersten Mal, seit das Deutsche Reich wiedererstanden ist, treten an dasselbe große überseeische Aufgaben heran. [...] Sie sind die Folge dessen, dass das Deutsche Reich wiedererstanden ist und damit die Verpflichtung hat, für seine im Ausland lebenden Brüder einzustehen im Moment der Gefahr. [...]
Ihr sollt Beispiele geben von Manneszucht und Disciplin, Selbstüberwindung und Selbstbeherrschung. Ihr sollt fechten mit einem Euch ebenbürtigen, tapferen, verschlagenen Feind, gut bewaffnet und gut ausgerüstet. Aber Ihr sollt auch rächen den Tod unseres Gesandten und so vieler, nicht nur Landsleute, auch anderer Europäer! Kommt Ihr vor den Feind, so wird derselbe geschlagen! Pardon wird nicht gegeben! Gefangene werden nicht gemacht! Wer Euch in die Hände fällt, sei euch verfallen! Wie vor 1000 Jahren die Hunnen unter ihrem König Etzel* sich einen Namen gemacht, der sie noch jetzt in Überlieferung und Märchen gewaltig erscheinen lässt, so möge der Name Deutscher in China auf 1000 Jahre durch Euch in einer Weise betätigt werden, dass niemals wieder ein Chinese es wagt, einen Deutschen auch nur scheel anzusehen! [...] Heftet neuen Ruhm an Eure Fahnen; der Segen des Herrn sei mit Euch! Die Gebete der Euren, eines ganzen Volkes, begleiten Euch auf allen Euren Wegen! [...] Und Gottes Segen möge an Eure Fahnen sich heften und dieser Krieg den Segen bringen, dass das Christentum in jenem Land seinen Einzug hält, damit solch traurige Fälle nicht mehr vorkommen! Dafür steht Ihr Mir mit Eurem Fahneneid! Und nun glückliche Reise! Adieu, Kameraden!“

Kaiser Wilhelm II. am 27. Juli 1900 in Bremerhaven vor Soldaten, die einen Aufstand in China bekämpfen sollen

„Der englische Daily Telegraph kommentierte [wenige Tage später] die Aufforderung, kein Pardon zu geben, dahingehend, das sei vielleicht die einzige Formel, die Asiaten verstehen und im Übrigen habe Großbritannien in Indien nicht anders gehandelt.“

Kommentar einer britischen Tageszeitung

***Etzel = Attila**: König der Hunnen, der im 5. Jh. vor allem in Ungarn herrschte. Attila dehnte sein Reich im Osten bis zum Kaukasus und im Westen fast bis zum Rhein aus. Er starb 453.*

Einblick – Orientierung gewinnen

Als der deutsche Kaiser Wilhelm II. im Jahr 1900 seine „Hunnen-Rede“ hielt (siehe Seite 11), war der Wettlauf der europäischen Großmächte um Kolonien in Übersee fast abgeschlossen – es gab kaum noch begehrte Gebiete in Übersee.

Nach 1815 hatte Europa eine lange Friedenszeit erlebt. Ende des 19. Jh. wuchsen die Spannungen zwischen dem Deutschen Reich, Österreich-Ungarn, Russland, Großbritannien und Frankreich in Afrika, Asien und auf dem Balkan. Die Unruhen in China, die der Rede Wilhelms II. vorausgingen, reihten sich ein in viele Krisen und Konflikte, die 1914 zum Krieg zwischen den europäischen Großmächten führten. Als 1917 auch die USA eingriffen, weitete er sich zum Weltkrieg aus.

Der Erste Weltkrieg entwickelte sich zum mörderischsten Krieg, den es bisher gegeben hatte. Sein Verlauf löste in einigen Krieg führenden Staaten Veränderungen aus – besonders weitreichend waren sie in Russland, wo nach 1917 eine kommunistische Wirtschafts- und Gesellschaftsordnung eingeführt wurde.

Um die Entwicklungen und Ereignisse zu verstehen, beschäftigst du dich im folgenden Kapitel unter anderem mit folgenden Fragen:

- Was wird unter „Imperialismus“ verstanden und aus welchen Gründen strebten die europäischen Großmächte nach Kolonien?
- Welche Folgen hatten ihre Eroberungen für die von ihnen beherrschten Gebiete?
- Wie verschlechterten sich durch den Wettlauf um Kolonien die Beziehungen der Großmächte untereinander?
- Wie veränderte sich die deutsche Außenpolitik unter Kaiser Wilhelm II.?
- Weshalb führte die Politik der europäischen Großmächte im Jahr 1914 in den Krieg?
- Warum wurde der Krieg zum Weltkrieg und welche Opfer wurden Soldaten und Zivilbevölkerung abverlangt?
- Warum wird 1917 als „Epochenjahr“ bezeichnet?
- Unter welchen Voraussetzungen endete der Krieg für das Deutsche Reich?

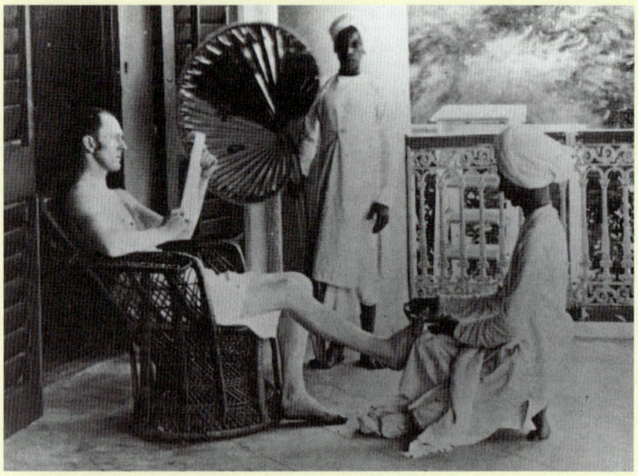

1 Britischer Kolonialbeamter in Indien.
Foto um 1870.
Die britischen Beamten in Indien umgaben sich meist mit einer aufwändigen Dienerschaft. Ein Grundsatz britischer Selbstdarstellung lautete: „Das Prestige des weißen Mannes muss hochstehen, wenn eine Handvoll Weißer für Kontrolle und Lenkung von Millionen verantwortlich sein soll.“

2 Werbung für Kolonialwaren.
Anzeige aus der Zeitschrift „Kolonie und Heimat“, 1907.

Am Ende des Kapitels kannst du die Folgen des Imperialismus beschreiben, dich kritisch mit der Formulierung auseinandersetzen, dass Kriege „ausbrechen“, und erste Antworten auf die Frage geben, warum einige Historiker heute den Ersten Weltkrieg als „Urkatastrophe des 20. Jahrhunderts“ bezeichnen.

3 „Imperial Federation Map of the World.“
Beilage der Zeitung „The Graphic“ vom 24. Juli 1886.
Das Bild zeigt das britische Weltreich mit seinen Schifffahrtslinien. Eine kleine eingefügte Karte verdeutlicht die Gebietsgewinne seit 1786, Statistiken geben zusätzlich Auskunft über Geografie, Bevölkerung und Handel.

4 Kampfgelände von Armentières (Frankreich).
Foto vom April 1918.

5 Verdun-Gedenkstätte.
Foto von 1985.
Bei Verdun starben etwa 700 000 Menschen. In dem zwischen 1920 und 1932 errichteten Beinhaus von Douaumont (franz. Ossuaire de Douaumont) werden die Knochen von über 130 000 unbekannten deutschen und französischen Soldaten aufbewahrt.

ZEITALTER

1900 – 1910 – 1914 – 1920

um 1910: Das Deutsche Reich ist außenpolitisch isoliert

1914: Der Erste Weltkrieg beginnt (1. August)

1917: Am 6. April treten die USA in den Krieg ein

1917: In Russland wird im Februar eine Republik ausgerufen, acht Monate später übernehmen die Bolschewiki die Macht mit Gewalt (Oktoberrevolution)

1918: Die Oberste Heeresleitung des Deutschen Reiches fordert Waffenstillstandsverhandlungen und politische Reformen (29. Sept.)

1918: In Berlin wird am 9. November die Republik ausgerufen

1918: Der Erste Weltkrieg endet für Deutschland (11. November)

1 Kolonialreiche um 1830.

Der Imperialismus

Vom Kolonialismus ...

Als im 15. und 16. Jh. Portugiesen und Spanier die Weltmeere erkundeten und neue Seewege, Inseln und Kontinente entdeckten, begann die europäische Expansion. Viele Staaten gründeten in Übersee Kolonien als Handelsstützpunkte, Rohstofflieferanten und Auswandererziele.

Im 19. Jh. besaß Großbritannien überall auf der Welt abhängige Gebiete. Die einträglichste Kolonie des *Britischen Weltreiches* (*British Empire*) war Indien. Frankreich bemühte sich nach den verlorenen Kriegen besonders um die Expansion nach Übersee und war um 1900 die zweitgrößte Kolonialmacht. Russland dehnte seinen Machtbereich in Zentralasien und über Sibirien bis zum Pazifik aus. An dem „Wettlauf" um die Aufteilung der Erde beteiligten sich nicht nur europäische Staaten, sondern auch die USA und Japan.

Um 1914 ermittelte ein Wissenschaftler, dass die Erde etwa zur Hälfte von Kolonien bedeckt war und mehr als 600 Millionen Menschen kolonialer Herrschaft unterstanden, ungefähr ein Drittel der damaligen Weltbevölkerung.

... zum Imperialismus

Der Kolonialismus wandelte sich zum *Imperialismus* (lat. *imperium*: Herrschaft, Reich), als die Staaten ihren Besitz in Übersee festigten und ausdehnten, um auf Kosten unterlegener Völker Machtpolitik zu betreiben.

Missionare, Kaufleute, Forscher, Siedler, die außerhalb Europas tätig waren oder es werden wollten, wandten sich an ihre Regierungen mit der Bitte um Unterstützung. Wurde diese gewährt, übernahm das „Mutterland" eine „Schutzherrschaft". Später wurde das überseeische Gebiet häufig von den Europäern regiert und militärisch gesichert.

Auch das Deutsche Reich erwarb Kolonien. Reichskanzler *Otto Fürst von Bismarck* hatte lange Zeit die Belastungen und Risiken sowie mögliche Konflikte mit anderen Staaten gescheut. 1884/85 gab er den Forderungen der Kaufleute nach. Die Kolonien versprachen wirtschaftliche Vorteile und sollten die Bevölkerung von innenpolitischen Problemen ablenken.

Der Imperialismus verband sich mit dem Nationalismus, der Hochschätzung des eigenen Volkes bei gleichzeitiger Abwertung fremder Nationen. So entstand ein nationaler Konkurrenzkampf um neue Gebiete und Einflussbereiche.

2 Kolonialreiche um 1914.

Grundlagen und Motive

Eisenbahn, Dampfschiff und Telegrafie ermöglichten es, weit entfernte Gebiete zu erschließen und zu beherrschen. Die Industrialisierung machte die Großmächte den weniger entwickelten Gebieten wirtschaftlich und militärisch überlegen.

Trotz großer Unterschiede zwischen dem Vorgehen der Staaten hatten sie gemeinsame Motive für ihre imperialistische Politik:

- In Europa konnten die Industriestaaten ihre Macht nicht mehr vergrößern, ohne einen Krieg zu riskieren.
- Die Industriestaaten waren vom internationalen Wirtschaftsverlauf abhängig. Zwischen ihnen entstand ein scharfer Wettbewerb um Anteile am Weltmarkt.
- Von den Kolonien erwarteten Unternehmer, Politiker und Bevölkerung billige Rohstoffe, tropische Nahrungsmittel, neue Absatzgebiete für ihre Produkte und steigende Gewinne.
- Die Regierenden erhofften sich eine Beruhigung sozialer Konflikte im Lande sowie Siedlungsraum für die wachsende Bevölkerung.
- Kolonialpolitik sollte nationale Wünsche befriedigen.
- Regierungen wollten durch eine erfolgreiche Expansion ihre Macht sichern.
- Immer wieder wurde die Unterwerfung fremder Völker mit der angeblichen Überlegenheit der „weißen Rasse" gerechtfertigt. Mit dieser sozialdarwinistischen Einstellung* glaubte man, den „unterentwickelten" Völkern die europäische Lebensart und den christlichen Glauben auch gegen deren Willen aufzwingen zu müssen.

*__Sozialdarwinismus__: *Siehe das „Kleine Lexikon zur Geschichte", Seite 332.*

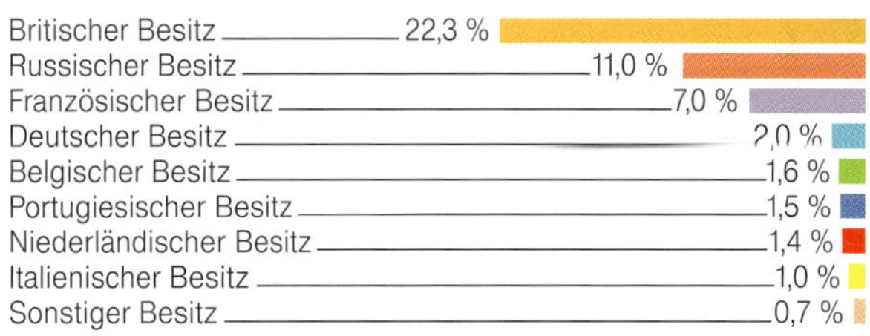

Zahlen geben den Prozentsatz des Besitzes im Vergleich zur Weltlandfläche an.

3 Aufteilung der Welt 1914.

Brockhaus – Die Weltgeschichte, Bd. 5, Leipzig – Mannheim 1999, S. 270

1. *Erkläre den Unterschied zwischen Kolonialismus und Imperialismus.*
2. *Stelle in einer Übersicht die wichtigsten Kolonien Deutschlands, Frankreichs, Großbritanniens, Portugals und der USA zusammen. Vergleiche Lage und Größe.*
3. *Nenne die Staaten, die erst nach 1830 zu Kolonialmächten wurden (Abb. 1 und 2). Begründe, warum dies so gewesen sein könnte.*

4 „So kolonisiert der Deutsche."
Zeichnung aus dem „Simplicissimus" von Thomas Theodor Heine, 1905 (Ausschnitt).
- *Nenne die Eigenschaften, die der Zeichner den Deutschen zuschreibt.*

Formelle und informelle Herrschaft

Die imperialistischen Mächte setzten ihre Interessen gegenüber den Kolonialvölkern unterschiedlich durch. Es gab zwei Formen der Herrschaftsausübung, die sich manchmal auch vermischten: Die formelle Herrschaft (engl. *formal empire*) hob die bestehende politische Ordnung auf und ersetzte die einheimischen Machthaber durch fremde. Die Kolonialmacht übernahm die Besteuerung, Rechtsprechung, Polizei- und Militärgewalt. So herrschten die Kolonialmächte vor allem in Afrika.

Anders sah dagegen die besonders in Asien anzutreffende informelle Herrschaft (engl. *informal empire*) aus. In diesem Fall blieb der schwächere Staat formal selbstständig. Die einheimischen Herrscher konnten ihre Stellung behalten. Bis auf wenige Ausnahmen gab es keine ausländische Kolonialverwaltung. Trotzdem wurde die Unabhängigkeit der Staaten eingeschränkt: Durch „ungleiche Verträge", die oft das Ergebnis militärischer Drohungen waren, sicherten sich die imperialistischen Mächte Rohstoffe und Absatzmärkte. Bisweilen setzten sie in „Pachtverträgen" an militärisch wichtigen Küsten Stützpunkte durch. Informelle Herrschaft kam auch zustande, wenn wie in China mehrere Kolonialmächte gleichzeitig Einfluss auf eine Region nahmen.

	Ziele	*Schwerpunkte der Koloniegründungen*	*Konkurrenten*
Groß-britannien	Sicherung von Seeherrschaft und Seehandel zur Bewahrung des Weltreiches (Empire); Seeweg nach Indien	Afrika („vom Kap bis Kairo"), Indien, Stützpunkte in aller Welt	Russisches Reich Deutsches Reich Frankreich
Frankreich	zusammenhängender Besitz in Übersee (auch Ausgleich für Verlust an Macht und Ansehen in Europa)	Afrika (Ost-West-Achse), Indochina	Großbritannien Deutsches Reich
Deutsches Reich	„Platz an der Sonne"; Wettlauf um Kolonien gemäß der Machtstellung in Europa; Anerkennung als Weltmacht	Afrika, China, Südseeinseln	Großbritannien Frankreich Russisches Reich USA
Russisches Reich	Ausdehnung des Kontinentalreiches nach Osten/Südosten; Zugang zu allen Weltmeeren	Zentralasien, Mittlerer und Naher Osten	Großbritannien Japan Deutsches Reich
Italien	Erneuerung des Römischen Reiches; „Verlängerung" des Landes nach Nordafrika	Libyen, Abessinien, Somalia	Frankreich Großbritannien
Japan	Gebietsgewinne in Ostasien	Korea, China, Süd-West-Pazifik	Russisches Reich USA
USA	Ausweitung des Einflussbereiches; freier Handel	Karibik, Alaska, Mittel- und Südamerika, pazifischer Raum	Japan Deutsches Reich

5 Die wichtigsten Kolonialmächte.

1. *Ein britischer Historiker beschrieb die Politik der Großmächte so: „Informelle Herrschaft, wo immer möglich, formelle Herrschaft, wo immer erforderlich." Erläutere die Aussage.*
2. *Erkläre, warum die Briten die informelle Herrschaft vorzogen. Diskutiert ihre Vor- und Nachteile.*

M1 **Motive und Rechtfertigungen**

1872 wendet sich der britische Premierminister Benjamin Disraeli gegen die Kritiker der Kolonialpolitik, die der Regierung vorwerfen, dass Großbritannien durch die Kolonien Geld verliere, sodass es besser sei, diesen die Selbstverwaltung zu gewähren; Disraeli sagt:

Kein Minister in diesem Land [wird] seine Pflicht tun, der eine Gelegenheit versäumt, so weit wie möglich unser koloniales Weltreich [...] aufzubauen [...]. Die anstehende Frage ist keinesfalls gering zu schätzen. Es geht darum, ob Sie damit zufrieden sein wollen, ein bequemes England zu sein, das nach kontinentalen Prinzipien organisiert ist [...], oder ob Sie ein großes Land sein wollen, ein Land, in dem Ihre Söhne, wenn sie aufsteigen, zu überragenden Positionen gelangen und sich nicht nur die Wertschätzung ihrer Landsleute erwerben, sondern den Respekt der ganzen Welt.

Der Brite Cecil Rhodes rechtfertigt den Erwerb von Kolonien in einer Schrift von 1877 mit folgenden Argumenten:

Ich behaupte, dass wir die erste Rasse in der Welt sind und dass es für die Menschheit umso besser ist, je größere Teile der Welt wir bewohnen [...]. Da [Gott] sich die Englisch sprechende Rasse offensichtlich zu seinem auserwählten Werkzeug geformt hat, durch welches er einen auf Gerechtigkeit, Freiheit und Frieden gegründeten Zustand der Gesellschaft hervorbringen will, muss es auch seinem Wunsch entsprechen, dass ich alles in meiner Macht Stehende tue, um jener Rasse so viel Spielraum und Macht wie möglich zu schaffen. Wenn es einen Gott gibt, denke ich, so will er daher eines gern von mir getan haben: nämlich so viel von der Karte Afrikas britisch rot zu malen wie möglich.

Der französische Ministerpräsident Jules Ferry äußert 1885 in einer Rede:

Die überlegeneren Rassen haben außerdem ein Recht gegenüber den unterlegenen Rassen, und in dieser Hinsicht sollte Frankreich sich nicht der Pflicht entziehen, die Völker zu zivilisieren, die mehr oder minder barbarisch geblieben sind.

Der Vorsitzende der französischen Kolonialpartei, Eugène Etienne, schreibt um 1895:

Die zivilisierte Welt, welche sich in eine große Fabrik verwandelt hat, die von Tag zu Tag weitere Bereiche erfasst, produziert mehr, als ihre eigenen Bewohner aufnehmen können. Diese überhitzte Maschine braucht ein Sicherheitsventil, welches wir durch die koloniale Expansion erhalten.

M2 **„Deutsche Reichs-Colonial-Uhr."**
Badische Uhrenfabrik AG, Furtwangen, um 1905.
Die Uhr ist 40 cm hoch, 32 cm breit und 5 cm tief.

In einer Reichstagsrede begründet der Staatssekretär des Auswärtigen Amtes, Bernhard von Bülow, am 6. Dezember 1897 die Kolonialpolitik der Regierung in Fernost so:

Wir empfinden [...] durchaus nicht das Bedürfnis, unsere Finger in jeden Topf zu stecken. Aber allerdings sind wir der Ansicht, dass es sich nicht empfiehlt, Deutschland in zukunftsreichen Ländern von vornherein auszuschließen vom Mitbewerb anderer Völker. (Bravo!) Die Zeiten, wo der Deutsche dem einen seiner Nachbarn die Erde überließ, dem anderen das Meer und sich selbst den Himmel reservierte [...] – diese Zeiten sind vorüber. [...]

Mit einem Worte: Wir wollen niemand in den Schatten stellen, aber wir verlangen auch unseren Platz an der Sonne. (Bravo!)

Zit. nach: Wolfgang J. Mommsen (Hrsg.), Imperialismus. Seine geistigen, politischen und wirtschaftlichen Grundlagen. Ein Quellen- und Arbeitsbuch, Hamburg 1977, S. 48 f., 103 f., 130 und 139, Gerhard A. Ritter (Hrsg.), Das Deutsche Kaiserreich 1871-1914, Göttingen [3]1977, S. 300 f. und Ludwig Zimmermann, Der Imperialismus, Stuttgart 1971, S. 28

1. *Liste die Rechtfertigungen und Motive der imperialistischen Politiker (M 1) in einer Tabelle auf. Unterscheide zwischen wirtschaftlichen, politischen, rassistischen und sonstigen Begründungen.*
2. *Erläutere die Aussagen auf den Spruchbändern der Uhr (M 2). Nimm Stellung!*

„Scramble for Africa“

Ein Kontinent wird aufgeteilt

Die „Schlägerei um Afrika“, so eine zeitgenössische Bezeichnung, war Höhepunkt des europäischen Imperialismus. Bis in die 1870er-Jahre waren etwa zehn Prozent des Kontinents in europäischer Hand. Südafrika war schon seit dem 17. Jh. und Algerien seit 1830 Kolonisationsgebiet. An den Küsten gab es einzelne Niederlassungen der Portugiesen, Franzosen und Briten. Das Innere Afrikas war den Europäern Mitte des 19. Jh. fast unbekannt. Die Entdeckung von Diamanten in Südafrika 1867 und Expeditionen von Forschungsreisenden in das Kongogebiet steigerten ihr Interesse.

Die „Aufteilung“ Afrikas begann mit der Besetzung von Tunis durch die Franzosen 1881 und Ägyptens durch die Briten 1882. Der belgische König sicherte sich die Herrschaft über den Kongo und Deutschland erklärte 1884 Südwestafrika, Togo und Kamerun zu seinen „Schutzgebieten“. Die konkurrierenden Ansprüche führten zu Spannungen zwischen den Kolonialmächten.

1 „Verachtet sei, wer Schlechtes dabei denkt.“
Französische Zeichnung von 1891.
Der Titel ist die Übersetzung des Schriftzuges. Er ist das Motto der höchsten englischen Auszeichnung, des „Hosenbandordens“, und der Wahlspruch auf dem Wappen der englischen Monarchen.

- *Analysiere die Aussageabsicht der Zeichnung. Formuliere eine andere Bildunterschrift.*

Die Kongo-Konferenz in Berlin

Bismarck lud die Kolonialmächte Ende 1884 zur *Kongo-Konferenz* nach Berlin ein. Er wollte Streit schlichten und Regeln für den Erwerb von Kolonien absprechen. Die 14 teilnehmenden Staaten erkannten den Kongostaat als Privatbesitz des belgischen Königs an, verurteilten den Sklavenhandel der Afrikaner und vereinbarten „Spielregeln“ für die Anerkennung von Kolonialbesitz. Die Übernahme eines Gebietes sollte den anderen Mächten angekündigt werden, um mögliche Vorbehalte anmelden zu können. Die Vereinbarung beschleunigte den „Wettlauf“ um weitere Gebiete. 20 Jahre später hatten Briten, Franzosen, Portugiesen, Deutsche, Belgier und Italiener fast ganz Afrika unter sich aufgeteilt.

Neue Herren und neue Grenzen

Die Europäer erwarben „ihre“ Gebiete selten durch Eroberungskriege, sondern meist „schleichend“, indem sie mit Afrikanern „Schutzverträge“ für die Tätigkeit von Händlern, Missionaren und Unternehmern sowie den Aufbau einer Verwaltung abschlossen. Hatten sie sich erst einmal festgesetzt, blieb den Unterworfenen oft nichts anderes übrig, als mit den neuen Herren zusammenzuarbeiten.

Die Grenzen ihrer Kolonien legten die europäischen Mächte willkürlich fest. Afrikaner unterschiedlichster Herkunft, Sprache und Kultur mussten in etwa 40 Territorialstaaten zusammenleben. Etwa 10 000 Völker oder Clans verloren ihre Selbstständigkeit.

Die neuen Herren und Methoden

Die neuen Grenzen zerschnitten alte Wirtschaftsräume und zwangen die Bevölkerung, die seit Jahrhunderten mit ihren Herden von einer Wasserstelle zur nächsten gezogen war, sesshaft zu werden.

Zwar hielten sich die Kolonialmächte zugute, die Sklaverei beseitigt zu haben. Doch gleichzeitig zwangen sie die Einheimischen zum Bau von Straßen, Eisenbahnstrecken und Hafenanlagen.

Die Kolonialmächte trieben zum eigenen Nutzen die Erschließung der Kolonien voran. Sie ließen Erdnüsse, Kaffee, Kakao oder Baumwolle in großen Betrieben (*Plantagen*) anbauen. Dies brachte zwar den europäischen Besitzern Gewinn, aber die *Monokulturen** verdrängten den Anbau einheimischer Nahrungsmittel und machten viele Afrikaner erwerbslos. Die neuen Anbaumethoden zerstörten darüber hinaus langfristig die Fruchtbarkeit des Bodens und machten den Einsatz von Kunstdünger und Pflanzenschutzmitteln nötig. Diese konnten nur von den Kolonialmächten bezogen werden. Damit wurde Afrika immer stärker vom Weltmarkt abhängig.

Die Plantagen, die Bodenschätze, der Auf- und Ausbau von Eisenbahnlinien und Häfen brachten den europäischen Geldanlegern meist Gewinn. Dagegen deckten die Einnahmen wie Steuern und Zölle in der Regel nicht die Ausgaben für Verwaltung und Unterdrückung der Einheimischen, sodass Kolonien den Staaten (und damit den Steuerzahlern) Verluste brachten.

***Monokultur**: *Bodennutzung mit nur einer Pflanzenart*

M1 „... auf die erste deutsche Colonie ...“

Jürgen Petschull beschreibt 1984 in einem Sachbuch, was 1883 an der Westküste Südafrikas im heutigen Namibia geschieht:

Die Fahne sollte vom Meer aus zu sehen sein. Natürlich wäre es einfacher gewesen, den Mast gleich neben die Bretterbuden in den Küstensand zu setzen. Aber Heinrich Vogelsang bestand auf dem höher gelegenen felsigen Platz über der schäumenden Brandung, aus der Robben und Pinguine auftauchten – als ob sie den fünf Männern bei der Arbeit zusehen wollten, die mühsam ein Loch in den harten Boden schlugen.

Als sie endlich den Mast einrammten, mussten sie sich kräftig gegen den Sturm stemmen, der seit drei Tagen und drei Nächten unablässig feinen Sand aus der Wüste aufs Meer hinaustrieb. Sand knirschte überall – in den Stiefeln der Männer, zwischen den Zähnen und zwischen den Seiten des Tagebuches, das abwechselnd von ihnen geführt wurde.

Eintragung vom Sonnabend, dem 12. Mai 1883: „Um zwei Uhr endlich war der Pfahl glücklich eingegraben. Um 4½ Uhr zog unter brausendem Hurrah aller Anwesenden die deutsche Flagge am Mast auf. Vom Schiff aus salutierte man die Gewehrsalven, und nachdem auch an Land eine größere Anzahl Schüsse gefeuert worden war, begaben sich sämtliche Teilnehmer zum Chef, welcher Champagner hatte anfahren lassen. Dann wurde unter großem Jubel und begeistert auf den Kaiser, auf das Haus Lüderitz, auf Herrn Vogelsang und auf die erste deutsche Colonie angestoßen.“

Es war ein historischer Moment. Zehntausend Kilometer von der Heimat entfernt, an der Westküste Südafrikas, fühlten sich fünf deutsche Abenteurer „endlich wieder auf deutschem Boden“.

Angeführt von dem erst 21 Jahre alten Kaufmannsgehilfen Heinrich Vogelsang, hatten sie im Auftrag des Bremer Tabakhändlers Adolf Lüderitz von einem Eingeborenenhäuptling im Tausch gegen 200 alte Gewehre und 100 Pfund Sterling eine Meeresbucht, „inklusive fünf Meilen Land von jedem Punkt der Küste aus gerechnet“, erworben.

Jürgen Petschull, Der Wahn vom Weltreich. Die Geschichte der deutschen Kolonien, Hamburg 1984, S. 51

M2 Die deutschen Flagge wird in Kamerun gehisst.
Koloriertes Titelblatt der „Illustrierten Zeitung“ vom 20. September 1884 nach einer Skizze von Leutnant zur See Mandt.

1. *Arbeite heraus, wer an der Koloniegründung beteiligt ist. Welche Absichten werden deutlich (M1)?*
2. *Beschreibe und erkläre die Stimmung am 12. Mai 1883 (M1).*
3. *Beurteile die Vereinbarung (M1).*
4. *Beschreibe das Titelblatt (M2). Welcher Eindruck wird hier der deutschen Öffentlichkeit vermittelt?*
5. *Schreibe für dein Portfolio einen Kommentar zum Titelblatt (M2) aus der Sicht eines Kritikers der Kolonialpolitik.*

Zerstörte Kulturen – ermordete Völker

Kulturen werden zerstört

Die Kolonialherren interessierten sich nicht für afrikanische Kulturen und Sprachen. Sie betrachteten sie als minderwertig und zerstörten sie. Der französische Historiker *Pierre Bertaux* nennt die Ziele der Europäer: „Die Missionare wollten gute schwarze Christen gewinnen, die Offiziere gute schwarze Soldaten ausbilden und die Verwaltungsbeamten wollten gute schwarze Untertanen erziehen." Zu ergänzen sind die Wünsche der Unternehmer nach billigen Rohstoffen und Arbeitskräften.

Afrikaner konnten nur aufsteigen, wenn sie die Lebensweise der Kolonialherren anerkannten und sich unterordneten. Wer die Sprache der Kolonialherren erlernte und sich einer christlichen Kirche anschloss, konnte mit Glück in die Führungsschicht gelangen, die den Europäern bei der Verwaltung half.

Die Missionare machten zwar die religiösen Überzeugungen der Afrikaner lächerlich und zerstörten sie, doch die christliche Botschaft führte auch zu Kritik an den Kolonialherren.

1 Ankunft eines Priesters.
Schnitzerei eines Yoruba-Künstlers aus Westnigeria, 2. Hälfte des 19. Jh.

Die Unterdrückten wehren sich: ein Beispiel

Oft ließ der Umgang der Europäer mit den Einheimischen offene Ablehnung entstehen. Wie Kolonialmächte auf diesen Widerstand reagierten, wurde in Deutsch-Südwestafrika (Namibia) deutlich, wo um 1900 etwa 13 000 deutsche Einwanderer lebten. Die herabsetzende Behandlung der Bevölkerung und der Verlust an Weideland hatten Unruhen und Proteste hervorgerufen. Morddrohungen eines deutschen Offiziers gegen *Samuel Maherero*, der die Herero regierte, führten dazu, dass sie sich im Januar 1904 erhoben. Sie töteten 123 deutsche Siedler und Soldaten, zerstörten Teile der Eisenbahnlinie und unterbrachen die Telegrafenverbindungen. Aus dem Aufstand wurde ein Kolonialkrieg.

Völkermord

Die aus dem Deutschen Reich verstärkten Truppen (14 000 Soldaten) schlugen nach mehreren Gefechten die Herero am 11. und 12. August am Waterberg vernichtend. Die Überlebenden flüchteten in die Omaheke-Wüste. Dort ließ der deutsche Oberbefehlshaber General *Lothar von Trotha* alle Wasserstellen absperren, sodass tausende Herero verdursteten. Er war der Meinung, dass „die Nation [der Herero] als solche vernichtet werden muss". Damit sprach er sich für einen Völkermord* (*Genozid*) aus.

Das Ende des antikolonialen Krieges

Im September erhoben sich auch die Nama gegen die deutsche Kolonialherrschaft. Für die Kriegsgefangenen richteten die Deutschen Lager ein. Dort starben Tausende infolge der schweren Zwangsarbeit und der schlechten Ernährung.

Am 31. März 1907 erklärten die Deutschen den Krieg für beendet, obwohl die Nama noch Widerstand leisteten und die Lager erst 1908 aufgelöst wurden.

In dem Kolonialkrieg starben etwa 1750 Deutsche. Die Zahl der afrikanischen Opfer lässt sich nur grob schätzen: Von den 40 000 bis 80 000 Herero starben zwischen einem und zwei Drittel; von den rund 22 000 Nama überlebte wohl nur die Hälfte.

Reaktionen im Reich

Der Krieg gegen die Herero und Nama sowie weitere Konflikte in Deutsch-Ostafrika (Tansania) führten zu einer politischen Krise im Deutschen Reich. Sozialdemokraten, Liberale und Zentrumspolitiker verurteilten das Vorgehen in Afrika.

Als Ende 1906 die Sozialdemokraten und das Zentrum kein Geld mehr für Südwestafrika bewilligten, kam es im Januar 1907 zu Neuwahlen. Die Mehrheit der Wähler sprach sich für die Kolonialpolitik aus.

*Völkermord: *Siehe das „Kleine Lexikon zur Geschichte", Seite 333.*

▶ ***Filmtipp:*** *Weiße Geister, Regie: Martin Baer, 2004; siehe dazu auch www.baerfilm.de/frameseiten2/frame-weisse-deu.htm*

M1 „Schulaufgaben"

Im westafrikanischen Togo, das 1884 zum deutschen Schutzgebiet erklärt worden ist, errichten Missionare zahlreiche Schulen. Sie sorgen damit – im Vergleich zu anderen Kolonialmächten – für eine verhältnismäßig hohe Alphabetisierung der Bevölkerung und legen zugleich auch einen Grundstein für die Schriftlichkeit der Eingeborenenkultur.

Welche Lerninhalte die Schüler bewältigen mussten, zeigen Aufgaben aus dem Jahre 1909:

Nach Schönschreiben und Rechtschreiben, je eine halbe Stunde Geografie, eine Stunde:

a) die großen Staaten Europas und ihre Hauptstädte

b) die Namen der bedeutendsten deutschen Flüsse und die Richtung, in der sie fließen (*Test, ob sich die Schüler die Karte vorstellen können*)

c) die Namen der bedeutendsten deutschen Gebirge.

Am Nachmittag Aufsatz: Welche guten Dinge haben uns die Europäer gebracht? ... Nach dem Rechnen ... wurde unter anderem auch Geschichte geprüft: Die Regierung Wilhelms I. und die Kriege, die er geführt hat. Nenne die Männer, die sein Regiment besonders unterstützt haben.

Zit. nach: Helmut Hoffacker (Hrsg.), Materialien zum historisch-politischen Unterricht 3, Stuttgart 1979, S. 252

M3 Schule in Daressalam in Deutsch-Ostafrika (heute Tansania).
Foto, um 1903.

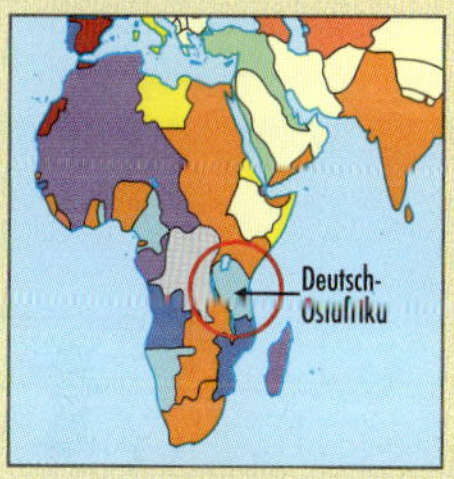

M2 Aus einem deutschen Strafregister für Afrikaner

Auszüge aus den Strafverzeichnissen der Bezirksämter des deutsch-südwestafrikanischen „Schutzgebietes" (heute Namibia) von 1897 bis 1899:

Name	*Straftat*	*Strafe*
Hottentott	wegen Ungehorsams gegen seinen Dienstherrn	10 Schambockhiebe*
Campten	wegen Viehdiebstahls im Rückfall	50 Stockhiebe, 10 Monate Gefängnis mit Zwangsarbeit und die Kosten
Fritz	weil er 1/2 Flasche Rum entwendet und dafür Wasser in die Flasche getan hat	25 Schambockhiebe
Kaffer Jakob	wegen tätlichen Angriffs auf einen Weißen	4 Monate Gefängnis mit Zwangsarbeit und 40 Schambockhiebe in 2 Raten
Hottentott Richter	weil er als Kriegsgefangener entlaufen ist	5 Jahre Kettenhaft nebst 25 Schambockhieben

* **Schambockhiebe**: *Schläge mit einer Nilpferdpeitsche*

Nach: Hans Magnus Enzensberger u. a. (Hrsg.), Klassenbuch 2. Ein Lesebuch zu den Klassenkämpfen in Deutschland 1850-1919, Darmstadt 1972, S. 155 ff.

► ***Internettipp:***
Zur deutschen Kolonialpolitik zwischen 1900 und 1914 siehe www.dhm.de/lemo/html/kaiserreich/aussenpolitik/kolonien

1. *Prüfe den Nutzen des Lernstoffes für die Schüler (M1 und M3).*
2. *Beurteile, welches Geschichtsbild den Schülern vermittelt wurde.*
3. *Bewerte das Verhältnis von Straftat und Strafmaß (M2).*
4. *Beschreibe die Schulszene (M3). Erläutere den möglichen Zweck des Fotos.*

M4 „Der Krieg ... hätte nicht zu kommen brauchen“

Auf die Frage nach den Ursachen des Aufstandes antwortet ein zum Christentum bekehrter Herero nach dem Kolonialkrieg:

Der Krieg ist von ganz kleinen Dingen gekommen und hätte nicht zu kommen brauchen. Einmal waren es die Stuurmann* mit ihrem schrecklichen Wucher und eigenmächtigen, gewaltsamen Eintreiben [der Schulden]. [...] Wer nicht zahlen wollte oder konnte, den verfolgten und plagten sie. Dann ist es der Branntwein gewesen, der die Leute schlecht und gewissenlos gemacht hat. Wenn jemand trinkt, dann ist es ihm gleich, was er tut. Aber das schlimmste Übel ist, was viel böses Blut und Streit hervorgerufen hat, die Vergewaltigung unserer Frauen durch Weiße. Manche Männer sind totgeschossen worden wie Hunde, wenn sie sich weigerten, ihre Frauen und Töchter preiszugeben, und drohten, sie mit der Waffe in der Hand zu verteidigen. Wären solche Dinge nicht geschehen, wäre kein Krieg gekommen, aber er ist bei solchen Vergewaltigungen ausgebrochen. Er war mit einem Male da, und da war kein Halten mehr, jeder rächte sich, und es war, als sei kein Verstand mehr unter den Massen.

Zit. nach: Horst Gründer (Hrsg.), „... da und dort ein junges Deutschland gründen“. Rassismus, Kolonien und kolonialer Gedanke vom 16. bis zum 20. Jahrhundert, München [3]2006, S. 153

*Stuurmann: *Kaufleute*

M5 Gefangene Herero.
Foto, um 1904 (Ausschnitt).

M6 „Jeder Herero wird erschossen“

Am 2. Oktober 1904 befiehlt General Lothar von Trotha:

Das Volk der Herero muss [...] das Land verlassen. Wenn das Volk dies nicht tut, so werde ich es mit dem Groot Rohr* dazu zwingen.

Innerhalb der Deutschen Grenze wird jeder Herero mit oder ohne Gewehr, mit oder ohne Vieh erschossen, ich nehme keine Weiber und keine Kinder mehr auf, treibe sie zu ihrem Volke zurück oder lasse auch auf sie schießen. [...] Ich nehme mit Bestimmtheit an, dass dieser Erlass dazu führen wird, keine männlichen Gefangenen mehr zu machen, aber nicht zu Grausamkeiten gegen Weiber und Kinder ausartet. Diese werden schon fortlaufen, wenn zweimal über sie hinweggeschossen wird.

Zit. nach: Horst Gründer (Hrsg.), „... da und dort ein junges Deutschland gründen“, a. a. O., S. 152 f.

*Groot Rohr: *Geschütz, Kanone*

M7 Überlebende Herero.
Das Foto entstand nach der Flucht durch die Wüste von Omaheke (Deutsch-Südwestafrika), um 1904 (Ausschnitt).

1. *Arbeite die Ursachen des Aufstandes heraus (M 4).*
2. *Diskutiert in der Klasse, ob Trothas Befehl den Schluss zulässt, von einem Völkermord zu sprechen (M 6).*
3. *Interpretiere die Aussagen der beiden Fotos aus Sicht der Herero (M 5 und M 7).*

Eine neue deutsche Außenpolitik

Der „neue Kurs“

Ziel der Außenpolitik unter Wilhelm II. war es, dem Deutschen Reich eine Stellung in der Welt zu sichern, die seiner wirtschaftlichen Kraft entsprach. Vor allem Unternehmer und das Bürgertum unterstützten die Reichsführung. Kaiser, Regierung und Militärs waren bereit, einen Krieg in Kauf zu nehmen, um ihre Ziele zu verwirklichen.

„Politik der freien Hand“

Am Ende des 19. Jh. hielten viele Bismarcks Bündnissystem für überholt, da es die weltpolitischen Ansprüche des Deutschen Reiches einengte. Nach Bismarcks Ausscheiden aus dem Amt hatte Wilhelm II. im März 1890 den 59-jährigen *Leo von Caprivi* zum Reichskanzler ernannt. Der Kaiser erhoffte sich wohl, sein „persönliches Regiment“ mit dem außenpolitisch unerfahrenen General leichter durchsetzen zu können. Die beiden verzichteten auf die Verlängerung des 1887 geschlossenen Rückversicherungsvertrages mit Russland und setzten sich für eine „Politik der freien Hand“ ein.

Die neue außenpolitische Lage verunsicherte die Regierung in St. Petersburg. Wegen der deutsch-feindlichen Stimmung in Russland hoffte Frankreich auf eine französisch-russische Annäherung. 1892 schlossen beide Staaten eine Militärvereinbarung ab.

1 „Das erste Kaiserwort im neuen Jahrhundert.“
Bildpostkarte von 1900.
Die Karte zeigt Kaiser Wilhelm II. in der Uniform eines Admirals, des höchsten Offiziers in der Marine. Links ist die kaiserliche Yacht „Hohenzollern“ zu sehen. Darunter heißt es nach der Überschrift: „Wie Mein Großvater für Sein Landheer, so werde auch Ich für Meine Marine unbeirrt in gleicher Weise das Werk der Reorganisation [des Neuaufbaus] fort- und durchführen.“

- *Auf wen bezieht sich Wilhelm II. in dem Text? Ermittle Namen und Regierungszeit. Erläutere die Absicht der Karte.*

Der „Umsturz“ beginnt

Der ab 1894 gültige Vertrag sah eine gegenseitige Beistandspflicht im Falle eines Angriffs der Dreibundmächte Deutschland, Österreich-Ungarn und Italien vor. Er leitete den „Umsturz“ des bisherigen Bündnissystems ein. Nur die Berliner Regierung und der Kaiser sahen das anders. Während Bismarck Frankreich isoliert hatte, um dem Deutschen Reich einen Zweifrontenkrieg zu ersparen, waren sie überzeugt, Großbritannien, Frankreich und das Russische Reich könnten wegen ihrer kolonialen Streitigkeiten kein dauerhaftes Bündnis zustande bringen.

Der deutsch-britische Gegensatz

Nach der französisch-russischen Übereinkunft bemühte sich das Deutsche Reich um einen Interessenausgleich mit Großbritannien. Doch diese starke Seemacht wollte kein Bündnis. Sie hielt an ihrer Politik der *splendid isolation* (dt. „glänzendes Alleinsein“) fest. Die deutsche Regierung und der Kaiser reagierten enttäuscht. Sie neideten den Briten ihren wachsenden Erfolg als Weltmacht.

In Großbritannien entstanden deutschfeindliche Gefühle. Das lag zum einen daran, dass die deutsche Industrie zum stärksten Konkurrenten auf dem Weltmarkt geworden war. Zum anderen schien die deutsche Politik keine Gelegenheit auszulassen, um den Briten „vors Schienbein zu treten“. Als einen solchen „Tritt“ empfand man in London z.B. die *Krüger-Depesche* vom 3. Januar 1896. In ihr beglückwünschte Wilhelm II. den Präsidenten der Burenrepublik Transvaal (Südafrika), *Paulus Krüger*, der sich gegen einen britischen Überfall zur Wehr gesetzt hatte. Die englische Presse reagierte mit nationalistischen Kommentaren auf die diplomatische Fehlleistung des Kaisers.

Der Rüstungswettlauf

Die regierungsnahen Zeitungen im Reich standen Großbritannien feindlich gegenüber. In dieser angespannten Lage setzte Wilhelm II. seine seit 1895 entwickelten Pläne für den Bau einer deutschen Schlachtflotte durch. In *Alfred von Tirpitz*, ab 1897 Staatssekretär des Reichsmarineamtes, hatte er dafür den richtigen Mann gefunden. Beide waren überzeugt, durch eine große Schlachtflotte das Deutsche Reich stärken und zugleich Großbritannien zu einem Entgegenkommen zwingen zu können.

Großbritannien sah das deutsche Flottenbauprogramm als Bedrohung. Ein Wettrüsten setzte ein. Auch in Frankreich, Russland und Italien wuchsen die Militärausgaben sprunghaft.

Pazifisten melden sich zu Wort

Gegen den Rüstungswettlauf meldeten sich Pazifisten zu Wort. Sie lehnten jeden Krieg als Mittel der Auseinandersetzung zwischen den Staaten ab und forderten den Verzicht auf Waffen. Es entstanden eine bürgerlich-liberal geprägte und eine sozialistische Friedensbewegung. Sie trugen dazu bei, dass 1899 und 1907 in Den Haag Politiker und Juristen aus vielen Staaten zusammentrafen, um über Rüstungsbegrenzungen und friedliche Regeln zur Lösung von internationalen Konflikten zu sprechen. Ihre Bemühungen scheiterten.

Zu den bekanntesten Pazifistinnen zählt die österreichische Schriftstellerin *Bertha von Suttner*. Sie fand die Unterstützung des schwedischen Industriellen *Alfred Nobel*. 1905 erhielt sie selbst den von ihr angeregten Friedensnobelpreis.

2 Flottenschauspiele.
Plakat von C. Schön, 1904.
Dieser Anschlag lud zu Manöverspielen mit Schiffsmodellen in eine Schaubude am Berliner Kurfürstendamm ein.
Der „Deutsche Flottenverein“ förderte das öffentliche Interesse an der Kriegsflotte und deren Ausbau. Den DFV hatte das Reichsmarineamt 1898 auf Anregung der Industrie gegründet.
1914 hatte er über eine Million Mitglieder.

■ *Nenne Gründe, weshalb die Industrie den Flottenverein förderte und weshalb ihm so viele Bürger beitraten.*

Nieder mit allen Kriegshetzern!
Krieg dem Kriege!
Für den Sozialdemokratischen Verein: J. Voigt. Für das Gewerkschaftskartell: H. Rhein.
Sonntag, 17. November 1912, vormittags 9½ Uhr:
Fünf Demonstrationsversammlungen
in folgenden Lokalen: Café Streckfuß, Waller Chaussee, Casino, Auf den Häfen, Turnhalle Bremerhavenerstraße, Gewerkschaftshaus, Schützenhof, Pappelstraße.
Tagesordnung: Krieg dem Kriege!
Redner: D. Fuhrmann, A. Henke, J. Knief, F. Pelne, G. Niendorf.
Männer und Frauen! Es darf niemand in diesen Versammlungen fehlen! Der Einberufer.

3 „Krieg dem Kriege!“
Anzeige aus einer Bremer Zeitung vom November 1912.

■ *Untersuche, an wen sich der Aufruf richtet.*

▶ ***Lesetipp:***
Ilse Kleberger, Die Vision vom Frieden – Bertha von Suttner, München 1988

■ *Bertha von Suttners bekanntestes Werk ist der Roman „Die Waffen nieder!“. Informiere dich über den Inhalt. Nimm das Ergebnis deiner Recherche in dein Portfolio auf.*

M1 **Zum Flottenbauprogramm**

Der Staatssekretär des Reichsmarineamtes, Admiral Alfred von Tirpitz, schreibt am 21. Dezember 1895:

Meiner Ansicht nach sinkt Deutschland im kommenden Jahrhundert schnell von seiner Großmachtstellung, wenn jetzt nicht energisch, ohne Zeitverlust und systematisch diese allgemeinen Seeinteressen vorwärts getrieben werden. Nicht zu geringem Grade auch deshalb, weil in der neuen großen nationalen Aufgabe und dem damit verbundenen Wirtschaftsgewinn ein starkes Palliativ* gegen gebildete und ungebildete Sozialdemokraten liegt.

Mit dem ersten Flottengesetz von 1898 beginnt die Aufrüstung der deutschen Marine. Im Januar 1900 begründet Alfred von Tirpitz eine zweite Flottenvorlage; sie beschleunigt das deutsch-britische Wettrüsten:

Unter den gegebenen Umständen gibt es nur ein Mittel, um Deutschlands Handel und Kolonien zu schützen: Deutschland muss eine Flotte von solcher Stärke haben, dass selbst für die größte Flotte ein Krieg mit ihm ein solches Risiko in sich schließen würde, dass ihre eigene Überlegenheit gefährdet wäre.

Robert von Zedlitz-Trützschler, der Hofmarschall des Kaisers, notiert im April 1909:

[Es] wäre sehr interessant, einmal die [...] Beziehungen kennenzulernen, die zwischen Flottenfanatikern und Flottenerzeugern bestehen. Die Macht der Stahlkönige wiegt schwer, und die Sorge um ihr Geschäft, der Wunsch auf Haussestimmung** an der Börse sind uns schon oft als nationale Sorge serviert worden.

Erster Text: Alfred von Tirpitz, Erinnerungen, Leipzig 1919, S. 52
Zweiter Text zit. nach: Walther Hubatsch, Die Ära Tirpitz, Göttingen 1955, S. 72
Dritter Text: Robert von Zedlitz-Trützschler, Zwölf Jahre am deutschen Kaiserhof, Berlin 1924, S. 227

***Palliativ**: *Mittel, um Beschwerden zu lindern*
****Hausse**: *Steigen der Börsenkurse*

M2 **„Eine maßlose Provokation"**

Am 19. November 1905 schreibt Rosa Luxemburg im „Vorwärts", der Parteizeitung der Sozialdemokraten:

Seit Wochen und Monaten herrscht in den weitesten Kreisen der proletarischen Bevölkerung Deutschlands direkter Nahrungsmangel [...]. Und in diesem Augenblick [...], wo Hunderttausende Proletarier erbarmungs- und rettungslos dem furchtbarsten Elend preisgegeben werden, wird gleichzeitig als die erste große Aktion der Regierung und der bürgerlichen Mehrheitsparteien im Reichstage [...] nicht ein Notstandsgesetz zur Rettung der Unzahl bedrohter proletarischer Existenzen [...], sondern – eine Mehrforderung von einer halben Milliarde Mark für Panzerkreuzer, Torpedodivisionen und Vermehrung der Marinemannschaften angekündigt!

Zit. nach: Hans Fenske (Hrsg.), Unter Wilhelm II. 1890-1918, Darmstadt 1982, S. 227f.

M3 **„Wie sollen wir uns da die Hand geben?"**
Zeichnung aus dem „Simplicissimus" von 1912.

M4 **Die britische Perspektive**

Der britische Außenminister Sir Edward Grey sagt am 27. November 1911 im Parlament:

Deutschland ist mit Recht stolz auf seine Stärke. Es baut eine große Flotte. Es ist gewiss natürlich und einleuchtend, dass das Anwachsen dieser Flotte Befürchtungen erwecken oder andere Nationen zum mindesten sehr empfänglich für Befürchtungen machen muss, die stark werdende Macht hege aggressive Pläne gegen sie. Ich glaube nicht an diese aggressiven Pläne. Ich möchte es nicht in diesem Sinn ausgelegt wissen, aber ich meine, man muss sich vergegenwärtigen, dass andere Nationen besorgt und empfindlich sein und nach irgendwelchen Anzeichen einer Aggression ausspähen werden. Alles, was wir oder die andern Nachbarn Deutschlands wünschen, ist, auf gleichem Fuß mit ihm zu leben.

Zit. nach: G. P. Gooch / Harold Temperley (Hrsg.), Die britischen amtlichen Dokumente über den Ursprung des Weltkrieges 1898-1914, Bd. 7/2, Berlin 1932, S. 1199 (übers. von Hermann Lutz)

M5 **Rüstungsausgaben**

in Mio. Mark	*1902*	*1913*
Frankreich	954	1327
Russisches Reich	958	2050
Großbritannien	2002	1491
Deutsches Reich	965	2111
Österreich-Ungarn	378	721

Nach: Der Weltkrieg 1914 bis 1918. Die militärischen Operationen zu Lande, bearb. im Reichsarchiv, Bd. 16,1,1: Kriegsrüstung und Kriegswirtschaft; Anlagen zum 1. Band, Berlin 1930, S. 530

1. *Arbeite die Motive und Hintergründe des Flottenbauprogramms heraus (M1).*
2. *Bewerte Rosa Luxemburgs Kritik der Flottenvorlage (M2). Was will sie damit erreichen?*
3. *Vergleiche die Aussageabsicht der Karikatur (M3) und der Rede (M4) hinsichtlich ihrer politischen und militärischen Schlussfolgerungen.*
4. *Analysiere die Entwicklung der Rüstungsausgaben (M5).*

Die Bündnisse ändern sich

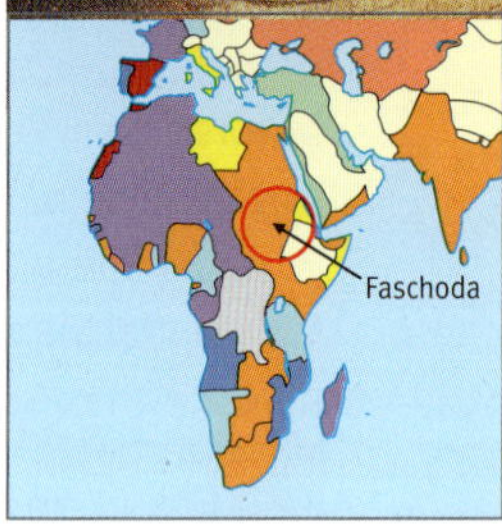

1 Die Faschoda-Krise.
Karikatur aus einer britischen Zeitung von 1898.
■ *Der Zeichner verwendet ein Märchenmotiv. Im Bett liegt der Wolf Albion, so der dichterische Name für England, und wartet auf... Ergänze die Aussage. Vergleiche die Karikatur mit Abb. 1, Seite 18.*

Eine verpasste Chance

Die Hoffnung der deutschen Regierung, Vorteile aus dem Streit der anderen Kolonialmächte ziehen zu können, schien sich 1898 zu erfüllen. In Afrika standen sich französische und britische Interessen scheinbar unversöhnlich gegenüber. Während Großbritannien versuchte, einen zusammenhängenden Kolonialbesitz „vom Kap bis Kairo", also von der Kapkolonie aus über Britisch-Ostafrika und den ägyptischen Sudan bis Ägypten zu errichten, bemühte sich Frankreich um eine durchgehende Landbrücke zwischen Dakar (Senegal) im Nordwesten und Dschibuti (Somaliland) an der Ostküste. Im Sudan mussten sich die Ziele der beiden Kolonialmächte kreuzen. Die Krise brach aus, als die Franzosen dort militärische Stützpunkte errichteten. Im Juli 1898 trafen französische und britische Truppen bei Faschoda aufeinander. Als die Briten den sofortigen Abzug der Franzosen aus ihrem „Interessengebiet" verlangten, schien ein Krieg unvermeidbar.
In dieser Lage war die britische Regierung bereit, ihre Politik der „splendid isolation" aufzugeben. Sie bot dem Deutschen Reich Verhandlungen an. Doch Kaiser und Regierung gingen darauf nicht ein. Angesichts des Flottenbauprogramms und der Erwartung, die außenpolitischen Möglichkeiten des Deutschen Reiches könnten nur besser werden, wollten sie sich nicht binden.

Rivalen finden einen Ausgleich

Während der Kaiser, Militärs und Minister darauf beharrten, ohne Deutschland dürfe „in der Ferne [...] keine große Entscheidung mehr fallen", näherten sich Großbritannien und Frankreich an. Angesichts der zahlreichen kolonialen Probleme in Südafrika und Asien wollte die britische Regierung die Meinungsverschiedenheiten bereinigen. Erster Höhepunkt der Annäherung wurde das 1904 vereinbarte „herzliche Einvernehmen" (franz. *Entente cordiale*) der beiden Mächte. Die Entente beseitigte alle Streitpunkte. Frankreich erkannte Ägypten als britisches Einflussgebiet an und erhielt dafür freie Hand in Marokko.

Schwerer Schlag

Für die deutsche Politik war der britisch-französische Ausgleich ein schwerer Schlag. Beide Großmächte ließen sich damit kaum noch gegeneinander ausspielen. Gegen ihren Widerstand schien es für das Deutsche Reich unmöglich, seinen Kolonialbesitz zu vergrößern.
Friedrich von Holstein, ein hoher Mitarbeiter des Auswärtigen Amtes, sagte dazu: „Jetzt haben wir die Bescherung. England und Frankreich werden uns schwerlich angreifen [...], aber wir sind außerstande, irgendwelche überseeischen Erwerbungen zu machen. Ich verlange solche Erwerbungen nicht, aber eine Masse Leute schreit danach und wundert sich, dass für Deutschland nichts abfällt."

Der Dreibund und Italien

Das Bündnis Italiens mit dem Deutschen Reich und Österreich-Ungarn, der Dreibund, war brüchig geworden. Die italienische Regierung setzte eine Änderung des Vertrages durch und vereinbarte mit der französischen Regierung 1902 ein geheimes Neutralitätsabkommen. Damit hatte der Dreibund die ursprünglich gegen Frankreich gerichtete Spitze verloren.

Neue Bündnisse

Die deutsche Regierung versuchte, das britisch-französische Einvernehmen zu stören. Sie wollte Frankreich auf einen anderen politischen Kurs bringen. Die Führung des Reiches machte Marokko zum Prüfstein der „Entente cordiale". Im März 1905 besuchte der Kaiser die marokkanische Hafenstadt Tanger und gab dort eine Garantieerklärung für die Unabhängigkeit des Landes ab. Sie sollte Frankreich zeigen, dass es ohne deutsche Zustimmung in Marokko nichts durchsetzen könne.

Die dadurch ausgelöste Krise konnte erst 1906 auf einer internationalen Konferenz beigelegt werden. Marokko blieb zwar unabhängig und für den weltweiten Handel frei, doch erhielten Frankreich und Spanien die Polizeigewalt in den Häfen. Das kam einer informellen Kolonialherrschaft gleich.

Weniger das Ergebnis der Konferenz als deren Zustandekommen erwies sich für die deutsche Diplomatie als schwere Niederlage. Es hatte sich gezeigt, dass das Deutsche Reich mit seinen Ansichten fast allein stand. Nur Österreich-Ungarn hatte auf der Konferenz zu ihm gehalten.

Während sich das deutsch-britische Verhältnis wegen des immer umfangreicheren Flottenbaus verschlechterte, wurde die deutsche Regierung 1907 ein weiteres Mal überrascht: Auch Großbritannien und Russland legten ihre kolonialen Streitigkeiten bei. Sie schlossen eine „Entente", die dem britisch-französischen Einvernehmen von 1904 ähnelte. Ihr Ziel war es, Spannungen zu beseitigen, die durch die konkurrierenden Interessen in Afghanistan, Persien und China entstanden waren.

Die deutsche Regierung sah in dieser Vereinbarung einen weiteren Versuch, das Reich „einzukreisen". In ihren Augen ergänzte die Vereinbarung die britisch-französische von 1904 sowie die französisch-russische von 1892/94 zur *Triple Entente* („Einvernehmen von drei Staaten"). Mit ihr und dem geschwächten Dreibund standen sich in Europa zwei Blöcke misstrauisch gegenüber.

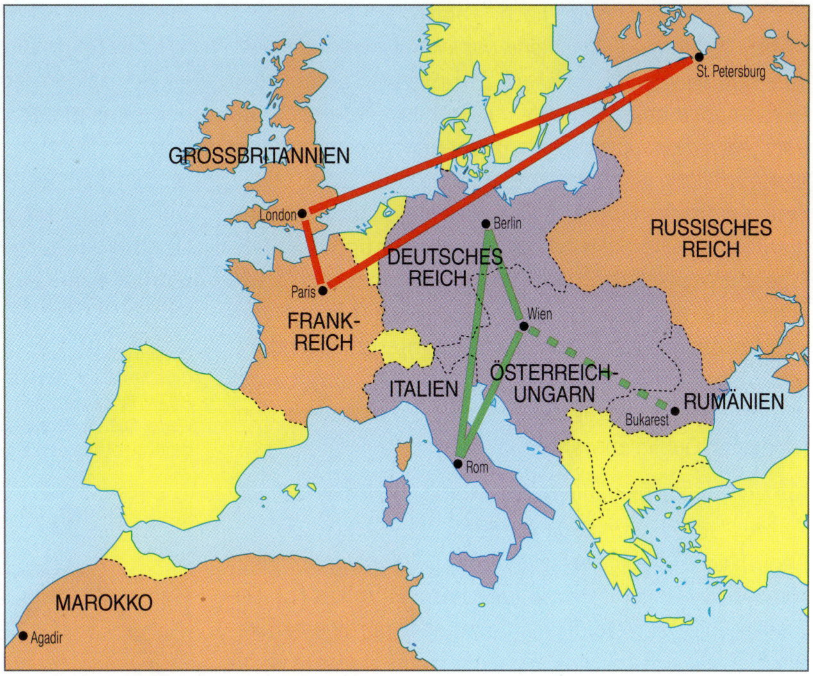

2 Die Bündnisse um 1910.

Der „Panthersprung"

1911 brach die zweite Marokko-Krise aus. Frankreich hatte nach Unruhen die marokkanische Hauptstadt Fes besetzt. Die deutsche Regierung erklärte, dies sei ein Bruch der Bestimmungen von 1906. Sie entsandte das Kanonenboot „Panther" in den westmarokkanischen Hafen Agadir, um dort angebliche deutsche Handelsinteressen zu schützen. Tatsächlich beanspruchte sie mit dem „Panthersprung" einen Teil Marokkos und versuchte, Frankreich zur Aufgabe seines Kolonialgebietes zu zwingen.

Doch auch diesmal stand Großbritannien an Frankreichs Seite. Das Deutsche Reich gab nach, um den Frieden zu bewahren. Es erhielt zwar zum Ausgleich für die Anerkennung der Interessen Frankreichs Teile des französischen Kongo, doch dies stellte viele deutsche Politiker und Militärs nicht zufrieden. Sie fühlten sich um einen Erfolg gebracht und setzten sich für weitere Rüstungsanstrengungen ein. Auf der anderen Seite führte das deutsche Vorgehen zu einer engeren militärischen Zusammenarbeit zwischen Frankreich und Großbritannien.

- *Das Deutsche Reich fühlte sich um 1910 „eingekreist". Im Ausland sprach man von einer „Auskreisung" Deutschlands. Prüft, was für die eine oder andere Sichtweise spricht (Abb. 2). Diskutiert, welche die Lage besser kennzeichnet.*

M1 Der „Panthersprung" nach Agadir

a) Am 1. Juli 1911 läuft das kleine, nur leicht bewaffnete deutsche Kanonenboot „Panther" den westmarokkanischen Hafen Agadir an (siehe Karte auf Seite 27). Am selben Tag übergeben die deutschen Botschafter in allen Hauptstädten eine Mitteilung an die Regierungen ihrer Gastländer:

Einige deutsche Firmen [...] haben an die Kaiserliche Regierung appelliert, das Leben ihrer Beschäftigten und ihr Eigentum zu schützen. Auf ihr Ersuchen hat die Kaiserliche Regierung beschlossen, ein Kriegsschiff zum Hafen von Agadir zu entsenden, um ihren Untertanen und Beschäftigten im Notfall Hilfe und Unterstützung zu gewähren und die wichtigsten deutschen Interessen in dem fraglichen Gebiet zu wahren.

b) Die der Industrie nahe stehende „Rheinisch Westfälische Zeitung" schreibt am 2. Juli 1911 dazu:

Endlich eine Tat, eine befreiende Tat [...]. Sie war dringend notwendig. Es geht um die Ehre unseres Volkes [...]. Die Franzosen [...] schicken sich an, das reiche nordwestafrikanische Land sich vollends anzueignen; über unsere wohlerworbenen Ansprüche, über unsere gerechten Interessen hinweg [...].
Hinter unserer Regierung – wenn sie durchhält! – steht geeint das ganze Volk.

c) Der britische Außenminister Grey reagiert am 3. Juli auf das deutsche Vorgehen:

Die Tatsache, dass Deutschland den Sprung gemacht hat, muss der Annahme Raum geben, dass es sich jetzt in der Lage glaubt, der Gefahr einer bewaffneten französisch-britischen Gegnerschaft zu trotzen.
Wenn sich, wie ich es für wahrscheinlich halte, erweisen sollte, dass dem so ist, so stehen wir nun einer dringenden und unmittelbaren Gefahr gegenüber, für die gerüstet zu sein von vitaler Bedeutung ist. Denn die einzige Gefahr eines englisch-deutschen Konflikts besteht in der Möglichkeit, dass Deutschland die Zuversicht hegt, erfolgreich Krieg gegen uns führen zu können.

d) Der „Panthersprung" führt zu einer außen- und innenpolitischen Krise, in deren Verlauf von vielen Abgeordneten eine Verstärkung des Heeres und der Flotte gefordert wird. Der Sozialdemokrat August Bebel sagt daraufhin am 9. November 1911 im Reichstag:

Wir wollen uns darüber nicht täuschen: die ganze Kolonialpolitik ist in Wahrheit eine Kapitalistenpolitik (*erneute Zustimmung bei den Sozialdemokraten*) und kein anderer als Fürst Bismarck hat seinerzeit das Wort ausgesprochen, es handle sich dabei darum, Millionäre zu züchten. (*Sehr richtig! bei den Sozialdemokraten.*) Hier wurde mit einem Satz das Charakteristikum der Kolonialpolitik ausgedrückt. [...]
[Fast] die gesamte nationalliberale Presse, die alldeutsche Presse, die Kolonialpresse äußerten [nach dem „Panthersprung"] Jubelschreie: endlich eine Tat! Endlich, hieß es, hat die Stagnation unserer äußeren Politik aufgehört. Endlich zeige man dem Ausland, dass man noch da sei und seine gebührende Stellung in der Welt fordere usw. usw.
Ich bin [...] der Meinung, dass wir gar keine größere Dummheit hätten machen können, als wenn wir uns ernsthaft in Sus hätten festlegen wollen.

Erster Text: Robert K. Massie, Die Schalen des Zorns, Frankfurt a. M. 1993, S. 604 (übers. von Walter Brumm)
Zweiter Text: Hans Fenske (Hrsg.), Unter Wilhelm II., a. a. O., S. 303 f.
Dritter Text: George P. Gooch/Harold Temperley (Hrsg.), Die Britischen Amtlichen Dokumente über den Ursprung des Weltkrieges 1898-1914, dt. Ausgabe hrsg. von H. Lutz, Bd. 7.1, Berlin 1932, S. 531 (übers. von Hermann Lutz)
Vierter Text: Ilse Fischer/Werner Krause, August Bebel 1840-1913. Ein Großer der deutschen Arbeiterbewegung [Ausstellungskatalog], Köln 1988, S. 247 f.

M2 Marokko-Krise.
Zeichnung aus der August-Ausgabe der Zeitschrift „Jugend" von 1911.
Abgebildet sind der britische Handelsminister David Lloyd George (auf der Leiter) und der deutsche Staatssekretär des Äußeren Alfred von Kiderlen-Wächter. Die Bildunterschrift lautet: „Hier, Mister Lloyd George, sehen Sie meinen Biceps! Ich glaube, Sie sind in Anbetracht dessen als Arbiter Mundi nicht ganz zuständig!"*

*Arbiter Mundi: *Schiedsrichter der Welt*

1. *Analysiere den von der deutschen Regierung benutzten Begriff „Interessen" (M1, a): Was wurde darunter verstanden? Wer setzte sie fest?*
2. *Nicht alle deutschen Zeitungen teilten die Meinung der Zeitung (M1, b). Schreibe einen Artikel für eine sozialdemokratische Zeitung.*
3. *Erkläre, welche Forderungen hinter der Bemerkung des britischen Politikers stecken können (M1, c).*
4. *Beurteile Bebels Haltung. Warum war sie im Reichstag nicht mehrheitsfähig?*
5. *Bewerte die Einstellung des Zeichners zu Großbritannien (M2).*

Warum wird der Balkan zum Pulverfass?

Der „kranke Mann am Bosporus“

Das Osmanische Reich fasste viele Völker in Europa und Asien unter türkischer Herrschaft zusammen. Anfang des 19. Jh. erkämpften die Griechen ihre Freiheit. Von da an bemühten sich auch andere Völker auf dem Balkan um Unabhängigkeit. Nach Meinung der europäischen Großmächte war es um 1900 nur eine Frage der Zeit, bis das Osmanische Reich zerfallen würde. Man sprach vom „kranken Mann am Bosporus“ und bemühte sich um Einfluss auf dem Balkan.

Das Deutsche Reich pflegte gute Beziehungen zum Osmanischen Reich. 1898 hatte sich der Kaiser in Damaskus zum Freund aller Muslime erklärt. Ab 1903 wurde mit deutscher Unterstützung die *Bagdadbahn* gebaut, die von der europäischen Türkei bis zum Persischen Golf führen sollte. Großbritannien, Frankreich und Russland beobachteten die Beziehungen zwischen dem Deutschen und dem Osmanischen Reich mit Misstrauen.

Die Panslawisten

Die russische Regierung wollte die Dardanellen und den Bosporus, die Meerengen zwischen Mittelmeer und Schwarzem Meer, in ihre Hand bekommen. Mit einem außenpolitischen Erfolg wollte sie von innenpolitischen Problemen ablenken. Sie wurde von den *Panslawisten* (griech. *pan*: alle) unterstützt, die alle Slawen, also auch die Völker auf dem Balkan, unter russischer Führung vereinigen wollten.

Österreich-Ungarn war dagegen, weil es fürchtete, dass die slawische Unabhängigkeitsbewegung sich auch gegen den eigenen Vielvölkerstaat richten könnte, in dem Serben, Kroaten, Slowenen, Ukrainer, Polen, Tschechen und Slowaken lebten.

Großbritannien trat für die Freiheit der Meere ein und wollte verhindern, dass Russland die Meerengen beherrschte.

1 **„Die Politik der Insektenstiche. Wenn es einen da unten am Balkan juckt, kratzt sich ganz Europa.“**
Titelblatt der Satirezeitschrift „Simplicissimus“ vom 9. November 1908; die Zeichnung stammt von Thomas Theodor Heine.

- Beschreibe *das Titelblatt und* erläutere*, wie die internationale Lage beurteilt wird.*

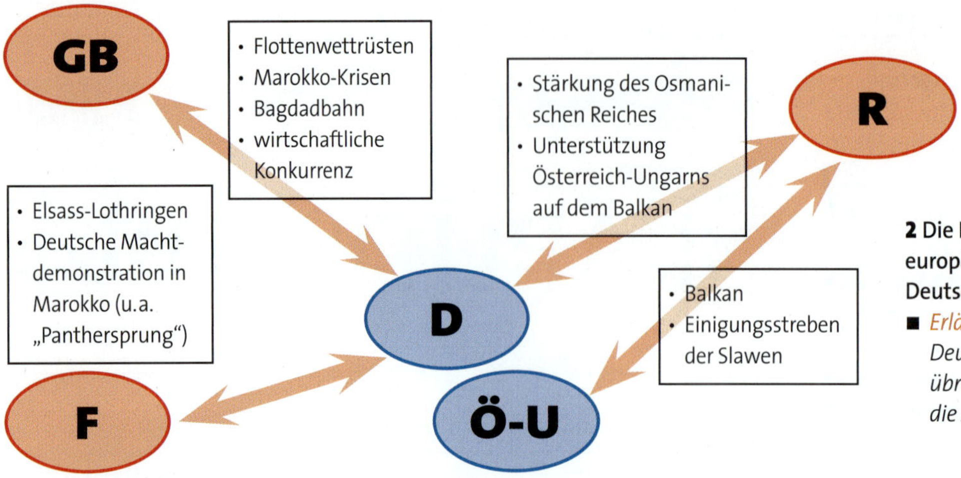

2 Die Beziehungen der europäischen Großmächte zum Deutschen Reich um 1910.
■ *Erläutere die Beziehungen des Deutschen Reiches zu den übrigen Großmächten. Beachte die Abb. 2 auf Seite 27.*

Die Bosnien-Krise von 1908

Die „Jungtürkische Revolution"* schwächte 1908 das Osmanische Reich. Bulgarien erklärte daraufhin seine Unabhängigkeit. Österreich-Ungarn gliederte die seit 1878 von ihm verwalteten osmanischen Provinzen Bosnien und Herzegowina ein. In der dadurch ausgelösten Bosnien-Krise bezogen die Beteiligten erstmals offen ihre Positionen, die sie auch künftig beibehielten:

- Serbien, der schlagkräftigste und ehrgeizigste der unabhängigen Balkanstaaten, protestierte gegen das österreichische Vorgehen, da es selbst Ansprüche erhob und die Einigung der Südslawen voranbringen wollte.
- Das Russische Reich stärkte Serbien im Sinne der Panslawisten zwar den Rücken, war aber militärisch noch zu schwach, um eingreifen zu können.
- Das Deutsche Reich stand auf der Seite Österreich-Ungarns, weil es seinen einzigen Bündnispartner weder schwächen noch verlieren wollte.
- Großbritannien war daran interessiert, die Krise schnell beizulegen, um den Konflikt zu begrenzen.

Keine Ruhe auf dem Balkan

Aus der verwickelten Lage auf dem Balkan zog die Regierung in Wien ihren Nutzen: Österreich-Ungarn konnte Bosnien und die Herzegowina behalten. Doch damit kehrte keine Ruhe ein. Das zeigten zwei weitere Balkan-Kriege: 1912 führten Serbien, Bulgarien, Griechenland und Montenegro einen Feldzug, um die von ihren Landsleuten besiedelten Gebiete von der osmanischen Herrschaft zu befreien.

Als dies gelungen war, brach 1913 ein Krieg der Sieger um die Beute aus. Dabei bemühte sich Österreich-Ungarn, jede Vergrößerung Serbiens zu verhindern, da es in ihm seinen Hauptfeind auf dem Balkan sah.

*„**Jungtürkische Revolution**": *politische Bewegung im Osmanischen Reich. Sie erzwang 1908 die Wiedereinführung der Verfassung von 1876.*

Serbien gibt keine Ruhe

In St. Petersburg war die Regierung bereit, Serbien weiter zu unterstützen. Das Deutsche Reich und Großbritannien drängten ihren jeweiligen Bündnispartner aber zur Zurückhaltung, sodass ein europäischer Krieg noch einmal vermieden werden konnte.

Gewinner des Konfliktes war Serbien. Es konnte sein Staatsgebiet fast verdoppeln. Einen Zugang zur Adria erhielt es allerdings aufgrund des österreichischen Widerstandes nicht. Serbien blieb ein erbitterter Gegner Österreichs. Die Nationalisten strebten weiterhin die „Befreiung aller Serben" an.

Das Pulverfass

Auf dem Balkan hatte sich ein gefährlicher Krisenherd entwickelt:

- Mit Österreich-Ungarn und dem Russischen Reich standen sich zwei Großmächte unversöhnlich gegenüber, die zu unterschiedlichen Bündnissen gehörten.
- Deutsch-russische Feindseligkeiten und der erwartete Zerfall des Osmanischen Reiches erhöhten das Risiko, dass aus einem regionalen Streit ein europäischer Krieg entstehen könnte.
- Die kleinen Balkanstaaten konnten ihre Konflikte in die Bündnisse hineintragen und die Großmächte in einen Krieg ziehen.
- Die russische Regierung setzte auf die slawischen Partner, um ihr außenpolitisches Ziel zu erreichen: die beiden Meerengen. Serbien betrieb zugleich eine feindselige Politik gegenüber Österreich-Ungarn.
- Das außenpolitisch unzufriedene Deutsche Reich konnte durch die Balkanpolitik Österreich-Ungarns in einen Krieg mit Russland verwickelt werden.
- In Paris war die Regierung bereit, das Russische Reich notfalls militärisch gegen den deutschen „Erzfeind" zu unterstützen.

M1 Serbische Ideale

Nach der Annexion Bosniens und der Herzegowina durch Österreich-Ungarn 1908 wird in Serbien die Geheimorganisation „Schwarze Hand" gegründet. Sie findet wahrscheinlich Unterstützung bei hohen serbischen Politikern. Zu ihren Zielen und Mitteln gehören laut Satzung von 1911:

Art. 1. Diese Organisation wurde geschaffen mit dem Zweck, das nationale Ideal zu verwirklichen: die Vereinigung aller Serben [...].

Art. 4. Die Organisation, um ihre Aufgabe zu erfüllen,

a) beeinflusst zur Erreichung ihres Zieles die Regierungskreise, die verschiedenen Bevölkerungsschichten und das ganze soziale Leben des Königreiches Serbien [...];

b) organisiert eine revolutionäre Tätigkeit in allen von Serben bewohnten Gebieten.

Zit. nach: Imanuel Geiss, Der Jugoslawienkrieg, Frankfurt a. M. 1993, S. 81 f.

M2 „Kriegsrat"

Im Dezember 1912 findet auf Einladung des Kaisers ein „Kriegsrat" statt, zu dem er hohe Militärs, aber nicht die politische Führung des Reiches einlädt. Der Chef des Marinekabinetts, Alexander von Mueller, notiert:

Seine Majestät habe sich folgendes Bild gemacht: Österreich müsse den auswärtigen Slawen (Serben) gegenüber kraftvoll auftreten, sonst verliere es die Macht über die Serben* der österreichisch-ungarischen Monarchie. Wenn Russland die Serben stütze [...], wäre der Krieg für uns unvermeidlich [...]. Die Flotte müsste sich natürlich auf den Krieg gegen England einrichten.

*General v. Moltke***: „Ich halte einen Krieg für unvermeidlich und: je eher, desto besser." Wir sollten aber durch die Presse die Volkstümlichkeit eines Krieges gegen Russland [...] vorbereiten.

Zit. nach: Erwin Hölzle (Hrsg.), Quellen zur Entstehung des Ersten Weltkrieges: Internationale Dokumente 1901-1914, Darmstadt ²1995, S. 111

*In Österreich-Ungarn lebten rund zwei Millionen Serben.
**General Helmuth von Moltke (1848-1916) war Chef des Generalstabs, der die militärischen Pläne ausarbeitete.*

M3 Drohung

Im Mai 1913 erklärt Wilhelm II. dem Sekretär des britischen Königs:

Die Slawen sind jetzt unruhig geworden und werden Österreich angreifen wollen. Deutschland ist verpflichtet, seinem Bundesgenossen beizustehen – Russland und Frankreich werden eingreifen, und dann England [...]. Ich bin ein Mann des Friedens – aber jetzt muss ich mein Land aufrüsten, damit ich alle, die über mich herfallen, vernichten kann – und ich werde sie vernichten.

Zit. nach: John C. G. Röhl, Vorsätzlicher Krieg? Die Ziele der deutschen Politik im Juli 1914, in: Wolfgang Michalka (Hrsg.), Der Erste Weltkrieg, München 1994, S. 207

M4 Der Balkan 1913.

M5 Der russische Außenminister informiert

Als Ende 1913 auf Wunsch der osmanischen Regierung deutsche Militärberater in Konstantinopel (heute Istanbul) eintreffen, protestiert die russische Regierung scharf. Über die Hintergründe informiert ein Bericht des russischen Außenministers an den Zaren vom Dezember 1913:

Die Zweifel an der Dauer und Lebensfähigkeit des Osmanischen Reiches lassen für uns die historische Frage der Meerengen und der Bedeutung ihres Wertes für uns in politischer und wirtschaftlicher Beziehung wieder aufleben [...]. Die Meerengen einem mächtigen Staat zu überlassen, wäre gleichbedeutend damit, die ganze wirtschaftliche Entwicklung des südlichen Russland diesem Staat zu unterwerfen.

Zit. nach: Erwin Hölzle (Hrsg.), Quellen zur Entstehung des Ersten Weltkrieges, a. a. O., S. 165

1. *Arbeite die Ziele der serbischen Nationalisten heraus (M1).*
2. *Beurteile die deutschen Vorstellungen zur Lösung der Probleme auf dem Balkan (M2 und M3).*
3. *Erläutere, in welche Richtung der russische Außenminister den Zaren beeinflussen will (M5).*

Die Politik versagt – der Krieg beginnt

Ein Exemplar 4 Heller.
15. Jahrgang. Nr. 5204.
Illustrierte Kronen Zeitung
Monatlich Krone 1.20 mit Zustellung ins Haus.
Wien, Dienstag, den 30. Juni 1914.
Das Standrecht in Sarajewo verhängt.
Große Demonstrationen gegen die Serben.
Das Attentat von Sarajewo.
Die Ermordung des Thronfolgers und seiner Gemahlin.

1 **Titelblatt der Wiener „Kronen-Zeitung" vom 30. Juni 1914.**
Der Attentäter wurde unmittelbar nach der Tat gefasst.

■ *Analysiere das Titelblatt. Welche Informationen enthält es? Das „Standrecht" erlaubt hohen Offizieren in Krisen und im Krieg, Tatverdächtige ohne Prozess zu verurteilen.*

Der Funke im Pulverfass

Am 28. Juni 1914 verbreiteten die Nachrichtenagenturen telegrafisch eine Blitzmeldung aus Sarajewo: Der österreichische Thronfolger *Franz Ferdinand* und seine Frau *Sophie* waren in der Hauptstadt Bosniens ermordet worden. Attentäter war ein 19-jähriger Serbe der terroristischen Geheimorganisation „Schwarze Hand". Ihm wurden Verbindungen zur serbischen Regierung nachgesagt.

Ein „Blankoscheck" für Österreich-Ungarn

Die deutsche Reichsführung gab ihrem Bündnispartner Österreich am 5. Juli freie Hand für eine militärische Aktion gegen Serbien. Berlin knüpfte an seine Unterstützung keine Bedingungen. Man sprach von einem „Blankoscheck", einer uneingeschränkten Vollmacht. Für die deutsche Position waren drei Überlegungen entscheidend:

- Die öffentliche Meinung sowie die Mehrheit im Reichstag standen aufseiten Österreich-Ungarns.
- Der einzige deutsche Bündnispartner sollte keinesfalls geschwächt werden.
- Österreich-Ungarns Aktion gegen Serbien könnte zeigen, ob Russland bereit sei, einen Krieg zu führen.

Die politische und militärische Führung des Deutschen Reiches ging bewusst das Risiko eines großen Krieges in Europa ein, „ohne es von vornherein auf einen solchen anzulegen", wie der Historiker *Wolfgang J. Mommsen* meint.

Auf dem Weg zum „großen Krieg"

Erst vier Wochen nach dem Attentat von Sarajewo, als die internationale Erregung schon abgeklungen war, legte die österreichische Regierung Serbien ein Ultimatum* vor. Es wurde international als überzogen betrachtet, weil Österreich darin unter anderem die Beteiligung eigener Dienststellen an der Strafverfolgung der serbischen Verschwörer forderte. Das Motiv war eindeutig: Die erwartete Ablehnung der österreichisch-ungarischen Forderungen sollte nur noch einen Vorwand für den bereits beschlossenen Krieg liefern. Obwohl die serbische Regierung weitgehende Zugeständnisse machte und lediglich eine direkte Einmischung in die inneren Verhältnisse Serbiens ablehnte, brach Wien die diplomatischen Beziehungen zu Serbien ab. Nach den damals üblichen Umgangsformen zwischen den Staaten bedeutete das Krieg. Am 28. Juli 1914 erklärte Österreich-Ungarn ihm amtlich.

***Ultimatum**: *Aufforderung, eine Angelegenheit bis zu einem bestimmten Termin zu lösen, meist verbunden mit der Androhung harter Maßnahmen, falls der Aufforderung nicht entsprochen wird*

Die Juli-Krise

Die Führung in Berlin ging seit Beginn der Krise von einem baldigen Konflikt mit Russland aus. Um im Kriegsfall die Unterstützung der Sozialdemokraten zu erhalten, bemühte sich die Regierung, die Verantwortung für den Krieg Russland in die Schuhe zu schieben. Die Taktik ging auf. Nachdem am 29. Juli 1914 Österreich die Kämpfe gegen Serbien begonnen hatte, wurden die russischen Truppen mobilisiert. Die deutsche Reichsspitze konnte dies als Bedrohung darstellen.

Damit weitete sich die Krise aus. Großbritannien ließ erkennen, dass es nicht neutral bleiben werde, falls das Deutsche Reich Frankreich angreift. Erst jetzt bemühten sich Kaiser Wilhelm II. und Reichskanzler *Theobald von Bethmann Hollweg* um eine politische Lösung. Doch nun engten militärische Überlegungen ihren Spielraum ein. Die deutsche Kriegsplanung ging vom sogenannten *Schlieffen-Plan** aus: Frankreich sollte, solange die russische Armee noch nicht voll einsatzfähig war, zuerst niedergeworfen werden. Danach wollte man alle Truppen gegen Russland einsetzen. Einen anderen Plan gab es nicht. Die Entente plante, bis zur Vollendung der russischen Mobilmachung abzuwarten, um an zwei Fronten gleichzeitig angreifen zu können.

Der Krieg beginnt

Als am 31. Juli 1914 die russische Generalmobilmachung bekannt wurde, gerieten Kaiser und Kanzler unter den Druck der Militärs. Ein weiteres Warten hätte die begonnene Mobilisierung der deutschen Truppen gefährdet. Daraufhin erklärte das Deutsche Reich am 1. August dem Russischen Reich den Krieg. Zwei Tage später folgte die Kriegserklärung an Frankreich, das inzwischen ebenfalls seine Truppen zu den Waffen gerufen hatte. Nachdem deutsche Soldaten in das neutrale Belgien einmarschiert waren, trat am 4. August auch Großbritannien in den Krieg ein.

Die Mittelmächte (Deutsches Reich und Österreich-Ungarn, denen sich das Osmanische Reich und Bulgarien anschlossen) kämpften nun gegen die „Entente" (Frankreich, Großbritannien und das Russisches Reich mit ihren Verbündeten).

„Burgfrieden" und Kriegsziele

Mit dem Krieg sollte jeder politische Streit im Innern ruhen. Der Kaiser drückte das am 4. August 1914 so aus: „Ich kenne keine Parteien mehr, Ich kenne nur Deutsche." Die bisher als „vaterlandslose Gesellen" beschimpften Sozial-

**Plan des preußischen Generalfeldmarschalls Alfred Graf von Schlieffen (1833-1912) von 1905*

▶ ***Lesetipp:***
Hedley P. Willmot, Der erste Weltkrieg, Hildesheim 2004

2 „Ich kenne keine Parteien mehr, kenne nur noch Deutsche."
Postkarte von 1914 mit einem Zitat von Kaiser Wilhelm II., das dieser am 4. August vor dem Reichstag ausrief. Im „Großen Hauptquartier" in Koblenz schrieb er am 26. August eine leicht abgeänderte Fassung des Ausrufes und unterzeichnete sie mit „Wilhelm IR" (= Imperator Rex: Kaiser und König).
■ *Erläutere den Zweck der Postkarte.*

demokraten nahmen den „Burgfrieden" an, stimmten im Reichstag für die Kriegskredite und stellten ihre Forderungen nach mehr Demokratie zurück.

Die Führung behauptete immer wieder, dass „Notwehr" und die „offenkundige und heimliche Feindschaft in Ost und West" das deutsche Volk zum Kriege gezwungen habe.

Unter dem Eindruck erster militärischer Erfolge besprach die Reichsführung im September 1914 die Kriegsziele. Deutschlands Zukunft sollte wirtschaftlich, politisch und militärisch dauerhaft gesichert werden. Beeinflusst von der Wirtschaft und den nationalen Verbänden wollten die politisch und militärisch Verantwortlichen Belgien besetzen und Frankreich so schwächen, „dass es als Großmacht nicht neu erstehen kann". Russland sollte „von der deutschen Grenze" abgedrängt und „seine Herrschaft über die nichtrussischen Vasallenvölker" gebrochen werden. Zudem wollte man den Kolonialbesitz auf Kosten der anderen Mächte erheblich ausweiten.

M1 Zukunftsaussichten

Der Staatssekretär des Auswärtigen Amtes, Gottlieb von Jagow, hält fest, was ihm der Generalstabschef Helmuth von Moltke Ende Mai/Anfang Juni 1914 in Berlin mitgeteilt hat:

Die Aussichten in die Zukunft bedrückten ihn schwer. In 2-3 Jahren würde Russland seine Rüstungen beendet haben. Die militärische Übermacht unserer Feinde wäre dann so groß, dass er nicht wüsste, wie wir ihrer Herr werden könnten. Jetzt wären wir ihnen noch einigermaßen gewachsen. Es bleibe seiner Ansicht nach nichts übrig, als einen Präventivkrieg* zu führen, um den Gegner zu schlagen, solange wir den Kampf noch einigermaßen bestehen könnten. Der Generalstabschef stellte mir demgemäß anheim, unsere Politik auf die baldige Herbeiführung eines Krieges einzustellen.

Zit. nach: Erwin Hölzle (Hrsg.), Quellen zur Entstehung des Ersten Weltkrieges, Darmstadt [2]1995, S. 243

*präventiv: *vorbeugend*

M2 „Gesundung"?

Wenige Tage nach der Unterredung zwischen Jagow und Moltke (M1) besprechen der Reichskanzler Bethmann Hollweg und der bayerische Gesandte in Berlin, Hugo Graf von Lerchenfeld, die Lage. Lerchenfeld berichtet nach München:

Es gebe aber Kreise im Reich, die von einem Krieg eine Gesundung der inneren Verhältnisse in Deutschland erwarten, und zwar im konservativen Sinne. Er – der Reichskanzler – denke aber, dass ganz im Gegenteil ein Weltkrieg mit seinen gar nicht zu übersehenden Folgen die Macht der Sozialdemokratie, weil sie den Frieden predigt, ganz gewaltig steigern und manche Throne stürzen könnte.

Zit. nach: Pius Dirr (Hrsg.), Bayerische Dokumente zum Kriegsausbruch und zum Versailler Schuldspruch, München 1922, Dok. Nr. 1

M3 „Ich bin bereit ..."

Wilhelm II. telegrafiert am 31. Juli 1914 an Kaiser Franz Joseph I. von Österreich:

Ich bin bereit, die Verpflichtungen unseres Bündnisses zu erfüllen und unmittelbar zum Krieg gegen Russland und Frankreich zu schreiten. In diesem schwierigen Kampf ist es von äußerster Bedeutung, dass Österreich seine Hauptstreitkräfte gegen Russland wirft und sie nicht verbraucht in einer Offensive gegen Serbien [...]. Serbien spielt nur eine untergeordnete Rolle in diesem gewaltigen Kampf und erfordert deshalb nur jene Defensivmaßnahmen*, die absolut notwendig sind.

Zit. nach: Fritz Fischer, Hitler war kein Betriebsunfall, München 1992, S. 52

*Defensive: *Verteidigung, Abwehr*

M4 Gegen das Völkerrecht

Am 4. August 1914 sagt Reichskanzler Bethmann Hollweg im Reichstag:

Meine Herren, wir sind jetzt in der Notwehr; und Not kennt kein Gebot! (*Stürmischer Beifall.*) Unsere Truppen haben Luxemburg besetzt (*Bravo!*), vielleicht schon belgisches Gebiet betreten. (*Erneutes Bravo.*) Meine Herren, das widerspricht den Geboten des Völkerrechts. Die französische Regierung hat zwar in Brüssel erklärt, die Neutralität Belgiens* respektieren zu wollen, solange der Gegner sie respektiere. Wir wussten aber, dass Frankreich zum Einfall bereit stand. (*Hört, hört! rechts.*) Frankreich konnte warten, wir aber nicht! Ein französischer Einfall in unsere Flanke am unteren Rhein hätte verhängnisvoll werden können. (*Lebhafte Zustimmung.*) So waren wir gezwungen, uns über den berechtigten Protest der luxemburgischen und der belgischen Regierung hinwegzusetzen. (*Sehr richtig!*) Das Unrecht – ich spreche offen –, das Unrecht, das wir damit tun, werden wir wiedergutzumachen suchen, sobald unser militärisches Ziel erreicht ist. (*Bravo!*) Wer so bedroht ist wie wir und um sein Höchstes kämpft, der darf nur daran denken, wie er sich durchhaut! (*Anhaltender, brausender Beifall und Händeklatschen im ganzen Hause und auf den Tribünen.*)

Zit. nach: Gottfried Guggenbühl, Quellen zur Geschichte der Neuesten Zeit, erw. und neu bearb. von Hans C. Huber, Zürich [5]1978, S. 289 f.

**Österreich, Frankreich, Großbritannien, Preußen und Russland hatten in den 1830er-Jahren die dauernde Neutralität Belgiens garantiert; die Verpflichtung Preußens übernahm nach 1871 das Deutsche Reich.*

Nr. 356. Abendausgabe. Erstes Blatt. Sonnabend, 1. August 1914.

Königsberger Hartungsche Zeitung.

Der Weltkrieg.

Zwölf Stunden Frist für Rußland zum Rückzug.

Eine Schicksalsfrage an Frankreich. — Mobilmachung und „Vermittlung" gleichzeitig. — Enthüllungen der deutschen Regierung über russische „Kriegslist". — Die kaiserliche Familie; Bethmann Hollweg; König Ludwig. — Die öffentliche Meinung. — Sozialdemokratisches. — Jaurès erschossen!

M5 Schlagzeile vom 1. August 1914.

- *Bis heute diskutieren Historiker, welche Schuld am Ausbruch des Ersten Weltkrieges dem Deutschen Reich zukommt:*
  - *Hat die Regierung zielstrebig einen Angriffskrieg vorbereitet?*
  - *War die deutsche Politik riskant?*
  - *War die deutsche Regierung der Krise im Sommer 1914 politisch gewachsen?*

  Untersucht *die Fragen in Gruppen. Nutzt dazu die Darstellung im Lehrbuch auf den Seiten 32 und 33 sowie die Quellen auf dieser Seite und den Seiten 25 und 31.*

M6 „Ausflug nach Paris."
Foto vom 1. August 1914.

M7 Kriegstaumel?

Die in Hannover erscheinende Zeitung „Volkswille" schreibt am 29. Juli 1914:

Wer am Sonnabendabend und Sonntag die innere Stadt und die größeren Wirtschaftslokale aufgesucht hat, der konnte bereits eine Art Kriegstaumel wahrnehmen, hervorgerufen durch schnell aufeinanderfolgende Extrablätter der bürgerlichen Zeitungen. [...] Durch die sich überstürzenden Meldungen, die alle nicht amtlichen Charakter tragen, werden die Leidenschaften aufgepeitscht und der klare Verstand und die reine Vernunft übertäubt. Diese Beobachtung konnte man z.B. am Sonnabendabend auf der Georgenstraße in der Nähe des Café Kröpcke machen. Denn was die Hochrufe usw. für einen Zweck haben sollten, ist nicht recht zu verstehen; allerdings handelt es sich wohl ausschließlich um jugendliche Elemente, die sich von einem Kriege kaum eine blasse Vorstellung machen können und die „weit vom Schuss" sich befinden.

Die Arbeiterschaft aber hält sich allen tumultarischen, sogenannten patriotischen, Begeisterungen fern; sie ist ein Feind des Krieges. [...] Für uns lautet die Parole: Krieg dem Kriege!

Zit. nach: Reinhard Oberschelp (Hrsg.), Stahl und Steckrüben. Beiträge und Quellen zur Geschichte Niedersachsens im Ersten Weltkrieg, Hameln 1993, S. 70f.

M9 „A Berlin!"

Über die Stimmung in Bordeaux am 31. Juli 1914 notiert der Historiker Thomas Raithel:

Einige Hundert bis Tausend Jugendliche zogen gegen 21:30 Uhr vor das deutsche Konsulat, sangen die „Marseillaise" und riefen „A bas l'Allemagne!" und „A Berlin!", worauf die Polizei eingriff und die Kundgebung auflöste. Im Verlauf des weiteren Abends marschierten Gruppen von Jugendlichen mit Rufen und dem Gesang der Nationalhymne durch die Straßen.

Zwei Besucher wurden in einem Musikcafé verprügelt, weil sie beim Klang der „Marseillaise" den Hut aufbehielten. Die Menge auf den Straßen aber wartete auf die Mobilmachung mit Ängstlichkeit nach einem Pressebericht, mit Ungeduld nach Darstellung des „commissaire spécial".

Zit. nach: Thomas Raithel, Das „Wunder" der inneren Einheit, Bonn 1996, S. 261

M10 „Und es ist Krieg"

Der 36-jährige Schriftsteller, Pazifist und Staatskritiker Erich Mühsam, der in Lübeck aufgewachsen ist, schreibt in sein Tagebuch:

München, Montag/Dienstag, d. 3./4. August 1914

Es ist ein Uhr nachts. Der Himmel ist klar und voll Sternen [...]. Und es ist Krieg. Alles Fürchterliche ist entfesselt. Seit einer Woche ist die Welt verwandelt. Seit drei Tagen rasen die Götter. Wie furchtbar sind diese Zeiten! Wie schrecklich nah ist uns allen der Tod!

Immer und immer hat mich der Gedanke an Krieg beschäftigt. Ich versuchte, mir ihn auszumalen mit seinen Schrecken, ich schrieb gegen ihn, weil ich seine Entsetzlichkeit zu fassen wähnte.

Jetzt ist er da. Ich sehe starke, schöne Menschen einzeln und in Trupps in Kriegsbereitschaft die Straßen durchziehen. Ich drücke Dutzenden täglich zum Abschied die Hand, ich weiß nahe Freunde und Bekannte auf der Reise ins Feld oder bereit auszuziehen [...], weiß, dass viele nicht zurückkehren werden [...].

Erich Mühsam, Tagebücher (1910-1924), hrsg. von Chris Hirte, München 1994, S. 101

M8 „A Berlin."
Foto von Anfang August 1914. Abfahrt von Soldaten vom Gare de l'Est in Paris.

- Vergleiche die Fotos M6 und M8.

1. *Politiker betonten nach 1914 die allgemeine Kriegsbegeisterung. Untersuche, ob M6 bis M10 diese Einschätzung bestätigen. Welches Interesse hatte die Regierung an der Verbreitung des Eindruckes, es herrsche Kriegseuphorie?*
2. *Findet heraus, wie die Bevölkerung eures Wohn- oder Schulortes auf den Kriegsausbruch reagierte. Tipp: Dazu könntet ihr im Stadt- oder Gemeindearchiv alte Zeitungen einsehen.*

Was macht den Krieg so schrecklich?

Die vier Kriegsjahre verlangten Soldaten wie Zivilisten ungeahnte Opfer ab. Dabei erstreckten sich Kriegshandlungen nicht nur auf Europa. Gekämpft wurde auch um die deutschen Kolonien in Afrika, Asien und dem Pazifik. Außerdem griffen Frankreich und England auf Menschen und Materialien aus ihren Kolonien zurück. Weltweit wurden etwa 64 Millionen Soldaten mobilisiert. Im Deutschen Reich war 1917/18 jeder zweite der 16,7 Millionen Männer zwischen 15 und 60 Jahren im Kriegsdienst. Die Zahl der Toten übertraf alle früheren Kriege.

Die Soldaten führten riesige „Materialschlachten". Industriell gefertigte moderne Waffen und Vernichtungsmittel mit verheerenden Wirkungen wurden in neuen Kampfmethoden eingesetzt: gepanzerte Kettenfahrzeuge, Zeppeline, Flugzeuge, Unterseeboote und Schlachtschiffe. Granaten, Minen und Giftgas sowie das Dauerfeuer der Maschinengewehre töteten, verletzten und verstümmelten Millionen.

Zahllose Soldaten trieb der Krieg in den Wahnsinn. Ganze Landstriche mit Wäldern, Seen, Feldern und Dörfern wurden verwüstet.

1 „Gassed."
Gemälde (230 x 610 cm) von John Singer Sargent, 1918/19 (Ausschnitt).
Der amerikanische Maler Sargent war 1918 an der französischen Front. Die Deutschen setzten erstmals im April 1915 Giftgas ein. Briten und Franzosen benutzten es danach auch. Mit dem Einsatz wollte man den Gegner in den Schützengräben nicht töten, sondern kampfunfähig machen, um dessen Stellungen einnehmen zu können. Trotzdem starben Tausende daran, noch mehr Soldaten verloren ihr Augenlicht oder behielten Lungenschäden.

2 Schützengraben und Panzer.
Illustration aus einem Jugendbuch von 1992.
An der Westfront, zwischen der Schweiz und der Nordsee, zogen sich während des Stellungskrieges Schützengräben in einer Länge von etwa 750 km hin. Sie waren Verteidigungsanlage sowie Behausung der Soldaten und dienten der Versorgung der Front. 1915 begannen die Briten, gepanzerte Landfahrzeuge („tanks") zu entwickeln. Ein Jahr später setzten sie die ersten Panzer in Frankreich ein.

3 Deutsche Flieger im Kampf gegen britische Panzer.
Gemälde (80 x 100 cm) von Rudolf Stark, 1918.

▶ ***Lesetipps:***
- *Rudolf Frank, Der Junge, der seinen Geburtstag vergaß. Ein Roman gegen den Krieg, Weinheim 2001*
- *Edlef Köppen, Heeresbericht, Berlin 2005*

▶ ***Internettipp:***
Ein digitales Archiv mit vielfältigen Quellen zum Ersten Weltkrieg findest du unter www.europeana1914-1918.eu/de

Feldpostbriefe untersuchen

Lebenszeichen von der Front

Etwa 29 Milliarden Feldpostkarten, Briefe und Päckchen beförderte die Deutsche Feldpost portofrei oder stark verbilligt im Verlauf des Ersten Weltkrieges. Sie waren die einzige Verbindung zwischen den kämpfenden Soldaten an der Front und ihren Angehörigen oder Freunden zu Hause.
Feldpostbriefe sind neben Tagebüchern die Quellen, die uns nah an den Kriegsalltag heranführen. Sie liefern ein ganz anderes Bild vom Kriegsgeschehen als die amtlichen Heeresberichte und die Kriegspropaganda. Feldpostbriefe wurden kontrolliert und bei Bedarf zensiert, zunächst von den unmittelbaren Dienstvorgesetzten; ab 1916 gab es dafür „Postüberwachungsstellen". Gesperrt wurden Kampfdarstellungen oder offener Zweifel am militärischen Sieg.
Die Soldaten teilten sicher nicht alles mit, was sie sahen und erlebten. Sie hielten auch Informationen zurück, um ihren Angehörigen keine Sorgen zu bereiten.

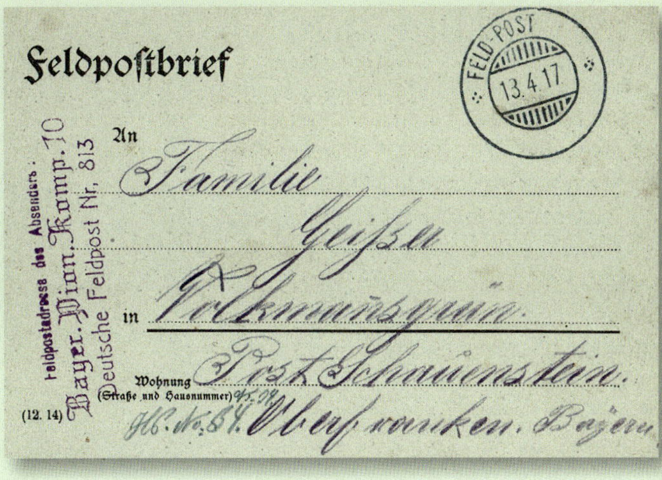

M2 Feldpostkarte von 1917.
Die Feldpost verband Heimat und Front. Die Sendungen wurden portofrei oder stark verbilligt befördert. Die Soldaten durften keine für den Feind wichtigen und das Reich schädigenden Nachrichten weitergeben. Die Behörden behielten sich eine Zensur vor.

M1 „Ohne Angst ..."

Gaston Biron, 30 Jahre alt, schreibt am 18. April 1916 seiner Mutter aus dem Schützengraben; er wird am 8. September 1916 in Verdun verwundet und erliegt seinen Verletzungen drei Tage später.

Meine liebe Mutter, vielen Dank für Deinen lieben Brief, den ich vor einigen Tagen erhalten habe. [...] [Ich] möchte Dir nicht verhehlen, dass wir [...], wenn wir den Unsrigen schreiben, immerzu denken, dies wird unser letzter Brief sein. An jedem Tag, der vergeht, trifft es einige. Bis heute war der Zufall unserer Familie und besonders mir wohl gesonnen. Aber, liebe Mutter, Du wirst verstehen, dass es beinahe unmöglich ist, in diesem endlosen Krieg unbeschadet davonzukommen, wenn man ständig der Gefahr ausgesetzt ist. [...]
Ohne Angst warte ich einfach nur, dass ich an die Reihe komme. Von der Vorsehung erbitte ich nur, dass mir diese Gnade gewährt wird: Lieber gleich den Tod als ein schreckliches Leiden [...]. In diesem Geisteszustand, meine liebe Mutter, trete ich der Gefahr entgegen. Ich versichere Dir, dass der Tod mir keine Angst bereitet. Selbst wenn ich in meinen Briefen zuweilen eine gewisse Mutlosigkeit durchblicken lasse, möchte ich nicht, dass man glaube, dass dies aus Angst geschieht. Wenn ich demoralisiert bin, dann, weil ich mich schrecklich langweile. Zwei Jahre Krieg, Leiden, Versagungen und vor allem Verdun haben mich umgebracht.

Zit. nach: www.dradio.de/dlf/sendungen/feldpost/981111.html (Zugriff: 30. Juni 2010)

M3 Keine Klage?

Heinz Pohlmann, ein 20-jähriger Student, schreibt am 25. Mai 1916 an seine Eltern, eine Woche später fällt er in Verdun.

Wenn ihr diese Nachricht von mir erhaltet, dann ist wohl herbes Leid über Euch gekommen, denn dann bin ich nicht mehr in dieser Welt. Ich kann es verstehen, aber um eins bitte ich Euch: Beklagt mich nicht. Trauert um mich, aber seid ruhig und gefasst; zeigt, dass ihr Deutsche seid, die das Leid tragen können. Deutsche Eltern, die das Wertvollste, was sie besitzen, hingeben für das Wertvollste, unser herrliches Vaterland. Denn trotz aller trüben Erfahrungen und Nachrichten glaube ich doch an eine Zukunft. Für das neue, größere, bessere Vaterland gebe ich gern mein junges Leben. Ich gehe ganz gefasst in den Kampf und zittere nicht, dem Tod ins Angesicht zu blicken, denn ich fühle mich geborgen in Gottes Hand.

Zit. nach: Lebenszeichen. Feldpostbriefe erzählen, hrsg. vom Volksbund Deutsche Kriegsgräberfürsorge e. V., Landesverband Bayern, Pädagogische Handreichung von Christof Beitz, München 2003, S. 13

▶ ***CD-ROM-Tipp:***
Feldpostbriefe – Lettres de poilus, Köln: DeutschlandRadio 1998

1. *Vergleiche die Briefe des französichen und des deutschen Soldaten und arbeite ihre jeweiligen Einstellungen heraus (M 1 und M 3). Erkläre die Unterschiede.*
2. *Charakterisiere die besonderen Quellenmerkmale von Feldpostbriefen. Was können sie dem Historiker erzählen und was nicht?*
3. *Recherchiert im Internet zu Inhalten weiterer Feldpostbriefe. Für dein Portfolio kannst du Texte zu einem Schwerpunkt (z. B. Frontalltag, Gefühle, Wünsche) zusammenstellen und kommentieren.*

Russland um 1900

Gesellschaft und Wirtschaft

Das Russische Reich umfasste 1913 etwa ein Sechstel der Erde mit 178 Millionen Einwohnern aus über hundert Völkern. Rund 80 Prozent der Bevölkerung lebten noch auf dem Lande. Der wichtigste Wirtschaftsfaktor war die Landwirtschaft. Die Industrialisierung hatte erst Ende des 19. Jh. mit staatlicher Förderung und ausländischen Investitionen in wenigen Zentren wie St. Petersburg, Moskau und dem Donezbecken in der Ukraine eingesetzt. Zur Industriearbeiterschaft, dem *Proletariat*, wurden 1913 erst drei Millionen Einwohner gezählt, zur Lohnarbeiterschaft einschließlich Saison- und Landarbeitern und Beschäftigten des Kleingewerbes insgesamt 17,5 Millionen. Zur städtischen Mittelschicht (Lehrer, Ärzte und Rechtsanwälte) gehörten rund 17 Millionen Einwohner. Das Großbürgertum, die *Bourgeoisie*, umfasste zusammen mit den adligen Gutsbesitzern rund vier Millionen Menschen.

1 Ballvergnügen in St. Petersburg.
Foto, Anfang 1914.

2 Suppenküche für Arbeitslose in St. Petersburg.
Foto, vor 1914.

Das Reich in der Krise

Die extremen sozialen Unterschiede zwischen Adel, Großbürgertum und Unterschichten, die politischen Missstände und die Niederlage im Krieg gegen Japan hatten schon 1905 eine *Revolution* ausgelöst. Zum ersten Mal in der Geschichte Russlands erhoben sich Teile der Ober- und Unterschichten gemeinsam gegen die Selbstherrschaft (*Autokratie*) des Zaren. Die Streiks und Unruhen waren blutig unterdrückt worden. Als politisches Zugeständnis hatte Zar Nikolaus II. eine Volksvertretung, die *Duma*, eingeführt. Doch der Einfluss des gewählten Parlaments auf die Gesetzgebung war gering geblieben. Der Zar hatte weiterhin mit Ausnahmegesetzen fast unumschränkt regiert und nur wenige Reformen eingeleitet.

Die Beseitigung dieser Herrschaft war das Ziel der *Sozialdemokratischen Arbeiterpartei Russlands*, welche die Diktatur des Proletariats forderte, der *Sozialrevolutionäre*, die vor allem die Interessen der Bauern vertraten, und der *Konstitutionellen Demokraten* (nach ihrer Abkürzung KD auch „Kadetten" genannt), die Russland in eine *parlamentarische Monarchie* umwandeln wollten. Diese Parteien konnten sich aber gegen den Zaren und die ihn stützende *Russische Einung* politisch nicht durchsetzen. Sie akzeptierte die Selbstherrschaft des Zaren weiterhin und forderte dazu auf, das Militär zu stärken.

Der Weg in den Ersten Weltkrieg

Die eingeleiteten Reformen von oben lösten die Probleme des Landes nicht. Als dann 1914 der Erste Weltkrieg ausbrach, hoffte die Regierung, durch einen siegreichen Krieg die Herrschaft wieder stabilisieren zu können. Es kam anders. Die Niederlagen der russischen Truppen, die schlechte Lebensmittelversorgung und die Geldentwertung machten die Bevölkerung immer unzufriedener. Zugleich beschleunigte der Krieg die Unabhängigkeitsbestrebungen der Völker im Zarenreich.

1. *Erstelle mithilfe der Darstellung eine Grafik zum Aufbau der russischen Gesellschaft.*
2. *Beschreibe die beiden Fotos und prüfe, was mit der Gegenüberstellung bei den Betrachtern erreicht werden soll.*

M1 Industrialisierung pro Kopf im Vergleich
(im Vergleich zu Großbritannien: 1900 = 100)

	1860	1880	1900	1913
Großbritannien	64	87	[100]	115
Vereinigte Staaten von Amerika	21	38	69	126
Frankreich	20	28	39	59
Deutsche Staaten/Deutsches Reich	15	25	52	85
Italienische Staaten/Italien	10	12	17	26
Österreich-Ungarn	11	15	23	32
Russisches Reich	8	10	15	20

Nach: Paul Kennedy, Aufstieg und Fall der großen Mächte. Ökonomischer Wandel und militärischer Konflikt von 1500 bis 2000, Frankfurt a. M. ⁵2005, S. 237 und 309

M2 Bitte der Petersburger Arbeiter

In einer von 135 000 Arbeiterinnen und Arbeitern unterschriebenen Bittschrift vom 9. Januar 1905 an den Zaren heißt es:

Herrscher! Wir, die Arbeiter der Stadt Petersburg, unsere Frauen, Kinder und hilflosen greisen Eltern sind zu Dir, Herrscher, gekommen, Wahrheit und Schutz zu suchen. [...] Herrscher, wir sind hier mehr als 300 000, und sie alle sind nur dem Aussehen nach, nur ihrem Äußeren nach Menschen, in Wirklichkeit erkennt man uns kein menschliches Recht zu, wir dürfen nicht einmal sprechen, denken, uns versammeln, unsere Nöte besprechen, Maßnahmen zur Verbesserung unserer Lage ergreifen. [...]

Russland ist viel zu groß, seine Nöte sind viel zu mannigfach und zahlreich, als dass die Beamten allein es verwalten könnten. Es ist notwendig, dass das Volk selbst sich helfe – kennt es doch allein seine Nöte. Stoße seine Hilfe nicht von Dir: Nimm sie an, befiehl sofort, gleich, die Vertreter aller Klassen und Stände der russischen Erde einzuberufen. Mögen da der Kapitalist und der Arbeiter und der Geistliche und der Doktor und der Lehrer vertreten sein; mögen alle, wer sie auch seien, ihre Vertreter wählen, möge jeder im Rechte zu wählen gleich und frei sein, – und zu diesem Zwecke sollst Du befehlen, dass die Wahlen zur konstituierenden Versammlung unter der Bedingung der allgemeinen, geheimen und gleichen Stimmabgabe stattfinden. Das ist unsere Hauptbitte [...].

Wladimir I. Lenin, Sämtliche Werke. Einzige vom Lenin-Institut in Moskau autorisierte Ausgabe, Bd. VII, Wien – Berlin 1929, S. 557 ff.

1. *Vergleiche den Stand der Industrialisierung Russlands mit dem anderer Industrienationen (M1).*
2. *Fasse die Forderungen der Arbeiter zusammen (M2). Diskutiert, welche mit einer breiten Zustimmung rechnen konnten, welche nicht.*
3. *Erläutere, welche Gefahren Witte sieht (M3). Beende seine Denkschrift mit eigenen Worten. Beginne mit „Die Staatsgewalt ...“.*

M3 Blick in die Zukunft

Sergej J. Graf Witte prägt um die Jahrhundertwende die russische Finanz- und Wirtschaftspolitik. Im Oktober 1905 legt er dem Zaren eine Denkschrift vor, in der er schreibt:

Noch ist kein Jahr verstrichen, da das allgemeine Wahlrecht nur von den radikalsten Elementen der Gesellschaft gefordert wurde. Heute gibt es keinen Verband und keine Zeitung, die es nicht verlangen, es wird nicht einmal mehr darüber gestritten. Als selbstverständlich sind die politische Gleichberechtigung der Frau, die Nationalisierung des Grundbesitzes und eine soziale Neuordnung des Staates mit inbegriffen.

Die Selbstständigkeit Polens und Finnlands, ja sogar Armeniens und Georgiens bildet nicht mehr das Endziel der Föderalisten*. Es erheben sich Stimmen für eine Autonomie** der Provinzen überhaupt, d. h. für die Umwandlung Russlands in einen Bundesstaat freier, über sich selbst bestimmender Völker.

Wir leben in einer Zeit der extremsten Ideen. Man zerbricht sich nicht den Kopf, ob das gesetzte Ziel zu erreichen ist. Sogar die konstitutionelle Verfassung erfährt strenge Kritik. Sozialistische Tendenzen bedrohen die individuelle Freiheit, wirtschaftliche Probleme ersticken die rechtlichen. [...] Der historische Fortschritt ist unaufhaltsam. Entweder wird die bürgerliche Freiheit durch Reformen verwirklicht oder durch eine Revolution. Im zweiten Fall aber wird diese Freiheit erst spät aus dem Aschenhaufen eines zerstörten tausendjährigen geschichtlichen Daseins entstehen. Die russische Revolution, sinnlos und erbarmungslos, wird alles wegfegen, alles in Trümmer schlagen.

In welcher Form Russland aus dieser beispiellosen Prüfung hervorgehen wird – das übersteigt unser Darstellungsvermögen. Aber die Schrecken der russischen Revolution werden alles übertreffen, wovon die Geschichte berichtet.

Es ist möglich, dass durch ausländische Einmischung das Reich in Stücke gerissen wird. Man wird versuchen, die Ideale des theoretischen Sozialismus*** zu verwirklichen; diese Versuche werden umsonst sein, aber dennoch von einschneidender Wirkung. Sie werden die Familie zerstören, das religiöse Leben vernichten, das Eigentum beseitigen und alle Rechtsgrundlagen untergraben.

Zit. nach: Wladimir von Korostowetz, Graf Witte, der Steuermann in der Not, Berlin 1929, S. 229 und 16 (übers. von Heinz Stratz)

***Föderalismus**: *das Streben nach Errichtung oder Erhaltung eines Bundesstaates mit weitgehender Eigenständigkeit der Einzelstaaten*
****Autonomie**: *Unabhängigkeit*
*****Sozialismus**: *Siehe „Kleines Lexikon zur Geschichte“ auf Seite 332.*

Die Oktoberrevolution

1 **Demonstrationszug in Petrograd.**
*Foto vom 23. Februar 1917.**
Die Februarrevolution wurde am internationalen Frauentag durch die Demonstration von Textilarbeiterinnen ausgelöst. Die Frauen forderten „Brot, Frieden und Freiheit".
Bis Anfang 1915 hieß die russische Hauptstadt St. Petersburg, dann Petrograd. 1924 erhielt die Stadt den Namen Leningrad, 1991 wurde sie wieder in St. Petersburg umbenannt.
**In Russland wurde erst im Februar 1918 der westeuropäische (gregorianische) Kalender übernommen; aus dem 1. wurde der 14. Februar. Alle Daten in diesem Kapitel werden nach dem bis dahin gültigen julianischen Kalender angegeben.*

Der Zar tritt zurück

Russland war nach drei Jahren Krieg politisch, wirtschaftlich und militärisch erschöpft. Im Februar 1917 kam es in der russischen Hauptstadt zu tagelangen Demonstrationen, Streiks und Straßenkämpfen. Als sich Soldaten den Unzufriedenen anschlossen und sich die Duma dem Willen des Zaren widersetzte, trat Nikolaus II. am 2. März 1917 zurück.

Wer übernimmt die Macht?

Einen Tag später bildeten bürgerliche und liberale Duma-Abgeordnete eine *Provisorische Regierung* zum Aufbau demokratischer Verhältnisse. Neben dieser Übergangsregierung beanspruchten die Petrograder *Sowjets* (dt. Räte) als Vertreter der Arbeiter und Soldaten politische Mitsprache. Es entstand eine *Doppelherrschaft* von Provisorischer Regierung und Sowjets. Dabei verlor die Regierung den Wettlauf um die Gunst der Bevölkerung, weil sie den Krieg weiterführte.
Im Juli 1917 forderten die Petrograder Sowjets: „Alle Macht den Räten!" Industriearbeiter besetzten Fabriken, verlangten die Kontrolle über die Betriebe und die Einführung eines *Rätesystems*, um eine sozialistische Ordnung aufzubauen. Zugleich entfesselten Bauern eine Revolution auf dem Lande und brachten viele Güter des Adels gewaltsam in ihren Besitz.
Zögernd setzte sich der linke Flügel der Sozialdemokratischen Arbeiterpartei Russlands, die *Bolschewiki**, an die Spitze der Bewegung. Als die Krise im Herbst einen erneuten Höhepunkt erreichte, erklärte die Provisorische Regierung Russland am 1. September 1917 zur *Republik*. Doch auch jetzt kehrte keine Ruhe ein. Nun versuchten Offiziere, die Regierung zu stürzen. Obwohl ein *Putsch*** der Militärs scheiterte, verlor die neue Staatsmacht weiter an Vertrauen. Damit schlug die Stunde der Bolschewiki. Ihr Führer *Wladimir I. Lenin**** hatte schon im April eine kleine, straff organisierte Partei von Berufsrevolutionären gefordert. Diese „Avantgarde der Arbeiterschaft" – und nicht das Proletariat des Landes – rief er nun auf, die Macht gewaltsam zu übernehmen. Er glaubte an den *Kommunismus* und an eine Weltrevolution in allen Krieg führenden Staaten.

Alle Macht den Sowjets

Mit der Losung „Die Macht den Sowjets, den Boden den Bauern, Frieden den Völkern, Brot den Hungernden!" begann im Morgengrauen des 25. Oktober 1917 (nach dem im Westen gültigen Kalender am 7. November) der bolschewistische Aufstand. Unter der Leitung *Leo D. Trotzkis*, des Vorsitzenden der Petrograder Sowjets, besetzten die Aufständischen Brücken, Plätze und Bahnhöfe, das Telegrafenamt und die Hauptpost. Gegen Mittag hatten sie den Sitz der Regierung, das Winterpalais, umstellt. Nachdem die meisten Mitglieder der Regierung verhaftet worden waren, ließen sich die Revolutionäre die Macht vom *II. Gesamtrussischen Sowjetkongress* bestätigen.
Daraufhin bildeten sie eine neue Übergangsregierung: den *Rat der Volkskommissare*. Lenin übernahm am 26. Oktober (8. November) den Vorsitz. Noch am selben Tag wurden durch *Dekrete* (lat. *decretum*: Gesetz, Erlass) der Ausstieg aus dem Krieg und die entschädigungslose Enteignung der Gutsbesitzer verkündet. Einen Tag später hoben die Revolutionäre die erst im Februar erkämpfte Pressefreiheit wieder auf.

***Bolschewiki**: *Die Bezeichnung geht zurück auf die Spaltung der Sozialdemokratischen Arbeiterpartei Russlands in Menschewiki (dt. Minderheitler) und Bolschewiki (dt. Mehrheitler).*

****Putsch**: *Aufstand einer kleinen Gruppe führender Politiker und/oder Militärs, um die Macht im Staat an sich zu reißen*
****Zu Lenin siehe M 1, Seite 44.*

Ein neuer Staat

Im November 1917 fanden Wahlen zu einer Verfassunggebenden Versammlung statt. Das Wahlergebnis war eindeutig: Die Bolschewisten erhielten nur 22 bis 25 Prozent der abgegebenen Stimmen. Daraufhin lösten sie die Verfassunggebende Versammlung im Januar 1918 gewaltsam auf und verlegten die Sowjetregierung von Petrograd nach Moskau. Wer sich den Bolschewisten, die sich seit dem März 1918 *Kommunistische Partei Russlands/ Bolschewiki* (KPR/B) nannten, entgegenstellte, wurde gnadenlos verfolgt. Einen ersten Abschluss der revolutionären Umgestaltung von Staat und Gesellschaft bildete die im Juli 1918 erlassene *Verfassung der Russischen Sozialistischen Föderativen Sowjetrepublik*.

Der Frieden von Brest-Litowsk

Erst nach heftigen politischen Auseinandersetzungen schloss die bolschewistische Regierung im März 1918 Friedensverträge mit dem Deutschen Reich, Österreich-Ungarn, Bulgarien und dem Osmanischen Reich in Brest-Litowsk (Weißrussland). Während die Bolschewiki die Verhandlungen verzögerten, weil sie auf Revolutionen auch in anderen Staaten hofften, nutzte das Deutsche Reich die Zeit für weitere Gebietsgewinne.

Der Revolutionsregierung wurden äußerst harte Friedensbedingungen vorgelegt, die sie nur unter Protest akzeptierte. Sowjetrussland musste seine Ansprüche auf Polen, Litauen, Lettland, Estland, die Ukraine und Finnland sowie Gebiete im Kaukasus aufgeben. Es verlor etwa ein Drittel der Bevölkerung und rund 75 Prozent seiner Eisen- und Stahlindustrie. Die Verträge bildeten daher keine Grundlage für eine Versöhnung zwischen den Staaten.

„Rote" gegen „Weiße"

Gegen die gewaltsame Machtübernahme der Bolschewiki, die revolutionären Maßnahmen und die Friedensverträge formierte sich starker Widerstand. Anhänger der Zarenherrschaft, Militärs, Enteignete, Demokraten und gemäßigte Revolutionäre wehrten sich mit militärischen Mitteln gegen die Bolschewiki. Im Frühjahr 1918 begann ein Bürgerkrieg zwischen den nach der Farbe ihrer Fahne als „Rote" bezeichneten Kommunisten* und den als „Weiße" gekennzeichneten Gegenrevolutionären. Der Konflikt wurde verschärft durch die Unabhängigkeitsbestrebungen von Völkern, die nicht in das sowjetische Russland eingegliedert werden wollten. In ihrem Widerstand wurden diese Völker sowie die Gegenrevolutionäre von 14 Staaten unterstützt. So dauerte es bis zum November 1920, bis sich die Bolschewiki durchsetzten.

Revolution und Bürgerkrieg forderten mehrere Millionen Tote. Unter den Opfern war die Zarenfamilie. Sie war im Juli 1918 auf Beschluss des Uraler Sowjetpräsidiums in Jekatarinenburg erschossen worden.

2 „Gen[osse] Lenin reinigt die Erde vom Unrat."
Plakat (68 x 44 cm) von Viktor Deni, 1920.
Das Plakat interpretiert einen Gedanken von Karl Marx. Er schrieb 1844: „Nur in einer Revolution kann die stürzende Klasse dahin kommen, sich den ganzen alten Dreck vom Hals zu schaffen."

- *Prüfe, ob das Bild diese These angemessen wiedergibt. Berücksichtige dabei den Verlauf der Oktoberrevolution.*

▶ ***Lesetipp:***
Karla Schneider, Die Geschwister Apraskin. Das Abenteuer einer unfreiwilligen Reise, München 2007

** Die Bezeichnung „Rote Armee" für das sowjetische Militär leitet sich daraus ab.*

M1 Lenin getarnt.
Foto vom 29. Juli 1917.

Auf der Flucht vor der Polizei brauchte Lenin im Juli 1917 einen Pass, um nach Finnland zu entkommen. Dafür änderte Lenin sein Aussehen. Er kleidete sich wie ein Arbeiter, trug eine Perücke und rasierte seinen Bart ab. Wladimir Iljitsch Uljanow wurde 1870 geboren. Wegen seiner Mitarbeit in der verbotenen marxistischen Partei wurde der junge Rechtsanwalt 1897 für drei Jahre nach Sibirien verbannt. Um weiterer Verfolgung zu entgehen, gab er sich den Decknamen Lenin und ging ins westliche Ausland. Während der Revolution von 1905 kehrte er nach Russland zurück und versuchte, eine Untergrundorganisation aufzubauen. Nach deren Scheitern ging er erneut ins Exil und arbeitete an einer kommunistischen Theorie auf der Grundlage der Lehre von Marx und Engels. Nach der Februarrevolution kehrte Lenin im April 1917 aus der Schweiz nach Russland zurück. Die deutsche Regierung hatte ihm dies ermöglicht. Sie erhoffte sich davon eine Schwächung Russlands im Krieg. Lenin erfüllte die Erwartungen. Am 26. Oktober wurde er Vorsitzender des Rates der Volkskommissare, der ersten Sowjetregierung. Seine Aufgaben als Parteiführer und Regierungschef konnte er seit Ende 1922 wegen Krankheit nicht mehr erfüllen; 1924 starb Lenin.

M2 Lenin als Staatsmann.
Foto von 1920.

M3 „Warten wäre ein Verbrechen"

Lenin fordert im Oktober 1917 von seinen Parteifreunden:

Werte Genossen! Die Ereignisse schreiben uns so klar unsere Aufgabe vor, dass eine Verzögerung entschieden zum Verbrechen wird.

Die Agrarbewegung wächst an. Die Regierung verstärkt ihre wilden Repressalien*, im Heer wachsen die Sympathien für uns [...]. Unter solchen Umständen zu „warten", wäre ein Verbrechen.

Die Bolschewiki haben nicht das Recht [...] zu warten, sie müssen die Macht sofort ergreifen. Dadurch retten sie sowohl die Weltrevolution (denn andernfalls droht ein Pakt der Imperialisten aller Länder [...], um sich gegen uns zu vereinigen) wie auch die russische Revolution [...].

Wenn man die Macht nicht ohne Aufstand ergreifen kann, so muss man sofort mit dem Aufstand beginnen.

Wladimir I. Lenin, Werke, Bd. 26, Berlin ^{3}1972, S. 125 f.

__Repressalien__: Druckmittel, Vergeltungsmaßnahmen

M4 „Über den Frieden"

Am Abend des 26. Oktober (8. November) 1917 verliest Lenin auf dem Zweiten Gesamtrussischen Sowjetkongress das „Dekret über den Frieden":

Die Arbeiter- und Bauernregierung*, die durch die Revolution vom 24.-25. Oktober geschaffen wurde [...], schlägt allen Krieg führenden Völkern und ihren Regierungen vor, sofort Verhandlungen über einen gerechten, demokratischen Frieden aufzunehmen. [...]

Ein gerechter oder demokratischer Frieden, wie ihn die überwältigende Mehrheit der durch den Krieg erschöpften, gepeinigten und gemarterten Klassen der Arbeiter und Werktätigen aller Krieg führenden Länder ersehnt [...], ist nach der Auffassung der Regierung ein sofortiger Frieden ohne Annexionen [d. h. ohne Aneignung fremder Territorien, ohne gewaltsame Angliederung fremder Völkerschaften] und ohne Kontributionen**. [...]

Die Regierung schafft die Geheimdiplomatie ab [...].

Die Regierung schlägt allen Regierungen und Völkern aller Krieg führenden Länder vor, sofort einen Waffenstillstand abzuschließen. [...]

Die Provisorische Arbeiter- und Bauernregierung [...] wendet sich gleichzeitig insbesondere an die klassenbewussten Arbeiter der drei fortgeschrittensten Nationen der Menschheit und der größten am gegenwärtigen Krieg beteiligten Staaten: Englands, Frankreichs und Deutschlands.

Zit. nach: Horst Schützler/Sonja Striegnitz (Hrsg.), Die ersten Dekrete der Sowjetmacht, Berlin 1987, S. 48 ff.

**Gemeint ist der Rat der Volkskommissare.*
***__Kontributionen__: Kriegsentschädigungen*

M5 Der Boden wird sozialisiert

Nachdem am 26. Oktober 1917 das Eigentum der Gutsbesitzer an Grund und Boden ohne Entschädigung aufgehoben worden ist, erlässt der Rat der Volkskommissare am 27. Januar 1918 das „Grundgesetz über die Sozialisierung des Bodens":

Art. 1. Jedes Eigentum an Grund und Boden, Bodenschätzen, Gewässern, Waldungen und lebenden Naturkräften wird auf dem Territorium der Russischen Föderativen Sowjetrepublik für immer aufgehoben.

Art. 2. Der Grund und Boden geht von nun an ohne jede (offene oder versteckte) Entschädigung in die Nutzung des ganzen werktätigen Volkes über.

Zit. nach: Horst Schützler/Sonja Striegnitz (Hrsg.), Die ersten Dekrete der Sowjetmacht, a. a. O., S. 145

1. *Nenne die Gründe, weshalb Lenin mit der Übernahme der Macht nicht warten wollte. Erläutere, welche Rolle dabei für ihn die Massen spielten (M3).*
2. *Diskutiert die Ziele der Bolschewiki (M4 und M5) und beurteilt deren Umsetzbarkeit.*

Fachliteratur bearbeiten

Bei der Arbeit mit Fachliteratur, die auch als Sekundärliteratur bezeichnet wird, weil sie auf der Auswertung älterer Veröffentlichungen und/oder historischer Quellen beruht, ist es wichtig herauszufinden, welche Fragen den Verfasser besonders interessiert haben, welche Thesen er vertritt oder welches Ziel er mit seiner Darstellung verfolgt. Dabei geht es zunächst um das Textverständnis, dann um die Frage, welche Quellen und welche Literatur der Verfasser benutzt hat, wie er einen Sachverhalt auslegt und wie er Ereignisse und Handlungen deutet, bewertet, gewichtet und damit interpretiert. Dazu ist es nützlich zu wissen, wer der Autor ist, welche Ziele er mit seiner Darstellung verfolgt hat und ob er eine bestimmte Weltanschauung vertritt. Häufig erschließt sich die Perspektive eines Textes (die Einstellung des Verfassers) erst im Vergleich mit anderen Darstellungen.

Bei der Auswertung von Sekundärtexten helfen Antworten auf folgende Fragen:

- Was beschreibt der Autor, was will er erklären?
- Werden Behauptungen aufgestellt und begründet?
- Wie wird das Dargestellte bewertet?

Tipp: Kopiere den zu bearbeitenden Text. Markiere Begriffe, die du nachschlagen musst, sowie Behauptungen (*Thesen*) und Begründungen (*Argumente*). Kennzeichne den Gedankengang eines Autors durch Schlagworte am Rand und gliedere ihn in Sinnabschnitte.

M2 **War 1917 ein Epochenjahr?**

Der Historiker Michael Stürmer schreibt 1983:

Das Jahr 1917, vom amerikanischen Kriegseintritt bis zur bolschewistischen Revolution, brachte die Wende im Krieg und veränderte die Welt. Aus dem Todeskampf Europas entstanden zwei Friedensvisionen, deren Wirkung bis heute anhält: aus dem Osten die Botschaft der Weltrevolution, aus dem Westen die Vision einer Welt freier Völker. Zwei globale Missionsideen traten gegeneinander an, während die ältere, europäische Weltordnung in sich verbrannte. Als die OHL [Oberste Heeresleitung] noch von Triumphen träumte, wurden Lenin und Wilson Gegenspieler einer künftigen Welt: „Schluss mit dem Krieg!" – „Alle Macht den Räten!" – „Den Arbeitern die Macht in den Fabriken!" So nutzte Lenin die Sehnsucht nach Frieden für die – vorerst vage und ausdeutbare – Verheißung der Sozialrevolution. Die USA aber wollten „a world safe for democracy".

Michael Stürmer, Das ruhelose Reich – Deutschland 1866-1918, Berlin 1994, S. 388

M1 **Was macht 1917 zum Epochenjahr der Weltgeschichte?**

Für den Historiker Hans Rothfels beginnt „Zeitgeschichte" mit 1917; er nennt dafür 1953 folgende Gründe:

Aber selbst vom Ersten Weltkrieg, so sehr er revolutionärer Einbruch und Erschütterung der Sekurität gewesen ist, ließe sich mit gutem Grunde sagen, dass er nur ein in die Welt verlängerter nationalstaatlicher Konflikt war. Erst mit dem eigentümlich zusammengeordneten Doppelereignis, dem Eintritt der Vereinigten Staaten in den Krieg und dem Ausbruch der Russischen Revolution, wurde die Konstellation wirklich universal und wurde zugleich der Konflikt von Völkern und Staaten durch gesellschaftliche Gegensätze tief greifender durchzogen und durchkreuzt. Schon 1918 ist im Grunde die Antithese Washington – Moskau eine sehr reale gewesen.

Hans Rothfels, Zeitgeschichte als Aufgabe, in: Vierteljahrshefte für Zeitgeschichte 1. Jg. (1953), S. 6 f.

Hans Rothfels (1891-1976) emigrierte 1939 über England in die USA, kehrte 1951 nach Deutschland zurück, lehrte ab 1951 an der Universität Tübingen und prägte die deutsche Zeitgeschichtsschreibung.

Behauptung, Teil 1
Begriff nachschlagen
Behauptung, Teil 2
Begriffe nachschlagen
Behauptung, Teil 3
Wertung; Begriff nachschlagen

1. *Informiere dich über Michael Stürmer und bearbeite seinen Text (M 2) nach dem vorgelegten Beispiel (M 1).*
2. *Arbeite die Gründe für die Bewertung des Jahres 1917 als „Epochenjahr" oder „Wendejahr" heraus (M 1 und M 2).*
3. *Nenne andere „Epochenjahre" aus dem 15., 16. und 18. Jh. Begründe deine Auswahl.*
4. *Lies M 2 nochmals genau und nenne die Aussage, die der Historiker heute verändern müsste. Begründe deinen Hinweis.*

Die „Heimatfront“

Kriegswirtschaft

Während des Krieges stellte die Industrie überwiegend Kriegsgüter her. Die deutsche Reichsleitung forderte, dass „das gesamte Volk sich in den Dienst des Vaterlandes stellt“. Ab Dezember 1916 sah ein Gesetz die Dienstpflicht für alle Männer von 17 bis 60 Jahren vor. Gleichzeitig mussten im Deutschen Reich etwa 900 000 Kriegsgefangene Zwangsarbeit leisten.
Selbstständige und Unternehmer zogen aus der Kriegswirtschaft zum Teil beträchtliche Gewinne. Der Abstand zwischen den Reichen und Armen wuchs. Insgesamt sank aber der Lebensstandard wegen der von Jahr zu Jahr steigenden Kriegskosten. Um sie zu bezahlen, nahm die Regierung Anleihen bei der Bevölkerung auf und ließ immer mehr Papiergeld drucken. Da alle Waren knapper wurden, stiegen die Preise; das Geld war also immer weniger wert. Diese Entwicklung nennen wir *Inflation*.

1 **Aufruf zur Kriegsanleihe.**
Plakat (82 x 67 cm) von A. W. Wurthmann, 1917.
■ *Erkläre die „Botschaft“ des Plakats.*

Die Rolle der Frauen ändert sich

Der Krieg veränderte auch den Alltag der Frauen. Sie trugen nun allein die Verantwortung für ihre Familien und hatten zusätzliche Aufgaben zu übernehmen, die bisher den Männern vorbehalten waren, die nun im Krieg kämpften. Frauen mussten einspringen, wo männliche Arbeitskräfte fehlten und Kriegsgefangene die Lücken nicht schließen konnten.

Hunger

Der Mangel an Nahrung traf die Bevölkerung hart: Schon 1915 konnte sie nicht mehr beliebig viel Brot kaufen. Seit dem Winter 1915/16 gehörte Hunger vor allem für die zum Alltag, die ihre Nahrung nicht selbst produzierten. Im „Steckrübenwinter“ 1916/17 waren viele froh, wenn sie sich mit Rüben am Leben erhalten konnten. Berechnungen gehen davon aus, dass über 700 000 deutsche Zivilisten während des Krieges aufgrund von Unterernährung oder Mangelkrankheiten starben.

▶ ***Lesetipp:***
Inge Meyer-Dietrich, Plascha oder Von kleinen Leuten und großen Träumen, Weinheim 2003

▶ ***Internettipp:***
Zur Lebensmittelversorgung und „Kriegsmoral“ siehe www.dhm.de/lemo/html/wk1/wirtschaft/versorgung

2 **Vor einem Berliner Lebensmittelgeschäft.**
Foto von 1917.
■ *Untersuche das Foto. Was sagt es alles über die „Heimatfront“ aus?*

M1 „Das Vaterland ruft"

Im Januar 1917 veröffentlicht eine Geschäftsstelle für „Frauendienst" im „Kasseler Volksblatt" folgenden Artikel:

„Das Vaterland ruft" ist das Wort, das heute an alle, die in der Heimat geblieben sind, mit lautem Klang ertönt!

Der Vaterländische Frauenverein fordert deshalb alle Frauen und Mädchen [...] auf, ihre Kräfte dem Vaterlande zu widmen gegen Bezahlung oder auch unentgeltlich.

In Betracht würden kommen: landwirtschaftliche, gärtnerische und hauswirtschaftliche Tätigkeit; Kinderfürsorge; Krankenpflege und andere gemeinnützige Aufgaben; kaufmännische, mündliche und schriftliche (auch fremdsprachliche) Arbeiten; praktische Betätigung in industriellen Betrieben u. dgl. m.

Jede prüfe ihre Fähigkeiten und überlege, für welche Zwecke sie sich dem Vaterlande zur Verfügung stellen kann, aber Niemand bleibe ohne zwingenden Grund abseits.

Zit. nach: Brigitte Löhr (Hrsg.), Frauen in der Geschichte, Bd. 2: Materialien, Tübingen 1994, S. 220

M2 „Hinter der Front."
Postkarte von 1916.

M3 Frauen reinigen Granaten.
Foto von 1917.

M4 Das Vordringen der Frauenarbeit

Die Arbeiterschaft in den deutschen Industriebetrieben mit zehn und mehr Beschäftigten ändert sich im Krieg:

	1913	1918
Männer	(in 1000)	(in 1000)
Erwachsene	5410	4046
unter 16	384	421
insgesamt	5794	4467
Frauen		
Erwachsene	1406	2139
unter 16	187	181
insgesamt	1593	2320

Nach: Jürgen Kocka, Klassengesellschaft im Krieg. Deutsche Sozialgeschichte 1914-1918, Göttingen ²1978, S. 12

1. *Beschreibe die Aufgaben der Frauen während des Krieges. Zeige, was dies im Alltag einer kinderreichen Familie bedeutete (Darstellung und M1 bis M4).*
2. *Nenne die auf M2 zu sehenden Arbeiten. Welche Frauenarbeit fehlt auf der Karte? Warum wohl?*
3. *Diskutiert, ob die Rolle der Frau im Krieg einen Fortschritt bei der Emanzipation der Frauen darstellte.*

Krieg und Küche

M1 „Durchhalten!“

Postkarte von 1915.

Bereits im Sommer 1915 waren Butter, Eier und Fleisch für die meisten Großstädter in Deutschland zu Luxusgütern geworden. Ab Februar 1915 galt die Brotkarte, bis Ende 1916 wurden auch andere Nahrungsmittel rationiert. Oft gab es nicht einmal die Mindestmengen. Brot wurde gestreckt, Milch verdünnt. Ersatzstoffe minderer Qualität mussten verwendet werden.

In den großen Städten wurden öffentliche Kriegsküchen eingerichtet, die ein billiges Mittagessen anboten, meist einen Eintopf. Im Winter 1915/16 waren „Lebensmittelpolonaisen“, Käuferschlangen vor den Läden, nichts Ungewöhnliches mehr. Ein Jahr später gab es fast keine Kartoffeln mehr; an ihre Stelle trat die Steckrübe. In Ziergärten wuchsen Kohlstrünke statt Rosen, auf Balkonen blühten Tomaten anstelle von Geranien. Kaninchen und Hühner wurden zu Hausgenossen, wo immer es möglich war.

M2 „Kocht viel Kartoffeln ...“

Die Tageszeitungen geben ab Sommer 1915 regelmäßig Ratschläge:

Es ist bekannt, dass wir glücklicherweise noch reichlich Kartoffeln haben. Es ist aber jetzt die Zeit, wo sie durch Auskeimen schwinden und durch Fäulnis verderben [...]. Um nicht kostbare Nährmittel vergehen zu lassen, müssen jetzt viele Kartoffeln frisch verzehrt werden. Wenn wir zum Abendessen Kartoffeln kochen, sparen wir an Brot, also an Getreide; dieses aber ist haltbar und wird eine wertvolle Reserve für den Winter. Kocht viel Kartoffeln und ein wenig fettes Fleisch mit jungen Gemüsen (z.B. Spinat, Kohlrabi, Wirsingkohl, Möhren, Gurken) zusammen, die dadurch großen Nährwert erlangen, kocht Kartoffeln mit frischem Seefisch, Klippfisch oder Salzhering, esst Kartoffelklöße mit Fruchtbeiguss (Pfaumenmus, Rhabarber, Stachelbeeren) oder kalt in Buttermilch, bereitet Kartoffelsalat, saure Kartoffeln mit brauner Tunke, mit Senf-, Meerrettich-, Dill- oder anderen Kräutertunken.

Hannoverscher Kurier vom 15. Juni 1915

M3 Die Stimmung leidet

Im Juni 1915 meldet der Berliner Polizeipräsident:

Wessen Lohn durch den Krieg erheblich gewachsen ist, der kann unter den gegenwärtigen Umständen die frühere Lebenshaltung fortsetzen. In allen anderen Haushaltungen aber ist man zu ständig größeren Einschränkungen, insbesondere auf dem Gebiet des Fleischgenusses, genötigt [...]. Unter dieser Teuerung leidet die Stimmung, zumal die Dauer des Krieges nicht abzusehen ist.

Zit. nach: Berichte des Berliner Polizeipräsidenten zur Stimmung und Lage der Bevölkerung in Berlin 1914-1918, bearb. von Ingo Materna und Hans-Joachim Schreckenbach, Weimar 1987, S. 67

M4 „Jedes andere Volk dieser Erde würde ...“

Eine Australierin, die den Krieg in Leipzig erlebt hat, berichtet im Dezember 1917 in einem Brief:

Wir haben eine seltsame Woche durchgestanden – die schlimmste Woche, die das deutsche Volk bis jetzt erleben musste. Keine Kohle, das elektrische Licht abgestellt, Gas heruntergedreht ... und praktisch nichts zu essen – es scheint keine Kartoffeln mehr zu geben – jeder hat ein halbes Pfund sogenannte Kartoffelflocken bekommen [...]. Es übersteigt mein Fassungsvermögen, wie die Armen hier zurechtkommen. Jedes andere Volk dieser Erde würde sich gegen eine Regierung erheben, die es in solches Elend geführt hat, aber diese Leute haben keinen Funken Unternehmensgeist mehr.

Zit. nach: Ernst Schulin, Die Urkatastrophe des zwanzigsten Jahrhunderts, in: Wolfgang Michalka (Hrsg.), Der Erste Weltkrieg, München 1993, S. 15

1. *Untersucht Absicht und Wirkung der Postkarte (M 1).*
2. *Nennt die Folgen des Lebensmittelmangels (M 3 und M 4).*
3. *Diskutiert mögliche Gründe, warum die deutsche Bevölkerung sich bis zum Dezember 1917 nicht gegen die Regierung erhob (M 4).*

Kriegsende

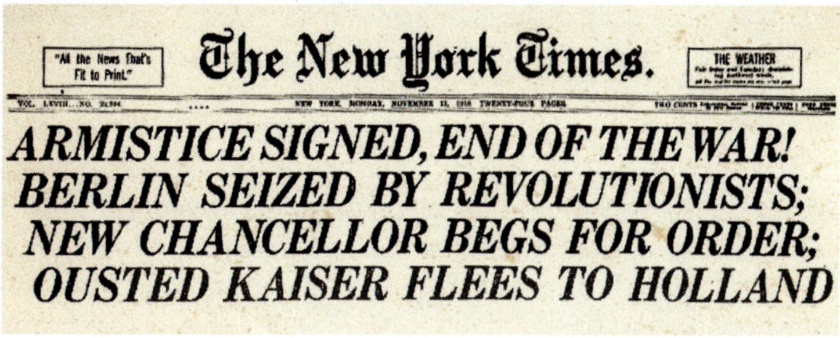
"All the News That's Fit to Print."

The New York Times.

ARMISTICE SIGNED, END OF THE WAR!
BERLIN SEIZED BY REVOLUTIONISTS;
NEW CHANCELLOR BEGS FOR ORDER;
OUSTED KAISER FLEES TO HOLLAND

1 Titelseite der „New York Times" vom 11. November 1918.

Brot und Frieden

Nach der Oktoberrevolution in Russland demonstrierten immer mehr Menschen gegen die schlechten Lebensbedingungen und für Friedensverhandlungen. Zugleich stieg die Zahl der Soldaten, die sich weigerten, sinnlosen Befehlen zu gehorchen. Ende Januar/Anfang Februar 1918 demonstrierten in Berlin und anderen Industriezentren des Reiches bis zu einer Million Arbeiterinnen und Arbeiter für Brot und Frieden. Es waren die größten Friedensaktionen während des Krieges.

Wilsons Friedensprogramm

Im Januar 1918 legte US-Präsident Wilson einen 14-Punkte-Plan für eine neue Weltordnung vor. Er forderte unter anderem öffentliche Friedensverhandlungen, Abschaffung der Geheimdiplomatie, Freiheit der Schifffahrt und des Handels, Rüstungsbegrenzungen, Wiederherstellung Belgiens, Rückgabe Elsass-Lothringens an Frankreich sowie die selbstständige Entwicklung der Völker Österreich-Ungarns und die „Bildung einer Vereinigung der Nationen, die allen Staaten in gleicher Weise Unabhängigkeit und territoriale Unverletzlichkeit garantiert".

Spätes Eingeständnis

Die Mittelmächte gingen zunächst auf Wilsons Friedensbemühungen nicht ein. Nachdem im März 1918 Sowjetrussland mit dem Sonderfrieden von Brest-Litowsk aus dem Krieg ausgeschieden war,* glaubte die deutsche Heeresleitung wieder an einen Sieg. Doch die Alliierten hatten mehr Soldaten und eine bessere Ausrüstung.

Im Herbst 1918 boten Österreich-Ungarn, Bulgarien und das Osmanische Reich den Alliierten Verhandlungen über einen Waffenstillstand an. Die deutsche Heeresleitung hatte schon im August zugegeben, dass die Alliierten nicht mehr zu besiegen seien. Doch erst Ende September räumte sie die Niederlage ein. Gleichzeitig forderte sie von der Reichsregierung sofortige Waffenstillstandsverhandlungen und eine parlamentarische Regierung. Damit wollten die Militärs die Friedensverhandlungen erleichtern, aber auch die Verantwortung für die Folgen der Niederlage auf die Politik abwälzen. Mit der Reformforderung kamen sie den Parteien im Reichstag und den Erwartungen Wilsons entgegen. Er hatte deutlich gemacht, nur mit einer vom deutschen Volk getragenen Regierung Friedensverhandlungen führen zu wollen.

Verfassungsreform

Anfang Oktober wurde eine neue Regierung gebildet. Sie bestand aus Vertretern der SPD, des Zentrums und der liberalen Fortschrittspartei. Ende Oktober leiteten Verfassungsreformen den Übergang von der *konstitutionellen zur parlamentarischen Monarchie* ein. Der Kaiser verlor an Macht und der Reichskanzler brauchte das Vertrauen des Reichstages. Ohne dessen Zustimmung konnte von nun an weder ein Krieg erklärt noch Frieden geschlossen werden.

Waffenstillstand und Kriegsende

Die Verfassungsreform hinderte einige Generäle nicht daran, den Krieg auf See weiterzuführen. Das löste Anfang November 1918 im Deutschen Reich eine Revolution aus. Am 8. November wurden die Abdankung des Kaisers und ein Regierungswechsel verkündet. Am selben Tag nannten die Siegermächte den Vertretern der Regierung ihre Waffenstillstandsbedingungen: Die Deutschen sollten die besetzten Gebiete und Elsass-Lothringen räumen, ihre Waffen abgeben und ihre U-Boote ausliefern sowie einer langfristigen Besetzung des linksrheinischen Gebietes durch alliierte Truppen und einer rechtsrheinischen Sicherheitszone zustimmen.

Aus Furcht vor einer deutschen Wiederaufrüstung wollten die Alliierten nicht verhandeln. Von der deutschen Regierung alleingelassen und von der militärischen Führung gedrängt, unterschrieb der Leiter der deutschen Delegation, Staatssekretär *Matthias Erzberger* (Zentrum), am 11. November 1918 den Waffenstillstand in einem Eisenbahnwagen im Wald von Compiègne bei Paris.

Damit ging ein Krieg zu Ende, dessen Ergebnis für Sieger und Besiegte katastrophal war. Etwa 64 Millionen Soldaten hatten die Regierungen mobilisiert, davon waren nach groben Schätzungen über acht Millionen gefallen und über 20 Millionen verwundet worden. Hinzu kamen etwa acht Millionen Kriegsgefangene und Vermisste sowie fast zehn Millionen zivile Kriegstote.

*Zum Frieden von Brest-Litowsk siehe Seite 43.

M1 „Wir neiden Deutschland nicht seine Größe ..."

US-Präsident Woodrow Wilson stellt am 8. Januar 1918 in einer Rede an den Kongress seinen 14-Punkte-Plan vor. Am Ende seiner Rede wendet er sich an die Deutschen und sagt:

Wir neiden Deutschland nicht seine Größe und nicht seine Leistungen. Wir wollen seinen rechtmäßigen Einfluss als Macht nicht schmälern. Wir wünschen Deutschland weder mit Waffen noch mit feindseligen Handelsregelungen zu bekämpfen, wenn es seinerseits willens ist, sich mit uns und den anderen friedliebenden Nationen der Welt auf der Grundlage der Gerechtigkeit, des Rechts und des fairen Umganges miteinander vertraglich zu verbinden. Wir wünschen lediglich, dass es einen Platz der Gleichrangigkeit (*a place of equality*) unter den Völkern der Welt, der neuen Welt, in der wir jetzt leben, einnimmt und nicht einen dominierenden Platz (*a place of mastery*). Wir maßen uns auch nicht an, Deutschland eine Auswechslung oder Änderung seiner Institutionen anzuraten. Doch es ist, offen gesagt, notwendig, und zwar notwendig im Sinn einer Vorbedingung für vernünftige Verhandlungen zwischen uns und Deutschland, dass wir wissen, für wen seine Vertreter sprechen – für die Mehrheit des Reichstages oder für die Militärpartei und die Männer, deren Credo imperiale Herrschaft ist.

Zit. nach: Heinrich August Winkler, Geschichte des Westens. Die Zeit der Weltkriege 1914-1945, München 2011, S. 86

M2 „Furchtbar und entsetzlich!"

Oberst Albrecht von Thaer berichtet in seinem Tagebuch, wie sein Vorgesetzter, Generalstabschef Erich Ludendorff, am 1. Oktober 1918 vor den Offizieren der Obersten Heeresleitung (O.H.L.) die Lage beurteilt:

Er sagte ungefähr Folgendes: Er sei verpflichtet, uns zu sagen, dass unsere militärische Lage furchtbar ernst sei. Täglich könne unsere Westfront durchbrochen werden. Er habe darüber in den letzten Tagen Sr. M.* zu berichten gehabt. Zum 1. Mal sei der O.H.L. von Sr. M. bzw. vom Reichskanzler die Frage vorgelegt worden, was sie und das Heer noch zu leisten imstande seien. Er habe im Einvernehmen mit dem Generalfeldmarschall** geantwortet:

„Die O.H.L. und das deutsche Heer seien am Ende; der Krieg sei nicht nur nicht mehr zu gewinnen, vielmehr stehe die endgültige Niederlage wohl unvermeidbar bevor. [...] Auf die Truppen sei kein Verlass mehr. [...] So sei vorauszusehen, dass dem Feinde schon in nächster Zeit mithilfe der kampffreudigen Amerikaner ein *großer* Sieg, ein *Durchbruch in ganz großem Stile* gelingen werde, dann werde dieses Westheer den letzten Halt verlieren und in voller Auflösung zurückfluten über den Rhein und werde die Revolution nach Deutschland tragen.

Diese Katastrophe *müsse* unbedingt vermieden werden. Aus den angeführten Gründen dürfe man sich nun nicht mehr schlagen lassen. Deshalb habe die O.H.L. von Sr. M. und dem Kanzler gefordert, dass *ohne jeden Verzug* der Antrag auf Herbeiführung eines Waffenstillstandes gestellt würde bei dem Präsidenten Wilson von Amerika zwecks Herbeiführung eines Friedens auf der Grundlage seiner 14 Punkte. [...] Ich habe [...] Sr. M. gebeten, jetzt auch diejenigen Kreise an die Regierung zu bringen, denen wir es in der Hauptsache zu verdanken haben, dass wir so weit gekommen sind. [...] Die sollen nun den Frieden schließen, der jetzt geschlossen werden muss. Sie sollen die Suppe essen, die sie uns eingebrockt haben!"

Zit. nach: Gerhard A. Ritter/Susanne Miller (Hrsg.), Die deutsche Revolution 1918-1919. Dokumente, Frankfurt a. M. ^{2}1983, S. 25 f. (Hervorhebungen im Original)

* **Sr. M.**: *Seiner Majestät [Kaiser Wilhelm II.]*
** *Gemeint ist Paul von Hindenburg.*

M3 Tote und Verwundete im Ersten Weltkrieg

	Gefallene	*Verwundete*
Deutsches Reich	1808000	4247000
Frankreich	1385000	3044000*
Großbritannien	947000	2122000
Italien	460000	947000
Österreich-Ungarn	1200000	3620000
Russland	1700000	4950000
Türkei	325000	400000
USA	115000	206000

**1,1 Millionen anerkannte Kriegsinvaliden*

Nach: Der Große Ploetz. Auszug aus der Geschichte, hrsg. vom Verlag Ploetz, Würzburg ^{35}2008, S. 780

1. *Stelle fest, was Wilson von Deutschland erwartet (M 1).*
2. *Arbeite heraus, wie die Lage beurteilt wird (M 2). Welche Gründe werden genannt?*
3. *Erkläre, weshalb ein Frieden auf der Grundlage der Vorschläge Wilsons befürwortet wurde (M 1, M 2 und Darstellung auf Seite 49).*
4. *Erläutere, wie sich die O.H.L. aus der Verantwortung für die Niederlage zu entziehen versucht (M 2).*
5. *Analysiere die Tabelle M 3. Wie lassen sich die vielen Kriegsopfer erklären? Welche Opfer enthält die Tabelle nicht? Lies dazu nochmals die Seiten 38 und 46.*

War 1914 ein Wendepunkt der Geschichte?

Historiker ordnen im Rückblick den Verlauf geschichtlicher Ereignisse. Sie teilen die Geschichte in verschiedene Epochen oder Perioden ein und machen besondere „Wendepunkte“ aus. Für viele Geschichtswissenschaftler markiert der Erste Weltkrieg eine solche Zäsur (Einschnitt), weil sich mit ihm die politische, wirtschaftliche und gesellschaftliche Geschichte Europas und der Welt stark veränderte. Sie gehen davon aus, dass mit 1914 das sogenannte „lange 19. Jahrhundert“ endete, das mit der Industriellen Revolution in England und der Französischen Revolution in Frankreich Ende des 18. Jh. begonnen hatte. Gleichzeitig markiert der Erste Weltkrieg für sie den Beginn einer neuen Epoche, die sich deutlich von der Zeit vor 1914 unterschied. Mit Blick auf die umfassenden Folgen des Ersten Weltkrieges wird er inzwischen oft als „Urkatastrophe des 20. Jahrhunderts“ bezeichnet.

M1 **Nichts war nach 1918 noch so, wie es vor 1914 war**

Der Historiker Wolfgang J. Mommsen untersucht die Bedeutung des Ersten Weltkrieges für die europäische Geschichte:

Der Erste Weltkrieg hatte schwer wiegende Auswirkungen auf die europäischen Gesellschaften. Er führte zu tief greifenden sozialen Umschichtungen und zu einer lange anhaltenden Verunsicherung der bürgerlichen Schichten. Dies schuf den Nährboden für den Aufstieg der Faschismen und des Nationalsozialismus, andererseits aber für die Machtergreifung des Bolschewismus zunächst in Russland und späterhin in ganz Osteuropa. [...] Vor allem aber wurden die materiellen und ebenso die ideellen Grundlagen der bürgerlichen Kultur Europas, wie sie sich seit der Aufklärung entwickelt hatte, durch den Ersten Weltkrieg und seine Folgen aufs Schwerste erschüttert. [...]

Im Hinblick auf diese Sachverhalte ist es nur gerechtfertigt, den Ersten Weltkrieg mit George F. Kennan als „Urkatastrophe Europas“* zu bezeichnen. Das bürgerliche Europa, das ungeachtet schwerer sozialer Konflikte ein hohes Maß von politischer und sozialer Stabilität sowie vergleichsweise stetigem wirtschaftlichen Wachstum gekannt halle, gehörte der Vergangenheit an. In der Tat, nichts war nach 1918 noch so, wie es in den letzten Jahrzehnten vor 1914 gewesen war.

Wolfgang J. Mommsen, Der Erste Weltkrieg. Anfang vom Ende des bürgerlichen Zeitalters, Frankfurt a. M. 2004, S. 7 f.

**Der Diplomat und Historiker Kennan hat 1979 als erster den Ersten Weltkrieg als „the great seminal catastrophe of this century“ bezeichnet.*

M2 **Eine Zivilisation bricht zusammen**

Für den britischen Historiker Eric J. Hobsbawm markiert der Erste Weltkrieg „den Zusammenbruch der (westlichen) Zivilisation“ des „langen 19. Jahrhunderts“. Den Wandel der Gesellschaft, Politik und Wirtschaft beschreibt er so:

Diese Zivilisation war kapitalistisch in ihrem wirtschaftlichen Aufbau, liberal in ihren rechtlichen und konstitutionellen Strukturen, bürgerlich in der Erscheinungsform ihrer charakteristischen tonangebenden oder herrschenden Klasse, stolz in ihrem Glauben an Wissenschaft, Ausbildung, Erziehung und den materiellen wie moralischen Fortschritt und fundamental von Europa als Zentrum überzeugt – als der Geburtsstätte von Revolutionen und Wissenschaften, Künsten, politischen und industriellen Entwicklungen. Und diese Zivilisation hatte ein Wirtschaftssystem hervorgebracht, das in die meisten Teile der Welt eingedrungen war; Soldaten, die die größten Teile der Welt erobert und sich untertan gemacht hatten [...].

Eric J. Hobsbawm, Das Zeitalter der Extreme. Weltgeschichte des 20. Jahrhunderts, München 1995, S. 21 (übers. von Yvonne Badal)

M3 **Eine weltgeschichtliche Perspektive**

Der Geschichtswissenschaftler Jürgen Osterhammel blickt unter weltgeschichtlicher Perspektive auf die Epochenbezeichnung „langes 19. Jahrhundert“ und gibt zu bedenken:

Welches andere Bild vom 19. Jahrhundert ergibt sich aus einer Betrachtung, die sich nicht auf Europa beschränkt? Als erstes muss betont werden, dass die übliche Annahme eines langen 19. Jahrhunderts, das von den 1780er-Jahren bis zum Ersten Weltkrieg reicht, zwar eine nützliche Annahme und Hilfskonstruktion bleibt, aber nicht als gleichsam natürlich gegebene und weltweit gültige Form der Vergangenheit vorausgesetzt werden sollte. Selbst wenn man nicht kleinlich auf den europäischen Randdaten 1789 und 1914 besteht, so entziehen sich doch ganze National- und Regionalgeschichten diesem Raster. [...] Eine weltgeschichtliche Periodisierung kann nicht mit den scharfen Zäsurdaten einer einzelnen Nationalgeschichte und selbst der Geschichte Europas arbeiten. Anfang und Ende des 19. Jahrhunderts müssen offen bleiben.

Jürgen Osterhammel, Die Verwandlung der Welt. Eine Geschichte des 19. Jahrhunderts, München 2009, S. 1284 f.

1. *Stelle anhand von M1 die Gründe zusammen, die dafür sprechen, den Ersten Weltkrieg als Epochenwende und „Urkatastrophe“ zu bezeichnen.*
2. *Arbeite aus M2 die Kennzeichen des „langen 19. Jahrhunderts“ heraus. Erläutere die Merkmale an historischen Beispielen.*
3. *Diskutiert ausgehend von M3, wann die weltpolitische Zäsur gesetzt werden sollte: mit dem Kriegsbeginn 1914 oder mit dem Jahr 1917? Nutzt dazu auch den Lerntipp auf Seite 45.*

Durchblick – Kompetenzen überprüfen

M1 Kolonialherrschaft.
Holzfigur aus Zentralafrika (Kongo), um 1905.

M2 „Where, When, How, Why, Who – What?"
Plakat aus Namibia von 2001.
Das Plakat forderte Namibier dazu auf, dem Nationalarchiv historische Fotos und Dokumente zur eigenen Widerstandsgeschichte zu überlassen.

M3 Bitte um Vergebung

Zum 100. Jahrestag des antikolonialen Krieges der Herero und Nama sagt die Bundesministerin für wirtschaftliche Zusammenarbeit und Entwicklung, Heidemarie Wieczorek-Zeul (SPD), am 14. August 2004 in Namibia:

Vor hundert Jahren wurden die Unterdrücker – verblendet von kolonialem Wahn – in deutschem Namen zu Sendboten von Gewalt, Diskriminierung, Rassismus und Vernichtung.

Die damaligen Gräueltaten waren das, was heute als Völkermord bezeichnet würde – für den ein General von Trotha heutzutage vor Gericht gebracht und verurteilt würde. [...]

Wir Deutschen bekennen uns zu unserer historisch-politischen, moralisch-ethischen Verantwortung und zu der Schuld, die Deutsche damals auf sich geladen haben. Ich bitte Sie im Sinne des gemeinsamen „Vater unser" um Vergebung unserer Schuld.

Der Botschafter der Republik Namibia in Deutschland, Hanno Rumpf, geht in einem Interview auf die Bitte um Vergebung ein und sagt 2004:

Ich glaube, dass die Entschuldigung, die Bitte um Vergebung, eine sehr wichtige Entwicklung ist. Geschichte kann man nicht ungeschehen machen. Aber es war das erste Mal, dass eine deutschen Regierung um Vergebung gebeten hat für das, was damals geschehen ist. Das war für die Namibier [...] ein sehr wichtiger Schritt. Vergessen kann man nicht, vergeben kann man.

Beide Texte zit. nach: Bettina Altendorf / Ursula Trueper (Bearb.), Namibia – Deutschland. Eine geteilte Geschichte. Widerstand – Gewalt – Erinnerung, Berlin 2004, S. 15 und 19

M4 Der „große Kladderadatsch“

August Bebel sagt am 9. November 1911 im Reichstag:

So wird man eben von allen Seiten rüsten und wieder rüsten, man wird rüsten bis zu dem Punkte, dass der eine oder andere Teil sagt: Lieber ein Ende mit Schrecken, als ein Schrecken ohne Ende. (*Sehr richtig! bei den Sozialdemokraten.*) [...] Dann kommt die Katastrophe. Alsdann wird in Europa der große Generalmarsch geschlagen, auf den hin 16 bis 18 Millionen Männer, die Männerblüte der verschiedenen Nationen, ausgerüstet mit den besten Mordwerkzeugen, gegeneinander als Feinde ins Feld rücken. Aber nach meiner Überzeugung steht hinter dem großen Generalmarsch der große Kladderadatsch. (*Lachen.*)

Zit. nach: Ilse Fischer/Werner Krause, August Bebel 1840-1913. Ein Großer der deutschen Arbeiterbewegung, Köln 1988, S. 254

M5 „Weiter geht es. Kein Aufenthalt“

Mit den deutschen Kultusministerien gibt der Freiburger Literaturprofessor Philipp Witkop Kriegsbriefe gefallener Studenten heraus. Der 25-jährige Hans Forster kämpft vor Verdun und schreibt am 1. Juli 1916 an seine Eltern:

Gegenüber unserer Stellung scheint die Welt unterzugehen. Und wir? Wir stehen mit begeisterten Augen und schauen und schauen! [...]

Hinüber über die Bahn. Die Stellung darüber am Berg besetzt. Am Bahndamm sind Geschütze. Das ist eine Freude. – Fast sind wir auf der Höhe – aber wir müssen warten, bis unser Feuer verlegt wird. Wir warten in einem Granatloch. 10 Meter links von mir steht in einem Loch Leutnant A., unser derzeitiger Kompanieführer. Leutnant A. ruft herüber: „Schön ist es gegangen“ und lacht; dann wird er ernst, da er sieht, dass einige Leute weiter vorgehen und Gefahr laufen, ins eigene Feuer zu kommen. Er steht auf und will rufen – da – spritzen Fetzen seiner Generalstabskarte, er krampft die Hände vor die Brust und fällt vornüber. Einige Leute springen herzu – doch schon nach wenigen Minuten ist er tot. Weiter geht es. Kein Aufenthalt.

Zit. nach: Philipp Witkop (Hrsg.), Kriegsbriefe gefallener Studenten, Leipzig – Dresden 1918, S. 115 und 117

M6 „Staat und Revolution“

Lenin meint 1917:

Solange es einen Staat gibt, gibt es keine Freiheit. Wenn es Freiheit geben wird, wird es keinen Staat geben. [...] Der Staat wird dann völlig absterben können, wenn die Gesellschaft den Grundsatz „Jeder nach seinen Fähigkeiten, jedem nach seinen Bedürfnissen“ verwirklicht haben wird, d. h. wenn die Menschen sich so an das Befolgen der Grundregeln des gesellschaftlichen Zusammenlebens gewöhnt haben werden und ihre Arbeit so produktiv sein wird, dass sie freiwillig nach ihren Fähigkeiten arbeiten werden.

Zit. nach: www.mlwerke.de/le/le25/le25_470.htm (Zugriff: 20. März 2013)

M7 „Arbeit für den Frieden.“

Logo des „Volksbundes Deutsche Kriegsgräberfürsorge“; es entstand um 1980.
Der „Volksbund“ wurde 1919 gegründet, um die Gräber der deutschen Kriegstoten im Ausland zu erfassen und zu pflegen.

1. *Vergleiche die Skulptur (M1) mit Abb. 1 auf Seite 12. Welche Sichtweisen (Perspektiven) werden deutlich? Was sagen die Vorlagen über die Kolonialgeschichte aus, was zeigen sie nicht?*
2. *Vergleiche das Plakatmotiv (M2) mit den Fotos auf Seite 22. Begründe, weshalb diese Bilder für die heute lebenden Namibier wichtig sind. Berücksichtige dabei die auf dem Plakat gestellten Fragen.*
3. *Führt eine Pro- und Kontra-Debatte zum Thema: „Was hat die heutige Regierung der Bundesrepublik Deutschland mit dem Herero-Aufstand zu tun?“ Bezieht dabei M3 ein.*
4. *Informiere dich über Bebel sowie den zeitgeschichtlichen Zusammenhang der Rede (M4). Beurteile, ob er eine zeittypische Meinung vertrat.*
5. *Der Erste Weltkrieg gilt heute für viele Historiker als die „Urkatastrophe Europas“. Nenne Gründe für diese Beurteilung. Prüfe, ob Feldpostbriefe als Quellen für diese Einschätzung des Krieges ausreichen (M5).*
6. *Erläutere die Überlegungen Lenins (M6). Was haben sie mit der Oktoberrevolution zu tun?*
7. *Viele Historiker bezeichnen die Epoche von der Französischen Revolution bis zum Ersten Weltkrieg als das „lange 19. Jahrhundert“. Prüfe diese Ansicht (siehe Seite 51). Nenne zuvor einige Kennzeichen des „langen 19. Jahrhunderts“.*
8. *Informiere dich über den „Volksbund“ (M7). Warum und wie erinnert er an Kriege?*
9. *Recherchiere, ob es in deinem Schul- oder Wohnort Kriegerdenkmäler gibt, die an den Ersten Weltkrieg erinnern. An welche Opfer wird erinnert, an welche kaum?*

Weimarer Republik

„Arbeiter, Bürger, Bauern, Soldaten aller Stämme Deutschlands, vereinigt euch zur Nationalversammlung."
Plakat (65 x 95 cm) von César Klein, 1919. Auftraggeber: Werbedienst der deutschen Republik.

Demokratie oder Diktatur?

„Die größte aller Revolutionen hat wie ein plötzlich losbrechender Sturmwind das kaiserliche Regime mit allem, was oben und unten dazu gehörte, gestürzt. Man kann sie die größte aller Revolutionen nennen, weil niemals eine so fest gebaute, mit soliden Mauern umgebene Bastille so in einem Anlauf genommen worden ist. [...] Jedem Volke, das sich zu wahrer Freiheit erhebt, muss dieses Musterbild vor Augen stehen."

Der liberale Journalist Theodor Wolff am 10. November 1918 im „Berliner Tageblatt"

„Wenn wir nicht endlich aus den ewigen Regierungskrisen herauskommen, wenn nicht endlich ein starker Mann kommt, der sich den Teufel um Vertrauen oder Nichtvertrauen der Parteien kümmert und endlich gründlich aufräumt, dann können wir in Deutschland getrost einpacken."

Aus einem Artikel der „Nordwestdeutschen Handwerks Zeitung" vom 29. November 1923

„Wir [die NSDAP] gehen in den Reichstag hinein, um uns im Waffenarsenal der Demokratie mit deren eigenen Waffen zu versorgen. Wir werden Reichstagsabgeordnete, um die Weimarer Gesinnung mit ihrer eigenen Unterstützung lahmzulegen. Wenn die Demokratie so dumm ist, uns für diesen Bärendienst Freifahrkarten und Diäten zu geben, so ist das ihre eigene Sache. [...] Uns ist jedes gesetzliche Mittel recht, den Zustand von heute zu revolutionieren. [...] Wir kommen als Feinde! Wie der Wolf in die Schafherde einbricht, so kommen wir."

Der nationalsozialistische Politiker Joseph Goebbels 1928 in einem Zeitungsartikel

„Die Republik hat den Untergang des Reiches verhindert; sie hat das Jahrzehnt bitterster Not gemeistert. Einem Staate solcher Kraft gehört das Jahrhundert. Die Republik hat Deutschland gerettet; sie wird es auch zur Freiheit führen wissen und das deutsche Volk zu einem neuen Aufstieg empor."

Der sozialdemokratische Politiker Wilhelm Sollmann in der Zeitung „Reichsbanner" vom 10. August 1929

Einblick – Orientierung gewinnen

Seit rund achtzig Jahren diskutieren Historiker, warum die Weimarer Republik nicht einmal 14 Jahre bestand und ob und woran die erste deutsche Demokratie „scheiterte". In diesem Kapitel haben sich die Autoren mit folgenden Fragen auseinandergesetzt:

- Welche politische, gesellschaftliche und wirtschaftliche Ordnung wurde nach der des Kaiserreiches geschaffen?
- Welche demokratischen Elemente zeichnen die neue Reichsverfassung aus?
- Mit welchen Schwierigkeiten hatte die Weimarer Republik in den ersten Jahren ihres Bestehens zu kämpfen? Welche Bedeutung hatte dabei der Vertrag von Versailles?
- Gab es die „Goldenen Zwanziger Jahre"?
- Wie entwickelte sich die außenpolitische Lage Deutschlands in der Weimarer Republik?
- Wie wirkte sich die Weltwirtschaftskrise wirtschaftlich und politisch aus?
- Wie lässt sich der Aufstieg des Nationalsozialismus erklären?
- War Weimar eine „Republik ohne Republikaner" und eine „Demokratie ohne Demokraten"?

Wenn du dich mit diesen Themen im Unterricht oder allein beschäftigst, kannst du die Ursachen für den Untergang der Weimarer Republik erkennen. Vielleicht magst du auch erörtern, ob es angemessen ist, diesen Abschnitt der deutschen Geschichte nur unter dem Gesichtspunkt des „Scheiterns" zu betrachten.

2. Extraausgabe Sonnabend, den 9. November 1918.

Vorwärts

Berliner Volksblatt.

Zentralorgan der sozialdemokratischen Partei Deutschlands.

Der Kaiser hat abgedankt!

Der Reichskanzler hat folgenden Erlaß herausgegeben:

Seine Majestät der Kaiser und König haben sich entschlossen, dem Throne zu entsagen.

Der Reichskanzler bleibt noch so lange im Amte, bis die mit der Abdankung Seiner Majestät, dem Thronverzichte Seiner Kaiserlichen und Königlichen Hoheit des Kronprinzen des Deutschen Reichs und von Preußen und der Einsetzung der Regentschaft verbundenen Fragen geregelt sind. Er beabsichtigt, dem Regenten die Ernennung des Abgeordneten Ebert zum Reichskanzler und die Vorlage eines Gesetzentwurfs wegen der Ausschreibung allgemeiner Wahlen für eine verfassunggebende deutsche Nationalversammlung vorzuschlagen, der es obliegen würde, die künftige Staatsform des deutschen Volk, einschließlich der Volksteile, die ihren Eintritt in die Reichsgrenzen wünschen sollten, endgültig festzustellen.

Berlin, den 9. November 1918. **Der Reichskanzler.**
Prinz Max von Baden.

Es wird nicht geschossen!

Der Reichskanzler hat angeordnet, daß seitens des Militärs von der Waffe kein Gebrauch gemacht werde.

1 Titelseite der „2. Extraausgabe" des sozialdemokratischen „Vorwärts" vom 9. November 1918.

Die Geschichte von Weimar [...] ist ein Lehrstück deutscher Zeitgeschichte, ein Lehrstück politischer Bildung von ungebrochener Aktualität über Möglichkeit und Gefährdung einer Demokratie.

2 Immer noch aktuell.

Horst Möller, Die Weimarer Republik. Eine unvollendete Demokratie, [10]2012, S. 9

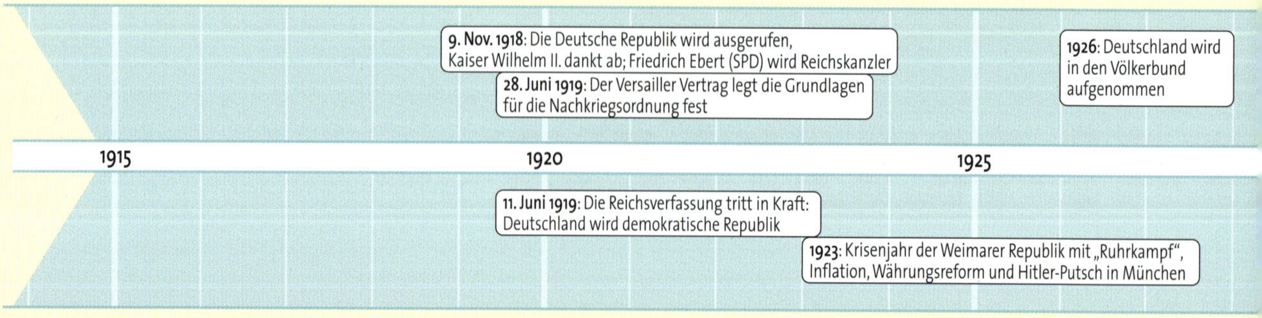

3 Das Deutsche Reich zur Zeit der Weimarer Republik.

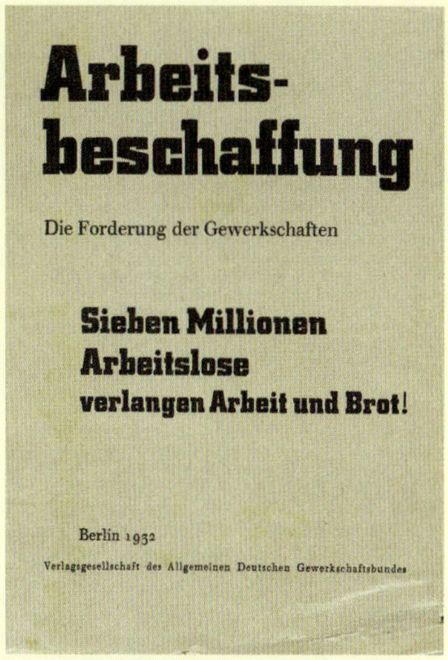

6 „Arbeitsbeschaffung ..."
Broschüre des Allgemeinen Deutschen Gewerkschaftsbundes, Berlin 1932.

4 Reichsbanknote vom 1. November 1923.

5 „Der blaue Engel."
Filmplakat von 1930.

7 „Unsere letzte Hoffnung: Hitler."
Plakat (122 x 87 cm) zur Reichstagswahl von 1932.

1929: Im Oktober beginnt in den USA die Weltwirtschaftskrise

1930 1940

ab Sept. 1930: Den Regierungen fehlen Mehrheiten; der Reichspräsident bestimmt die Regierungen (Präsidialkabinette)

30. Jan. 1933: Reichspräsident Hindenburg ernennt Hitler zum Reichskanzler

Die Novemberrevolution von 1918

1 Matrosen in Wilhelmshaven vor Schiffen der Hochseeflotte, deren Auslaufen sie verhindert haben.
Foto von Anfang November 1918.

Von der Meuterei zur Massenbewegung
Obwohl die Oberste Heeresleitung im Oktober 1918 die Niederlage im Krieg eingestanden hatte, eine neue Regierung gebildet und das Deutsche Reich zu einer konstitutionellen Monarchie umgeformt worden war, gab es keine Ruhe.* Ohne Wissen der neuen Regierung gab die Leitung der Hochseeflotte in Wilhelmshaven den Befehl zu einem letzten Seegefecht gegen die Briten. Sie wollte die Friedensbemühungen durchkreuzen und die Ehre der kaiserlichen Marine retten. Doch die Matrosen weigerten sich. Die Schiffe liefen nicht aus. Um die Meuterei zu unterlaufen, wurde ein Teil der Flotte nach Kiel verlegt, darunter 47 Matrosen, die als Rädelsführer verhaftet worden waren. In Kiel fanden die am 1. November eintreffenden meuternden Matrosen sofort Gleichgesinnte unter den Soldaten und Arbeitern. Am 3. November demonstrierten fast 6 000 Frauen und Männer in der Stadt. Sie forderten die Freilassung der Inhaftierten, Reformen im Militärdienst, die Abschaffung der Monarchie und die „Beseitigung des Militarismus". Dabei wurden die Demonstranten von Soldaten beschossen. Es gab Tote und Verletzte. Am nächsten Tag streikten die Werftarbeiter. Soldaten in den Kasernen verweigerten den Gehorsam und bildeten den ersten deutschen *Soldatenrat* nach russischem Vorbild. Sie beschafften sich Waffen und die militärische Führung musste die Inhaftierten freilassen. Weitere Soldaten- und Arbeiterräte entstanden. Aus der Marine-Meuterei war eine politische Massenbewegung geworden.

Das Ende der Monarchien
Die Aufstandsbewegung breitete sich schnell im ganzen Deutschen Reich aus; zunächst im Küstenbereich der Nord- und Ostsee (Lübeck, Hamburg, Wismar, Schwerin, Rostock, Warnemünde, Brunsbüttel, Cuxhaven, Bremen, Wilhelmshaven, Bremerhaven). Am 7. November rief ein „Rat der Arbeiter, Soldaten und Bauern" die „Münchener Räterepublik" aus und stürzte die Monarchie. Am selben Tag übernahm in Braunschweig ein Arbeiter- und Soldatenrat die Regierung. In den nächsten Tagen traten überall die Fürsten zurück. Auch in den Stadtstaaten Bremen und Hamburg wurden Senat und Bürgerschaft abgesetzt.

** Lies nochmals Seite 49 f.*

Die Revolution in Berlin

Die revolutionäre Welle erreichte am 9. November 1918 die Reichshauptstadt Berlin. Arbeiter- und Soldatenräte belagerten das Regierungsviertel. In den Betrieben wurde gestreikt, überall wurden das Ende des Krieges und der Rücktritt Kaiser Wilhelms II. gefordert.

Um einen Bürgerkrieg zu verhindern, verkündete der Reichskanzler eigenmächtig die Abdankung des Kaisers. Zugleich bot er in einem verfassungsrechtlich nicht vorgesehenen Akt dem SPD-Vorsitzenden *Friedrich Ebert* sein Amt an. Als Vorsitzender der größten Fraktion im Reichstag sollte er auf der Grundlage der reformierten Verfassung eine neue Regierung bilden.

2 Revolutionäre Soldaten und Matrosen am Brandenburger Tor in Berlin.
Foto vom 9. November 1918.

Die Übergangsregierung

Während Ebert alle politischen und sozialen Änderungen einer rasch zu wählenden Verfassunggebenden Nationalversammlung vorbehalten wollte, rief der aus Kassel stammende Sozialdemokrat *Philipp Scheidemann* am 9. November 1918 die *Deutsche Republik* aus. Er kam damit *Karl Liebknecht* zuvor, dem Führer der Spartakisten, eines linken Flügels der 1917 von der SPD abgespaltenen Unabhängigen Sozialdemokratischen Partei Deutschlands (USPD), der die *Freie Sozialistische Republik Deutschland* ausrief.

Die Spitzen der beiden sozialistischen Parteien einigten sich über die Bildung einer Übergangsregierung, des *„Rates der Volksbeauftragten"*. Ihm gehörten je drei Vertreter der SPD und der USPD an.

Angesichts der politischen Probleme und des drohenden wirtschaftlichen Zusammenbruchs ging es der Übergangsregierung darum, einen Bürgerkrieg zu verhindern, den Wechsel von der Kriegs- zur Friedenswirtschaft einzuleiten und eine geordnete Heimführung der Kriegsteilnehmer zu sichern.

Erste Entscheidungen

Am 10. November 1918, dem Tag der Regierungsbildung und dem Tag vor der Annahme der Waffenstillstandsbedingungen, vereinbarte Ebert eine Zusammenarbeit mit der Obersten Heeresleitung, die für die Zeit der Demobilisierung ihren Sitz nach Kassel-Wilhelmshöhe verlegt hatte. Die gemeinsame Arbeit war für die geordnete Rückführung der Soldaten notwendig. Gleichzeitig wollte die Regierung so über Truppen verfügen, um Ruhe und Ordnung herstellen zu können.

Am 12. November verkündete der „Rat der Volksbeauftragten" ein demokratisches Wahlrecht für Männer und Frauen und den Achtstundenarbeitstag. Über weitere Veränderungen sollte eine gewählte Nationalversammlung demokratisch entscheiden.

Drei Tage danach kam es zu weitreichenden Vereinbarungen zwischen den Gewerkschaften und den Arbeitgebern, die dem sozialen Frieden und der Umstellung von der Kriegs- zur Friedenswirtschaft dienen sollten. Die Verbände der Arbeitgeber erkannten die Gewerkschaften als Vertretung der Arbeiterschaft an sowie die Freiheit der Arbeiter und Arbeiterinnen, sich zur Wahrung und Förderung der Arbeitsbedingungen zu vereinen.

3 Armbinde.

Räte oder Parlament?

1 **Barrikadenkampf der Spartakisten in Berlin.**
Foto vom Januar 1919.

Wie soll regiert werden?

Linksradikale Arbeiter- und Soldatenräte strebten eine *Räterepublik* an. Die Macht in Politik, Wirtschaft und Militär sollte auf Arbeiter- und Soldatenräte übergehen. Banken, Großgrundbesitz, Bergbau und Großbetriebe sollten in Volkseigentum verwandelt werden.

Auf dem *Ersten Allgemeinen Kongress der Arbeiter- und Soldatenräte*, der vom 16. bis 21. Dezember 1918 in Berlin tagte, wurde darüber gestritten, ob eine sozialistische Demokratie oder eine proletarische Räterepublik eingeführt werden sollte. Während die Anhänger des Rätesystems die gesetzgebende, ausführende und richterliche Gewalt der direkt gewählten Räte forderten, wollten die Verfechter des Parlamentarismus die *Gewaltenteilung* beibehalten. Die mehrheitlich der SPD angehörenden Teilnehmer lehnten mit 344 gegen 98 Stimmen das Rätesystem ab. Außerdem stimmten etwa 400 gegen 50 Teilnehmer für Wahlen zu einer *Verfassunggebenden Nationalversammlung* am 19. Januar 1919.

Der „Rat der Volksbeauftragten" begrüßte die Entscheidungen des Rätekongresses. Die mit großer Mehrheit beschlossene unverzügliche *Sozialisierung* aller „hierfür reifen Industrien" wurde allerdings nicht eingeleitet. Auch den einstimmigen Beschluss zur Militärreform, der eine demokratische Kontrolle der Kommandogewalt des Militärs vorsah, befolgte die Übergangsregierung nicht.

Die unerfüllten Forderungen verschärften den Streit zwischen SPD und USPD sowie in der USPD. Er wurde häufig auf der Straße ausgetragen. Demonstrationen und Streiks nahmen zu. Ende Dezember 1918 belagerten linksradikale Kräfte die Reichskanzlei, um ihren Forderungen Nachdruck zu verleihen. Als Ebert Truppen gegen die Aufrührer einsetzte, kam es zum Bruch der Übergangsregierung. Die USPD-Politiker schieden aus. Sie wurden durch Sozialdemokraten und Vertreter bürgerlicher Parteien ersetzt.

Gründung der KPD

Zwei Tage nachdem sich die USPD aus der Übergangsregierung zurückgezogen hatte, begann am 30. Dezember 1918 der Gründungsparteitag der *Kommunistischen Partei Deutschlands*. Die Partei bildete sich aus zwei politischen Strömungen: aus der Spartakusgruppe, dem äußersten linken Flügel der USPD, und aus Hamburger und Bremer Linksradikalen, die in Verbindung mit den *Bolschewiki** standen. Ziel der KPD war es, die Revolution zu vollenden und die Räterepublik zu errichten.

Die KPD wird aktiv

Das Programm der KPD hatte die aus einer jüdischen Familie stammende ehemalige Sozialdemokratin *Rosa Luxemburg* verfasst. Dort hieß es, dass die Partei die Regierung nur „mit dem Willen der großen Mehrheit der proletarischen Masse" übernehmen wollten. Trotzdem beteiligte sich die KPD im Januar 1919 in Berlin am *Spartakus-Aufstand*, um die Übergangsregierung zu stürzen. Der Versuch wurde am 12. Januar 1919 von Regierungstruppen und Freiwilligenverbänden, den *Freikorps*, niedergeschlagen. Verantwortlich war dafür der im „Rat der Volksbeauftragten" für das Militär zuständige Sozialdemokrat *Gustav Noske*.

Die an dem Aufstand beteiligten KPD-Führer Karl Liebknecht und Rosa Luxemburg wurden am 15. Januar von Freikorps aufgefunden, misshandelt und ermordet. In den folgenden Wochen setzte Noske, Reichswehrminister von Februar 1919 bis Dezember 1920 und Oberpräsident von Hannover von 1920 bis 1933, unnachgiebig Soldaten gegen Massenstreiks und die Räterepubliken in Bremen, Braunschweig und Bayern ein.

Verrat an den sozialistischen Zielen?

Die Zusammenarbeit der Übergangsregierung mit den alten Führungsspitzen im Militär, in der Verwaltung und in der Wirtschaft trug der SPD innerhalb der Linken den Vorwurf des Verrates an den Zielen der Arbeiterschaft ein. Dagegen betonte die Führung der Sozialdemokraten, dass es ihr durch diese Politik gelungen sei,

- einen Bürgerkrieg und damit ein militärisches Eingreifen der Alliierten zu unterbinden,
- Hunger abzuwenden,
- den Zerfall des Reiches zu verhindern und
- die Wahl zur Nationalversammlung zu sichern.

* **Bolschewiki**: *Siehe die Anmerkung auf Seite 42.*

M1 **Wer stellt den Volkswillen fest?**

Auf dem „Allgemeinen Kongress der Arbeiter- und Soldatenräte" vom Dezember 1918 sagt der SPD-Politiker Max Cohen-Reuß:

Nun gibt es aber, wie die Dinge sich bisher entwickelt haben, eine Voraussetzung, damit wir wieder produktionsfähig werden. Das ist nur möglich, wenn unser staatlicher Mechanismus, der einigermaßen in Unordnung geraten ist, wieder richtig funktioniert, wenn wir eine Zentralgewalt im Reiche bekommen, die in der Lage ist, den inneren und äußeren Zerfall des Reiches aufzuhalten. Nur eine starke Zentralgewalt ist in der Lage, die auseinanderstrebenden Teile des Reiches wieder an das Reich zu fesseln; nur sie kann dafür sorgen, dass die Glieder im Innern wieder zu einem richtigen Zusammenarbeiten gelangen. Aber eine starke Zentralgewalt kann nur dann sicheren Halt und eine starke moralische Autorität haben, wenn sie auf dem festen und breiten Fundament des allgemeinen Volkswillens aufgebaut ist. Es kann keine Zentralgewalt mit starker Autorität, die sich die nötige Beachtung im Innern und im Auslande sichert, geben, wenn sie nicht von der überwiegenden Mehrheit des deutschen Volkes getragen ist. [...]

Es gibt nach meiner festen Überzeugung nur ein einziges Organ, das diesen Volkswillen feststellen kann: Das ist die allgemeine deutsche Nationalversammlung, zu der jeder Deutsche, gleichviel ob Mann oder Frau, in allen den Gebieten, die zu Deutschland gehören wollen, wählen kann. [...]

Nur noch ein paar Worte über die A.- und S.-Räte an sich und ihre gegenwärtige und zukünftige Stellung. [...] Man wird zu der Erkenntnis kommen, dass ohne die A.- und S.-Räte in den ersten Tagen wahrscheinlich schon die Katastrophe hereingebrochen wäre. (*Sehr richtig!*) Nur die A.- und S.-Räte sind es gewesen, die die Ordnung aufrechterhalten konnten und die so viel Autorität besaßen, dass nicht alles drunter und drüber ging; und ebenso wie man zugeben muss, dass sie manche Geldmittel verschwendet haben – aber wie wäre das in so ungeordneten Zuständen anders möglich! –, so haben die A.- und S.-Räte auch Milliarden von deutschem Volksvermögen gerettet. (*Sehr richtig!*) Ich meine also, die A.- und S.-Räte hatten ihre Berechtigung und werden ihre Berechtigung auch weiter haben. Nur, glaube ich, müssen sie an der Zentralstelle, die die Verfassung des Deutschen Reiches schaffen wird, der Nationalversammlung Platz machen.

Zit. nach: Dieter Schneider/Rudolf Kuda, Arbeiterräte in der Novemberrevolution. Ideen, Wirkungen, Dokumente, Frankfurt a. M. 1968, S. 128 f.

M2 **Ziele des reinen Rätesystems**

Die Anhänger des Rätesystems halten die „bürgerliche Demokratie mit ihren Stimmzetteln und Parlamenten" für überholt. Ernst Däumig, Vorstandsmitglied der USPD und führendes Mitglied des Arbeiter- und Soldatenrates von Groß-Berlin, fordert 1919 in einem Aufsatz:

[Die] formale Demokratie muss durch eine ausgebaute Räteorganisation beseitigt und ersetzt werden, und zwar dergestalt, dass von der untersten bis zur obersten Verwaltungseinheit Gesetzgebung, ausführende Gewalt und Verwaltung in einheitlichen Körperschaften vereinigt werden und dass die unteren wie die oberen Instanzen der Räteorganisation planmäßig und nach einheitlichen Gesichtspunkten sich einander in die Hände arbeiten, ständig kontrolliert durch die das ganze Land bedeckenden Zellen der jederzeit aktiven Wahlkörper in den Betrieben und Berufen.

Zit. nach: Dieter Schneider/Rudolf Kuda, Arbeiterräte in der Novemberrevolution, a. a. O., S. 77

M3 **„Was will Spartakus?"**
Plakat (96 x 71 cm) von 1919.

M4 **„Schließt Euch fest zusammen ..."**
Plakat (108 x 81 cm) von 1918/19.

1. *Welche Bedeutung misst Cohen-Reuß den Räten zu (M 1)? Erläutere den Unterschied zu Däumigs Ausführungen (M 2).*
2. *Erörtert die Frage, wer in einem Staat über die Verfassung entscheiden soll: Parlamentarier, Räte oder alle Wahlberechtigten?*
3. *Erläutere die Unterschiede zwischen einer parlamentarischen Republik und einer Räterepublik.*
4. *Analysiere die Aussage der Plakate (M 3 und M 4). Ordne sie jeweils einem politischen Lager zu.*

Der Versailler Vertrag und seine Folgen

1 Die Unterzeichnung des Friedensvertrages im Spiegelsaal des Schlosses zu Versailles am 28. Juni 1919.
Ölgemälde (152 x 127 cm) von William Orpen, 1919.

2 „Was wir verlieren sollen!"
Plakat (71 x 96 cm) von Louis Oppenheim zu den Beschlüssen der Friedenskonferenz von Versailles von 1919.
■ *Erläutere die beabsichtigte Wirkung des Plakates.*

Die Pariser Friedenskonferenz

Am 18. Januar 1919 wurde im Schloss von Versailles die Friedenskonferenz mit Vertretern aus 27 Staaten eröffnet. Auf ihr sollte der Weltkrieg völkerrechtlich beendet und die Nachkriegsordnung festgelegt werden. Vertreter Sowjetrusslands waren nicht eingeladen worden. Auch die Verliererstaaten wurden, anders als nach den großen europäischen Kriegen 1648 oder 1815, nicht zu den Beratungen zugelassen.

Die wichtigsten Entscheidungen fielen im Kreis der „Großen Drei": der USA, Großbritanniens und Frankreichs. Ihren Verhandlungen lagen unterschiedliche Ziele zugrunde: Während der amerikanische Präsident das *Selbstbestimmungsrecht der Völker* in den Vordergrund stellte, bemühten sich Großbritannien und Frankreich darum, ihre Machtinteressen und Sicherheitsbedürfnisse durchzusetzen.

Der Friedensvertrag

Am 7. Mai 1919 wurden der deutschen Delegation die Friedensbedingungen mitgeteilt.

Die Bestimmungen des *Versailler Vertrages* mit seinen 440 Artikeln gingen über die Regelungen des Waffenstillstandes vom November 1918 hinaus. Sie riefen in Deutschland Empörung hervor und lösten eine Regierungskrise aus. Doch angesichts der aussichtslosen militärischen Lage, des Risikos eines Einmarsches alliierter Truppen und der Not im Lande stimmte eine Mehrheit des Reichstages der bedingungslosen Annahme des Vertrages zu. Am 28. Juni 1919, fünf Jahre nach dem Attentat von Sarajewo, setzten die Vertreter der Reichsregierung ihre Unterschriften unter den Vertrag.

Das Dokument enthielt territoriale, militärische und wirtschaftliche Bestimmungen für das Deutsche Reich:

- Im Westen, Osten und Norden des Reiches waren Gebiete abzutreten, außerdem mussten alle Kolonien aufgegeben werden.
- Weder linksrheinisch noch 50 Kilometer östlich des Rheins durften deutsche Soldaten stationiert werden.
- Alliierte Truppen sollten für mindestens 15 Jahre die Gebiete besetzen und die Einhaltung der Bestimmungen kontrollieren.
- Die allgemeine Wehrpflicht wurde abgeschafft, das Heer durfte höchstens 100 000 und die Marine maximal 15 000 Berufssoldaten umfassen.
- Die Luftwaffe wurde verboten und der Besitz von U-Booten, Panzern und Gaswaffen untersagt.
- Für die Kriegsschäden sollten Wiedergutmachungen (*Reparationen*) in noch nicht festgelegter Höhe gezahlt werden.

Die „Schmach von Versailles“

Die meisten Deutschen lehnten den Vertrag ab. Die schärfsten Kritiker des „Diktatfriedens“ vergaßen, mit welchen Zielen Politiker, Militärs und Industrielle den Krieg geführt hatten und wie sie vermutlich im Falle eines Sieges mit den Verlierern umgegangen wären. Sie erinnerten sich auch nicht an die Bedingungen, die die deutsche Regierung noch im März 1918 Sowjetrussland in Brest-Litowsk auferlegt hatte.

Auch die Alliierten trugen zur Verbitterung bei: Sie erkannten nicht an, dass die nun Deutschland regierenden Parteien den Krieg nicht gewollt hatten.

Als besondere Schmach empfanden viele Deutsche den Artikel 231 des Vertrages. Dieser *Kriegsschuldartikel*, der die rechtliche Grundlage der Reparationen bildete, machte Deutschland und seine Verbündeten allein für den Kriegsausbruch verantwortlich.

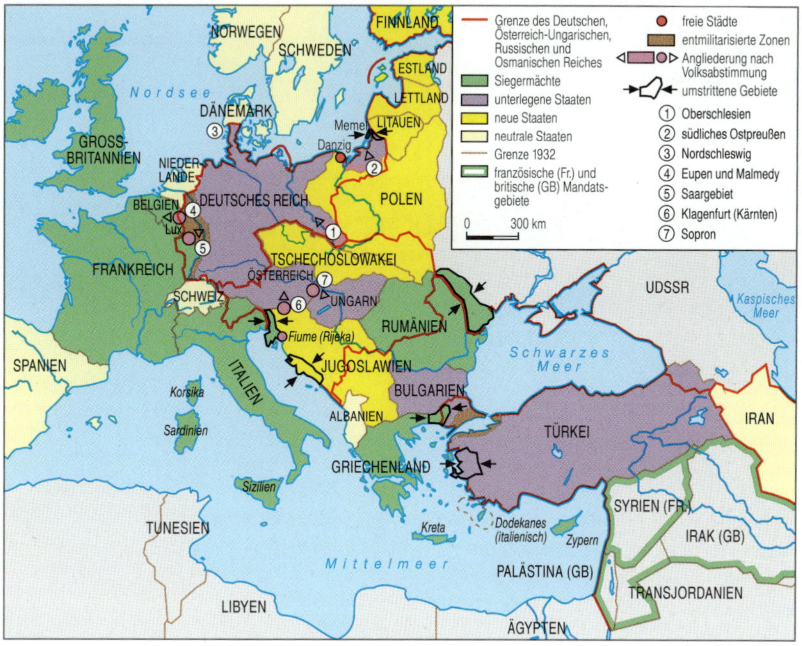

3 **Europa nach 1918.**
Jugoslawien (Südslawien) hieß bis 1929 „Königreich der Serben, Kroaten und Slowenen“.

Frieden mit den anderen Verlierern

Die Friedensverträge mit Österreich, Bulgarien, Ungarn und dem Osmanischen Reich veränderten die Landkarte Ostmittel- und Südosteuropas. Die Regelungen orientierten sich nicht allein an dem Selbstbestimmungsrecht der Völker, sondern berücksichtigten auch weltanschauliche und militärstrategische Gesichtspunkte.

- Das Osmanische Reich (ab 1923 Türkei) behielt nur einen Rest seines europäischen Staatsgebietes. Auf dem Balkan existierte künftig neben Rumänien und Bulgarien ein neu geschaffener Staat, das spätere Jugoslawien. Darüber hinaus wurden die Meerengen zwischen dem Schwarzen Meer und dem Mittelmeer entmilitarisiert und unter internationale Kontrolle gestellt. Das türkische Heer sollte nicht mehr als 50 000 Mann umfassen.
- Österreich-Ungarn bestand bereits bei Kriegsende nicht mehr. Im Oktober 1918 war die Tschechoslowakei als selbstständige Republik ausgerufen worden. Drei Tage später hatte die ungarische Regierung ihre Unabhängigkeit erklärt. Nun musste Österreich die Tschechoslowakei, Ungarn, Polen und Jugoslawien als Staaten anerkennen. Dazu hatte es noch Südtirol bis zum Brenner an Italien abtreten müssen. Ferner wurden dem Land Reparationen und Rüstungsbeschränkungen auferlegt. Der politischen Führung wurde verboten, sich – wie vom provisorischen Parlament in Wien beschlossen – dem Deutschen Reich anzuschließen.

Die Friedensverträge von 1919 konnten in den neu gegründeten Staaten wie der Tschechoslowakei die alten Nationalitätenprobleme nicht lösen und in einigen Gebieten hielten die Konflikte an. Die Grenzen Polens wurden erst nach dem Krieg mit Sowjetrussland (1919/20) bestimmt.

Der Völkerbund

Der amerikanische Präsident Wilson setzte in Paris seine Idee eines *Völkerbundes* durch. Er sollte die Zusammenarbeit aller Staaten fördern und den Frieden sichern. Anfang 1920 nahm der Völkerbund seine Arbeit in Genf auf. Streitfälle zwischen den Staaten sollten vor den Völkerbund oder ein internationales Schiedsgericht gebracht und friedlich beigelegt werden. Gegen Friedensstörer sah die Satzung der Weltorganisation gemeinsame politische und wirtschaftliche Zwangsmaßnahmen (*Sanktionen*) vor.

Der Völkerbund war zunächst nur ein Zusammenschluss der Siegermächte, denn Deutschland und seine ehemaligen Verbündeten blieben ausgeschlossen. Geschwächt wurde er dadurch, dass die USA sowie Sowjetrussland ihm gar nicht oder nicht von Anfang an angehörten. Die Amerikaner blieben dem Völkerbund fern, weil sie sich nicht länger in europäische Streitigkeiten einmischen wollten und ihr Senat den Beitritt ablehnte. Sowjetrussland trat nicht sofort bei, um nicht als einzige kommunistische Macht ständig überstimmt zu werden; die Sowjetunion schloss sich erst 1934 der Organisation an.

M 1 Deutsche Gebiets- und Bevölkerungsverluste nach dem Friedensvertrag von Versailles 1919.

■ *Beschreibe mithilfe der Karte einige Folgen des Versailler Vertrages für Deutschland.*

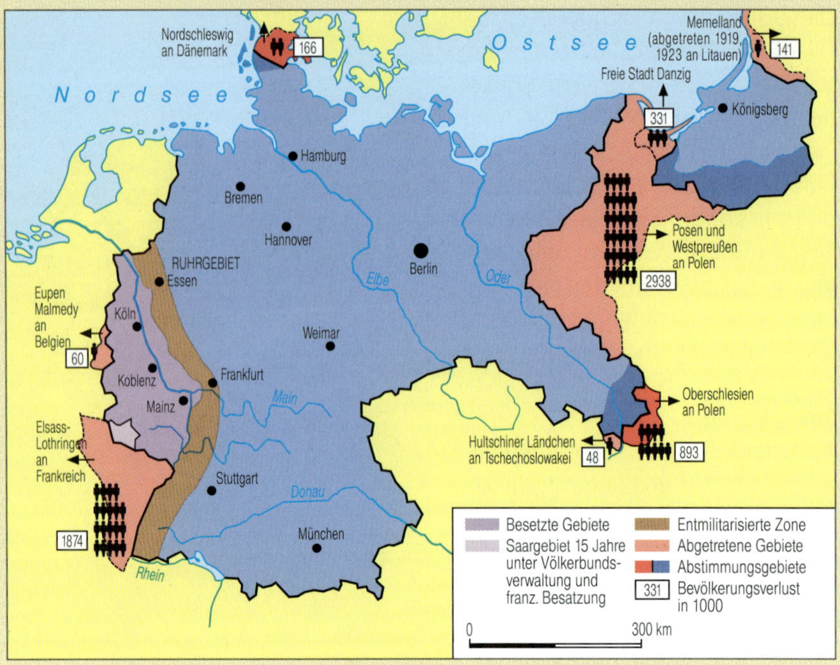

M 2 Deutscher Protest

Noch vor der Unterzeichnung des Versailler Vertrages sagt der SPD-Politiker Philipp Scheidemann am 12. Mai 1919 in der Nationalversammlung:

Heute, wo jeder die erdrosselnde Hand an der Gurgel fühlt, lassen Sie mich ganz ohne taktisches Erwägen reden: Was unseren Beratungen zugrunde liegt, ist dies dicke Buch, in dem 100 Absätze beginnen: Deutschland verzichtet, verzichtet, verzichtet! Dieser schauerliche und mörderische Hexenhammer*, mit dem einem großen Volke das Bekenntnis der eigenen Unwürdigkeit, die Zustimmung zur erbarmungslosen Zerstückelung abgepresst werden soll, dies Buch darf nicht zum Gesetzbuch der Zukunft werden. [...] Welche Hand müsste nicht verdorren, die sich und uns in solche Fesseln legte?

Zit. nach: Günter Schönbrunn (Bearb.), Weltkriege und Revolutionen 1914-1945, München [3]1979, S. 129

** Der „Versailler Vertrag" wird hier mit dem „Hexenhammer" verglichen, einem Buch aus dem 16. Jh., das die jahrhundertelange Hexenverfolgung rechtfertigt.*

M 3 Alternativen

In seinen Erinnerungen erörtert Matthias Erzberger (Zentrum), der am 11. November 1918 den Waffenstillstand von Compiègne unterzeichnet hat (siehe Seite 49), die außen- und innenpolitischen Folgen, wenn der Versailler Vertrag nicht unterzeichnet werden würde:

1. Außenpolitische Folgen: Der Kriegszustand wird wieder aufgenommen, und zwar wahrscheinlich sofort mit dreitätiger Kündigung des Waffenstillstandes. Die Alliierten, und zwar sämtliche, auch die Amerikaner, rücken in breiter Front vor, wie weit, ist nicht bekannt, aber mindestens bis zu einer Linie, die durch Kassel parallel des Rheins läuft. Insbesondere wird das Ruhrgebiet besetzt. [...] Die wehrfähige Bevölkerung kann, da es sich um Kriegszustand handelt, in Kriegsgefangenschaft abgeführt werden. Die übrige Bevölkerung in den weiten besetzten Gebieten wird nach Kriegsrecht behandelt; es ist zu erwarten, dass die Alliierten mit den stärksten Repressalien* vorgehen werden. [...]

2. Innenpolitische Folgen: allgemeine Lebensmittel-, Waren- und Rohstoffnot in Deutschland. Von den Grenzen Deutschlands werden die Bevölkerungen von Osten und Westen nach dem Innern Deutschlands zusammenströmen und die Lebensmittelnot ins Ungeheure steigern. Durch die Besetzung des Ruhrkohlengebietes fällt der Nachschub an Kohlen fort, daher ist allgemeiner Zusammenbruch des Verkehrs und Hungersnot in den großen Städten in einigen Wochen zu erwarten. Überhandnehmen des Bolschewismus, der seine Zeit gekommen sieht. Plünderung, Mord und Totschlag wird an der Tagesordnung sein. [...]

Das Deutsche Reich fällt auseinander. Die einzelnen Freistaaten werden dem Anerbieten und Druck der Alliierten, mit ihnen Frieden zu schließen, nicht widerstehen können.

Matthias Erzberger, Erlebnisse im Weltkrieg, Stuttgart – Berlin 1920, S. 371-373

* **Repressalien**: *Zwangsmaßnahmen eines Staates gegen einen anderen, um diesen zur Aufgabe eines Völkerrechtsverstoßes zu bewegen*

1. *Erläutere die politische Haltung Scheidemanns (M 2).*
2. *Arbeite heraus, was nach Erzberger für die Unterzeichnung des Vertrages spricht (M 3).*
3. *Ein britischer Politiker soll gesagt haben: „Wir haben den Krieg gewonnen, aber den Frieden verloren." Erläutere das Zitat.*

Die Weimarer Verfassung

2 „Nichts geändert?"

Plakat (68 x 46 cm) aus Berlin von 1920.

■ Untersuche *die Gestaltung, die Einträge und Symbole des Plakates (siehe dazu auch den Lerntipp auf Seite 70). Eine wichtige Veränderung wird hier nicht besonders hervorgehoben. Welche? Nebenbei: Auch das Plakat auf Seite 54-55 weist nicht auf diese innenpolitische Neuerung hin.*

1 „So wird gewählt."

Titelblatt der Zeitschrift, „Das Illustrierte Blatt" vom 14. Januar 1919.

Eine neue Zeit beginnt

Als der Versailler Vertrag Ende Juni 1919 unterschrieben wurde, besaß das Deutsche Reich bereits eine demokratisch gewählte Volksvertretung. Bei der Wahl zur *Verfassunggebenden Nationalversammlung* im Januar 1919 durften erstmals Frauen wählen und gewählt werden. Anders als das Mehrheitswahlrecht des Kaiserreiches gab das neue *Verhältniswahlrecht* den kleineren Parteien eine größere Chance, einen Sitz im Parlament zu gewinnen. Künftig war ausgeschlossen, dass die Stimmen der Minderheit unberücksichtigt blieben. Mit dem Verhältniswahlrecht entstanden auch neue Probleme: Die vielen kleinen Parteien erschwerten später immer wieder die Bildung von Mehrheiten im Parlament und schwächten so die Regierungen.

Die „Weimarer Koalition"

Die Sozialdemokraten gewannen bei den Wahlen zur Nationalversammlung die meisten Stimmen, aber nicht die erhoffte absolute Mehrheit.

Wegen der Unruhen in Berlin traten die Abgeordneten am 6. Februar 1919 im Nationaltheater in Weimar zusammen. Die Stadt in Thüringen gab der ersten deutschen Republik den Namen.

Die Abgeordneten der Nationalversammlung wählten den Sozialdemokraten Friedrich Ebert zum Reichspräsidenten. Er beauftragte seinen Parteifreund *Philipp Scheidemann*, die erste reguläre Regierung zu führen.

Die SPD bildete mit dem Zentrum und der neuen liberalen *Deutschen Demokratischen Partei* (DDP) eine Regierung. Diese *Weimarer Koalition* hatte mit 76,1 Prozent der Wählerstimmen die große Mehrheit des Volkes hinter sich.

▶ ***Internettipp:***
www.dhm.de/lemo/html/weimar

3 Friedrich Ebert spricht.
Foto vom 21. August 1919. Nach der Vereidigung als Reichspräsident hielt Ebert vom Balkon des Deutschen Nationaltheaters in Weimar eine Rede.

„Die Staatsgewalt geht vom Volk aus"

Ende Juli 1919 verabschiedete die Nationalversammlung die *Weimarer Verfassung*. Sie trat am 11. August 1919 in Kraft, machte das Deutsche Reich zur Republik und legte die Regeln für die *parlamentarische Demokratie* fest. Die Staatsgewalt sollte allein vom Volk ausgehen. Männer und Frauen über 20 Jahren erhielten das Recht, in allgemeinen, geheimen, unmittelbaren, gleichen Wahlen alle vier Jahre die Abgeordneten des Reichstages und alle sieben Jahre den Reichspräsidenten zu wählen. Durch Volksbegehren und Volksentscheide (*Plebiszite*) wurde das politische Mitspracherecht der Wähler und Wählerinnen gestärkt.

Die Ordnung des Staates

Die Republik war wie das Kaiserreich ein Bundesstaat. Die im *Reichsrat* vertretenen 18 Länderregierungen besaßen das Recht, gegen Reichsgesetze Einspruch zu erheben, aber die Selbstständigkeit der Bundesländer war im Vergleich zum Kaiserreich eingeschränkt worden. Außerdem verloren die süddeutschen Staaten ihre Sonderrechte bei Militär, Post und Verkehr.
Eine besondere Bedeutung hatte der vom Volk gewählte *Reichspräsident*. Seine verfassungsrechtliche Stellung bildete ein deutliches Gegengewicht zum Reichstag und ähnelte der des Kaisers in der Verfassung von 1871. Als Staatsoberhaupt vertrat er das Reich völkerrechtlich, ernannte die Reichsbeamten und Offiziere und besaß den Oberbefehl über die Reichswehr. Außerdem hatte er das Recht, den Reichstag aufzulösen. In Fällen des Staatsnotstandes durfte er zum Schutze der Republik durch *Notverordnungen* vorübergehend *Grundrechte* außer Kraft setzen (z.B. die Meinungs-, Versammlungs- und Vereinigungsfreiheit) und Militär einsetzen („Diktaturgewalt" des Artikels 48). Alle Anordnungen des Reichspräsidenten mussten aber der Reichskanzler oder der zuständige Reichsminister unterschreiben. Dies sollte den Reichspräsidenten an die Politik der Reichsregierung binden.
Wichtigste Einrichtung des Reiches war der Reichstag. Er war der Gesetzgeber. Darüber hinaus sollte er die *Reichsregierung* kontrollieren. *Reichskanzler* und *Reichsminister* brauchten Mehrheiten im Parlament. Beide konnten durch ein *Misstrauensvotum* zum Rücktritt gezwungen werden.

Gleichberechtigung der Juden

Die Weimarer Verfassung verankerte die Gleichberechtigung der 564000 deutschen Juden (Stand: 1925). Sie verbot jede Diskriminierung aus religiösen Gründen im öffentlichen Dienst (Artikel 109 und 128) und hob die bereits 1871 festgelegte Unabhängigkeit der bürgerlichen Rechte vom religiösen Bekenntnis hervor (Artikel 136). Außerdem wurde den 1611 jüdischen Gemeinden im Reich (Stand: 1932) der Status von „Kirchen" zugesprochen.

Bestimmungen zum Wirtschaftsleben

Die Verfassung enthielt auch Bestimmungen zum Wirtschaftsleben: Das Eigentum genoss Verfassungsschutz, aber sein Gebrauch sollte zugleich „Dienst sein für das gemeine Beste" (Artikel 153). Artikel 159 sicherte die „Vereinigungsfreiheit zur Wahrung und Förderung der Arbeits- und Wirtschaftsbedingungen" und Artikel 165 die Tarifautonomie zwischen Arbeitnehmern und Arbeitgebern zur Festlegung der Lohn- und Arbeitsbedingungen. Außerdem bestimmte Artikel 163, dass für den „notwendigen Unterhalt" von Erwerbslosen gesorgt werden solle.

▶ ***Internettipp:*** *Informationen über Friedrich Ebert findest du unter www.dhm.de/lemo/html/biografien/EbertFriedrich*

■ *Du sollst für ein Quiz eine Frage zur Weimarer Verfassung entwerfen. Formuliere sie.*

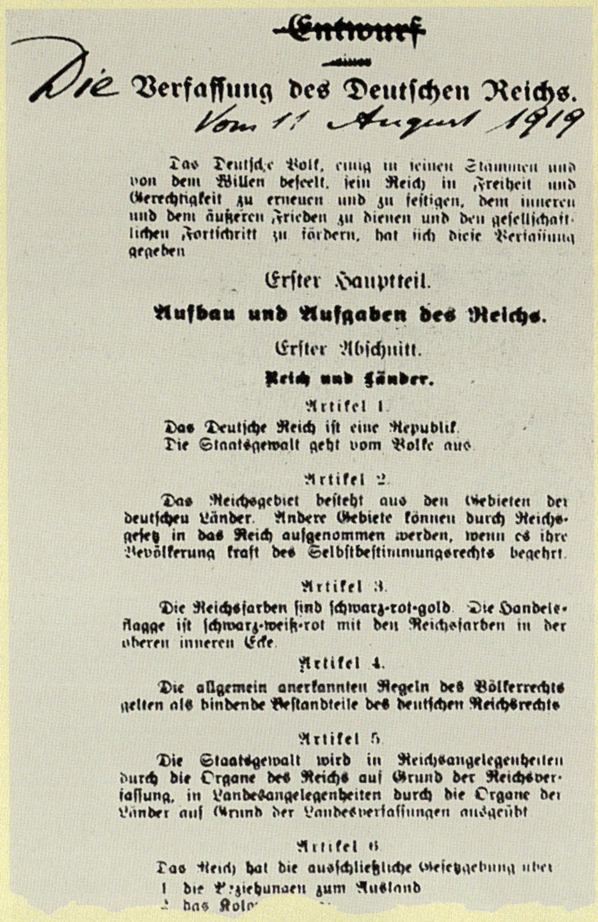

~~Entwurf~~

Die Verfassung des Deutschen Reichs.
Vom 11 August 1919

Das Deutsche Volk, einig in seinen Stämmen und von dem Willen beseelt, sein Reich in Freiheit und Gerechtigkeit zu erneuen und zu festigen, dem inneren und dem äußeren Frieden zu dienen und den gesellschaftlichen Fortschritt zu fördern, hat sich diese Verfassung gegeben.

Erster Hauptteil.

Aufbau und Aufgaben des Reichs.

Erster Abschnitt.

Reich und Länder.

Artikel 1.

Das Deutsche Reich ist eine Republik.
Die Staatsgewalt geht vom Volke aus.

Artikel 2.

Das Reichsgebiet besteht aus den Gebieten der deutschen Länder. Andere Gebiete können durch Reichsgesetz in das Reich aufgenommen werden, wenn es ihre Bevölkerung kraft des Selbstbestimmungsrechts begehrt.

Artikel 3.

Die Reichsfarben sind schwarz-rot-gold. Die Handelsflagge ist schwarz-weiß-rot mit den Reichsfarben in der oberen inneren Ecke.

Artikel 4.

Die allgemein anerkannten Regeln des Völkerrechts gelten als bindende Bestandteile des deutschen Reichsrechts.

Artikel 5.

Die Staatsgewalt wird in Reichsangelegenheiten durch die Organe des Reichs auf Grund der Reichsverfassung, in Landesangelegenheiten durch die Organe der Länder auf Grund der Landesverfassungen ausgeübt.

Artikel 6.

Das Reich hat die ausschließliche Gesetzgebung über
1. die Beziehungen zum Ausland
2. das Kolo...

M1 Die erste Seite der Verfassungsurkunde.

M3 „Meine Herren und Damen!"

Unter den 421 Abgeordneten der 1919 gewählten Nationalversammlung sind 41 Frauen. Erst auf der 11. Sitzung vom 19. Februar 1920 kommt die Sozialdemokratin Marie Juchacz zu Wort.

Meine Herren und Damen! (*Heiterkeit.*) Es ist das erste Mal, dass in Deutschland die Frau als freie und gleiche im Parlament zum Volke sprechen darf, und ich möchte hier feststellen, und zwar ganz objektiv, dass es die Revolution gewesen ist, die auch in Deutschland die alten Vorurteile überwunden hat. (*Sehr richtig! bei den Sozialdemokraten.*) Die Frauen besitzen heute das ihnen zustehende Recht der Staatsbürgerinnen. [...]

Wollte die Regierung eine demokratische Verfassung vorbereiten, dann gehörte zu dieser Vorbereitung das Volk, das ganze Volk in seiner Vertretung. [...]

Durch die politische Gleichstellung ist nun meinem Geschlecht die Möglichkeit gegeben zur vollen Entfaltung seiner Kräfte. [...] Ich möchte hier sagen, dass die Frauenfrage, so wie es jetzt ist in Deutschland, in ihrem alten Sinne nicht mehr besteht (*sehr richtig! bei den Sozialdemokraten*), dass sie gelöst ist. Wir werden es nicht mehr nötig haben, mit Versammlungen, mit Resolutionen, mit Eingaben um unser Recht zu kämpfen. Der politische Kampf [...] wird sich von nun an in anderen Formen abspielen.

Verhandlungen der Verfassunggebenden Deutschen Nationalversammlung. Stenographische Berichte. Session 1919/20, Bd. 326, S. 178f.

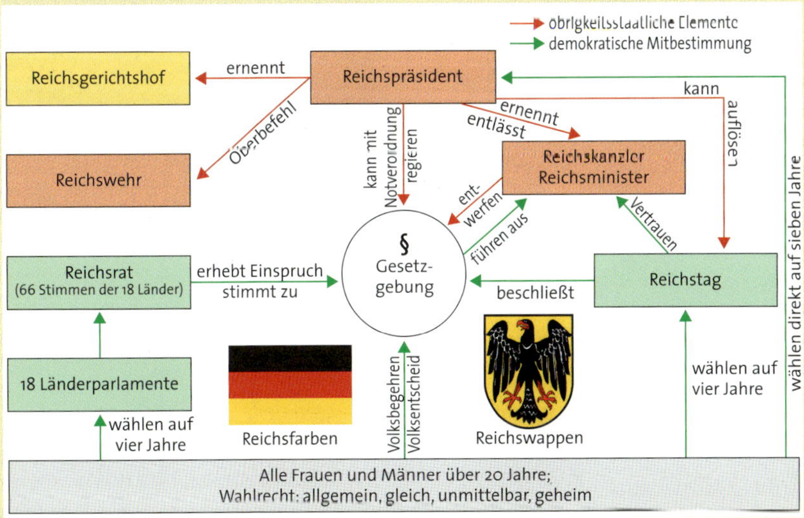

M2 Die Weimarer Verfassung.
Die Zahl der Abgeordneten änderte sich: 1919 waren es rund 420 Parlamentarier, 1933 fast 650.

▶ ***Internettipp:*** *Den Text der Verfassung findest du unter www.verfassungen.de*

1. *Nenne die zentrale Bestimmung der Verfassungsurkunde (M1).*
2. *Analysiere die Machtverteilung zwischen Reichspräsident, Reichskanzler, Reichstag und Volk (M2).*
3. *Erläutere die Aussage, der Reichspräsident „bildet ein deutliches Gegengewicht zum Reichstag".*
4. *Diskutiert die Haltung von Marie Juchacz zur „Frauenfrage" (M3).*
5. *Informiere dich über den Anteil der weiblichen Abgeordneten im gegenwärtigen Bundestag und vergleiche ihn mit 1919 (M3). Welche Folgerung lässt sich daraus ziehen?*

Plakate untersuchen

Politische Plakate sind historische Quellen. Aus ihnen erfahren wir etwas über die Parteien und ihre politischen Vorstellungen. Um Plakate angemessen auswerten zu können, sind sie genau zu betrachten und zu beschreiben. Folgende Fragen können bei der Auswertung helfen:
Lösen die verwendeten Farben bestimmte Gefühle aus? Enthalten die dargestellten Symbole bestimmte Informationen? Ist das Format auffallend? Mit welchen grafischen Mitteln ist der Text gestaltet worden? Wie wurde der Zusammenhang zwischen Text und Bild hergestellt? Wer ist der Auftraggeber, an wen wendet er sich? Was will er mit dem Plakat erreichen? In welcher politischen Situation wurde es eingesetzt?

M1 Anschlag von 1919.
Format: 48 x 70 cm

Format: 109 x 75 cm

Format: 95 x 72 cm

Format: 100 x 75 cm

M2 Drei Plakate für die Reichstagswahlen von 1919.

▶ ***Internettipp:***
Das Deutsche Historische Museum zeigt Plakate unter www.dhm.de/sammlungen/plakate/bestand.html

▶ ***CD-ROM-Tipp:***
Die Plakatpropaganda der Weimarer Parteien. Zu den Wahlen und Volksabstimmungen von 1924 bis 1933, Stuttgart: Klett

1. *Interpretiere die Aussagen der Plakate (M 2) anhand der Fragen (siehe oben).*
2. *In diesem Kapitel findest du weitere Plakate. Wähle einige aus und analysiere sie anhand der oben aufgeführten Fragen.*
3. *Vergleiche mit Wahlplakaten der Parteien heute. Nenne auffällige Unterschiede.*

Das Land Thüringen entsteht

M 1 „Warum wollen wir ein Großthüringen?“

In einer Flugschrift vom Dezember 1918 wird folgende Begründung gegeben:

Bei allen großen Umwälzungen der neuen deutschen Geschichte tauchte sie [die Forderung nach Großthüringen] empor, so 1815 auf dem Wiener Kongress, so in der Revolution von 1848: und sie erwies sich als so stark und überzeugungskräftig, dass die Erörterung über eine staatsrechtliche Einigung Thüringens trotz des stillen Widerstandes der Fürstenhäuser seit dem Jahre 1900 nicht mehr zur Ruhe gekommen ist. [...]

Jetzt, wo die Interessen der Dynastien nicht mehr hemmend mitsprechen, ist die Gelegenheit da, ihn gründlicher zu beseitigen, als wir noch vor Kurzem hoffen durften. [...]

Es sei uns daher gestattet, noch einmal kurz die Hauptgründe für eine politische Neubildung unseres engeren Vaterlandes darzulegen, dann aber auch bestimmte Vorschläge für die Gestaltung dieser Neubildung zu machen. [...]

Über die praktische Notwendigkeit einer staatlichen Einigung Thüringens dürfte wohl nirgends eine Meinungsverschiedenheit bestehen. Die Vorteile einer solchen sind mit Händen zu greifen. Um wie viel einfacher und billiger ließe sich die gesamte innere Verwaltung der thüringischen Länder gestalten! Um wie viel gesünder könnte eine einheitliche Steuerpolitik werden. Und welchen Segen würde eine Neuordnung der Justizverwaltung, eine Vereinheitlichung des gesamten Schulwesens, der Landeskirchen, der Jugendpflege usw. mit sich bringen. Überall wäre Vereinfachung und Verbilligung, innere Gesundung und stärkere Wirkungsmöglichkeiten die Folge der geforderten Vereinheitlichung der gesamten Staatsverwaltung. In fast noch höherem Grade gilt das von dem Gebiet des Wirtschaftslebens [...].

Aber die Vereinheitlichung Thüringens darf sich nicht auf den Zusammenschluss der Thüringer Staaten beschränken. Das künftige Großthüringen muss auch die preußischen Gebietsteile des Landes mit umfassen. Ohne sie bliebe die neue Staatsbildung ein Bruchstück, unfähig zu starker politischer und wirtschaftlicher Entwicklung.

Zit. nach: Thüringen-Handbuch, hrsg. von Bernhard Post/Volker Wahl, Weimar 1999, S. 73-75

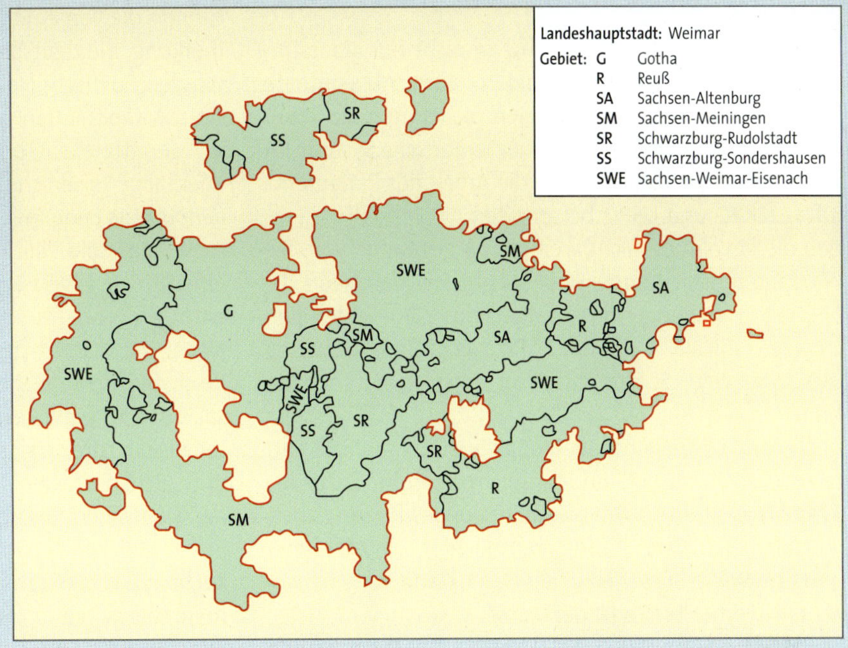

M 2 Thüringen 1920.

Um 1918 bestand Thüringen aus acht Kleinstaaten. Hinzu kamen Teile, die zum Königreich Preußen gehörten (wie der Regierungsbezirk Erfurt sowie Teile der Regierungsbezirke Merseburg, Hildesheim und Kassel). Nach dem Ende der Monarchien strebten die Regierungen der neuen Freistaaten (= Republiken) einen Gesamtstaat an: das „Land Thüringen“. Das neue Land hatte etwa 1,5 Mio. Einwohner und wurde per Reichsgesetz zum 1. Mai 1920 aus Sachsen-Weimar-Eisenach, Sachsen-Meiningen, Sachsen-Altenburg, Sachsen-Gotha, Schwarzburg-Rudolstadt, Schwarzburg-Sondershausen und Reuß gebildet. Hauptstadt Thüringens wurde Weimar. Die bisherigen preußischen Teile Thüringens schlossen sich dem neuen Land nicht an. Der Freistaat Coburg sprach sich im November 1919 in einer Volksabstimmung für den Anschluss an Bayern aus.

M 3 Thüringer Landeswappen von 1921.

1. *Fasse die in der Flugschrift aufgeführten Argumente für ein „Großthüringen“ zusammen (M 1).*
2. *Nenne die unerfüllten Forderungen (M 1 und M 2). Diskutiert mögliche Folgen.*
3. *Stelle fest, wofür die Sterne im Landeswappen stehen (M 3).*

Die umkämpfte Republik

Ihre Gegner

Im Reichstag waren von Anfang an nicht nur staatstragende Politiker vertreten, sondern auch Abgeordnete links- und rechtsradikaler Parteien. Sie lehnten die Republik ab und verachteten das parlamentarische System. Ihre Kompromisslosigkeit stellte die Arbeit des Parlaments infrage. KPD und USPD bekämpften die Republik, da ihnen die Revolution nicht weit genug gegangen war. Sie betrachteten alle Gegner des Rätesystems, besonders die SPD, als „Handlanger des Kapitalismus". Durch den Beitritt der radikalen Teile der USPD zur KPD (1920) wurde diese von einer Splitterpartei zur ernst zu nehmenden Kraft.

Auch von rechts wurde die Republik durch radikale Parteien (DNVP, NSDAP) und Gruppen bedroht. Zu deren Sympathisanten zählten die Anhänger des Kaiserreiches, vor allem Offiziere, Professoren, Richter, Unternehmer und Landwirte. Sie sahen in der Demokratie nur eine verachtenswerte Herrschaft der Masse.

Zu den „Kampfmitteln" der Links- und Rechtsradikalen gehörten Verleumdungen führender Politiker, Streiks und Straßenkämpfe, aber auch politische Morde. 1921 fiel Matthias Erzberger (Zentrum), der Unterzeichner des Waffenstillstandes von 1918, einem rechtsradikalen Anschlag zum Opfer. Ein Jahr später ermordeten dieselben Kreise den Reichsaußenminister *Walther Rathenau* (DDP), der jüdischer Herkunft war.*

** Lies dazu Seite 77 f.*

1 „An die Kurzsichtigen."
Karikatur von Werner Hahmann aus dem „Kladderadatsch", 72. Jg. (1919), Nr. 48 vom 30. November.
Paul von Hindenburg zeigt auf das Geschehen und sagt: „Ihr sucht die Wahrheit? Wenn sie aber erscheint, wünscht ihr sie zu allen Teufeln!"

Der unbewältigte Frieden

Schon im November 1918 verbreiteten rechtsradikale Zeitungen die von einem britischen General geäußerte Bemerkung, die deutsche Armee sei „von hinten erdolcht" worden. Politische Hetze und Streiks in der Heimat hätten sie zur Kapitulation gezwungen. Diese *„Dolchstoßlegende"* vergiftete das politische Klima, nachdem auch der ehemalige kaiserliche Generalfeldmarschall *Paul von Hindenburg* sie Ende 1919 öffentlich verbreitet hatte. Die Tatsache, dass die Politik des Kaiserreiches Deutschland in einen Krieg gegen eine übermächtige Allianz von Gegnern geführt hatte, schien vergessen.

Neben der „Dolchstoßlegende" radikalisierte der vom Reichstag im Juni 1919 widerwillig angenommene Versailler Vertrag die Bevölkerung. Von der äußersten Rechten bis hin zur Sozialdemokratie wurde er als ein „Diktat-" und „Schandfrieden" abgelehnt, da er die Kriegsschuld des Deutschen Reiches festgeschrieben und dem Reich umfangreiche Reparationsleistungen auferlegt hatte. Rechtsradikale nutzten die Vorbehalte der Bevölkerungsmehrheit gegen den Vertrag immer wieder aus, um die Bemühungen, die den Forderungen der Siegermächte nachgaben, als *„Erfüllungspolitik"* zu diffamieren.

Verleumdungen trafen auch die jüdische Bevölkerung. Sie mündeten in Gewalt gegen Personen und Sachen. Dahinter standen zahlreiche antisemitische Organisationen und Zeitungen. Sie machten die Juden für den verlorenen Krieg, die Revolution und die Not verantwortlich. Dabei waren rund 12 000 Juden im Weltkrieg gefallen. Die Mehrheit der jüdischen Bevölkerung stand dem Ende der Monarchie genauso skeptisch gegenüber wie die meisten anderen Bürger.

Weitere Nachkriegsprobleme

Der Krieg hatte zu einer hohen Verschuldung des Reiches und einer Geldentwertung (Inflation) geführt. Nach dem Krieg verschärfte sich die Lage:

- Das Deutsche Reich spürte den Bevölkerungsverlust von 1,8 Millionen Kriegstoten. Viele Kriegsopfer und Witwen mussten versorgt werden. Sechs Millionen entlassener Soldaten sowie drei Millionen Rüstungsarbeiterinnen und -arbeiter waren in das Berufsleben einzugliedern.
- Das Deutsche Reich hatte wichtige Wirtschaftszentren und Rohstoffquellen verloren, musste die Kosten für die Besatzung und alliierten Überwachungskommissionen tragen sowie bis 1922 Vorauszahlungen auf die noch nicht festgelegte Summe der Reparationen aufbringen.

■ *Analysiere die Karikatur (Abb. 1). Was wird hier thematisiert? Beachte den Text. Welche Absicht hat Hindenburg?*

Umsturzversuche

Höhepunkte der links- und rechtsradikalen Umtriebe waren Versuche, die Regierung zu stürzen. Den ersten Putsch unternahmen 1920 Rechtsradikale unter *Wolfgang Kapp**. Mit anderen Verschwörern machte er sich die Unzufriedenheit ehemaliger Truppen zunutze. Nachdem Freikorps ins Berliner Regierungsviertel einmarschiert waren, erklärte Kapp die Regierung für abgesetzt und den Reichstag für aufgelöst. Sich selbst ernannte er zum neuen Reichskanzler.

Reichspräsident und Reichsregierung flohen aus Berlin und forderten die Bevölkerung zum Widerstand auf. Daraufhin riefen die Gewerkschaften einen Generalstreik aus. Er wurde überall von Arbeitern, Angestellten und Beamten befolgt. Obwohl der Chef des Truppenamtes, General *Hans von Seeckt*, sich mit den Worten „Truppe schießt nicht auf Truppe“ geweigert hatte, Soldaten gegen die Aufständischen einzusetzen, mussten die Putschisten wegen fehlender Unterstützung aufgeben.

2 „Nein! Mich zwingt ihr nicht!“
Das Plakat (90 x 60 cm) wurde wahrscheinlich im Auftrag der Reichsregierung 1923 gedruckt und im Ruhrgebiet verteilt.

■ *Erläutere, was das Plakat bewirken sollte.*

Der „Ruhrkampf“

Die Lage spitzte sich Anfang 1923 zu, nachdem französische Truppen das Ruhrgebiet besetzt hatten. Die Regierung in Paris hatte Deutschland vorgeworfen, Reparationsleistungen vorsätzlich nicht zu erfüllen. Ein Sturm der nationalen Entrüstung ließ alle Parteiengegensätze in den Hintergrund treten. Die Reichsregierung protestierte, rief die Bevölkerung auf, jede Zusammenarbeit mit den Besatzern zu verweigern, und unterstützte die streikenden Arbeiter mit Geld. Vereinzelt kam es zu Sabotageakten: Schienen wurden gesprengt, Schiffe versenkt und Kanäle blockiert. Dies sollte den Abtransport von Kohle und Industriegütern nach Frankreich verhindern. Die Besatzungsmacht verhängte den Belagerungszustand. Sie verurteilte Streikende und Unternehmer zu Geld- und Haftstrafen oder wies sie aus.

Weitere Aufstände

Gleichzeitig versuchten einige politische Gruppen im Rheinland und in der Pfalz eine Loslösung vom Reich durchzusetzen. In Thüringen und Sachsen wollten Aufständische eine neue Revolution anzetteln. Mithilfe einer Notverordnung des Reichspräsidenten wurden diese Aufstände durch die Reichswehr niedergeschlagen.

Inflation und Not

Zur Unterstützung der Streikenden im Ruhrkampf verschuldete sich der durch die Kriegsanleihen und Reparationen stark belastete Staat immer mehr. Die durch die Kriegsfinanzierung eingeleitete Entwertung des Geldes nahm schnell zu. Die Preise stiegen. Wer konnte, kaufte Waren auf Vorrat. Viele Kaufleute und Bauern hielten aber ihre Produkte zurück.

Die Löhne und Gehälter konnten mit der Entwicklung nicht Schritt halten. Sie reichten bald nicht mehr aus, den Lebensbedarf zu decken. Dazu verloren Sparer und Inhaber öffentlicher Anleihen (z. B. der Kriegsanleihen) ihr Geld. Am stärksten traf die Inflation die Menschen, die von Ersparnissen leben mussten. Kleine Gewerbetreibende, Händler, Handwerker und Bauern machten dagegen zum Teil gute Geschäfte. Riesengewinne erzielten diejenigen, die Zugang zu wertbeständigen Währungen wie dem Dollar hatten. Auch Reich, Länder und Gemeinden profitierten vom Währungsverfall: Ihre Schulden lösten sich auf.

Vor dem Hintergrund der Inflation und dem Druck der Alliierten, die von der Regierung forderten, die Währung in Ordnung zu bringen, wurde der Ruhrkampf am 26. September 1923 abgebrochen.

Am 15. November 1923 führte die Regierung eine *Währungsreform* durch: Eine Billion Mark wurde mit einer *Rentenmark* gleichgesetzt. An dem Wechselkurs von 4 Rentenmark (seit 1924: *Reichsmark*) = 1 Dollar hielt man fest.

Inflation und Währungsreform hatten das Vertrauen vieler Menschen in die Republik enttäuscht. Sie fühlten sich betrogen und bestohlen.

** Wolfgang Kapp war preußischer Verwaltungsbeamter. Er gründete 1917 die extrem nationalistische Deutsche Vaterlandspartei. Zwei Jahre nach seinem Putschversuch stellte er sich dem Reichsgericht. Er starb 1922 in Untersuchungshaft.*

Der Hitler-Putsch

In München hatten sich nach der Niederschlagung der Münchener Räterepublik rechtsradikale Kräfte gesammelt. Auch die von der SPD geführten bayerischen Landesregierungen waren reichsfeindlich eingestellt. Mehrfach weigerten sie sich, Forderungen der Reichsregierung zu erfüllen. So wurde die noch unbedeutende *Nationalsozialistische Deutsche Arbeiterpartei* (NSDAP) geduldet, obwohl sie 1922 wegen ihrer radikalen republikfeindlichen Äußerungen verboten worden war.

Im Herbst 1923 spitzte sich der Konflikt zwischen München und Berlin zu. Verantwortlich dafür war der monarchistisch eingestellte und mit diktatorischen Vollmachten ausgestattete Generalstaatskommissar *Gustav von Kahr*. Während er und seine Gesinnungsfreunde noch planten, die Reichsregierung nach dem Vorbild der italienischen Faschisten* durch einen Marsch auf Berlin zu stürzen, glaubte *Adolf Hitler*, der Führer der NSDAP, am 8. November 1923 losschlagen zu können. Während einer republikfeindlichen Großveranstaltung im Münchener Bürgerbräukeller stürmte er mit seinen bewaffneten Hilfstruppen den Saal, schoss mit einer Pistole in die Luft und verkündete die „nationale Revolution“: die Absetzung der bayerischen und der deutschen Regierung.

Einen Tag später beendete die Polizei mit Gewalt den Marsch der Aufständischen an der Feldherrnhalle, an deren Spitze neben Hitler der ehemalige General Ludendorff marschierte. 15 Aufrührer, ein Unbeteiligter und vier Polizisten starben.

3 „Proklamation an das deutsche Volk!“
Dieses Plakat (95 x 64 cm) wurde in der Nacht vom 8. auf den 9. November 1923 in München angeschlagen.
Für den Putschversuch hatten sich Ludendorff und Hitler mit Reichswehrgeneral Otto von Lossow und dem Chef der bayerischen Landespolizei, Hans Ritter von Seißer, zusammengetan.

■ *Erkläre den Begriff „Novemberverbrecher“.*

Wer ist Hitler?

Hitler wurde 1889 in dem österreichischen Städtchen Braunau am Inn geboren. Ohne Schulabschluss bewarb er sich zweimal vergeblich um die Aufnahme an der Kunstakademie in Wien. Seit 1908 lebte er in einem Wiener Männerheim. Hier entwickelte Hitler seine gegen die Juden und Marxisten gerichtete „Weltanschauung“. Im Mai 1913 kam er mit einem Freund nach München, um Architekt zu werden.

Beim Ausbruch des Ersten Weltkrieges meldete er sich zum Militärdienst. Obwohl Hitler Österreicher war, wurde er – wahrscheinlich wegen eines Formfehlers – als Freiwilliger in ein bayerisches Regiment aufgenommen. Zweimal wurde der Gefreite verwundet und mehrfach mit Orden ausgezeichnet.

Nach dem Krieg kehrte Hitler nach München zurück. Er beteiligte sich im Auftrag der Reichswehr als Spitzel an der Überwachung von Parteien und Organisationen. Im September 1919 stieß er zu der Anfang des Jahres gegründeten gegenrevolutionären *Deutschen Arbeiterpartei* (DAP), die sich ab Februar 1920 Nationalsozialistische Deutsche Arbeiterpartei nannte. Hitler erhielt die Mitgliedsnummer 555. Im Juni 1921 übernahm er den Vorsitz der Partei. In den folgenden Jahren gewann der junge Parteiführer aufgrund seiner Ausstrahlung und Rednergabe sowie seines unermüdlichen Einsatzes auf zahllosen Großveranstaltungen immer mehr Anhänger für sich und die Partei.

Deutscher wurde Hitler erst 1932. Ein führender Nationalsozialist und Minister in Braunschweig verschaffte ihm den Posten eines Regierungsrates, wodurch er Reichsbürger wurde.

Der Prozess gegen die Putschisten

Die Anführer erhielten milde Strafen: Hitler, der als österreichischer Staatsbürger aus dem Reich hätte ausgewiesen werden können, wurde zu fünf Jahren Festungshaft in Landsberg am Lech verurteilt, Ludendorff freigesprochen. Hitler verfasste in der Haft sein Propagandawerk *„Mein Kampf“*. Am 20. Dezember 1924 wurde er nach nur neun Monaten entlassen. Noch während seiner Haft vertraute Hitler einem Bekannten an, dass er früher oder später mit rechtmäßigen Mitteln die Macht gewinnen werde. Putsch und Prozess hatten Hitler und die NSDAP, die Anfang 1925 neu gegründet werden durfte, weit über Bayerns Grenzen hinaus bekannt gemacht.

**Zum Marsch auf Rom lies Seite 96.*

▶ ***Lesetipps:***
- *Willi Fährmann, Zeit zu hassen, Zeit zu lieben, Würzburg 2012*
- *Gudrun Pausewang, Adi – Jugend eines Diktators, Ravensburg [7]2009*

▶ ***Internettipp:*** *Informationen über Adolf Hitler findest du unter www.dhm.de/lemo/html/biografien/HitlerAdolf*

▶ ***Geschichte In Clips:*** *Zum Hitler-Putsch siehe Clip-Code 4493-02*

■ *Schreibe eine Reportage über das Jahr 1923.*

M 1 Die ungeliebte Republik

a) Der Diplomat und Schriftsteller Harry Graf Kessler lebt viele Jahre in Weimar und notiert unter dem 15. November 1922 über die Feier zum 60. Geburtstag des Schriftstellers Gerhart Hauptmann in sein Tagebuch:

Das Denkwürdigste an der Feier ist das grotesk bornierte* Verhalten der Studenten und Professoren gewesen. Die Berliner Studentenschaft hat mit einer Mehrheit von, ich glaube, vier zu zwei feierlich beschlossen, an der Hauptmann-Feier nicht teilzunehmen, weil Gerhart Hauptmann, nachdem er sich als Republikaner bekannt hat, nicht mehr als charakterfester Deutscher zu betrachten sei! Und von Sam Fischer** höre ich, dass der genannte Petersen***, der die Festrede hielt, vor zwei Tagen bei ihm war, um ihn zu bitten, Ebert wieder auszuladen, da es der Universität überhaupt nicht angenehm sein werde, wenn das republikanische Reichsoberhaupt bei ihr erscheine. Und als Fischer das ablehnte, hat ihn Petersen gebeten, dann doch wenigstens Löbe**** auszuladen, denn zwei Sozialdemokraten auf einmal sei doch etwas viel!

b) Der Vorsitzende der KPD, Ernst Thälmann, verkündet 1925:

Die Machtergreifung des Proletariats ist kein einmaliger Akt. Sie besteht nicht nur in dem militärischen Kampf gegen die Truppen der Bourgeoisie, sondern sie muss durch jahrelange ausdauernde Arbeit der Kommunistischen Partei und des ganzen Proletariats vorbereitet werden.

c) Der „Stahlhelm", eine rechtsradikale Organisation ehemaliger Frontsoldaten, veröffentlicht im September 1928 folgenden Aufruf:

Wir hassen mit ganzer Seele den augenblicklichen Staatsaufbau, seine Form und seinen Inhalt, sein Werden und sein Wesen. Wir hassen diesen Staatsaufbau, weil in ihm nicht die besten Deutschen führen, sondern weil in ihm ein Parlamentarismus herrscht, dessen System jede verantwortungsvolle Führung unmöglich macht. [...] Wir hassen diesen Staatsaufbau, weil er uns die Aussicht versperrt, unser geknechtetes Vaterland zu befreien und das deutsche Volk von der erlogenen Kriegsschuld zu reinigen, den notwendigen Lebensraum im Osten zu gewinnen, das deutsche Volk wieder frei zu machen [...]. Wir wollen einen starken Staat, in dem die verantwortungsvolle Führung der Beste hat und nicht verantwortungsloses Bonzen- und Maulheldentum führt.

Erster Text: Harry Graf Kessler, Tagebücher 1918-1937, hrsg. von Wolfgang Pfeifer-Belli, Frankfurt a. M. 1982, S. 362. Zweiter Text: Die Rote Fahne, Nr. 245 vom 23. Januar 1925. Dritter Text: F. A. Krummacher/Albert Wucher, Die Weimarer Republik. Ihre Geschichte in Texten, Bildern und Dokumenten, München 1965, S. 260

* **grotesk borniert**: *lächerlich eingebildet*
** **Samuel Fischer**: *Verleger* *** **Julius Petersen**: *Literaturhistoriker*
**** **Paul Löbe**: *Reichstagspräsident (SPD)*

M 2 Politische Morde vor Gericht (1918-1922)

Der 1891 geborene Emil Julius Gumbel ist Jude, Pazifist und Sozialist. Schon 1932 verliert er aus politischen Gründen seine Stelle als Professor für Statistik und verlässt 1933 Deutschland. 1966 stirbt er in New York. Aus öffentlich zugänglichen Informationen stellt er 1922 folgende Übersicht zusammen:

Politische Morde	*begangen von Linksstehenden*	*begangen von Rechtsstehenden*
Gesamtzahl der Morde	22	354
davon ungesühnt	4	326
teilweise gesühnt	1	27
gesühnt	17	1
Zahl der Verurteilungen	38	24
Geständige Täter freigesprochen	–	23
Geständige Täter befördert	–	3
Dauer der Einsperrung je Mord	15 Jahre	4 Monate
Zahl der Hinrichtungen	10	–
Geldstrafe pro Mord	–	2 Papiermark

Nach: Emil J. Gumbel, Vier Jahre politischer Mord, Berlin 1922, S. 81

M 3 „Sie tragen die Buchstaben der Firma – aber wer trägt den Geist?!"
Karikatur von Thomas Theodor Heine aus der in München erscheinenden satirischen Zeitschrift „Simplicissimus" vom 21. März 1927.

1. **Arbeite** die Gefahren für die Republik aus M 1 bis M 3 **heraus**.
2. **Bewerte** den politischen Standort der Justiz (M 2).
3. Die Figuren in der Karikatur (M 3) stehen für Gruppen der Gesellschaft. **Bestimme** sie und **erläutere** ihre Interessen.
4. **Erkläre** die politische Aussage des Titelblattes. Berücksichtige auch die Bildunterschrift (M 3).

M4 „Die Republik ist in Gefahr!"

Am Abend des 24. Juni 1922 gibt Reichskanzler Dr. Joseph Wirth (Zentrum) im Reichstag eine Erklärung ab, die anschließend auf Plakaten und in Broschüren verbreitet wird; darin heißt es:

Der Mord an Rathenau ist nur ein Glied in einer Kette wohlvorbereiteter Anschläge auf die Republik. (*Sehr wahr! links.*) Zuerst sollen die Führer der Republik, dann soll die Republik selbst fallen. (*Lebhafte Zustimmung links.*) In der Verteidigung gegen den verbrecherischen Anschlag muss Durchgreifendes geschehen. (*Sehr richtig! links und in der Mitte.*) Dem wachsenden Terror, dem Nihilismus* (*sehr richtig! in der Mitte*), der sich vielfach unter dem Deckmantel nationaler Gesinnung verbirgt (*sehr wahr! bei den Deutschen Demokraten*), darf nicht mehr mit Nachsicht begegnet werden. (*Lebhafte Zustimmung links.*) Der Ruf „Die Republik ist in Gefahr!" muss alle freiheitlichen, für den Aufbau eines demokratischen Staatswesens arbeitenden Schichten der Bevölkerung zusammenschließen und einigen. (*Sehr wahr! links und in der Mitte.*) [...]

Da Gefahr im Verzuge ist, muss schnell gehandelt werden. Die Reichsregierung hat daher dem Reichspräsidenten empfohlen, von seiner verfassungsmäßigen Befugnis Gebrauch zu machen und durch Verordnung den Schutz des Staates und der Republik und das Leben seiner durch politische Mordorganisationen bedrohten Vertreter zu sichern.**[...]

[...] Da steht (*nach rechts*) der Feind, der sein Gift in die Wunden eines Volkes träufelt. – Da steht der Feind – und darüber ist kein Zweifel: Dieser Feind steht rechts! (*Stürmischer langanhaltender Beifall und Händeklatschen in der Mitte und links und auf sämtlichen Tribünen. – Große langandauernde Bewegung.*)

Verhandlungen des Reichstags. I. Wahlperiode 1920. Stenographische Berichte, Bd. 355, Berlin 1922, S. 8037 und 8058

**Nihilismus: bedingungslose Ablehnung aller Normen und Werte*

***Bereits nach der Ermordung Erzbergers 1921 hatte der Reichspräsident nach Art. 48 der Reichsverfassung eine Republikschutzverordnung verabschiedet. Die am 24. Juni 1922 erlassene „Verordnung zum Schutze der Republik" ermöglichte es, rechtsradikale und nationalistische Versammlungen, Vereine und Veröffentlichungen zu verbieten. In den folgenden Tagen wurden rechtsgerichtete Vereinigungen wie der Verband nationalgesinnter Soldaten („Stahlhelm") in fast allen Ländern verboten – außer in Bayern und Württemberg.*

▶ ***Lesetipp:***
Volker Ullrich, „Der Feind steht rechts", in: ders., Fünf Schüsse auf Bismarck. Historische Reportagen, München 2002, S. 153-159

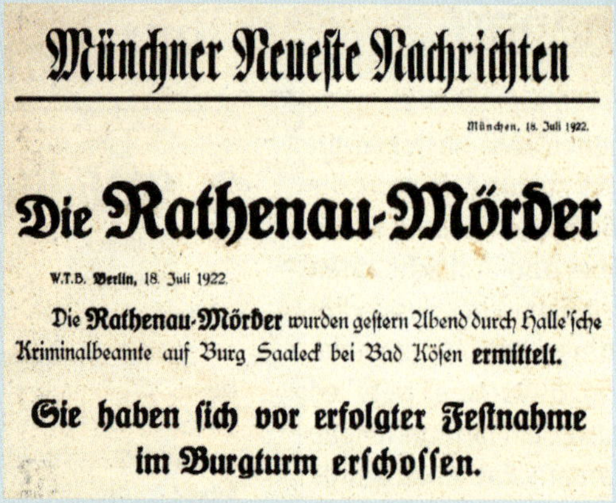

Münchner Neueste Nachrichten

München, 18. Juli 1922.

Die Rathenau-Mörder

W.T.B. Berlin, 18. Juli 1922.

Die Rathenau-Mörder wurden gestern Abend durch Halle'sche Kriminalbeamte auf Burg Saaleck bei Bad Kösen **ermittelt.**

Sie haben sich vor erfolgter Festnahme im Burgturm erschossen.

M5 „Die Rathenau-Mörder."

Plakatanschlag vom 18. Juli 1922. Die beiden Haupttäter, der 23-jährige Kieler Jurastudent Erwin Kern und der 26-jährige Maschinenbauingenieur Hermann Fischer aus Chemnitz, wurden nach wochenlanger Jagd auf Burg Saaleck im Thüringischen gestellt. Kern fand bei einem Schusswechsel mit Polizeibeamten den Tod, sein Komplize erschoss sich daraufhin selbst.

M6 Die O. C.

Der Historiker Volker Ullrich geht auf die Hintergründe des Mordes ein; er schreibt:

Im Prozess gegen dreizehn Mitverschwörer im Oktober 1922 verhängte der Staatsgerichtshof in Leipzig zum Teil harte Strafen; doch unternahm er keine Anstrengungen, die Hintergründe der Mordtat auszuleuchten. Das Urteil räumte die Möglichkeit ein, dass eine „Organisation, die den Mord Rathenaus betrieb, bestanden" habe, bewiesen worden sei das aber „bisher nicht". Dabei gab es zahlreiche Indizien, die auf ein von langer Hand geplantes Mordkomplott hindeuteten. [...]

Im Zentrum dieser Untersuchung steht die „Organisation Consul" – kurz O.C. –, jener geheimnisvolle Bund, der 1920, nach dem Scheitern des Kapp-Putsches*, von Angehörigen der aufgelösten Brigade des Korvettenkapitäns a. D., Hermann Ehrhardt, gegründet worden war (nach dessen Decknamen wurde die Geheimorganisation benannt). [...] Durch gezielte Anschläge auf demokratische Politiker sollte die Linke zu einem Aufstand provoziert werden, dessen Niederschlagung im Verein mit der Reichswehr den Aktivisten der O.C. die Gelegenheit bieten würde, den Weimarer Verfassungsstaat zu beseitigen und eine Rechtsregierung ans Ruder zu bringen. [...] Der Anschlag auf Rathenau stellt sich demnach als ein Glied in einer Kette von terroristischen Aktionen dar, welche die Demokratie von Weimar sturmreif machen sollte.

Die Zeit vom 23. Juni 1995, S. 14

**Zum Kapp-Putsch siehe Seite 73.*

1. *Erstelle für dein Portfolio einen tabellarischen Lebenslauf Walther Rathenaus. Arbeite heraus, weshalb er bei den Rechtsradikalen verhasst war (M1).*
2. *Erörtert die Reaktionen (Zwischenrufe) auf Wirths Äußerungen (M4).*
3. *Erkläre, welche rechtsstaatlichen Möglichkeiten bestanden, gegen Attentate vorzugehen. Berücksichtigt M5 und M6.*

Die Außenpolitik

Neuanfang in der Außenpolitik

Die Weimarer Republik blieb zunächst international isoliert. Die Siegermächte betrachteten die deutschen Politiker mit Misstrauen, da sie fast alle eine Änderung des Versailler Vertrages anstrebten.

Im April 1922 vereinbarte Deutschland mit dem international ebenfalls geächteten Sowjetstaat den *Vertrag von Rapallo*. Die beiden Staaten beschlossen am Rande einer Weltwirtschaftskonferenz in einem Vorort von Genua die Aufnahme diplomatischer Beziehungen, gegenseitigen Verzicht auf alle Ersatzleistungen und Wiedergutmachungen aus dem Krieg sowie Handelsbegünstigungen. Frankreich und Großbritannien sahen darin die Gefahr, dass Deutschland wieder erstarken und eine gewaltsame Änderung der Nachkriegsordnung anstreben könnte. Polen befürchtete, dass Deutschland und Sowjetrussland die Gebiete zurückholen würden, die sie nach dem Krieg hatten abtreten müssen.

Stresemanns erste Erfolge

Die Siegermächte bezweifelten, ob die Reparationen die Deutschen so schwer belasteten, wie diese behaupteten. Vor allem Frankreich verfolgte eine unnachgiebige Haltung, wie die Besetzung des Ruhrgebietes Anfang 1923 gezeigt hatte. Zudem nahmen die Siegermächte an, die Deutschen wollten mit der Inflation die Reparationsbedingungen unterlaufen. Erst nachdem es der deutschen Regierung auf Druck der Alliierten gelungen war, die Währung zu sanieren, bahnte sich ab 1924 ein Wandel der Beziehungen zu den Westmächten an.

Gustav Stresemann gewann das Vertrauen des Auslandes. Der Mitbegründer der Deutschen Volkspartei hatte von August bis November 1923 die Regierung geführt und war danach bis zu seinem Tod 1929 Außenminister. Ziel seiner Verständigungspolitik war es, Deutschlands internationale Stellung zu verbessern.

Sein erster Erfolg wurde der *Dawes-Plan*. Das Abkommen, das nach dem amerikanischen Vorsitzenden des Sachverständigenausschusses *Charles Dawes* benannt wurde, ließ offen, wie lange und bis zu welcher Gesamtsumme Deutschland Zahlungen zu leisten hatte. Doch es nahm auf die deutsche Zahlungsfähigkeit Rücksicht, indem es die jährlichen Leistungen auf eine erträgliche Höhe von 1 bis 2,5 Milliarden Goldmark festlegte. Darüber hinaus sah der Dawes-Plan internationale Kredite in Höhe von 800 Millionen Goldmark zur Belebung der deutschen Wirtschaft vor. Wachsende Steuereinnahmen sollten die Wiedergutmachungszahlungen ermöglichen.

1 „Deutschland und Russland. Ein Anfang."
Karikatur von Erich Schilling aus dem „Simplicissimus" vom 10. Mai 1922.

■ Interpretiere *die Aussage der Karikatur.*

Der „Geist von Locarno"

Voraussetzung für den letzten Schritt aus der internationalen Isolierung des Deutschen Reiches war die Verständigung mit Frankreich. Sie wurde möglich, als die deutsche Seite das französische Sicherheitsbedürfnis anerkannte und in Frankreich eine neue Regierung einen weniger harten Kurs gegenüber dem ehemaligen Feind einschlug. Stresemann und sein französischer Amtskollege *Aristide Briand* setzten sich zunächst zögernd, dann intensiv für den deutsch-französischen Ausgleich ein. Der Anfang wurde im Oktober 1925 in dem Schweizer Kurort Locarno gemacht. Deutschland, Frankreich und Belgien garantierten vertraglich, auf eine Veränderung ihrer gemeinsamen Grenzen zu verzichten. Die Rheinprovinz wurde entmilitarisiert und die deutsche Regierung verzichtete für immer auf Elsass-Lothringen. Die Grenzen Deutschlands mit Polen und der Tschechoslowakei sollten nur mit friedlichen Mitteln verändert werden können.

2 Volksentscheid gegen den Young-Plan.
Plakat (72 x 48 cm) von 1929.
Der Volksentscheid wurde von NSDAP, DNVP und dem „Stahlhelm", einer rechtsradikalen Organisation ehemaliger Frontsoldaten, getragen. Hauptorganisator der Aktion war Alfred Hugenberg, der Vorsitzende der DNVP. Er übte über seinen Presse- und Filmkonzern großen Einfluss auf die öffentliche Meinung aus.
■ *Erläutere die Reaktionen, die das Plakat auslösen sollte.*

Deutschland im Völkerbund

Die Konferenzteilnehmer von Locarno einigten sich außerdem darauf, das Deutsche Reich in den Völkerbund aufzunehmen. Am 8. September 1926 konnte Deutschland ihm beitreten.

Während das Vertragswerk als Grundstein für eine neue europäische Ordnung gefeiert wurde, liefen im Deutschen Reich nationalistische Kreise dagegen Sturm. Vor allem im Wahlkampf 1928 warfen sie Stresemann vor, auf Elsass-Lothringen und indirekt sogar auf die Ostgebiete verzichtet zu haben. Die Kritik hielt an, zumal Frankreich nach Locarno den Deutschen keine Zugeständnisse machte. Der Wunsch der deutschen Regierung nach einer vorzeitigen Räumung der seit 1919 besetzten rheinischen Gebiete und nach geringeren Reparationsleistungen blieb unerfüllt.

Der Briand-Kellogg-Pakt

Im August 1928 unterschrieb das Deutsche Reich mit 14 anderen Staaten ein von dem amerikanischen Außenminister *Frank B. Kellogg* und Briand angeregtes Abkommen, in dem der Krieg geächtet wurde. Ein im nationalen Interesse geführter Angriffskrieg galt als völkerrechtswidrig. 45 weitere Staaten, darunter die Sowjetunion, schlossen sich dem *Briand-Kellogg-Pakt* an.

Schein und Wirklichkeit

Bis 1929 erhielt das Deutsche Reich aus den USA Kredite von etwa 21 Milliarden Reichsmark. Das war viel mehr, als der Dawes-Plan 1924 vorgesehen hatte. Die Kredite halfen beim Wiederaufbau der Privatwirtschaft und erlaubten den Gemeinden und den Ländern zahlreiche Investitionen und Reformprogramme.

1927 führte die Regierung eine *Arbeitslosenversicherung* ein. Die Republik schien sich zu festigen. Doch der Schein trog: Die wirtschaftlichen und sozialen Probleme konnten nicht gelöst werden. Die Zahl der Arbeitslosen sank nie unter eine Million. Zudem stellte sich heraus, dass die Reparationen nicht aus den steigenden Steuereinnahmen gezahlt werden konnten, sondern dass Auslandskredite dazu benötigt wurden. Die Folge war eine wachsende Staatsverschuldung.

Der Young-Plan

1929 konnte das Reich die Reparationsverpflichtungen nicht mehr erfüllen. Daher trat im Februar 1929 eine internationale Sachverständigenkonferenz unter dem Vorsitz des amerikanischen Finanzmanagers *Owen D. Young* mit dem Ziel zusammen, die Reparationsfrage neu zu regeln. Der unter deutscher Beteiligung ausgehandelte *Young-Plan* bestimmte erstmals die Gesamtsumme der Reparationsleistungen auf 112 Milliarden Goldmark. Sie sollten in jährlichen Raten von etwa zwei Milliarden gezahlt werden.* Außerdem erklärten sich die Alliierten bei Annahme des Planes durch den Reichstag bereit, das Rheinland fünf Jahre früher als im Versailler Vertrag vorgesehen zu räumen.

Das Verhandlungsergebnis war besser als der Dawes-Plan. Dennoch war es für rechtsradikale Parteien und Verbände weiterhin Anlass zu hemmungsloser Hetze. Ihr Versuch, die Annahme des Young-Planes durch einen Volksentscheid zu verhindern, scheiterte aber. Im März 1930 nahm der Reichstag den Young-Plan an.

**Die Reparationszahlungen wurden nach der Weltwirtschaftskrise (siehe Seite 85) 1932 eingestellt. 1953 stellten die Siegermächte ihre Forderungen für die zwischen 1924 und 1930 aufgenommenen Anleihen zur Schuldentilgung wegen der deutschen Teilung zurück. Sie wurden nach der deutschen Einheit 1990 (siehe Seite 290 f.) fällig. Die letzte Rate von 56 Millionen Euro zahlte Deutschland im Oktober 2010.*

M1 Aristide Briand (links) und Gustav Stresemann.
Foto, um 1925.
Für ihre Bemühungen um den Frieden in Europa erhielten die beiden Außenminister 1926 den Friedensnobelpreis.

M2 Das Deutsche Reich wird in den Völkerbund aufgenommen

Die Vollversammlung des Völkerbundes stimmt am 8. September 1926 für die Aufnahme Deutschlands. Am folgenden Tag sprechen sowohl der deutsche Außenminister Stresemann als auch sein französischer Kollege Briand. Über die Stimmung der Sitzung schreibt ein anwesender Dolmetscher später:

Bei seinem [Stresemanns] Erscheinen setzte im ganzen Saal ein wahrer Beifallssturm nach der vorher herrschenden erwartungsvollen Stille ein. [...] Der Beifall hatte eine wahre Orkanstärke erreicht. Von allen Seiten wurde geklatscht und Bravo gerufen. Nur mit Mühe konnten sich die drei deutschen Delegierten durch die herandrängende Masse der ausländischen Völkerbundsvertreter den Weg zu ihren Plätzen bahnen. Alle wollten ihnen die Hände schütteln und ihnen persönlich zu diesem großen Ereignis Glück wünschen. Dieser Empfang Deutschlands durch die Völker der Welt war wirklich etwas Einmaliges [...].

Stresemann erklärt:

Für die Begrüßung den Dank Deutschlands zum Ausdruck zu bringen, ist meine erste Pflicht. [...] Deutschland tritt mit dem heutigen Tage in die Mitte von Staaten, mit denen es zum Teil seit langen Jahrzehnten in ungetrübter Freundschaft verbunden ist, die zum anderen Teil im letzten Weltkrieg gegen Deutschland verbündet waren. Es ist von geschichtlicher Bedeutung, dass Deutschland und diese letzteren Staaten sich jetzt im Völkerbunde zu dauernder, friedlicher Zusammenarbeit zusammenfinden. [...] Der göttliche Baumeister der Erde hat die Menschheit nicht geschaffen als ein gleichförmiges Ganzes. Er gab den Völkern verschiedene Blutströme, er gab ihnen als Heimat Länder verschiedener Natur. Aber es kann nicht der Sinn einer göttlichen Weltordnung sein, dass die Menschen ihre nationalen Höchstleistungen gegeneinanderkehren und damit die allgemeine Kulturentwicklung immer wieder zurückwerfen [...]. [Das] sicherste Fundament für den Frieden ist eine Politik, die getragen wird von gegenseitigem Verstehen und gegenseitiger Achtung der Völker.

Nach Stresemann tritt Briand an das Rednerpult; er sagt:

Was bedeutet nun dieser heutige Tag für Deutschland und Frankreich? Das will ich Ihnen sagen: Es ist Schluss mit jener langen Reihe schmerzlicher und blutiger Auseinandersetzungen, die die Seiten unserer Geschichte beflecken, es ist Schluss mit dem Krieg zwischen uns, Schluss mit den langen Trauerschleiern. Keine Kriege, keine brutalen Gewaltlösungen soll es von jetzt ab mehr geben. Ich weiß, dass Meinungsverschiedenheiten zwischen unseren Ländern auch heute noch bestehen, aber in Zukunft werden wir sie genauso wie die Einzelpersonen vor dem Richterstuhl in Ordnung bringen. Deshalb sage ich: Fort mit den Gewehren, den Maschinengewehren, den Kanonen! Freie Bahn für die Versöhnung, die Schiedsgerichtsbarkeit und den Frieden!

Zit. nach: Günter Schönbrunn (Bearb.), Weltkriege und Revolutionen 1914-1945, München ^{3}1979, S. 219 f., und Heinz Hürten (Hrsg.), Weimarer Republik und Drittes Reich 1918-1945, Stuttgart 1995, S. 114 f. (Rede Stresemanns)

1. *Begründe, weshalb die deutsche Delegation mit so viel Beifall empfangen wurde (M 2).*
2. *Prüfe, ob sich der „Geist von Locarno“ in den Reden spiegelt (M 2).*
3. *Erörtere, ob die Hoffnungen der beiden Außenminister auf eine friedlichere Zukunft realistisch waren (M 2).*

„Goldene“ zwanziger Jahre?

1 „Kathedrale.“ *Titelholzschnitt von Lyonel Feininger für das Programm des Staatlichen Bauhauses, April 1919. Zum Bild: An der Turmspitze sind drei Sterne zu sehen. Sie stehen für die Kunst der Malerei, der Architektur und der Bildhauerei.*

Aufbruchstimmung

Nach dem Krisenjahr 1923 schien sich die Lage zu festigen. Später sprach man von den *Goldenen Zwanzigern*. Sie wurden stark beeinflusst von den USA. Dort wurde von den *Roaring Twenties* gesprochen. Diese Bezeichnung traf das Lebensgefühl der Menschen in den Großstädten, den Metropolen.

Damals wurde Berlin zur Weltstadt. In der seit der Jahrhundertwende schnell gewachsenen Stadt lebten um 1920 etwa vier Millionen Menschen. Hier trafen sich die Mitglieder der *Avantgarde*, die Vorkämpfer für die neuesten Trends. Zahllose Experimente in Architektur, Kunst, Theater, Literatur, Musik und Presse zeugen davon. In Kinos, Bars und Varietés machte das Publikum die Nacht zum Tage, sofern das Geld dafür reichte.

Viele Menschen konnten in einer geistigen und gesellschaftlichen Freiheit leben. Allerdings erreichte schon damals der Konsum von Drogen in den Großstädten erschreckende Ausmaße.

Gegensätze und Zwiespältigkeiten

Die USA waren die Trendsetter, was Mode, Musik (Jazz), Ernährung oder Massenkultur (Tonfilm, Rundfunk, Werbung) betraf. Konservative lehnten die moderne „Massenkunst“ als „Amerikanismus“ ab und kritisierten das liberale Fortschrittsdenken. Das 1922 erschienene Buch *Der Untergang des Abendlandes* des Philosophen *Oswald Spengler* ist ein Beispiel dafür.

Wissenschaft und Technik

Deutsche Wissenschaftler und Ingenieure prägten mit ihren physikalischen und chemischen Erkenntnissen, medizinischen Erfolgen und technischen Erfindungen die Zeit. An den Universitäten wurden wissenschaftliche Disziplinen aber auch missbraucht. Biologen und Mediziner entwickelten dort eine fragwürdige Erbgesundheitsforschung (*Eugenik*) und unterstützten einen rassistischen *Antisemitismus*. Geografen entwarfen völkerverachtende Pläne für die Eroberung von Lebensraum im Osten und Historiker und Juristen rechtfertigten diktatorische Herrschaftsformen.

Neue Lebensstile

Mit dem Zeitalter des Automobils und der Luftfahrt änderte sich auch das gesellschaftliche Zusammenleben.

In den 1920er-Jahren setzten sich vor allem Jugendliche über die bisherigen Umgangsformen hinweg. Sie pflegten einen freien und lockeren Lebensstil. Öffentliche Aufmerksamkeit fanden Nacktkult, freie Liebe, vegetarische Ernährung und Sekten.

Frauen erlangten immer mehr Freiheiten. Sie zogen nun kürzere Röcke an, trugen Kurzhaarfrisuren, führten gewagte Tänze auf und missachteten Tabus. Trotz neuer politischer Rechte und veränderter Lebensweisen wurde die Selbstverwirklichung von Frauen aber immer noch durch Gesetze aus der Kaiserzeit behindert.

Die das Kaiserreich bestimmenden Gesellschaftsschichten, der Adel und das alte Bürgertum, lösten sich zwar langsam auf, doch das hinderte sie nicht daran, die neuen politischen und gesellschaftlichen Verhältnisse zum Teil mit aller Macht zu bekämpfen.

Der jüdische Beitrag zur Kultur

Juden spielten eine wesentliche Rolle im kulturellen und intellektuellen Leben der Weimarer Republik. Schriftsteller wie *Alfred Döblin*, *Else Lasker-Schüler* und *Kurt Tucholsky* beeinflussten die literarischen Strömungen. Die Bilder *Max Liebermanns* wurden bewundert. *Max Reinhardt* schrieb mit seinen Inszenierungen Theatergeschichte. Die Musik wurde durch *Arnold Schönberg* bereichert, und *Fritz Langs* Filme setzten neue Maßstäbe. Von neun deutschen Nobelpreisträgern in der Zeit der Republik waren fünf jüdische Naturwissenschaftler (darunter *Albert Einstein*).

Trotz dieser Leistungen blieben die Juden – nicht nur die Künstler und Wissenschaftler – Außenseiter, unabhängig davon, ob sie sich zu ihrem Judentum bekannten oder nicht. Dem zunehmenden Antisemitismus standen alle jüdischen Deutschen meist hilflos gegenüber, da sie kaum Rückhalt und Schutz in der nichtjüdischen Bevölkerung fanden.

2 Wassily Sessel B 3.
Design: Marcel Breuer, 1926.

Das Bauhaus

Richtungsweisend für die künstlerische Haltung der Weimarer Republik wurde das 1919 von dem Architekten *Walter Gropius* in Weimar gegründete *Bauhaus*. Diese staatliche Hochschule wollte Architekten, Maler und Bildhauer „zu tüchtigen Handwerkern oder selbstständig schaffenden Künstlern erziehen und eine Arbeitsgemeinschaft führender und werdender Werkkünstler gründen, die Bauwerke in ihrer Gesamtheit – Rohbau, Ausbau, Ausschmückung und Einrichtung – aus gleichgeartetem Geist heraus einheitlich zu gestalten weiß" (*Bauhaus-Programm* von 1919).

Das Bauhaus (ab 1925 in Dessau und 1932/33 in Berlin) wurde die bedeutendste Kunstschule des 20. Jh. Die Mitarbeiter entwarfen einfach und funktionsgerecht gestaltete Gebrauchsgüter für die Serienfertigung. Ein Beispiel für den international anerkannten „Bauhausstil" ist der Stahlrohrsessel von *Marcel Breuer*, der im Jahre 1926 durch die Verwendung von Metall die Möbelindustrie revolutionierte.

Sozialer Siedlungsbau

Das Bauhaus prägte auch den modernen *sozialen Siedlungsbau*. Nach 1925 entstanden funktionell geplante Mustersiedlungen mit preiswertem Wohnraum. Sie lösten die dunklen und dumpfen Mietskasernen ab und brachten den Arbeitern und Angestellten Licht, Luft und Hygiene in ihre private Lebenswelt. Beispiele dafür sind Siedlungen in Berlin, Dessau, Frankfurt am Main, Hannover (Südstadt), München (*Borstei*), Stuttgart und im Ruhrgebiet.

„Neue Sachlichkeit"

Die nüchterne Haltung, verbunden mit sozialer Verantwortung, die das Bauhaus verkörperte, wirkte auch auf andere Gebiete der Kunst. Bei einer Ausstellung wurde dafür das Schlagwort *Neue Sachlichkeit* geprägt. Diese Kunstrichtung verwirklichte sich als kritischer Realismus in Malerei, Film und Zeitroman, sie verhalf Reportage, Dokumentarfilm und Fotojournalismus zum Aufschwung. Während das Bauhaus in Deutschland von national-konservativen Bürgern verachtet und massiv kritisiert wurde, fand der funktionale Stil in der westlichen Welt viel Anerkennung.

3 Küche im Haus „Am Horn", Weimar.
Foto von 1923.
Die Einrichtung wurde von Benita Otte und Ernst Gebhardt entworfen.

4 Ein Blick in die Siedlung Dessau-Törten.
Foto von 1926.
Die Siedlungsplanung stammte von Walter Gropius.

▶ ***Internettipp:*** *Zum Bauhaus siehe www.bauhaus.de und www.bauhaus-dessau.de*

■ *Diskutiert, ob die Bezeichnung „Goldene Zwanziger" für die 1920er-Jahre in Deutschland zutreffend ist.*

M1 Großstadt.
Dreitafelbild (Triptychon) von Otto Dix 1927/28. Der Mittelteil des Bildes misst 1,81 x 2,01 m, die Flügel messen je 1,81 x 1,01 m. Der aus Gera stammende Otto Dix lebte von 1925 bis 1927 als freier Künstler in Berlin.

M2 Eindrücke

Der Schriftsteller Carl Zuckmayer (1896-1977) schreibt in seinen 1966 veröffentlichten Erinnerungen:

Diese Stadt fraß Talente und menschliche Energien mit beispiellosem Heißhunger, um ebenso rasch zu verdauen, kleinzumahlen und wieder auszuspucken. [...]
Berlin, im Anfang der zwanziger Jahre, war halbseiden, es roch nach Chypre*, Abschminke und schlechtem Benzin, es hatte seinen imperialen und großbürgerlichen Glanz verloren und wurde erst zu einer grellen, hektischen Blüte hochgepulvert. [...]
Trotzdem war bereits die unvergleichliche Intensität, der Hauch jenes stürmischen Aufschwungs zu spüren, der Berlin in wenigen Jahren zur interessantesten, erregendsten Stadt Europas machte. Er zeigte sich zuerst im künstlerischen und kulturellen Leben, vor allem im Theater.

Carl Zuckmayer, Als wär's ein Stück von mir. Erinnerungen, Frankfurt a. M. 1969, S. 263 ff.

***Chypre**: ein Parfüm*

▶ ***Internettipp:*** *Informationen über Kunst und Kultur zwischen 1918 und 1933 findest du unter www.dhm.de/lemo/html/weimar/kunst*

▶ ***Comictipp:***
Jason Lutes, Berlin, Bd. 1: Steinerne Stadt, Hamburg [7]2004

M3 Eine Jugend in Berlin

Ein in der Arbeiterbewegung engagierter Mann schreibt:

Von der kulturellen Metropole Europas merkten wir im Norden Berlins wenig. Die „goldenen zwanziger Jahre" fanden in den Theaterzentren, Galerien und feinen Restaurants statt, waren eine Angelegenheit sensationeller Bälle und Galas der Neureichen, der Nachtlokale und Künstler-Cafés der Bohème [...].
Die große Masse verstand die Avantgardisten** nicht, die anklagen, aufrütteln wollten. [...] Den Kulturbedarf der breiten Massen befriedigten das Radio, der neue Unterhaltungsfilm, die Trivialliteratur sowie Revuen und Tanzlokale. Die Schlager und die Melodien der Operetten-Renaissance [...] halfen Luftschlösser bauen, erleichterten die Flucht aus dem grauen Alltag. Wir betrachteten sie alle, so gut sie auch sangen, als Ausdruck bürgerlicher Verlogenheit, kennzeichneten sie als ausschweifend und kitschig [...].

Zit. nach: Heinrich August Winkler/Alexander Cammann (Hrsg.), Weimar. Ein Lesebuch zur deutschen Geschichte 1918-1933, München 1997, S. 146 f.

*** **Avantgardist**: Vorkämpfer einer neuen Kunstrichtung*

▶ ***Exkursiontipps:***
- *Otto-Dix-Haus, Gera*
- *Kunstsammlung, Gera*

---

1. *Beschreibe die dargestellten Szenen (M 1). Welches Bild zeichnet Otto Dix von der Gesellschaft der Weimarer Republik?*
2. *Ein Kunstkenner hat die Mitteltafel des Bildes M 1 mit „Tanz auf dem Vulkan" umschrieben. Erläutere! Gib dem Bild einen eigenen Titel.*
3. *Recherchiere, welche Musik die Band gespielt haben mag (M 1).*
4. *Vergleiche die Aussagen zur Kultur der Weimarer Republik (M 2 und M 3). Erläutere und begründe den Unterschied. Wessen Ansicht kommt dem Bild von Otto Dix (M 1) nahe?*
5. *Stelle einen Musiker, bildenden Künstler, Architekten oder Literaten der 1920er-Jahre in deinem Portfolio vor.*

Ein „Schwarzer Freitag“?

Ausgangspunkt New York

Die durch die Novemberrevolution von 1918 entstandene Weimarer Republik konnte sich nach der Inflation von 1923 und trotz Reparationsleistungen Mitte der 1920er-Jahre wirtschaftlich erholen. Wie wenig gefestigt die wirtschaftlichen Verhältnisse waren, zeigte sich jedoch, als 1929 die *Weltwirtschaftskrise* einsetzte. Sie ging von den Vereinigten Staaten aus und erreichte ihren ersten Höhepunkt mit dem Zusammenbruch der New Yorker Börse am Donnerstag, den 24. Oktober 1929. Wegen der Zeitverschiebung ging der Crash* in Deutschland als *„Schwarzer Freitag“* in die Geschichte ein.

Da auch Banken riesige Verluste erlitten, konnten sie Firmen keine Kredite mehr gewähren. Produktion und Verkauf stockten, viele Firmen mussten schließen. Dadurch schnellte die Arbeitslosigkeit hoch. Kaufkraft und Nachfrage sanken dadurch noch stärker als bisher.

Die amerikanische Regierung schützte die einheimische Wirtschaft durch Einfuhrzölle vor ausländischer Konkurrenz. Dadurch riss sie andere Staaten mit in die Krise. Auf die auf den Export angewiesenen Länder wie Deutschland hatte das katastrophale Auswirkungen.

Die amerikanischen Banken kündigten ihre in Europa angelegten kurzfristigen Kredite, da sie Geld im eigenen Land benötigten. Dadurch gerieten deutsche Banken in Zahlungsschwierigkeiten. Mitte 1931 musste die zweitgrößte deutsche Bank, die „Darmstädter und Nationalbank“, nach dem Konkurs eines großen Textilunternehmens schließen. Der Zusammenbruch zerstörte das Vertrauen in alle Banken. Überall stürmten Kunden die Filialen, um ihre Ersparnisse abzuheben. Als dadurch die Geldinstitute noch größere Probleme bekamen, erwarb der Staat Anteile an ihnen, um sie zu vor dem Bankrott zu sichern. Trotzdem mussten zahllose Unternehmen in Konkurs gehen. Die Industrieproduktion sank bis 1932 um die Hälfte und die Zahl der Arbeitslosen stieg zeitweise auf über sechs Millionen.

1 Arbeitslose im Hof des Arbeitsamtes Hannover.
Foto von Walter Ballhause, von 1932 (Ausschnitt).
■ *Erläutere das Foto aus der Sicht eines Arbeitslosen.*

Die Arbeitslosen

Verlor ein Arbeitnehmer seine Stelle, bekam er ein Jahr lang eine monatliche Unterstützung vom Staat. Sie ermöglichte ein Leben am Rande der Not. Eine Familie mit zwei Erwachsenen und einem Kind erhielt im Durchschnitt 51 Reichsmark (RM) Arbeitslosengeld. Für Miete, Beleuchtung und Heizung wurden mindestens 32,50 RM benötigt. Für die Ernährung von drei Personen blieben also 18,50 RM übrig. In Berlin konnte man dafür als tägliche Ration kaufen: ein halbes Brot, ein Pfund Kartoffeln, 100 g Kohl, 50 g Margarine. Die meisten Arbeitslosen mussten allerdings deutlich länger als ein Jahr auf eine neue Stelle warten.

*Crash: *Zusammenstoß; hier: plötzlicher Kurseinbruch*

M1 **Industrieproduktion im Vergleich**
Die Produktion von 1913 ist gleich 100 gesetzt.

Nach: Paul Kennedy, Aufstieg und Fall der großen Mächte, Frankfurt a. M. 1989, S. 451

M2 **Arbeitslosigkeit in Deutschland**
Angaben in % der abhängigen Erwerbspersonen.

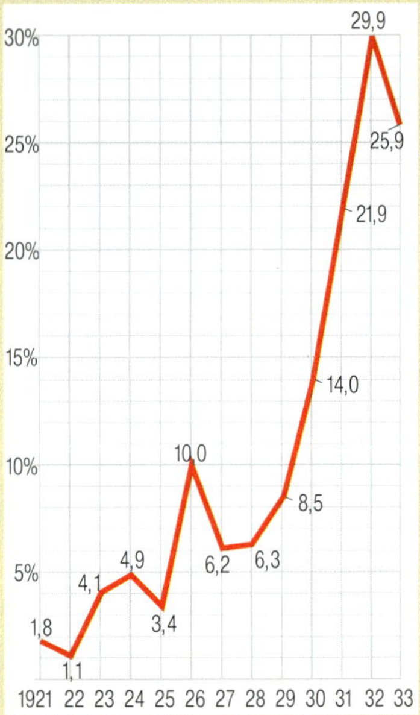

Nach: Dietmar Petzina u. a., Sozialgeschichtliches Arbeitsbuch III, München 1978, S. 119

M3 **Arbeitslosigkeit in ausgewählten Regionen**
Im Jahresdurchschnitt waren je 1000 Einwohner arbeitslos:

	1928	1932
Brandenburg	24	116
Nordmark*	23	93
Niedersachsen	18	76
Westfalen	17	98
Rheinland	25	100
Hessen	25	86
Mitteldeutschland	21	94
Sachsen	18	137
Bayern (einschl. Pfalz)	26	64
Südwestdeutschland	12	59
Deutsches Reich	22	90

Nach: Dietmar Petzina u. a., Sozialgeschichtliches Arbeitsbuch III, a. a. O., S. 121

***Nordmark**: Schleswig-Holstein*

▶ ***Lesetipps:***

- *Willi Fährmann, Der Mann im Feuer, Würzburg 2005*
- *Erich Kästner, Fabian. Die Geschichte eines Moralisten, München 2011*

M4 **„Wie schrecklich …"**
Im Januar 1932 sind im Deutschen Reich etwa 900 000 Jugendliche unter 21 arbeitslos. In einer sozialwissenschaftlichen Veröffentlichung von 1933 wird dargestellt, wie die Betroffenen die Arbeitslosigkeit einschätzen:

„Wie schrecklich, nicht zu wissen, wozu man da ist", sagt ein Mädchen über ihre Arbeitslosigkeit und trifft damit ganz genau, was ungezählte ihrer Kameraden auch meinen. Die ungelernte Arbeit an sich ist auch Schicksal, aber da wusste man doch wenigstens, dass sie zum Geldverdienen da war; aber die Arbeitslosigkeit ist ganz unverstandenes Schicksal, aus der Gesellschaft hereinbrechendes blindes Schicksal, das nur noch zerstört. Es entspricht dem Typus des jungen Ungelernten, dass er nur selten in der Lage ist, Ursachen und Gründe für dieses Schicksal Arbeitslosigkeit angeben zu können. Ein gescheites Mädchen sagt einmal: „Arbeitslosigkeit, das ist für die meisten heute nur ein Schlagwort, das jeder kennt." Da, wo man sich einmal Gedanken macht über Ursachen der Arbeitslosigkeit – und das ist bei den Jungen häufiger der Fall als bei den Mädchen –, kann von einem Versuch, die Materie etwa soziologisch zu durchdenken, gar keine Rede sein. Die häufigsten Gründe, die für wachsende Arbeitslosigkeit angegeben wurden, sind: die brotlos machende Maschine, die Frauenarbeit, der Zuzug von „Fremden", Rationalisierung und Überstunden.

Zit. nach: Peter Longerich (Hrsg.), Die Erste Republik. Dokumente zur Geschichte des Weimarer Staates, München 1992, S. 404

1. *Vergleiche die Entwicklung der deutschen Industrieproduktion mit der anderer Staaten (M 1).*
2. *Beschreibe den Zusammenhang zwischen der Industrieproduktion (M 1) und der Arbeitslosigkeit im Deutschen Reich (M 2 und M 3).*
3. *Arbeite die in M 4 zitierten Begründungen für die Arbeitslosigkeit heraus und setze dich damit kritisch auseinander.*

Achtung Statistik!

„Never trust a statistic ..."

Der britische Politiker *Winston Churchill* soll einmal gesagt haben: „Never trust a statistic you didn't fake yourself." Müssen wir daher allen Statistiken misstrauen? Oder lügt nicht die Statistik, sondern derjenige, der damit nicht korrekt umgeht? Da Statistiken unser historisches Wissen ergänzen und zur Interpretation von Veränderungen gebraucht werden, müssen wir klären, worüber sie informieren, welcher Art die Angaben sind und aus welchen Quellen sie stammen, auf welche Zeit und auf welche Räume sie sich beziehen. So nennen die hier vorgelegten Beispiele nicht nur verschiedene Zeiträume, sondern auch unterschiedliche Bezugsgrößen. Außerdem ist von zwei Arten von Arbeitslosen die Rede.

Die Arbeitslosenquote drückt – auch wenn sie in Prozent angegeben wird – einen Bruch aus: Im Zähler steht die Zahl der Arbeitslosen, im Nenner die der Erwerbspersonen, also derjenigen, die arbeiten könnten. Aber weder Zähler noch Nenner wurden und werden immer und überall auf die gleiche Weise gemessen.

In Deutschland gehört nach heutiger Praxis in diesem Zähler, wer (1.) beim Arbeitsamt als arbeitssuchend gemeldet ist und außerdem (2.) mehr als 15 Stunden in der Woche arbeiten will, (3.) dauerhaft Arbeit sucht, (4.) älter als 15 und jünger als 65 Jahre ist und (5.) auf dem Arbeitsmarkt sofort arbeiten kann. Damit zählen Teilnehmer von Umschulungskursen oder Personen, die die Suche über das Arbeitsamt aufgegeben haben, nicht zu den Arbeitslosen. Auch der Nenner der Arbeitslosenquote wird nicht überall einheitlich festgelegt. Bei uns zählen heute zu den Erwerbstätigen nur die, die aus einem Arbeitsverhältnis entlassen werden können. Selbstständige, Beamte, Studierende und Soldaten zählen nicht dazu. Anderswo aber wird die gesamte Bevölkerung, die zwischen 15 und 65 Jahre alt ist, zu den Erwerbstätigen gerechnet.

M1 Arbeitslosigkeit in Deutschland 1930-1933

	„sichtbare", gemeldete Arbeitslose in Mio. (1)	*„sichtbare" und „unsichtbare" Arbeitslose in Mio. (2)*	*darunter nicht unterstützte Arbeitslose in Mio. (3)*	*in v.H.*
1930				
1. Quartal	3,366	3,920	–	–
4. Quartal	3,699	4,115	1,339	32,5
1931				
1. Quartal	4,972	5,982	1,593	26,6
4. Quartal	5,060	5,943	1,989	37,5
1932				
1. Quartal	6,128	7,619	2,303	30,3
4. Quartal	5,355	6,704	2,520	37,6
1933				
1. Quartal	6,001	7,781	2,463	31,6
4. Quartal	3,715	5,172	1,893	36,6

Die Zahlen sind keine Vierteljahresdurchschnitte, sondern jeweils die Bestandszahlen vom Ende des mittleren Monats des jeweiligen Quartals; lediglich die Zahlen der „unsichtbaren" Arbeitslosen bilden Vierteljahresdurchschnitte.

Spalte 1: Nach den Angaben der Arbeitsämter.

Spalte 2: Berechnete Gesamtzahl der Arbeitslosen; den Angaben liegen Schätzungen von Willi Hemmer, einem zeitgenössischen Statistiker, zugrunde. Er definierte „unsichtbare" Arbeitslose als Personen, die sich beim Arbeitsamt nicht gemeldet hatten und es, meist aus Scham über ihre Armut, nicht über sich brachten, den Weg zum Wohlfahrts- oder Fürsorgeamt zu gehen.

Nach: Heinrich August Winkler, Der Weg in die Katastrophe. Arbeiter und Arbeiterbewegung in der Weimarer Republik 1930 bis 1933, Berlin ^{2}1990, S. 23 f. (Anm. erweitert)

M2 Arbeitslose in Großstädten

Arbeitslose je 1000 Einwohner im Jahresdurchschnitt.

	1928	1932
Berlin	37*	141
Braunschweig	39	123
Chemnitz	10	169
Dortmund	26	136
Dresden	28	137
Düsseldorf	23	112
Erfurt	31	130
Essen	35	117
Frankfurt am Main	19	117
Hannover	27	124
Hamburg	30	119
Kassel	21	114
Kiel	37	130
Köln	24	110
Leipzig	19	140
Lübeck	30	153
Mainz	27	119
München	28	102
Nürnberg	30	136
Stuttgart	12	91

**Angabe für 1929*

Nach: Statistisches Handbuch von Deutschland 1928-1944, München 1949, S. 485

▶ *Tipp: Informationen über die aktuelle Zahl der Arbeitslosen sowie die Art und Weise, wie die Daten heute erhoben werden, findest du z.B. auf der Homepage der Bundeszentrale für politische Bildung.*

1. *Erläutere die Entwicklung der „sichtbaren" und „unsichtbaren" Arbeitslosigkeit (M1).*
2. *Erstelle aus den Angaben in M1 ein Liniendiagramm und vergleiche es mit M2, Seite 86.*
3. *Informiere dich im Internet (siehe Tipp) über die aktuelle Ermittlung der Arbeitslosenquote in Deutschland und in den Jahren zuvor. Wo liegen die Unterschiede, wie wirken sie sich aus? Erkläre die Veränderungen. Was folgt für dich daraus grundsätzlich für den Umgang mit Statistiken?*

Eine auswegslose Situation?

1 „Der Reichstag wird eingesargt."
Collage (38,3 x 28,4 cm) des Grafikers und Bühnenbildners John Heartfield (eigentlich Helmut Herzfelde) zum 30. August 1932 für die „Arbeiter Illustrierte Zeitung".

- *Beschreibe die Bildelemente und ihre Funktion. Erläutere den Titel der Collage.*

Parlamentarische Mehrheiten fehlen

Schon vor der Weltwirtschaftskrise war der Eindruck entstanden, die Reichstagsabgeordneten seien nicht in der Lage, die Probleme zu lösen. Viele Menschen trauten dem Parlament und den Parteien die Bewältigung der Aufgaben nicht mehr zu. Diese Einstellung hatte sich seit der Wahl des 78-jährigen Paul von Hindenburg zum Reichspräsidenten verstärkt. Der Generalfeldmarschall aus dem Kaiserreich und Vertreter der „Dolchstoßlegende" war 1925 als Nachfolger des verstorbenen Sozialdemokraten Ebert gewählt worden.

Hindenburg und seine Berater suchten nach einer vom Reichstag unabhängigen Regierungsform, ohne die Verfassung zu verletzen. Ihre Vorstellungen gingen in Richtung *Präsidialdiktatur*. Danach sollte ein vom Reichspräsidenten ernannter Kanzler allein mit Notverordnungen nach Artikel 48 der Verfassung regieren können. Damit erhielten Hindenburg und seine Ratgeber, zu denen Männer aus den konservativen Parteien, aus der Reichswehr sowie adlige Gutsherren und Industrielle zählten, einen parlamentarisch unkontrollierbaren Einfluss auf die Politik.

Von der Wirtschaftskrise zur Staatskrise

Aufgrund der Wirtschaftskrise sanken die Steuereinnahmen des hochverschuldeten Staates; gleichzeitig wuchsen die Ausgaben für die sprunghaft gestiegene Zahl der Arbeitslosen (von 1,6 Mio. im Oktober 1929 auf 3,2 Mio. im Januar 1930) stark an. Reichstag und Regierung sahen nur zwei Möglichkeiten: entweder die Staatsverschuldung weiter zu erhöhen und damit eine neue Inflation zu riskieren oder die Ausgaben des Staates drastisch zu senken und damit soziale Unruhen in Kauf zu nehmen.

Über die Frage einer geringen Beitragserhöhung der Arbeitslosenversicherung zerbrach dann am 27. März 1930 die seit 1928 regierende Große Koalition aus SPD, DDP, Zentrum, Bayerischer Volkspartei (BVP) und DVP unter dem sozialdemokratischen Kanzler *Hermann Müller*. Da sich die Parteien nicht auf eine neue Mehrheit verständigen konnten, ernannte der Reichspräsident das erste *Präsidialkabinett*: Der Finanzexperte und Zentrums-Politiker *Heinrich Brüning* wurde erster Kanzler ohne Mehrheit im Reichstag. Mit Notverordnungen setzte Brüning weitreichende Sparmaßnahmen durch. Er kürzte Bezüge und Gehälter der Beamten und Angestellten, baute soziale Leistungen ab und förderte Unternehmen. Trotzdem setzte sich die Wirtschaftskrise fort, stieg die Arbeitslosigkeit weiter an und fanden die republikfeindlichen Parteien immer mehr Wähler.

Als die Abgeordneten von ihrem Recht Gebrauch machten, die Aufhebung der Notverordnungen zu verlangen, setzte Hindenburg Neuwahlen an. Auch deren Ergebnis ließ keine stabile Regierung zu. Am 30. Mai 1932 musste Brüning zurücktreten. Nicht etwa, weil er erfolglos war, sondern weil er Hindenburgs Vertrauen verloren hatte.

Jahr	*Reichstagssitzungen*	*Gesetze*	*Notverordnungen*
1930	94	98	5
1931	41	34	44
1932	13	5	66

2 Von der parlamentarischen Demokratie zur Diktatur.
Nach: Hans-Ulrich Wehler, Deutsche Gesellschaftsgeschichte, Bd. 4: Vom Beginn des ersten Weltkriegs bis zur Gründung der beiden deutschen Staaten 1914-1949, München 2003, S. 519

- *Erläutere die Tabelle.*

▶ **Geschichte In Clips**
Zur Wirtschaftskrise im Deutschen Reich siehe Clip-Code 4493-03

Die antirepublikanischen Parteien

NSDAP und KPD versprachen den Massen „Arbeit und Brot". Beide Parteien kämpften gegen die Republik. Für die KPD war die parlamentarische Demokratie ein Werkzeug der „kapitalistischen Ausbeuter", für die NSDAP ein Instrument der „Alliierten, Juden und Bolschewisten". Im Kampf gegen die Regierung fanden die Nationalsozialisten Unterstützung: Am 11. Oktober 1931 bildeten in Bad Harzburg (Niedersachsen) NSDAP, DNVP, „Stahlhelm" und andere Verbände eine „Nationale Opposition" gegen die Regierung Brüning (*Harzburger Front*).

In der grundlegenden Ablehnung des „Systems von Weimar" waren sich die Radikalen einig. Untereinander schlugen sie sich in blutigen Straßen- und Saalschlachten, in denen sich ihre Kampfverbände hervortaten: die *Sturmabteilung* (SA) der NSDAP sowie der *Rotfrontkämpferbund* der KPD. Der SPD und den liberalen Parteien stand das *Reichsbanner Schwarz-Rot-Gold* nahe, dessen Mitglieder mehrheitlich republiktreue Arbeiter waren. Gemeinsam wollten sie die Demokratie verteidigen.

Der Einfluss der NSDAP nimmt zu

In Thüringen gelang es der NSDAP zuerst, parlamentarischen Einfluss zu erlangen. Schon 1930 stellte sie die ersten zwei Minister einer Landesregierung. Nach den Landtagswahlen vom August 1932 bildete sie die erste nationalsozialistische Landesregierung im Deutschen Reich.

Schon bei den Wahlen vom Juli 1932 war die NSDAP erfolgreich gewesen. In dem im November neu gewählten Reichstag konnte sie mit 230 Abgeordneten die stärkste Fraktion bilden. Nationalsozialisten und Kommunisten stellten damit mehr als die Hälfte der Abgeordneten im Reichstag. Eine Regierungsbildung ohne eine der beiden radikalen Parteien schien unmöglich. Hitler forderte die Kanzlerschaft. Doch Hindenburg weigerte sich.

Kanzler ohne Rückhalt und das Ende Preußens

Mit dem Sturz Brünings setzte eine neue Phase antidemokratischer Politik ein. Zum Reichkanzler wurde am 1. Juni 1932 *Franz von Papen* ernannt. Er trat aus dem Zentrum aus und regierte ebenfalls ohne parlamentarische Mehrheit. Um von Hitler toleriert zu werden, ließ er die seit April 1932 verbotene SA und SS wieder zu.

Vor den Reichstagswahlen vom 31. Juli 1932 kam es zu zahlreichen Auseinandersetzungen zwischen SA, Kommunisten und Polizei. Ein Höhepunkt der Unruhen war der „Altonaer Blutsonntag" vom 17. Juli. Er forderte 17 Tote und viele Verletzte.

Unter dem Vorwand, diese bürgerkriegsähnlichen Zustände in Preußen, zu beenden, setzte Papen am 20. Juli 1932 die sozialdemokratische Landesregierung ab und übernahm selbst die Regierung („*Preußenschlag*").

3 SA-Truppen bezeugen Alfred Hugenberg ihre Verbundenheit.

Foto vom 11. Oktober 1931.

In Bad Harzburg schlossen sich die republikfeindlichen Parteien und Verbände zu einer „Nationalen Front" zusammen. Anstifter war der Industrielle Alfred Hugenberg (Bildmitte im Hintergrund).

Eine Chance für den „Staatsfeind"

Weder die Reichstagswahlen vom Juli noch die vom November 1932 ergaben regierungsfähige Mehrheiten. Doch die Novemberwahlen zeigten eine Wende: Die NSDAP hatte zwei Millionen Stimmen verloren.

Anfang Dezember ernannte Hindenburg den ehemaligen Reichswehrminister *Kurt von Schleicher* zum neuen Kanzler. Er bemühte sich vergeblich, mit der SPD und Teilen der NSDAP zusammenzuarbeiten. Nach nur 55 Tagen war die 20. Regierung der Weimarer Republik am Ende. Obwohl sich die wirtschaftliche Lage langsam besserte, glaubte Hindenburg inzwischen, dass ohne Hitler keine stabilen politischen Verhältnisse zu erreichen seien. Sein Sohn Oskar, Papen, Reichswehroffiziere, Rittergutsbesitzer und Unternehmer hatten ihn davon überzeugt. Der erst 1932 mit Unterstützung der SPD wiedergewählte 85-jährige Reichspräsident ernannte am 30. Januar 1933 eine neue Koalitionsregierung mit Hitler als Reichskanzler. In ihr stellte die NSDAP nur zwei Minister, die anderen waren parteilos oder kamen von der DNVP. Vizekanzler Papen verteidigte die umstrittene Übergabe der Macht an die Gegner der Republik und meinte: „Wir haben ihn uns engagiert. [...] In zwei Monaten haben wir Hitler in die Ecke gedrückt, dass er quietscht!"

▶ ***Lesetipps:***

- *Klaus Kordon, Mit dem Rücken zur Wand, Weinheim [15]2013*
- *Jason Lutes, Berlin, Bd. 2: Bleierne Stadt, Hamburg [2]2008*

■ *Stelle in einem Mindmap die Faktoren zusammen, die zur „Machtübergabe" an Hitler beitrugen.*

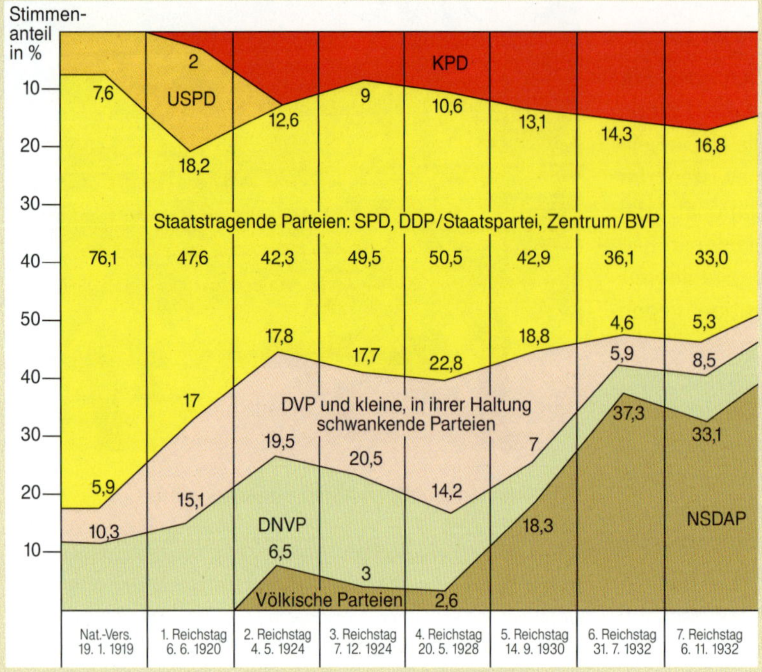

M 1 Staatsfeindliche und staatstragende Parteien 1919-1932.
Vereinfachte Übersicht über den prozentualen Stimmenanteil der Parteien bei den Wahlen.

Nach: Karlheinz Dederke, Reich und Republik. Deutschland 1917-1933, Stuttgart [8]1996, S. 327

M 3 Plakat für die Reichstagswahl vom 31. Juli 1932.
Format: 112 x 80 cm

M 2 Reichstagswahlergebnisse in Thüringen (1924-1932)

	4.5.1924	*7.12.1924*	*20.5.1928*	*14.9.1930*	*31.7.1932*	*6.11.1932*
Angaben in Prozent						
Wahlbeteiligung	82,21	82,35	77,25	84,52	85,88	81,38
NSDAP	10,50[a]	5,41[b]	3,73	19,51	43,91	37,76
Landbund[c]	17,44	16,45	15,29	11,85	5,65	6,53
WP[d]	2,79	4,17	7,80	5,29	0,77	0,39
DNVP	7,56[e]	8,74[f]	5,43[f]	3,21[f]	4,04	6,15
DVP	12,62	14,12	11,21	5,37	1,74	2,86
DDP	4,44	5,23	3,82	2,98	0,99	0,81
Zentrum	1,10	1,21	1,08	1,11	1,51	1,20
SPD	24,68	30,38	34,89	31,10	23,95	23,12
KPD	15,79	13,09	12,87	15,17	16,49	19,56
Sonstige	3,08	1,19	3,91	4,41	0,95	1,64

[a] VSB = Völkischsozialer Block
[b] NSFB = Nationalsozialistische Freiheitsbewegung
[c] ThLB = Thüringer Landbund; eine nationalistisch-konservative Bauernpartei
[d] WP = Reichspartei des Deutschen Mittelstandes (Wirtschaftspartei)
[e] VVV = Vaterländisch-völkische Volksbewegung
[f] DNVP und PLb = Preußischer Landbund

Nach: www.gonschior.de/weimar/Thueringen/Uebersicht_RTW.html (Zugriff: 31. Juli 2013)

▶ ***Internettipp:*** *Zu allen Wahlen und zur Entwicklung des Parteiensystems in der Weimarer Republik siehe www.wahlen-in-deutschland.de*

1. *Beschreibe die Entwicklung der Wählerstimmen für die republikfeindlichen Parteien KPD, DNVP und NSDAP (M 1 und M 2). Leite daraus Folgen für die innenpolitische Lage ab.*
2. *Arbeite die Gemeinsamkeiten und die Unterschiede zwischen den Wahlergebnissen im Reich und Thüringen heraus (M 1 und M 2).*
3. *Analysiere das Plakat im Hinblick auf die Zukunft der Arbeiter (M 3).*

M4 Wer trägt die Verantwortung?

Wolfgang Ruge von der Deutschen Akademie der Wissenschaften in Ost-Berlin stellt 1967 fest:

Die Vernichtung der Weimarer Republik durch den Faschismus* war nicht gesetzmäßig. Durch den einheitlichen Kampf der Arbeiterklasse und ihrer Verbündeten für die Verteidigung und den Ausbau der Demokratie hätte der Untergang der Republik verhindert werden können. Die Verantwortung für die Sabotierung dieses Kapitels [der Geschichte] trägt die sozialdemokratische Führung, die in den Auseinandersetzungen um die Lebensfragen der deutschen Nation von 1918 bis 1933 historisch versagt hat.

Wolfgang Ruge, Deutschland von 1917 bis 1933: Von der Großen Sozialistischen Oktoberrevolution bis zum Ende der Weimarer Republik, Berlin (Ost) 1967, S. 481

*Faschismus: *Siehe Seite 96.*

M5 Gründe für das Scheitern der Republik

Der West-Berliner Historiker Hagen Schulze nennt 1982 folgende Gründe:

Die Antwort ist nicht mit letzter wissenschaftlicher Präzision zu geben, aber einiges lässt sich doch ausmachen: Die wichtigsten Gründe liegen auf dem Feld der Mentalitäten, der Einstellungen und des Denkens. In der Mitte des Ursachenbündels finden sich eine Bevölkerungsmehrheit, die das politische System von Weimar auf die Dauer nicht zu akzeptieren bereit war, sowie Parteien und Verbände, die sich den Anforderungen des Parlamentarismus nicht gewachsen zeigten.

Hagen Schulze, Weimar. Deutschland 1917-1933, Berlin [4]1993, S. 425

M6 Erklärungshinweise

Der westdeutsche Historiker Horst Möller schreibt 1985 über das Ende Weimars:

Die Auflösung der Republik ist ein langwieriger Prozess gewesen. Allerdings würde es in die Irre führen, diesen Prozess erst mit dem Ende der Regierung Hermann Müller im März 1930 beginnen zu lassen.* Vielmehr hat die neuere Forschung immer wieder gezeigt, dass schon vor dem Bruch der Großen Koalition eine krisenhafte Zuspitzung sich abzuzeichnen begann. Die Erklärung der Staats- und Verfassungskrise allein aus der seit 1929 einsetzenden, in Deutschland aber erst verzögert wirksam werdenden Wirtschaftskrise ist nicht stichhaltig. Vielmehr ist festzustellen: Die Wirtschaftskrise verschärfte 1930/31 auch die Verfassungskrise, ist aber nicht deren erste Ursache gewesen. Notwendig ist es, auch die problematische Verfassungsentwicklung der zwanziger Jahre in die Interpretation einzubeziehen.

Horst Möller, Die Weimarer Republik. Eine unvollendete Demokratie, München [10]2012, S. 255

*Siehe hier Seite 88.

M7 „Sylvester-Feier. Na dann Prost, Herr Generaldirektor. Auf ein glückliches neues Spiel!"

Karikatur aus der SPD nahestehenden Zeitschrift „Der wahre Jacob" vom 31. Dezember 1932.

Hinweise: Links Reichskanzler Kurt von Schleicher, rechts ein Großindustrieller und in der Mitte Adolf Hitler.

M8 Ein Lehrstück

Der Stuttgarter Historiker Wolfram Pyta meint 2004:

Die Ernennung Hitlers zum Reichskanzler war nur eine von mehreren Möglichkeiten. Hindenburg hatte die freie Wahl. Er entschied sich für einen Weg, der das Tor zur Barbarei weit öffnete. Insofern ist das Scheitern der Weimarer Republik auch ein Lehrstück für die Entscheidungskraft des Politischen.

Wolfram Pyta, Die Weimarer Republik, Opladen 2004, S. 158

1. *Auf dieser Seite beurteilen vier Historiker und ein zeitgenössischer Karikaturist das Ende der Weimarer Republik unterschiedlich (M4 bis M8). Fasst in Gruppenarbeit die verschiedenen Erklärungen zusammen. Diskutiert die abweichenden Urteile.*
2. *Für die Ernennung Hitlers am 30. Januar 1933 zum Reichskanzler, gibt es die Bezeichnungen „Machtergreifung", „Machtübergabe", „Machtübertragung" und „Machterschleichung". Erörtert, welchen dieser Begriffe ihr als geeignet betrachtet. Berücksichtigt dabei auch M1 auf Seite 90. Haltet die Positionen im Portfolio fest.*

Sowjetunion: Stalins kommunistische Herrschaft beginnt

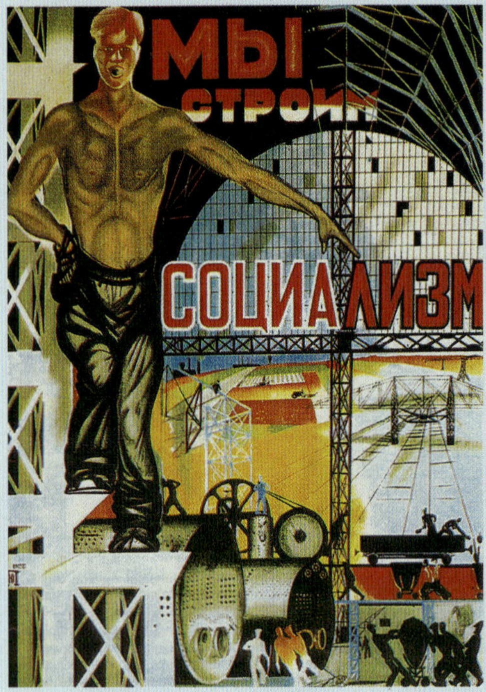

1 „Wir erbauen den Sozialismus."
Plakat (72 x 54 cm) von Jurij I. Pimenow, 1928.

Stalin übernimmt die Macht

Nach der Oktoberrevolution und dem Bürgerkrieg* wurde 1922 die Sowjetunion gegründet. Die kommunistische Partei- und Staatsführung setzte sich zum Ziel, eine sozialistische Wirtschafts- und Gesellschaftsordnung aufzubauen. Dabei hatte sie mehrere Probleme gleichzeitig zu lösen. Sie wollte

- den industriellen Rückstand aufholen,
- den anhaltenden Gegensatz zwischen Bauern und Arbeitern aufheben,
- die zahlreichen Völker des ehemaligen Russischen Reiches integrieren und
- die internationale Isolation überwinden.

Über die Lösungen entbrannten in der Kommunistischen Partei heftige Auseinandersetzungen, die sich nach Lenins Tod 1924 mit dem Kampf um die politische Macht verknüpften. Dabei konnte sich der Georgier *Josef W. Dschugaschwili*, genannt *Stalin*, durchsetzen, obwohl Lenin sich in seinem „politischen Testament" gegen ihn ausgesprochen hatte. Er hielt Stalin für „zu grob" und hatte vorgeschlagen, ihn als Generalsekretär der Partei abzulösen.

Nach Lenins Tod vereinbarte eine siebenköpfige Führungsgruppe, alle Fragen der Innen- und Außenpolitik gemeinsam zu entscheiden. Doch Stalin nutzte die mit seiner Stellung als Generalsekretär verbundene Machtfülle aus und drängte seine Rivalen aus dem *Politbüro**. Er erklärte seine Gegner zu „Abweichlern" von der „richtigen" Lehre und zu einer Gefahr für die Einheit der Partei. Parteiausschlüsse, Verfolgungen, Verurteilungen und Hinrichtungen Andersdenkender folgten. Stalin hatte bald die wichtigsten Ämter in Staat und Partei mit seinen Gefolgsleuten besetzt und eine persönliche Diktatur errichtet.

Bekanntestes Opfer dieses Machtkampfes war *Leo D. Trotzki*, der Schöpfer der Roten Armee. Er verlor nach 1925 alle Staats- und Parteiämter, wurde 1927 aus der Partei ausgeschlossen und 1929 aus der Sowjetunion ausgewiesen. Agenten ermordeten ihn 1940 in Mexiko im Auftrag Stalins.

*Siehe Seite 42 ff.

Industrialisierung um jeden Preis

Stalin setzte seine Vorstellungen vom *Aufbau des Sozialismus in einem Land* rücksichtslos um. Den Rückstand der Sowjetunion gegenüber den „fortgeschrittenen Ländern" versuchte er dabei ab 1928 mit einer *Planwirtschaft* abzubauen, einer Wirtschaftsordnung, in der die Produktion von Gütern sowie deren Verteilung nach staatlich festgelegten Plänen (z. B. Fünfjahresplänen) vorgenommen wird.

Überstürzt entstanden Großbetriebe, besonders der Energie- und Metallerzeugung sowie des Maschinenbaus. Auch wenn die meisten Planziele nicht erreicht wurden: In den 1930er-Jahren entwickelte sich die UdSSR zum zweitgrößten Industriestaat der Welt nach den USA. Zwischen 1927 und 1939 stieg die Industrieproduktion nach sowjetischen Angaben um über 500 Prozent. Zugleich revolutionierte diese Entwicklung die Gliederung der Bevölkerung: Waren 1924 erst etwa zehn Prozent der Beschäftigten Arbeiter, so wuchs deren Anteil bis 1939 auf rund 34 Prozent. Die staatlich verordnete Industrialisierung führte zu katastrophalen Lebens- und Arbeitsbedingungen. Wer das Plansoll nicht erfüllte, machte sich der Sabotage** verdächtig, die ebenso mit hohen Strafen belegt wurde wie Verstöße gegen die Arbeitsdisziplin. Streiks waren verboten. Ein ausgeklügeltes Akkordsystem holte das Äußerste aus den Arbeiterinnen und Arbeitern heraus.

Die Gewinne der staatlichen Unternehmen wurden vor allem für die auswuchernde Partei- und Staatsbürokratie und den Bau weiterer Industrieanlagen verwendet. Der Lebensstandard blieb bescheiden.

*__Politbüro__: *Führungsgruppe der Kommunistischen Partei. Das Politbüro entschied alle wichtigen Fragen der Innen- und Außenpolitik.*

**__Sabotage__: *Gemeint ist hier die absichtliche Beeinträchtigung der Produktion.*

Kollektivierung auf dem Lande

Ziel der Sowjetführung war es, die Produktion landwirtschaftlicher Güter durch eine Kollektivierung zu revolutionieren. Etwa 25 Millionen Bauernwirtschaften sollten zu 240 000 Produktionsgenossenschaften (*Kolchosen*) zusammengeschlossen werden.

Die Kollektivierung war ursprünglich freiwillig. Die staatliche Ausstattung der Kolchosen mit Traktoren und Mähdreschern sollte zum Beitritt anreizen. Als das nicht wirkte, wurden die Bauern ab 1929 millionenfach durch Einschüchterungen und Zwang in die Kolchosen getrieben. Wohlhabenderen Bauern, den *Kulaken*, verwehrten die Kommunisten jedoch die Aufnahme. Sie wurden als „Klassenfeinde" von Haus, Hof und Boden vertrieben und meist nach Sibirien verbannt. Es wird geschätzt, dass damals zwischen fünf und sechs Millionen Menschen umgesiedelt wurden und etwa ein Fünftel von ihnen ums Leben kam.

Die Kollektivierung nahm den Bauern ihr Eigentum. Die Folge war eine neue Hungersnot in der Ukraine, im Süden Russlands sowie in Kasachstan. Etwa sechs Millionen Menschen fielen ihr 1932/33 zum Opfer.

Herrschaft mit Terror

Stalin und seine Anhänger kontrollierten das politische, wirtschaftliche und kulturelle Leben. Der *Stalinismus*, so die Bezeichnung für die totalitäre, alle Bereiche des Lebens bestimmende und kontrollierende Weltanschauung und Politik, duldete keine Opposition (*Totalitarismus*). Auf tatsächlichen oder vermeintlichen Widerstand wurde mit Terror und Gewalt reagiert.

Einen Höhepunkt der „Säuberungen" bildeten die von Stalin zwischen 1936 und 1938 angeordneten „Schauprozesse". Sie richteten sich gegen Führungskräfte in Partei, Staat, Wirtschaft und Gesellschaft. Die Betroffenen wurden als Volksfeinde, Spione, Saboteure, Nationalisten oder Anhanger falscher Lehren festgenommen, zu öffentlichen Geständnissen gezwungen, verurteilt und zu Zwangsarbeit in Lager verbannt oder erschossen.

Die Verwaltung der Arbeitslager übernahm ab 1930 eine neu eingerichtete „Staatliche Lagerverwaltung": *GULag* (Abk. für russ. *Glawnoje Uprawlenije Lagerej*). Sie war verantwortlich dafür, dass Millionen Menschen in zahlreichen Lagern systematisch gequält und erniedrigt oder ermordet wurden, denn wer nicht mehr arbeiten konnte, musste sterben.

▶ **Internettipp:** *Informationen über Stalin findest du unter www.dhm.de/lemo/html/biografien/StalinJosef*

▶ **Lesetipp:** *Den Alltag in den Lagern und das stalinistische Justiz- und Lagerwesen schildert der Historiker und Schriftsteller Alexander Solschenizyn in der 1962 erstmals veröffentlichten Erzählung „Ein Tag im Leben des Iwan Denissowitsch" und in seinem Hauptwerk „Der Archipel Gulag" von 1974.*

2 In Stalins Armen.
Foto von Kalaschnikow, 1936.
Dieses Bild wurde auf Plakaten, Postkarten und in Schulbüchern millionenfach verbreitet. Eine nach dem Foto angefertigte Skulptur wurde in den Kliniken des gesamten Landes aufgestellt. Das Besondere an dem Foto: Die Eltern dieses Mädchens aus der Mongolei fielen später dem Terror Stalins zum Opfer.

Warum?

Ziel dieser stalinistischen Herrschaftsmethode war nicht nur die Ausschaltung von „Volksfeinden" und die Besetzung wichtiger Ämter mit Anhängern Stalins. Grundsätzlich ging es darum, durch Gewalt die Bevölkerung gefügig zu machen und „Sündenböcke" für Fehlentwicklungen in Wirtschaft und Staat vorweisen zu können.

Die Zahl der Menschen, die zwischen 1928 und Stalins Tod 1953 zu Zwangsarbeit in Lagern verurteilt wurden, wird auf 18 bis 20 Millionen geschätzt. In dieser Zeit kamen bis zu fünf Millionen Menschen durch Erschießungen und Zwangsumsiedlungen ums Leben.

Propaganda und Personenkult

In den Augen und Herzen vieler Sowjetbürger blieb Stalin zu seinen Lebzeiten trotzdem der „geliebte Führer". Dieses Bild vermittelte ihnen die *Propaganda*. Sie betrieb einen Personenkult, wie er für Diktaturen typisch ist. Straßen, Plätze, Betriebe und sogar Städte wurden nach Stalin benannt. Stalin-Standbilder gab es in jeder wichtigeren Stadt. Unzählige Plakate zeigten das Bild des „Führers". Überall hing sein Porträt mit geschönten Gesichtszügen, in den ärmsten Wohnungen ebenso wie in allen öffentlichen Gebäuden.

Von Künstlern und Wissenschaftlern erwartete die Partei Unterstützung: Sie sollten der Bevölkerung die Vorzüge des Sozialismus vor Augen führen, um alle Kräfte für das Regime zu gewinnen.

M 1 Industrieproduktion

	Gesamtproduktion	*Produktionsgüter**	*Konsumgüter*
1913	100	100	100
1917	71	81	67
1921	31	29	33
1925	73	80	69
1927	111	128	102
1930	193	276	151
1933	281	450	196
1936	529	934	324
1939	763	1353	464

*Produktionsgüter: *Rohstoffe (z. B. Erdöl, Kohle) und Halbfabrikate, die der Erzeugung anderer Güter dienen (z. B. Werkzeugmaschinen)*

Nach: Helmut Altrichter, Kleine Geschichte der Sowjetunion 1917-1991, München 1993, S. 216 (Auszug)

M 2 Eindrücke

Der französische Schriftsteller André Gide berichtet 1936 über seinen Besuch in der Sowjetunion:

In der Sowjetunion gilt es von vornherein und für allemal ausgemacht: Über nichts auf der Welt kann es mehr als eine Meinung geben! Im Übrigen hat man den Verstand der Leute so geprägt, dass ihnen dieser Konformismus* leichtfällt; er wird für sie so natürlich, geht so ins Blut über, dass vermutlich nicht einmal Heuchelei dabei im Spiele ist. Haben diese Menschen wirklich die Revolution gemacht? Nein! Diesen Menschen hier ist der Gewinn aus der Revolution zugefallen! Jeden Morgen bringt ihnen die Prawda** bei, was sie zu wissen, zu denken, zu glauben haben. Und es tut nicht gut, davon abzuweichen! [...]

Heute werden Anpassung und Konformismus verlangt. Zustimmung zu allem, was in der UdSSR geschieht, das will und fordert man [...]. Andererseits ist der geringste Protest, die geringste Kritik mit schwersten Strafen bedroht und wird sofort erstickt. [...]

Auf Stalins Bildnis trifft man überall, sein Name ist in aller Munde, unfehlbar kehrt sein Lob in allen Reden wieder. Zumal in Georgien habe ich keinen Wohnraum betreten können, auch den schlichtesten, schäbigsten nicht, ohne auf ein Stalin-Bild an der Wand zu stoßen – offenbar an der Stelle angebracht, wo früher die Ikone hing. Ist es Anbetung, Liebe oder Furcht, ich weiß es nicht: Stalin ist überall und allgegenwärtig.

André Gide, Zurück aus Sowjetrußland, übersetzt von Raimund Theis, in: André Gide, Gesammelte Werke VI: Reisen und Politik, Bd. 2, hrsg. von Peter Schnyder, Stuttgart 1996, S. 68 f., 79 und 81

***Konformismus**: *Anpassung der eigenen Haltung an die herrschende Meinung*

****Prawda** *(dt. „Wahrheit"): amtliche Zeitschrift der Kommunistischen Partei Russlands bzw. der UdSSR von 1918 bis 1991*

M 3 Arbeiter und Kolchosbäuerin.

Die Figurengruppe aus Stahl ist 25 Meter hoch und wiegt 75 Tonnen. Sie wurde von der sowjetischen Bildhauerin Vera Muchina im Auftrag der Sowjetregierung für den Pavillon der UdSSR auf der Weltausstellung 1937 in Paris geschaffen. Danach stellte man die Statue am Haupteingang der Dauerausstellung „Errungenschaften der Volkswirtschaft" in Moskau auf.

1. *Analysiere die Entwicklung der Industrieproduktion (M 1). Erläutere die Trends.*
2. *Vergleiche Produktions- und Konsumgüterentwicklung (M 1). Welche Konsequenzen hatte das für die Menschen?*
3. *Arbeite die wirtschaftlichen und politischen Informationen aus dem Reisebericht heraus (M 2). Erörtert, warum Kommunisten in den westeuropäischen Staaten den Bericht scharf kritisierten.*
4. *Die Figurengruppe (M 3) löste unterschiedliche Reaktionen aus. Die Befürworter sahen in ihr ein Meisterwerk der Jugend und Arbeitsbejahung. Interpretiere die Statue anders.*

Können Fotos lügen?

Am 5. Mai 1920 sprach Lenin auf dem Swerdlow-Platz vor dem Bolschoi-Theater in Moskau zu Soldaten der Roten Armee, die auf dem Abmarsch zur polnischen Front waren. Auf den Stufen der Rednertribüne standen *Leo D. Trotzki*, der Volkskommissar für Verteidigung, und *Lew B. Kamenjew*, der Vorsitzende des Moskauer Sowjets.

Von dieser Situation wurden Fotos gemacht. Das Motiv entwickelte sich zum Symbol für das revolutionäre Russland. Die Aufnahmen bildeten die Grundlage zahlreicher Plakate, Fotomontagen, Buchumschläge, Gemälde, Postkarten und Briefmarken, solange Lenin lebte. Von Ende der 1920er-Jahre bis in die 1980er-Jahre hinein erschienen die Fotos in der Sowjetunion nur noch in beschnittenen oder retuschierten – das heißt im Fotolabor veränderten – Fassungen.

Die manipulierten Aufnahmen gelten als die ältesten und berühmtesten Beispiele für Retuschen, mit deren Hilfe Stalin das politische Wirken andersdenkender oder missliebiger Personen auslöschen wollte.

M 1 Lenin spricht.
Foto vom 5. Mai 1920, wahrscheinlich von Grigorij P. Goldstein.

M 2 Lenin spricht.
Die von einem unbekannten Fotografen in späteren Jahren retuschierte Fassung von M 1.

▶ ***Lesetipps:***
- *Haus der Geschichte der Bundesrepublik Deutschland (Hrsg.), Bilder, die lügen, Bonn [4]2004*
- *David King, Stalins Retuschen. Foto- und Kunstmanipulationen in der Sowjetunion, Hamburg 1997*
- *Klaus Waschik, Wo ist Trotzki? Sowjetische Bildpolitik als Erinnerungskontrolle in den 1930er Jahren, in: Gerhard Paul (Hrsg.), Das Jahrhundert der Bilder 1900 bis 1949, Göttingen 2009, S. 252-259*

1. *Vergleiche die beiden Fotos (M 1 und M 2) und beschreibe die Veränderungen.*
2. *Informiere dich über das Leben von Trotzki und Kamenjew.*
3. *Nenne Gründe dafür, warum das Original (M 1) retuschiert wurde (siehe Seite 92 f.).*
4. *Erläutere die politische Bedeutung des retuschierten Fotos (M 2).*
5. *Informiert euch über die Manipulationsmöglichkeiten der digitalen Fotografie und erörtert die Folgen für die Geschichtswissenschaft.*
6. *Verändert ein von euch selbst ausgewähltes Foto durch Beschneidung oder digitales Bearbeiten. Erläutert die Veränderungen und vergleicht die Aussagen von Original und Bearbeitung.*

Italien: Mussolinis faschistische Herrschaft beginnt

1 Mussolini vor König Viktor Emanuel III.
Foto vom 30. Oktober 1922.

Ohne Mandat und mit Gewalt

In der Nachkriegszeit entstanden in Norditalien die „Bünde des Kampfes“ (ital. *Fasci di combattimento*). Zu ihren Anhängern gehörten ehemalige Frontkämpfer. Ihr Zeichen war das Rutenbündel (lat. *fasces*). Es symbolisierte im alten Rom die Amts- und Strafgewalt der Magistrate. Nun gab es der Bewegung den Namen *Faschismus*. Der Anführer des 1919 in Mailand gegründeten Kampfbundes, *Benito Mussolini*, war vor dem Krieg in der Sozialistischen Partei. Weil er den Kriegseintritt Italiens an der Seite der Alliierten forderte, schloss die Partei ihn 1914 aus. Im August 1919 legte Mussolini das erste Programm der Faschisten vor. Es enthielt sozialistische und nationalistische Ziele.

Im November 1919 gingen nur 50 Prozent der Wähler zu den Urnen. Die Faschisten errangen kein Mandat. Gewinner waren die Sozialisten und die (katholische) Volkspartei. Da beide nicht gemeinsam regieren wollten, verlor das Parlament an Vertrauen.

Gegen die Sozialisten gingen die Faschisten mit Gewalt vor. Sie versprachen Schutz vor der „roten Revolution“ und einen „starken Staat“. Industrielle, Grundbesitzer, Kaufleute und Handwerker schlossen sich ihnen an. Die Mitgliederzahlen der faschistischen Bewegung stiegen schnell: Ende 1919 waren 870 Personen in 31 Kampfbünden organisiert, zwei Jahre später 250 000 in 834 Organisationen. Als im Mai 1921 vorzeitig neue Parlamentswahlen stattfanden, konnten die Faschisten 35 von 535 Mandaten gewinnen.

Mussolini zog als Fraktionsführer ins Parlament. Im November 1921 gelang es ihm, die locker verbundene Bewegung der Kampfbünde in die *Nationalfaschistische Partei* (ital. *Partito Nazionale Fascista*: PNF) umzuwandeln. Die Partei erkannte ihn als ihren „Führer“ (ital. *Duce*) an.

Der „Marsch auf Rom“

Im Oktober 1922 verlangte in Neapel eine faschistische Massenversammlung, durch einen „Marsch auf Rom“ die Macht mit Gewalt zu ergreifen. Am 28. Oktober zogen 20 000 bewaffnete Faschisten in einem Sternmarsch los. Vor den Toren der Hauptstadt konnte die Polizei sie stoppen.

Die Regierung rief den Belagerungszustand aus, doch König *Viktor Emanuel III.* verweigerte aus Furcht vor Bürgerkrieg und Thronverlust seine Zustimmung. Er rief Mussolini, um ihn mit der Bildung einer neuen Regierung zu beauftragen. Mussolini reiste erst am Abend des 29. Oktober von Mailand nach Rom. Einen Tag später war er Ministerpräsident. Jetzt konnten die Kampfbünde den „Marsch auf Rom“ vollenden: Unter Polizeischutz paradierten sie mit Mussolini vor dem König.

Der „Duce“ regiert

Mussolinis erster Regierung gehörten Nationalisten, Rechtsliberale und Politiker der Volkspartei an. Von 14 Ministern waren nur vier Faschisten. Trotzdem gelang es dem „Duce“, eine Diktatur zu errichten, ohne das Königshaus zu beseitigen.

König, Papst und Industrie unterstützten Mussolini aus Furcht vor Sozialisten und Kommunisten. Ende 1923 akzeptierten die Mehrheit der Abgeordneten und der König ein neues Wahlgesetz, das der stärksten Partei zwei Drittel aller Sitze im Parlament einräumte.

Nach 1925 wurden die Pressefreiheit aufgehoben und oppositionelle Organisationen und Gewerkschaften aufgelöst, ihre Führer verfolgt, verhaftet und ermordet. Das Parlament gestattete dem Regierungschef, Entscheidungen mit Gesetzeskraft ohne und gegen den König zu erlassen.

Der Erfolg der Faschisten hing mit dem wirtschaftlichen Aufstieg zusammen. Stolz verwies Mussolini darauf, dass die Industrieproduktion in den sechs Jahren seiner Herrschaft um 50 Prozent gestiegen war. Die Auswirkungen der 1929 einsetzenden Weltwirtschaftskrise (Arbeitslosigkeit und Firmenzusammenbrüche) milderte seine Regierung durch Arbeitsbeschaffungsmaßnahmen, Einkommenssenkung und Eingliederung gefährdeter Unternehmen in staatliche Gesellschaften.

Mussolini suchte auch außenpolitische Erfolge. Er erinnerte an das antike Römische Weltreich und wollte Italien wieder zu einem Imperium machen. Im Oktober 1935 begann er einen brutalen Krieg gegen Abessinien (heute Äthiopien). Nach dessen Eroberung forderte er Italiens Vorherrschaft (*Hegemonie*) über den gesamten Mittelmeerraum.

M1 Der „Duce" spricht.
Foto von 1935.
Mussolini in Rom vor Mitgliedern der faschistischen Kampfbünde, den „Schwarzhemden".

M3 Der „Duce" kommt.
Foto von 1939.
Mitglieder der faschistischen Jugendorganisation (Balilla), in die ab 1931 alle Jugendlichen vom sechsten bis zum 20. Lebensjahr eintreten mussten, haben in Verres (Piemont) Aufstellung genommen.

M2 Zehn Gebote

Anfang der 1930er-Jahre werden auf Plakaten und in Zeitungen folgende „zehn Gebote" veröffentlicht:

1. Der Faschist, besonders der Milizsoldat*, darf nicht an den ewigen Frieden glauben.
2. Strafen sind immer verdient.
3. Auch der Wachtposten vor einem Benzinfass dient dem Vaterland.
4. Der Kamerad ist dein Bruder: 1. weil er mit dir lebt, 2. weil er denkt und fühlt wie du.
5. Gewehr und Patronentasche sollen nicht während der Ruhezeit vernachlässigt, sondern für den Krieg bereitgehalten werden.
6. Sag niemals: Die Regierung zahlt's; denn du selbst bist es, der zahlt, und die Regierung hast du selbst gewollt und du trägst ihre Uniform.
7. Gehorsam ist der Gott der Heere; ohne ihn ist kein Soldat denkbar, wohl aber Unordnung und Niederlagen.
8. Mussolini hat immer Recht!
9. Der Freiwillige hat keine Vorrechte, wenn er nicht gehorcht.
10. Eines muss dir über allem stehen: das Leben des Duce.

Zit. nach: Günter Schönbrunn (Bearb.), Weltkriege und Revolutionen 1914-1945, München [3]1979, S. 153

***Milizsoldat**: hier Mitglied der bewaffneten Kampfbünde der Faschisten*

M4 Die „historischen Ziele" Italiens

Mussolini sagt am 18. März 1934:

Die historischen Ziele Italiens haben zwei Namen: Asien und Afrika. Der Süden und der Osten bedeuten Hauptpunkte für das Interesse und das Wollen der Italiener. Im Norden ist wenig oder nichts zu machen, im Westen auch nichts, auch nicht in Europa und jenseits des Ozeans. Die genannten Ziele finden ihre Rechtfertigung in der Geografie und in der Geschichte. Von allen westlichen Großmächten Europas liegt Italien Afrika und Asien am nächsten. Niemand verkenne die Tragweite dieses jahrhundertealten Zieles, das ich der heutigen und den kommenden Generationen Italiens aufgebe. Es handelt sich [...] um eine natürliche Expansion, die zur Zusammenarbeit zwischen Italien und den Nationen des Nahen und Fernen Ostens führen muss. Es handelt sich um eine Aktion, die die noch ungeheuren Kräfte und Schätze beider Kontinente zur Geltung bringen soll, hauptsächlich, was Afrika anbelangt, um sie mehr in den Kreislauf der Weltzivilisation zu bringen. Italien kann dies tun. Sein Platz am Mittelländischen Meer, das seine historische Vermittlerrolle zwischen Orient und Okzident wieder aufnimmt, gibt ihm hierzu das Recht und legt ihm sogar die Pflicht dazu auf.

Zit. nach: Wanda Kampmann, Der Faschismus in Italien, Stuttgart 1976, S. 38

1. *Die Fotos M1 und M3 drücken Mussolinis Herrschaftsverständnis aus. Erkläre!*
2. *Verfasse eine Kritik an den „zehn Geboten" (M2).*
3. *Beschreibe das Foto (M3). Inwiefern drückt es einen Personenkult aus?*
4. *Beurteile Mussolinis „historische Ziele" (M4).*

Durchblick – Kompetenzen überprüfen

M 1 „Wählt Spartakus!"
Plakat (75 x 99 cm) der KPD für die ersten Reichstagswahlen vom 6. Juni 1920.

M 2 „Wählt deutschnational!"
Plakat (47 x 32 cm) der DNVP zur Reichstagswahl vom 7. Dezember 1924.

M 3 „Schluss jetzt! Wählt Hitler!"
Plakat (84 x 58 cm) der NSDAP zum Reichspräsidentenwahlkampf vom Frühjahr 1932.

Die Weimarer Republik war ...

- ein Meilenstein für die Entwicklung der Demokratie in Deutschland.
- eine Krisenrepublik.
- ein von vornherein gescheiterter Versuch einer Demokratisierung.
- ein erster Schritt zur Demokratisierung Deutschlands.

M 4 Aussagen über die Weimarer Republik.

M 5 Über Weimar

Der 1926 geborene Historiker Fritz Stern schreibt in seinen 2006 veröffentlichten Erinnerungen:

Seit über einem halben Jahrhundert ist Weimar ein Synonym für politisches Scheitern; wenn eine Demokratie zerbricht oder ein politisches System in der Krise steckt, spricht man gleich von „Weimar“, so als sei dies der Gattungsbegriff für eine letale* politische Krankheit.

Oder man hat Weimar in Erinnerung als eine Zeit überschäumender Kreativität, was es gewiss auch war. In der allgemeinen Vorstellung mag die radikale Grenzüberschreitung eine besondere Stellung einnehmen. Die erstaunliche Kreativität und Innovation, die Deutschland in den Künsten, in der Architektur, im Film und besonders in den Naturwissenschaften zeigte, markierten einen neuen und zuweilen dissonanten** Höhepunkt dessen, was es vor dem Ersten Weltkrieg im Bereich der Kultur in Ansätzen entwickelt hatte. Aber gerade dieser Fortschritt, der in wenig mehr als einem Jahrzehnt unter den schweren Nachwirkungen von Krieg und Niederlage erreicht wurde, beunruhigte Millionen von Deutschen; sie empfanden die Moderne als eine Bedrohung. [...]

Man darf nicht vergessen, durch welche schrecklichen, oft betäubenden Traumata*** dieses Deutschland sich der Reihe nach hindurchkämpfen musste: die Niederlage, das Pariadasein****, die Hyperinflation, den Zusammenbruch des kapitalistischen Systems – und das alles hineingepresst in nur vierzehn kurze Jahre. Fast während dieser ganzen Zeit hat Deutschland am parlamentarischen System festgehalten, während Italien die Demokratie schon 1922 zugunsten des Faschismus aufgab und Osteuropa (mit Ausnahme der Tschechoslowakei Masaryks*****) autoritäre Regime einführte. Die Deutschen haben die Demokratie hartnäckig und oft auch einfallslos verteidigt gegen die brutale Opposition selbsternannter Patrioten und skrupelloser Vertreter materieller Interessen, die erstere unterstützten – aber verteidigt haben sie diese dennoch. [...]

Ich sah genug, um sagen zu können, dass Männer und Frauen wirklich hart gegen den Nationalsozialismus gekämpft haben, sodass dessen Aufstieg nicht unausweichlich war. Weimar enthält viele Lehren für uns alle.

Fritz Stern, Fünf Deutschland und ein Leben. Erinnerungen, aus dem Englischen von Friedrich Griese, München ^{3}2007, S. 113-115 (übers. von Fritz Griese)

*letal: *tödlich*
**dissonant: *misstönend, unschön*
***Trauma: *seelische Verletzung*
****Paria: *Ausgestoßener, Entrechteter*
*****Tomáš Masaryk: *erster Staatspräsident der Tschechoslowakei (1918-1935)*

M 6 Universum-Lichtspielhaus am Kurfürstendamm in Berlin.
Foto, um 1928.

M 7 „Bauhausstätten in Weimar und Dessau. Weltkulturerbe der UNESCO.“
Briefmarke von 2004.

1. *Analysiere die Plakate (M1 bis M3). Berücksichtige dabei die historischen Zusammenhänge. Siehe auch den Lerntipp auf Seite 70.*
2. *M2 wird heute als ein „Schlüsselbild nationalistischer Erinnerungspolitik“ verstanden. Erläutere die Aussage.*
3. *Schildere die politische Entwicklung der Weimarer Republik mithilfe von Plakaten. Berücksichtige neben M1 bis M3 auch die Vorlagen auf den Seiten 70, 74, 80 und 90.*
4. *Welches Statement kennzeichnet deiner Meinung nach am ehesten den Charakter der Weimarer Republik (M4)? Begründe deine Zuordnung.*
5. *Arbeite die zentralen Aussagen von Fritz Stern (M5) heraus und vergleiche sie mit deiner Antwort auf die vierte Frage.*
6. *Beschreibe die Architektur des Kinos (M6). Warum wurden die Fenster wohl so angeordnet?*
7. *Heute ist die Bauhausarchitektur weltweit anerkannt (M7). Erläutere, warum sie während der Weimarer Republik umstritten war.*

Einblick – Orientierung gewinnen

Hitler und seine Helfer wollten ein „Tausendjähriges Reich" errichten. Die knapp 13 Jahre ihrer Herrschaft wurden zu einem der schrecklichsten Kapitel der deutschen und internationalen Geschichte.
Die Bearbeiter der Kapitel haben folgende Fragen an die Zeit gestellt:

- Was waren die Ziele der Nationalsozialisten und was versprachen sie den Deutschen?
- In welchen Schritten haben sie die demokratisch-republikanische Verfassung von Weimar ausgehöhlt und Deutschland in eine Diktatur verwandelt?
- Wie gingen die Nationalsozialisten gegen ihre Gegner vor?
- Wer widersetzte sich mit welchen Motiven den Nationalsozialisten?
- Welche außenpolitischen Ziele verfolgte der NS-Staat? Wie bereitete er den Krieg vor?
- Wie verlief der Zweite Weltkrieg? Welche Folgen hatte er für die eroberten Länder und für Deutschland?
- Wie planten und verwirklichten die Nationalsozialisten den Völkermord an den europäischen Juden?

Fragestellungen wie diese helfen dir zu erkennen, was den Nationalsozialismus zu einer unvergleichlichen Zeit macht und was der spanische Philosoph George Santayana mit dem Satz meinte: „Wer sich nicht seiner Vergangenheit erinnert, ist verurteilt, sie zu wiederholen."

1 Parteizeichen der NSDAP.
Im Mai 1933 zählte die Nationalsozialistische Deutsche Arbeiter Partei 2,5 Millionen Parteimitglieder. Das Hakenkreuz war ab 1935 Hoheitszeichen des Deutschen Reiches.

2 Das Luftschiff „Hindenburg" über dem Reichssportfeld am Tage der Eröffnung der XI. Olympischen Spiele in Berlin 1936.
Aquarell von Hans Liska, um 1936.
Die Sommerspiele wurden am 1. August 1936 eröffnet.
49 Nationen nahmen teil.

„Ob wir überleben, ist weder sicher, noch die Hauptsache. Wie man aber später von uns denken wird, ist so wichtig, wie dass man an uns denken wird. Darin liegt auch unsere Zukunft. Danach müssen wir hier leben, solange wir atmen. Ein Deutschland, das an uns denkt, wird ein besseres Deutschland sein."

3 Zitat von Carl von Ossietzky, um 1934.
Nach: Richard von Soldenhoff (Hrsg.), Carl von Ossietzky 1889-1938. Ein Lebensbild. „Von mir ist weiter nichts zu sagen", Weinheim – Berlin 1988, S. 308

30. Jan. 1933: Reichspräsident Hindenburg ernennt Hitler zum Reichskanzler einer Koalitionsregierung

23. März 1933: Der Reichstag nimmt das „Ermächtigungsgesetz" an

9. Nov. 1938: Die Nationalsozialisten gehen gewaltsam gegen Juden vor (Novemberpogrome)

1930 | 1935 | 1940

1. Sept. 1939: Mit dem deutschen Angriff auf Polen beginnt der Zweite Weltkrieg

4 **Orte des Terrors und der Vernichtung.**
Anfang 1944 (Ausschnitt der Karte von Seite 145).

6 **„Sophie Scholl – Die letzten Tage."**
Filmplakat von 2005.

5 **Nach einem Bombenangriff.**
Foto von 1944.

7 **Begegnung mit Zeitzeugen.**
Foto vom 16. April 2005.
Ein früherer Häftling erläutert mit Bildern und Dokumenten seine Erlebnisse im ehemaligen Konzentrationslager Sachsenhausen.

20. Juli 1944: Stauffenbergs Attentat auf Hitler

7./9. Mai 1945: Bedingungslose Kapitulation des Deutschen Reiches: Ende des Zweiten Weltkrieges in Europa

27. Januar 1945: Befreiung von Auschwitz durch die „Rote Armee"

1945 1950

August 1945: US-Atombomben auf die japanischen Städte Hiroshima (6. August) und Nagasaki (9. August) beenden den Zweiten Weltkrieg auch in Fernost

Was will die NSDAP?

1 „Hitler im Kreise junger Nationalsozialisten."
Propagandafoto von Heinrich Hoffmann aus der BIZ („Berliner Illustrirte Zeitung"), 42. Jahrgang, Nr. 36 vom 10. September 1933, S. 1293.

■ *Beschreibe die Aufnahme und erkläre, welchen Eindruck sie beim Betrachter erzeugen sollte.*

Immer mehr machen mit

*Adolf Hitler** und die NSDAP gewannen in den Krisen der Weimarer Republik immer mehr Anhänger. Er überzeugte viele Menschen mit seinen einfachen Vorschlägen zur Lösung schwieriger politischer und wirtschaftlicher Probleme. Die Nationalsozialisten fanden gesellschaftliche Anerkennung und finanzielle Unterstützung. Hatte die Partei 1922 erst etwa 6000 Mitglieder, waren es 1925 schon 27000. Ihre Zahl wuchs bis September 1930 auf 130000. Im Januar 1933 gab es bereits 850000 „Parteigenossen". Nach der „Machtübergabe" vom 30. Januar 1933 stieg ihre Zahl bis zum Mai 1933 auf 2,5 Millionen. 1945 gab es 8,5 Millionen Mitglieder der NSDAP.

Die *Sturmabteilung* (SA) und die *Schutzstaffel* (SS) der NSDAP trugen zu deren Aufstieg entscheidend bei. Die SA war 1920 für den Straßenkampf und den Schutz von Versammlungen gegründet worden, die SS sollte ab 1925 Hitler persönlich bewachen. Die NSDAP sprach mit zahlreichen Organisationen wie der *NS-Frauenschaft*, dem *NS-Kraftfahrerkorps* oder dem *NS-Lehrerbund* Menschen fast aller Bevölkerungsschichten an.

*Zu Hitler lies nochmals Seite 74.

Immer mehr wählen Hitler

Der Stimmenanteil der NSDAP betrug bei den Reichstagswahlen von 1928 2,6 Prozent. Erst die Zusammenarbeit mit der DNVP und dem „Stahlhelm" während der Weltwirtschaftskrise ließ die Zahl ihrer Wähler steigen. In Thüringen konnten die Nationalsozialisten sich 1930 erstmals an einer Regierung beteiligen. Zwei Jahre später stellten sie in den Ländern Anhalt, Oldenburg, Mecklenburg-Schwerin und Thüringen die Ministerpräsidenten.

Das „Führerprinzip"

In der Partei galt Hitler ab 1922 als „Führer". Die Anrede spiegelt das autoritäre Führerprinzip von Befehl und Gehorsam. Die NSDAP war in 32 (ab 1940: 41) Gaue* untergliedert, die etwa den Reichstagswahlbezirken entsprachen. Die Gaue waren in Kreise, Ortsgruppen, Zellen und Blocks unterteilt. An ihrer Spitze standen Leiter. Sie wurden vom jeweils höheren Leiter ernannt. Nur der „oberste Führer" ließ sich von allen „Parteigenossen" im Amt bestätigen. Alle politischen Leiter waren Männer – Frauen kamen nach nationalsozialistischem Weltbild dafür nicht infrage.

* **Gau**: *Bezeichnung einer Region oder Landschaft*

Bevölkerung 1933			
soziale Stellung	*männliche Erwerbspersonen in %*	*Erwerbspersonen insgesamt in %*	*NSDAP-Mitglieder (1935) in %*
Arbeiter	55,1	46,3	32,1
Angestellte	11,9	12,5	20,6
Selbstständige außerhalb der Landwirtschaft	11,9	9,7	20,2
Beamte	6,5	4,6	13,0
Bauern (Selbstständige und Mithelfende in der Landwirtschaft)	14,0	20,7	10,7
Sonstige (Hausangestellte und Mithelfende außerhalb der Landwirtschaft)	0,6	6,2	3,4
Insgesamt	**100,0**	**100,0**	**100,0**

2 Die Sozialstruktur der NSDAP-Mitgliedschaft im Vergleich mit der deutschen Bevölkerung.

Nach: Der Große Ploetz. Die Enzyklopädie der Weltgeschichte, Freiburg [35]2008, S. 969

■ *Analysiere die Tabelle und stelle begründete Vermutungen über den möglichen Zusammenhang von „sozialer Stellung" und NSDAP-Mitgliedschaft an.*

„Kampf ums Dasein“

Eine menschenverachtende Rassenideologie kennzeichnete die nationalsozialistische Weltanschauung. Für die Anhänger dieser Ideologie waren die Juden eine „minderwertige“ und „zersetzende Rasse“. Ihre Ansichten leiteten sie aus Lehren von *Charles Darwin* und anderen aus der zweiten Hälfte des 19. Jh. ab. Dabei gingen sie von einem Überlebenskampf der Arten (*„survival of the fittest“*) aus. Diese Vorstellung wurde verfälschend auf Menschen und Völker übertragen und in einen allgemeinen „Kampf ums Dasein“ umgedeutet. Die Anhänger des *Sozialdarwinismus* behaupteten, es gäbe Rassen mit höherem Wert. Sie wären berechtigt, über andere zu herrschen. Herrschaft sei der „Sieg des Besseren, des Stärkeren“.
Die Nazis erklärten die Verfolgung und später auch die Vernichtung der Juden zum „Selbsterhaltungskampf“ der deutschen Nation. Der fanatische Antisemitismus unterschied den Nationalsozialismus von den beiden anderen totalitären und autoritären Systemen der Zeit: vom kommunistischen Terror Stalins in der Sowjetunion und der faschistischen Führerdiktatur Mussolinis in Italien.

„Kampf um Lebensraum“

Die rassistische Weltanschauung der Nationalsozialisten mündete in die Vorstellung vom „notwendigen Kampf der Rassen um Lebensraum“. Das „Herrenvolk“ der Deutschen, das zur Rasse der „Arier“ gehöre, habe das Recht, „Lebensraum im Osten“ zu erobern, da slawische Völker wie die Polen und Russen den „arischen“ unterlegen seien. Außerdem sei die Sowjetunion nach der „jüdischen Machtergreifung“ des Bolschewismus „reif zum Zusammenbruch“, da einzelne Revolutionäre wie Trotzki Juden waren.

Die „Volksgemeinschaft“

In vielen Reden und Schriften beschworen die Nationalsozialisten die „Volksgemeinschaft“. Dabei hoben sie die „soziale Einheit der deutschen Menschen ohne Ansehung des Standes und der Herkunft“ hervor. Über Klassen und Stände, Berufe und Konfessionen hinweg sollten sich alle „Volksgenossen“ zur „Volksgemeinschaft“ bekennen. Diese Idee war für viele Menschen in einer Zeit sozialer und politischer Konflikte attraktiv. Zur „Volksgemeinschaft“ gehörte nach nationalsozialistischer Vorstellung aber nur die „geschichtlich gewachsene Blutsgemeinschaft“. Alle anderen wie Juden, Roma und Sinti („Zigeuner“), Homosexuelle und „Asoziale“ wurden als „Volksfeinde“ verleumdet und bekämpft.

3 Veranstaltung der NSDAP im Zirkus Krone in München.
Plakat von 1923.

Die „Machtergreifung“ beginnt

1932 wurden die Nationalsozialisten stärkste Partei im Reichstag. Am 30. Januar 1933 ernannte Reichspräsident Paul von Hindenburg den Führer der NSDAP, Adolf Hitler, zum Reichskanzler. Die NSDAP feierte dieses Datum als Tag der „Machtergreifung“. Dabei wurde Hitler auf verfassungsgemäße Weise Chef der Regierung. Er hatte aber nicht vor, die Verfassung zu beachten.
Die gesamte Macht hatten er und die NSDAP in der Koalitionsregierung allerdings noch nicht in Händen. Doch sie waren entschlossen, sie zu erzwingen und nie mehr abzugeben.
Schon einen Tag nach seiner Ernennung ließ Hitler den Reichstag, das Parlament, auflösen und kündigte für den 5. März 1933 Neuwahlen an. Um die absolute Mehrheit im Reichstag zu erreichen, warb er erfolgreich um die Unterstützung seiner Politik bei der Großindustrie. Darüber hinaus nutzte der Reichspropagandaleiter der NSDAP, *Joseph Goebbels*, den staatlich überwachten Rundfunk und die Parteipresse, um viel Propaganda für die „Nationale Erhebung“ seiner Partei zu machen.

▶ ***Lesetipp:*** *Alois Prinz, Der Brandstifter. Die Lebensgeschichte des Joseph Goebbels, Weinheim 2011*

M3 „Am Anfang war das Wort."
Ölgemälde (192 x 271 cm) von Otto Hoyer, 1937.

M1 Wer darf Staatsbürger sein?

In dem 25-Punkte-Programm der NSDAP vom Februar 1920 heißt es:

4. Staatsbürger kann nur sein, wer Volksgenosse ist. Volksgenosse kann nur sein, wer deutschen Blutes ist, ohne Rücksichtnahme auf Konfession. Kein Jude kann daher Volksgenosse sein.

5. Wer nicht Staatsbürger ist, soll nur als Gast in Deutschland leben können und muss unter Fremdengesetzgebung stehen.

6. Das Recht, über Führung und Gesetze des Staates zu bestimmen, darf nur dem Staatsbürger zustehen. Daher fordern wir, dass jedes öffentliche Amt, gleichgültig welcher Art, gleich ob im Reich, Land oder Gemeinde, nur durch Staatsbürger bekleidet werden darf. [...]

8. Jede weitere Einwanderung Nicht-Deutscher ist zu verhindern.

Zit. nach: Günter Wollstein, Das „Dritte Reich" 1933-1945, Darmstadt 2013, S. 69

M2 „Sünde wider Blut und Rasse"

Adolf Hitler verfasst während seiner Haft (siehe Seite 74) die Propagandaschrift „Mein Kampf" (1925/27). Noch vor der staatlich gelenkten Verbreitung wird das Werk über eine Million Mal verkauft. Zur Rassenlehre heißt es darin:

Die Sünde wider Blut und Rasse ist die Erbsünde dieser Welt und das Ende einer sich ihr ergebenden Menschheit. [...] Demgegenüber erkennt die völkische Weltanschauung die Bedeutung der Menschheit in deren rassischen Urelementen. [...] Sie glaubt somit keinesweg an eine Gleichheit der Rassen, sondern erkennt mit ihrer Verschiedenheit auch ihren höheren oder minderen Wert und fühlt sich durch diese Erkenntnis verpflichtet, [...] den Sieg des Besseren, Stärkeren zu fördern, die Unterordnung des Schlechteren und Schwächeren zu verlangen.

Adolf Hitler, Mein Kampf. Zwei Bände in einem Band, München [469-473]1939, S. 272 und 420 f.

M4 Lebensraum

Zu dem Thema schreibt Adolf Hitler in „Mein Kampf":

Nur ein genügend großer Raum auf dieser Erde sichert einem Volke die Freiheit des Daseins. [...]
Die nationalsozialistische Bewegung muss versuchen, das Missverhältnis zwischen unserer Volkszahl und unserer Bodenfläche [...], zwischen unserer historischen Vergangenheit und der Aussichtslosigkeit unserer Ohnmacht in der Gegenwart zu beseitigen. Sie muss sich dabei bewusst bleiben, dass wir als Wahrer höchsten Menschentums auf dieser Erde auch an eine höchste Verpflichtung gebunden sind, und sie wird umso mehr dieser Verpflichtung zu genügen vermögen, je mehr sie dafür sorgt, dass das deutsche Volk rassisch zur Besinnung gelangt und sich außer der Zucht von Hunden, Pferden und Katzen auch des eigenen Blutes erbarmt. [...]
Staatsgrenzen werden durch Menschen geschaffen und durch Menschen geändert. [...]
Deutschland wird entweder Weltmacht oder überhaupt nichts sein. Zur Weltmacht braucht es jene Größe, die ihm in der heutigen Zeit die notwendige Bedeutung und seinen Bürgern das Leben gibt. [...]
Wenn wir aber heute in Europa von neuem Grund und Boden reden, können wir in erster Linie nur an Russland und die ihm untertanen Randstaaten denken.

Adolf Hitler, Mein Kampf, a. a. O., S. 728, 732, 740 und 742

1. *Der Titel des Gemäldes (M3) ist ein Zitat. Recherchiere, woher es stammt, und beurteile, warum der Maler es ausgewählt hat.*
2. *Interpretiere die Aussage des Gemäldes (M3).*
3. *Erläutere anhand von M1 bis M4 die im Verfassertext auf Seite 105 vorgestellten Kennzeichen der NS-Ideologie.*

Im Archiv forschen

In Stadtarchiven lässt sich anhand von Zeitungen und anderen Quellen gut erforschen, wie die „Machtergreifung" bei euch zu Hause ablief.

- Verschafft euch anhand bereits vorhandener lokalgeschichtlicher Veröffentlichungen zunächst einen Überblick.
- Stellt fest, welche Zeitungen einzusehen sind, welche anderen Quellen (Polizeiberichte, Plakate, Aufrufe, Tagebücher, Fotos) vorliegen. Klärt, ob und wie ihr sie auswerten könnt. Prüft, welche Dokumente ihr kopieren oder fotografieren (lassen) möchtet.
- Notiert die Quellenangaben (Daten, Fundstellen, Signaturen) genau.
- Informiert euch über die ausgewerteten Zeitungen und deren Redakteure („Schriftleiter") sowie die Verfasser der Materialien und ihren politischen Standort.

Nr. 26b · Erfurt · 8. Jahrgang
Thüringer Allgemeine Zeitung
Erfurter Allgemeiner Anzeiger
Dienstag, 31. Januar 1933
Einzelpreis 15 Rpf.
Herausgeber: Otto Richters, Dr. Egon v. Löbbecke und Georg Richters in Erfurt
Ein Kabinett der Harzburger Front:
Hitler zum Reichskanzler ernannt

M2 Schlagzeile der „Thüringer Allgemeinen Zeitung" vom 31. Januar 1933.

M1 „Aus der Opposition in die Verantwortung"

Die „Thüringer Allgemeine Zeitung" druckt am 31. Januar 1933 auf der Titelseite folgenden Leitartikel:

Erfurt, den 30. Januar.

Als am Sonnabend der bisherige Reichskanzler v. Schleicher von Hindenburg empfangen wurde, hat er dem Reichspräsidenten noch einmal die drei Möglichkeiten einer Kabinettsbildung angegeben: die parlamentarische durch Mehrheitsbildung, das Präsidialkabinett mit entsprechenden Vollmachten und eine Mischung aus beiden, die weder eine parlamentarische Mehrheit geben würde noch als Präsidialkabinett angesprochen werden könnte. Trotz aller Bedenken, die er selbst immer wieder bei den Verhandlungen der letzten Monate ins Feld geführt hat, entschloss sich der Reichspräsident zu diesem dritten Versuch. [...]

An der Spitze des Kabinetts steht Adolf Hitler. Wer so wie wir immer wieder darauf hingewiesen hat, dass die verantwortliche Mitarbeit des nationalsozialistischen Führers endlich in den Staatsapparat eingespannt werden muss, damit seine Bewegung zeigen kann, was sie versprach, wird die endlich erklärte Bereitschaft Hitlers zur Übernahme des Kanzleramts begrüßen [...].

Thüringer Allgemeine Zeitung vom 31. Januar 1933, S. 1

M3 Der Mann des Vertrauens?

Der „Mühlhäuser Anzeiger" veröffentlicht am 31. Januar 1933 die Erklärung der Reichspressestelle der NSDAP:

Mit dem Führer der nationalsozialistischen Bewegung, Adolf Hitler, ist der Mann des Vertrauens des Volkes auf den Ruf des Reichspräsidenten an die Spitze der Regierung getreten. Der Herr Reichspräsident hat damit den Schritt vollzogen, der endlich dem Willen und dem Sehnen der Millionen des deutschen Volkes gerecht wird, die in dieser größten nationalen Bewegung der deutschen Geschichte die einzige Hoffnung auf einen Wiederaufstieg der Nation und in ihrem Führer Aldolf Hitler allein den Mann sehen, der dieses große Werk beginnen und vollenden kann.

Mühlhäuser Anzeiger vom 31. Januar 1933, S. 1

M4 „Vorwärts!"

Die in Erfurt erscheinende „Mitteldeutsche Zeitung" schreibt am 1. Februar 1933:

Parteien sind jetzt Nebensache! Heil Deutschland! [...]

Das nationale Deutschland atmet auf: „Endlich!" und verzeiht sicher allen, die bei etwas mehr Einsicht und Nachsicht das Ergebnis vom 30. Januar mindestens ein halbes Jahr früher haben konnten. Es wäre müßig, heute zu richten über die allzu vielen Wenn und Aber der Vergangenheit. Das Kabinett [...] steht, und wir hoffen, dass beim Zentrum die bessere Einsicht siegt. Oder will etwa die „allerchristlichste" aller Parteien, das Zentrum, Arm in Arm mit den ärgsten Christenfeinden [...] Opposition machen?

Mitteldeutsche Zeitung vom 1. Februar 1933, S. 1

---

1. *Informiert euch über die politische Situation und den Einfluss der NSDAP in Thüringen seit 1930 (siehe auch die Ergebnisse der Reichstagswahlen auf Seite 90).*

2. *Vergleicht die Aussagen der Artikel (M1-M4) und bewertet sie.*

3. *Sucht weitere Kommentare zum 30. Januar 1933 in Zeitungen eures Wohn- oder Schulortes im Archiv. Haltet die wichtigsten Aussagen in eurem Portfolio fest.*

Die NS-Herrschaft beginnt

Der Reichstag brennt

Am Abend des 27. Februar 1933 brannte das Reichstagsgebäude in Berlin – knapp eine Woche vor den Wahlen. Die NS-Führung stellte den Brand als Auftakt zu einem kommunistischen Umsturz dar. Noch in der Nacht ließ sie nach längst vorbereiteten Listen über 4000 Kommunisten und Sozialdemokraten festnehmen. Die Anhänger der linken Parteien waren dagegen fest davon überzeugt, dass die Nationalsozialisten den Brand gelegt hatten.
Als angeblicher Brandstifter wurde auch *Marinus van der Lubbe*, ein arbeitsloser holländischer Sozialist, verhaftet. Er gestand die Tat und ein Gericht verurteilte ihn im Reichstagsbrandprozess zum Tode. Dabei bezweifelte man allgemein van der Lubbes Geständnis und ging von einer Aktion der KPD aus. Obwohl die Verfassung keine Todesstrafe vorsah, setzten die Nationalsozialisten sie rückwirkend für „aufrührerische Brandstiftung" durch. Damit verstießen sie offen gegen die Grundsätze eines Rechtsstaates. Am 10. Januar 1934 wurde van der Lubbe enthauptet.

1 Der „Tag von Potdam".
Foto von Theodor Eisenhart vom 21. März 1933.
■ *Dieser Tag wurde gefeiert als „Vermählung von alter Größe und neuer Kraft" und verstanden als Zeichen der Versöhnung des „alten" mit dem „neuen" Deutschland. Erläutere! Vergleiche das Bild mit Abb. 1, Seite 96.*

Die Nazis reagieren

Nur einen Tag nach dem Reichstagsbrand, am 28. Februar 1933, wurde die „Verordnung des Reichspräsidenten zum Schutz von Volk und Staat" erlassen. Diese *„Reichstagsbrandverordnung"* ermöglichte es, Grundrechte der Reichsverfassung außer Kraft zu setzen: Die Unverletzlichkeit der Wohnung, persönliche Freiheit, Meinungsfreiheit, Brief-, Post- und Fernsprechgeheimnis sowie Versammlungs- und Vereinigungsfreiheit waren nicht mehr garantiert.
Die „Reichstagsbrandverordnung" wurde zum wichtigsten Instrument der „Machtergreifung": Die neue Regierung verbot Versammlungen und Kundgebungen sowie Parteizeitungen, Wahlplakate und Flugblätter der Kommunisten, der Sozialdemokraten und Gewerkschaften. Ohnen richterliches Urteil konnten Gegner der Nationalsozialisten als angebliche „Volksschädlinge" auf unbestimmte Zeit in „Schutzhaft" genommen werden. Vor allem Kommunisten wurden zur „Verwahrung und Erziehung" in Sammellager gebracht, von denen es bis Ende 1933 über 160 gab. Dazu gehörte auch das im März 1933 errichtete zentrale *Konzentrationslager* (KZ) Dachau vor den Toren Münchens, das zum Vorbild weiterer Konzentrationslager wurde.* Die Zahl der von der Polizei, der SA und SS inhaftierten Männer und Frauen wird auf 100 000 geschätzt. Etwa 500 bis 600 politische Gegner wurden dort getötet.

Die Mehrheit bleibt aus

Trotz der „Ausschaltung" ihrer Gegner und einer gigantischen Wahlpropaganda brachten die Reichstagswahlen vom 5. März 1933 der NSDAP mit 43,9 Prozent der Stimmen nicht die absolute Mehrheit. Sie gewann lediglich 288 von 647 Mandaten. Die NSDAP musste daher mit der DNVP ein Bündnis eingehen, um eine Mehrheitsregierung bilden zu können. Diese Koalition hatte über 340 Abgeordnete.

Der „Tag von Potsdam"

Am 21. März 1933 trat der erste Reichstag des „Dritten Reiches" zusammen. Joseph Goebbels, inzwischen Reichsminister für „Volksaufklärung und Propaganda", nutzte dafür die Potsdamer Garnisonkirche, in der der allgemein verehrte preußische König *Friedrich der Große* beigesetzt war. Nach dem Gottesdienst nahm Reichspräsident Hindenburg in der Uniform eines Generalfeldmarschalls eine Parade von Reichswehr, Polizei, „Stahlhelm", SA und SS ab. Zum Abschied gab er Hitler, der statt in SA-Uniform im Frack gekommen war, öffentlich die Hand.

**Zu den Konzentrationslagern siehe auch die Seiten 111, 122 und 144 f.*

Das „Ermächtigungsgesetz“

Zwei Tage nach dem „Tag von Potsdam“ brachte Hitler das *Gesetz zur Behebung der Not von Volk und Reich* im Reichstag ein. Dieses „*Ermächtigungsgesetz*“ sah vor, dass die Reichsregierung vier Jahre lang Gesetze ohne den Reichstag und den Reichsrat erlassen konnte. Für diese Maßnahme, die die Gewaltenteilung aufhob, benötigte Hitler im Reichstag eine Zwei-Drittel-Mehrheit. Die Regierung brauchte daher mindestens 92 Stimmen der Opposition. Hitler erreichte sein Ziel.

Den bürgerlichen Parteien versprach Hitler, die Rechte des Reichstages (Parlament), Reichsrates (Länderkammer) und des Reichspräsidenten nicht anzutasten. Mit 444 Stimmen wurde das „Ermächtigungsgesetz“ am 23. März 1933 im Reichstag angenommen. Die Abgeordneten des Zentrums, der Bayerischen Volkspartei und der Deutschen Staatspartei billigten es. Sie hofften, so ihre Parteien retten zu können. Nur 94 Abgeordnete der SPD konnten gegen das Gesetz stimmen, da 26 Mitglieder ihrer Fraktion sowie 81 gewählte Abgeordnete der KPD entweder inhaftiert oder auf der Flucht waren. Mit der „Reichstagsbrandverordnung“ und dem „Ermächtigungsgesetz“ waren der Rechts- und Verfassungsstaat beseitigt und die Grundlage für die nationalsozialistische Diktatur gelegt worden.

Berliner Ausgabe

Berliner Ausgabe

VÖLKISCHER BEOBACHTER

Der Wille des deutschen Volkes erfüllt:

Der Reichstag übergibt Adolf Hitler die Herrschaft

Annahme des Ermächtigungsgesetzes mit der überwältigenden Mehrheit von 441 gegen 94 Stimmen der S.P.D. / Einstimmige Annahme auch im Reichsrat / Hitlers historische Abrechnung mit den Novembermännern

2 Schlagzeile des „Völkischen Beobachters“ vom 24. März 1933. *Genannt wird hier noch das vorläufige Abstimmungsergebnis.*

„Ein Volk, ein Reich, ein Führer“

Nach der „Machtübergabe“ begannen die Nationalsozialisten, die Parole „Ein Volk, ein Reich, ein Führer“ umzusetzen. Das Mittel dazu hieß „*Gleichschaltung*“. Staat, Gesellschaft und Kultur sollten nationalsozialistisch werden. Das „Führerprinzip“ der Partei sollte für alle öffentlichen Einrichtungen gelten.

Zuerst sorgten die Nazis dafür, die Polizei in ihre Hände zu bekommen. In allen Ländern wurden die für sie zuständigen Innenminister durch Politiker der NSDAP ersetzt.

Das *Gesetz zur Gleichschaltung der Länder mit dem Reich* vom 31. März löste die frei gewählten Länderparlamente auf und bildete sie nach dem Ergebnis der letzten Reichstagswahlen um. Damit machte sich die NSDAP ohne Wahlen in allen Ländern zur stärksten Partei. Dort setzte sie „Reichsstatthalter“ ein. Deren Aufgabe war es, alle Behörden und Einrichtungen der Länder und Gemeinden zu kontrollieren.

Die „Gleichschaltung“ wurde ein Jahr nach der „Machtübergabe“ am 30. Januar 1934 abgeschlossen. Die Länder hatten ihre Eigenständigkeit verloren und die Landesregierungen unterstanden der Reichsregierung.

„Säuberung“ der Rathäuser

In den Städten und Gemeinden wurden zahlreiche Bürgermeister abgesetzt und durch „Parteigenossen“ ersetzt. Zum Teil beließen die Nazis konservative Führungskräfte im Amt. Sie nutzten deren Fachwissen und Ansehen für sich.

In den Verwaltungen begann eine „Säuberungswelle“. Das im April 1933 erlassene *Gesetz zur Wiederherstellung des Berufsbeamtentums* ermöglichte es, Beamte jüdischen Glaubens und Gegner der Nationalsozialisten zu entlassen.

Einzelpreis 15 Pfg.

Niedersächsische Tages-Z

Münchmeyer

Hannover

Freitag, den 10. März 1933

Säubert die Rathäuser!

Schluß mit der Ausplünderung Hannovers durch sozialdemokratische Postenjäger und Korruptionshelden

Reichstag schon 24. März im Kroll-Theater

3 Schlagzeile der „Niedersächsischen Tages-Zeitung“ vom 10. März 1933.

■ *Stelle die Stufen der „Machtergreifung“ auf einer Zeitleiste für dein Portfolio dar.*

M1 „... sonst gibt es Feuer!"

Der SPD-Abgeordnete Wilhelm Hoegner erinnert sich um 1977 an die Atmosphäre, in der das „Ermächtigungsgesetz" am 23. März 1933 verabschiedet worden ist.

Als wir uns darauf in kleinen Gruppen zur Kroll-Oper* begaben, fanden wir den weiten Platz davor [...] mit schwarzen Menschenhaufen bedeckt. Wilde Sprechchöre empfingen und begleiteten uns: „Wir wollen das Ermächtigungsgesetz, sonst gibt es Feuer!"

Junge Burschen, Hakenkreuzabzeichen an der Brust, musterten uns frech, versperrten uns schier den Weg und riefen uns Schimpfworte wie „Zentrumsschwein" oder „Marxistensau" zu. Es war ein richtiges Spießrutenlaufen. [...]

In der Kroll-Oper wimmelte es von SA und SS. [...] Unsere Plätze befanden sich, da kommunistische Abgeordnete nicht anwesend waren, auf der äußersten Linken. Als wir sie eingenommen hatten, stellten sich SA- und SS-Leute an den Eingängen und Wänden hinter uns im Halbkreis auf. Ihre Mienen ließen nichts Gutes erwarten.

Wilhelm Hoegner, Flucht vor Hitler. Erinnerungen an die Kapitulation der ersten deutschen Republik 1933, München [2]1978, S. 130 f.

**Nach dem Brand des Reichstagsgebäudes tagten die Abgeordneten in der Berliner Kroll-Oper.*

M2 Hitler zum „Ermächtigungsgesetz"

In der Regierungserklärung Hitlers vom 23. März 1933 heißt es:

Es würde dem Sinn der nationalen Erhebung widersprechen [...], wollte die Regierung sich für ihre Maßnahmen von Fall zu Fall die Genehmigung des Reichstages erhandeln und erbitten. [...] Die Regierung beabsichtigt dabei, von diesem Gesetz nur insoweit Gebrauch zu machen, als es zur Durchführung der lebensnotwendigen Maßnahmen erforderlich ist. [...] Sie [die Regierung] bietet den Parteien des Reichstages die Möglichkeit einer ruhigen deutschen Entwicklung und einer sich daraus in der Zukunft anbahnenden Verständigung; sie ist aber ebenso entschlossen und bereit, die Bekundung der Ablehnung und damit die Ansage des Widerstandes entgegenzunehmen. (*Lebhafter Beifall bei den Nationalsozialisten.*) Mögen Sie, meine Herren, nunmehr selbst die Entscheidung treffen über Frieden oder Krieg. (*Stürmischer Beifall und Händeklatschen bei den Nationalsozialisten. – Beifall bei den Deutschnationalen. – Heil-Rufe bei den Nationalsozialisten.*)

Verhandlungen des Reichstags. VIII. Wahlperiode 1933, Bd. 457: Stenographische Berichte, Berlin 1934, S. 33 f.

M3 Die Antwort der SPD

Der SPD-Vorsitzende und Reichstagsabgeordnete Otto Wels entgegnet:

Nach den Verfolgungen, die die Sozialdemokratische Partei in der letzten Zeit erfahren hat, wird billigerweise niemand von ihr verlangen oder erwarten können, dass sie für das hier eingebrachte Ermächtigungsgesetz stimmt. Die Wahlen vom 5. März haben den Regierungsparteien die Mehrheit gebracht und damit die Möglichkeit gegeben, streng nach Sinn und Wortlaut der Verfassung zu regieren. Wo diese Möglichkeit besteht, besteht auch die Pflicht. (*Sehr richtig! bei den Sozialdemokraten.*) Kritik ist heilsam und notwendig. Noch niemals, seit es einen Deutschen Reichstag gibt, ist die Kontrolle der öffentlichen Angelegenheiten durch die gewählten Vertreter des Volkes in solchem Maße ausgeschaltet worden, wie es jetzt geschieht (*sehr wahr! bei den Sozialdemokraten*) und wie es durch das neue Ermächtigungsgesetz noch mehr geschehen soll. Eine solche Allmacht der Regierung muss sich umso schwerer auswirken, als auch die Presse jeder Bewegungsfreiheit entbehrt. [...]

Wollten die Herren von der Nationalsozialistischen Partei sozialistische Taten verrichten, sie brauchten kein Ermächtigungsgesetz. (*Sehr wahr! bei den Sozialdemokraten.*) Wir deutschen Sozialdemokraten bekennen uns in dieser geschichtlichen Stunde feierlich zu den Grundsätzen der Menschlichkeit und der Gerechtigkeit, der Freiheit und des Sozialismus. (*Lebhafte Zustimmung bei den Sozialdemokraten.*) Kein Ermächtigungsgesetz gibt Ihnen die Macht, Ideen, die ewig und unzerstörbar sind, zu vernichten. [...]

Wir grüßen die Verfolgten und Bedrängten. Wir grüßen unsere Freunde im Reich. Ihre Standhaftigkeit und Treue verdienen Bewunderung. Ihr Bekennermut, ihre ungebrochene Zuversicht (*Lachen bei den Nationalsozialisten – Bravo! bei den Sozialdemokraten*) verbürgen eine hellere Zukunft. (*Wiederholter lebhafter Beifall bei den Sozialdemokraten. – Lachen bei den Nationalsozialisten.*)

Verhandlungen des Reichstags, a. a. O., S. 34

▶ ***Internettipps:***

Den vollständigen Text des „Ermächtigungsgesetzes" siehe unter www.dhm.de/lemo/html/dokumente/ermaechtigungsgesetz

1. *Beschreibe die Bedingungen der Reichstagssitzung (M1 und M3).*
2. *Erläutert das Politikverständnis der beiden Redner und bewertet es (M2 und M3).*
3. *Diskutiert folgende Aussage des SPD-Politikers Peter Struck von 2008: „Der 23. März war der Tag, an dem sich die Demokratie endgültig ihren Feinden ergab."*

M4 Die Heimatschule Nohra: das erste KZ im NS-Staat.
Bildpostkarte von 1932 (Ausschnitt).
In Thüringen, wo die NSDAP bereits seit 1930 an der Regierung beteiligt war, bekamen alle Polizeistellen einen Tag nach dem Reichstagsbrand, am 28. Februar 1933, per Telefon die Anweisung, Kommunisten zu verhaften. Da in den regulären Gerichtsgefängnissen nicht genug Platz war, wurde auf Anordnung des thüringischen Innenministeriums in der zweiten Etage der Heimatschule in Nohra ein provisorisches Sammellager für „Schutzhäftlinge" errichtet. Die Inhaftierten mussten hier nicht arbeiten. Sie hatten aber keine Verbindung zur Außenwelt und wurden vom Wachpersonal misshandelt. Der Begriff „Konzentrationslager" (KZ) für Nohra taucht erstmals in der „Thüringischen Landeszeitung" vom 7. März auf. Das Lager bestand bis zum 12. April 1933. In Thüringen gab es neben Nohra noch in Bad Sulza und Erfurt (Feldstraße) frühe Lager für politische Häftlinge. Diese Lager unterschieden sich noch stark von dem 1937 gegründeten KZ Buchenwald (siehe Seite 122).

M5 „Massenhafter Abtransport"

Die „Weimarische Zeitung" berichtet am 4./5. März 1933:

Während der Polizeiaktion gegen die Kommunisten sind in Thüringen [...] etwa 400 Funktionäre in Schutzhaft genommen worden. Soweit die Gefängnisse nicht ausreichen, die Verhafteten aufzunehmen, werden die Kommunisten in zwei großen Sammellagern untergebracht. Bereits am Freitag ist aus einer Reihe von Orten eine große Anzahl KPD-Funktionäre auf Kraftwagen unter starker polizeilicher Bedeckung in diese Lager abtransportiert worden.

Zit. nach: Udo Wohlfeld, Das Netz. Die Konzentrationslager in Thüringen 1933-1937. Eine Dokumentation zu den Lagern Nohra, Bad Sulza und Buchenwald, Weimar 2000, S. 53

M6 „Es tue der Regierung in der Seele weh ..."

Der thüringische Staatsminister Fritz Sauckel von der NSDAP besucht das Sammellager Nohra. Die „Allgemeine Thüringische Landeszeitung" schreibt am 7. März 1933:

Staatsminister Sauckel besichtigte am Sonntag in Begleitung der zuständigen Beamten das Sammellager. Bei dieser Gelegenheit wandte er sich auch an die Häftlinge, denen er das Sinnlose ihres Klassenkampfes [...] vor Augen hielt. Es tue der Regierung in der Seele weh, dass sie deutsche Arbeiter in Haft nehmen müsse. Das sei nur die traurige Folge der Wahnsinnspolitik, durch die sich noch immer große Massen in die Irre führen ließen. Er wies die Kommunisten darauf hin, dass ihre Führer und auch die Führer der SPD [...] ins Ausland geflohen seien und sie im Elend zurückgelassen hätten.

Zit. nach: Udo Wohlfeld, Das Netz, a. a. O., S. 53

M7 „Verpflichtungserklärung"

Unter massivem Druck und oft mit Anwendung von Gewalt müssen die Häftlinge 1933 bei ihrer Entlassung aus einem Lager folgende Erklärung unterschreiben:

Ich verpflichte mich hierdurch, mich weder in Wort noch Schrift irgendwie für die K.P.D. oder S.P.D. oder sonstwie im staatsfeindlichen Sinne zu betätigen, mich auch jeder Teilnahme an hoch- und landesverräterischen Umtrieben zu enthalten, sowie alles zu unterlassen, was Unfrieden oder Unruhe in der Gemeinde hervorrufen oder verstärkten könnte. [...] Ich erkläre ferner, dass ich irgendwelche Ansprüche gegen irgendeine behördliche Stelle oder irgendeine Person aufgrund der gegen mich getroffenen polizeilichen Maßnahmen nicht erheben werde.
Es ist mir eröffnet worden, dass ich beim geringsten Verstoß gegen obige Verpflichtung sofortige Inhaftnahme zu gewärtigen habe.

Zit. nach: Sascha Münzel/Eckart Schörle, Erfurt Feldstraße. Ein frühes Lager im Nationalsozialismus, Erfurt 2012, S. 73

1. *Die Texte M5 bis M7 sind Quellen für die Phase der „Machtergreifung". Begründe!*
2. *Informiert euch im Internet oder in Veröffentlichungen über die in M4 genannten frühen Lager. Stellt die Anzahl, Herkunft und Behandlung der Inhaftierten fest. Recherchiert, wie heute an die Opfer dieser frühen Lager erinnert wird. Haltet die Ergebnisse in eurem Portfolio fest.*

Ein Einheitsstaat entsteht

1 **SA-Leute entfernen die Gedenktafel vom Weimarer Nationaltheater, die an die Verfassung von 1919 erinnert.**
Foto vom März 1933.

■ *„Symbolischer konnte der Prozess der Entdemokratisierung und die Aufrichtung eines diktatorischen Regimes in Deutschland nicht gezeigt werden." Erläutere diese Aussage.*

Der Einparteienstaat

Alle Parteien wurden aufgelöst, verboten oder „gleichgeschaltet". Sofort nach dem Reichstagsbrand war die KPD zerschlagen worden. Am 22. Juni 1933 wurde die SPD als „volks- und staatsfeindliche Organisation" verboten. Die bürgerlichen Parteien, die zum Teil mit der NS-Regierung zusammenarbeiten wollten, mussten sich selbst auflösen. Mit dem *Gesetz gegen die Neubildung von Parteien* vom 14. Juli 1933 machten die Nazis Deutschland zum Einparteienstaat.

Keine freien Gewerkschaften mehr

Die Gewerkschaften erwarteten von der neuen Regierung ein Beschäftigungsprogramm zur Senkung der Arbeitslosenzahlen. Als Hitler den 1. Mai zum arbeitsfreien Tag der nationalen Arbeit erhob, schien er den Gewerkschaften entgegenzukommen. Aber schon am 2. Mai 1933 besetzten SA-, SS- und Polizeieinheiten Häuser der Gewerkschaften, beschlagnahmten ihr Vermögen und brachten führende Gewerkschaftsmitglieder in Konzentrationslager.

Neue Verbände

An die Stelle der Gewerkschaften trat die am 10. Mai 1933 gegründete *Deutsche Arbeitsfront* (DAF), eine Zwangsvereinigung von Arbeitnehmern und Arbeitgebern. Die Unternehmer wurden zu „Führern" ihrer Betriebe, die Arbeitnehmer zu ihrer „Gefolgschaft" erklärt. Löhne, Arbeits- und Urlaubszeiten legte aber nicht die DAF fest, sondern ein staatlich eingesetzter „Treuhänder der Arbeit". Auch die Verbände des Handels, des Handwerks und der Industrie sowie der Beamten, Richter und sonstiger Berufsgruppen wurden „gleichgeschaltet". Die Bauern fasste man im *Reichsnährstand* zusammen. Es entstand ein enges Netz von NSDAP-Organisationen, das rund 90 Prozent der „Volksgenossen" umfasste. Damit konnte die Partei die Menschen in ihrer Freizeit und im Beruf kontrollieren und lenken.

Der Röhm-Putsch

In der auf 4,5 Millionen Mitglieder angewachsenen SA gab es Kritik an Hitlers Zusammenarbeit mit den alten Führungsschichten in Wirtschaft und Militär. Ihr Chef *Ernst Röhm* forderte, Reichswehr und SA zusammenzulegen. Hitler entschied sich gegen die SA-Führung und für die Reichswehr. In der Nacht zum 30. Juni 1934 ließ er Röhm und etwa 200 SA-Führer von der SS unter dem Vorwand, sie hätten einen Putsch geplant, verhaften und erschießen. Die SA verlor danach an Bedeutung und der Aufstieg der von *Heinrich Himmler* geführten SS begann.

„Führer und Reichskanzler"

Am 2. August 1934 starb Reichspräsident Hindenburg. Die Regierung hatte bereits ein Gesetz zur Vereinigung des Präsidenten- und Kanzleramtes beschlossen. Hitlers neue Amtsbezeichnung lautete nun *„Führer und Reichskanzler"*. Er konnte nun über den Reichstag (gesetzgebende Gewalt), die Reichsregierung (ausführende Gewalt) und das Reichsgericht (richterliche Gewalt) sowie über die Streitkräfte verfügen. Noch an Hindenburgs Todestag ließ er die Reichswehr auf sich vereidigen: Alle Soldaten mussten „dem Führer des Deutschen Reiches und Volkes Adolf Hitler [...] unbedingten Gehorsam" schwören.
In einer Volksabstimmung über die Zusammenlegung der Ämter des Reichspräsidenten und des Reichskanzlers ließ sich Hitler am 19. August 1934 seine diktatorische Stellung bestätigen: 95,7 Prozent der Wahlberechtigten beteiligten sich, 89,9 stimmten für Hitler.

■ *Ende 1934 war das Deutsche Reich ein zentral gelenkter, totalitärer Einheitsstaat. Erkläre diese Aussage.*

M1 **„Wer Führer sein will …"**

Adolf Hitler schreibt dazu in dem ersten Band seines 1925 veröffentlichten Buches „Mein Kampf":

Immer wird der Führer von oben eingesetzt und gleichzeitig mit unbeschränkter Vollmacht und Autorität bekleidet. Nur der Führer der Gesamtpartei wird aus vereinsgesetzlichen Gründen in der Generalmitgliederversammlung gewählt. Er ist aber der ausschließliche Führer der Bewegung. Sämtliche Ausschüsse unterstehen ihm und nicht er den Ausschüssen. Er bestimmt und trägt damit aber auch auf seinen Schultern die Verantwortung. […] Wer Führer sein will, trägt bei höchster unumschränkter Autorität auch die letzte und schwerste Verantwortung. Wer dazu nicht fähig ist oder für das Ertragen der Folgen seines Tuns zu feige ist, taugt nicht zum Führer. Nur der Held ist dazu berufen.

Adolf Hitler, Mein Kampf. Zwei Bände in einem Band, München 469-473 1939, S. 378 f.

Man kann nur, glauben Sie, diese Krise der heutigen Zeit beheben durch einen wirklichen Führungs- und damit Führerstaat. Dabei ist es ganz klar, dass der Sinn einer solchen Führung darin liegt zu versuchen, auf allen Gebieten des Lebens durch eine natürliche Auslese, immer aus dem Volke heraus, die Menschen zu gewinnen, die für so eine Führung geeignet sind. […] Denn was kann es Schöneres für ein Volk geben als das Bewusstsein: Aus unseren Reihen kann der Fähigste ohne Rücksicht auf Herkunft und Geburt oder irgendetwas anderes bis zur höchsten Stelle kommen. Er muss nur die Fähigkeit dazu haben. Wir bemühen uns, die fähigsten Menschen zu suchen. Was sie gewesen sind, was ihre Eltern waren, was ihre Mütterchen gewesen sind, das ist gänzlich gleichgültig. Wenn sie fähig sind, steht ihnen jeder Weg offen.

Zit. nach: Norbert Frei, Der Führerstaat. Nationalsozialistische Herrschaft 1933 bis 1945, München 2013, S. 237-241

M2 **„Die schönste Art der Demokratie"**

Adolf Hitler am 29. April 1937 vor 200 Kreisleitern:

Es ist immer etwas Hartes, wenn gesagt wird: „Es kann nur einer befehlen; einer befiehlt, und die anderen müssen gehorchen." Dann sagt er: „Wieso, wieso, wieso muss ich gehorchen?" Wieso? Weil nur auf dem Weg etwas zu erreichen ist, und weil wir Männer genug sind einzusehen, dass das, was notwendig ist, auch zu geschehen hat. Und weil darum nicht mit dem Einzelnen diskutiert wird. Es ist ganz zwecklos, jedem Einzelnen dann zu sagen: „Natürlich, wenn du natürlich nicht willst, dann brauchst du natürlich auch nicht nachfolgen." Nein, so geht das nun einfach nicht! Die Vernunft hat auch ein Recht und damit eine Pflicht, sie hat das Recht, sich zu diktatorischer Gewalt zu erheben, und die Pflicht, die anderen zu zwingen, dem zu gehorchen.

Daher ist auch unser Staat keineswegs aufgebaut auf Volksabstimmung, das möchte ich betonen, sondern es ist unser Bestreben, das Volk zu überzeugen von der Notwendigkeit dessen, was geschieht […].

Der ganze Widersinn dieser parlamentarischen Demokratie wird einem ja immer am klarsten, wenn man zu ganz einfachen Vorgängen kommt, man muss sich nur vorstellen, dass die parlamentarische Demokratie, d. h. also dieser auserlesene Haufen, der aus einer Majoritätsbestimmung kommt, dass der dann über die größten Probleme zu entscheiden hat. […]

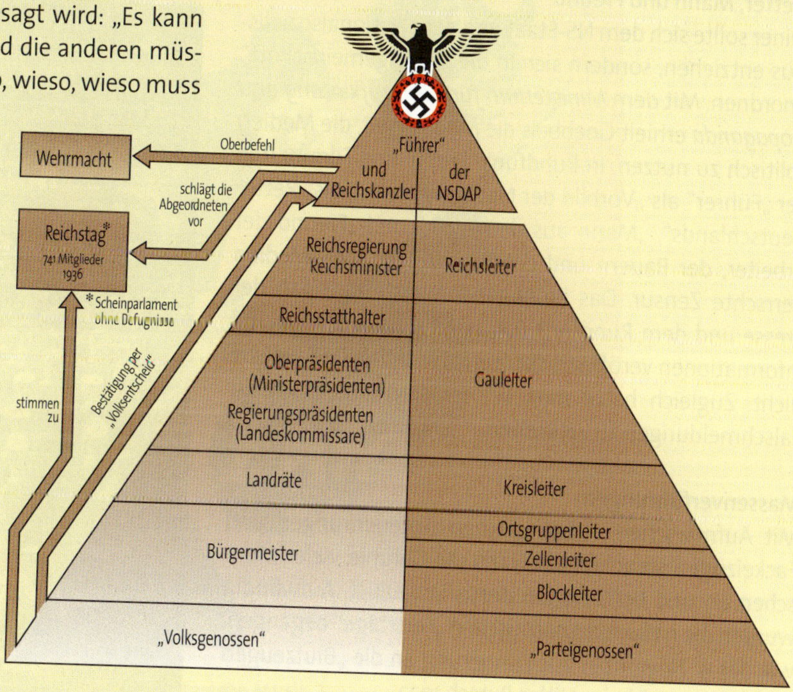

M3 Aufbau des „Führerstaates" ab 1934.

1. *Untersuche, wie das „Führerprinzip" begründet wird (M1 und M2). Nimm Stellung dazu!*
2. *Erkläre, warum das „Führerprinzip" von vielen Menschen akzeptiert wurde (M2).*
3. *Beschreibe, wie der „Führerstaat" funktionieren sollte (M3).*
4. *Im „Führerstaat" gab es trotz „Führerprinzip" oft Probleme mit den Zuständigkeiten (Kompetenzen). Diskutiert diese Aussage mithilfe der Grafik (M3).*

Der Kampf um die Jugend

1 **Propagandaplakat, um 1933.**
Der Anschlag (122 x 83,5 cm) stammt von dem Münchener Plakatgestalter und Reklamekünstler Ludwig Hohlwein. Auftraggeber war die Reichsjugendführung der NSDAP.

2 **Propagandaplakat, um 1938.**
Der Anschlag (122 x 83,5 cm) stammt von Hein Neuner, Auftraggeber war die Reichsjugendführung der NSDAP.

3 **Ein Klassenzimmer.**
Propagandafoto von 1941.
Hitlers Bild musste in jedem Klassenraum hängen, die Hakenkreuzfahne jedoch nicht.

▶ ***Lesetipp:***
Elisabeth Zöller, Vaters Befehl oder Ein deutsches Mädel, Frankfurt a. M. ²2012

„Du bist nichts, dein Volk ist alles"
Mit diesem Motto wollten die Nationalsozialisten die Jugend für sich gewinnen. Alle Schulen bekamen einheitliche Lehrpläne. Sie passten Erziehung und Unterricht der NS-Weltanschauung an. Für den Führungsnachwuchs in Partei und Staat entstanden *Nationalpolitische Erziehungsanstalten* (*Napola*) und *Adolf-Hitler-Schulen*. Wichtigstes Instrument der neuen Erziehung war die *Hitler-Jugend* (HJ). Sie hatte schon vor 1933 über 100 000 Mitglieder. Nach 1933 wurden andere Jugendgruppen aufgelöst; ausgenommen waren bis 1938 die katholischen.

Staatsjugend
Mit dem *Gesetz über die Hitler-Jugend** vom 1. Dezember 1936 machten die Nationalsozialisten die HJ zur Staatsjugendorganisation. Mitgliedschaft wurde Pflicht. Alle Jugendlichen zwischen zehn und 18 Jahren sollten „erfasst" werden. Ziel war es, die jungen Menschen zu kontrollieren und dem Einfluss von Elternhaus, Kirche und Schule zu entziehen. Schon zehnjährige Jungen und Mädchen mussten beim Eintritt in die HJ „Liebe und Treue zum Führer" schwören.

Aufbau und Aktionen der HJ
Die Hitler-Jugend gliederte sich in *Jungvolk* und *Jungmädel* (10- bis 14-Jährige) sowie den *Bund Deutscher Mädel* und die eigentliche HJ für die 15- bis 18-Jährigen. Alle trugen Uniform mit Abzeichen.
Die Gemeinschaft mit Gleichaltrigen bei Fahrten und Zeltlagern, Geländespielen und sportlichen Wettkämpfen, Aufmärschen, Sammelaktionen und sozialen Hilfsdiensten reizte viele Jugendliche. Soziale Unterschiede rückten in den Hintergrund. Für die Jungen stand die Wehrertüchtigung an erster Stelle. Die Mädchen wurden auf ihre Rolle als Frau und Mutter vorbereitet.

**Den Text des Gesetzes findest du unter www.dhm.de/lemo/html/dokumente/hjgesetz*

M1 Ausflug der Hitler-Jugend.
Foto, um 1935.

M3 Der Bund Deutscher Mädel unterwegs.
Foto, um 1935.

M2 „Was wir uns von unserer deutschen Jugend wünschen …"

Auf dem „Parteitag der Freiheit" wendet sich Adolf Hitler am 14. September 1935 an die Jugend und erklärt:

Was wir von unserer deutschen Jugend wünschen, ist etwas anderes, als es die Vergangenheit gewünscht hat. In unseren Augen da muss der deutsche Junge der Zukunft rank und schlank sein, flink wie Windhunde, zäh wie Leder und hart wie Kruppstahl. Wir müssen einen neuen Menschen erziehen, auf dass unser Volk nicht an den Degenerationserscheinungen* der Zeit zugrunde geht.

Wir reden nicht, sondern wir handeln. Wir haben es unternommen, dieses Volk durch eine neue Schule zu erziehen, ihm eine Erziehung zu geben, die schon mit der Jugend anfängt und nimmer enden soll. Von dieser Schule wird in Zukunft der junge Mann in die andere gehoben werden. Beim Kind beginnt es, und beim alten Kämpfer der Regierung wird es enden. Keiner soll sagen, dass es für ihn eine Zeit gibt, in der er sich ausschließlich selbst überlassen sein kann. Jeder ist verpflichtet, seinem Volk zu dienen, jeder ist verpflichtet, sich für diesen Dienst zu rüsten, körperlich zu stählen und geistig vorzubereiten und zu festigen. […]

Unser ganzes Volk müssen wir erziehen, dass immer, wenn irgendwo einer bestimmt ist zu befehlen, die anderen ihre Bestimmung erkennen, ihm zu gehorchen, weil schon in der nächsten Stunde vielleicht sie selbst befehlen müssen und es genauso nur können, wenn andere wieder Gehorsam üben.

Zit. nach: Günter Wollstein (Hrsg.), Das „Dritte Reich" 1933-1945, Darmstadt 2013, S. 170

***Degeneration**: körperlicher und geistiger Verfall*

M4 „Wir wurden in einer merkwürdigen Weise ernst genommen …"

Inge Scholl, die ältere Schwester von Hans und Sophie (siehe Seiten 152ff.), erinnert in einer Veröffentlichung von 1947 an die Jahre 1933-1937. Damals war sie zwischen 16 und 20 Jahre alt.

Wir gingen mit den Kameraden der Hitler-Jugend auf Fahrt […]. Wir liefen lange und anstrengend, aber es machte uns nichts aus; wir waren zu begeistert, um unsere Müdigkeit einzugestehen. War es nicht großartig, mit jungen Menschen plötzlich etwas Gemeinsames und Verbindendes zu haben, denen man sonst vielleicht nie näher gekommen wäre? Wir trafen uns zu den Heimabenden, es wurde vorgelesen und gesungen, oder wir machten Spiele oder Bastelarbeiten. Wir hörten, dass wir für eine große Sache leben sollten. Wir wurden ernst genommen, in einer merkwürdigen Weise ernst genommen, und das gab uns einen besonderen Auftrieb. Wir glaubten, Mitglieder einer großen, wohlgegliederten Organisation zu sein, die alle umfasste und jeden würdigte, vom zehnjährigen Jungen bis zum erwachsenen Mann. Wir fühlten uns beteiligt an einem Prozess, an einer Bewegung, die aus der Masse Volk schuf. Manches, was uns anödete oder einen schalen Geschmack verursachte, würde sich schon geben – so glaubten wir.

Inge Scholl, Die weiße Rose, Frankfurt a. M. 1955, S. 15f.

1. *Beschreibe die Fotos (M1 und M3). Beurteile, ob sie Ausdruck der NS-Ideologie sind.*
2. *Arbeite aus dem Redeauszug (M2) die Erziehungsziele der Nazis heraus und bewerte sie.*
3. *Diskutiert, was die HJ für junge Leute damals attraktiv machte (M1 bis M4).*

Mehr Anpassung als Widerstand

1 Titelseite eines Reiseführers.
Herausgeber: NS-Gemeinschaft „Kraft durch Freude", Hamburg 1937.
Etwa 700 000 Personen buchten KdF-Seereisen. Entgegen dem von der Propaganda verkündeten Arbeiteranteil von 50 bis 70 Prozent nahmen nur etwa 20 Prozent der Arbeiter mit einem höheren Einkommen daran teil.

2 Gefangene beim Bau der Straße zum Torgebäude des KZ Buchenwald.
SS-Foto vom Frühjahr 1938 (Ausschnitt).

Programm für die „Volksgemeinschaft"

Die geschickte Selbstdarstellung und die außenpolitischen Erfolge* trugen dazu bei, dass das NS-Regime bis Ende der 1930er-Jahre eine breite Zustimmung fand. Dazu trug auch die 1933 gegründete NS-Gemeinschaft *Kraft durch Freude* (KdF) bei. Ihr Ziel war es, alle Bevölkerungsschichten in die „Volksgemeinschaft" zu integrieren. Zugleich diente das Freizeitangebot dem Zweck, die Arbeitsleistungen zu steigern.
Dabei zeigte sich, dass das Reiseprogramm nicht wie angekündigt in erster Linie Arbeiter erreichte. Rund 120 Reichsmark für die Kreuzfahrten mit den KdF-Schiffen nach Madeira, Norwegen oder Italien waren mit einem Monatseinkommen von etwa 150 Reichsmark fast unerschwinglich. Die besser bezahlten Angestellten bildeten daher die größte Teilnehmergruppe bei den KdF-Reisen.

Die Bevölkerung wird überwacht

Die NS-Führung konnte sich zu keiner Zeit auf alle Bürger verlassen. Um aber alle Gegner aufspüren, überwachen und inhaftieren zu können, schuf sich der Staat die *Geheime Staatspolizei* (Gestapo). Ihre Zivilfahnder durften ohne gerichtliche Kontrolle Haussuchungen durchführen und Menschen festnehmen. Unterstützt wurde die Gestapo von Vertrauensleuten (V-Männern) und vom *Sicherheitsdienst* des Reichsführers SS (SD).
Verantwortlich für den Unterdrückungsapparat, der 1939 unter dem *Reichssicherheitshauptamt* (RSHA) zusammengefasst wurde, waren Himmler, der Reichsführer der SS und ab 1936 Chef der Deutschen Polizei, und *Reinhard Heydrich*, der Chef der Gestapo und ab 1939 des RSHA. Von der SS und dem RSHA gingen alle Überwachungs- und Terrormaßnahmen gegen „Staatsfeinde" aus. Sie prägten den verbrecherischen *SS-Staat*.

Einweisung in Konzentrationslager

Unter der Leitung der SS entstand im Reich ein System von *Konzentrationslagern* (KZ).** Nach dem Vorbild des 1933 in Dachau bei München entstandenen Lagers wurden zum Beispiel in Sachsenhausen vor den Toren Berlins (1936), in Buchenwald bei Weimar (1937), in Flossenbürg in der Oberpfalz (1938) und in Ravensbrück (1939) KZs errichtet. Hierher brachte man nicht nur die Gegner des NS-Regimes, sondern alle unerwünschten Mitglieder der „Volksgemeinschaft" wie Juden, Sinti und Roma („Zigeuner"), Nichtsesshafte („Asoziale") sowie *Zeugen Jehovas* („Bibelforscher"). In diesen Lagern wurden die Menschen gedemütigt, misshandelt und zu Sklavenarbeit gezwungen.

* *Lies dazu Seite 129 ff.*
** *Zu den KZ im Reich siehe auch die Karte auf Seite 103 bzw. 145.*

Der Preis für Ruhe und Ordnung

Offene Proteste gegen die Judenhetze und die Verfolgung Andersdenkender waren selten.* Manche Bürger billigten, dass dem „roten Gesindel", wie sie Kommunisten und Sozialdemokraten herabwürdigend nannten, und den Juden „endlich auf die Finger geklopft" wurde. Sinti und Roma sowie Homosexuelle besaßen ohnehin keinen Rückhalt in der Bevölkerung. Die meisten Deutschen schwiegen aus Gleichgültigkeit oder Angst um sich und ihre Familien. Kritisiert wurden höchstens brutale Übergriffe der SS – allerdings nur hinter vorgehaltener Hand und häufig mit der Bemerkung: „Wenn das der Führer wüsste ..."

Das NS-Regime bot dem, der sich ihm unterwarf, Arbeit und wirtschaftlichen Aufschwung sowie das Gefühl, „Volksgenosse" einer aufstrebenden Nation zu sein. Ruhe und Ordnung und der versprochene Wohlstand rechtfertigten für viele ein hartes Durchgreifen gegen „Störenfriede". Dass die Herrschenden grundlegende Rechte missbrauchten und dass man auch durch Wegschauen und Schweigen Schuld auf sich lud, sahen die meisten Deutschen nicht.

3 Abweichendes Verhalten.
Foto von 1936 (Ausschnitt).
Auf diesem Foto sind Arbeiter und Angestellte der Werft Blohm & Voss aus Hamburg versammelt, die am Stapellauf eines Schiffes teilnehmen. Fast alle haben den Arm zum „Deutschen Gruß" erhoben. Nur ein Mann hat seine Arme demonstrativ verschränkt. Das Foto gilt heute als Sinnbild für Zivilcourage. Erkläre!

Christen im Zwiespalt

Obwohl nationalsozialistische Weltanschauung und christliche Gebote unvereinbar waren, passten sich viele Protestanten und Katholiken dem NS-Staat an. Hitler vermied zunächst den Konflikt mit den Kirchen. Deren Spitzen kamen ihm anfangs entgegen: In der evangelischen Kirche entstand eine nationalsozialistische Glaubensbewegung: die *Deutschen Christen*.

Der Vatikan verhalf der NS-Regierung im Juli 1933 durch einen Staatsvertrag (*Konkordat*) zu Ansehen im In- und Ausland. Der Papst verzichtete auf eine politische Betätigung der Geistlichen. Damit glaubte die Kirchenführung, die Freiheit der Religion, die Bekenntnisschulen und die katholischen Verbände erhalten zu können.

Auch die Gläubigen verhielten sich zwiespältig. Einerseits widersetzten sich mutige Christen dem Machtanspruch. Andererseits fühlten sich viele von ihren Kirchen im Stich gelassen, da diese zu keiner offenen Absage an den Nationalsozialismus bereit waren, sondern ihn als „Obrigkeit" anerkannten.

„Stumme Zeugen böser Taten"

Im März 1937 wandte sich der Papst mit dem Rundschreiben *Mit brennender Sorge* an die Katholiken. Er kritisierte die Verdrängung des Christentums aus dem öffentlichen Leben und die „Vergötzung der Rasse". Ein Protest gegen die Entrechtung der Juden fehlte. Auch später kritisierte die Kirchenführung die Verfolgung nicht. Aber es gab Einzelne wie die Jesuitenpater *Rupert Mayer* und *Alfred Delp*, die sich offen gegen das Unrecht wandten.

In der evangelischen Kirche löste die Einführung des „Arierparagrafen" für Geistliche und Kirchenbeamte 1933 Proteste aus. Pastor *Martin Niemöller* rief zur Gründung des *Pfarrernotbundes* auf, aus dem sich die *Bekennende Kirche* entwickelte. Sie wandte sich gegen die staatliche Vereinnahmung der Kirche und gegen die Ausgrenzung von Protestanten jüdischer Herkunft. 1935 forderte sie die Auflösung der Gestapo und der Konzentrationslager. Oft blieben die evangelischen Christen aber, wie der im KZ Flossenbürg ermordete Theologe *Dietrich Bonhoeffer* 1943 schrieb, „stumme Zeugen böser Taten".

*Zum Widerstand lies auch Seite 152 ff.

M1 Torgebäude des KZ Buchenwald.

Foto der Kriminalpolizeistelle Weimar des noch im Rohbau befindlichen Torgebäudes vom 10. November 1937.
Im Juni 1936 wird der Bau eines Konzentrationslagers und einer SS-Kaserne in Thüringen beschlossen. Im April 1937 fällt die Entscheidung für den bewaldeten Ettersberg bei Weimar, in dessen Nähe sich Lehm- und Tonvorkommen sowie Steinbrüche befinden. Der Plan findet die Zustimmung der NS-Führung. Auch die Landesbauernschaft signalisiert ihr Interesse an der Arbeitskraft der zukünftigen Häftlinge. Die Weimarer „NS Kulturgemeinde" kritisiert nur den Namen „K. L. Ettersberg", da er „mit dem Leben des Dichters Goethe im Zusammenhang steht". Daraufhin erhält das für 8000 Häftlinge vorgesehene Lager den Namen „K. L. Buchenwald, Post Weimar". Am 15. Juli 1937 kommen die ersten 149 Häftlinge aus dem KZ Sachsenhausen, um mit dem Aufbau des Lagers zu beginnen. Bis 1945 entwickelt es sich zu den größten Lagern des KZ-Systems im Reich.

M2 Kennzeichnung der Häftlinge

Nach der Ankunft werden die Häftlinge nach Gruppen gegliedert und mit verschiedenfarbigen Stoffdreiecken (Winkeln) gekennzeichnet. Der 1938 eingelieferte Häftling Walter Poller erinnert sich:

Wir kommen in die Häftlingsbekleidungskammer. In den Regalen sind Uniformen, Wäschestücke, Stiefel usw. in großer Zahl gestapelt. Häftlinge sind hier beschäftigt, die verhältnismäßig gut und sauber aussehen. Fast alle tragen den roten „Winkel". Wir Zugänge werden von ihnen zunächst sortiert. Hier die Politischen, die den roten Winkel haben sollen, da die Arbeitsscheuen und Asozialen für den schwarzen Winkel, die Bibelforscher [Zeugen Jehovas] für den violetten, die Kriminellen für den grünen, die Homosexuellen für den rosa Winkel. Die Juden erhalten noch zu ihrem Winkel einen gelben, den sie mit ihrem Farbwinkel zu einem Davidstern zu kreuzen haben.
Von fast jedem Häftling hinter dem Ausgabetisch werde ich zunächst gefragt, welche Farbe ich habe. Neben mir steht ein „Schwarzer". Er bekommt offensichtlich schlechtere Kleidungsstücke als ich.

Zit. nach: Harry Stein, Konzentrationslager Buchenwald 1937-1945. Begleitband zur ständigen historischen Ausstellung, Göttingen ^{8}2011, S. 63

M3 Tagesablauf

Harry Stein, wissenschaftlicher Mitarbeiter der Gedenkstätte Buchenwald, hat den Tagesablauf der Häftlinge in den ersten Jahren des KZ Buchenwald rekonstruiert:

Der Tag der Häftlinge begann mit dem Wecken, das regelmäßig etwa eine Stunde vor Sonnenaufgang erfolgte. Nach dem Anziehen marschierten die Blocks unter den Klängen der Lagerkapelle zum Morgenappell auf und unmittelbar im Anschluss daran zu den Arbeitsstellen, wo meist im Freien gearbeitet wurde.* [...]
Die reine Arbeitszeit der meisten Häftlinge, nur durch eine kurze Mittagspause unterbrochen, erstreckte sich über durchschnittlich 10 bis 11 Stunden. Nach dem Einmarsch der Gefangenen, die auf den Schultern Steine und Stämme ins Lager schleppten, folgte der abendliche Zählappell, der in den Anfangsjahren oft Stunden, beim Fehlen von Häftlingen mitunter bis weit in die Nacht dauerte. Während der gesamten Zeit mussten die Häftlinge militärisch ausgerichtet stehen, auf Befehl die Mützen vom Kopf reißen, Marschlieder singen oder dem grausamen Strafvollzug auf dem „Prügelbock" zusehen. Dann erfolgte der Abmarsch in die Baracken, wo [...] gegen 20:00 oder 21:00 Uhr durch „Abpfeifen" die Nachtruhe begann.

Zit. nach: Harry Stein, Konzentrationslager Buchenwald 1937-1945, a. a. O., S. 93 f.

** Die Häftlinge wohnten in schlecht isolierten und unzulänglich belüfteten Holzbaracken (Blocks), die sie selbst errichten mussten. Sie wurden gezwungen, auf Baustellen, im Steinbruch oder im Straßenbau zu arbeiten.*

M4 Häftlinge im KZ Buchenwald am 1. Juli 1938

Politische Gefangene*	1621
„Arbeitsscheue"**	4582
Juden	1272
Sonstige***	248
Lager gesamt	*7723*

** vor allem Kommunisten; der Anteil von Sozialdemokraten und Gewerkschaftern war bedeutend geringer*
*** Dazu zählte die SS Bettler, Landstreicher, Alkoholiker sowie Sinti und Roma*
**** Berufsverbrecher, Zeugen Jehovas und Homosexuelle*

Nach: Harry Stein, Konzentrationslager Buchenwald 1937-1945, a. a. O., S. 69 und 72

1. *Bewerte die Motive für die Anlage des KZ Buchenwald (M1).*
2. *Diskutiert die Funktion der Kennzeichnung (M2).*
3. *„Das gesamte Leben im Konzentrationslager war unter dem Gesichtspunkt der größtmöglichen Quälerei systematisch organisiert." Erläutere diese Aussage.*

Bürger werden entrechtet

Ausgegrenzt und schikaniert

Die Nationalsozialisten waren überzeugt von der Vorstellung, dass die Juden das Übel der Welt seien. Das hatten sie nie verheimlicht. Ihren Hass fanden um 1933 etwa 525 000 Deutsche jüdischen Glaubens, etwa 0,76 Prozent der Bevölkerung.

Die erste reichsweite Aktion gegen Juden fand am 1. April 1933 statt. SA und SS versperrten den Zugang zu jüdischen Geschäften, Anwaltskanzleien und Arztpraxen. Schaufenster wurden mit Sprüchen wie „Juden raus!" beschmiert. Während sich die Juden beschwerten, an Anstand und Vernunft appellierten und auf die 12 000 jüdischen Gefallenen im Ersten Weltkrieg hinwiesen, nahm die Mehrheit der Deutschen diesen Anschlag auf die Menschenwürde ohne öffentlichen Widerspruch hin.

Die Nazis erließen zahlreiche Verordnungen und Gesetze gegen die jüdische Bevölkerung. Das *Gesetz zur Wiederherstellung des Berufsbeamtentums* vom 7. April 1933 ermöglichte die Entlassung „nichtarischer" Beamter. Ab September wurden die jüdischen Künstler aus dem Kulturleben verdrängt, einen Monat später durch das *Schriftleitergesetz* aus den Presseberufen entfernt. Bis April 1934 verloren mehrere hundert jüdische Professoren, 2 000 Beamte und ebenso viele Schauspieler ihre Arbeitsplätze. Hinzu kamen Ausgrenzungen und Schikanen: Juden wurde das Betreten vieler Dörfer und öffentlicher Schwimmbäder verboten. Ihren Kindern blieben die höheren Schulen versperrt.

1 Ortseingangsschild an der Zugangsstraße nach Weimar.
Foto vom 7. August 1935 (Ausschnitt).
Im Sommer 1935 wurden überall in Deutschland solche Schilder aufgestellt. Sie bereiteten die Stimmung für die „Nürnberger Gesetze" vor und wurden während der Olympischen Spiele von 1936 vorübergehend entfernt.

Die „Nürnberger Gesetze"

Auf dem Nürnberger Reichsparteitag von 1935 wurde ein *Reichsbürgergesetz* und ein *Blutschutzgesetz* verkündet. Diese beiden „Nürnberger Gesetze" und deren Ausführungsverordnungen machten die Juden zu Bürgern minderen Rechts. Sie galten nicht mehr als „Reichsbürger", verloren das Wahlrecht und durften kein öffentliches Amt übernehmen. Außerdem verbot man Ehen zwischen Juden und Christen. Sogar Freundschaften zwischen Juden und Christen wurden nun offen als „Rassenschande" verfolgt.

Die Ausgrenzungen gehen weiter

Während der Olympischen Spiele von 1936 verbargen die Nazis die Ausgrenzungen vor der internationalen Öffentlichkeit. Ein Jahr später nahmen sie keine Rücksicht mehr. Jüdischen Haushalten wurden Gas und Strom abgesperrt. Juden mussten ihre Vermögen anmelden, jüdische Ärzte, Rechtsanwälte und andere freie Berufsgruppen durften nicht mehr ungehindert arbeiten. Ab Oktober 1938 kennzeichneten die Behörden die Reisepässe von Juden mit einem „J". Bis zum 31. Dezember 1938 musste sie Kennkarten mit einem eingedruckten „J" beantragen. Danach wurden ihnen die Zwangsnamen „Sara" beziehungsweise „Israel" als zweite Vornamen verpasst.

Auch Sinti und Roma werden ausgegrenzt

Auch für die etwa 30 000 im Deutschen Reich lebenden Sinti und Roma wurde das Überleben nach 1933 immer schwerer. Schrittweise wurden sie ganz aus dem öffentlichen Leben ausgegrenzt und ihrer Bürgerrechte beraubt. Sie erhielten Berufsverbote und ihre Kinder durften bald in keine öffentliche Schule mehr gehen. Getarnt als vorbeugende Verbrechensbekämpfung wurden sie verhaftet, in Lager gesperrt und zu Zwangsarbeit verurteilt. Darüber hinaus wurden tausende Sinti und Roma zwangsweise unfruchtbar gemacht. Ab 1936 unterwarf man sie den Bestimmungen der „Nürnberger Gesetze" und erklärte sie wie die Juden zur „artfremden Rasse". Ab März 1939 durften sie sich nicht mehr frei bewegen und mussten „Rasseausweise" bei sich tragen.

M1 Ein Fernschreiben

Am 9. November 1938 ergeht folgendes Fernschreiben des Geheimen Staatspolizeiamtes an alle Leiter oder Stellvertreter der Staatspolizeistellen des Reiches:

Dieses FS [Fernschreiben] ist sofort auf schnellstem Wege vorzulegen.

1. Es werden in kürzester Frist in ganz Deutschland Aktionen gegen Juden, insbesondere gegen Synagogen, stattfinden. Sie sind nicht zu stören. Jedoch ist im Benehmen mit der Ordnungspolizei sicherzustellen, dass Plünderungen und sonstige besondere Ausschreitungen unterbunden werden können. [...]

3. Es ist vorzubereiten die Festnahme von etwa 20-30 000 Juden im Reiche. Es sind auszuwählen vor allem vermögende Juden. Nähere Anordnungen ergehen noch im Laufe dieser Nacht. [...]

4. [...] Zu den Gesamtaktionen können herangezogen werden Verfügungstruppen der SS sowie Allgemeine SS. Durch entsprechende Maßnahmen ist die Führung der Aktionen durch die Stapo [Staatspolizei] auf jeden Fall sicherzustellen.

Zit. nach: Reinhard Rürup (Hrsg.), Topographie des Terrors. Gestapo, SS und Reichssicherheitshauptamt auf dem „Prinz-Albrecht-Gelände". Eine Dokumentation, Berlin ^{12}2000, S. 114 f.

M2 Bericht des Eisenacher Oberstaatsanwaltes

Am 10. November 1938 berichtet der Eisenacher Oberstaatsanwalt dem Generalstaatsanwalt in Jena telefonisch:

Nachdem schon gestern, am Mittwoch, den 9.11.38, [...] ein jüdischer Laden zerstört worden war, wobei es auch zu Plünderungen kam, wurden in der letzten Nacht sämtliche jüdische Geschäfte in Eisenach demoliert. Schaufensterscheiben und Fensterscheiben wurden eingeworfen und eingeschlagen; die Einrichtungsgegenstände wurden zerstört. [...] Weiter wurde in Eisenach die Synagoge in Brand gesetzt. Sie ist völlig ausgebrannt. [...] Zahlreiche Juden sind heute Nacht in Schutzhaft genommen worden. Sie waren zunächst in der Turnhalle in der Goethestraße untergebracht. Von da sind sie, wie die Polizei mir auf Anfrage mitteilte, nach Buchenwald* gebracht worden. [...]

Auf den Scheiben der Schaufenster war in roter Farbe angeschrieben: „Rache für Rath". Auf den Bürgersteigen vor den jüdischen Geschäften war zu lesen: „Wer beim Juden kauft, ist ein Volksverräter."

Der Polizeidirektor Eiche Eisenach teilte mir heute Morgen auf Befragen mit, dass die Polizei Weisung erhalten habe, „Maßnahmen der Bewegung nicht zu stören". Im Übrigen sei die Weisung ergangen, „weitere Plünderungen und Brände zu verhindern".

Zit. nach: Ramona Bräu/Thomas Wenzel, „Ausgebrannt, ausgeplündert, ausgestoßen". Die Pogrome gegen die jüdischen Bürger Thüringens im November 1938, Erfurt 2013, S. 56 f.

* **Buchenwald:** *Siehe Seite 122.*

M3 Erfurter Synagoge am Kartäuserring (heute Juri-Gagarin-Ring).
Foto, vermutlich vom 10. November 1938.

M4 Wer machte mit?

Alan E. Steinweis, Professor für Geschichte und Direktor des Center for Holocaust Studies an der University of Vermont, in einem 2009 veröffentlichten Buch:

Deutsche Jugendliche spielten eine zentrale Rolle bei der Gewalt in der Kristallnacht. In vielen Fällen gingen die Übergriffe gegen die Juden und ihr Eigentum zu einem guten Teil auf das Konto männlicher Teenager. Oft wurden sie von Schuldirektoren, Lehrern oder Funktionären der HJ in Bewegung gesetzt. Doch in vielen Fällen handelten sie auch spontan, angestachelt von ihren Freunden, Eltern und anderen Erwachsenen. Manchmal gingen die Jugendlichen genauso brutal vor wie die älteren SA-Männer.

Alan E. Steinweis, Kristallnacht 1938. Ein deutscher Pogrom, Stuttgart 2011, S. 87 (übers. von Karin Schuller)

▶ ***Geschichte In Clips***
Zu den Novemberpogromen siehe Clip-Code 4493-04

1. *Prüfe, ob das Pogrom eine sorgfältig im Voraus geplante Aktion oder eine spontane Massenerhebung der Bevölkerung war (M1 und M2).*
2. *Beschreibe das Foto (M3). Beachte das Verhalten der Erfurter.*
3. *Der Historiker Alan E. Steinweis hat die These aufgestellt, dass die Zerstörungskraft des Pogroms „in der Bereitschaft zehntausender Deutscher" lag, „ihren jüdischen Nachbarn Gewalt anzutun". Diskutiert diese Auffassung. Berücksichtigt dabei M4.*

Wirtschaftliche Erfolge?

Arbeit wird beschafft

„Binnen vier Jahren muss die Arbeitslosigkeit endgültig überwunden sein", versprach Hitler in seiner Regierungserklärung am 1. Februar 1933. In den folgenden Jahren konnte die NS-Regierung auf Maßnahmen zurückgreifen, die bereits frühere Regierungen eingeleitet hatten. Dazu zählte der Autobahnbau. Er beruhte auf älteren Plänen. Und schon 1932 war die erste Autobahn von Köln nach Bonn in Betrieb genommen worden. Auch das Beschäftigungsprogramm des *Reichsarbeitsdienstes* (RAD) setzte ab 1935 nur um, was während der Weimarer Republik erarbeitet worden war. Alle Männer ab 18 mussten ein halbes Jahr beim Straßenbau oder in der Landwirtschaft arbeiten oder wurden zu Hilfsdiensten für die Wehrmacht herangezogen. Auch für junge Frauen richteten die Nazis einen freiwilligen Arbeitsdienst ein. Zugleich betonten sie aber die Rolle der Frau im Haushalt und bei der Kindererziehung und verdrängten Frauen aus akademischen Berufen.

Ein „Wirtschaftswunder"?

Um 1938 gab es im Deutschen Reich offiziell keine Arbeitslosigkeit mehr – und Hitler galt für viele Menschen als „Retter aus schlimmster Not". Doch die Zahlen waren geschönt. Tatsächlich war der Tiefpunkt der Weltwirtschaftskrise bereits durchschritten, als Hitler 1933 die Regierung übernahm. Auch die Bereitschaft der Unternehmer war wieder gestiegen, im Inland zu investieren.

Im Gegensatz zu früheren Regierungen waren die Nationalsozialisten aber bereit, alle Arbeitsbeschaffungsmaßnahmen, Investitionsförderungen und Sozialleistungen ohne Rücksicht auf die immer größer werdende Verschuldung des Staates durchzusetzen. Außerdem: Die Erwerbstätigen mussten länger arbeiten und erhielten niedrigere Löhne als zuvor.

Gleichzeitig ließ die Regierung neues Geld drucken und vergrößerte so die Gefahr einer neuen Inflation. Als *Hjalmar Schacht*, der seit 1935 Reichswirtschaftsminister und Generalbevollmächtigter für die Kriegswirtschaft war, Hitler davor warnte, wurde er als Reichsbankpräsident entlassen. Trotzdem blieb Schacht bis 1943 Minister ohne Geschäftsbereich.

1 Reichsautobahnen.
Plakat (100 x 62 cm) von Robert Zinner für den deutschen Reiseverkehr, 1937.
Es zeigt die Saalebrücke bei Hirschberg (Thüringen). Zwischen 1933 und 1939 wurden rund 2100 Kilometer Autobahn fertig.

Aufrüstung

Die Maßnahmen zur Arbeitsbeschaffung und Wirtschaftsbelebung dienten von Anfang an der Aufrüstung. Inflation und Staatsschulden wurden in der Hoffnung auf Kriegsbeute und Gebietsgewinne in Kauf genommen. Ende 1934 begann die Umstellung der wirtschaftlichen Produktion auf die Bedürfnisse der „Wehrhaftmachung". Der Anteil der Rüstungsausgaben an den öffentlichen Ausgaben stieg stark an. Bis zum Frühjahr 1939 gab der NS-Staat etwa 60 Milliarden Reichsmark für die Rüstung aus. Zum Vergleich: Die Aufwendungen für die Arbeitsbeschaffungsmaßnahmen beliefen sich auf etwa sieben Milliarden Reichsmark.

Im August 1936 legte Hitler ein Programm zur Kriegsvorbereitung vor. Ziel war es, möglichst rasch eine hohe Selbstversorgung bei Rohstoffen und Industriegütern zu erreichen. Dazu sollte weniger eingeführt und mehr im Inland hergestellt werden. Benzin und Gummi sollten künstlich erzeugt werden.

Auch in der Landwirtschaft strebte die Regierung eine Unabhängigkeit von Importen an. Die Bauern wurden zu „Erzeugungsschlachten" aufgerufen. Trotz beeindruckender Erfolge ließen sich Versorgungsengpässe sowohl für rüstungswirtschaftliche Rohstoffe als auch für Lebensmittel nicht vermeiden.

M1 Ziele der Wirtschaftspolitik

Im August 1936 legt Hitler eine ausführliche Denkschrift zur Wiederaufrüstungs- und Wirtschaftspolitik vor. Sie enthält u.a. folgende Punkte:

I. Ähnlich der militärischen und politischen Aufrüstung bzw. Mobilmachung unseres Volkes hat auch eine wirtschaftliche zu erfolgen, und zwar im selben Tempo, mit der gleichen Entschlossenheit und wenn nötig auch mit der gleichen Rücksichtslosigkeit. [...]

II. Zu diesem Zwecke sind auf all den Gebieten, auf denen eine eigene Befriedigung durch deutsche Produktionen zu erreichen ist, Devisen einzusparen, um sie jenen Erfordernissen zuzulenken, die unter allen Umständen ihre Deckung nur durch Import erfahren können.

III. In diesem Sinne ist die deutsche Brennstofferzeugung nunmehr im schnellsten Tempo vorwärtszutreiben [...]. Diese Aufgabe ist mit derselben Entschlossenheit wie die Führung eines Krieges anzufassen und durchzuführen; denn von ihrer Lösung hängt die kommende Kriegführung ab [...].

IV. Es ist ebenso [...] die Massenfabrikation von synthetischem Gummi zu organisieren und sicherzustellen. [...]

V. [...] Es ist weiter notwendig, die deutsche Eisenproduktion auf das Außerordentlichste zu steigern. [...] Es ist weiter notwendig, ohne Rücksicht auf Kosten die deutsche sonstige Erzförderung zu steigern und insbesondere die Erzeugung von Leichtmetall auf das Äußerste zu erhöhen [...].

Ich stelle damit folgende Aufgabe:

I. Die deutsche Armee muss in 4 Jahren einsatzfähig sein.

II. Die deutsche Wirtschaft muss in 4 Jahren kriegsfähig sein.

Zit. nach: Fritz Blaich, Wirtschaft und Rüstung im „Dritten Reich", Düsseldorf 1987, S. 65ff.

M2 Die Ausgaben des Reiches in den Rechnungsjahren 1933/34 bis 1939/40

	Reichsausgaben insgesamt	*Zivilausgaben insgesamt*	*über den Reichshaushalt finanzierte Wehrmachts- und Rüstungsausgaben*
in Mrd. Reichsmark und in Prozent der gesamten Reichsausgaben			
1933/34	8,1 (100%)	6,2 (76,5%)	1,9 (23,4%)
1934/35	10,4 (100%)	8,5 (81,7%)	1,9 (18,3%)
1935/36	12,8 (100%)	8,8 (68,7%)	4,0 (31,2%)
1936/37	15,8 (100%)	10,0 (63,3%)	5,8 (36,7%)
1937/38	20,1 (100%)	11,9 (59,2%)	8,2 (40,8%)
1938/39	31,8 (100%)	13,4 (42,1%)	18,4 (57,9%)
1939/40	52,1 (100%)	19,8 (38,0%)	32,3 (62,0%)

Nach: Kurt G. A. Jeserich u.a. (Hrsg.), Deutsche Verwaltungsgeschichte, Bd. 4, Stuttgart 1985, S. 805

M3 „Wirtschaftswunder"?

Immer wieder wird in der historischen Literatur auf die wirtschaftspolitischen Leistungen des NS-Regimes in den ersten Jahren hingewiesen. Manche Autoren sprechen sogar von einem „Wirtschaftswunder". Der Wirtschaftshistoriker Christoph Buchheim schreibt dazu 2001:

[Es ist] verfehlt, unkritisch von einem „Wirtschaftswunder" in den dreißiger Jahren zu sprechen. Denn erstens erhöhte sich der Lebensstandard der breiten Bevölkerung nicht, vielmehr stagnierte er wohl bestenfalls – natürlich abgesehen von den Arbeitslosen, die wieder Beschäftigung gefunden hatten. Das ist aber höchst ungewöhnlich für Perioden rascher wirtschaftlicher Aufwärtsentwicklung.

Zum zweiten war die private Investitionstätigkeit trotz mit dem Boom einhergehender großer Gewinne gering, was ebenfalls unüblich und sehr erstaunlich ist. Und zum dritten waren die Produktivitätssteigerungen insgesamt nur relativ mäßig, der Unterschied zur Weltspitze, repräsentiert durch die USA, vergrößerte sich in der NS-Zeit noch.

Das Dritte Reich war also keinesfalls eine Periode normalen Wachstums, sondern es handelte sich um eine Zeit stark deformierten Wachstums ohne die typischen Folgen von wirtschaftlichem Fortschritt. Dass durch die staatlich veranlassten Investitionen während der NS-Zeit eine Voraussetzung für den wirtschaftlichen Erfolg der Nachkriegszeit gelegt worden ist [...], ist natürlich trotzdem richtig in dem Sinne, wie es richtig ist, dass die Entwicklung einer späteren Zeit immer auf der der vorangehenden Periode fußt. Das ist jedoch nicht mehr als eine Selbstverständlichkeit.

Interessant ist dagegen die Frage, was die Alternative zum deformierten NS-Wachstum gewesen wäre. Die Antwort auf diese [...] Fragestellung ist allerdings bis zu einem gewissen Grade spekulativ und deshalb nicht unumstößlich durch den Hinweis auf Fakten belegbar. Aber es spricht doch einiges dafür, dass auch ohne Hitler die Krise überwunden worden und es zu einer durchgreifenden wirtschaftlichen Erholung gekommen wäre.

Christoph Buchheim, Die Wirtschaftsentwicklung im Dritten Reich – mehr Desaster als Wunder. Eine Erwiderung auf Werner Abelshauser, in: Vierteljahrsheft für Zeitgeschichte, 49. Jg. (2001), S. 662f.

1. *Nenne die Ziele der NS-Wirtschaftspolitik und erläutere die Bedeutung der einzelnen Produktionszweige (M1).*
2. *Analysiert die Ausgabenentwicklung (M2).*
3. *Der Historiker Hans-Ulrich Wehler stellte 2003 fest, dass Hochkonjunktur und Vollbeschäftigung mit enormen Kosten erkauft wurden. Erläutere die Aussage mit M2 und M3.*

Der Weg in den Krieg

1 Hitler als Friedensengel.
Karikatur aus einer niederländischen Zeitung vom Dezember 1933.

Hitlers doppeldeutige Außenpolitik
In seinem Buch *Mein Kampf* hatte Hitler folgende außenpolitische Ziele genannt:
- Änderung (Revision) des Versailler Vertrages,
- Zusammenschluss aller Deutschen zu einem „Großdeutschland“ und
- Eroberung neuen „Lebensraumes“ im Osten.

Seine Vorstellungen trug Hitler den Generälen der Reichswehr gleich nach der „Machtübergabe“ vor. In der Öffentlichkeit betonte er dagegen seinen Friedenswillen, denn er wusste, das die Bevölkerung keinen neuen Krieg wollte. Im März 1933 schloss er sogar mit England, Frankreich und Italien einen Vertrag, der den Frieden in Europa für Jahre sichern sollte. Die NS-Propaganda verbreitete seine friedlichen Absichten, wo immer sie konnte.

Aus dem Völkerbund
Im Oktober 1933 kündigte Hitler die Mitgliedschaft des Deutschen Reiches im Völkerbund, da Frankreich sich gegen die geforderte militärische Gleichberechtigung Deutschlands gestellt hatte. Das „Dritte Reich“ zog sich damit gezielt aus der internationalen Gemeinschaft zurück. Innenpolitisch ließ Hitler sich diesen Schritt durch eine Volksabstimmung bestätigen. Sie erbrachte 93 Prozent Ja-Stimmen.

Die „Heimkehr“ des Saarlandes
Am 13. Januar 1935 fand die im Versailler Vertrag vorgesehene Volksabstimmung über die Zukunft des Saargebietes statt. 91 Prozent der Saarländer stimmten für die „Heimkehr“ ins Deutsche Reich. Da die Abstimmung rechtmäßig war, erkannten die französische Regierung und der Völkerbund das Ergebnis an. Das hinderte die nationalsozialistische Propaganda nicht, dies als Sieg gegen die Ordnung von 1918 zu feiern.

Der Versailler Vertrag wird ausgehöhlt
Ermutigt von der öffentlichen Stimmung wagte das NS-Regime bald darauf die offene Verletzung des Versailler Vertrages: Am 16. März 1935 wurde die Wiedereinführung der Wehrpflicht und eine künftige Friedensstärke der Wehrmacht von 550 000 Mann verkündet. Damit hob die Reichsregierung die wichtigste militärische Bestimmung von 1919 auf: die Begrenzung der deutschen Armee auf 100 000 Mann.
Zwar kündigten Frankreich, Großbritannien und Italien im April 1935 an, sich „mit allen geeigneten Mitteln jeder einseitigen Aufkündigung von Verträgen zu widersetzen“. Doch eine gemeinsame Haltung gegen das NS-Regime kam nicht zustande. Bereits drei Monate danach schloss Großbritannien mit dem Deutschen Reich ein Flottenabkommen ab. Es trug zu einer weiteren Auflösung der Versailler Friedensordnung bei.

2 Hauptstraße einer westdeutschen Kleinstadt.
Foto, um 1935.

1. Nenne *Gründe für Hitlers doppeldeutige Politik.*
2. Analysiere *die Karikatur (Abb. 1). Beziehe Abb. 2 in deine Überlegungen ein. Tipp: Zur Analyse von Karikaturen siehe den Lerntipp auf Seite 209.*

Einmarsch ins Rheinland

1936 überfiel der italienische Diktator Mussolini das afrikanische Kaiserreich Abessinien (Äthiopien). Der Völkerbund verbot daraufhin Waffenlieferungen nach Italien und verhängte Kredit- und Rohstoffsperren. Diese internationale Krise nutzte das NS-Regime, um eine weitere Bestimmung des Versailler Vertrages zu kündigen. Am 7. März 1936 ließ es rund 30 000 Soldaten der Wehrmacht in das entmilitarisierte Rheinland einmarschieren. Frankreich und Großbritannien waren bestürzt, wollten aber keinen Krieg. Dabei wäre das zu diesem Zeitpunkt noch nicht vollständig aufgerüstete Deutsche Reich keinem Gegenschlag gewachsen gewesen.

Der Spanische Bürgerkrieg

Im Juli 1936 putschte General *Francisco Franco* gegen eine demokratisch gewählte Links-Regierung in Spanien. Es folgte ein Krieg, in dessen Verlauf deutsche und italienische Flugzeuge am 26. April 1937 den kleinen Ort Guernica grausam mit Spreng-, Splitter- und Brandbomben zerstörten. Die Kämpfe dauerten bis 1939 an. Während die Sowjetunion der unterdrückten Regierung mit Waffen und Geld beistand und eine internationale Truppe aus Freiwilligen für den Erhalt der Republik kämpfte, unterstützten die deutsche und italienische Regierung Franco. Ohne deren Hilfe hätte er seine Diktatur, die bis 1975 dauerte, nicht errichten können.

Abwehr des Bolschewismus

Die deutsch-italienische Zusammenarbeit im Spanischen Bürgerkrieg diente dem Ziel, den Bolschewismus zu bekämpfen. In dem Zusammenhang schlossen Hitler und Mussolini im Oktober 1936 einen Freundschaftsvertrag. Noch im selben Jahr vereinbarte das Deutsche Reich auch mit Japan ein Bündnis gegen die „kommunistische Zersetzung". Diesem *Antikomintern-Pakt* trat dann auch Italien bei.

Von der Revision zur Expansion

Der NS-Führung war inzwischen deutlich geworden, dass die massive Aufrüstung wirtschaftlich nur durch eine Expansion zu bewältigen war. In einer Geheimrede erläuterte Hitler im November 1937 vor den Generälen der Wehrmacht und dem Reichsaußenminister *Konstantin von Neurath* seine Lösung der „deutschen Raumfrage": Österreich sollte ins „Reich" einverleibt und ein Teil der Tschechoslowakei unterworfen werden.

Hitlers Ziele fanden weitgehend Zustimmung. Einige Generäle hielten allerdings die Rüstung noch für unzureichend. Der Außenminister wies auf die Gefahr des Eingreifens Frankreichs und Großbritanniens hin. Doch Hitler hielt die Westmächte für schwach.

Der „Anschluss" Österreichs

1919 hatten die Siegermächte den von der österreichischen Nationalversammlung beschlossenen „Anschluss" an das Deutsche Reich verboten. Österreichische Nationalisten forderten deshalb immer wieder die Vereinigung beider Staaten. Doch Bundeskanzler *Engelbert Dollfuß* wollte Österreichs Selbstständigkeit erhalten. Nach einem Regierungswechsel drohte Hitler im Februar 1938 dem neuen Kanzler *Kurt von Schuschnigg* mit dem Einmarsch, wenn nicht Nationalsozialisten an der neuen Regierung beteiligt würden. Schuschnigg gab zunächst nach, versuchte dann aber, einen „Anschluss" zu verhindern. Für den 13. März 1938 ordnete er eine Volksabstimmung mit der Frage an: „Sind Sie für ein freies und deutsches, unabhängiges und soziales, für ein christliches und einiges Österreich – Ja oder Nein?"

Hitler forderte daraufhin Schuschniggs Ablösung und mobilisierte die Wehrmacht. Obwohl die Regierung in Wien nachgab, marschierten am 12. März 1938 deutsche Soldaten in Österreich ein. Am 15. März verkündete Hitler in Wien „den Eintritt meiner Heimat in das Deutsche Reich". Am 10. April ließ er sich den „Anschluss" vom Volk bestätigen. Aus Österreich wurde die *Ostmark*. Die NS-Propaganda sprach nun vom *Großdeutschen Reich*. Das Ausland verurteilte das deutsche Vorgehen, erkannte das Ergebnis jedoch letztlich stillschweigend an.

Die Sudetenkrise

Mit dem „Anschluss" Österreichs hatte Hitler einen neuen Abschnitt seiner Außenpolitik eingeleitet: die Erweiterung der Herrschaft nach Osten. Das nächste Opfer wurde die nach der Auflösung Österreich-Ungarns 1919 entstandene Tschechoslowakei. In dem demokratisch regierten Staat lebten sechs Millionen Tschechen, drei Millionen Slowaken, drei Millionen Sudetendeutsche und kleinere Volksgruppen wie Ungarn, Ukrainer und Polen. Die von vielen als ungerecht empfundene Minderheitenpolitik der Tschechen, der Wunsch nach Autonomie und wirtschaftliche Probleme sorgten für Konflikte.

Sprachrohr der deutschen Forderungen wurde die von der NS-Regierung bezahlte *Sudetendeutsche Partei*. Ihre Führung strebte den Zerfall der Tschechoslowakei an. Im Mai 1938 setzte sie die Prager Regierung mit überzogenen Ansprüchen unter Druck. Diese sah den Gesamtstaat gefährdet und ordnete eine Teilmobilmachung an. Frankreich und die Sowjetunion sicherten ihr im Falle eines deutschen Angriffes Hilfe zu.

Die Konferenz von München
Auf dem Höhepunkt der Sudetenkrise flog der britische Regierungschef *Neville Chamberlain* im September 1938 nach München, um Hitler von einem Einmarsch in die Tschechoslowakei abzubringen. Er hatte zwar einerseits Verständnis für die Interessen der Sudetendeutschen und den Wunsch nach einer weiteren Revision des Versailler Vertrages, andererseits aber machte er Hitler deutlich, dass seine *Appeasement-Politik* (dt. Beschwichtigungspolitik) dort ihre Grenzen finde, wo die bestehende europäische Ordnung weiter gefährdet werde. Notfalls sei sein Land auch zum Krieg gegen Deutschland bereit.
Die *Münchener Konferenz* vom 29./30. September 1938 wendete einen Krieg noch einmal ab. Ohne die tschechische Regierung und die mit ihr verbündete Sowjetunion anzuhören, einigten sich der britische, französische und italienische Regierungschef mit Hitler auf eine Abtretung des Sudetengebietes an das Deutsche Reich. Für den Rest des tschechoslowakischen Staates gaben Großbritannien und Frankreich Bestandserklärungen ab. Chamberlain vertraute Hitler, der erklärt hatte: „Wir wollen keine Tschechen im Reich. Dies ist die letzte territoriale Forderung, die ich in Europa habe." Er sollte sich täuschen.

Die Wehrmacht in Prag
Das „Münchener Abkommen" hatte keinen Bestand. Hitler war von Anfang an entschlossen, auch die „Resttschechei" zu zerschlagen. Am 15. März 1939 marschierten deutsche Truppen in Prag ein und stellten Böhmen und Mähren unter ihre „Schutzherrschaft". Damit hatte das NS-Regime nicht nur einen unabhängigen Staat unterworfen, sondern zugleich ein wirtschaftlich und militärisch wichtiges Aufmarschgelände für die Ausdehnung nach Osten gewonnen. Der slowakische Teil der Tschechoslowakei blieb als kaum lebensfähiger Rumpfstaat erhalten.

Kriegsvorbereitung gegen Polen
Dieser Wortbruch Hitlers beendete die Appeasement-Politik. Am 17. März 1939 überraschte Chamberlain die Welt mit dem Bekenntnis: „Jeder Versuch, die Welt durch Gewalt zu beherrschen, ist einer, dem die Demokratien entgegentreten müssen." Damit stärkte er Polen, das als nächstes Land deutsche Ansprüche fürchten musste, da Hitler die Rückgabe Danzigs und einen Gebietsstreifen für eine Auto- und Eisenbahn nach Ostpreußen forderte.
London und Paris reagierten Ende März mit einer Garantie für die Unabhängigkeit Polens. Als Warschau Verhandlungen mit dem Deutschen Reich ablehnte, kündigte Hitler den vor fünf Jahren abgeschlossen Nichtangriffspakt mit Polen und das deutsch-britische Flottenabkommen von 1935. Am 22. August 1939 nannte Hitler der Wehrmacht sein Ziel: die Eroberung Polens.

3 Der deutsch-sowjetische Nichtangriffsvertrag ist unterschrieben.
Foto vom 23. August 1939.
Außenminister Joachim von Ribbentrop (links), Wjatscheslaw Molotow (rechts), in der Mitte Stalin.

Ein Pakt mit Stalin
Großbritannien und Frankreich hatten die Sowjetunion nicht zur Münchener Konferenz eingeladen. Diese Ausgrenzung leitete in Moskau eine neue Außenpolitik ein. Am 23. August 1939 gelang dem Deutschen Reich, was Großbritannien und Frankreich nicht erreicht hatten: ein Bündnis mit der Sowjetunion. Die Nationalsozialisten, die bisher keine Gelegenheit ausgelassen hatten, Stalin und den Bolschewismus zu bekämpfen, einigten sich zur Verwunderung der ganzen Welt mit der Sowjetunion auf einen Nichtangriffspakt. Die wichtigsten Abmachungen dieses *Hitler-Stalin-Paktes* standen in einem geheimen Zusatzprotokoll: Gemeinsam wollten sie Ost- und Südosteuropa nach ihren Vorstellungen umgestalten.
Noch am Tag der Vertragsunterzeichnung legte Hitler den Angriffstermin auf Polen fest. Drei Tage später machte er Großbritannien noch ein „großzügiges" Angebot zur Zusammenarbeit für die Zeit nach einer Auseinandersetzung mit Polen. Aber Großbritannien lehnte ab und schloss stattdessen ein Bündnis mit Polen.
Der Angriff auf Polen wurde verschoben, als Mussolini erklärte, dass Italien kriegsunfähig sei. Hitler signalisierte daraufhin Frankreich den Verzicht auf Elsass-Lothringen und bot Großbritannien erneut einen Freundschaftsvertrag an, wenn es ihm freie Hand in Polen gewähren würde. Doch die britische Regierung ging darauf nicht ein. Sie verlangte konkrete Verhandlungen zwischen dem Deutschen Reich und Polen. Diese ließ Hitler aber scheitern. Stattdessen befahl er den Angriff auf Polen zum 31. August 1939.

- *Halte den „Weg in den Krieg" für dein Portfolio in einer Zeitleiste fest.*

M3 Die Erweiterung des deutschen Machtbereiches bis März 1939.

▶ ***Internettipp:***
Den vollständigen Text der Hoßbach-Niederschrift (M 1) findest du unter www.ns-archiv.de/krieg/1937/hossbach

M1 Ein „Problem des Raumes"?

Über eine geheime Besprechung Hitlers mit den militärischen und politischen Führern am 5. November 1937 berichtet Oberst Friedrich Hoßbach:

Das Ziel der deutschen Politik sei die Sicherung und die Erhaltung der Volksmasse und deren Vermehrung. Somit handele es sich um das Problem des Raumes. [...]

Wenn die Sicherheit unserer Ernährungslage im Vordergrund stände, so könne der hierfür nötige Raum nur in Europa gesucht werden, nicht aber [...] in der Ausbeutung von Kolonien. [...]

Zur Lösung der deutschen Frage könne es nur den Weg der Gewalt geben [...].

An sich glaube der Führer, dass mit hoher Wahrscheinlichkeit England, voraussichtlich aber auch Frankreich die Tschechei bereits im Stillen abgeschrieben und sich damit abgefunden hätten, dass diese Frage eines Tages durch Deutschland bereinigt würde.

Zit. nach: Wolfgang Michalka (Hrsg.), Deutsche Geschichte 1933 - 1945. Dokumente zur Innen- und Außenpolitik, Frankfurt a. M. [10]1999, S. 140ff.

M2 „Gegen Russland"

Hitler erläutert seine Ziele am 11. August 1939 Carl Jakob Burckhardt, dem Schweizer Völkerbundkommissar für Danzig:

Alles, was ich unternehme, ist gegen Russland gerichtet; wenn der Westen zu dumm und zu blind ist, um dies zu begreifen, werde ich gezwungen sein, mich mit den Russen zu verständigen, den Westen zu schlagen, und dann nach seiner Niederlage mich mit meinen versammelten Kräften gegen die Sowjetunion zu wenden. Ich brauche die Ukraine, damit man uns nicht wieder wie im letzten Krieg aushungern kann.

Zit. nach: Wolfgang Michalka (Hrsg.), Deutsche Geschichte 1933 - 1945, a. a. O., S. 166

M4 Was Deutschland und die Sowjetunion vereinbarten

Im geheimen Zusatzprotokoll des deutsch-sowjetischen Nichtangriffsvertrages vom 23. August 1939 steht unter anderem:

1. Für den Fall einer territorial-politischen Umgestaltung in den zu den baltischen Staaten (Finnland, Estland, Lettland, Litauen) gehörenden Gebieten bildet die nördliche Grenze Litauens zugleich die Grenze der Interessensphäre Deutschlands und der UdSSR. [...]

2. Für den Fall einer [...] Umgestaltung der zum polnischen Staate gehörenden Gebiete werden die Interessensphären Deutschlands und der UdSSR ungefähr durch die Linie der Flüsse Narew, Weichsel und San abgegrenzt. [...]

3. Hinsichtlich des Südostens Europas wird von sowjetischer Seite das Interesse an Bessarabien betont. Von deutscher Seite wird das völlige politische Desinteresse an diesen Gebieten erklärt.

Zit. nach: Wolfgang Michalka (Hrsg.), Deutsche Geschichte 1933 - 1945, a. a. O., S. 171

1. *Erläutere, welche Folgerungen die führenden Militärs aus Hitlers Reden ziehen mussten (M 1 und M 2).*
2. *Verzeichne auf einer Zeitleiste für dein Portfolio die Erweiterung des deutschen Machtbereiches bis März 1939 (M 3).*
3. *Nenne Gründe für die Geheimhaltung des Zusatzprotokolls in beiden Staaten (M 4).*
4. *Der Staatssekretär im Auswärtigen Amt, Ernst von Weizsäcker, sagte einen Tag vor dem deutschen Angriff auf Polen zu Walter von Brauchitsch, dem Oberbefehlshaber des Heeres: „Die Verantwortung vor der Geschichte, in diesen Krieg [...] hineinzugehen, liege nunmehr beim Militär, d. h. bei ihm, Brauchitsch." Diskutiert diese Aussage. War nur das Militär verantwortlich?*

Fremdsprachige Quellen bearbeiten

Die Arbeit mit fremdsprachigen Quellen bietet die Chance, Themen der internationalen Geschichte noch glaubwürdiger (authentischer) und realitätsnäher zu untersuchen. Diese Quellen werden grundsätzlich mit denselben Fragen und Arbeitsschritten bearbeitet wie deutschsprachige. Folgendes Vorgehen hat sich bewährt:

1. Lies den Text zunächst einmal komplett, um den Sinn grob zu erfassen.
2. Gehe den Text ein zweites Mal durch, schlage unbekannte Vokabeln nach und informiere dich über Begriffe, die für das Verständnis wichtig sind.
3. Nun kannst du die Quelle so interpretieren, wie du es gewohnt bist.

M 1 **Chamberlain at Heston Airport, London.**
Press photo, September 30, 1938.

▶ ***Reading list:***
- *Graham Macklin, Chamberlain, London 2006*
- *Chris Wrigley, Churchill, London 2006*

M 2 **"London's welcome"**

„The Manchester Guardian" schreibt nach der Rückkehr des Premierministers Neville Chamberlain aus München am 1. Oktober 1938:

London gave a tumultuous welcome to the Premier. From Heston, where his car was besieged* by huge crowds, Mr. Chamberlain went direct to Buckingham Palace, and he appeared on the balcony with Mrs. Chamberlain and the King and Queen, remaining** there for several minutes. There were dense*** crowds all the way from the Palace to Whitehall, and when the Premier returned to Downing Street the great crowd swept**** the police aside and continued cheering until Mr. Chamberlain had spoken from a window. "My good friends", he said, "this is the second time in our history that there has come back from Germany 'peace with honour'."
"I believe it is peace for our time."

Manchester Guardian, 1. Oktober 1938, S. 12

***to besiege**: *belagern;* ****to remain**: *verbleiben, verharren;* *****dense**: *dicht;*
*******to sweep aside**: *beiseite drücken*

Heston: siehe M1
Buckingham Palace: Sitz der britischen Könige
Whitehall: Regierungsviertel – Downing Street Nr. 10: Amts- und Wohnsitz des Premierministers – ... this is the second ...: Anspielung auf eine Rede des Diplomaten Lord Beaconfield nach seiner Rückkehr vom Berliner Kongress 1878

M 3 **"Czechoslovakia recedes into the darkness ..."**

Sir Winston Churchill urteilt am 5. Oktober 1938 im britischen Unterhaus über das Münchener Abkommen:

I will, therefore, begin by saying the most unpopular and most unwelcome thing. I will begin by saying what everybody would like to ignore or forget, but which must nevertheless be stated, namely, that we have sustained a total and unmitigated defeat [...].
All is over. Silent, mournful, abandoned, broken, Czechoslovakia recedes into the darkness. [...]
I venture to think that in future the Czechoslovak State cannot be maintained as an independent entity. You will find that in a period of time which may be measured by years, but may be measured only by months, Czechoslovakia will be engulfed in the Nazi regime. Perhaps they may join it in despair or in revenge. At any rate, that story is over and told.

www.mtholyoke.edu/acad/intrel/munich.htm (Zugriff: 3. Juli 2008)

▶ ***Internettipp:***
More speeches to this subject: www.churchill-society-london.org.uk/Munich.html

1. *Describe the reaction of the people to the events around the Munich conference (M 1 and M 2). Interpret the sentence: "I believe it is peace for our time."*

2. *Look at the sources M 2 and M 3. Chamberlain and Churchill have different points of view on the results of the Munich conference. Compare their perspectives.*

Der Krieg in Europa

1 Einmarsch deutscher Truppen in Polen.
Propagandafoto vom 4. September 1939.
Im vorderen Fahrzeug wird ein polnisches Grenzschild mitgeführt.

Polen wird zerschlagen
Das Deutsche Reich begann den Krieg gegen Polen mit einer Täuschung – nicht mit einer Kriegserklärung. Am 31. August 1939 inszenierte die SS einen polnischen Angriff auf die deutsche Rundfunkstation Gleiwitz in Oberschlesien. Er lieferte die propagandistische „Rechtfertigung" für den Einmarsch der Wehrmacht in Polen am 1. September 1939. Zwei Tage später erklärten Großbritannien und Frankreich, die Bündnispartner Polens, dem Deutschen Reich den Krieg, weil es der Aufforderung nicht nachkam, sich aus Polen zurückzuziehen. Sie verzichteten aber auf einen Angriff auf die deutsche Westgrenze, der Polen entlastet hätte.
Die Wehrmacht rückte in Polen mit 1,5 Millionen Soldaten ein. Das Heer wurde von der Luftwaffe unterstützt. Ein Krieg begann, in dessen Verlauf die deutschen Soldaten internationale Regeln der Kriegsführung missachteten. Sofort nach dem Einmarsch ermordeten SS-Einsatzgruppen massenhaft polnische Lehrer, Offiziere, Gutsbesitzer und Ärzte, um die polnische Führungsschicht sowie Juden zu vernichten.
Die staatliche „Vernichtung Polens" (Hitler) wurde besiegelt, als am 17. September die Rote Armee von Osten eindrang. Ende September war das Land – wie im Zusatzprotokoll des „Hitler-Stalin-Paktes" vereinbart – zwischen Deutschland und der Sowjetunion aufgeteilt. Moskau hatte Ostpolen übernommen. Danzig, Westpreußen, Pommern und Schlesien wurden ins deutsche Staatsgebiet eingegliedert und das restliche Gebiet zum „Generalgouvernement" erklärt, um es wie eine Kolonie auszubeuten.

Krieg gegen Westeuropa
Im Frühjahr 1940 eroberten und besetzten die deutschen Armeen weite Teile Nord- und Westeuropas: Bis zum 22. Juni 1940 kapitulierten Dänemark, Norwegen, die Niederlande, Belgien und Frankreich. Der Süden Frankreichs blieb unbesetzt, da dessen Regierung in Vichy mit Hitler zusammenarbeitete. Nach diesen schnellen Kriegserfolgen wurde Hitler in der NS-Propaganda als „größter Feldherr aller Zeiten" gefeiert. Selbst bei Nazigegnern fanden seine militärischen Erfolge Anerkennung.
Einen ersten Rückschlag bedeutete die gescheiterte Invasion Großbritanniens Ende 1940. Mit den Bomben auf Coventry, London und zahlreiche Küstenstädte löste Hitler schwere Vergeltungsschläge der Briten aus: Die Royal Air Force flog ihren ersten Großangriff auf Hamburg. Der Widerstandswille der Briten wuchs unter ihrem konservativen Premierminister *Winston S. Churchill*, der Chamberlain abgelöst hatte.

2 Die Kathedrale von Coventry.
Foto vom Dezember 1940.

Gegen die Sowjetunion

Seit Sommer 1940 hatte Hitler Pläne für den Angriff gegen die Sowjetunion ausarbeiten lassen, um mehr „Lebensraum" zu erobern. Am 22. Juni 1941 begann der Angriff unter dem Tarnnamen *Barbarossa*: Rund drei Millionen Soldaten, fast 3600 Panzer und 2000 Flugzeuge griffen die Sowjetunion ohne Kriegserklärung an. Unterstützt wurde die deutsche Offensive von verbündeten finnischen, slowakischen, ungarischen, rumänischen und italienischen Truppen.

Der Völkermord beginnt

Dem Angriff auf die Sowjetunion folgte ein Rasse- und Vernichtungskrieg, der die slawische und jüdische Bevölkerung zum Opfer fiel. Wurden zunächst nur jüdische Männer, einzelne Sinti und Roma sowie Kommunisten und Kommissare (Politoffiziere der Roten Armee) ermordet, nahmen die Mordaktionen zu, als der schnelle Kriegserfolg gegen die UdSSR ausblieb. Ein Völkermord (*Genozid*) begann: die gezielte Auslöschung von Männern, Frauen und Kindern. SS- und Polizeieinheiten, aber auch die Wehrmacht beteiligten sich daran. Bis März 1942 waren in den besetzten sowjetischen Gebieten bereits 600 000 Juden durch Massenerschießungen ermordet worden. Weitere Massaker folgten. Bis zum Frühjahr 1942 starben darüber hinaus rund 1,8 Millionen sowjetische Kriegsgefangene. Sie waren entweder erschossen worden oder in Kriegsgefangenenlagern vor Erschöpfung und Hunger gestorben.

Leningrad soll ausgehungert werden

Die deutschen Besatzer ließen in den besetzten Gebieten Millionen Menschen einfach verhungern. Eine Form des *Hungerkrieges* war die Blockade Leningrads (heute St. Petersburg). Ab September 1941 wurde die Stadt 900 Tage lang beschossen und bombardiert, aber absichtlich nicht eingenommen. Die Einwohner, darunter 400 000 Kinder, litten unter Hunger, Kälte und Seuchen.

Als die Rote Armee Leningrad im Januar 1944 befreite, waren mehr als 660 000 Menschen gestorben. Andere schätzen die Zahl der Opfer der Blockade auf eine Million.

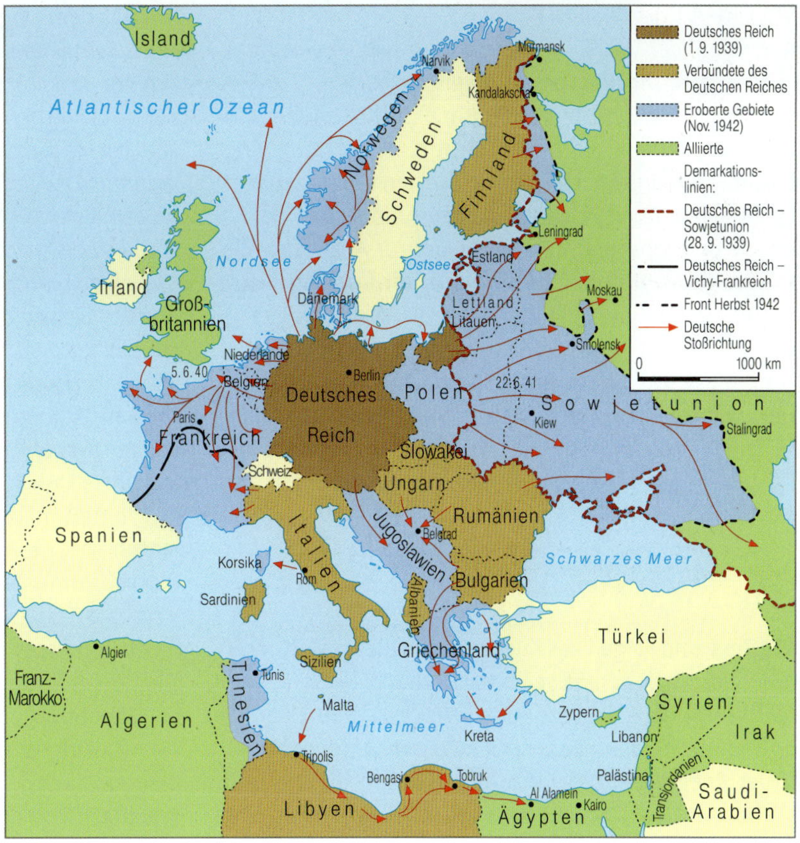

3 Europa zum Zeitpunkt der größten Ausdehnung des deutschen Machtbereiches.

Grenzen des Eroberungskrieges

Die Sowjetunion sollte innerhalb weniger Wochen besiegt werden. Aber Nachschubprobleme, die Weite des Landes und die schlechte Vorbereitung der Wehrmacht stoppten den deutschen Vormarsch bald. Im Dezember 1941 konnte die gut organisierte Rote Armee eine erste Gegenoffensive einleiten. Sie zwang die Deutschen erstmals zum Rückzug und trug zugleich dazu bei, dass die Besatzer immer grausamer wurden.

Die Wehrmacht war der Roten Armee auf Dauer nicht gewachsen. Das zeigte sich spätestens in Stalingrad (heute Wolgograd). Ab August 1942 hatten deutsche Truppen die Industriestadt belagert, um die Bevölkerung auszuhungern. Im Winter war es aber der Roten Armee gelungen, die deutschen Linien zu durchbrechen und 200 000 Soldaten einzuschließen. Da Hitler jeden Ausbruchsversuch verboten hatte und nur 25 000 Mann ausgeflogen werden konnten, verhungerten viele Soldaten. Anfang Februar 1943 kapitulierte die 6. Armee. 100 000 Soldaten gerieten in Gefangenschaft, davon kehrten nur etwa 6000 wieder heim, die letzten in den 1950er-Jahren.

▶ ***CD-ROM-Tipp:***

Feldpostbriefe aus Stalingrad, Köln: Deutschland Radio 2002

M1 Hitlers Kriegsziele in Polen

Auszug aus der Mitschrift einer Ansprache Hitlers vor Wehrmachtsbefehlshabern vom 22. August 1939:

Vernichtung Polens im Vordergrund. Ziel ist die Beseitigung aller lebendigen Kräfte, nicht die Erreichung einer bestimmten Linie. Auch wenn im Westen Krieg ausbricht, bleibt Vernichtung Polens im Vordergrund. [...] Ich werde propagandistischen Anlass zur Auslösung des Krieges geben, gleichgültig, ob glaubhaft. Der Sieger wird später nicht danach gefragt, ob er die Wahrheit gesagt hat oder nicht. Bei Beginn und Führung des Krieges kommt es nicht auf das Recht an, sondern auf den Sieg. Herz verschließen gegen Mitleid. Brutales Vorgehen. 80 Millionen Menschen müssen ihr Recht bekommen. Ihre Existenz muss gesichert werden. Der Stärkere hat das Recht.

Der Prozess gegen die Hauptkriegsverbrecher vor dem Internationalen Militärgerichtshof Nürnberg, Bd. XXVI, Nürnberg 1948, S. 523

M2 Ziele und Folgen des Krieges gegen die Sowjetunion

Am 2. Mai 1941 besprechen Staatssekretäre verschiedener Ministerien die Ziele und Folgen des geplanten Überfalls auf die Sowjetunion. Dazu heißt es in einer Aktennotiz:

1. Der Krieg ist nur weiterzuführen, wenn die gesamte Wehrmacht im 3. Kriegsjahr [1941] aus Russland ernährt wird.
2. Hierbei werden zweifellos zig Millionen Menschen verhungern, wenn von uns das für uns Notwendige aus dem Lande herausgeholt wird.

Zit. nach: Gerd Ueberschär/Wolfram Wette (Hrsg.), Der deutsche Überfall auf die Sowjetunion „Unternehmen Barbarossa" 1941, Frankfurt a. M. 1991, S. 323

M3 Der „Kommissarbefehl"

Der Chef des Oberkommandos der Wehrmacht gibt am 6. Juni 1941 folgende Richtlinien bekannt:

Im Kampf gegen den Bolschewismus ist mit einem Verhalten des Feindes nach den Grundsätzen der Menschlichkeit oder des Völkerrechts nicht zu rechnen. Insbesondere ist von den politischen Kommissaren aller Art als den eigentlichen Trägern des Widerstandes eine hasserfüllte, grausame und unmenschliche Behandlung unserer Gefangenen zu erwarten. Die Truppe muss sich bewusst sein:

1. In diesem Kampf ist Schonung und völkerrechtliche Rücksichtnahme diesen Elementen gegenüber falsch. Sie sind eine Gefahr für die eigene Sicherheit und die schnelle Befriedung der eroberten Gebiete.
2. [...] Sie [die politischen Kommissare] sind daher, wenn im Kampf oder Widerstand ergriffen, grundsätzlich sofort mit der Waffe zu erledigen.

Zit. nach: www.dhm.de/lemo/html/dokumente/kommissarbefehl (Zugriff: 12. August 2013)

M4 Aus dem „Jäger-Bericht"

Nach dem Einmarsch der Wehrmacht in die Sowjetunion beginnt die massenhafte Erschießung von Juden mit Maschinengewehren. Getötet werden auch Roma, Geisteskranke und Kommunisten. In Litauen zeichnet dafür der Kommandeur des Einsatzkommandos 3 [EK. 3] der Einsatzgruppe A, der SS-Offizier Karl Jäger, verantwortlich. Er liefert dem Reichssicherheitshauptamt in Berlin am 1. Dezember 1941 eine genaue Aufstellung der vom 4. Juli bis zum 25. November getöteten 137346 Männer, Frauen und Kinder und schreibt dazu:

Ich kann heute feststellen, dass das Ziel, das Judenproblem für Litauen zu lösen, vom EK. 3 erreicht worden ist. In Litauen gibt es keine Juden mehr, außer den Arbeitsjuden incl. ihrer Familien. [...] Diese [etwa 34500] Arbeitsjuden incl. ihrer Familien wollte ich ebenfalls umlegen, was mir jedoch scharfe Kampfansage der Zivilverwaltung (dem Reichskommissar) und der Wehrmacht eintrug und das Verbot auslöste: Diese Juden und ihre Familien dürfen nicht erschossen werden! [...]

Die Durchführung solcher Aktionen ist in erster Linie eine Organisationsfrage. Der Entschluss, jeden Kreis systematisch judenfrei zu machen, erforderte eine gründliche Vorbereitung jeder einzelnen Aktion und Erkundung der herrschenden Verhältnisse in dem betreffenden Kreis. Die Juden mussten an einen Ort oder an mehreren Orten gesammelt werden. Anhand der Anzahl musste der Platz für die erforderlichen Gruben ausgesucht und ausgehoben werden. [...] Sämtliche Führer und Männer meines Kommandos [...] haben an den Großaktionen in Kauen* teilgenommen. [...]

Die noch vorhandenen Arbeitsjuden und Jüdinnen werden dringend gebraucht [...]. Ich bin der Ansicht, dass sofort mit der Sterilisation der männlichen Arbeitsjuden begonnen wird, um eine Fortpflanzung zu verhindern. Wird trotzdem eine Jüdin schwanger, so ist sie zu liquidieren.

Zit. nach: www.holocaust-history.org/works/jaegerreport/htm/img009.htm (Zugriff: 12. August 2013)

*Kauen: *deutsche Bezeichnung für Kaunas, die Hauptstadt Litauens*

▶ ***Lesetipp:***
Uri Orlev, Lauf Junge, lauf. Roman, Weinheim [9]2013

1. *Arbeite aus M1, M2 und M3 heraus, welches Feindbild und welches Verständnis von Krieg darin deutlich werden.*
2. *Erläutere den Zusammenhang zwischen der deutschen Kriegsführung und der NS-Rassenideologie (M4).*
3. *Recherchiert, welche völkerrechtlichen Bestimmungen zur damaligen Zeit im Krieg galten. Beurteilt die deutsche Kriegsführung vor diesem Hintergrund.*

Der globale Krieg

Die US-Regierung zögert

Die Regierung der USA war grundsätzlich gegen eine direkte Einmischung in die europäische Politik. Ihre Einstellung änderte sich allmählich, denn eine Niederlage Großbritanniens hätte auch die Vereinigten Staaten bedroht. Die nationalsozialistische Weltanschauung widersprach den Vorstellungen der USA von Selbstbestimmung, Freiheit und einem offenen Weltmarkt. Darüber hinaus hätte ein Europa unter deutscher Vorherrschaft die Rolle der USA als Weltmacht bedrohen können.

US-Präsident *Franklin D. Roosevelt*, der 1940 für eine dritte Amtszeit kandidierte, hatte im Wahlkampf versprochen, die USA nicht in „irgendeinen fremden Krieg" zu führen. Nach seiner Wahl setzte er aber doch eine Mobilmachung der Wirtschaft durch und forderte am 6. Januar 1941 im Kongress die weltweite Anerkennung von Rede- und Meinungsfreiheit, Religionsfreiheit, Freiheit von Not und Hunger sowie die Freiheit von Angst und Bedrohung („*Vier Freiheiten*"). Im März 1941 setzte er das sogenannte *Leih- und Pachtgesetz* durch, um vor allem Großbritannien mit Kriegsmaterial zu unterstützen.

Die „Anti-Hitler-Koalition" entsteht

Der deutsche Angriff auf die Sowjetunion trug zur Annäherung zwischen Großbritannien und der Sowjetunion bei. Trotz verschiedener Gesellschaftssysteme vereinbarten am 12. Juli 1941 beide Staaten ein Abkommen über gegenseitige Hilfe.

Anfang August 1941 trafen sich der britische Premierminister Churchill und Präsident Roosevelt auf dem Schlachtschiff „Prince of Wales" im Atlantik. Das Ergebnis war die am 14. August 1941 veröffentlichte *Atlantik-Charta*. Sie wurde zur Grundlage der *Anti-Hitler-Koalition* und des gemeinsamen Kampfes gegen die „Nazityrannei".

Zur Atlantik-Charta bekannten sich die Sowjetunion, China und 22 andere Staaten. Ziel der Anti-Hitler-Koalition wurde der Kampf gegen das Deutsche Reich, Italien, Japan und deren Verbündete. Als vorrangiges Kriegsziel erklärten die USA und Großbritannien den Sieg über das Deutsche Reich („*Germany-first*"-*Strategie*).

1 Die Anti-Hitler-Koalition.
Plakat (51 x 67 cm) einer US-Behörde von 1943.

Vom europäischen zum globalen Krieg

Den Kriegseintritt der USA löste Japan aus. Es hatte 1937 begonnen, chinesische Küstengebiete zu erobern. Als Roosevelt den Verzicht auf weitere Eroberungen forderte und ein Ölembargo verhängte, griffen japanische Soldaten am 7. Dezember 1941 die US-Pazifikflotte im Hafen Pearl Harbor auf Hawaii an. Sie versenkten elf Kriegsschiffe und töteten etwa 2400 Amerikaner. Einen Tag später erklärten die USA und Großbritannien Japan den Krieg.

Ohne durch ein Bündnis mit Japan dazu verpflichtet zu sein, reagierte Hitler am 11. Dezember mit einer Kriegserklärung gegen die USA. Mussolini folgte Hitlers Beispiel. Zugleich beschlossen die „Achsenmächte" Deutschland, Italien und Japan eine gemeinsame Kriegsführung. Darin verpflichteten sie sich, keinen Sonderfrieden mit den USA und Großbritannien abzuschließen.

	Deutsches Reich	GB	USA	UdSSR	Japan
Angaben in Mio. Soldaten.					
1939	3,1	0,5	0,6	1,6	1,6
1940	6,1	2,3	0,7	4,2	1,7
1941	7,2	3,4	1,9	4,2	2,4
1942	8,3	4,1	4,8	10,9	2,8
1943	9,5	4,8	11,1	11,0	3,8
1944	9,4	5,0	14,8	11,2	5,3

2 Stärke der Streitkräfte.

Nach: Der Große Ploetz. Die Enzyklopädie der Weltgeschichte, Freiburg [35]2008, S. 802

1. *Interpretiere die Aussage des Plakates (Abb. 1).*
2. *Analysiere die Statistik (Abb. 2). Welche militärischen Konsequenzen hätte die NS-Führung deiner Meinung nach daraus 1941/42 ziehen müssen?*

▶ ***Internettipp:***
www.dhm.de/lemo/html/wk2

M1 Vier Freiheiten

Vor dem Eintritt der USA in den Zweiten Weltkrieg verkündet der amerikanische Präsident Roosevelt am 6. Januar 1941 in einer Rede das Programm, wofür die USA bereit sind, in den Krieg zu gehen. Inhaltlich knüpft Roosevelt an die 14 Punkte Wilsons von 1918 an (siehe Seite 50), geht aber darüber hinaus.

In der Zukunft, die wir jetzt zu sichern versuchen, hoffen wir eine Welt schaffen zu können, die sich auf vier wesentliche menschliche Freiheiten gründet.

Erstens – Redefreiheit, und zwar in der ganzen Welt.

Zweitens – Freiheit für jeden Einzelnen, Gott auf seine Weise zu verehren, und zwar überall in der Welt.

Drittens – Freiheit von aller Not – das bedeutet, international gesehen, wirtschaftliche Abkommen, die in jedem Lande den Einwohnern gesunde Friedensverhältnisse sichern –, und zwar überall in der Welt.

Viertens – Freiheit von aller Angst – das bedeutet, international gesehen, eine weltumfassende Abrüstung, so gründlich und bis zu einem solchen Grade, dass kein Land mehr in der Lage ist, irgendeines seiner Nachbarländer gewaltsam anzugreifen –, und zwar überall in der Welt.

Das sind nicht etwa Träume von einem fernen tausendjährigen Reiche. Das ist eine bestimmte Grundlage für eine Welt, wie wir sie in unserer Zeit und in unserer Generation schaffen können.

Eine solche Welt ist der genaue Gegensatz zu der sogenannten Neuordnung der Tyrannei, die die Diktatoren mit dem Getöse ihrer Bomben zu schaffen versuchen.

Dieser Neuordnung stellen wir einen größeren Gedanken entgegen, die moralische Ordnung. Eine wohlgeordnete Gesellschaft wird ohne Furcht allen Weltherrschaftsplänen und fremden Revolutionen begegnen können.

Zit. nach: Herbert Schambeck u. a. (Hrsg.), Dokumente zur Geschichte der Vereinigten Staaten von Amerika, Berlin [2]2007, S. 476 (übers. von Marcus Bergmann/Helmut Widder)

M2 Die Atlantik-Charta

Am 12. August 1941 treffen sich US-Präsident Roosevelt und der britische Premierminister Churchill an Bord eines Kriegsschiffes im Atlantik. Zwei Tage später veröffentlichen sie folgende allgemeine Grundsätze ihrer Politik:

1. Ihre Länder erstreben keinerlei Gebiets- oder sonstige Vergrößerung.
2. Sie wünschen keine Gebietsveränderungen, die nicht mit den frei zum Ausdruck gebrachten Wünschen der betreffenden Völker übereinstimmen.
3. Sie anerkennen das Recht aller Völker, die Regierungsform zu wählen, unter der sie leben wollen; und sie wünschen, dass denen souveräne Rechte und Selbstregierung zurückgegeben werden, die ihrer gewaltsam beraubt worden sind.
4. Sie werden sich unter gebührender Berücksichtigung ihrer bestehenden Verpflichtungen bemühen, allen Staaten, groß oder klein, Siegern oder Besiegten, fördernd zu helfen, dass sie unter gleichen Bedingungen Zutritt zum Handel und zu den Rohstoffen der Welt haben, die zu ihrem wirtschaftlichen Gedeihen notwendig sind.
5. Sie wünschen vollste Zusammenarbeit zwischen allen Nationen auf wirtschaftlichem Gebiet zu erreichen mit dem Ziel, für alle einen gehobenen Arbeitsstand, wirtschaftlichen Fortschritt und soziale Sicherheit zu gewährleisten.
6. Sie hoffen, dass nach der endgültigen Zerstörung der Nazityrannei ein Frieden geschaffen wird, der allen Nationen die Möglichkeit gibt, in Sicherheit innerhalb ihrer eigenen Grenzen zu leben, und der Gewähr dafür bietet, dass alle Menschen in allen Ländern der Welt ihr Leben frei von Furcht und Mangel leben können.

Zit. nach: Herbert Schambeck u. a. (Hrsg.), Dokumente zur Geschichte der Vereinigten Staaten von Amerika, a. a. O., S. 480 f.

M3 Wer will die Weltherrschaft?

Am 11. Dezember 1941 erklärt Hitler in einer Reichstagsrede den USA den Krieg:

Ich habe daher heute dem amerikanischen Geschäftsträger die Pässe zustellen lassen und ihm Folgendes eröffnen lassen: Im Verfolg der immer weiteren Ausdehnung einer auf unbegrenzte Weltherrschaftsdiktatur gerichteten Politik des Präsidenten Roosevelt sind die Vereinigten Staaten von Amerika im Verein mit England vor keinem Mittel zurückgewichen, um dem deutschen, dem italienischen und auch dem japanischen Volk die Voraussetzungen ihrer natürlichen Lebenserhaltung zu bestreiten. Die Regierungen Englands und der Vereinigten Staaten von Amerika haben sich aus diesem Grunde nicht nur für die Gegenwart, sondern auch für alle Zukunft jeder berechtigten Revision* zur Herbeiführung einer besseren Neuordnung der Welt entgegengesetzt.

Zit. nach: Max Domarus, Hitler. Reden und Proklamationen 1932-1945, kommentiert von einem Zeitgenossen, Bd. II: Untergang (1939-1945), Neustadt a. d. Aisch 1963, S. 1809 f.

__Revision__: Änderung

1. *Vergleiche Roosevelts Programm (M 1) mit Wilsons Rede von 1917 (siehe M 3, Seite 37). Arbeite die Unterschiede heraus.*
2. *Fasse die wichtigsten Punkte der Atlantik-Charta in einer Tabelle für dein Portfolio zusammen.*
3. *Beurteile Hitlers Vorwürfe gegenüber den USA (M 3).*
4. *Verfasse eine Antwort Roosevelts auf die Kriegserklärung Hitlers (M 3). Berücksichtige M 1 und M 2.*

Überall Gewalt und Not

Ausbeutung und Versklavung

Die Devise der deutschen Besatzer lautete: Beherrschen – Verwalten – Ausbeuten. Im Vordergrund stand die wirtschaftliche Ausbeutung. Je länger der Krieg dauerte, desto mehr war die deutsche Bevölkerung auf Einfuhren angewiesen. Nahrung, Kohle, Öl und Maschinen wurden rücksichtslos aus den besetzten Gebieten abtransportiert. Zugleich holte man auch Millionen Frauen und Männer ins Reich – in der Regel mit Gewalt. 1944 arbeiteten im Deutschen Reich rund 7,6 Millionen Zwangsarbeiter aus ganz Europa, darunter 10- bis 14-jährige Kinder. Sie lebten meist in Lagern unter unwürdigen Bedingungen. Kriegsgefangene und Zwangsarbeiter ersetzten die in die Wehrmacht eingezogenen Deutschen, produzierten Waffen und sorgten dafür, dass die Deutschen nicht hungerten.

In Osteuropa sollte „Lebensraum" für deutsche Bauern geschaffen werden. Dazu sah der *Generalplan-Ost* (1941/42) die Vertreibung oder Vernichtung von 31 Millionen Bewohnern Polens und der sowjetischen Westgebiete vor. Bis zum Sommer 1941 waren bereits eine Million Polen aus dem Westen des Landes zwangsweise ins „Generalgouvernement" umgesiedelt worden. Gleichzeitig wurde das begonnene Programm zur Vernichtung und Versklavung der Juden fortgesetzt.

Menschen in Ghettos

In den besetzten Gebieten Osteuropas richteten die Deutschen mehr als 1 000 *Ghettos* ein, die teilweise nur für kurze Zeit bestanden. Das waren in der Regel abgesonderte oder abgesperrte Wohnbezirke, in die Juden ziehen mussten, soweit sie nicht schon dort wohnten. Ab Oktober 1941 wurden auch Juden aus dem Deutschen Reich mit Sammeltransporten in Ghettos verschleppt (deportiert). Das größte Ghetto wurde 1940 in Warschau eingerichtet. Dort wurden auf engstem Raum bis zu einer halben Million Juden untergebracht. Für die Verwaltung der Ghettos waren „Judenräte" zuständig, die gezwungen wurden, mit den deutschen Besatzern zusammenzuarbeiten. Die Lebens- und Arbeitsbedingung in den Ghettos waren grausam und verschlimmerten sich mit dem Krieg. Allein im Warschauer Ghetto starben zwischen 1940 und 1942 etwa 100 000 Menschen an Hunger, Misshandlungen und Krankheiten. Schon bald wurden diese Ghettos für die Juden zu Zwischenstationen auf dem Weg in die Vernichtungslager.*

* *Lies dazu Seite 144 ff.*

▶ ***Lesetipp:***
Uri Orlev, Die Bleisoldaten. Roman, Weinheim [2]2011

	„Zivilarbeiter"	Kriegsgefangene
Im August 1944 befanden sich im Deutschen Reich aus:		
Belgien	203 262	50 386
Frankreich	654 782	599 967
Italien	158 099	427 238
Niederlande	270 304	–
Sowjetunion	2 126 753	631 559
Polen	1 659 764	28 316
Sonstige	648 919	193 521
Insgesamt	5 721 883	1 930 987

1 Ausländische Arbeitskräfte im Reich.

Nach: Ulrich Herbert, Geschichte der Ausländerpolitik in Deutschland, München 2001, S. 148 f.

Gemeinsame Sache

In den west- und nordeuropäischen Staaten bemühten sich die deutschen Besatzer um Zusammenarbeit mit den einheimischen, meist nationalkonservativen Führungsschichten. In Ländern wie Belgien, Frankreich, Holland und Norwegen machten auch faschistische Gruppen gemeinsame Sache mit den Besatzern. In Osteuropa wurden deutsche Truppen in den erst 1940 von der Sowjetunion annektierten baltischen Gebieten sowie in der Ukraine als „Befreier" begrüßt. Doch die Bereitschaft zur Zusammenarbeit endete, als sie erkannten, dass ihre Hoffnung auf Eigenstaatlichkeit eine Illusion war und die Besatzer sie nur ausbeuteten.

Widerstand gegen die Besatzer

In allen besetzten Gebieten gab es von Anfang an Widerstand. Als sich das deutsche Kriegsglück wendete, wehrten sich immer mehr Einheimische gegen ihre Unterdrücker. Im besetzten Frankreich bildete sich beispielsweise die *Résistance*. Sie erhielt starken Zulauf, als die Besatzer den Zwangsarbeitsdienst einführten.

Mit Flugblättern, Streiks, Sabotage wie der Zerstörung von Eisenbahnanlagen und Brücken sowie Anschlägen auf den deutschen Nachschub versuchten Widerstandsgruppen, die Fremdherrschaft zu schwächen. Dabei nahmen sie brutale Gegenmaßnahmen in Kauf: *Partisanen** wurden erschossen oder gehenkt. Orte wie *Oradour-sur-Glane* in Frankreich, *Lidice* in der Tschechoslowakei oder *Kalavryta* und *Lyngiades* in Griechenland, in denen Partisanen angeblich oder tatsächlich Unterschlupf gefunden hatten, machten die Deutschen dem Erdboden gleich und brachten ihre Bewohner um.

***Partisanen**: *bewaffnete Widerstandskämpfer in den besetzten Gebieten*

■ *Erkundigt euch im Internet über die deutschen Kriegsverbrechen in Oradour-sur-Glane, Lidice, Kalavryta und Lyngiades. Wie wird heute daran erinnert?*

Keine Achtung vor dem Leben

„Aktion T4"

Nicht erst in den besetzten Gebieten hatte die NS-Führung alle Achtung vor dem Leben verloren. Schon 1935 hatte Hitler erklärte, er beabsichtige, die „unheilbar Geisteskranken zu beseitigen". Schon vor Kriegsausbruch begann die Ermordung behinderter Kinder. Man ließ sie verhungern. Die Aktion wurde ausgeweitet. Im Oktober 1939 erteilte Hitler schriftlich die Genehmigung zur Ermordung unheilbar Kranker. Das entsprechende Schreiben hatte er auf den 1. September, den Tag des Kriegsausbruches, zurückdatiert. Die Mordaktion verschleierte man mit dem griechischen Begriff „Euthanasie" (dt. „schöner, leichter Tod"). Unter dem Tarnnamen *Aktion T4*, benannt nach der Adresse ihrer Zentrale in Berlin, Tiergartenstraße 4, wurde dann das „Euthanasieprogramm" organisatorisch durchgeführt.

Ab Anfang 1940 wurden Behinderte, Patienten mit unheilbaren Krankheiten und altersschwache Menschen in verschiedenen Anstalten mit Giftgas ermordet. Nicht alle Familien und zuständigen Stellen forschten intensiv nach, was aus den behinderten und kranken Menschen geworden war. Manche Familien waren wohl auch insgeheim erleichtert, sich nicht mehr um ihre Angehörigen kümmern zu müssen. Und nur bei wenigen Ärzten und Krankenschwestern regte sich offener Widerstand gegen das Morden.

Ort	Zeitraum des Mordens	Zahl der Ermordeten
Grafeneck (b. Reutlingen)	Jan. - Dez. 1940	9 839
Brandenburg an der Havel	Feb. - Sept. 1940	9 772
Bernburg an der Saale	Okt. 1940 - Aug. 1941	8 601
Hadamar, Nordhessen	Jan. - Aug. 1941	10 072
Hartheim bei Linz	Mai 1940 - Aug. 1941	18 269
Sonnenstein bei Pirna	Juni 1940 - Aug. 1941	13 720
Insgesamt		**70 273**

1 Opfer in den T4-Tötungsanlagen.
Grundlage der Angaben ist eine T4-Statistik.
Nach: Götz Aly, Die Belasteten. „Euthanasie" 1939 - 1945. Eine Gesellschaftsgeschichte, Frankfurt/Main 2013, S. 48

Trotz Protesten ging das Morden weiter

In den Kirchen kam es zu offenen Protesten. Einer der Wortführer war der Bischof von Münster, *Clemens August Graf von Galen*. Mit seinen Predigten trug er dazu bei, dass Hitler die „Euthanasie" im August 1941 offiziell stoppte. Doch im Geheimen ging das Morden weiter. Nicht nur im Deutschen Reich, sondern nun auch in den besetzten sowjetischen Gebieten. Die Zahl der Opfer wird auf über 200 000 geschätzt.

Denn zwischen der „Euthanasie" und der „Endlösung" bestanden enge Verbindungen.* Der nationalsozialistischen Rassenlehre folgend, sollte die Gesellschaft von „defekten" und arbeitsunfähigen Elementen ebenso „gesäubert" werden wie von Juden, Sinti und Roma. Die für die „Euthanasie" entwickelten Techniken und Verfahren wie die Vergasung wurden für den systematischen Völkermord genutzt.

Eine Predigt des Bischofs von Münster und sein Briefwechsel mit einem Reichsminister

Anklage gegen Gestapo

CLEMENS AUGUST GRAF VON GALEN, Bischof von Münster, wurde am 16. März 1878 in Dinklage in Oldenburg geboren. Seine Familie ist seit Jahrhunderten in Westfalen ansässig.

Er wurde 1904 zum Priester geweiht und am 5. September 1933 zum Bischof von Münster ernannt. Am 15. Oktober 1934 veröffentlichte er eine wissenschaftliche Widerlegung der Unwahrheiten des Rosenbergschen „Mythos des 20. Jahrhunderts".

Am 9. Februar 1936 protestierte der Bischof in einer Rede in Xanten gegen die wiederholten Verletzungen des Reichskonkordats. Diesen Protest erneuerte er im Sommer des Jahres 1937 und 1938. Am 29. November und am 21. Dezember 1936 griff er die nationalsozialistischen Erziehungsmethoden scharf an. Am 31. Juli 1938 wandte er sich in einem Hirtenbrief gegen die Ausweisung seines Vertreters im Lande Oldenburg aus Vechta.

Am Montag, den 8. Juli 1936, bereitete ihm die Bevölkerung Münsters bei der alljährlichen grossen Prozession eine begeisterte Ovation. Trotz polizeilicher Absperrmassnahmen wiederholten sich diese Kundgebungen an verschiedenen Orten der Diözese. Besonders eindrucksvoll war die Demonstration in Sterkrade am 8. November 1938.

Am 13. Juli dieses Jahres, nach der Beschlagnahme der Ordenshäuser in Münster, hielt der Bischof in der Kirche von St. Lambert eine Predigt, in der er gegen die Willkür und die Schreckensherrschaft der Gestapo Anklage erhob. Einen Auszug aus dieser Predigt geben wir umstehend, den sich daran anschliessenden Briefwechsel des Bischofs mit dem Reichsminister Dr. Lammers auf Seite 4.

2 Flugschrift mit Auszügen einer Predigt Bischof August von Galens.
Sie wurde wahrscheinlich 1941 in Großbritannien gedruckt.

Lies dazu Seite 144 f.

▶ ***Lesetipp:***
Elisabeth Zöller, Anton oder Die Zeit des unwerten Lebens, Frankfurt a. M. [7]2012

▶ ***Internettipps:*** *Weitere Informationen über die Tötungsanlagen findest du unter:*
- *www.gedenkstaette-hadamar.de*
- *www.schloss-hartheim.at*
- *www.stsg.de/main/pirna/ueberblick/einfuehrung*
- *www.gedenkstaette-bernburg.de*
- *www.gedenken-ns-psychiatrie.de*

„Kindereuthansie" – auch in Thüringen
In Thüringen wurden mindestens 630 Patienten der vier staatlichen Heilanstalten (Blankenhein, Hildburghausen, Pfafferode bei Mühlhausen und Stadtroda bei Jena) im Rahmen der „Aktion T4" getötet. In Stadtroda wurde im Herbst 1942 eine „Kinderfachabteilung" gegründet, in der allein zwischen Anfang 1943 und April 1945 über 130 Kinder verstarben. In der Regel fand die „Euthanasie" der Kinder geheim und verdeckt statt. Deshalb gab es immer wieder ungläubige und teils argwöhnische Anfragen der Eltern, aber auch vereinzelt der Jugendämter zu Todesfällen.

M1 Der „Fall Karl XXX"

Am 16. Februar 1942 verstirbt der zehnjährige Karl XXX, der in der Landesheilanstalt in Stadtroda stationär betreut worden ist. Daraufhin schreibt die Kreisfürsorgerin des Jugendamtes Saalfeld dem verantwortlichen Direktor der Anstalt, Dr. Gerhard Kloos, am 21. Februar 1942:

Ich frage an, warum mir die ernste Erkrankung des Kindes sowie sein Tod nicht mitgeteilt wurden. Ich bitte, mir sofort Folgendes zu beantworten:

1. Seit wann ist Karl XXX erkrankt gewesen?
2. Welche Erkrankung lag vor?
3. Was hat den Tod herbeigeführt? [...]

Es berührt das Jugendamt eigentümlich und es ist uns unverständlich, dass Ihre Anstalt diesen Fall nicht ordnungsgemäß erledigt hat.

Dr. Gerhard Kloos antwortet am 23. Februar 1942:

Ich sehe [...] nicht ein, weshalb Sie sich berechtigt glauben, mir persönlich (nicht bloß meiner Dienststelle) den schweren Vorwurf einer „nicht ordnungsgemäßen Erledigung" des Falles Karl XXX zu machen.

Wenn Sie mir mitteilen, dass der Fall Sie „eigentümlich berührt" und Ihnen „unverständlich" ist, so muss ich dasselbe Ihrem an mich gerichteten Briefe vom 21. 2. 1942 bekennen. Während an den Fronten rassisch hochwerdigste* deutsche Männer ihr Leben opfern, ohne dass viel Aufhebens gemacht wird, gerät in der Heimat ein Jugendamt darüber in Erregung, dass ein bildungsunfähiges, angeboren schwachsinniges Kind trunksüchtiger, nach dortigem Urteil sozial minderwertiger und menschenunwürdig verschmutzer Eltern in einer Anstalt erkrankt und stirbt, ohne dass das Jugendamt sofort unmittelbar mit der Angelegenheit befasst wurde.

Mir geht, offen gesagt, auch weltanschaulich das Verständnis für eine solche Einstellung ab.

Zit. nach: Susanne Zimmermann, Überweisung in den Tod. Nationalsozialistische „Kindereuthanasie" in Thüringen, Erfurt 2005, S. 79-81 (stark gekürzt)

*so im Original

M2 Verleugnung und Verdrängung

1963 – inzwischen ist Dr. Kloos (siehe M1) Professor und Leiter des Landeskrankenhauses (Nervenklinik) in Göttingen – leitet die Staatsanwaltschaft Göttingen ein Ermittlungsverfahren gegen den Mediziner ein. Dr. Kloos wendet sich in dem Zusammenhang an Professor Dr. Erich Drechsler, den ärztlichen Direktor des Fachkrankenhauses für Neurologie und Psychiatrie Stadtroda. Drechsler, der in der NS-Zeit für das Erbgesundheitsgericht Jena tätig gewesen ist und nach 1945 politisch und beruflich Karriere gemacht hat, schreibt:

Sehr geehrter Herr Kollege Kloos!

[...] Ich bestätige Ihnen gern und mit gutem Gewissen, dass Sie an der Durchführung des Euthanasieverfahrens der ehemaligen NSDAP in keiner Weise beteiligt waren. Insbesondere kann ich Ihnen versichern, dass während der Jahre 1939-1945, in denen Sie dem „Thür. Landeskrankenhaus Stadtroda" als ärztlicher Direktor vorstanden, m. W. [meines Wissens] nach kein Patient der Euthanasie unterzogen wurde. [...]

Ich hoffe, dass diese Angaben als Beweismittel genügen und zu Ihrer Entlastung von dem geäußerten Verdacht beitragen mögen. Mit der Vorlage dieses Schreibens bei der Staatsanwaltschaft erkläre ich mich ausdrücklich einverstanden.

Die Staatsanwaltschaft beim Landgericht Göttingen schreibt daraufhin am 16. Dezember 1963 an Professor Dr. Kloos:

Im Zuge der von mehreren Staatsanwaltschaften des Bundesgebietes vorgenommenen umfassenden Überprüfung von Euthanasiemaßnahmen im Kriege sind von hier aus Ermittlungen auch hinsichtlich Ihrer früheren Tätigkeit im Landeskrankenhaus Stadtroda/Thüringen geführt worden.

Diese Ermittlungen sind jetzt abgeschlossen. Sie haben keinen Anhaltspunkt dafür erbracht, dass Sie sich an den Euthanasiemaßnahmen beteiligt haben. Das Verfahren ist daher eingestellt.

Zit. nach: Susanne Zimmermann, Überweisung in den Tod, a. a. O., S. 193 und 194f. (gekürzt)

1. *Beschreibe die Haltung von Dr. Kloos (M1). Verfasse aus deiner Sicht ein Antwortschreiben auf seinen Brief.*
2. *Erläutere, wie sich Dr. Kloos seiner Verantwortung entziehen konnte (M2).*
3. *Recherchiere, wie heute in Thüringen an die Opfer der „Kindereuthanasie" erinnert wird. Halte die Informationen in deinem Portfolio fest.*

Der Völkermord

1 Kennzeichnung jüdischer Bürger.
Ab Herbst 1939 mussten alle Juden im besetzten Generalgouvernement einen „Davidstern" an ihrer Kleidung tragen. Im Reichsgebiet wurde diese Kennzeichnung im September 1941 eingeführt, als die Massendeportationen in die Ghettos und Konzentrations- und Vernichtungslager einsetzten.

Vorbereitung und Entscheidung

Die NS-Führung hatte zwischen 1939 und 1941 Pläne für eine „territoriale Endlösung der Judenfrage" ausgearbeitet. Sie sahen vor, alle Juden in die besetzten Gebieten im Osten, auf die Insel Madagaskar oder andere entfernte Orte zu deportieren. Als sich im August/September 1941 abzeichnete, dass ein schneller Sieg über die Sowjetunion nicht zu erreichen war, wurden diese Pläne fallengelassen.

Der Völkermord setzte ein, als das „Euthanasie"-Programm im Reich Ende 1941 offiziell abgebrochen worden war und die Massenerschießungen in den besetzten sowjetischen Gebieten* unter der Aufsicht Himmlers einsetzten. Ob Hitler im September oder Anfang Oktober 1941 dann eine Weisung zur „Vernichtung des Judentums" gegeben hat, ist nicht belegt. Dazu bedurfte es auch keines schriftlichen Befehls Hitlers, denn alle Verantwortlichen wussten, dass das von ihnen erwartet wurde.

Verwaltung und Ausführung

Am 20. Januar 1942 trafen sich in einer Villa am Berliner Wannsee hohe Beamte, SS-Offiziere und Staatssekretäre aus dem Innen-, Justiz- und Außenministerium mit Reinhard Heydrich. Der Leiter des Reichssicherheitshauptamtes, das für die „praktische Durchführung" der „Endlösung" zuständig war, informierte die Teilnehmer über die bereits begonnenen Maßnahmen gegen die elf Millionen Juden in Europa. Der Kontinent sollte nun systematisch „von Westen nach Osten durchkämmt" und „judenfrei" gemacht werden.

Von Berlin aus organisierte SS-Führer *Adolf Eichmann*, der Leiter des Judenreferates im Reichssicherheitshauptamt, die Massendeportationen der Opfer aus allen europäischen Staaten. Schon während des Transportes wurden viele ermordet oder sie verhungerten. In den Vernichtungslagern wurden die Menschen fast ausnahmslos sofort nach ihrer Ankunft getötet. Das erste Vernichtungslager war Ende 1941 in Kulmhof (Chelmno) im Warthegau errichtet worden. Dort brachte man die Opfer in umgebauten Lastwagen mit Abgasen um. Große Vernichtungslager entstanden in den folgenden Monaten in Belzec, Sobibor und Treblinka im Generalgouvernement. Um die Jahreswende 1942/43 wurde Auschwitz bei Krakau im Süden Polens zum zentralen Tötungsort für die Juden. Neben diesem Stammlager entstand 1941/42 in Auschwitz-Birkenau ein riesiges Barackenlager für Zwangsarbeiter. Seit August/September 1941 kam es im Stammlager zu Massenmorden mit dem Giftgas *Zyklon B*. Ab Ende Juni 1942 begannen in Auschwitz „Selektionen": Wer bei seiner Ankunft der SS nicht arbeitsfähig erschien, wurde sofort in den Gaskammern umgebracht. Das galt für etwa 75 Prozent der Ankömmlinge. Die anderen vernichtete man durch Zwangsarbeit. Die Lebenserwartung der Häftlinge betrug in Auschwitz etwa fünf bis sechs Monate.

Kein Widerstand?

Widerstand war in den Vernichtungslagern und in den Ghettos fast unmöglich. Denn zu dem menschenverachtenden System der SS gehörte es, dass sie die Opfer zwang, sie bei der Umsetzung ihrer Ziele zu unterstützen. Wer am Leben bleiben wollte, konnte dies oft nur auf Kosten von Mitgefangenen erreichen.

Viele Opfer sahen im Freitod eine Möglichkeit, diesem Zwang zu entrinnen. Andere ließen sich nicht willenlos zur Schlachtbank führen. Der *Warschauer Ghettoaufstand* im Frühjahr 1943 ist dafür ein Beispiel. Hier widersetzten sich Juden mit Waffen, als immer mehr von ihnen in die Vernichtungslager gebracht werden sollten. Historiker schätzen, dass über 1,5 Millionen Juden als Partisanen und in den alliierten Armeen gegen den NS-Staat kämpften.

** Lies nochmals Seite 135 und 142.*

2 Orte des Terrors.
Im von Deutschland besetzten Europa gab es über 40 000 Zwangs- und Gefangenenlager, Ghettos, Konzentrations- und Vernichtungslager.

Die Ermordung der Sinti und Roma

Hinter den Fronten sowie in den Konzentrations- und Vernichtungslagern wurden auch Sinti und Roma umgebracht. Dabei hatte sich die NS-Führung – anders als bei den Juden – nie auf ein Programm zu ihrer Ermordung festgelegt. Ende 1942 hatte Himmler den Befehl gegeben, alle noch im Deutschen Reich lebenden „zigeunerischen Sippen" und „Zigeuner-Mischlinge" nach Auschwitz zu deportieren. Die Zahl der ermordeten Sinti und Roma wird auf 100 000 bis 500 000 geschätzt.

Wer war für den Holocaust verantwortlich?

Insgesamt wurden etwa sechs Millionen Juden aus rund 20 Staaten ermordet, darunter mehr als 1,5 Millionen Kinder. Die meisten Opfer stammten aus Polen (ca. drei Millionen) und aus der Sowjetunion (etwa eine Million). Aus Deutschland kamen ungefähr 165 000 Ermordete.

Für diesen systematischen Völkermord (*Genozid*) wird heute der Begriff *Holocaust* benutzt. Er bedeutet im Englischen „Inferno" und „Zerstörung". Die Juden verwenden dafür die hebräische Bezeichnung *Shoa*.

Die Vernichtung von Frauen, Männern und Kindern funktionierte, weil zahllose Politiker, Diplomaten, Offiziere und Beamte sie organisierten und einige Hunderttausend deutsche und ausländische Hilfskräfte sie ausführten.

Was wusste man von den Verbrechen?

Auch wenn die Planung und Umsetzung des Völkermordes als „Geheime Reichssache" galt, gelangten Informationen über die Massenerschießungen, über die Ghettos sowie über die Konzentrations- und Vernichtungslager ins Deutsche Reich. Soldaten berichteten in Feldpostbriefen oder in ihrem Heimaturlaub über die Morde. Bewohner in der Nähe der Vernichtungsstätten, Mitarbeiter der Reichsbahn oder geflohene Häftlinge gaben Auskunft. Außerdem informierten seit Mitte 1942 „Feindsender" wie der britische Rundfunk die Deutschen über die Verbrechen. Manche hielten dies allerdings für antideutsche Propaganda.

Heute ist schwer festzustellen, was die Deutschen von den ungeheuerlichen Verbrechen im Osten genau wussten. Viele wollten auch nichts davon wissen. Sie hatten Angst vor den Nazis oder ihnen war das Leben der Juden, Sinti und Roma mindestens gleichgültig.

M1 Hitler und die „Vernichtung des Judentums"

Joseph Goebbels berichtet am 13. Dezember 1941 in seinem Tagebuch über eine Rede Hitlers bei der Reichs- und Gauleitertagung vom Vortag:

Bezüglich der Judenfrage ist der Führer entschlossen, reinen Tisch zu machen. Er hat den Juden prophezeit, dass, wenn sie noch einmal einen Weltkrieg herbeiführen würden, sie dabei ihre Vernichtung erleben würden.* Das ist keine Phrase gewesen. Der Weltkrieg ist da, die Vernichtung des Judentums muss die notwendige Folge sein. Diese Frage ist ohne jede Sentimentalität** zu betrachten. Wir sind nicht dazu da, Mitleid mit den Juden, sondern nur Mitleid mit unserem deutschen Volk zu haben.

Die Tagebücher von Joseph Goebbels, hrsg. von Elke Fröhlich, Teil II, Bd. 2, München u. a. 1996, S. 498 f.

Schon am 30. Januar 1939 hatte Hitler vor dem Reichstag die „Vernichtung der jüdischen Rasse in Europa" angekündigt.
**Sentimentalität: *Rührseligkeit*

M2 Aufzeichnungen aus dem Vernichtungslager

Ein aus Kulmhof (Chelmno) geflüchteter Häftling berichtet vom Frühjahr 1942:

Das Gasauto hielt gewöhnlich etwa 100 Meter von dem Massengrab entfernt, aber zweimal hielt es in einem Abstand von ungefähr 20 Metern von der Grube: einmal an diesem Donnerstag, das war das erste Mal; das zweite Mal am Mittwoch, dem 11. Januar, mit Juden. Wie uns die Kameraden von den acht Grubenleuten sagten, befindet sich in der Fahrerkabine ein besonderer Apparat mit Knöpfen, der durch zwei Rohre mit dem Innern des Fahrzeuges verbunden ist. Der Fahrer (es waren zwei für zwei Exekutionsautos, immer dieselben) drückte einen Knopf und stieg aus dem Auto. Dann drangen aus dem Auto Schreie, verzweifeltes Stöhnen und Hämmern an die Wand nach draußen. Das dauerte ungefähr 15 Minuten, wonach der Fahrer in die Kabine zurückkehrte, wo er mit einer elektrischen Lampe durch eine Scheibe in das Innere leuchtete, um zu prüfen, ob die Menschen schon tot waren, und fuhr mit dem Auto bis auf eine Entfernung von ungefähr fünf Metern an die Grube heran. [...]
Vier Grubenleute warfen die Leichen heraus, natürlich von Schlägen und Schreien angetrieben. Die Leichen wurden durcheinander auf einen Stoß geworfen, zwei andere zogen die Leichen weiter zu der Grube und warfen sie hinein. Dort standen unten wieder zwei, die die Leichen nach den Anweisungen eines SS-Mannes aufschichteten.

Zit. nach: Ruta Sakowska, Die zweite Etappe ist der Tod, Berlin 1993, S. 166 f.

M3 „Sie wissen nun Bescheid ..."

Heinrich Himmler ist als Reichsführer der SS und Reichsminister des Innern (ab August 1943) der zweitmächtigste Mann im „Dritten Reich". Am 6. Oktober 1943 hält er in Posen vor Reichs- und Gauleitern folgende Rede:

Der Satz „Die Juden müssen ausgerottet werden" mit seinen wenigen Worten, meine Herren, ist leicht ausgesprochen. Für den, der durchführen muss, was er fordert, ist es das Allerhärteste und Schwerste, was es gibt. [...]
Ich bitte Sie, das, was ich Ihnen in diesem Kreise sage, wirklich nur zu hören und nie darüber zu sprechen. Es trat an uns die Frage heran: Wie ist es mit den Frauen und Kindern? – Ich habe mich entschlossen, auch hier eine ganz klare Lösung zu finden. Ich hielt mich nämlich nicht für berechtigt, die Männer auszurotten – sprich also umzubringen oder umbringen zu lassen – und die Rächer in Gestalt der Kinder für unsere Söhne und Enkel groß werden zu lassen. Es musste der schwere Entschluss gefasst werden, dieses Volk von der Erde verschwinden zu lassen. Für die Organisation, die den Auftrag durchführen musste, war es der schwerste, den wir bisher hatten. Er ist durchgeführt worden, ohne dass – wie ich glaube sagen zu können – unsere Männer und unsere Führer einen Schaden an Geist und Seele erlitten hätten. Diese Gefahr lag sehr nahe. [...]
Die Judenfrage in den von uns besetzten Ländern wird bis Ende dieses Jahres erledigt sein. Es werden nur Restbestände von einzelnen Juden übrig bleiben, die untergeschlüpft sind. Die Frage der mit nichtjüdischen Teilen verheirateten Juden und die Frage der Halbjuden werden sinngemäß und vernünftig untersucht, entschieden und dann gelöst. [...]
Damit möchte ich die Judenfrage abschließen. Sie wissen nun Bescheid, und Sie behalten es für sich. Man wird vielleicht in ganz später Zeit sich einmal überlegen können, ob man dem deutschen Volke etwas mehr darüber sagt.

Zit. nach: Bradley F. Smith/Agnes F. Peterson (Hrsg.), Heinrich Himmler. Geheimreden 1933 bis 1945 und andere Ansprachen, Frankfurt a. M. – Berlin – Wien 1974, S. 169-171

1. *Beurteile auf der Grundlage von M1 und der Darstellung (Seite 144 f.) Hitlers Verantwortung für den Völkermord. Kann sie die anderen Täter entlasten? Begründe!*
2. *Vergleiche die Vernichtung in Kulmhof (M2) mit den „Euthanasie"-Verbrechen (siehe Seite 142).*
3. *Bewerte Himmlers Rede (M3). Erstelle dazu für dein Portfolio eine Übersicht der Diskriminierung, Ausgrenzung und Verfolgung der jüdischen Bevölkerung nach 1933.*

M4 „Aussortierung.“
Foto vom Mai 1944. Das Bild stammt vermutlich von SS-Unterscharführer Ernst Hoffmann und trägt im Original die Überschrift „Aussortierung“. Es dokumentiert die Selektion ungarischer Juden an der Rampe des Vernichtungslagers Auschwitz-Birkenau.

M5 „Wir kamen gegen ein Uhr morgens ...“

Die Historikerin Debórah Dwork interviewt im Dezember 1986 den Holocaust-Überlebenden Alexander Ehrmann. Er ist im Frühjahr 1944 im Alter von 18 Jahren mit einem Transport ungarischer Juden in das Vernichtungslager Auschwitz-Birkenau gekommen.

Wir kamen gegen ein Uhr morgens auf einem Gelände mit Lampen, Scheinwerfern und Gestank an. Wir sahen Flammen, hohe Schornsteine. Wir wollten immer noch nicht wahrhaben, dass es Auschwitz war. [...] Der Zug hielt. Draußen stank es, und wir hörten allerlei Geräusche, eine Sprache und Befehle, die wir nicht verstanden. Es war Deutsch, aber wir wussten nicht, was es bedeutete. Hunde bellten. Die Türen wurden geöffnet und wir sahen seltsam uniformierte Männer in gestreifter Kleidung. Sie begannen uns in dem Jiddisch polnischer Juden anzuschreien: „Schnell! Raus!“ Wir fragten sie: „Wo sind wir?“ Sie antworteten: „Raus, raus, raus!“ Es gab Wachmannschaften mit Hunden, und sie schrien uns ebenfalls an. „Macht schnell!“ Wir stiegen aus, und sie befahlen uns, in Fünferreihen anzutreten und alles Gepäck zurückzulassen. Wir fragten einen der Leute: „Sag mir, sag mir, wohin gehen wir?“ „Dort, geht“, und er zeigte in Richtung der Flammen. Wir mussten weitergehen. So formierten wir uns nach alter Familientradition, die beiden Eltern, die älteste Schwester und die nächstälteste Schwester und das Kind an der Hand meiner Schwester. Meine Mutter bat sie: „Lass mich ihn tragen“, den Zweieinhalbjährigen. Sie sagte: „Nein, ich kümmere mich selber um meinen Sohn.“ So marschierten die drei Schwestern und meine beiden Eltern in der einen Reihe und die beiden Jungen mit drei anderen Leuten in der nächsten.

Zit. nach: Robert-Jan van Pelt/Debórah Dwork, Auschwitz. Von 1270 bis heute, Zürich – München 1998, S. 374f. (übers. von Klaus Rupprecht)

M6 „Wag es nicht ...“

Am 22. August 1944 kommt die noch nicht 15-jährige Esther mit ihrer Familie von Lodz nach Auschwitz-Birkenau. Sie überlebt. Viele Jahre später erinnert sie sich an den Selektionsvorgang:

Alles ging sehr schnell. Als Mengele* kam, begann er mit der Selektion. Meine Tante mit ihrem kleinen Jungen stand vorn, dann meine Mutter mit dem kleinen Mädchen an der Hand und mein Bruder, und ich war die Letzte. Meine Tante und ihr kleiner Sohn wurden nach links beordert, und als er meine Mutter fragte, ob das kleine Mädchen ihr Kind sei, und sie nickte, schickte er sie nach links. Da mein Bruder damals erst zwölf war, schickte er ihn auch nach links, mich winkte er nach rechts. Ich begriff, dass meine Mutter auf der anderen Seite war, und wollte zu ihr laufen, ich wollte bei ihr sein. Eine Jüdin, die dort arbeitete, fing mich in der Mitte ab und sagte auf Polnisch: „Wag es nicht, dich von hier wegzurühren!“ Sie wusste, dass ich in die Gaskammer kommen würde, wenn ich auf der anderen Seite stünde. Und sie wollte mich nicht loslassen.

Zit. nach: Debórah Dwork, Kinder mit dem gelben Stern. Europa 1933-1945, München 1994, S. 215 (übers. von Gabriele Krüger-Wirrer)

***Josef Mengele** *(1911-1979): Doktor der Philosophie und der Medizin; 1943 wurde Mengele SS-Arzt in Auschwitz. Dort war er nicht nur für die Selektionen mitverantwortlich, sondern auch für grausame medizinische Versuche, die fast immer tödlich endeten.*

1. *Beschreibe Alexanders Ankunft in Auschwitz (M5). Was kann das Foto (M4) nicht dokumentieren?*
2. *Gib den geschilderten Selektionsvorgang wieder (M6). Diskutiert, wer dafür die Verantwortung trug.*
3. *Recherchiere, ob Mengele später für seine Taten zur Verantwortung gezogen werden konnte. Berichte darüber in der Klasse.*

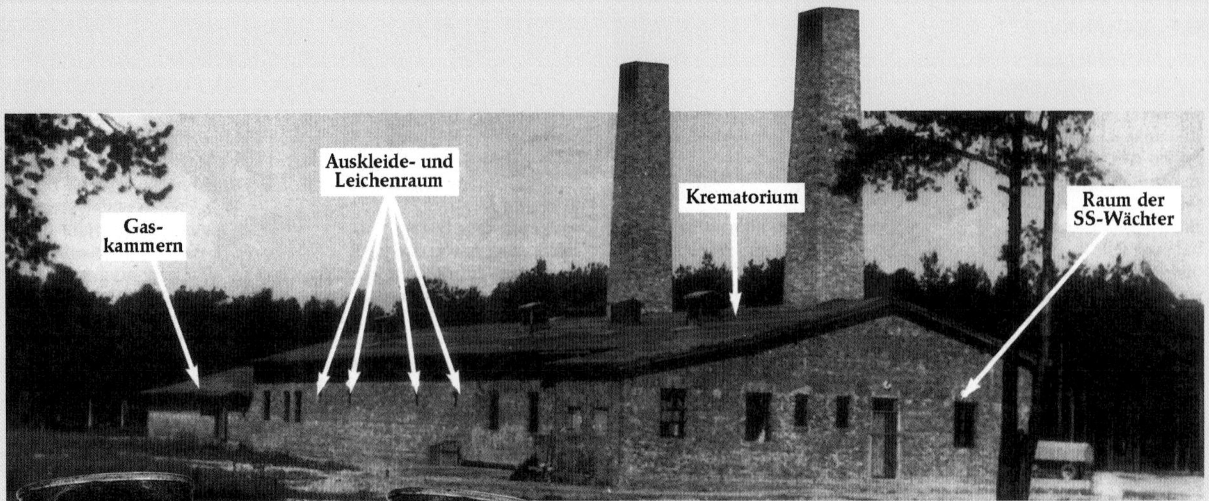

M8 Eine von mehreren Gaskammern mit Krematorien* in Auschwitz-Birkenau.
Foto von 1943.
Die Leichenverbrennungsöfen und die Gaskammer-Lüftungstechnik wurden von der Erfurter Firma Topf & Söhne gefertigt.
Links: Auf dem Lagergelände gefundene Dosen des Giftgases Zyklon B.

***Krematorium**: *Leichenverbrennungsanlage*

M7 „Die Schreie, die man hören konnte ..."

Dr. André Lettich, ein französischer Arzt, der im Juli 1942 nach Auschwitz deportiert worden ist, berichtet über die Art und Weise, wie die Menschen in die Gaskammern getrieben und umgebracht worden sind:

Mehr als fünfhundert Meter weiter befanden sich zwei Baracken: Auf der einen Seite standen Männer, auf der anderen Frauen. Sehr höflich und liebenswürdig hielt man ihnen eine kleine Ansprache: „Ihr kommt von der Reise, Ihr seid schmutzig, Ihr werdet ein Bad nehmen, zieht Euch schnell aus." Man verteilte Handtücher und Seife, und plötzlich erwachten die Rohlinge und zeigten ihr wahres Gesicht: Mit starken Hieben zwang man diese Menschenherde, diese Männer und Frauen, sommers wie winters nackt herauszugehen und so die paar hundert Meter Entfernung bis zum „Duschraum" zurückzulegen. Über der Eingangstür stand das Wort „Brausebad". An der Decke konnte man sogar Duschbrausen bemerken, die verkittet waren, jedoch niemals Wasser durchlaufen ließen.

Diese armen Unschuldigen waren zusammengepfercht, die einen gegen die anderen gepresst, und da brach Panik aus: Denn endlich begriffen sie, welches Schicksal sie erwartete, jedoch stellten Kolbenschläge und Revolverschüsse schnell die Ruhe wieder her, und alle betraten schließlich die Todeskammer. Die Türen wurden geschlossen, und zehn Minuten danach war die Temperatur hoch genug, um die Verflüchtigung der Blausäure zu begünstigen, denn mit Blausäure wurden die Verurteilten vergast. Dies war eben das „Zyklon B", mit 20 Prozent Blausäure getränkter Kieselgur, das von der deutschen Barbarei verwendet wurde.

Durch eine kleine Luke warf sodann SS-Unterscharführer Moll das Gas ein. Die Schreie, die man hören konnte, waren fürchterlich; aber einige Augenblicke später herrschte vollständige Stille. Zwanzig bis fünfundzwanzig Minuten darauf wurden Türen und Fenster zur Lüftung geöffnet und die Leichen sofort in Gruben zum Verbrennen geworfen; aber die Zahnärzte hatten vorher jeden Mund nachgeprüft, um die Goldzähne auszuziehen. Man vergewisserte sich auch, ob die Frauen nicht etwa in ihren intimen Körperteilen Schmuck versteckt hatten, und ihr Haar wurde abgeschnitten und für industrielle Zwecke methodisch zusammengebündelt.

Zit. nach: Eugen Kogon u. a. (Hrsg.), Nationalsozialistische Massentötungen durch Giftgas. Eine Dokumentation, Frankfurt a. M. 1983, S. 210 f.

▶ ***Internettipps:***
Weitere Informationen, Fotos und Links zum Thema „Auschwitz" sowie „Nationalsozialismus und Holocaust" siehe unter:
- *www.auschwitz.org.pl*
- *www.shoa.de*

▶ ***Film- und Lesetipp:***
Der Junge im gestreiften Pyjama; Regie: Marc Herman, 2008 (nach dem gleichnamigen Roman von Johan Boyne von 2006)

M9 „Es lebe die Freiheit!“

In der polnischen Hauptstadt Warschau leben vor dem deutschen Einmarsch etwa 350 000 Juden. Die meisten wohnen im Norden der Stadt, im jüdischen Viertel. Die Nazis machen daraus im November 1939 ein Ghetto und bringen alle Juden aus der Umgebung Warschaus dorthin. Mitte November 1940 schließen sie das Ghetto durch Mauern und Stacheldraht von der übrigen Stadt ab. Mehr als 400 000 Juden müssen dort zusammengepfercht leben und für die deutschen Besatzer arbeiten. Als immer mehr Juden aus dem Ghetto in Lager deportiert werden, entsteht die „Jüdische Kampforganisation“. Mitte Januar 1943 verkündet sie in einem Flugblatt: „Jüdische Volksmassen! Die Stunde rückt näher! Ihr müsst bereit sein, Widerstand zu leisten! Kein Jude gehe zum Waggon!“ In einem Flugblatt vom 23. April heißt es:

Schmerz und Tränen des Mitgefühls, dass Ihr mit Bewunderung und Sorge den Ausgang dieses Krieges verfolgt, den wir seit vielen Tagen gegen den grausamen Besatzer führen.
Doch sollt Ihr auch wissen, dass jedes Haus des Ghettos wie bisher, so auch weiterhin eine Festung sein wird; dass wir vielleicht alle in diesem Kampf umkommen werden, uns aber nicht ergeben werden; dass wir wie Ihr nach Vergeltung und Bestrafung unseres gemeinsamen Feindes dürsten.
Der Kampf geht um Eure und unsere *Freiheit*. Um Eure und unsere menschliche, soziale, nationale Ehre und Würde. Wir werden die Verbrechen von Auschwitz, Treblinka, Belzec, Majdanek rächen.
Es lebe die Waffen- und Blutsbrüderschaft des kämpfenden Polen! Es lebe die *Freiheit*! Tod den Henkern und Henkersknechten! Es lebe der Kampf auf Leben und Tod gegen den Besatzer!

Die Jüdische Kampforganisation

Zit. nach: Georg Heuberger (Hrsg.), Im Kampf gegen Besatzung und „Endlösung“. Widerstand der Juden in Europa 1939-1945, Frankfurt a. M. 1995, S. 172

M10 Anweisung

Reichsinnenminister Heinrich Himmler schreibt am 22. April 1943 an die Warschauer SS- und Polizeiführer:

Die Durchkämmung des Ghettos in Warschau ist mit größerer Härte und unnachsichtiger Zähigkeit zu vollziehen. Je härter zugepackt wird, umso besser ist es. Gerade die Vorfälle zeigen, wie gefährlich diese Juden sind.

Zit. nach: Arno Lustiger, Zum Kampf auf Leben und Tod. Vom Widerstand der Juden 1933-45, Köln 1994, S. 130

▶ ***Lesetipp:*** *David Safier, 28 Tage lang. Roman, Reinbek bei Hamburg 2014*

▶ ***Filmtipp:*** *Geheimsache Ghettofilm, Berlin 2011*

M11 Überlebende des Warschauer Ghettoaufstandes werden von der SS abgeführt.

Foto (Ausschnitt) aus einem Bericht des SS-Gruppenführers und Generalmajors der Polizei, Jürgen Stroop, vom 16. Mai 1943. Der Originaluntertitel lautet: „Mit Gewalt aus Bunkern herausgeholt.“

Der Aufstand endete, nachdem die SS die Häuser im Ghetto in Brand gesetzt hatte. Ende Mai notierte Jürgen Stroop: „Es gibt keinen jüdischen Wohnbezirk in Warschau mehr.“ Von den 56 000 gefangengenommenen Juden erschoss die SS sofort 7000. Die Überlebenden deportierte sie in Arbeits- und Vernichtungslager.

M12 Ein Wunder

Ein Widerstandskämpfer berichtet:

Ich [wurde] dem Gefechtsstand in der [Straße] Nalewiki 33 zugeteilt. Wir waren dort 23 Jungen und Mädchen. Unsere Ausrustung bestand aus je einer Pistole, selbst gebastelten Handgranaten und Bomben sowie aus Molotowcocktails. Bei Tageslicht konnte ich die großen Massen der deutschen Soldaten, die von Kopf bis Fuß bewaffnet waren, feststellen. Ihnen gegenüber standen unsere 22 Gruppen, die wie meine ausgerüstet waren.
[...] Die Deutschen betraten in geschlossenen Kolonnen das Ghetto, eine Kampfgruppe nach der anderen. Anfangs ließ man sie passieren, bis in den Bereich unserer Feuerlinie. Anschließend wurde das Feuer auf sie eröffnet, und siehe da ein Wunder: Die Deutschen, die bisher ganz Europa besetzten, flohen nun vor einigen hundert jüdischen Jungen und Mädchen. Das erste Gefecht endete also mit dem Sieg der Kämpfer. Die Deutschen flohen und ließen diesmal einige Tote und Verwundete liegen. Das war das erste Mal, dass in den Straßen von Warschau deutsches Blut vergossen wurde.

Zit. nach: Wolfgang Scheffler/Helge Grabitz, Der Ghettoaufstand 1943 aus der Sicht der Täter und Opfer in Aussagen vor deutschen Gerichten, München 1993, S. 47

■ *Diskutiert die anhaltende Bedeutung des Warschauer Ghettoaufstandes für die Juden (M 9 bis M 12).*

An den Holocaust erinnern

M 1 **Blick auf die Stelen des Denkmals für die ermordeten Juden Europas.** *Foto von Paul Langrock, Dezember 2004. Am 10. Mai 2005 wurde in Berlin das Denkmal eingeweiht – 60 Jahre nach der Befreiung von Auschwitz. Bauherren waren der Bund, das Land Berlin und der „Förderkreis zur Errichtung eines Denkmals für die ermordeten Juden Europas e.V.". Die Journalistin Lea Rosh und der Historiker Eberhard Jäckel hatten das Projekt 1988 angeregt.*
1994 wurde ein erster Wettbewerb für die Gestaltung ausgeschrieben. 1997 startete eine zweite Runde. Der Bundestag einigte sich 1999 auf einen Entwurf des amerikanischen Architekten Peter Eisenman.
Das Mahnmal besteht aus 2 711 in Reihen angeordneten Betonstelen unterschiedlicher Höhe und einem unterirdischen „Ort der Information" mit Angaben über die Judenvernichtung und ihre Opfer.
1996 ist der 27. Januar zum nationalen „Holocaust-Gedenktag" erklärt worden. Das Datum erinnert an die Befreiung des Vernichtungslagers Auschwitz. Seit 2006 wird der „Tag des Gedenkens an die Opfer des Holocaust" auf Beschluss der Vereinten Nationen weltweit begangen.

M 2 Anlass und Ziel

Folgende Ziele des Denkmalwettbewerbs werden in der ersten Ausschreibung von 1994 genannt:

- der Wahrheit nicht auszuweichen, sie nicht dem Vergessen preiszugeben,
- die jüdischen Ermordeten Europas zu ehren,
- ihrer in Trauer und Scham zu gedenken,
- die Last deutscher Geschichte anzunehmen,
- ein Zeichen zu setzen für ein neues Kapitel menschlichen Zusammenlebens, in dem kein Unrecht an Minderheiten möglich sein darf.

Zit. nach: Ute Heimrod u.a. (Hrsg.), Die Debatte um das „Denkmal für die ermordeten Juden Europas". Der Denkmalstreit – das Denkmal? Eine Dokumentation, Berlin 1999, S. 177

M 3 Ein Ort des Gedenkens

Zur Eröffnung des Denkmals hält Wolfgang Thierse (SPD) am 10. Mai 2005 in seiner Funktion als Bundestagspräsident und Vorsitzender des Kuratoriums „Stiftung Denkmal für die ermordeten Juden Europas" eine Rede; darin heißt es:

Der Holocaust berührt die „Grenze unseres Verstehens", so ist zutreffend gesagt worden. [...] Es ist der Ausdruck für die Schwierigkeit, eine künstlerische Form zu finden, die dem Unfassbaren, der Monstrosität* der nationalsozialistischen Verbrechen, dem Genozid an den europäischen Juden überhaupt irgend angemessen sein könnte. Es verwischt die Grenze nicht zwischen einer Erinnerung, die auf keinerlei Weise „bewältigt" werden kann, und jener Erinnerung, die für Gegenwart und Zukunft Bedeutung haben muss. [...]
Dieses Denkmal – mit dem Ort der Information – kann uns Heutigen und den nachfolgenden Generationen ermöglichen, mit dem Kopf und mit dem Herzen sich dem unbegreiflichen Geschehenen zu stellen.
Was heute noch in großer Eindringlichkeit Zeitzeugen erzählen können, müssen in Zukunft Museen, muss die Kunst vermitteln. Wir sind gegenwärtig in einem Generationenwechsel, einem Gezeitenwechsel, wie manche sagen: Nationalsozialismus, Krieg und organisierter Völkermord werden immer weniger lebendige Erfahrung von Zeitzeugen bleiben und immer mehr zu Ereignissen der Geschichte; sie wechseln von persönlicher, individuell beglaubigter Erinnerung in das durch Wissen vermittelte kollektive Gedächtnis. Das Denkmal ist Ausdruck dieses Überganges.

Zit. nach: www.bundestag.de/aktuell/presse/2005/pz_0505101.html (Zugriff: 4. Juli 2008)

* **Monstrosität**: *Ungeheuerlichkeit*

1. *Diskutiert, ob das Denkmal (M 1) die in M 2 genannten Ziele erfüllt. Berücksichtigt dabei die Bildlegende und M 3.*
2. *In der zehnjährigen öffentlichen Diskussion um die Errichtung des Denkmals wurde vor allem ein Einwand immer wieder erhoben: Es sollte nicht – wie die Bundesregierung 1992 entschieden hatte – nur den Juden gewidmet sein, sondern allen Opfern der Nazi-Herrschaft. Erörtert diesen Einwand.*
3. *In der Eröffnungsrede (M 3) werden die Begriffe „individuelle Erinnerung" und „kollektives Gedächtnis" benutzt. Erkläre die beiden Begriffe. Arbeite die Unterschiede heraus.*
4. *Macht Vorschläge für den Umgang mit dem Holocaust-Gedenktag an eurer Schule.*

Die Gedenkstätte Buchenwald besuchen

Der Besuch eines ehemaligen Konzentrationslagers ist keine Exkursion wie jede andere und muss besonders sorgfältig vorbereitet werden. Es ist ein historischer Ort, an dem wir etwas über Opfer und Täter der NS-Zeit erfahren. Zugleich handelt es sich um eine Stätte des Gedenkens an das Leid und den Tod vieler unschuldiger Menschen, die aus rassischen, weltanschaulichen, politischen und wirtschaftlichen Gründen eingesperrt, misshandelt, ausgebeutet und ermordet wurden.

Gedenken erfordert Respekt vor den Opfern und Wissen über sie. Dazu gehören auch Kenntnisse der Weltanschauung und Herrschaftspraxis des Nationalsozialismus. Tipps zur Vorbereitung, Durchführung und Nachbereitung des Besuches:

- Besprecht vorher, welchen Themen ihr in der Gedenkstätte nachgehen wollt. Lest dazu noch einmal im Buch die Seiten 108 und die Bild- und Textquellen auf Seite 111 sowie Seite 122. Welche weiterführenden Fragen ergeben sich aus den Materialien?
- Auf der Internetseite der Gedenkstätte (siehe unten) findet ihr Projektvorschläge. Welche Angebote wollt ihr nutzen?
- Folgenden Fragen könnt ihr zum Beispiel allein oder in Gruppen nachgehen:
  - *Anfang 1938 wurde am Lagertor die Inschrift „Jedem das Seine" so angebracht, dass die Häftlinge sie auf dem Appellplatz stehend lesen konnten. Was machte diesen Leitspruch damals so menschenverachtend?*
  - *Wie veränderte sich das Lager nach Beginn des Krieges?*
  - *Gab es Widerstandsversuche?*
  - *Befreiten sich die Häftlinge am Ende des Krieges selbst oder wurden sie befreit?*
  - *Seit wann wird der Opfer gedacht und wie hat sich das Gedenken bis heute verändert?*

Zur Vor- und Nachbereitung der Exkursion könnt ihr euch einen Film ansehen (*siehe den Filmtipp*) oder einen Begleitband zur Ausstellung lesen (*siehe den Lesetipp*) und daraus weitere Fragen und Antworten ableiten.

▶ ***Internettipp:***
www.buchenwald.de

▶ ***Filmtipp:***
KZ Buchenwald/Post Weimar; Regie: Margit Eschenbach, 1999

▶ ***Lesetipp:***
Harry Stein, Konzentrationslager Buchenwald 1937-1945, Göttingen [8]2011

M1 Schüler besuchen die Gedenkstätte Buchenwald.
Fotos von 2008.

1. *Bearbeitet in Gruppen ausgewählte Themen und Fragen. Präsentiert die Ergebnisse in der Klasse.*
2. *Gedenken braucht Wissen und Respekt. Erörtert die Aussage.*
3. *Diskutiert, warum noch heute an die Verbrechen der NS-Zeit erinnert werden soll.*

M1 „Aufruf an alle Deutschen!"

Im Januar 1943 wird dieses Flugblatt der „Weißen Rose" in mehreren hundert Exemplaren in der Münchener Universität ausgelegt. Es ist das vorletzte von insgesamt sechs Flugblättern der Widerstandsgruppe.

Der Krieg geht seinem sicheren Ende entgegen. [...] *Hitler kann den Krieg nicht gewinnen, nur noch verlängern!* Seine und seiner Helfer Schuld hat jedes Maß unendlich überschritten. Die gerechte Strafe rückt näher und näher! Was aber tut das deutsche Volk? Es sieht nicht und es hört nicht. Blindlings folgt es seinen Verführern ins Verderben. Sieg um jeden Preis, haben sie auf ihre Fahne geschrieben. [...]

Deutsche! Wollt Ihr und Eure Kinder dasselbe Schicksal erleiden, das den Juden widerfahren ist? Wollt Ihr mit dem gleichen Maße gemessen werden wie Eure Verführer? Sollen wir auf ewig das von aller Welt gehasste und ausgestoßene Volk sein? Nein! Darum trennt Euch von dem nationalsozialistischen Untermenschentum! Beweist durch die Tat, dass Ihr anders denkt! Ein neuer Befreiungskrieg bricht an. Der bessere Teil des Volkes kämpft auf unserer Seite. Zerreißt den Mantel der Gleichgültigkeit, den Ihr um Euer Herz gelegt! *Entscheidet Euch, eh' es zu spät ist!* [...]

Was lehrt uns der Ausgang dieses Krieges, der nie ein nationaler war? Der imperialistische Machtgedanke muss, von welcher Seite er auch kommen möge, für alle Zeit unschädlich gemacht werden. Ein einseitiger preußischer Militarismus darf nie mehr zur Macht gelangen. Nur in großzügiger Zusammenarbeit der europäischen Völker kann der Boden geschaffen werden, auf welchem ein neuer Aufbau möglich sein wird. Jede zentralistische Gewalt, wie sie der preußische Staat in Deutschland und Europa auszuüben versucht hat, muss im Keime erstickt werden. Das kommende Deutschland kann nur föderalistisch sein. [...] Die Arbeiterschaft muss durch einen vernünftigen Sozialismus aus ihrem Zustand niedrigster Sklaverei befreit werden. [...]

Freiheit der Rede, Freiheit des Bekenntnisses, Schutz des einzelnen Bürgers vor der Willkür verbrecherischer Gewaltstaaten, das sind die Grundlagen des neuen Europa. Unterstützt die Widerstandsbewegung, verbreitet die Flugblätter!

Zit. nach: Inge Scholl, Die Weiße Rose, Frankfurt a. M. 1993, S. 96ff.

M2 „Hitlers Krieg ist verloren!"

Die kommunistische Widerstandsgruppe um den ehemaligen Reichstagsabgeordneten und Staatsminister Dr. Theodor Neubauer und den Tischler Magnus Poser ist seit 1942 vor allem in Thüringen aktiv und wird im Juli 1944 zerschlagen. Sie hat Kontakte in ganz Deutschland. Im September 1943 wird ein Flugblatt mit folgendem Inhalt verbreitet:

Verpulvert sind die Vorräte an Waffen, Kriegsgerät und Lebensmitteln, ausgepumpt die Menschenreserven; alles geht zur Neige in Deutschland, während die Macht der Gegner ständig anwächst. [...]

Zerstoben sind die Illusionen, die Träume von Welteroberung und fetter Beute. Das Volk durchschaut die Lügengewebe der Goebbels-Propaganda und erkennt, wie schamlos es betrogen wurde. Ins Riesenhafte sind die Gegensätze gesteigert zwischen Reichtum, Macht, Schiebertum und Korruption auf der einen Seite und Not, Elend, Sklaverei auf der anderen Seite. [...]

Jetzt naht das Ende. Millionen Tote und Verwundete an den Fronten, Verwüstung eines großen Teiles der deutschen Industrie, Hunderttausende Tote an der Heimatfront und grenzenloses Elend: Das ist die Bilanz dieses verbrecherischen Krieges. Hitler und seine Bande wissen, dass sie den Krieg verloren haben. Trotzdem wollen sie ihn weiterführen, mag auch ganz Deutschland dabei zugrunde gehen, nur um ihre Hälse zu retten. Das deutsche Volk aber muss leben. Darum muss Hitler fallen, und mit ihm das Finanzkapital, das ihn zum „Führer" gemacht hat. [...]

Für das arbeitende Volk Deutschlands gibt es nur eine Rettung: Sturz Hitlers und des Finanzkapitals, Errichtung einer Regierung des werktätigen Volkes, Bündnis mit Sowjetrussland und den befreiten Völkern Europas im Rahmen einer Union sozialistischer Republiken. Nur auf diesem Wege kann Deutschland ein Eigenleben, ein Kulturleben, eine politische und wirtschaftliche Selbstständigkeit erhalten.

Zit. nach: Jürgen John (Hrsg.), 1918-1945. Quellen zur Geschichte Thüringens, Erfurt 1996, S. 255-257

M3 Straßenschilder aus Jena.
Fotos vom 10. Dezember 2013.
Die Stadtverordneten Jenas beschlossen 1950, die Straßen nach Magnus Poser und den Geschwistern Scholl sowie 1952 nach Theo[dor] Neubauer zu benennen.

1. *Nenne die Vorwürfe, die dem NS-Regime in den Flugblättern gemacht werden (M1 und M2).*
2. *Arbeite die unterschiedlichen Motive und Ziele der Widerstandsgruppen heraus (M1 und M2).*
3. *Recherchiert in eurem Schul- und Wohnort nach weiteren Straßennamen von Nazi-Gegnern. Informiert euch über die Personen und wann die Straßen den Namen bekamen.*

M4 **Den „entscheidenden Wurf" wagen**

Generalmajor Henning von Tresckow, ein Freund Stauffenbergs, fordert im Juni 1944:

Das Attentat auf Hitler muss erfolgen, um jeden Preis. Sollte es nicht gelingen, so muss trotzdem der Staatsstreich versucht werden. Denn es kommt nicht mehr auf den praktischen Zweck an, sondern darauf, dass die deutsche Widerstandsbewegung vor der Welt und vor der Geschichte unter Einsatz des Lebens den entscheidenden Wurf gewagt hat. Alles andere ist daneben gleichgültig.

Zit. nach: Peter Steinbach/Johannes Tuchel (Hrsg.), Widerstand in Deutschland 1933-1945. Ein historisches Lesebuch, München [3]2000, S. 326

M5 **Der geplante Aufruf**

Nach Stauffenbergs Anschlag sollte folgender Aufruf verkündet werden:

Unser Ziel ist die *wahre, auf Achtung, Hilfsbereitschaft und soziale Gerechtigkeit gegründete Gemeinschaft des Volkes.* Wir wollen Gottesfurcht anstelle von Selbstvergottung, *Recht und Freiheit* anstelle von Gewalt und Terror, *Wahrheit und Sauberkeit* anstelle von Lüge und Eigennutz. Wir wollen unsere *Ehre* und damit unser Ansehen in der Gemeinschaft der Völker wiederherstellen. Wir wollen mit besten Kräften dazu beitragen, die Wunden zu heilen, die dieser Krieg allen Völkern geschlagen hat, und das *Vertrauen* zwischen ihnen wieder neu beleben. [...]

Wir wollen der Hoffnungslosigkeit, dass dieser Krieg noch unendlich weitergehen müsse, ein Ende machen. Wir erstreben einen gerechten Frieden, der an die Stelle der Selbstzerfleischung und Vernichtung der Völker friedliche Zusammenarbeit setzt. Ein solcher Friede kann sich nur auf Achtung vor der Freiheit und der Gleichberechtigung aller Völker gründen. [...]

Helfe jeder mit, das Vaterland zu retten!

Zit. nach: Gerd R. Ueberschär, Für ein anderes Deutschland, Frankfurt a. M. [2]2006, S. 391f. (Hervorhebungen im Original)

▶ Filmtipp:

Operation Walküre – Das Stauffenberg-Attentat;
Regie: Bryan Singer, 2008

M6 **Das Attentat vom 20. Juli 1944.**

Foto vom 20. Juli 1944.
Um 12:42 Uhr detonierte die Bombe, zwei Stunden später besichtigte Hitler mit Mussolini den zerstörten Konferenzraum im Führerhauptquartier.

M7 **„Soeben höre ich ..."**

Eine Frau aus Wien schreibt am 20. Juli 1944 um 19:00 Uhr an Goebbels:

Soeben höre ich die furchtbare Nachricht über den verbrecherischen Anschlag auf das Leben unseres geliebten Führers. Hass, tiefster unauslöschlicher Hass gegen unsere Feinde. Diese niedrigsten Kreaturen! Ist ihm wirklich nichts geschehen? Mein Führer! Er ist ja alles, was ich noch habe auf der Welt. Ich hatte ein einziges Kind; mein Bub ist in Russland gefallen [...].

Heil unserem geliebten Führer!

Zit. nach: Beatrice und Helmut Heiber (Hrsg.), Die Rückseite des Hakenkreuzes, München [3]1995, S. 176

M8 **„... unendlich einsam"**

Seit 1951 finden Gedenkfeiern zu den Jahrestagen des 20. Juli 1944 statt. 1984 hält Klaus von Dohnanyi, Sohn eines 1945 von den Nationalsozialisten ermordeten Widerstandskämpfers, die Ansprache:

Die wenigen weitsichtigen und mutigen Offiziere, die zum Teil seit 1933, spätestens aber seit 1937 die Katastrophe sahen, blieben einsam.

Es ist diese Einsamkeit, die wir bedenken müssen, wenn wir vom Widerstand sprechen. Denn Widerstand in Deutschland forderte eine andere Haltung als Widerstand in den [...] von uns besetzten Ländern. Dort kämpfte man gegen den äußeren Feind, hier gegen die eigene Regierung; dort wurde man getragen von der Zustimmung des Volkes, hier aber war der Widerstandskämpfer unendlich einsam.

Zit. nach. Wolfgang Göbel/Gedenkstätte Deutscher Widerstand (Hrsg.), Der 20. Juli 1944. Reden zu einem Tag der deutschen Geschichte, Berlin 1984, S. 207f.

1. *Erläutere, mit welchen Konsequenzen Offiziere rechnen mussten, die sich wie Tresckow und Stauffenberg entschlossen, im Krieg Widerstand gegen die Staatsführung zu leisten (M4).*
2. *Verfasse aus verschiedenen Perspektiven eine Antwort auf die Zeilen der Wienerin (M7). Berücksichtige dabei die Positionen von Tresckow und Stauffenberg (M4 und M5).*
3. *Erörtert Dohnanyis Aussage über den Widerstand (M8).*
4. *Diskutiert Gründe, die ein Attentat aus politischen Gründen rechtfertigen.*
5. *Lege für dein Portfolio eine Tabelle über die Formen des Widerstandes während der NS-Zeit an. Berücksichtige Trägergruppen, ihre Motive und Ziele sowie die Methoden des Widerstandes.*

Bombben auf Deutschland

1 Das zerstörte Dresden.
Foto von Walter Hahn, 1945.
Rechts eine Statue des Rathausturms, die die Bombardierung vom Februar 1945 überstanden hat. Die Figur ist kein Engel, sondern symbolisiert die Tugend der Güte.
- *Das Foto gilt als eine „stumme" Klage bzw. Anklage. Erörtert diese Positionen.*

Der alliierte Luftkrieg gegen die Zivilbevölkerung

Nach den deutschen Bombenangriffen auf Polen, Großbritannien, Frankreich und die Niederlande starteten die Briten und Amerikaner einen gewaltigen Luftkrieg gegen die Zivilbevölkerung des Deutschen Reiches. Ziel der Alliierten war es, die Deutschen zu zermürben und den Krieg zu verkürzen.

Der erste Großangriff traf Köln im November 1942. Im Juli 1943 wurde Hamburg bombardiert. Etwa 35 000 Menschen kamen dabei ums Leben. In den folgenden Monaten flogen die Bomber pausenlos Luftangriffe auf deutsche Städte, Verkehrsanlagen und Industriebetriebe. Die Zerstörungen wirkten sich bis 1944 kaum auf die Rüstungsproduktion aus. Sie vergrößerten zwar die allgemeine Not, erschütterten aber die Moral der Bevölkerung nicht in dem von den Alliierten erhofften Maße.

Im Deutschen Reich kamen durch die Luftangriffe ungefähr 500 000 Menschen ums Leben. Zur Erinnerung: Bei der deutschen Belagerung und Bombardierung Leningrads (heute St. Petersburg) starben über eine Million Männer, Frauen und Kinder.*

Dresden wird zerstört

Ein besonders schweres Bombardement traf Dresden am 13./14. Februar 1945, als die Niederlage des Deutschen Reiches bereits absehbar war. Britische und amerikanische Verbände zerstörten die mit Flüchtlingen überfüllte Stadt. Die Zahl der Opfer wird heute auf 18 000 bis 25 000 geschätzt. Von den 220 000 Wohnungen der Stadt wurden 75 000 zerstört. Weltberühmte Bauten wie Oper, Zwinger, Schloss und Frauenkirche brannten aus. Nur die großen Industriebetriebe und das Kasernenviertel sowie die meisten Elbbrücken blieben weitgehend unbeschädigt. Bis heute klagen viele Menschen über die Zerstörungen, ohne dabei die Ursachen des Krieges zu nennen.

▶ ***Lesetipp:*** *Kurt Vonnegut jr., Schlachthof 5 oder Der Kinderkreuzzug, Reinbek ²2010*

▶ ***Filmtipp:*** *Come together. Dresden und der 13. Februar; Regie: Barbara Lubich, 2012*

** Lies dazu nochmals Seite 135.*

M1 „Warum wir das tun?“

1942 wendet sich der Oberbefehlshaber der Britischen Kampfflugzeuge, Arthur Harris, in einem Flugblatt an das deutsche Volk. Er begründet die Bombenangriffe wie folgt:

Nicht aus Rachsucht – obwohl wir Warschau, Rotterdam, Belgrad, London, Plymouth, Coventry nicht vergessen. Wir bomben Deutschland, eine Stadt nach der anderen, immer schwerer und schwerer, um euch die Fortführung des Krieges unmöglich zu machen. Das ist unser Ziel. Wir werden es unerbittlich verfolgen. Stadt für Stadt: Lübeck, Rostock, Köln, Emden, Bremen, Wilhelmshaven, Duisburg, Hamburg – und die Liste wird immer länger. Lasst euch von den Nazis mit ins Verderben reißen, wenn ihr wollt. Das ist eure Sache.

Zit. nach: www.amaot.de/bunker/raf-flugblatt.htm (Zugriff: 16. Juli 2013)

M3 Blick auf die Stadtkirche St. Michael in Jena.
Foto von 1945.

M2 Erinnerung an den Luftangriff auf Jena

Die Bevölkerung Thüringens bekommt ab Mai 1944 die Folgen des Bombenkrieges zu spüren. Zwischen Februar und April 1945 legen dann Bomben Gera, Erfurt, Eisenach, Weimar und Nordhausen in Schutt und Asche. Etwa 20 000 Menschen fallen den Luftangriffen zum Opfer.

a) Edeltraut F. (geb. 1923) erinnert sich Mitte der 1990-Jahre an die Bombardierung Jenas:

Fliegeralarm hatten wir fast jede Nacht gehabt und manchmal sogar zweimal. Ich sehe jetzt noch die Christbäume* am Himmel hängen, ein Gehänge von Leuchtkugeln, das die Nacht mondhell machte. Aber es blieb außer dem Flugmotorenlärm des Pulks still.

b) Die ehemalige Kinderpflegerin Margot K. (geb. 1926) berichtet nach rund 50 Jahren:

Da kam der Alarm! Wir saßen im Keller und hatten das Gefühl, das Haus ist getroffen. Bei Entwarnung war die ganze Stadt in Rauch, Feuer, Nebel und schrecklichen Gestank gehüllt. [...] Es hatte sich schnell herumgesprochen, dass der Kindergarten in der Richard-Strauß-Straße getroffen war. Ich lief so schnell mich meine Beine tragen konnten um zu helfen. Als ich in die Erfurter Straße kam, sah ich, wie eine Frau, ihr totes Kind im Arm, wie von Sinnen in einen Wehrmachtslastwagen lief. Der Anblick war entsetzlich, wir waren alle wie gelähmt! Als ich zum Kindergarten kam, war das Grauen noch schlimmer! [...] Überall lagen oder saßen Kinder und Erwachsene mit geplatzten Lungen, die uns aus seelenlosen Augen anstarrten.

Zit. nach: Gudrun Braune (Hrsg.), Erinnerungen an die Zeit zwischen 1930 bis 1947, Erfurt 1996, S. 94 und 124f.

* **Christbäume**: *an Fallschirmen hängende Markierungslichter zur Orientierung der Bomberbesatzungen*

M4 Weimar in Trümmern

Der Weimarer Museums- und Archivdirektor Hans Wahl schildert in einem zeitgenössischen Aufsatz die Folgen des Angriffes vom 9. Februar 1945:

Die alten schönen Häuser am Markt sind ebenso wie das Goethische Gegenüber am Frauenplan in Flammen zugrunde gegangen, in den alten Gassen und Straßen liegen die Trümmer manchen geschichtlich bedeutsamen Hauses der Goethezeit [...]. Zahllose Bombentrichter haben die Wiesen und Hänge des stillen Parks und die Ufer der friedlichen Ilm aufgerissen, in Goethes Garten am Stern die ehrwürdigen, von ihm selbst gepflanzten Bäume entwurzelt oder zersplittert; das Gartenhaus selbst ist empfindlich verwundet. Die Herderkirche hat einen Volltreffer erhalten, aus dem Wittumspalais gegenüber dem ausgebrannten Nationaltheater, aus dem Schillerhaus, gähnen uns die leeren Fensterhöhlen an.

Zit. nach: Thomas Neumann, Thüringen 1945, Erfurt 2010, S. 9f.

1. *Das Flugblatt (M1) änderte die Einstellung der meisten Deutschen zum Krieg nicht. Erörtere die möglichen Gründe.*
2. *Untersuche die Erinnerungen an die Bombardierungen (M2 bis M4). Welche Auswirkungen werden beschrieben?*
3. *Für den Organisator der britischen Bombenaktionen, Arthur Harris, errichteten Kriegsveteranen in London 1992 ein Denkmal. Diskutiert das Für und Wider aus britischer und deutscher Sicht.*

Das Ende des Krieges

1 Goebbels gratuliert.
Foto vom 9. März 1945.
Der „Reichsminister für Volksaufklärung und Propaganda", Joseph Goebbels, war kurz vor Ende des Krieges noch zum „Generalbevollmächtigten für den totalen Kriegseinsatz" ernannt worden. In dieser Funktion gratuliert er hier dem 16-jährigen Wilhelm H. auf dem Marktplatz von Lauban in Schlesien zu einem Orden.
■ *Beurteile diese „Gratulation".*

„Wollt ihr den totalen Krieg?"
Siegesgewiss forderten der amerikanische Präsident Roosevelt und der britische Premierminister Churchill auf der Konferenz von Casablanca im Januar 1943 die „bedingungslose Kapitulation". Das Deutsche Reich, Italien und Japan sollten militärisch besiegt werden und demokratische Ordnungen erhalten.
Statt unter dem Eindruck der alliierten Erfolge zu kapitulieren, verkündete die NS-Führung den Deutschen, der Krieg sei noch zu gewinnen. Am 18. Februar 1943 stellte Goebbels auf einer Berliner Großveranstaltung die Frage: „Wollt ihr den totalen Krieg?" – und erhielt von dem ausgewählten Publikum die gewünschte lautstarke Zustimmung. Alle Produktionsmittel und Arbeitskräfte im Reich und in den besetzen Gebieten sollten nun rücksichtslos für den „Endsieg" aufgeboten werden.
Während die NS-Propaganda die Hoffnung auf eine Wende des Krieges durch neue Vergeltungswaffen (V-Waffen) schürte, begann der militärische Rückzug aus dem Osten. Die angekündigten „Wunderwaffen" kamen nicht mehr zum Einsatz. Sie hatten aber die alliierten Bemühungen verstärkt, den Krieg in Europa so schnell wie möglich zu beenden.

▶ ***Internettipp:***
Ausschnitte aus der Goebbels-Rede vom 18. Februar 1943 findest du unter www.dhm.de/lemo/html/dokumente/sportpalastrede

Das Ende Mussolinis
In Nordafrika mussten deutsch-italienische Truppen im Mai 1943 vor der britisch-amerikanischen Übermacht kapitulieren. 250 000 Soldaten gingen in Gefangenschaft. Wenig später landeten alliierte Truppen auf Sizilien und in Süditalien.
Mussolini wurde wegen seiner militärischen Misserfolge nach dem Einmarsch der Westalliierten im Juli 1943 gestürzt. Als die neue Regierung einen Waffenstillstand mit den Alliierten schloss, besetzten im Herbst 1943 deutsche Truppen große Teile des Landes. Italien erklärte daraufhin dem Deutschen Reich den Krieg. Mithilfe der Alliierten befreiten sich die Italiener von der deutschen Besatzung. Mussolini wurde am 28. April 1945 von kommunistischen Widerstandskämpfern bei dem Versuch erschossen, nach Deutschland zu fliehen.

Entscheidungen der „Großen Drei"
Ende 1943 trafen sich Roosevelt, Churchill und Stalin in Teheran. Auf der Konferenz einigten sich die „Großen Drei" über das militärische Vorgehen und die Neuordnung Europas nach dem Krieg. Dabei beharrte die Sowjetunion auf ihre Gebietsansprüche aus dem „Hitler-Stalin-Pakt".
Im Februar 1945 kamen die „Großen Drei" erneut zusammen. Auf der *Konferenz von Jalta* wurden die Gründung der *Vereinten Nationen** sowie die Verschiebung der polnischen Grenzen nach Westen vereinbart. Das „Nazi-Deutschland" sollte nun endgültig niedergeworfen und besetzt werden. Man beabsichtigte aber nicht, „das deutsche Volk zu vernichten", sondern ihm die Chance auf eine „würdige Existenz und auf einen Platz in der Gemeinschaft der Nationen" zu ermöglichen – so die Erklärung von Jalta.

** Zur Gründung der Vereinten Nationen lies Seite 173.*

2 Die „Großen Drei" in Jalta.
Foto vom 9. Februar 1945 (Ausschnitt).
Von links nach rechts: Churchill, Roosevelt und Stalin.

D-Day

Mitte 1944 rückten die alliierten Armeen auf allen Fronten vor. Im Juni durchbrach die Rote Armee die deutsche Ostfront und eroberte die verloren gegangenen Gebiete zurück. Am 6. Juni 1944 begann der D-Day. Innerhalb von 24 Stunden stürmten rund 133000 amerikanische und britische Soldaten die Strände der Normandie. Die Verbündeten kamen mit Flugzeugen und Landungsbooten. Der Sturmlauf der Alliierten auf die „Festung Europa" (Hitler) war angesichts der Überlegenheit an Soldaten und Material nicht mehr zu stoppen. Daran konnte auch der *Volkssturm* nichts mehr ändern, zu dem seit Oktober 1944 alle „waffenfähigen" Männer im Alter von 16 bis 60 Jahren und seit Februar 1945 alle Frauen aufgerufen wurden. Gemeinsam sollten sie den „Heimatboden" verteidigen.

3 **Treffen in Torgau.**
Foto vom 26. April 1945.
Am 25. April trafen US-Soldaten auf der Brücke von Torgau an der Elbe (Sachsen) auf sowjetische Soldaten. Einen Tag später wurde das Foto gemacht.
■ *Erläutere die Absicht der gestellten Aufnahme.*

Der deutsche Zusammenbruch

Im Bunker der Reichskanzlei verlangte Hitler von den Soldaten und der Bevölkerung weiterhin den Einsatz bis zum letzten Atemzug. Der geplante Gegenschlag im Westen, die *Ardennen-Offensive*, scheiterte unter großen Verlusten. Im Osten überrollte Anfang 1945 die sowjetische Kriegsmaschinerie das Heer und drang in die deutschen Ostgebiete ein. Um zu überleben, mussten nun die Deutschen fliehen; zugleich setzte für Millionen Deutsche die gewaltsame Vertreibung aus ihrer Heimat ein.*

US-Verbände überquerten am 7. März 1945 den Rhein auf der einzigen noch nicht gesprengten Brücke bei Remagen. Die Briten und Amerikaner setzten ihren Vormarsch über Ostwürttemberg nach Bayern fort, während die Franzosen Württemberg und Baden einnahmen. Gleichzeitig eroberten Briten und Amerikaner das Ruhrgebiet und stießen nach Mitteldeutschland vor. Am 12. April 1945 besetzten US-Truppen Erfurt und Weimar. Vier Tage später war ganz Thüringen in den Händen der US-Armee.**

Die Kapitulation

Am 25. April 1945 trafen sich amerikanische und sowjetische Soldaten in Torgau an der Elbe. Zur gleichen Zeit wurde Berlin von der Roten Armee eingeschlossen. Unnachgiebig erteilte Hitler trotzdem Befehle zur Zerstörung dessen, was vom Deutschen Reich noch erhalten geblieben war. Er verdammte das deutsche Volk und machte in seinem „politischen Testament" vom 29. April „den Weltvergifter aller Völker, das internationale Judentum" für den Weltkrieg verantwortlich. Er selbst beging am 30. April Selbstmord.

Acht Tage später folgte die bedingungslose Kapitulation gegenüber den Westalliierten in Reims. Sie trat am 8. Mai in Kraft. Einen Tag danach wurde die Kapitulationsurkunde nochmals im Hauptquartier der Sowjets in Berlin-Karlshorst unterzeichnet. Damit war der Krieg in Europa zu Ende.

**Lies dazu Seite 183ff.*

*** Am 2. und 3. Juli 1945 zogen die US-Streitkräfte aus Thüringen ab und Soldaten der Roten Armee ein, da das Land zur sowjetischen Besatzungzone gehörte. Dies war bereits im September 1944 zwischen den alliierten Siegermächten vereinbart worden.*

▶ ***Filmtipps:***
- *Der Soldat James Ryan; Regie: Steven Spielberg, 1998*
- *Winter 42/43 – Der Schicksalswinter; Regie: Mathias Haentjes, 2012*
- *Der Untergang; Regie von Oliver Hirschbiegel, 2004*

4 Atomwolke über Hiroshima.
Foto von Bord des Flugzeuges, das die Atombombe am 6. August 1945 abwarf.

5 Das zerstörte Hiroshima.
Von den etwa 350 000 Menschen, die sich am 6. August in Hiroshima aufhielten, starben bis Ende 1945 schätzungsweise 140 000 Menschen. Gleichzeitig zerstörte oder beschädigte die Explosion 70 000 von etwa 76 000 Gebäuden. Die Langzeitfolgen der radioaktiven Verseuchung wurden erst später deutlich: Zahllose Menschen starben an Leukämie und anderen Krebskrankheiten; viele Frauen gebaren behinderte Kinder.

▶ ***Lesetipp:***
Karl Bruckner, Sadako will leben, Würzburg 2006

Der Krieg im Pazifik

Innerhalb weniger Monate nach dem Überfall auf Pearl Harbor hatten die Japaner weite Teile Südostasiens angegriffen und erobert. Nach kurzer Zeit beherrschten sie einen Raum mit rund 500 Millionen Einwohnern.
Der amerikanische Gegenangriff setzte Mitte 1942 ein. Die militärische Überlegenheit zu Luft und zu Wasser ermöglichte den USA die Befreiung der besetzten Gebiete. Zugleich begannen sie, die japanischen Inseln anzugreifen. Mitte 1945 deutete die japanische Regierung ihre Kapitulationsbereitschaft an.

Japan kapituliert

Im August 1945 erklärte die Sowjetunion Japan auch noch den Krieg und beteiligte sich an der Niederwerfung des Landes. In dieser Situation zeigten sich zwischen den Verbündeten politische Gegensätze. Washington suchte daraufhin eine rasche Kriegsentscheidung, um die Sowjetunion an einem Sieg über Japan nicht beteiligen zu müssen. Das Misstrauen gegenüber der Sowjetunion und die Absicht, Rache für die Bombardierung von Pearl Harbor nehmen zu können, veranlassten den Befehl zum Abwurf von zwei Atombomben über Japan. Verantwortlich dafür war US-Präsident *Harry S. Truman*, der nach dem Tode Roosevelts im April die Macht im Weißen Haus übernommen hatte. Die Atombomben waren mit einem riesigen Forschungsaufwand entwickelt worden. Bedenken gegen ihre gewaltige Zerstörungskraft schob die US-Regierung mit dem Hinweis beiseite, dass die Japaner nur so zur „bedingungslosen Kapitulation" gezwungen werden könnten.
Am 6. und 9. August wurden Atombomben auf die Industriestädte Hiroshima und Nagasaki abgeworfen. Am 2. September kapitulierte Japan. Das war das Kriegsende für den pazifischen Raum.

Die „Bilanz" des Weltkrieges

Am Ende des Zweiten Weltkrieges waren weltweit über 55 Millionen Tote zu beklagen. Darüber hinaus gab es etwa 35 Millionen Kriegsversehrte – Männer, die ihre Arme, Beine oder das Augenlicht verloren hatten. Statistisch nicht zu erfassen sind die seelischen Leiden, die der Krieg hinterließ. Diese „Narben auf der Seele" blieben den Betroffenen oft ein Leben lang.
Das Ende des Zweiten Weltkrieges bedeutet auch den Anfang einer neuen Epoche. Sie begann mit dem Abwurf der ersten Atombombe durch die USA und prägt seitdem die Weltgeschichte.

M1 Tagebuchnotizen

In Berlin leben Ende April 1945 etwa 2,7 Millionen Menschen; davon sind zwei Drittel Frauen und Kinder. Lieselotte G., eine junge Berlinerin, macht sich folgende Notizen:

29. 4. Unser Haus hat etwa 20 Treffer. Das Kochen ist sehr erschwert wegen der dauernden Lebensgefahr, wenn man den Keller verlässt.

30. 4. War bei Bombeneinschlag mit Frau B. oben an der Treppe zum Keller. Die Russen sind da. Sie sind total besoffen. Nachts Vergewaltigungen. Ich nicht, Mutti ja. Manche 5-20-mal.

1. 5. Russen gehen ein und aus. Alle Uhren sind weg. Die Pferde liegen auf dem Hof auf unseren Betten. Die Keller sind aufgebrochen [...].

2. 5. Erste Nacht Ruhe. Sind von der Hölle in den Himmel gekommen. Haben geweint, als wir den blühenden Flieder auf dem Hof entdeckt haben. Alle Radios müssen abgegeben werden. [...]

6. 5. Unser Haus hat 21 Treffer. Den ganzen Tag geräumt und gepackt. Nachts Sturm. Bin vor Angst, dass die Russen kommen, unters Bett gekrochen. [...]

7. 5. Straße frei geschippt. Nummern für Brot geholt, aufgeräumt, sauber gemacht.

8. 5. Straße geschippt. Nach Brot angestanden. Nachricht, dass Papa lebt.

9. 5. Waffenstillstand. Für Margit gibt es Milch.

10. 5. Aufgeräumt.

Zit. nach: Ingrid Hammer/Susanne zur Nieden (Hrsg.), „Sehr selten habe ich geweint". Briefe und Tagebücher aus dem Zweiten Weltkrieg von Menschen aus Berlin, Zürich 1992, S. 445 ff.

M2 Menschenverluste im Zweiten Welkrieg

Sichere Angaben über die Verluste liegen nicht vor. Schätzungen gehen von folgenden Zahlen (in Mio.) aus:

	Verluste	*davon Zivilisten*
Sowjetunion	27,0	über 14,0
Deutschland	6,35	1,17
Polen	6,0	5,7
Japan	2,06	0,36
Jugoslawien	1,69	1,28
Ungarn	0,95	0,59
USA	0,40	–
Rumänien	0,38	0,23
Frankreich	0,36	0,15
Großbritannien	0,33	0,06
Italien	0,30	0,06
Österreich	0,23	0,13
Niederlande	0,22	0,20
Belgien	0,06	0,05

Nach: Der Große Ploetz. Die Enzyklopädie der Weltgeschichte, Freiburg [35]2008, S. 943 (Auszug)

M3 Die Rote Fahne auf dem Berliner Reichstag.
Nachträglich kolorierters Foto von Jewgeni Chaldej vom 2. Mai 1945 (Ausschnitt).
Der Fotograf hat die Szene auf dem Bild nachträglich inszeniert.

▶ ***Lesetipp:***
Klaus Kordon, Der erste Frühling, Weinheim [6]2010

▶ ***Internettipp:***
Persönliche Erinnerungen an das Kriegsende findest du unter www.dhm.de/lemo/html/wk2/kriegsverlauf/kapitulation

▶ ***CD-ROM-Tipp:***
Geschichte zum Hören. 1945, Köln: DeutschlandRadio, 2004

1. *Beschreibe die letzten Kriegstage in Berlin (M1). Warum mussten Frauen besonders leiden?*
2. *Suche nach Berichten über die letzten Kriegstage in deinem Wohn- oder Schulort. Informiere dich im Archiv.*
3. *Nenne die Länder, in denen der Anteil der Zivilisten unter den Kriegsopfern am größten ist (M2).*
4. *Erkläre die hohen Verluste der Zivilisten in einigen Ländern (M2).*
5. *Diskutiert, warum dem Foto M3 eine besondere Rolle zukommt und weshalb der Fotograf es inszenierte.*

Geschichte im Fernsehen

Auf die Vergangenheit beziehen sich im Fernsehen verschiedene Arten von Sendungen: Die *Dokumentation* versucht, den Wissensstand zu einem Ereignis, einer Person oder einer ganzen Epoche darzustellen. Sachliche Informationen werden dabei oft von einem Sprecher vermittelt. Zusätzlich können zeitgenössisches Bild- und Filmmaterial sowie Interviews mit Zeitzeugen und Experten eingesetzt werden.

Ein anderes Konzept von Geschichtsvermittlung im TV ist der *historische Spielfilm*. Hier wird eine Geschichte aus der Vergangenheit vollständig durch Darsteller gespielt. Der Regisseur bemüht sich darum, alle Szenen möglichst authentisch* zu gestalten. Aber ganz gleich, ob die handelnden Figuren erfunden sind oder ob existierende geschichtliche Personen gespielt werden – immer spiegelt der historische Spielfilm den Wissensstand der Entstehungszeit und das Werturteil des Regisseurs wider.

Das *Dokudrama* ist eine Mischform aus Dokumentation und Spielfilm mit Schwerpunkt auf der Spielhandlung. In Sendungen der Kategorie *„Living History"* spielen Menschen von heute ohne Drehbuch das Alltagsleben in einer geschichtlichen Epoche nach.

Um Menschen vor den Fernseher zu holen, müssen geschichtliche Formate unterhaltsam sein. Hierzu tragen u.a. spannende Rahmenhandlungen, aufwändige Kostüme, Spezialeffekte und dramatische Musik, aber auch bislang nicht bearbeitete Themen und ungewöhnliche Perspektiven bei. Die zahlreichen geschichtlichen Sendungen im Fernsehen werden daher manchmal unter dem Oberbegriff *„Histotainment"*** zusammengefasst.

Beispielfilm: „Unsere Mütter, unsere Väter"

Die vom ZDF produzierte, 2013 ausgestrahlte dreiteilige Serie thematisiert den Zweiten Weltkrieg aus der Sicht von fünf um 1920 herum geborenen Freunden aus Berlin. Die vom Drehbuchautor erfundenen Figuren sind auf unterschiedliche Weise in das Kriegsgeschehen verstrickt: Die Brüder Wilhelm und Friedhelm Winter gehen als Soldaten an die Ostfront. Der Jude Viktor Goldstein wird in ein Vernichtungslager deportiert, kann unterwegs entkommen und schließt sich polnischen Partisanen an. Greta, Viktors Freundin, lässt sich zu dessen Rettung mit einem SS-Offizier ein, hat dabei aber auch ihre Karriere als Sängerin im Sinn. Charlotte ist Wilhelms Freundin und erlebt den Krieg als Krankenschwester hinter der Ostfront. Von den fünf Freunden überleben nur drei den Krieg.

*__authentisch__ *(griech. authentikos: echt): mit der Wirklichkeit übereinstimmend*

**__Histotainment__: *Kunstwort aus „history" und „entertainment"; unterhaltsame Vermittlungsform von Geschichte*

Wie bewerte ich geschichtliche Filme im Fernsehen?

Geschichtliche Filme geben niemals „die Wirklichkeit" wieder – die Vergangenheit ist für immer vergangen. Geschichte ist stets nur eine *Deutung* unter einem subjektiven Blickwinkel. Jede Verarbeitung von Vergangenheit, auch die im Film, ist immer *Konstruktion*, also eine *Interpretation*.

Für eine kritische Bewertung solcher Deutungen und Konstruktionen im Film müssen wir Antworten auf Fragen finden, für die der folgende Leitfaden Anregungen liefert:

- Um welchen Typ von Geschichtsfilm handelt es sich?
- Ist die dargestellte Filmhandlung durch historische Quellen belegt?
- Welche filmischen Mittel (Perspektive, Schnitt, Musik und Geräusche) setzt der Regisseur ein und zu welchem Zweck?
- Enthält der Film historisches Bild- und Filmmaterial? Woher stammt es?
- Wie werden die handelnden Personen dargestellt (sympathisch, abstoßend, neutral)? Mit welcher Figur kann ich mich als Zuschauer identifizieren?
- Wann wurde der Film produziert? Was lässt sich über Regisseur, Drehbuchautor, Schauspieler sowie Finanzierung und Vermarktung herausfinden?
- Welches Urteil über die dargestellte Zeit transportiert der Film?
- Was will der Film beim Zuschauer bewirken?
- Wie wurde der Film bewertet?

M1 **Unsere Mütter, unsere Väter – die Hauptpersonen.**
Standbild aus der ersten Folge: Die Freunde Wilhelm, Friedhelm, Greta, Charlotte und Viktor treffen sich 1941 noch einmal zu einem Erinnerungsfoto, bevor der Krieg sie trennt. Alle erleben den Krieg aus völlig anderer Perspektive und werden durch ihn verändert.

M2 **Fakten zum Film**

Regie: Philipp Kadelbach, Drehbuch: Stefan Kolditz
Produktion: teamWorx, Tochterunternehmen der UFA
Dreharbeiten: 86 Tage in Lettland, Litauen, Deutschland
Produktionskosten: 14 Millionen Euro
Erstausstrahlung: ZDF, 17., 18. und 20. März 2013
Zuschauer insgesamt: 7,6 Millionen (24,3 % Marktanteil)
Zuschauer 14-49 Jahre: 2,1 Millionen (17,5 % Marktanteil)

M3 „Erfindung oder tatsächlich geschehen?"

Nach Ausstrahlung der drei Folgen von „Unsere Mütter, unsere Väter" geht der Journalist Sven Felix Kellerhoff Fragen über die Authentizität des Films nach:

Der Wehrmachtsleutnant „Wilhelm" ermordet einen gefangenen Rotarmisten per Kopfschuss. Kam so etwas vor?

Ja, in vielen tausend Fällen. Der Kommissarbefehl vom 6. Juni 1941 sah vor, angebliche und tatsächliche Politoffiziere der Roten Armee „abzusondern" und zu „erledigen". Vollzugsmeldungen verschiedener Divisionen beweisen, dass allein im ersten halben Jahr des Ostfeldzuges weit mehr als 10 000 „verdächtige Elemente" erschossen wurden. Weitere Hunderttausende Gefangene übergaben Wehrmachtseinheiten entgegen dem Kriegsrecht an die SS, die sie liquidierte.

Um einfachen Soldaten eine Lektion zu erteilen, erschießt der SS-Offizier „Hiemer" ein kleines Mädchen. Erfindung oder tatsächlich geschehen?

Leute, die am Judenmord beteiligt waren, führten sich nachweislich auf wie die Herren über Leben und Tod. Sie töteten oft aus noch geringeren Anlässen als die Filmfigur „Hiemer". Es gibt Zeitzeugenschilderungen, die der Szene im Film sehr nahe kommen.

„Friedhelm" schlägt vor, russische Bauern in einen verminten Sumpf zu treiben. Ist das realistisch?

In einzelnen Gefechtsberichten von Wehrmachtseinheiten finden sich Hinweise auf derartiges Vorgehen. Viel öfter jedoch dürfte diese für jeden Soldaten erkennbar verbrecherische Vorgehensweise nicht festgehalten worden sein. Ob die Initiative von Gemeinen wie der Filmfigur „Friedhelm" ausging oder von ihren Offizieren, ist unklar.

„Viktor" flüchtet aus dem Deportationszug nach Auschwitz. War das möglich?

Eindeutig ja. Zwar begleiteten einige Wachen, oft ältere Polizisten, die meisten Deportationszüge. Ihre Aufgabe war aber meist, bei den Stopps der Züge Fluchten zu verhindern. Das trotz der meist relativ geringen Geschwindigkeit der Züge gefährliche Abspringen während der Fahrt konnten sie nicht verhindern. Es sind Dutzende Fälle belegt, in denen sich Juden so in letzter Minute dem Massenmord entziehen konnten.

Ein Erschießungskommando der Wehrmacht tötet russische Bauern, eine überlebende junge Frau tötet „Friedhelm" aus nächster Nähe. Sind solche Taten belegt?

Die Gefechtsberichte der meisten Wehrmachtseinheiten zu Einsätzen im „rückwärtigen Gebiet der Front", bei der „Banden-" oder der „Partisanenbekämpfung", sind vage formuliert. Meist finden sich Gesamtzahlen der zivilen Opfer, aber keine Details, wie sie gestorben sind. Jedoch belegen andere Quellen, dass es vielfach zu solchen Erschießungen gekommen ist. Die Szene ist glaubwürdig.

Sven Felix Kellerhoff, Diese Verbrechen begingen Deutsche in Russland, in: Die Welt, 23. März 2013

M4 „Nazis sind immer die anderen"

Ulrich Herbert, Professor für Neuere Geschichte in Freiburg, schreibt in der Tageszeitung „taz" zum Film:

Das Problem des Films ist die Perspektive, der Blick auf die Geschichte, die allgemeine wie die individuelle. [...] Die fünf Protagonisten sind wie aus der Zeit gefallen. Als der Film einsetzt, im Frühjahr 1941, hatte die Begeisterung für Hitler, den Nationalsozialismus und den Krieg nach dem Sieg über Frankreich gerade ihren Höhepunkt erreicht. Zu dieser Zeit, da sind sich alle Historiker einig, wurde das Regime von der großen Mehrheit der Deutschen unterstützt.

Davon sieht man hier nichts. Nichts von dem Vertrauen und der Liebe, die Hitler gerade aus der Jugend entgegenschlug. Nichts von der festen Überzeugung, dass Europa von Deutschland beherrscht werden müsse. Und dass es besser wäre, die Juden wären weg. Nicht, dass sie umgebracht werden sollten – aber weg sollten sie sein. [...]

Es ist offenbar nach wie vor nicht möglich, jemanden darzustellen, der mit hellem Sinn und fester Überzeugung – und ohne dabei abnorm zu wirken – für den Nationalsozialismus eintritt. [...].

SD-Offiziere* waren in der Regel gebildete und kultivierte Leute, die davon überzeugt waren, dass es richtig war, diesen Krieg zu führen und die Juden zu verfolgen und umzubringen. Die Vorstellung, dass der SD-Offizier ein Kind erschießt, weil er eben ein asozialer Sadist ist, gehört eher zu den Lebenslügen unserer Geschichte. [...]

Unsere Väter und unsere Mütter waren eben nicht nur junge Leute, die einfach nur leben wollten, es wegen des Krieges aber nicht konnten, wie es der Film suggeriert. Es handelte sich um eine [...] Generation, die den Sieg des nationalsozialistischen Deutschland wollte, weil sie ihn für richtig hielt. [...]

Ulrich Herbert, Nazis sind immer die anderen, in: die tageszeitung, 21. März 2013

***SD-Offizier**: Angehöriger des Sicherheitsdienstes, einer Eliteabteilung der Schutzstaffel (SS)*

1. *Zur Serie wurde vom ZDF eine Reihe von Zusatzangeboten entwickelt und im Internet veröffentlicht. Informiere dich aus den Materialien über die Serie und bearbeite die Fragen aus dem Leitfaden (siehe Seite 162).*
2. *Beurteile den Filmtitel „Unsere Mütter, unsere Väter".*
3. *Erkläre, warum ein Film in Einzelheiten authentisch sein kann (M3), aber dennoch ein problematisches Geschichtsbild vermitteln kann (M4).*
4. *M3 überprüft verschiedene Szenen auf ihre historische Authentizität. Wählt eine der genannten Szenen aus und diskutiert, wie ihr sie filmisch umsetzen würdet. Berücksichtigt z. B. Dialoge, Kleidung, Maske, Requisiten, Licht, Musik, Kameraeinstellungen usw. Überprüft anschließend, ob auf eure Umsetzung die Kritik in M4 zutrifft.*

Formen der Herrschaft im Vergleich

1 Die Diktatoren Stalin, Mussolini und Hitler.
Fotomontage, um 1989.
Mussolini kam 1922 in Italien an die Macht (siehe Seite 96 f.), Stalins Herrschaft in der Sowjetunion begann 1924 (siehe Seite 92 f.) und Hitlers „Machtergreifung" setzte nach dem 30. Januar 1933 ein (siehe Seite 108 ff.).

Europa nach dem Ersten Weltkrieg

Der Erste Weltkrieg brachte für Europa so tiefe Einschnitte und heftige Veränderungen wie kaum ein anderes historisches Ereignis vorher: Die politische Landkarte veränderte sich nachhaltig. Nach dem Krieg wurden Grenzen neu gezogen, Nationalstaaten lösten sich aus älteren Staaten heraus und wurden unabhängig. Manche waren wirtschaftlich nicht lebensfähig oder blieben noch für Jahre durch innere Unruhen gefährdet. Diese wurden auch dadurch ausgelöst oder verstärkt, dass in vielen der neuen Staaten ethnische und religiöse Minderheiten nebeneinander lebten.

Enttäuschte Hoffnungen, Not, Unsicherheit und Angst vor der Zukunft erschütterten nach dem Krieg besonders in den Verliererstaaten das Vertrauen der Bevölkerung in ihre Regierungen. Unruhen, Streiks und Revolutionen waren die Folge. Der folgenschwerste gesellschaftliche und politische Umsturz fand im Oktober 1917 in Russland statt. Er machte das Land zum ersten kommunistischen Staat der Welt.*

*Siehe Seite 42 ff.

Demokratien in der Krise

Die jungen Demokratien in den meisten osteuropäischen Staaten konnten sich angesichts der enormen Belastungen nicht dauerhaft halten. Die Ursachen für ihr Scheitern lagen aber nicht nur in den wirtschaftlichen und gesellschaftlichen Problemen. Die neuen Staaten waren aus autoritären Monarchien hervorgegangen, sodass ihnen demokratische Traditionen fehlten.

Auch in den „alten" Staaten Europas gab es nach dem Ersten Weltkrieg schwere politische, wirtschaftliche und soziale Krisen. Dennoch bewährte sich dort die Demokratie eher. So galten in den beiden Siegerstaaten Großbritannien und Frankreich trotz unterschiedlicher Staatsformen gemeinsame demokratische Grundsätze, die in den letzten beiden Jahrhunderten gewachsen waren:

- Das Volk ist Träger der Staatsgewalt und die Regierung hat sich an eine Verfassung zu halten.
- Bürgerliche Grundrechte wie die Meinungs- und Pressefreiheit sind garantiert.
- Zwischen Regierung, Parlament und Justiz besteht eine Gewaltenteilung.

Aufstieg der Diktaturen

Die Krisen nach der Oktoberrevolution und dem Ersten Weltkrieg nutzten Politiker wie Stalin, Mussolini und Hitler aus. Sie boten sich den Menschen als tatkräftige Führer aus Orientierungslosigkeit und Verzweiflung an. Sobald es ihnen gelungen war, mithilfe von Versprechungen, Gewalt und Propaganda genügend Anhänger um sich zu sammeln und von anderen Politikern, Militärs, Juristen und Wirtschaftsführern unterstützt wurden, übernahmen sie mit ihrer Gefolgschaft die Herrschaft im Staat. Auf diese Weise gelangten in vielen Staaten Europas autoritäre Parteien an die Macht. Kennzeichnend für sie waren:

- An ihrer Spitze standen „starke Männer".
- Die „Führer" und ihre Parteien übernahmen alle staatliche Macht und das Militär.
- Gegner der Herrscher wurden durch Bespitzelung und Terror kontrolliert und „ausgeschaltet".
- Abweichende politische Meinungen und Parteien wurden verboten oder unterdrückt.
- Presse und öffentliche Meinung wurden durch eine Zensur kontrolliert und gelenkt.

Das Ergebnis waren Diktaturen. Da die herrschenden Politiker und Parteien nicht nur Gehorsam und Unterwerfung forderten, sondern auch den Anspruch erhoben, die Menschen bis in ihre persönlichen Überzeugungen und ihr Privatleben zu beeinflussen, wird diese Form der diktatorischen Herrschaft auch *totalitär* genannt.

■ *Demokratie ist nie selbstverständlich. Diskutiert diese Aussage vor dem Hintergrund der politischen Entwicklung in den 1920er- und 30er-Jahren.*

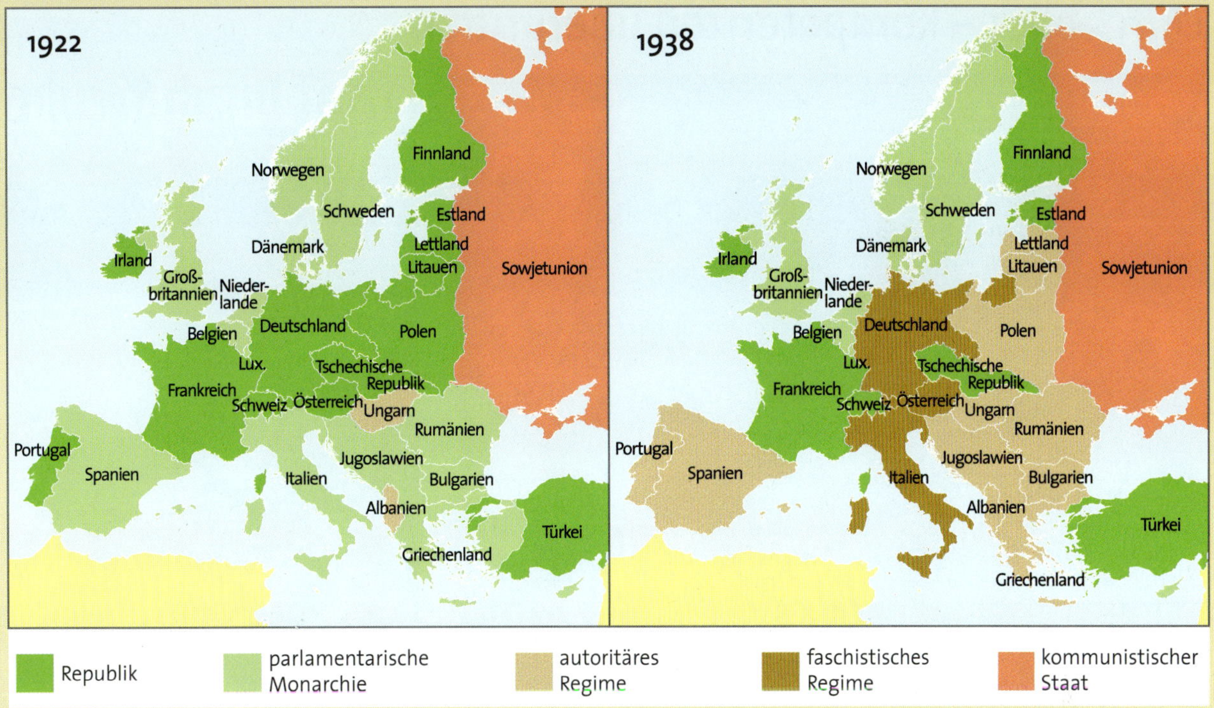

M1 Die Krise der europäischen Demokratie 1922/38.

M2 Die Demokratie in der Defensive?

Mark Mazower, Professor für Neuere Geschichte an der Columbia Universität in New York, schreibt 2005:

Wer sagt, dass die Demokratie immer gewinnen muss? In den 1930er-Jahren schien sie in Europa in der Defensive* zu sein; dafür gab es eine Reihe von Erklärungen unter den Zeitgenossen. Einige betonten die Funktionsunfähigkeit der neuen Verfassungen, andere die klassenmäßigen oder ethnischen Spaltungen in einer Gesellschaft; wieder andere die Schwierigkeiten, den Parlamentarismus des 19. Jahrhunderts an die ökonomischen und technologischen Bedürfnisse der modernen Welt anzupassen. Für einige jedoch war der Grund für das Fehlen einer effektiven Opposition und für die außerordentliche Langlebigkeit vieler Diktaturen – die oft erst durch äußeres Eingreifen, militärische Niederlage oder Tod endeten – viel einfacher. Sie herrschten durch Terror; ihr entscheidendes Charakteristikum war die Einschränkung der Freiheit.

Mark Mazower, Der dunkle Kontinent – Europa und der Totalitarismus, in: Hans Joas/Klaus Wiegandt (Hrsg.), Die kulturellen Werte Europas, Frankfurt a. M. 2005, S. 380 (übers. von Hans Joas)

***Defensive**: Abwehr, Verteidigung*

▶ ***Lesetipp:***
Morton Rhue, Die Welle, Ravensburg [20]2013

M3 Die Diktatoren Mussolini und Hitler.
Spielzeugfiguren aus Elastolin, Höhe je ca. 8 cm. Lineol AG, Brandenburg zwischen 1933 und 1940.

1. *Vergleiche die Karten (M 1 und Abb. 2 auf Seite 65) und erläutere mithilfe der Verfassertexte auf den Seiten 65 und 164 die Veränderungen der politischen Landkarte.*
2. *Erörtert, warum antidemokratische Herrschaftsvorstellungen auf viele Menschen eine große Faszination (M 2 und Darstellung) ausübten.*
3. *Diktatoren als Spielzeugfiguren (M 3). Beurteile, ob solche privaten Dinge Ausdruck einer totalitären Herrschaft sein können.*

Durchblick – Kompetenzen überprüfen

M1 Am Abend des 30. Januar 1933 in Berlin.
Die Berliner SA marschiert mit Pauken und Trompeten durch das Brandenburger Tor. Nachgestellte Szene für einen im Sommer 1933 produzierten NS-Film.

M3 Reisewerbung.
Plakat von 1934.

M2 Wie sich die NS-Herrschaft entwickelte.

M4 Loyalität und Mitarbeit
Der Historiker Paul Nolte stellt 2012 die Behauptung auf:
Ohne die Loyalität* und Mitarbeit von Teilen der Bevölkerung ist eine Diktatur nicht vorstellbar schon gar nicht eine moderne des 20. Jahrhunderts. Denn sie kann weder hinter die politische Massenmobilisierung noch hinter die technisch ermöglichte Präsenz** eines Massenpublikums zurückfallen; die Nationalsozialisten haben sich beides sogar auf besondere und manchmal innovative*** Weise zunutze gemacht.

Paul Nolte, Was ist Demokratie? Geschichte und Gegenwart, München 2012, S. 271

*__Loyalität__: *Treue (hier: gegenüber der Regierung)*
**__Präsenz__: *Anwesenheit*
***__innovativ__: *etwas Neues schaffend*

M5 Auschwitz-Häftlinge am Tag der Befreiung.
Foto vom 27. Januar 1945.

M8 Gedenken im Gehweg.
„Stolperstein" für Else Liebermann von Wahlendorf, Berlin, Budapester Straße 45, verlegt am 26. September 2006.
Seit den 1990er-Jahren verlegt der Kölner Künstler Gunter Demnig im In- und Ausland solche etwa 10 x 10 cm großen „Stolpersteine" vor den ehemaligen Wohnhäusern von Menschen, die von den Nationalsozialisten gedemütigt, verschleppt oder ermordet wurden.

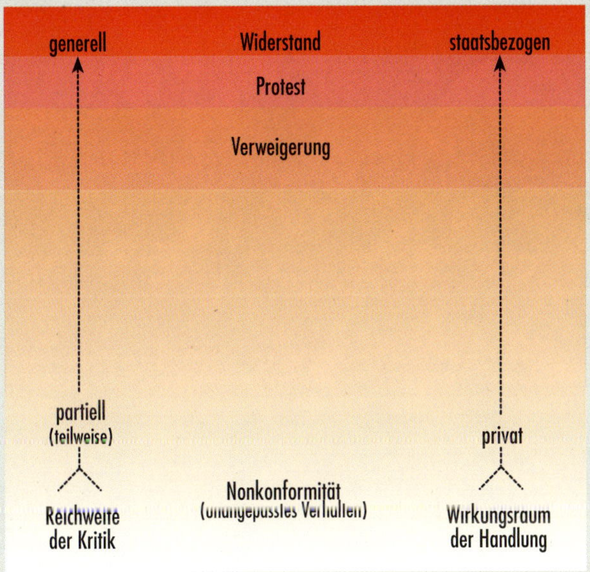

M6 Abweichendes Verhalten oder Widerstand?
Der Historiker Detlev Peukert hat Formen abweichenden Verhaltens geordnet. Als Widerstand definiert er nur die Verhaltensformen, in „denen das NS-Regime als Ganzes abgelehnt wurde und Maßnahmen zur Vorbereitung des Sturzes des NS-Regimes im Rahmen der Handlungsmöglichkeiten des jeweils einzelnen Subjektes" getroffen wurden.

Nach: Detlev Peukert, Volksgenossen und Gemeinschaftsfremde, Köln 1982, S. 97

M7 Erinnerung an den 20. Juli 1944.
Sonderbriefmarken der Deutschen Bundespost von 1964.

M9 Auf praktisch gelebte Verantwortung angewiesen
Der Leiter der Gedenkstätte Buchenwald, Volkhard Knigge, schreibt 1999:
Was einmal möglich gewesen ist, kann sich wiederholen, ganz oder teilweise oder so ähnlich. Nicht nur die Weltgeschichte, sondern auch die europäische Geschichte nach 1945 belegen dies. Freiheit, Rechtsstaatlichkeit, Toleranz, mitmenschliche Solidarität, die entschiedene Verneinung von Antisemitismus, Rassismus und Feindschaft den angeblich Fremden gegenüber und schließlich Menschenrechte sind auf praktisch gelebte politische und individuelle Verantwortung angewiesen. Sonst existieren sie nicht.

Volkhard Knigge, Statt eines Vorworts: Vorgeschichte einer Ausstellung, in: Harry Stein, Konzentrationslager Buchenwald 1937-1945. Begleitband zur ständigen historischen Ausstellung, Göttingen [8]2011, S. 14

1. *Vergleiche das Foto (M 1) mit der Aufnahme auf Seite 100/101. Welchen Zweck verfolgt die Nachstellung der Szene? Erläutere, warum das Originalfoto von den Nationalsozialisten später nicht verwendet wurde.*
2. *Schildere mithilfe der Abbildungen (M 2), wie sich die NS-Herrschaft entwickelte. Du kannst auch dir wichtig erscheinende Ereignisse ergänzen.*
3. *Erörtere, wie die NS-Herrschaft funktionieren konnte. Beziehe in deine Argumentation M 1, M 3 und M 4 ein.*
4. *Erläutere den menschenverachtenden Spruch über dem Eingang des KZ Auschwitz (M 5). Begründe, weshalb alljährlich am 27. Januar weltweit an die Opfer des Holocaust erinnert wird.*
5. *Erkläre das Schaubild (M 6) und setze dich mit Peukerts Definition auseinander.*
6. *„Es gab nicht nur den 20. Juli!" Nimm Stellung zu dieser Aussage und den Briefmarken (M 7).*
7. *Informiere dich über das Projekt „Stolpersteine" unter www.stolpersteine.com und beurteile diese Form des Gedenkens (M 8).*
8. *Recherchiere, ob, wo und wann in deinem Wohn- oder Schulort Stolpersteine verlegt wurden.*
9. *Nimm Stellung zu M 9 und leite Forderungen aus dem Text ab.*

Deutschland und die geteilte Welt nach 1945

Einmarsch der Amerikaner.
Foto aus Bensheim (Bergstraße), März 1945.

Erwartungen

„Nur durch fortwährende und wachsende Zusammenarbeit und gegenseitiges Verständnis zwischen unseren drei Ländern und zwischen allen friedliebenden Völkern kann das höchste Streben der Menschheit verwirklicht werden – ein sicherer und dauerhafter Friede, der nach den Worten der Atlantik-Charta ‚die Gewähr bieten wird, dass alle Menschen in allen Ländern in Freiheit und frei von Furcht und Mangel leben können'. Der Sieg in diesem Krieg und die Bildung der vorgeschlagenen internationalen Organisation* stellen die größte Möglichkeit in der gesamten Geschichte der Menschheit dar, in den kommenden Jahren die wesentlichen Grundlagen für einen derartigen Frieden zu legen."

Schluss der Erklärung der Regierungschefs Winston Churchill (Großbritannien), Franklin D. Roosevelt (USA) und Josef W. Stalin (UdSSR) auf der Konferenz von Jalta vom 11. Februar 1945

**Gemeint sind die Vereinten Nationen, siehe Seite 173 f.*

„Dieser Krieg ist nicht wie in der Vergangenheit; wer immer ein Gebiet besetzt, der legt ihm auch sein eigenes gesellschaftliches System auf.
Jeder führt sein eigenes System ein, soweit seine Armee vordringen kann. Es kann gar nicht anders sein."

Generalissimus Stalin im April 1945

„Die russischen Pläne zur Errichtung von Satellitenstaaten* stellen eine Bedrohung für die Welt und für uns dar. Wenn die Sowjetunion erst einmal die Kontrolle über ihre Nachbarregionen erlangt hat, wird sie versuchen, die nächsten angrenzenden Länder zu durchdringen."

Der Moskauer US-Botschafter Averell W. Harriman im April 1945

* **Satellitenstaat:** *ein der Form nach unabhängiger, tatsächlich aber unter dem Einfluss einer Großmacht stehender Staat*

„Wenn ich vom Frieden in der Welt und in Europa spreche, dann, meine Damen und Herren, muss ich auf die Teilung Deutschlands zurückkommen. Die Teilung Deutschlands wird eines Tages – das ist unsere feste Überzeugung – wieder verschwinden. (*Lebhafter Beifall.*) Ich fürchte, dass, wenn sie nicht verschwindet, in Europa keine Ruhe eintreten wird. (*Sehr richtig!*) Diese Teilung Deutschlands ist durch Spannungen herbeigeführt worden, die zwischen den Siegermächten entstanden sind. Auch diese Spannungen werden vorübergehen. Wir hoffen, dass dann der Wiedervereinigung mit unseren Brüdern und Schwestern in der Ostzone und in Berlin nichts mehr im Wege steht."

Bundeskanzler Konrad Adenauer in seiner ersten Regierungserklärung vom 20. September 1949

Einblick – Orientierung gewinnen

Bald nach dem Ende des Zweiten Weltkrieges wich die Einigkeit der siegreichen Anti-Hitler-Koalition einer Feindschaft zwischen den Westalliierten unter Führung der USA auf der einen Seite und der UdSSR auf der anderen. Das Ergebnis waren der Kalte Krieg und die Teilung Deutschlands. Der andauernde Ost-West-Konflikt beeinflusste die Verhältnisse in Deutschland, Europa und der Welt.

Folgende Fragen werden in dem Kapitel behandelt:

- Wie kam es nach 1945 zu dieser Teilung der Welt?
- Wie hat sie die deutsche Geschichte beeinflusst?
- Welche materiellen und menschlichen Folgen hatte der Zweite Weltkrieg für Deutschland?
- Wie setzten sich die Deutschen mit der Zeit des Nationalsozialismus auseinander?
- Welchen Zielen und Grundsätzen folgte die Besatzungspolitik der Siegermächte in Deutschland?
- Wieso und in welchen Schritten entstanden zwei deutsche Staaten auf dem Gebiet des ehemaligen Deutschen Reiches?
- Wie entwickelten sich beide Staaten politisch, gesellschaftlich und wirtschaftlich bis in die 1950er-Jahre und wie reagierte die Bevölkerung jeweils darauf?

Du kannst untersuchen und beurteilen, ob die verantwortlichen Politiker dieser Zeit, wie oft behauptet wird, aus der Geschichte von Weimar und der NS-Zeit „gelernt" haben und ob die Teilung Deutschlands eine zwangsläufige Folge des Kalten Krieges war.

1 „Entwurf für ein Siegerdenkmal." *Karikatur aus der Schweizer Illustrierten Zeitung vom 11. April 1945.*

2 Die Hohenzollernbrücke in Köln. *Foto vom Mai 1945.*

3 „Durch die Strassen ..." *Plakat aus der Britischen Besatzungszone von 1945.*

1945: Bedingungslose Kapitulation des Deutschen Reiches; Kriegsende in Europa (8./9. Mai)

1948: Gründung Israels

1945: Gründung der Vereinten Nationen (25. Juni)

1945: Potsdamer Konferenz (Juli/August): Die USA, UdSSR und Großbritannien legen Grundsätze für die Behandlung Deutschlands fest

1949: Die Bundesrepublik Deutschland wird in Bonn (23. Mai) und die DDR in Ost-Berlin (7. Oktober) gegründet

1944 | 1945 | 1946 | 1947 | 1948 | 1949 | 1950 | 1951

1945: Atombombenabwürfe auf Hiroshima (6. August) und Nagasaki (9. August); Kriegsende in Fernost

1947: US-Präsident Truman sagt allen Staaten mit einer freiheitlichen politischen und wirtschaftlichen Ordnung die Unterstützung der USA zu (Truman-Doktrin); US-Außenminister Marshall kündigt ein Wiederaufbauprogramm für Europa an (Marshall-Plan)

1948: Währungsreformen in den Westzonen (20. Juni) und in der Ostzone (24. Juni); die UdSSR blockiert West-Berlin bis zum 12. Mai 1949

4 „Peace Today."
Karikatur von Rube Goldberg aus der „New York Sun" vom Juli 1947.

6 Gründung der DDR.
Foto vom 7. Oktober 1949 (Ausschnitt).

5 Wegweiser bei Bonn.
Foto vom September 1948.

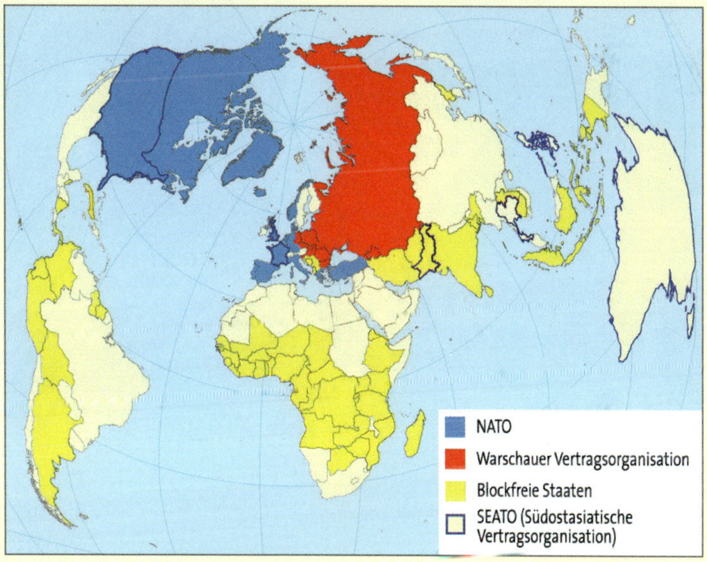

7 Machtblöcke im Kalten Krieg.

1952 – 1953 – 1954 – 1955 – 1956

17. Juni 1953: Ein Volksaufstand in der DDR wendet sich gegen das SED-Regime

1955: Beitritt der Bundesrepublik Deutschland zur NATO, Gründung des Warschauer Paktes

1956: Aufstände in Polen und Ungarn

8 Sowjetischer Panzer in Jena.
Foto vom 17. Juni 1953.

„Eine Welt“ – Wunsch und Wirklichkeit

1 „Time to Bridge the Gulch.“
Karikatur von Bruce Russell für die „Los Angeles Times“, November 1945.

■ *Erläutere, wie der Zeichner das Verhältnis UdSSR – USA sieht.*

Freiheit für die „Eine Welt“

Bereits vor dem Eintritt der Vereinigten Staaten in den Krieg hatten der US-Präsident *Franklin D. Roosevelt* und der britische Premierminister *Winston S. Churchill* den Plan gefasst, eine neue Weltorganisation zur Sicherung des Friedens zu schaffen, da sich der 1920 gegründete *Völkerbund* und der *Briand-Kellogg-Pakt* von 1928 als wirkungslos erwiesen hatten. Vor allem die Amerikaner wollten ihre freiheitlichen Ideale in einer künftigen *One World* verwirklicht sehen. Das Ergebnis der amerikanisch-britischen Gespräche war die am 14. August 1941 verkündete Atlantik-Charta.* Auch der sowjetische Diktator *Josef W. Stalin* bekannte sich 1942 zu den Zielen der Charta.

Die Illusion

Am Ende des Zweiten Weltkrieges war aber bereits deutlich geworden, dass die Weltgeschichte künftig vor allem von zwei Mächten bestimmt werden würde: den Vereinigten Staaten von Amerika und der Sowjetunion. Die Überlegenheit dieser beiden Weltmächte gegenüber den „alten“, durch den Krieg geschwächten oder niedergeworfenen Mächten wie Frankreich, Großbritannien und Deutschland zeigte sich in der Größe der Staatsgebiete, der Einwohnerzahlen, in Art und Umfang der Rohstoffvorkommen und vor allem in der militärischen Stärke.

In der Endphase des Krieges und in der Nachkriegszeit versuchten die beiden kriegsentscheidenden Mächte, ihren politischen und wirtschaftlichen Einfluss auf Europa und die übrige Welt durchzusetzen. Die beiden Weltmächte trennten aber tief greifende weltanschauliche Unterschiede. Die Vereinigten Staaten vertraten eine freiheitliche, demokratische Ordnung, in der

- die Freiheit des Einzelnen durch Grundrechte und eine unabhängige Rechtsprechung garantiert wird,
- politische Macht nur durch regelmäßige freie Wahlen errungen werden kann,
- Meinungsvielfalt herrscht und
- freier privater Wettbewerb die Grundlage der Wirtschaftsordnung bildet.

Zur Absicherung der sowjetischen Machtposition in Europa und Asien wollte Stalin die kommunistische Gesellschafts- und Wirtschaftsordnung durch eine „sozialistische Weltrevolution“ auf andere Länder ausdehnen. Er strebte eine Ordnung an, in der

- die Interessen der Gesellschaft (wie sie die Kommunistische Partei verstand) grundsätzlich über die Grundrechte des Einzelnen gestellt werden dürfen,
- Meinungseinheit wichtiger ist als Meinungsvielfalt,
- politische Macht nur der Kommunistischen Partei zusteht,
- die Produktionsmittel verstaatlicht sind und
- eine vom Staat gelenkte Planwirtschaft die ökonomische Ordnung bestimmt.

*Siehe M 2, Seite 138.

2 Die Konferenzteilnehmer im Schloss Cecilienhof in Potsdam.
Foto vom 17./18. Juli 1945. Anwesend waren die Staats- und Regierungschefs der Vereinigten Staaten (Harry S. Truman), Großbritanniens (Winston S. Churchill, der nach der Parlamentswahl von Clement R. Attlee abgelöst wurde) und der Sowjetunion (Josef W. Stalin) sowie deren Außenminister und führende Militärs.

- *Diskutiert, warum die Politiker unbedingt an einem runden Tisch verhandeln wollten.*

Die letzte Kriegskonferenz

Während der Krieg in Fernost noch andauerte, trafen sich die Regierungschefs der Vereinigten Staaten, Großbritanniens und der Sowjetunion mit den verantwortlichen Ministern und Beraterstäben am 17. Juli 1945 in Potsdam. Diese letzte Kriegskonferenz war die erste Nachkriegskonferenz in Europa. Frankreich war nicht eingeladen. Die „Großen Drei" sahen den Beitrag der Franzosen zur Befreiung Europas als zu gering an.

Die *Potsdamer Konferenz* dauerte bis zum 2. August 1945. Verhandelt wurden alle Probleme, die der Zweite Weltkrieg hinterlassen hatte, besonders die Zukunft Deutschlands* und der Krieg in Fernost.

Die gegensätzlichen politischen und wirtschaftlichen Vorstellungen der USA und der Sowjetunion beeinflussten die Konferenz, die aber nicht scheiterte. Denn man einigte sich auf Kompromisse, und jede Seite machte dort Zugeständnisse, wo sie ohnehin keinen Einfluss hatte.

Die westlichen Bemühungen um ein größeres Mitspracherecht in den osteuropäischen Ländern wurden von den sowjetischen Delegierten mit dem Hinweis auf den starken britischen und amerikanischen Einfluss in Italien und Griechenland blockiert. Die Friedensregelungen mit den Verbündeten Deutschlands sowie die Lösung der „deutschen Frage" sollten anschließend von einem gemeinsamen *Rat der Außenminister* vorbereitet werden.

Die während der Konferenz eingehende Nachricht von ihrem erfolgreichen Atombombentest in New Mexiko stärkte die Position der Amerikaner. Sie führten danach die Verhandlungen – wie US-Außenminister *Henry L. Stimson* bemerkte – „mit der Bombe in der Tasche".

Die Konferenz schloss mit der Aufforderung an Japan zur bedingungslosen Kapitulation und dem Protokoll der Gespräche, von dem ein größerer Teil am 2. August in einem Kommuniqué** veröffentlicht wurde. Dieses wird heute als *Potsdamer Abkommen* bezeichnet.

Die Gründung der Vereinten Nationen

Trotz des entstehenden Ost-West-Gegensatzes zwischen den beiden entgegengesetzten (*bipolaren*) Systemen hielten die Mächte an dem Plan fest, eine neue Weltorganisation zu gründen. Am 25. Juni 1945 – in Japan dauerte der Krieg noch an – beschlossen in San Francisco 50 Staaten einstimmig die Satzung der Vereinten Nationen (engl. *United Nations Organization*: UNO). Feierlich erklärten die Staaten, die „kommenden Generationen vor der Geißel des Krieges" bewahren zu wollen.

Die Hauptverantwortung für den Weltfrieden und mögliche Maßnahmen gegen Friedensstörer wurde dem *UN-Sicherheitsrat* übertragen. Ihm gehörten und gehören noch immer die fünf Großmächte USA, Sowjetunion (ab 1990 Russland), Großbritannien, Frankreich und Republik China (ab 1971 Volksrepublik China) als ständige Mitglieder an. Hinzu kommen weitere zehn Staaten für jeweils zwei Jahre. Die Satzung räumt jedem ständigen Mitglied des Sicherheitsrates das Recht ein, eine Entscheidung durch sein Nein zu verhindern (*Vetorecht*).

* *Zu den in Potsdam getroffenen Vereinbarungen über Deutschland siehe Seite 178 f.*

** **Kommuniqué:** *Mitteilung*

M2 "A fine team – but could do with a dash of unity ..."
Karikatur des britischen Zeichners David Low, Juni 1945.
Die „Spieler" sind (von links nach rechts): der sowjetische Partei- und Staatschef Josef W. Stalin, der britische Premierminister Winston S. Churchill, der amerikanische Präsident Harry S. Truman und der französische Ministerpräsident Charles de Gaulle. Die Spielregel (Kasten oben links) lautet: "All players to play together, but not so as to cramp any player's style. (That would be unrealistic.)"

M1 Aus der Charta der UNO

Die Charta (Grundgesetz) tritt am 24. Oktober 1945 in Kraft, nachdem die fünf Großmächte China, Frankreich, Großbritannien, UdSSR und USA sowie die Mehrheit der übrigen Unterzeichnerstaaten die Ratifikationsurkunden bei der US-Regierung hinterlegt haben.*

Artikel 1

Die Vereinten Nationen setzen sich folgende Ziele:

1. den Weltfrieden und die internationale Sicherheit zu wahren und zu diesem Zweck wirksame Kollektivmaßnahmen** zu treffen, um Bedrohungen des Friedens zu verhüten und zu beseitigen, Angriffshandlungen und andere Friedensbrüche zu unterdrücken und internationale Streitigkeiten oder Situationen, die zu einem Friedensbruch führen könnten, durch friedliche Mittel nach den Grundsätzen der Gerechtigkeit und des Völkerrechts zu bereinigen oder beizulegen;
2. freundschaftliche, auf der Achtung vor dem Grundsatz der Gleichberechtigung und Selbstbestimmung der Völker beruhende Beziehungen zwischen den Nationen zu entwickeln und andere geeignete Maßnahmen zur Festigung des Weltfriedens zu treffen;
3. eine internationale Zusammenarbeit herbeizuführen, um internationale Probleme wirtschaftlicher, sozialer, kultureller und humanitärer Art zu lösen und die Achtung vor den Menschenrechten und Grundfreiheiten für alle ohne Unterschied der Rasse, des Geschlechts, der Sprache oder der Religion zu fördern und zu festigen.

Artikel 2

[...] 3. Alle Mitglieder legen ihre internationalen Streitigkeiten durch friedliche Mittel so bei, dass der Weltfriede, die internationale Sicherheit und die Gerechtigkeit nicht gefährdet werden. [...]

7. Aus dieser Charta kann eine Befugnis der Vereinten Nationen zum Eingreifen in Angelegenheiten, die ihrem Wesen nach zur inneren Zuständigkeit eines Staates gehören, [...] nicht abgeleitet werden [...].

Artikel 41

Der Sicherheitsrat kann [...] die vollständige oder teilweise Unterbrechung der Wirtschaftsbeziehungen [...] und den Abbruch der diplomatischen Beziehungen beschließen.

Artikel 42

Ist der Sicherheitsrat der Auffassung, dass die in Artikel 41 vorgesehenen Maßnahmen unzulänglich sein würden oder sich als unzulänglich erwiesen haben, so kann er mit Luft-, See- oder Landstreitkräften die zur Wahrung oder Wiederherstellung des Weltfriedens und der internationalen Sicherheit erforderlichen Maßnahmen durchführen. Sie können Demonstrationen, Blockaden und sonstige Einsätze der Luft-, See- oder Landstreitkräfte von Mitgliedern der Vereinten Nationen einschließen.

Zit. nach: Peter J. Opitz/Volker Rittberger (Hrsg.), Forum der Welt. 40 Jahre Vereinte Nationen, Bonn 1986, S. 318 ff.

*Ratifikation: *Bestätigung eines von einer Regierung abgeschlossenen Vertrages durch das Parlament*
**Kollektivmaßnahmen: *gemeinsame Maßnahmen*

1. *Die UN-Charta wurde beeinflusst von der Entstehung und dem Verlauf des Zweiten Weltkrieges. Arbeite die Bestimmungen heraus, die dies deutlich machen (M1).*
2. *Diskutiert, welche Probleme sich aus Artikel 2 für die Wirksamkeit der UNO ergeben (M1).*
3. *Erläutere Lows Haltung zur Gründung der UNO (M2).*

Die Teilung der Welt

Moskaus Einfluss wächst

Stalin hatte während des Zweiten Weltkrieges keinen Zweifel daran gelassen, dass er aus Sicherheitsgründen Ostmitteleuropa als sowjetisches Einflussgebiet betrachtete. Estland, Lettland und Litauen sowie Teile Finnlands, Polens, Rumäniens, Ostpreußens und der östlichen Tschechoslowakei wurden von sowjetischen Truppen besetzt und sowjetischer Verwaltung unterstellt. Damit wurden etwa 23 Millionen Menschen in die Sowjetunion eingegliedert.

Auf den Kriegskonferenzen hatten die beiden Westmächte das Sicherheitsinteresse der UdSSR respektiert. Die westlichen Regierungen forderten aber freie und geheime Wahlen in dem erweiterten sowjetischen Einflussbereich. Das Bekenntnis der Sowjetunion zum „Selbstbestimmungsrecht der Völker" in der UN-Charta stützte diese Forderung.

Der „Eiserne Vorhang"

Doch die praktische Außenpolitik Stalins sah anders aus. In Polen setzte er eine von ihm abhängige „provisorische" Regierung ein. Damit versuchte er, die Ansprüche der polnischen Exilregierung, die sich noch in London aufhielt, zu unterlaufen. In dieser Phase verwendete Churchill den Begriff vom „Eisernen Vorhang", der von den Sowjets „quer durch den Kontinent" gezogen worden sei.

Moskau beeinflusste die Zusammensetzung der Regierungen in Polen, Ungarn, Rumänien und Bulgarien. Nichtkommunistische Parteien wurden unterdrückt oder verboten, Wahlergebnisse verfälscht. Nach dem sowjetischen Vorbild enteigneten die Kommunisten in diesen Ländern die Bauern, verstaatlichten die wichtigsten Industrien und Banken und führten eine zentral gelenkte Planwirtschaft ein.

Die von den kommunistischen Parteien beherrschten *Volksdemokratien* – so die Bezeichnung für die nach sowjetischem Vorbild eingeführte Staats- und Gesellschaftsordnung in Ostmitteleuropa – mussten die Führungsrolle der UdSSR anerkennen.

Nur der Vielvölkerstaat Jugoslawien entzog sich unter dem ehemaligen kommunistischen Partisanenführer *Josip Tito* dem Einfluss Moskaus. Er konnte dank finanzieller Unterstützung aus dem Westen die Unabhängigkeit und außenpolitische Neutralität seines Landes langfristig erhalten.

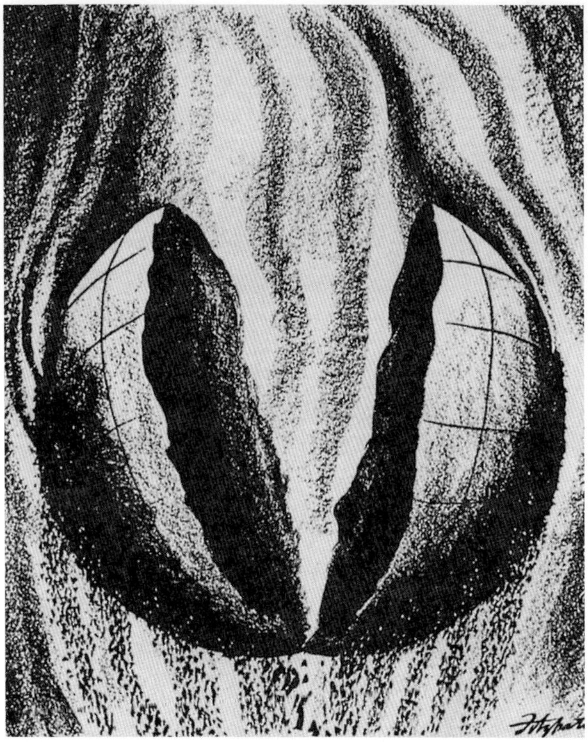

1 Die Illusion des „One-World-Gedankens".
Karikatur aus dem „St. Louis Post-Dispatch" vom 12. März 1946.

Die amerikanische Antwort

Die Ausweitung des sowjetischen Einflusses machte auch vor Ländern im Fernen und Nahen Osten sowie in Vorderasien nicht halt. Dies rief den Widerstand der Vereinigten Staaten und der westlichen Welt hervor, vor allem der alten Kolonialmächte Großbritannien und Frankreich. Da die UNO wegen der im Sicherheitsrat fehlenden Einstimmigkeit die sowjetische Ausdehnung nicht stoppen konnten, suchten die Amerikaner nach einer eigenen Antwort.

Auf die Absicht der Sowjetunion, auch in der Türkei und Griechenland Fuß zu fassen, reagierte der amerikanische Präsident Truman mit der *Containment-Politik* (dt. Eindämmungspolitik). Er stellte im März 1947 eine Teilung der Welt in zwei unvereinbare Wirtschafts- und Gesellschaftssysteme fest und versprach jeder Nation, die sich für die demokratische Lebensweise entscheide, amerikanische Unterstützung (*Truman-Doktrin*).

Ein weiteres Mittel, das sowjetische Machtstreben einzudämmen, war der militärische Zusammenschluss. Auf Initiative der westeuropäischen Staaten wurde am 4. April 1949 in Washington die Nordatlantische Verteidigungsgemeinschaft (engl. *North Atlantic Treaty Organization*: NATO) gegründet. Die zwölf Gründungsmitglieder erklärten es zu ihrem Ziel, gemeinsam „Frieden und Sicherheit im nordatlantischen Raum zu schützen und Stabilität und Wohlstand dort zu entwickeln".

Blöcke entstehen

Bereits vor der Gründung der NATO hatte das von der KPdSU 1947 gegründete *Kommunistische Informationsbüro* (Abk.: *Kominform*), dem alle Kommunistischen Parteien angehörten, die Teilung der Welt in „zwei Lager“ verkündet.

Die UdSSR reagierte auf die amerikanische Eindämmungspolitik und die Gründung der *Europäischen Organisation für Wirtschaftliche Zusammenarbeit* (OECD) Anfang 1949 mit der Errichtung des *Rates für Gegenseitige Wirtschaftshilfe* (RGW). Die Mitgliedstaaten mussten sich vom kapitalistischen Westen abgrenzen und ihre Wirtschaftspläne mit der Sowjetunion abstimmen.

Der Kalte Krieg

Kennzeichen der *Blockbildung* war ein *Kalter Krieg*: ein von Misstrauen und Propaganda bestimmter Konkurrenzkampf zwischen der westlichen (demokratischen) und östlichen (kommunistischen) Welt.

Nach 1945 setzte die Sowjetunion alles daran, die atomare Überlegenheit der USA auszugleichen. Ab 1949 verfügte sie ebenfalls über Atomwaffen. Zwar konnten die Amerikaner 1952 als Erste eine Wasserstoffbombe entwickeln, doch auch die Sowjets schafften es binnen Jahresfrist, diese Waffe herzustellen. Die jeweilige Fähigkeit zur totalen Zerstörung des Gegners veränderte die Außenpolitik der Atommächte. Sie verlagerten ihre offenen Feindseligkeiten aus dem industrialisierten Mitteleuropa in die politisch zerbrechlichen und wirtschaftlich schwachen Staaten.

Der Korea-Krieg

Die ostasiatische Halbinsel Korea war zwischen 1910 und 1945 von Japan beherrscht worden. Auf der *Konferenz von Jalta* (4.-11. Februar 1945) teilten die Siegermächte sie entlang des 38. Breitengrades in einen nördlichen und einen südlichen Bereich. Nachdem amerikanisch-sowjetische Verhandlungen über eine gemeinsame Regierung für Korea 1946 gescheitert waren, setzte sich im Norden eine von der Sowjetunion beeinflusste kommunistische „Volksrepublik“ durch. Im Süden entstand eine von den Amerikanern unterstützte, autoritär geführte Republik.

Als im Juni 1950 nordkoreanische Truppen Südkorea überfielen, verurteilte der UN-Sicherheitsrat Nordkorea als Angreifer und beschloss in Abwesenheit der Sowjetunion den Einsatz von UN-Truppen unter amerikanischer Führung. Damit standen sich in Korea die Supermächte USA und UdSSR in einem *„Stellvertreterkrieg“* gegenüber. Die Lage verschärfte sich noch durch das Eingreifen der kommunistischen Volksrepublik China. Ein atomarer dritter Weltkrieg schien möglich. Der Krieg endete 1953 durch einen Waffenstillstand. Er bestätigte die Grenze von 1945. Die Kriegsfolgen waren katastrophal. Zu den Zerstörungen kamen die Toten: Südkorea verlor etwa eine Million, Nordkorea 2,5 und China ebenfalls eine Million Menschen. Die Alliierten beklagten um die 41 000 Tote (davon 37 000 Amerikaner). Der Krieg war – wie US-Präsident Truman 1953 feststellte – „der Wendepunkt des Kalten Krieges“, weil er das atomare Patt der beiden Supermächte deutlich machte.

Die „Politik der Stärke“

Der Waffenstillstand hatte darüber hinaus die Vereinigten Staaten vor einem möglichen Konflikt mit der kommunistischen Volksrepublik China bewahrt, einem Verbündeten der Sowjetunion. Da die Amerikaner aber ihre Position im Westpazifik nicht aufgeben wollten, entwickelten sie neue Konzepte. Die „Politik der Eindämmung“ kommunistischer Macht wurde von einer „Politik der Stärke“ abgelöst. Um die kommunistischen Machtansprüche zurückzudrängen (engl. *roll back*), wollte man die Sowjetunion mit Militärstützpunkten umschließen, von denen aus ein atomarer Vergeltungsschlag möglich sein sollte.

Dazu betrieben die USA die Wiederbewaffnung ihres ehemaligen Gegners Japan und schufen nach dem Vorbild der NATO eine Südostasiatische Verteidigungsgemeinschaft (engl. *South East Asia Treaty Organization*: SEATO). Sie wurde im September 1954 mit Australien, Frankreich, Großbritannien, Neuseeland und den Philippinen gegründet.

Zwischen den Blöcken

Um der Blockbildung und dem Ost-West-Konflikt zu entgehen, trafen sich im April 1955 in Bandung (Indonesien) vor allem die nach 1945 in die Unabhängigkeit entlassenen Staaten Afrikas und Asiens. Sie schlossen sich 1961 in der Bewegung der *Blockfreien* zusammen und setzten sich für ein friedliches Nebeneinander der unterschiedlichen Gesellschaftssysteme ein.

Im Mai 1955 entstand die Warschauer Vertragsorganisation (WVO), die im Westen als *Warschauer Pakt* bezeichnet wurde. Das militärisch-politische Bündnis der Staaten unter dem Einfluss Moskaus war in erster Linie eine Reaktion auf den Beitritt der Bundesrepublik Deutschland zur NATO.* Unter Führung der beiden Großmächte standen sich WVO und NATO im bis 1989 anhaltenden Ost-West-Konflikt gegenüber.

**Lies dazu Seite 205.*

M1 Die Truman-Doktrin

In einer Rede vor dem Kongress fordert US-Präsident Truman am 12. März 1947 die Bereitstellung von 400 Millionen Dollar zur Unterstützung Griechenlands und der Türkei. Dadurch will er verhindern, dass kommunistische Kräfte im griechischen Bürgerkrieg die Macht an sich reißen. Die Begründung dieser Forderung wird heute als theoretische Grundlage der amerikanischen Eindämmungspolitik bezeichnet.

Im gegenwärtigen Abschnitt der Weltgeschichte muss fast jede Nation ihre Wahl in Bezug auf ihre Lebensweise treffen. Nur allzu oft ist es keine freie Wahl. Die eine Lebensweise gründet sich auf den Willen der Mehrheit und zeichnet sich durch freie Einrichtungen, freie Wahlen, Garantie der individuellen Freiheit, Rede- und Religionsfreiheit und Freiheit vor politischer Unterdrückung aus.

Die zweite Lebensweise gründet sich auf den Willen einer Minderheit, der der Mehrheit aufgezwungen wird. Terror und Unterdrückung, kontrollierte Presse und Rundfunk, fingierte Wahlen und Unterdrückung der persönlichen Freiheiten sind ihre Kennzeichen.

Ich bin der Ansicht, dass es die Politik der Vereinigten Staaten sein muss, die freien Völker zu unterstützen, die sich der Unterwerfung durch bewaffnete Minderheiten oder durch Druck von außen widersetzen.

Ich glaube, dass wir den freien Völkern helfen müssen, sich ihr eigenes Geschick nach ihrer eigenen Art zu gestalten. [...]

Die Saat der totalitären Regime gedeiht in Elend und Mangel. Sie verbreitet sich und wächst in dem schlechten Boden von Armut und Kampf. Sie wächst sich vollends aus, wenn in einem Volk die Hoffnung auf ein besseres Leben ganz erstirbt. Wir müssen diese Hoffnung am Leben erhalten. Die freien Völker der Erde blicken auf uns und erwarten, dass wir sie in der Erhaltung der Freiheit unterstützen.

Zit. nach: Herbert Michaelis u. a. (Hrsg.), Ursachen und Folgen. Vom deutschen Zusammenbruch 1918 und 1945 bis zur staatlichen Neuordnung in der Gegenwart, Bd. 25, Berlin o. J., S. 148ff. (übers. von Ernst Schraepler)

M2 Ausdehnung des sowjetischen Herrschaftsbereiches in Europa.

M3 Die „zwei Lager“

Die Aufgabe des im September 1947 gegründeten Kommunistischen Informationsbüros soll die Anleitung der kommunistischen Bewegung unter der Führung der KPdSU sein. Auf der Gründungstagung erklärt die Kominform zur internationalen Entwicklung:

Die Meinungsverschiedenheiten in der Zielsetzung des Krieges und der Aufgaben der Nachkriegsgestaltung haben sich in der Nachkriegszeit vertieft. Es bildeten sich zwei einander entgegengesetzte politische Richtungen heraus: auf dem einen Pol die Politik der UdSSR und der demokratischen Länder, die auf Überwindung des Imperialismus und Festigung der Demokratie gerichtet ist, auf dem anderen die Politik der USA und Großbritanniens, die auf Stärkung des Imperialismus und Drosselung der Demokratie abzielt. [...] Auf diese Weise entstanden zwei Lager: das imperialistische, antidemokratische Lager, dessen Hauptziel die Weltherrschaft des amerikanischen Imperialismus und die Zerschlagung der Demokratie ist, und das antiimperialistische, demokratische Lager, dessen Hauptziel die Überwindung des Imperialismus, die Festigung der Demokratie und die Liquidierung* der Überreste des Faschismus ist.

Zit. nach: Archiv der Gegenwart, XVI./XVII. Jg. (1946/47), S. 1207f. (überarbeitet)

***Liquidierung:** Beseitigung*

1. *Erläutere die Ziele der Truman-Doktrin (M1) und der Kominform (M3).*
2. *Vergleiche, wie in M1 und M3 die politische Lage der Nachkriegszeit beurteilt wird. Nimm Stellung zur politischen Haltung der Autoren.*
3. *Beschreibe die Lage der europäischen Staaten und besonders Deutschlands innerhalb der Blöcke (M2).*

M1 „Trümmerfrauen."
Foto aus dem Berliner Stadtbezirk Prenzlauer Berg von 1945. Die Behörden zogen seit Sommer 1945 die arbeitsfähige Bevölkerung zur Beseitigung der Trümmer heran. In einigen Besatzungszonen wurden die Frauen zu Aufräumungsarbeiten verpflichtet.

M2 „Eindruck völliger Hoffnungslosigkeit"
Angela Limerick vom Britischen Roten Kreuz berichtet in einem Reisetagebuch aus Berlin:
Dienstag, 13. November 1945: Wir begannen unsere Tour in der Stadtmitte, die wirklich einen traurigen Anblick bietet. [...] Linkerhand sahen wir den ausgebrannten Reichstag und fuhren dann durch das große Brandenburger Tor, den Eingang zur Russischen Zone. [...] Man fragt sich, wann die Straßen und Plätze wohl jemals geräumt sein werden. Nazifrauen werden zu dieser Arbeit gezwungen, aber ohne richtiges Werkzeug und Transportmittel ist es eine unlösbare Aufgabe. Die Frauen bilden eine Kette, reichen die Eimer voll Schutt von Hand zu Hand, oder sie laden ihn in kleine Handwagen, da es sonst keine Transportmittel gibt. [...] Die Gesichter der Leute auf der Straße vermitteln den Eindruck völliger Hoffnungslosigkeit und Depression. [...] Auf dem Rückweg passieren wir den Schwarzmarkt, auf dem Menschenmassen öffentlich jede Art von Ware zu exorbitanten* Preisen kaufen und verkaufen. Ab und zu gibt es eine Razzia, aber der Markt öffnet immer wieder schnell.

Zit. nach: Mike Dennis/Johannes Steinert, Deutschland 1945-1990. Von der bedingungslosen Kapitulation zur Vereinigung, Schwalbach/Ts. 2005, S. 51 f.

*exorbitant: *gewaltig übertrieben*

M3 Wille zum Neuaufbau
Der Präsident des Landes Thüringen, Rudolf Paul, wendet sich am 23. Dezember 1945 in einem Zeitungsartikel mit folgenden Worten an seine Mitbürger:
Schwere, harte Wintermonate stehen uns bevor. Es wird noch da und dort ein Rückschlag kommen. Die Schwierigkeiten in der Heranschaffung der Kohle und der Rohstoffe sind noch nicht überwunden. Aber sie sind nicht so, dass wir daran scheitern. Lasst an keinem Ort und zu keiner Zeit irgendeine Schwäche aufkommen, bleibt stark im Willen zum Neuaufbau und zum Erhalt unseres Volkes. Zeigt der Welt, dass Schwache, in Verbundenheit zusammenstehend, unmöglich Scheinendes vermögen.

Thüringer Volkszeitung. Organ der Kommunistischen Partei Deutschlands – Bezirk Thüringen, Nr. 1 vom 23. Dezember 1945; zit. nach: Thomas Neumann, Thüringen 1945, Erfurt 2010, S. 69 f.

M4 Verteilung von CARE-Paketen.
Foto, um 1946/47.
Im November 1945 wurde in den USA eine Vereinigung zur Organisation von Hilfssendungen (engl. Cooperative for American Remittance to Europe; abgekürzt CARE) zur Linderung der Nachkriegsnot in den europäischen Ländern gegründet. Von 1946 bis 1949 wurden rund fünf Millionen CARE-Pakete in die westlichen Zonen geschickt, um Not und Hunger zu lindern.

1. *Beschreibe die Alltagsprobleme, die nach Kriegsende gelöst werden mussten (M1 bis M3).*
2. *Erläutere, warum die Sowjetunion die Nachkriegsnot in der SBZ nicht in dem Umfang lindern konnte wie die Vereinigten Staaten (M4).*
3. *Informiere dich über die unmittelbare Nachkriegssituation in deinem Schul- oder Wohnort. Verfasse einen Bericht für dein Portfolio.*

Flucht und Vertreibung

Millionen verlieren ihre Heimat

Die Nationalsozialisten hatten im Krieg etwa neun Millionen Menschen in den von ihnen beherrschten Teilen Europas „eingedeutscht", „umgevolkt" oder verschleppt. Allein 1,2 Millionen Polen mussten ihre Heimat verlassen und ins „Generalgouvernement" übersiedeln. Auch die Sowjets hatten bedenkenlos ganze Volksgruppen um tausende Kilometer verschoben, so die Krimtataren oder die Wolgadeutschen.

Mit dem Ende des Zweiten Weltkrieges begann eine neue, noch gewaltigere Vertreibungswelle. Sie bedeutete für viele Millionen Menschen in Europa den Verlust ihrer Heimat. Sie traf Polen, Tschechen, Slowaken, Ukrainer, Weißrussen, Litauer, Ungarn und Deutsche.

Für zwölf bis 14 Millionen Deutsche wurden *Flucht und Vertreibung* zum bitteren Schicksal. Es wird geschätzt, dass ein bis zwei Millionen Menschen dabei ums Leben kamen und etwa eine Million in die Sowjetunion deportiert wurde.*

Misshandelt und vertrieben

Schon vor Kriegsende waren über fünf Millionen Menschen aus den deutschen Ostgebieten vor der Roten Armee geflohen. Angesichts der deutschen Kriegsverbrechen, der zerstörten Heimat und der Millionen ziviler Opfer riefen viele russische Offiziere zu Rache und Vergeltung auf. Zahllose Zivilisten wurden getötet, verschleppt, misshandelt und vergewaltigt. Raub und Plünderungen waren üblich.

Auf Flucht und „wilde" Vertreibungen folgten von Behörden angeordnete Ausweisungen und Zwangsumsiedlungen von Deutschen aus ihren Heimatgebieten östlich von Oder und Neiße sowie aus anderen Siedlungsgebieten Ost- und Südosteuropas.

Auf der Potsdamer Konferenz war zwar im Juli 1945 vereinbart worden, dass die „Ausweisungen" in „ordnungsgemäßer und humaner Weise erfolgen" sollten, trotzdem kam es weiterhin zu vielen gewaltsamen Vertreibungen. Erst 1947 mündeten sie in eine „geordnete Umsiedlung".

Die Flüchtlinge und Vertriebenen besaßen nur noch das, was sie auf dem Leib trugen oder mitschleppen konnten. Für die Aufnahmegebiete bedeutete dieser Zustrom von Menschen eine Verschärfung der schon katastrophalen Ernährungs- und Wohnsituation. Deshalb lehnte dort die Bevölkerung anfangs die Eingliederung der Flüchtlinge und Vertriebenen ab.**

*Siehe dazu auch den Lerntipp „Karten vergleichen" auf Seite 185.
**Lies dazu auch Seite 186.

Sonderbefehl

für die deutsche Bevölkerung der Stadt Bad Salzbrunn einschliesslich Ortsteil Sandberg.

Laut Befehl der Polnischen Regierung wird befohlen:

1. Am 14. Juli 1945 ab 6 bis 9 Uhr wird eine Umsiedlung der deutschen Bevölkerung stattfinden.
2. Die deutsche Bevölkerung wird in das Gebiet westlich des Flusses Neisse umgesiedelt.
3. Jeder Deutsche darf höchstens 20 kg Reisegepäck mitnehmen.
4. Kein Transport (Wagen, Ochsen, Pferde, Kühe usw.) wird erlaubt.
5. Das ganze lebendige und tote Inventar in unbeschädigtem Zustande bleibt als Eigentum der Polnischen Regierung.
6. Die letzte Umsiedlungsfrist läuft am 14. Juli 10 Uhr ab.
7. Nichtausführung des Befehls wird mit schärfsten Strafen verfolgt, einschließlich Waffengebrauch.
8. Auch mit Waffengebrauch wird verhindert Sabotage u. Plünderung.
9. Sammelplatz an der Straße Bhf. Bad Salzbrunn-Adelsbacher Weg in einer Marschkolonne zu 4 Personen. Spitze der Kolonne 20 Meter vor der Ortschaft Adelsbach.
10. Diejenigen Deutschen, die im Besitz der Nichtevakuierungsbescheinigungen sind, dürfen die Wohnung mit ihren Angehörigen in der Zeit von 5 bis 14 Uhr nicht verlassen.
11. Alle Wohnungen in der Stadt müssen offen bleiben, die Wohnungs- und Hausschlüssel müssen nach außen gesteckt werden.

Bad Salzbrunn, 14 Juli 1945, 6 Uhr.

Abschnittskommandant
(-) Zinkowski
Oberstleutnant

1 Anschlag vom 14. Juli 1945.

Die Form des Anschlages lehnte sich an die deutschen Anordnungen aus der Besatzungszeit an, die sich an die polnische Bevölkerung richteten.

■ *Analysiere die Punkte 1 bis 11 und stelle dir vor, du wärest von den Anweisungen betroffen. Wie hättest du reagiert? Was hättest du deinen Familienangehörigen gesagt?*

Von den Flüchtlingen und Vertriebenen, die um 1950 in der Bundesrepublik und der DDR lebten, kamen aus	
– den ehemals deutschen Gebieten östlich von Oder und Neiße	etwa 7,00 Mio.
– der Tschechoslowakei	etwa 3,00 Mio.
– dem Polen der Vorkriegsgrenzen	etwa 1,40 Mio.
– der bis 1939 unter der Verwaltung des Völkerbundes stehenden Freien Stadt Danzig	etwa 0,30 Mio.
– Jugoslawien	etwa 0,30 Mio.
– Ungarn	etwa 0,20 Mio.
– Rumänien	etwa 0,13 Mio.

2 Herkunft der deutschen Flüchtlinge und Vertriebenen.

Nach: Klaus J. Bade u. a. (Hrsg.), Enzyklopädie Migration in Europa, Paderborn [3]2010, S. 158

M 1 Handwagen aus Schlesien.
Auf diesem Wagen transportierte eine vertriebene deutsche Familie 1946 ihre ganze Habe.

M 2 Ausweisungsbescheid

Die Sudetendeutschen aus Radisch, Kreis Kaplitz, erhalten im April 1946 folgenden Ausweisungsbescheid:

Sie sind zum Transfer in Ihre Heimat (d.h. heim ins Reich) bestimmt worden und werden am 21. 2. 46 um 10 Uhr in die Sammelstelle in Kaplitz abtransportiert.

Zum Mitnehmen sind: 2 Decken, 4 Wäschegarnituren, 2 gute Arbeitsanzüge, 2 Paar gute Arbeitsschuhe, 1 guter Arbeitsmantel (Winterrock), 1 Essschale, 1 Tasse und 1 Essbesteck, 2 Handtücher und Seife, Nähzeug (Nadel und Zwirn), Lebensmittelkarten und die amtlichen Personenausweise und Dokumente.

Weiter können Sie Gegenstände Ihres Personenbedarfes, etwa unverderbliche Lebensmittel und Ähnliches mitnehmen. Alle Ihre Sachen dürfen das Gesamtgewicht von 50 kg pro Person nicht überschreiten.

Sämtlicher Schmuck, Wertgegenstände, Geld und Einlagebücher (außer der Reichsmark) schreiben Sie auf und geben Sie in einem Sack mit Ihrem Namen und der Anschrift an dem Ort der Zusammenkunft ab. [...]

Es wird dringendst darauf hingewiesen, dass nichts von Ihrem Eigentum verkauft, verschenkt, geborgt oder sonstwie veräußert werden darf. Die Nichtbefolgung dieser Anordnung wird bestraft.

Zit. nach: Rolf Messerschmidt, „Wenn wir nur nicht lästig fallen ...". Aufnahme und Eingliederung der Flüchtlinge und Vertriebenen in Hessen (1945-1955), Frankfurt a.M. 1991, S. 41

M 3 Vertreibung aus Oberschlesien

Ein Pfarrer aus Leobschütz (Oberschlesien) berichtet um 1950 über die Praxis der „Umsiedlung":

Am 26. September 1945, frühmorgens gegen 5:00 Uhr, begann die Razzia gegen die Deutschen. Die polnische Miliz drang in die Häuser ein und jagte alle Deutschen auf die Straße. Die wenigsten hatten noch Zeit und Gelegenheit, etwas von ihren wenigen Habseligkeiten mitzunehmen. [...] Nachdem man 70 bis 80 Personen wie Vieh in einem Wagen zusammengepfercht hatte, begann die Fahrt gegen 8:00 Uhr abends. Die polnische Miliz war dem Transport als Bewachung beigegeben. Niemand wusste, wohin die Fahrt geht. Am 28. September 1945 kam der Transport in Neiße O/S an und wurde vier Tage auf einem toten Gleis stehen gelassen. Da keine Lebensmittel mitgenommen waren, sich auch so niemand um die Verpflegung kümmerte, schrien die Menschen vor Hunger nach Brot. Aber keiner gab es ihnen. Soweit die Wagen von der polnischen Miliz geöffnet wurden, konnten die hungernden Menschen heraus und suchten sich Rüben und Kartoffeln auf den nächstliegenden Feldern. Dabei wurden viele, besonders alte Frauen, von der polnischen Miliz mit Gummiknüppeln geschlagen. Pater Ludwig begrub in den Wällen der Festung Neiße die ersten sieben Toten. Sie waren buchstäblich verhungert.

Auf jeder Haltestelle wurden die Toten ausgeladen und an den Bahndämmen, in Schanzenlöchern oder auf dem freien Feld beerdigt. Kurz vor Görlitz wurden die Heimatvertriebenen von Russen und der polnischen Miliz noch einmal gründlichst ausgeplündert. In Löbau/Sachsen, der ersten deutschen Grenzstation, wo der Transport am 10. Oktober 1945 ankam, gab es von deutscher Verwaltung die erste Verpflegung. [...]

Auf der 15-tägigen Fahrt starben 88 Menschen am Hunger und durch Erschöpfung, weitere 280 Personen starben an den Folgen der Ausweisung wenige Wochen später.

Zit. nach: Bundesministerium für Vertriebene (Hrsg.), Dokumentation der Vertreibung der Deutschen aus Ost-Mitteleuropa, Bd. I/2, bearbeitet von Theodor Schieder (1954), Neudruck München 1984, S. 708f.

▶ ***Internettipps:***
- *www.bund-der-vertriebenen.de*
- *www.z-g-v.de*

▶ ***Lesetipps:***
- *Gudrun Pausewang, Auf einem langen Weg, Ravensburg [8]2009*
- *Elisabeth Zöller, Wir hatten trotzdem Glück. Die Geschichte einer Flucht, Frankfurt a. M. 2010*

▶ ***Filmtipp:*** *Die Flucht; Regie: Kai Wessel, 2007*

▶ ***CD-ROM-Tipp:*** *Flucht und Vertreibung. Zeitzeugen berichten, Köln: DeutschlandRadio 2004*

1. *Erläutere den „Sonderbefehl" auf Seite 183, Abb. 1, und die in M 2 und M 3 genannten Maßnahmen. Setze dich mit den Folgen für die Betroffenen auseinander.*
2. *Recherchiere, ob und wie in deinem Wohn- oder Schulort an die Herkunft der Flüchtlinge und Vertriebenen erinnert wird.*
3. *In Berlin soll ein „Zentrum gegen Vertreibungen" entstehen. Informiere dich über die Ziele und die aktuellen Planungen. Wie stehst du zu diesen Plänen? Nenne die Gesichtspunkte, nach denen du sie beurteilst. Halte die Auskünfte in deinem Portfolio fest.*

Karten vergleichen

Geschichtskarten fassen auf den ersten Blick ähnlich wie Statistiken historische Sachverhalte objektiv zusammen. Sie stellen dabei ein Thema für eine bestimmte Zeit und für einen festgelegten Raum dar.
Die Unterschiede zwischen Geschichtskarten zu einem Thema in verschiedenen Büchern oder Atlanten scheinen zunächst nur ästhetischer oder gestalterischer Art zu sein. Aber der Eindruck kann trügen, wie die beiden Karten zum Thema „Flüchtlinge und Vertriebene" zeigen. Beachte bei einem Vergleich:

- Legende und Karteneinträge (Informationsgehalt),
- Aufbau und Struktur der Karte,
- Farbgebung und Übersichtlichkeit (grafische Gestaltung).

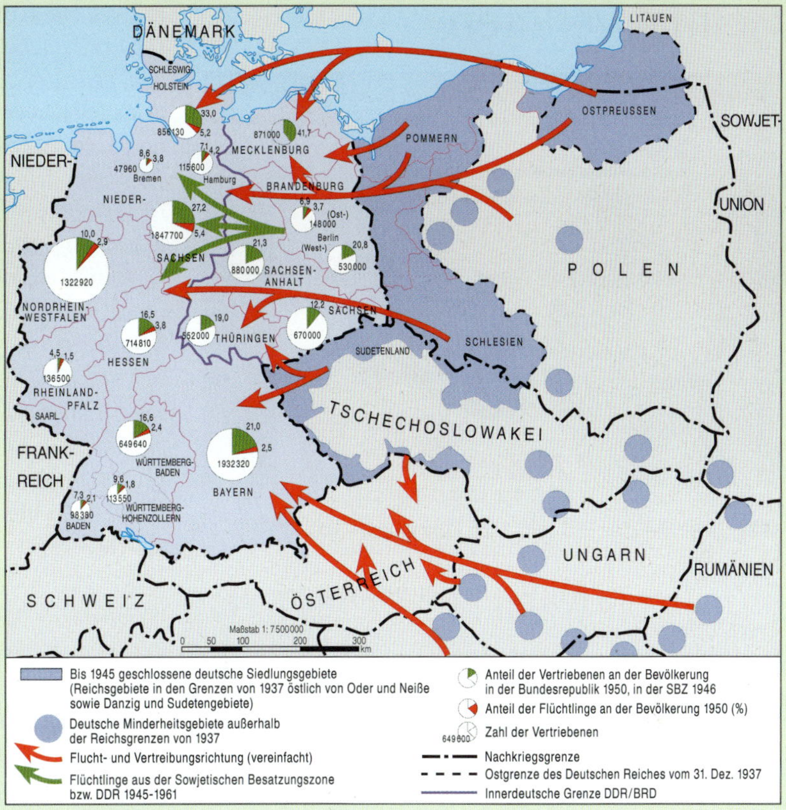

M1 Deutsche Flüchtlinge und Vertriebene 1945 bis 1950.

Karte nach: Haus der Heimat des Landes Baden-Württemberg (Hrsg.), Umsiedlung, Flucht und Vertreibung der Deutschen als internationales Problem, Stuttgart 2005, S. 73

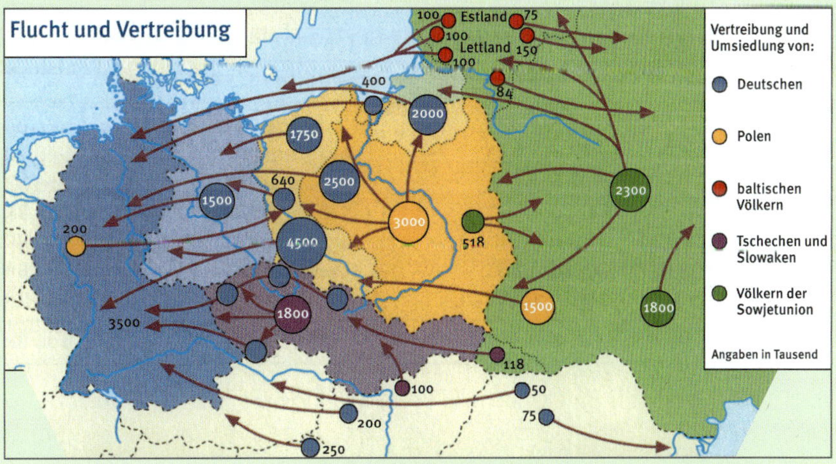

M2 Flucht und Vertreibung.

Aus dem Begleittext zu der Karte:

Die Potsdamer Konferenz sanktionierte 1945 die Vertreibung der Deutschen aus den ehemaligen deutschen Ostgebieten, der Tschechoslowakei (Sudetenland) und Ungarn. Von den Potsdamer Absprachen nicht gedeckt, verschob die UdSSR zur Korrektur ihrer eigenen Westgrenze von 1921 bis 1939 unter Annexion polnischer Ostgebiete das polnische Staatsgebiet auf Kosten der deutschen Ostgebiete nach Westen. Die angestammte Bevölkerung wurde vertrieben. [...]
Auch in Jugoslawien (1946/47), in Bulgarien und der Türkei (1950-52) kam es zur Vertreibung nationaler Minderheiten. Insgesamt 30 Millionen Europäer verloren in diesem Zuge ihre bisherige Heimat (60 Prozent davon Deutsche).

Karte und Text aus: Ernst Bruckmüller/Peter Claus Hartmann (Hrsg.), Putzger. Historischer Weltatlas, Berlin [103]2001, S. 176f.

1. *Vergleiche die beiden Karten (M1 und M2). Wie wird das Thema „Flucht und Vertreibung" jeweils dargestellt? Welche inhaltlichen Schwerpunkte werden gesetzt?*
2. *Suche nach älteren Karten zum Thema „Flucht und Vertreibung" und vergleiche sie mit M1. Achte darauf, ob die Karten mit „dramatischen Gesten" wie dicken Pfeilen und auffallenden Farben arbeiten. Prüfe, ob sie die Herkunftsländer der Opfer nennen.*

▶ ***Lesetipp:***
Zwangsumsiedlung, Flucht und Vertreibung 1939-1959. Atlas zur Geschichte Ostmitteleuropas, Bonn 2009

Heimat verloren

M1 **„Umsiedler. Die SED hilft Euch eine neue Heimat zu schaffen."**
SED-Wahlplakat aus Köthen (Sachsen-Anhalt), um 1946.*

** Zur SED lies Seite 190 f.*

M2 **Wo bleibt die Solidarität?**
Die Arbeitsgebietsleitung der KPD Waltershausen (Thüringen) berichtet am 2. Oktober 1945:
Wir stellen in einer Reihe von Orten in der Bevölkerung eine geradezu feindselige Stimmung gegenüber den Ostflüchtlingen und den Evakuierten überhaupt fest. [...] Hier ist es im Anschluss an eine Gemeindeversammlung [...] in der vorigen Woche sogar zu einer wüsten Auseinandersetzung und Beschimpfung, die fast in eine Schlägerei ausartete, gekommen. Es gibt gewisse Dörfer, wo die einheimische Bevölkerung grundsätzlich nicht verstehen will, dass man für diese Menschen sorgen muss. Allgemein haben wir überhaupt festgestellt, dass irgendein Solidaritätsgefühl oder ein Zusammengehörigkeitsgefühl sowohl in den Städten wie auch in den Dörfern fast überhaupt nicht mehr besteht. Nach wie vor ist es so, dass für alle Missstände und auch für den Hunger heute bei vielen Teilen der Bevölkerung immer noch wir Kommunisten verantwortlich gemacht werden.

Zit. nach: Manfred Wille (Hrsg.), Die Vertriebenen in der SBZ/DDR. Dokumente, Bd. II: Massentransfer, Wohnen, Arbeit 1946-1949, Wiesbaden 1999, S. 187

Flüchtlinge, Vertriebene oder Umsiedler?
Thüringen nahm bis 1949 rund 700 000 Schlesier, Ostpreußen, Pommern oder Sudetendeutsche auf. Zunächst gingen die Betroffenen von einer Rückkehr in ihre Heimat aus. Für die Besatzungsmächte stand aber von Anfang an die Endgültigkeit der Vertreibung fest. In Thüringen, das zur Sowjetischen Besatzungszone (SBZ) zählte, wurde daher schon sehr früh aus politischen Gründen nur noch von „Umsiedlern" gesprochen.
Offiziell galt die Eingliederung der „Umsiedler" in der SBZ schon 1948 als gelöst. Dabei fehlte es noch an Wohnraum, Verpflegung, Hausrat und Arbeitsplätzen. Auch das gegenseitige Verständnis zwischen Einheimischen und Neubürgern war noch nicht ausgeprägt. Versuche von Vertriebenen, sich wie in Westdeutschland landsmannschaftlich zu organisieren, galten in der SBZ/DDR als kriminell. Jede öffentliche Erinnerung an die verlorene Heimat wurde unterbunden und verfolgt. Einen „Lastenausgleich", wie ihn die Flüchtlinge in der Bundesrepublik Deutschland 1952 bekamen,* blieb den Betroffenen in der DDR versagt. Trotz vieler Benachteiligungen leisteten sie auch in Thüringen einen großen Beitrag zur Überwindung der schweren Nachkriegsfolgen und beim wirtschaftlichen Aufbau.

** Siehe Seite 207.*

M3 **„Gablonzer!"**
An die Vertriebenen aus Gablonz (Ort an der Lausitzer Neiße im nördlichen Tschechien) wenden sich um 1946 der Vorstand des Modeschmuckunternehmens „Bijou", das Umsiedleramt Thüringens und der Oberbürgermeister von Gotha mit folgendem Aufruf:
Die „Bijou" ruft zur Arbeit! Die Vorbereitungen sind beendet! Das Werk beginnt! Die Landesregierung hat die Verbindung zwischen der S.M.A. [Sowjetische Militär Administration] und uns hergestellt. Von der S.M.A. erhalten wir in der großzügigsten Weise jede nur denkbare Unterstützung bei der Beschaffung von Rohstoffen, Werkzeugen, Maschinen u.s.w. Die S.M.A. wird zahlender Großabnehmer für alle unsere Erzeugnisse. Damit ist unsere Zukunft, die Zukunft unserer Familien, die Zukunft des neuen Gablonz, gesichert. Jeder rüste sich zur Reise in die neue Heimat, zur Fahrt nach Gotha Stadt und Land! [...] Jeder findet Arbeit und Brot! Jeder findet eine Wohnstatt! Jeder gebe den Ruf weiter: Gablonzer! Gotha erwartet euch! Gotha erwartet alle, die früher im Stadt- und Landkreis Gablonz mit uns lebten und sich bei der in Gotha von Gablonzern ins Leben gerufenen „Bijou" gemeldet haben oder noch melden.

Zit. nach: Manfred Wille (Hrsg.), Die Vertriebenen in der SBZ/DDR. Dokumente, Bd. II, a. a. O., S. 378

---

1. *In der Sowjetischen Besatzungszone durften die Vertriebenen nur „Umsiedler" genannt werden (M 1). Erläutere diese Sprachregelung.*
2. *Beschreibt die Probleme der Flüchtlinge in ihren Ankunftsorten (M 2 und M 3).*
3. *Erörtert, ob sich die Herausforderungen der Flüchtlinge und Vertriebenen mit denen von heutigen Migranten vergleichen lassen.*

Schuld und Verantwortung

Opfer und Befreier klagen an

Nach 1945 mussten sich die Deutschen der Frage nach der Verantwortung für das Geschehene stellen. Hunderttausende hatten sich schuldig gemacht, noch mehr hatten das Unrecht nicht wahrnehmen wollen. Die überlebenden Opfer und die Befreier stellten zunächst die *Kollektivschuldthese* auf, nach der das gesamte deutsche Volk die Schuld an den Verbrechen trage. Darauf reagierten viele Menschen mit Verdrängung der Verantwortung oder Mitverantwortung für die Verbrechen. Sie behaupteten, dem totalitären, allumfassenden Staat selbst ausgeliefert gewesen zu sein. Erst mit den Schuldbekenntnissen der beiden großen Kirchen im August und Oktober 1945 begann eine Auseinandersetzung mit der Schuldfrage. Dabei half die Erkenntnis, dass es eine juristische Schuld eines ganzen Volkes nicht geben kann, sehr wohl aber eine Verantwortung dafür, was Regierung und Justiz in seinem Namen tun.

Siegerjustiz?

Die Siegermächte hatten auf der Potsdamer Konferenz beschlossen, die Verantwortlichen für die NS-Verbrechen vor ein internationales Militärgericht zu bringen. Am 20. November 1945 begann in Nürnberg der Prozess gegen die Hauptkriegsverbrecher. Angeklagt wurden über zwanzig hohe Parteiführer, Minister und Generäle, die gesamte NSDAP sowie die Gestapo, der SD und die SS wegen:

- Verbrechen gegen den Frieden (Planung und Durchführung eines Angriffskrieges oder eines Krieges unter Verletzung internationaler Verträge);
- Kriegsverbrechen (Mord, Misshandlung oder Deportation von Angehörigen der Zivilbevölkerung zur Sklavenarbeit);
- Verbrechen gegen die Menschheit (Mord, Ausrottung, Versklavung, Deportation oder andere unmenschliche Handlungen, begangen an der Zivilbevölkerung; Verfolgungen aus politischen, rassischen oder religiösen Gründen).

Urteile

Im Verlauf der fast einjährigen Verhandlungen erfuhr die Weltöffentlichkeit von den deutschen Gräueltaten in den besetzten Gebieten. Zwölf der Hauptangeklagten verurteilte das Gericht zum Tode, drei erhielten lebenslange Haft, vier Angeklagte mussten Haftstrafen zwischen zehn und zwanzig Jahren hinnehmen, drei wurden freigesprochen. Das Gericht erklärte die NSDAP, die SS, die Gestapo und den SD zu verbrecherischen Organisationen. Eine Strafverfolgung ihrer Mitglieder wurde von einer nachweisbaren individuellen Schuld abhängig gemacht.

1 Die Bevölkerung Weimars im Konzentrationslager Buchenwald.
Foto von Margaret Bourke-White, Mitte April 1945
Amerikanische Truppen trafen am 11. April 1945 in Buchenwald ein. Sie fanden dort 21000 Überlebende.
US-General George S. Patton zwang die Bewohner Weimars, das Lager und die Opfer anzusehen. Als einige betroffene Einwohner riefen: „Wir haben das nicht gewusst! Wir haben nichts gewusst!", schrien ihnen Ex-Häftlinge entgegen: „Ihr habt es gewusst. Wir haben neben euch in den Fabriken gearbeitet. Wir haben es euch gesagt und dabei unser Leben riskiert. Aber ihr habt nichts getan."
Der Bürgermeister von Weimar und seine Frau begingen nach dem Gang durch das Konzentrationslager zu Hause Selbstmord.

Keine berechtigten Zweifel

Auch wenn die Urteile weitgehend begrüßt wurden, blieb Kritik nicht aus, da

- die Planung eines Angriffskrieges durch das bisherige Völkerrecht noch nicht geächtet war,
- nur deutsche, nicht jedoch alliierte Kriegsverbrechen abgeurteilt wurden,
- die Bedeutung des Hitler-Stalin-Paktes von 1939 für die Planung des deutschen Angriffskrieges auf Polen wegen des sowjetischen Einspruchs nicht berücksichtigt wurde und
- Ankläger und Richter aus neutralen Ländern nicht hinzugezogen worden waren.

Angesichts der Beweiskraft der vielen tausend Dokumente und Zeugenaussagen über die Verbrechen gab und gibt es aber keinen Zweifel darüber, dass die Aburteilung der Angeklagten gerechtfertigt war. Allerdings hatte der Prozess gegen die Hauptkriegsverbrecher für viele Deutsche auch eine Entlastungsfunktion: Sie verdrängten die Frage nach ihrer eigenen Mitverantwortung für das, was während des „Dritten Reiches" geschehen war.

2 „Ohne Worte." *Karikatur aus der 1945 in Stuttgart gegründeten satirischen Zeitschrift „Wespennest" von 1948.*

Die Prozesse gehen weiter

Zwischen 1945 und 1949 fanden weitere Prozesse gegen NS-Täter statt. Von besonderer Bedeutung waren die zwölf großen Verfahren gegen SS-Ärzte und -Führer, Juristen, leitende Beamte des Auswärtigen Amtes, Industrielle, hohe Offiziere und KZ-Verwalter vor amerikanischen Militärgerichten in Nürnberg.

Insgesamt verurteilten die drei westlichen Besatzungsmächte 5025 Angeklagte, darunter 806 zum Tode; 486 wurden hingerichtet, die übrigen Verurteilten zwischen 1950 und 1958 wieder entlassen. Sowjetische Militärgerichte verurteilten schätzungsweise 45000 Personen und deportierten etwa ein Drittel von ihnen in Arbeitslager.

Erst mit der Gründung der *Zentralen Stelle der Landesjustizverwaltungen zur Aufklärung nationalsozialistischer Gewaltverbrechen* 1958 in Ludwigsburg begann in Westdeutschland eine neue Phase der juristischen Aufarbeitung der NS-Gewaltverbrechen.

Der erste *Auschwitz-Prozess* vor dem Landgericht Frankfurt am Main dauerte zwei Jahre (1963-1965), der *Majdanek-Prozess* in Düsseldorf über fünf Jahre (1975-1981). In den Prozessen wurde die Ungeheuerlichkeit der NS-Vernichtungsmaschinerie detailliert nachgewiesen. Bis 1994 wurden vor westdeutschen Gerichten rund 6500, von ostdeutschen Richtern bis 1978 etwa 13000 Personen wegen NS-Verbrechen verurteilt. Dennoch blieben viele Verbrechen ungesühnt.

Entnazifizierung

Ziel der Siegermächte war eine politische „Säuberung" des besetzten Deutschland: die *Entnazifizierung*. Danach sollten

- alle NS-Organisationen aufgelöst,
- das Rechtssystem von nationalsozialistischem Einfluss gereinigt und
- alle Frauen und Männer, die dem NS-Staat und seinen Organisationen in leitenden Funktionen zur Verfügung gestanden hatten, bestraft werden.

Fragebogen und Spruchkammer

Während die Briten und Franzosen aus praktischen Erwägungen bald viele Ausnahmen zuließen, strebten die Amerikaner eine systematische „politische Säuberung" an. Im März 1946 übergaben sie den Vollzug der Entnazifizierung in deutsche Hände. Die Briten folgten dem Beispiel ein halbes Jahr später. Danach musste jeder Deutsche über 18 Jahre einen Fragebogen mit 131 Fragen über seine berufliche und politische Vergangenheit ausfüllen. Deutsche „Spruchkammern" stuften die Personen in fünf Gruppen ein: *Hauptschuldige, Belastete, Minderbelastete, Mitläufer* und *Entlastete*. Straffrei sollten nur Entlastete und Mitläufer bleiben. Den Übrigen drohten Gefängnis, Geldstrafe oder Berufsverbot. Von den 13 Millionen Befragten wurden zehn Prozent verurteilt, nur knapp ein Prozent wurde auch bestraft, denn Schuldige schafften es immer wieder, als bloße „Mitläufer" eingestuft zu werden. Ungerecht war es, dass belastete Fachleute aus Industrie, Wirtschaft und Verwaltung ungestraft davonkamen, weil sie für den Wiederaufbau gebraucht wurden. In den westlichen Zonen wurde die Entnazifizierung um 1950 beendet.

„Ausrottung des Faschismus"

In der Sowjetischen Besatzungszone (SBZ) wurde die Entnazifizierung unter dem Motto „Ausrottung der Überreste des Faschismus" vollzogen. Die Kommunisten machten vor allem die Großgrundbesitzer und Industriellen pauschal für den Nationalsozialismus und den Krieg verantwortlich. Sie wurden enteignet, ihr Besitz wurde verteilt oder verstaatlicht. *

Neben dieser „strukturellen" Entnazifizierung standen personelle Säuberungen auf der Tagesordnung. Bis 1947 wurde etwa eine halbe Million Nationalsozialisten, darunter 80 Prozent aller Richter und mehr als die Hälfte der Lehrer, ihrer bisherigen beruflichen Positionen enthoben. Früher als in den westlichen Zonen nahm man hier alle kleinen Parteigenossen von einer Bestrafung aus. Dadurch sollte die Masse der ehemaligen Nazis für die neue Wirtschafts- und Gesellschaftsordnung gewonnen werden.

**Siehe dazu auch Seite 193.*

M1 „... nichts Unrechtes getan"?

Die amerikanische Journalistin Martha Gelhorn kommt bei Kriegsende nach Europa. Im April 1945 schreibt sie:

„Niemand ist ein Nazi. Niemand ist je einer gewesen. Es hat vielleicht ein paar Nazis im nächsten Dorf gegeben, und es stimmt schon, diese Stadt da, zwanzig Kilometer entfernt, war eine regelrechte Brutstätte des Nationalsozialismus. Um die Wahrheit zu sagen, ganz im Vertrauen, es hat hier eine Menge Kommunisten gegeben. Wir waren schon immer als Rote verschrien. Oh, die Juden? Tja, es gab eigentlich in dieser Gegend nicht viele Juden. Zwei vielleicht, vielleicht auch sechs. Sie wurden weggebracht. Ich habe sechs Wochen lang einen Juden versteckt. Ich habe acht Wochen lang einen Juden versteckt. (Ich habe einen Juden versteckt, er hat einen Juden versteckt, alle Kinder Gottes haben Juden versteckt.) Wir haben nichts gegen Juden; wir sind immer gut mit ihnen ausgekommen. Wir haben lange schon auf die Amerikaner gewartet. Ihr seid gekommen und habt uns befreit. [...] Wir haben nichts Unrechtes getan; wir sind keine Nazis."

Man müsste es vertonen. Dann könnten die Deutschen diesen Refrain singen [...]. Sie reden alle so. Man fragt sich, wie die verabscheute Naziregierung, der niemand Gefolgschaft leistete, es fertigbrachte, diesen Krieg fünfeinhalb Jahre lang durchzuhalten [...]. Wir stehen mit fassungslosen und verächtlichen Gesichtern da und hören uns diese Geschichte ohne Wohlwollen an und ganz gewiss ohne Achtung. Ein ganzes Volk, das sich vor der Verantwortung drückt, ist kein erbaulicher Anblick.

Zit. nach: Hans Magnus Enzensberger (Hrsg.), Europa in Trümmern. Augenzeugenberichte aus den Jahren 1944-1948, Frankfurt a. M. 1990, S. 87f.

M2 Schuldbekenntniss der katholischen Kirche

Am 23. August 1945 veröffentlicht die Fuldaer Bischofskonferenz eine Erklärung, die Bilanz zieht über den deutschen Katholizismus im „Dritten Reich"; dort heißt es:

Wir beklagen es zutiefst: Viele Deutsche, auch aus unseren Reihen, haben sich von den falschen Lehren des Nationalsozialismus betören lassen, sind bei den Verbrechen gegen die menschliche Freiheit und menschliche Würde gleichgültig geblieben; viele leisteten durch ihre Haltung dem Verbrechen Vorschub, viele sind selber Verbrecher geworden. Schwere Verantwortung trifft jene, die aufgrund ihrer Stellung wissen konnten, was hier bei uns vorging, die durch ihren Einfluss solche Verbrechen hätten verhindern können und es nicht getan haben, ja diese Verbrechen ermöglicht haben und sich dadurch mit den Verbrechern solidarisch erklärt haben. [...] Es ist eine Forderung der Gerechtigkeit, dass immer und überall die Schuld von Fall zu Fall geprüft wird, damit nicht Unschuldige mit den Schuldigen leiden müssen.

Zit. nach: Jürgen Weber (Hrsg.), Auf dem Weg zur Republik 1945-1947 (Geschichte der Bundesrepublik Deutschland, Bd. 1), München [4]1994, S. 111

M3 Schuldbekenntniss der evangelischen Kirche

Die Evangelische Kirche bekennt sich in der „Stuttgarter Erklärung" vom 19. Oktober 1945 mit folgenden Worten zu ihrer Verantwortung:

Durch uns ist unendliches Leid über viele Völker und Länder gebracht worden. Was wir unseren Gemeinden oft bezeugt haben, das sprechen wir jetzt im Namen der ganzen Kirche aus: Wohl haben wir lange Jahre hindurch im Namen Jesu Christi gegen den Geist gekämpft, der im nationalsozialistischen Gewaltregime seinen furchtbaren Ausdruck gefunden hat, aber wir klagen uns an, dass wir nicht mutiger bekannt, nicht treuer gebetet, nicht fröhlicher geglaubt und nicht brennender geliebt haben. Nun soll in unseren Kirchen ein neuer Anfang gemacht werden.

Zit. nach: Jürgen Weber (Hrsg.), Auf dem Weg zur Republik 1945-1947, a. a. O., S. 120

M4 Einsicht?

Im Oktober 1948 fragt ein Meinungsforschungsinstitut: „Halten Sie den Nationalsozialismus für eine gute Idee, die schlecht ausgeführt wurde?" Die Antworten:

ja	57 Prozent
nein	28 Prozent
unentschieden	15 Prozent

Nach: Jahrbuch der öffentlichen Meinung 1947-55, Allensbach 1956, S. 134

M5 „Schlussstrich drunter!"

Plakat der Freien Demokratischen Partei (FDP) zur Bundestagswahl von 1949.

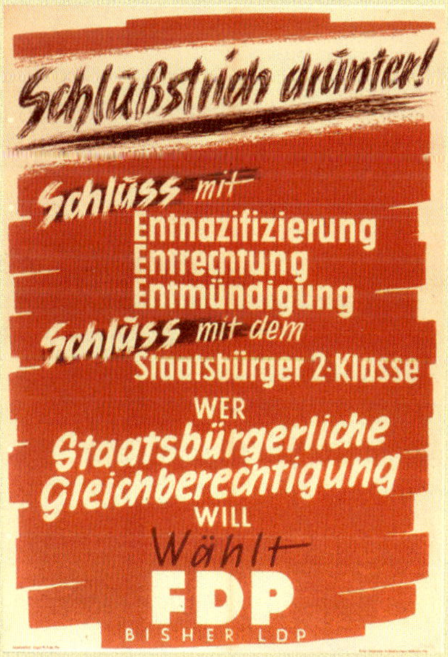

1. *Erläutere die Erfahrungen, die die amerikanische Journalistin beschreibt. Welche Forderungen stecken hinter Martha Gelhorns Zeilen (M 1)?*
2. *Vergleiche die Schuldbekenntnisse der beiden Kirchen (M 2 und M 3).*
3. *Interpretiere die Meinungsumfrage (M 4) und das Plakat (M 5). Was sagen sie über das Thema „Schuld und Verantwortung" aus?*

Neubeginn unter den Besatzungsmächten

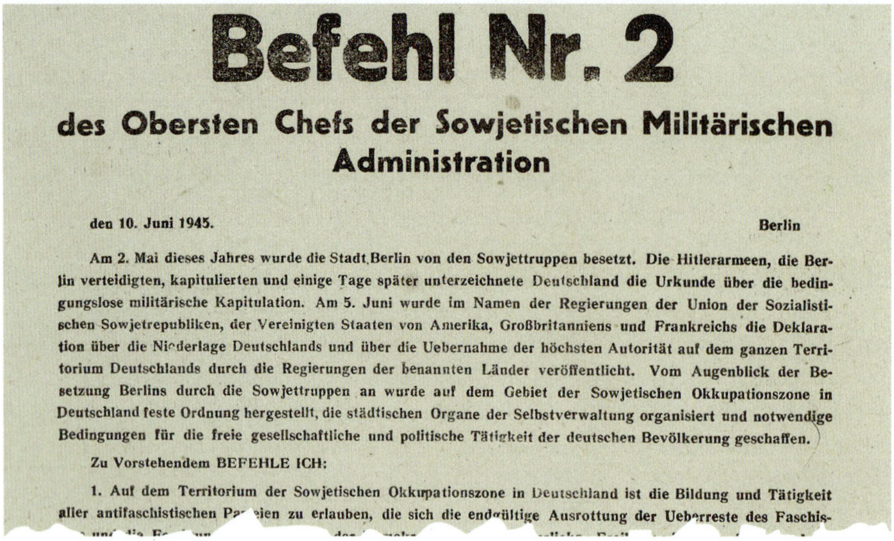

Befehl Nr. 2

des Obersten Chefs der Sowjetischen Militärischen Administration

den 10. Juni 1945. Berlin

Am 2. Mai dieses Jahres wurde die Stadt Berlin von den Sowjettruppen besetzt. Die Hitlerarmeen, die Berlin verteidigten, kapitulierten und einige Tage später unterzeichnete Deutschland die Urkunde über die bedingungslose militärische Kapitulation. Am 5. Juni wurde im Namen der Regierungen der Union der Sozialistischen Sowjetrepubliken, der Vereinigten Staaten von Amerika, Großbritanniens und Frankreichs die Deklaration über die Niederlage Deutschlands und über die Uebernahme der höchsten Autorität auf dem ganzen Territorium Deutschlands durch die Regierungen der benannten Länder veröffentlicht. Vom Augenblick der Besetzung Berlins durch die Sowjettruppen an wurde auf dem Gebiet der Sowjetischen Okkupationszone in Deutschland feste Ordnung hergestellt, die städtischen Organe der Selbstverwaltung organisiert und notwendige Bedingungen für die freie gesellschaftliche und politische Tätigkeit der deutschen Bevölkerung geschaffen.

Zu Vorstehendem BEFEHLE ICH:

1. Auf dem Territorium der Sowjetischen Okkupationszone in Deutschland ist die Bildung und Tätigkeit aller antifaschistischen Parteien zu erlauben, die sich die endgültige Ausrottung der Ueberreste des Faschis-

1 Befehl Nr. 2 der SMAD vom 10. Juni 1945 (Ausschnitt).

Ulbricht an der Spitze

Die Sowjets gingen in ihrer Besatzungszone planvoll vor. Auf ihre Initiative hin war bereits vor der Kapitulation eine Gruppe deutscher Kommunisten aus dem Moskauer Exil zurückgekehrt, um neue politische Einrichtungen aufzubauen. An der Spitze dieser Gruppe stand in Berlin der frühere kommunistische Reichstagsabgeordnete *Walter Ulbricht*.

Noch vor der Potsdamer Konferenz und früher als in den anderen Zonen ließen die Sowjets in der SBZ bereits am 10. Juni 1945 Parteien zu. Die *Kommunistische Partei Deutschlands* (KPD), die *Sozialdemokratische Partei Deutschlands* (SPD), die *Christlich-Demokratische Union* (CDU) und die *Liberal-Demokratische Partei Deutschlands* (LDPD) veröffentlichten kurz nacheinander ihre Gründungsaufrufe. Auf Verlangen der *Sowjetischen Militärverwaltung* (SMAD) schlossen sich diese Parteien im Juli zur *Einheitsfront der antifaschistisch-demokratischen Parteien* (*Antifa-Block*) zusammen, in der bald die Kommunisten dominierten.

„... alles in der Hand haben"

Parallel zur Zulassung der Parteien ließ die Besatzungsmacht fünf Landesverwaltungen in Brandenburg, Mecklenburg-Vorpommern, Sachsen, Sachsen-Anhalt und Thüringen errichten. Dabei verstanden es die Sowjets, mithilfe der KPD alle Schlüsselpositionen mit Personen ihrer Wahl zu besetzen. Politisch weniger wichtige Aufgaben überließen sie Kandidaten anderer Parteien. Ulbricht fasste die Absicht seiner Partei bei der Besetzung der Ämter so zusammen: „Es muss demokratisch aussehen, aber wir müssen alles in der Hand haben."

KPD + SPD = SED

Die Spitze der KPD befürchtete, bei den für 1946 in der SBZ angesetzten Wahlen von der SPD überflügelt zu werden. Sie bemühte sich, Bedenken auszuschalten. Dazu verkündete sie, dass die Sowjets trotz der eingeleiteten Bodenreform und Verstaatlichung von Industriebetrieben* nicht beabsichtigten, ihre politische und wirtschaftliche Ordnung auf Deutschland zu übertragen. Daneben machte man die Uneinigkeit der beiden großen Arbeiterparteien vor 1933 für den Aufstieg der Nationalsozialisten mitverantwortlich. Um eine Wiederholung zu verhindern, sollten KPD und SPD zu einer Partei vereint werden. Die SPD-Führung in der SBZ unter Otto Grotewohl lehnte nicht eindeutig ab. Teile der SPD glaubten sogar, bei einer Vereinigung der Arbeiterparteien den zukünftigen Weg der neuen Partei bestimmen zu können, da sie über mehr Mitglieder verfügten.

Unterstützt von der SMAD konnte die KPD durch Drohungen, Redeverbote, Verhaftungen und Überredung viele Sozialdemokraten in der SBZ für einen Zusammenschluss gewinnen. Am 21./22. April 1946 beschloss ein Parteitag der KPD und SPD in Berlin einstimmig die Vereinigung der beiden Arbeiterparteien zur *Sozialistischen Einheitspartei Deutschlands* (SED). Eine Abstimmung der SPD-Mitglieder wurde verboten. Nur in den Westsektoren Berlins kam es dazu. Dort lehnten 82 Prozent den sofortigen Zusammenschluss mit den Kommunisten ab.

**Siehe dazu Seite 193 und 218.*

▶ **Geschichte In Clips**
Zur Gründung der SED siehe Clip-Code 4493-06

▶ ***Internettipp:*** *Informationen über Walter Ulbricht findest du unter www.dhm.de/lemo/html/biografien/UlbrichtWalter*

2 Vereinigungsparteitag von KPD und SPD.
Foto vom 21. April 1946.
Wilhelm Pieck hält die Fahne der SED, rechts neben ihm steht Otto Grotewohl. An der Wand (von links nach rechts) die Bilder von Friedrich Engels, August Bebel und Karl Marx.
- *Beschreibe die Mittel, mit denen hier die Vereinigung von SPD und KPD zur SED dargestellt wird.*

Die SED: eine diktatorische Partei

Obwohl CDU und LDPD von der sowjetischen Militärregierung stark benachteiligt wurden – sie durften sich z. B. nicht in allen Orten zur Wahl stellen –, erhielten die bürgerlichen Parteien bei den Kreis- und Landtagswahlen vom 20. Oktober 1946 mehr als die Hälfte der Stimmen. In Berlin, wo die SPD noch unabhängig antreten konnte, wurde die SED nur drittstärkste Partei. Es war offensichtlich, dass die SED in freien Wahlen keine Mehrheiten erreichen würde.

Daraufhin verstärkten die Sowjets den Druck auf die zugelassenen Parteien. Die SED wurde nach dem Vorbild der KPdSU 1947/48 zu einer diktatorischen Partei umgestaltet, die Staat und Gesellschaft beherrschen sollte. Die vereinbarte gleichmäßige Besetzung leitender Funktionen durch ehemalige Kommunisten und Sozialdemokraten wurde aufgehoben und die SED von oppositionellen Kräften „gesäubert". Etwa 6000 Sozialdemokraten wurden von sowjetischen Militärgerichten als „Agenten" verurteilt und in Arbeitslager gebracht. Rund 100 000 Sozialdemokraten flohen in den Westen.

Demokratisierung „von unten" im Westen

In allen Besatzungszonen war die Lösung der sozialen und wirtschaftlichen Probleme vordringlich. Dazu wurden deutsche Auftragsverwaltungen aus politisch unbelasteten Personen ernannt. Sie unterstanden den Weisungen der Besatzungsmächte.

Parteien und Gewerkschaften waren schon im Juni 1945 in der Sowjetischen Besatzungszone und ab Juli in ganz Berlin von der *Interalliierten Militärkommandantur* zugelassen worden. In den drei westlichen Zonen genehmigten die Besatzungsmächte sie erst ab Herbst 1945 – zuerst in der amerikanischen, dann in der britischen und zuletzt in der französischen Zone.

Da die westlichen Besatzungsmächte eine Demokratisierung der Bevölkerung „von unten" – von den „Graswurzeln" her – anstrebten, ließen sie die ersten Kommunalwahlen schon im Januar 1946 zu.

Neue Länder entstehen

Auch auf der Länderebene wurden die ersten Regierungen und Regierungschefs von den Besatzungsmächten ernannt. Sie stellten die Weichen für die Neugliederung der Länder.

In der amerikanischen Zone wurden schon im September 1945 die Länder Bayern, Hessen und Württemberg-Baden gegründet.

Die Briten schufen zwischen August und November 1946 die Länder Schleswig-Holstein und Niedersachsen; aus den ehemaligen preußischen Provinzen Westfalen und Nordrhein (ohne Trier und Koblenz) sowie dem Land Lippe machten sie das Land Nordrhein-Westfalen. Die Stadtstaaten Hamburg und Bremen ließen sie selbstständig.

In der französischen Besatzungzone wurden zunächst drei Länder gebildet: Rheinland-Pfalz (Ende August 1946), Württemberg-Hohenzollern und Baden.

Das Bundesland Baden-Württemberg entstand im März/April 1952 durch die Zusammenlegung der Länder Württemberg-Baden, Württemberg-Hohenzollern und Baden.

Die Stadtverordneten von West-Berlin erklärten ihre von den drei Westmächten kontrollierte Stadt mit der Verfassung vom 1. September 1950 zum Land der Bundesrepublik Deutschland.

Das ausgegliederte Saargebiet konnte erst am 1. Januar 1957 dem Bundesgebiet beitreten.

▶ ***Lesetipp:***
Hermann Vinke, Die DDR. Eine Dokumentation mit zahlreichen Biografien und Abbildungen, Ravensburg 42009

M1 Der Beauftragte der SPD für die Westzonen, Dr. Kurt Schumacher (stehend), in seinem Büro in Hannover.
Foto von 1946.

M2 Die SPD fordert

Aus dem Aufruf der SPD vom 15. Juni 1945:

Wiederaufbau der Wirtschaft unter Mitwirkung der kommunalen Selbstverwaltung und der Gewerkschaften. [...] Verstaatlichung der Banken, Versicherungsunternehmungen und der Bodenschätze, Verstaatlichung der Bergwerke und der Energiewirtschaft. Erfassung des Großgrundbesitzes und der lebensfähigen Großindustrie und aller Kriegsgewinne für die Zwecke des Wiederaufbaus. Beseitigung des arbeitslosen Einkommens aus Grund und Boden und Mietshäusern. [...]
Anpassung des Rechts an die antifaschistisch-demokratische Staatsauffassung. Staatlichen Schutz der Person. Freiheit der Meinungsäußerung in Wort, Bild und Schrift unter Wahrung der Interessen des Staates und der Achtung des einzelnen Staatsbürgers. Gesinnungsfreiheit und Religionsfreiheit.

Zit. nach: Mike Dennis/Johannes-Dieter Steinert, Deutschland 1945-1990. Von der bedingungslosen Kapitulation zur Vereinigung, Schwalbach/Ts. 2005, S. 72 f.

M3 Ziele der CDU

Aus dem Aufruf der in der britischen und amerikanischen Zone gegründeten CDU vom 26. Juni 1945:

Das Recht muss wieder die Grundlage des ganzen öffentlichen Lebens werden. [...] Die Unabhängigkeit und der geordnete Gang der Rechtspflege sind wiederherzustellen. [...]
Wir bejahen das Privateigentum, das die Entfaltung der Persönlichkeit sichert, aber an die Verantwortung für die Allgemeinheit gebunden bleibt.
Industrie, Handel und Gewerbe sind zu entscheidender Mitarbeit am Wiederaufbau berufen und deshalb planmäßig zu fördern.

Zit. nach: Mike Dennis/Johannes-Dieter Steinert, Deutschland 1945-1990, a. a. O., S. 70 f.

M4 Richtlinien der Freien Demokratischen Partei

Aus den Richtlinien der in den Westzonen gegründeten FDP vom 4. Februar 1946:

Im Innern soll das Reich als Staat des deutschen Volkes ein wahrer Volksstaat sein, der sich jeglicher Diktatur widersetzt und keine Reste des alten Obrigkeitsstaates mehr duldet. Völlige Rechtssicherheit soll die Freiheit des Staatsbürgers schützen. [...]
Wie der Staat nicht Selbstzweck ist, sondern dem Volke dient, so auch die Wirtschaft. [...] Die zur Überwindung von Notständen unentbehrliche Planung und Lenkung [der Wirtschaft] darf [...] nicht bürokratisch sein, sondern muss in demokratischer Selbstverwaltung der Wirtschaft durch deren Organe unter kontrollierender Mitwirkung des Staates erfolgen. Die Planwirtschaft darf nicht Selbstzweck werden, damit nicht schließlich alles Leben und alle freie Leistung im staatlichen Zwang erstickt.

Zit. nach: Mike Dennis/Johannes-Dieter Steinert, Deutschland 1945-1990, a. a. O., S. 74

M5 Forderungen der SED

Aus dem Protokoll des Vereinigungsparteitages von SPD und KPD vom 21. - 22. April 1946:

Das Ziel der Sozialistischen Einheitspartei Deutschlands ist die Befreiung von jeder Ausbeutung und Unterdrückung, von Wirtschaftskrisen, Armut, Arbeitslosigkeit und imperialistischer Kriegsdrohung. Dieses Ziel, die Lösung der nationalen und sozialen Lebensfragen unseres Volkes, kann nur durch den Sozialismus erreicht werden. Die Sozialistische Einheitspartei Deutschlands kämpft für die Verwandlung des kapitalistischen Eigentums an den Produktionsmitteln in gesellschaftliches Eigentum, für die Verwandlung der kapitalistischen Warenproduktion in eine sozialistische, für und durch die Gesellschaft betriebene Produktion. In der bürgerlichen Gesellschaft ist die Arbeiterklasse die ausgebeutete und unterdrückte Klasse. Sie kann sich von Ausbeutung und Unterdrückung nur befreien, indem sie zugleich die ganze Gesellschaft für immer von Ausbeutung und Unterdrückung befreit und die sozialistische Gesellschaft errichtet. Der Sozialismus sichert allen Nationen, allen Menschen die freie Ausübung ihrer Rechte und die Entfaltung ihrer Fähigkeiten. Erst mit dem Sozialismus tritt die Menschheit in das Reich der Freiheit und des allgemeinen Wohlergehens ein.

Zit. nach: Mike Dennis/Johannes-Dieter Steinert, Deutschland 1945-1990, a. a. O., S. 77

1. *Vergleiche die Ziele der Parteien (M 2 bis M 5). Arbeite Gemeinsamkeiten und Unterschiede heraus.*
2. *Erläutere am Beispiel der Parteien die unterschiedlichen Entwicklungen in den Ost- und Westzone (M 2 bis M 5).*

Eine trennende Entwicklung

Vorentscheidungen

Während die westlichen Besatzungsmächte – zum Teil gegen den Willen breiter Bevölkerungskreise – eine freie Wirtschafts- und Eigentumsordnung wollten, wurden in der SBZ mit Unterstützung vieler Bürger schon im Herbst 1945 die Weichen für eine sozialistische Entwicklung gestellt. Unter dem Motto *Junkerland in Bauernhand!* leiteten die Sowjets eine Bodenreform ein: 7000 Großgrundbesitzern wurde ihr Land entschädigungslos entzogen und an 500000 Landarbeiter, landlose Bauern, Flüchtlinge und Vertriebene verteilt. Ein Drittel des enteigneten Bodens erhielten die Länder, Kreise und Gemeinden. Gleichzeitig setzte unter der Parole *Enteignung von Nazis und Kriegsverbrechern!* die entschädigungslose Verstaatlichung von etwa 9000 Unternehmen ein. Mit diesen beiden Maßnahmen sollten in der SBZ die alten Eliten, die den Nationalsozialismus unterstützt oder nicht verhindert hatten, entmachtet und ein sozialistischer Staat aufgebaut werden.

Demontagen

Als Ersatz für die Kriegsschäden und die Besatzungskosten zogen die Alliierten das Auslandsvermögen deutscher Firmen ein, übernahmen deutsche Patente und eigneten sich Kunstwerke an.

In der Frage der Demontage großer Industriebetriebe und Reparationsleistungen entwickelten die Alliierten keine einheitliche Linie. Amerikaner und Briten wollten die Selbstversorgung Deutschlands wiederherstellen und so die Bezahlung der Besatzungskosten erreichen. Die Franzosen, die im 20. Jh. zweimal von deutschen Truppen überfallen worden waren, wollten Deutschland langfristig schwächen. Die Sowjets wiederum, die ihr zerstörtes Land aufbauen mussten, pochten auf rasche und hohe Wiedergutmachungsleistungen sowie einen dauerhaften Einfluss auf die deutsche Wirtschaft. Bereits 1946 übernahmen sie rund 200 der größten ostdeutschen Betriebe. Zu tief greifenden Verstimmungen zwischen Amerikanern und Sowjets kam es, als sich die Sowjetunion weigerte, Nahrungsmittel und Kohle, wie in Potsdam vereinbart, im Austausch für ihren Anteil an den in den Westzonen demontierten Industrieausrüstungen zu liefern. US-General *Lucius D. Clay* ließ deshalb im Mai 1946 die Reparationslieferungen aus der amerikanischen Zone in die Sowjetunion stoppen.

1 „Ja, der hat's gut, der lebt unter einem besseren Himmel."
Titelblatt der in Berlin erscheinenden Satirezeitschrift „Ulenspiegel" vom November 1946.
■ *Interpretiere die Zeichnung von Karl Holtz.*

Ungleiche Belastungen

Von nun an stellten Amerikaner und Briten eine rasche Ankurbelung der Wirtschaft in ihren Zonen über gemeinsame Reparationsansprüche. Die Westzonen verloren deshalb durch Demontagen nur vier bis sieben Prozent ihrer Industriekapazitäten, dagegen minderten sich die Industrieleistungen in der Sowjetischen Besatzungszone langfristig um über 40 Prozent (vom Stand des Jahres 1938 aus gerechnet).

Die Wende der amerikanischen Besatzungspolitik

Die politischen und wirtschaftlichen Weichenstellungen in der SBZ und der beginnende Ost-West-Gegensatz hatten deutlich gemacht, dass eine einheitliche Besatzungspolitik der Alliierten nicht möglich war.

Den amerikanischen Wandel kündigte US-Außenminister *James F. Byrnes* in einer Rede am 6. September 1946 in Stuttgart an. Darin bot er dem deutschen Volk erstmals öffentlich Hilfe an.

2 „Freie Bah
Plakat (71 x 5

3 „Hinaus!"
Plakat (61 x

Großbrita
Frankreich
Italien
Westzone
weitere 13
Insgesam

4 Marshall

Nach: Bundes
des Marshall-

2 Die „C-54-Skymaster" im Einsatz.
Foto von 1949.

3 Schweineschmalz und Trockeneipulver.

4 „Es wird dafür gesorgt, dass die Blockade nicht in den Himmel wächst."
Karikatur von Mirko Szewczuk aus der „Zeit", 1948.
Gezeigt wird General Lucius D. Clay, der die „Luftbrücke" organisierte.

- *Beschreibe, wie Clay dargestellt wird.*

West-Berlin wird abgeriegelt

Die Sowjets nahmen den Streit um die Währung zum Anlass, am 24. Juni 1948 alle Straßen, Bahnlinien und Wasserwege von Westdeutschland nach Berlin zu sperren. Während der *Berlin-Blockade* respektierten die Sowjets aber eine alliierte Vereinbarung, die den drei Westmächten den Zugang zur Stadt durch drei Luftkorridore ermöglichte.

Die Sowjets unterbanden die Lieferung von Strom, Kohle, Gas und Lebensmitteln. Sie drohten, 2,1 Millionen West-Berliner auszuhungern. Sie wollten die Westmächte zum Abzug aus Berlin drängen und die sich abzeichnende Gründung eines westdeutschen Teilstaates verhindern.

Drei Jahre nach Ende des Zweiten Weltkrieges befürchteten die Menschen einen neuen Krieg. In dieser Situation beschloss die amerikanische Regierung, die Bewohner West-Berlins auf dem Luftweg zu versorgen. An der *„Luftbrücke"* beteiligten sich auch die Briten, nicht aber die Franzosen. Erst am 12. Mai 1949 hob Stalin die Blockade West-Berlins auf: Er musste einsehen, dass er keines seiner Ziele hatte erreichen können. Während die Sowjetunion mit der Blockade im In- und Ausland viel Ansehen verlor, solidarisierten sich die Bürger West-Berlins sowie der westlichen Besatzungszonen nun vor allem mit den Amerikanern.

Während der Blockade erhielten Ost- und West-Berlin eigene Oberbürgermeister und getrennte Verwaltungen. Die Spaltung der Stadt, die zum Symbol der Teilung Deutschlands werden sollte, endete erst 1989/90.

▶ ***Tipp:*** *Im Internet findest du die Rede, die der Berliner Oberbürgermeister Ernst Reuter nach der Blockade am 9. September 1945 vor 300 000 Menschen vor dem Reichstagsgebäude hielt.*

5 „Rosinenbomber" werden entladen.
Foto von 1949.
Die im Volksmund „Rosinenbomber" genannten Flugzeuge der „Luftbrücke" starteten unter anderem von Lübeck, Hamburg-Fuhlsbüttel, Wunstorf bei Hannover, Faßberg (Landkreis Celle) und Frankfurt a. M. Sie brachten 2,34 Millionen Tonnen Lebensmittel, Kohle und Maschinen nach West-Berlin. Von Trockenmilch für Säuglinge bis zu Turbinenteilen für ein Kraftwerk – die Flugzeuge transportierten alles. Bei den rund 280 000 Flügen stürzten 24 Maschinen ab. 76 Menschen kamen ums Leben.

M 1 Was wird mit den Sparguthaben?

Der CDU-Politiker Hermann Pünder erklärt der Bevölkerung am 18. Juni 1948 in einer Rundfunkansprache:

Wenn die Millionen deutscher Sparer in der nächsten Woche über das endgültige Schicksal ihrer Spargelder aufgeklärt werden, dann mögen sie sich sagen: Diese Spargelder wurden vernichtet, als Adolf Hitler seinen verbrecherischen Krieg vorbereitete und führte, als er Hunderte von Milliarden deutschen Volksvermögens sinnlos vergeudete. Damals bereits waren die ersparten Vermögen zerstört worden, auch wenn bis zum heutigen Tag eine Papierfassade bestehen blieb und die Bevölkerung in dem Wahn gehalten wurde, dass ihre Ersparnisse unverändert oder womöglich noch vermehrt durch den Krieg hindurch gerettet werden konnten.

Zit. nach: Wolfgang Benz, Auftrag Demokratie, Bonn 2010, S. 286

M 2 Alles war „plötzlich wieder kaufbar"

Klaus-Jürgen Geißler, Sohn eines Arbeiters aus dem Ruhrgebiet, erinnert sich nach rund 40 Jahren an die Währungsreform:

Und am Währungsstichtag, das war der Sonntag, da mussten wir extra von Wedau nach Essen kommen, um diese 40 DM Kopfgeld, wie sie damals genannt wurden, einzutauschen. [...]. Und wie wir an dem Abend zurückkamen, da hatten wir auch 'ne Gaststätte, wo wir schon mal, wenn wir keine offiziellen Gruppenabende hatten, uns trafen. Da gab's also plötzlich in der Gaststätte, am gleichen Tag, konnte man also Wein kaufen. Vorher gab es nur Dröppelbier*; an dem Tag war sofort Wein da. [...]. Und am Montag: Das Erstaunliche war, dass man also wieder Waren angeboten bekommen hat, die vorher überhaupt nicht auf dem Markt waren. Also innerhalb der ersten Woche konnte man Fahrräder, Kochtöpfe und Gott weiß was alles wieder kaufen, was es vorher nicht gab. Zu diesem Zeitpunkt [...] waren dann plötzlich wieder Angebote an Lebensmitteln da, die vorher gar nicht da waren: Obst tauchte auf und so weiter, was also vorher irgendwo in finstere Kanäle verschwand. Aber nachdem wieder 'ne vernünftige, stabile Währung da [war], war alles plötzlich wieder kaufbar. War für uns junge Leute – damals war ich siebzehn Jahre alt – völlig unbegreifbar.

Zit. nach: Christoph Kleßmann/Georg Wagner (Hrsg.), Das gespaltene Land. Leben in Deutschland 1945-1990, München 1993, S. 175f.

***Dröppelbier:** *das Bier, das der Wirt unter der Zapfsäule in Glasschalen auffing*

M 3 Konsumgüter füllen die Auslagen.

Ausstellungsvitrine zur Währungsreform aus dem Haus der Geschichte der Bundesrepublik Deutschland in Bonn.

M 4 Die „Lage für die Ostzonen-Deutschen"

Eine in Ost-Berlin erscheinende Zeitung berichtet in der ersten Ausgabe des Jahres 1948:

Nachdem das erste Geschrei über die „sozialere" Form der Geldneuordnung in der Ostzone verpufft ist, zeigt sich, je länger die Zeit ins Land geht, um wie viel hoffnungsloser die Lage für die Ostzonen-Deutschen geworden ist. [...] Bezeichnend ist, dass man heute bereits in der Ostzone gegen DM eine Anzahl begehrenswerter Waren zu sogenannten „Westpreisen" erhält. Offiziell wird zwar ein DM-Besitzer in der Ostzone verhaftet, inoffiziell jedoch werden ihm zahlreiche günstige Angebote gemacht.

Zit. nach: Christoph Kleßmann/Georg Wagner (Hrsg.), Das gespaltene Land, a. a. O., S. 178

1. *Diskutiert, ob die Erklärung (M 1) die Bevölkerung überzeugt haben kann. Berücksichtigt dabei die Ansichten der Sachwertbesitzer und Sparer sowie der Anhänger und Gegner des NS-Regimes.*
2. *Fasse zusammen, woran sich Klaus-Jürgen Geißler erinnert (M 2). Welche Erklärung für das plötzliche Warenangebot nennt er?*
3. *Erläutere, wie sich die westliche Währungsreform für die Menschen in der Sowjetischen Besatzungszone auswirkte (M 4).*

Aus vier Zonen werden zwei Staaten

1 **Die „Mütter des Grundgesetzes".**
Foto von 1949.
Hätte es im Parlamentarischen Rat nicht diese vier Frauen gegeben, so wäre der heutige Artikel 3 des Grundgesetzes: „Männer und Frauen sind gleichberechtigt" vielleicht nicht angenommen worden. Das Bild zeigt von links nach rechts: Helene Wessel (Zentrum), Helene Weber (CDU), Friederike Nadig (SPD) und Elisabeth Selbert (SPD) bei ihren Beratungen zum Gleichberechtigungsartikel, in denen sie über Parteigrenzen hinweg zusammenarbeiteten.

▶ ***Internettipp:***
www.parlamentarischerrat.de

Das Angebot der Westmächte
Die drei Westmächte einigten sich im Juni 1948 in Absprache mit den Beneluxstaaten auf die Gründung eines westdeutschen Teilstaates.
Am 1. Juli 1948 erhielten die elf Regierungschefs der westlichen Besatzungszonen in Frankfurt am Main von den drei Militärgouverneuren den Auftrag, Verfassungsberatungen für einen westdeutschen Staat aufzunehmen. Diese *Frankfurter Dokumente* enthielten Vorschriften, wie die westlichen Besatzungszonen in Zukunft regiert werden sollten. Die Ministerpräsidenten wurden ermächtigt, eine *Verfassunggebende Versammlung* einzuberufen. Diese sollte dann eine föderalistische, die Selbstständigkeit der Länder berücksichtigende Verfassung erarbeiten und dem Volk zur Entscheidung vorlegen. Zugleich wurden den Vertretern der Länder die Grundzüge der weiteren Besatzungspolitik bekannt gemacht.
Die Regierungschefs nutzten die Chance zu mehr Selbstbestimmung. Da sie aber nicht die Teilung Deutschlands festschreiben wollten, legten sie Wert auf die Vorläufigkeit der geplanten Maßnahmen. Sie forderten, alles zu vermeiden, was die Spaltung zwischen West und Ost vertiefen könnte. Deshalb sollte nicht von einer Verfassunggebenden Versammlung, sondern nur von einem *Parlamentarischen Rat* sowie von einem *Grundgesetz* statt von einer Verfassung die Rede sein. Auch ihr Wunsch, das Grundgesetz schließlich durch die Landtage und nicht durch einen Volksentscheid in Kraft zu setzen, ergab sich aus der Vorstellung, nur einen provisorischen, aber dennoch handlungsfähigen (westdeutschen) Staat zu gründen.

„Recht vor Politik"
Zur Erarbeitung des Grundgesetzes beriefen die elf Regierungschefs der westdeutschen Länder vom 10. bis 23. August 1948 einen Sachverständigenrat auf die Insel Herrenchiemsee im Voralpenland ein. Jedes Land durfte einen Vertreter entsenden, hinzu kam ein Berliner Vertreter. Dieser „Verfassungskonvent" legte dem Parlamentarischen Rat einen fast vollständigen Verfassungsentwurf und einen Grundrechtekatalog zur Diskussion vor.
Am 1. September 1948 nahmen 65 von den Länderparlamenten gewählte Abgeordnete des Parlamentarischen Rates ihre Arbeit in Bonn auf. Dem Rat gehörten Vertreter aller Parteien an, darunter vier Frauen. Zum Präsidenten wurde der 72-jährige CDU-Politiker *Konrad Adenauer* aus dem Rheinland gewählt. Den Vorsitz des Hauptausschusses, in dem die wichtigsten Verfassungsberatungen stattfanden, erhielt *Carlo Schmid*, der sozialdemokratische Justizminister aus Württemberg-Hohenzollern. Die Arbeiten am Grundgesetz berücksichtigten die deutschen demokratischen Traditionen der Paulskirchenverfassung von 1849 und der Verfassung von 1919 sowie die Erfahrungen mit der nationalsozialistischen Diktatur. Als Leitprinzip der neuen Verfassung galt der Grundsatz „Recht vor Politik". Rasch einigte man sich auf die Grundrechte, die starke Stellung des vom Bundestag zu wählenden Kanzlers (er kann nur durch ein *konstruktives Misstrauensvotum* zum Rücktritt gezwungen werden, wenn die Mehrheit des Bundestages einen Gegenkandidaten wählt), und den – im Vergleich zu Weimar – eingeschränkten Aufgabenbereich des Bundespräsidenten. Diskussionen gab es über die föderalistische Ordnung. Die SPD forderte eine starke Bundesgewalt, die CDU/CSU wollte das politische Gewicht der Länder sichern.

2 **Parlamentarischer Rat.**
Foto vom 8. Mai 1949. Das Ergebnis der Abstimmung über das Grundgesetz wird verkündet. Links vom Mikrofon steht Carlo Schmid (SPD), ganz rechts der spätere Bundespräsident Theodor Heuss (FDP). Vorne links sitzt Max Reimann (KPD) und dahinter Heinz Renner (KPD).
- *Erkläre, was das Verhalten der KPD-Politiker ausdrückt.*

Die Bundesrepublik wird gegründet

Am 8. Mai 1949, vier Jahre nach der bedingungslosen Kapitulation, stimmten 53 Abgeordnete des Parlamentarischen Rates für und zwölf gegen das Grundgesetz (darunter sechs Abgeordnete der CSU sowie die Abgeordneten der KPD). Nachdem die Militärgouverneure das Grundgesetz genehmigt hatten, wurde es von allen Länderparlamenten mit Ausnahme des Bayerischen Landtages angenommen. Der CSU war das Grundgesetz nicht föderalistisch genug. Das bayerische „Nein“ blieb ohne Folgen, weil der Landtag in München beschlossen hatte, das Grundgesetz anzunehmen, wenn zwei Drittel der Länder zustimmen würden.

Am 23. Mai 1949 unterzeichneten die Ministerpräsidenten der Länder und die Landtagspräsidenten mit den Mitgliedern des Parlamentarischen Rates in Bonn feierlich das Grundgesetz – dies war die Geburtsstunde der Bundesrepublik Deutschland. Die Wahlen zum ersten *Deutschen Bundestag* fanden am 14. August 1949 statt.

Gegen Teile der Union, die eine Koalition mit der SPD befürworteten, setzte Adenauer ein Regierungsbündnis mit der *Freien Demokratischen Partei* (FDP) und der *Deutschen Partei* durch. Am 7. September 1949 trat der Bundestag zum ersten Mal in Bonn zusammen, der provisorischen Hauptstadt der Bundesrepublik. Zum Bundeskanzler wählte das Parlament am 15. September mit nur einer Stimme Mehrheit *Konrad Adenauer*. Die Aufgabe des Oppositionsführers fiel *Kurt Schumacher* zu, dem Vorsitzenden der SPD.

Zuvor war bereits der FDP-Politiker *Theodor Heuss* von der *Bundesversammlung*, den Mitgliedern des Bundestages und einer gleichen Anzahl von gewählten Vertretern aus den Länderparlamenten, zum Bundespräsidenten gewählt worden.

Die eingeschränkte Souveränität

Mit der Gründung der Bundesrepublik war die Besatzungsherrschaft nicht beendet. Einen Tag nach der Vereidigung der ersten Bundesregierung trat am 21. September 1949 ein *Besatzungsstatut* in Kraft. Die bisherige Militärregierung wurde durch eine zivile *Alliierte Hohe Kommission* ersetzt. Sie sollte die Bundes- und Landesregierungen kontrollieren. In ihrem Zuständigkeitsbereich blieb auch die Außen- und Sicherheitspolitik.

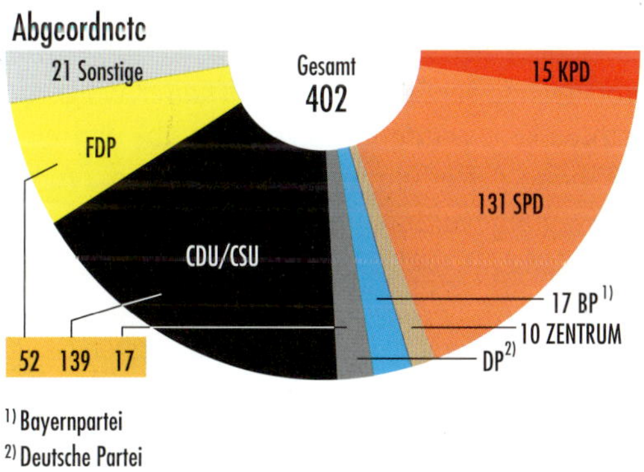

3 **Das Ergebnis der ersten Bundestagswahl vom 14. August 1949.**
Obwohl rund 65 Prozent aller Wahlberechtigten Frauen waren, wurden nur 28 Frauen in den ersten Bundestag gewählt.

- *Halte in deinem Portfolio fest, wer an der Gründung der Bundesrepublik beteiligt war.*

▶ ***Internettipps:***
- *www.hdg.de/lemo/html/biografien/AdenauerKonrad*
- *www.hdg.de/lemo/html/biografien/HeussTheodor*
- *www.hdg.de/lemo/html/biografien/SchumacherKurt*

4 **Fackelzug zur Gründung der DDR in Ost-Berlin.**
Foto vom 11. Oktober 1949.

▶ ***Internettipp:***
Bilder, Reportagen und Wochenschaubeiträge zur Entstehung beider deutscher Staaten siehe unter www.dhm.de/lemo/home.html

Parteiauftrag: ein neues Deutschland

Um ihren Herrschaftsanspruch in der Sowjetischen Besatzungszone durchzusetzen, rief die SED Ende 1947 den *Deutschen Volkskongress für Einheit und gerechten Frieden* ins Leben. Die Mitglieder der „Volkskongressbewegung" wurden von der Besatzungsmacht und der SED aus den Reihen der zugelassenen Parteien und Massenorganisationen ausgewählt. Aufgabe der Delegierten war es, die Deutschlandpolitik der Sowjetunion zu unterstützen. Als sich der Vorsitzende der CDU (Ost), *Jakob Kaiser*, weigerte, daran mitzuwirken, wurde er kurzerhand ab- und eine neue, willfährige Parteiführung eingesetzt. Die „Volkskongressbewegung" verdrängte den Einfluss der gewählten Länderparlamente und beteiligte sich an dem Aufbau der SED-Diktatur.

Im Juni 1948 wählte der Volkskongress einen ersten *Deutschen Volksrat*. Er bestand aus 400 Mitgliedern der *Blockparteien*, dem Zusammenschluss aller zugelassenen Parteien und Massenorganisationen unter der Führung der SED.

Am 29. und 30. Mai 1949, drei Wochen nach der Veröffentlichung des westdeutschen Grundgesetzes, billigte der Volkskongress die vom Volksrat entworfene Verfassung der *Deutschen Demokratischen Republik* (DDR). Für die Herrschaftspraxis der SED hatte diese Verfassung keine Bedeutung. Auf die verbrieften Freiheitsrechte (z. B. die Meinungsfreiheit) konnte sich kein DDR-Bürger berufen. Ihre Macht sicherte sich die SED-Führung durch

- die Steuerung der Blockparteien und die Festschreibung der Verteilung der Volkskammersitze unabhängig von Wahlen;
- die fehlende Unabhängigkeit der Justiz gegenüber der unumschränkt herrschenden SED (und der Regierung);
- die Strafandrohung wegen „Boykotthetze gegen demokratische Einrichtungen und Organisationen", eine Verfassungsbestimmung, mit der die SED unbequeme Kritiker mundtot machen konnte.

Moskaus Einfluss

Stalin wartete mit der bis in alle Einzelheiten vorbereiteten ostdeutschen Staatsgründung noch die ersten Wahlen und die Regierungsbildung in der Bundesrepublik ab, um dem Westen die „Schuld" an der Teilung Deutschlands geben zu können.

Nach einer langen Besprechung führender SED-Funktionäre mit dem sowjetischen Diktator in Moskau wurde Anfang Oktober 1949 verkündet, dass „mit der Bildung der volksfeindlichen Separatregierung in Bonn [...] in Deutschland eine neue Lage entstanden" sei, die zum Handeln zwinge. Am 7. Oktober 1949 erklärte sich ein aus gefälschten Wahlen hervorgegangener Deutscher Volksrat zur *Provisorischen Volkskammer*. Dieses Scheinparlament beauftragte Otto Grotewohl mit der Regierungsbildung. Zum ersten Präsidenten der DDR wurde *Wilhelm Pieck* gewählt.

Der damit gegründete zweite deutsche Staat, die DDR, blieb unter sowjetischer Vormundschaft. Wichtige Entscheidungen wurden in Moskau getroffen, die sowjetische Geheimpolizei verfolgte wirkliche und vermeintliche Gegner des stalinistischen Herrschaftssystems im Osten Deutschlands.

IM Bewußtsein seiner Verantwortung vor Gott und den Menschen, von dem Willen beseelt, seine nationale und staatliche Einheit zu wahren und als gleichberechtigtes Glied in einem vereinten Europa dem Frieden der Welt zu dienen, hat das Deutsche Volk in den Ländern

BADEN · BAYERN · BREMEN
HAMBURG · HESSEN
NIEDERSACHSEN
NORDRHEIN-WESTFALEN
RHEINLAND-PFALZ
SCHLESWIG-HOLSTEIN
WÜRTTEMBERG-BADEN und
WÜRTTEMBERG-HOHENZOLLERN

um dem staatlichen Leben für eine Übergangszeit eine neue Ordnung zu geben, kraft seiner verfassunggebenden Gewalt dieses Grundgesetz der Bundesrepublik Deutschland beschlossen.
Es hat auch für jene Deutschen gehandelt, denen mitzuwirken versagt war.
Das gesamte Deutsche Volk bleibt aufgefordert, in freier Selbstbestimmung die Einheit und Freiheit Deutschlands zu vollenden.

M1 Präambel des Grundgesetzes für die Bundesrepublik Deutschland.
Verkleinerte Wiedergabe des Originals von 1949.

M2 Die Bundesregierung erklärt

Die Ausgangslage seiner Politik beschreibt Bundeskanzler Adenauer am 20. September 1949 in seiner ersten Regierungserklärung:

Der Fortschritt gegenüber den Verhältnissen, die seit 1945 bei uns bestanden, auch gegenüber den Zuständen des nationalsozialistischen Reiches, ist groß. Zwar müssen wir uns immer bewusst sein, dass Deutschland und das deutsche Volk noch nicht frei sind, dass es noch nicht gleichberechtigt neben den anderen Völkern steht, dass es – und das ist besonders schmerzlich – in zwei Teile zerrissen ist. Aber wir erfreuen uns doch einer wenigstens relativen staatlichen Freiheit. Unsere Wirtschaft ist im Aufstieg. Wir haben vor allem aber wieder den Schutz der Persönlichkeitsrechte. Niemand kann bei uns, wie das im nationalsozialistischen Reich der Fall war und wie es jetzt noch in weiten Teilen Deutschlands, in der Ostzone, zu unserem Bedauern der Fall ist, durch Geheime Staatspolizei oder ähnliche Einrichtungen der Freiheit und des Lebens beraubt werden. Diese Güter: Rechtsschutz, Schutz der persönlichen Freiheit, die wir lange Jahre nicht besaßen, sind so kostbar, dass wir trotz allem, was uns noch fehlt, uns darüber freuen müssen, dass wir diese Persönlichkeitsrechte wieder besitzen.

Zit. nach: Jürgen Weber (Hrsg.), Das Jahr 1949 in der deutschen Geschichte. Die doppelte Staatsgründung, Landsberg 1997, S. 237 und 243

M3 Die SED und die Macht

In einer Sitzung des SED-Parteivorstandes sagt das Berliner Vorstandsmitglied Gerhart Eisler am 4. Oktober 1949:

[Als] Marxisten müssen wir wissen: Wenn wir eine Regierung gründen, geben wir sie niemals wieder auf, weder durch Wahlen noch andere Methoden. (*Walter Ulbricht: Das haben einige noch nicht verstanden!*) – Daher müssen wir ihnen zeigen, dass die Massen bei uns sind, wenn wir eine Regierung bilden, jene Massen, die wollen, dass sie an der Regierung sind, und die sehr ungehalten gegen jene Leute sind, die das verhindern wollen. (*Beifall.*)

Zit. nach: Siegfried Suckut, Die Entscheidung zur Gründung der DDR. Die Protokolle der Beratungen des SED-Parteivorstandes am 4. und 9. Oktober 1949, in: Vierteljahrshefte für Zeitgeschichte, 39. Jg. (1991), S. 161

M4 Aus der DDR-Verfassung

Die Verfassung vom 7. Oktober 1949 beginnt mit folgenden Worten:

Von dem Willen erfüllt, die Freiheit und die Rechte des Menschen zu verbürgen, das Gemeinschafts- und Wirtschaftsleben in sozialer Gerechtigkeit zu gestalten, dem gesellschaftlichen Fortschritt zu dienen, die Freundschaft mit allen Völkern zu fördern und den Frieden zu sichern, hat sich das deutsche Volk diese Verfassung gegeben.

Art. 1: Deutschland ist eine unteilbare demokratische Republik; sie baut sich auf den deutschen Ländern auf. [...] Es gibt nur eine deutsche Staatsangehörigkeit.

Art. 2: Die Farben der Deutschen Demokratischen Republik sind Schwarz Rot Gold. Die Hauptstadt der Republik ist Berlin.

Zit. nach: www.verfassungen.de/de/ddr/ddr49 i.htm (Zugriff: 10. April 2010)

M5 Titelblatt der DDR-Verfassung von 1949.

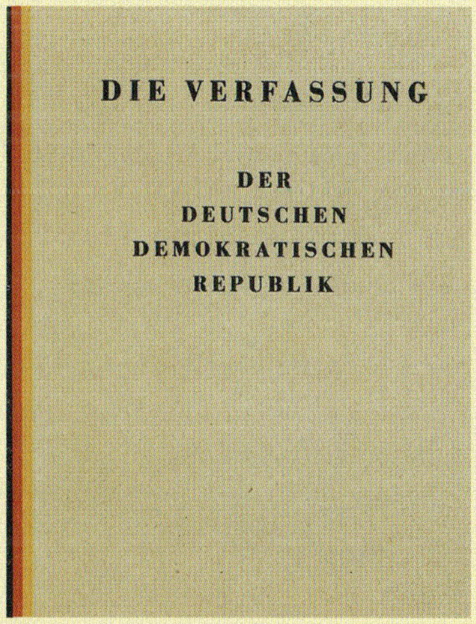

1. *Nenne die in M 1 und M 4 genannten Ziele. Erkläre die Unterschiede!*
2. *Erläutere Adenauers Regierungserklärung (M 2) aus Sicht der Bundesrepublik und der entstehenden DDR.*
3. *Bewerte, ob die Aussagen des SED-Parteivorstandes (M 3) mit den Zielen der DDR-Verfassung (M 4) vereinbar waren.*

Im Westen stellt Adenauer die Weichen

1 **Konrad Adenauer vor dem Kapitol in Washington, D. C.**
Foto vom 9. April 1953.
Adenauers Besuch in den USA wurde als Zeichen der Wiederaufnahme Deutschlands in die „Völkergemeinschaft der freien Welt" gewertet.

Neue Bindungen

Konrad Adenauer versuchte von Anfang an, die Beschränkungen der deutschen Eigenverantwortlichkeit (*Souveränität*) durch die *Alliierte Hohe Kommission* schrittweise abzubauen. Er war überzeugt, dass die Bundesrepublik Deutschland nur als Teil der westeuropäischen Staatengemeinschaft überleben könne. Der Kanzler fürchtete den wachsenden Einfluss der Sowjetunion; die Berlin-Blockade hatte ihn darin bestätigt.

In der engen Verbindung mit den Westmächten – besonders mit den USA – sah Adenauer die Chance, für Westdeutschland eine größere Eigenständigkeit zu gewinnen und die seit dem Zerfall der Viermächte-Verwaltung bestehende Teilung Deutschlands zu beseitigen und die *Deutsche Frage* zu lösen.

Aussöhnung und Zusammenarbeit

Zu den wichtigsten Zielen des ersten Bundeskanzlers gehörte die Überwindung des deutsch-französischen Gegensatzes. Er wusste, dass eine Aussöhnung nur möglich war, wenn die Bundesrepublik auf das Sicherheitsbedürfnis Frankreichs Rücksicht nahm. Nicht die Ausgrenzung Deutschlands – wie nach dem Ersten Weltkrieg –, sondern eine feste wirtschaftliche und politische Zusammenarbeit sollte das Verhältnis beider Nachbarstaaten prägen.

Der französische Außenminister *Robert Schuman* unterstützte Adenauers Politik. Er schlug am 9. Mai 1950 vor, die Montan-Industrie (Bergbau, Eisen- und Stahlproduktion) beider Staaten einer gemeinsamen Behörde zu unterstellen. Der Kanzler griff die Idee auf. Zugleich sollte dieser Zusammenschluss weiteren westeuropäischen Staaten offenstehen. Die Bemühungen führten 1951 zur Gründung der *Europäischen Gemeinschaft für Kohle und Stahl* (EGKS; auch *Montanunion* genannt). Mitglieder der Gemeinschaft wurden Frankreich, Italien, Belgien, Luxemburg, die Niederlande und die Bundesrepublik Deutschland. Schneller als erwartet entstand in den folgenden Jahren im Montanbereich ein gemeinsamer Markt ohne Zoll- und Handelsschranken.*

Wiederbewaffnung und Souveränität

Der wachsende Ost-West-Gegensatz beschleunigte die *Westintegration* der Bundesrepublik Deutschland. Um eine weitere kommunistische Machtausdehnung in Europa und Fernost zu verhindern, waren die Amerikaner bereit, die Wiederbewaffnung des ehemaligen Kriegsgegners zu akzeptieren.

Adenauer sah in der amerikanischen „Politik der Stärke" eine Chance für die Bundesrepublik. Ohne sein Kabinett vorab zu informieren, bot er den Amerikanern die Wiederbewaffnung der Bundesrepublik im Rahmen eines westlichen Bündnisses an. Als Gegenleistung erwartete er von den drei westlichen Siegermächten die Aufhebung des Besatzungsstatuts sowie eine Sicherheitsgarantie.

Im Mai 1952 wurden die Weichen für das Ende des Besatzungsstatuts und die Wiederbewaffnung gestellt. Die Bundesrepublik sollte einer *Europäischen Verteidigungsgemeinschaft* (EVG) beitreten. Im Gegenzug gab der *Vertrag über die Beziehungen zwischen der Bundesrepublik Deutschland und den Drei Mächten* (*Deutschlandvertrag*) der Bundesrepublik die Souveränität, allerdings mit Vorbehalten, die die Rechte und Pflichten der in der Bundesrepublik stationierten ausländischen Streitkräfte betrafen.

Zur europäischen Einigung siehe Seite 213 f.

Die Stalin-Noten

Kurz vor der Unterzeichnung des Deutschland- und EVG-Vertrages schlug Stalin am 10. März 1952 den westlichen Siegermächten vor, einen Friedensvertrag abzuschließen und eine gesamtdeutsche Regierung zu bilden. Dabei nannte er eine Bedingung: Ein vereintes Deutschland dürfe kein militärisches Bündnis eingehen. Dem ersten Angebot folgten weitere.

Auf Stalins Vorschläge reagierten die Westmächte mit der Forderung nach freien Wahlen, aus denen eine gesamtdeutsche Regierung hervorgehen sollte. Außerdem lehnten sie und alle politischen Kräfte in der Bundesrepublik ein neutrales Gesamtdeutschland ab. Ihrer Meinung nach wäre es der Sowjetunion schutzlos ausgeliefert gewesen.

Die letzten Schritte zur Souveränität

Frankreich teilte die Furcht vor der Sowjetunion, war aber gegen westdeutsche Truppen. Die Mehrheit der französischen Nationalversammlung lehnte daher im August 1954 den EVG-Vertrag ab. Die Frage des deutschen Verteidigungsbeitrages und die Eingliederung der Bundesrepublik in den Westen waren wieder offen.

Den Ausweg aus der Krise fand der britische Außenminister *Anthony R. Eden*. Er schlug eine Lösung im Rahmen der NATO vor. Dazu forderte er, das im März 1948 gegründete Verteidigungsbündnis zwischen Großbritannien, Frankreich, Belgien, Luxemburg und den Niederlanden (*Brüsseler Pakt*) durch den Beitritt der Bundesrepublik und Italiens zu einer *Westeuropäischen Union* (WEU) zu erweitern. Auf der *Londoner Neun-Mächte-Konferenz* (Frankreich, Großbritannien, USA, Beneluxstaaten, Italien, Bundesrepublik und Kanada) und den anschließenden Konferenzen in Paris im Herbst 1954 wurden die Erweiterung des Brüsseler Paktes zur WEU, die Aufnahme der Bundesrepublik in das westliche Verteidigungsbündnis und das Ende der Besatzungsherrschaft vereinbart. Gleichzeitig sollte Bonn sich mit der Stationierung westlicher Truppen auf deutschem Boden einverstanden erklären und auf atomare, biologische oder chemische Massenvernichtungswaffen verzichten.

Darüber hinaus verpflichtete sich die Bundesrepublik in den *Pariser Verträgen*, die Wiedervereinigung oder eine Änderung bestehender Grenzen nicht gewaltsam anzustreben. Trotz des Widerstandes in der Bevölkerung gegen die Wiederbewaffnung wurden die Pariser Verträge am 27. Februar 1955 vom Bundestag angenommen. Am 5. Mai 1955 traten sie in Kraft, vier Tage später war die Bundesrepublik Mitglied der NATO. Im Jahr darauf wurde die allgemeine Wehrpflicht wieder eingeführt.

2 „Großmutter, was machst du für verlockende Angebote? – ... Damit ich dich besser fressen kann."
Karikatur aus der Gewerkschaftszeitung „Welt der Arbeit" vom 10. Mai 1952.
Beschriftung: „Bundes-Republik" (links), „Sowjetische Vorschläge: Souveränität – Abzug aller Besatzungstruppen – Eigene Wehrmacht"

■ *Analysiere die Karikatur. Welche Gefahren werden beschworen? Berücksichtige dabei auch M 1 auf Seite 206.*

Der Bonner Alleinvertretungsanspruch

Gegenüber dem Ausland beanspruchte Adenauer einen *Alleinvertretungsanspruch* der demokratischen Bundesrepublik für ganz Deutschland. Die DDR erkannte er nicht als eigenständigen Staat an. Sein Staatssekretär im Auswärtigen Amt, *Walter Hallstein*, entwickelte daraus folgende außenpolitische Doktrin (dt. Lehre, Leitlinie): Erkannte ein Land die DDR als selbstständigen Staat an, brach die Bundesrepublik die diplomatischen Beziehungen zu ihm ab. Von dieser Regelung war nur die Sowjetunion ausgenommen, die ja zu den vier Siegermächten zählte. Langfristig erwies sich die *Hallstein-Doktrin* aber als Hemmnis der Bonner Außenpolitik, denn auf Dauer ließ sich die DDR international nicht vollständig isolieren. Ende der 1960er-Jahre wurde diese Politik daher aufgegeben.

Deutsch-deutsche Kontakte

Der Bonner Alleinvertretungsanspruch führte aber nicht zum Abbruch aller Beziehungen, zwischen der Bundesrepublik und der DDR. Weiterhin tauschten Behörden und Ministerien Informationen aus, um rechtliche Probleme oder Rentenfragen zu lösen. Es gab weiter private Kontakte zwischen Verwandten in Ost und West und auch zwischen Kirchen, Gewerkschaften und Parteien sowie Sportverbänden, Kultureinrichtungen (wie den *Goethe-Gesellschaften*) und wissenschaftlichen Ausschüssen. Wichtig war außerdem der innerdeutsche Handel, nicht vom Umfang her, sondern für das Zusammengehörigkeitsgefühl und die Verständigung über weltanschauliche Gräben hinweg.

M1 Aus der ersten Stalin-Note

Stalin schlägt den drei Westmächten am 10. März 1952 in einem diplomatischen Schriftstück (Note) folgende Leitsätze für einen Friedensvertrag mit Deutschland vor:

1. Deutschland wird als einheitlicher Staat wiederhergestellt. Damit wird der Spaltung Deutschlands ein Ende gemacht, und das geeinte Deutschland gewinnt die Möglichkeit, sich als unabhängiger, demokratischer, friedliebender Staat zu entwickeln.

2. Sämtliche Streitkräfte der Besatzungsmächte müssen spätestens ein Jahr nach Inkrafttreten des Friedensvertrages aus Deutschland abgezogen werden. Gleichzeitig werden sämtliche ausländischen Militärstützpunkte auf dem Territorium Deutschlands liquidiert*. [...]

7. Deutschland verpflichtet sich, keinerlei Koalitionen oder Militärbündnisse einzugehen, die sich gegen irgendeinen Staat richten, der mit seinen Streitkräften am Kriege gegen Deutschland teilgenommen hat.

Zit. nach: Europa-Archiv 7 (1952), S. 4832-4833

*liquidieren: *beseitigen, auflösen*

M2 „An alle Deutschen!"

Plakat (84 x 60 cm) von 1952/53.
Der Anschlag enthält einen Auszug aus der Regierungserklärung Adenauers vom 3. Dezember 1952. Die Vorlage wurde auch als Flugblatt verbreitet.

M3 Gegen einen westdeutschen Verteidigungsbeitrag

Eine „Notgemeinschaft für den Frieden Europas" legt dem Präsidenten des Bundestages am 13. März 1952 folgende Petition vor:

Wir sind der Überzeugung, dass eine westdeutsche Aufrüstung nicht der Sicherheit des Friedens dient, sondern die Kriegsgefahr erhöht. Ein Krieg würde unser Untergang sein. Deutschland wäre sein Schauplatz. Wir wollen aber nicht, dass es uns wie den Koreanern geht, wo man erst dann wieder Verhandlungen suchte, nachdem die Feuerwalze fremder Mächte Volk und Land vernichtet hatte.*

Wir glauben nicht daran, dass westdeutsche Aufrüstung zur friedlichen Befreiung der Sowjetzone und Wiederherstellung der deutschen Einheit führt. Aufrüstung wird vielmehr den Eisernen Vorhang dichter schließen und achtzehn Millionen Deutsche, vor allem die junge Generation, den Gegenmaßnahmen des Sowjetsystems preisgeben.

Ohne einen Friedensvertrag mit allen vier Besatzungsmächten kann es völkerrechtlich überhaupt keine deutschen Soldaten geben.

Zit. nach: Mike Dennis/Johannes-Dieter Steinert, Deutschland 1945-1990. Von der bedingungslosen Kapitulation zur Vereinigung, Schwalbach/Ts. 2005, S. 113 f.

Lies dazu nochmals Seite 176.

M4 „... zur Zeit die sicherste Lösung"

Der britische Staatsminister im Foreign Office schreibt am 22. Juni 1953 an den Premierminister Winston Churchill:

Deutschland ist der Schlüssel zum Frieden in Europa. Ein geteiltes Europa bedeutet ein geteiltes Deutschland. Deutschland wiederzuvereinigen, solange Europa geteilt ist, ist – selbst wenn dies machbar wäre – gefahrvoll für uns alle. Deshalb fühlen alle – Dr. Adenauer, die Russen, die Amerikaner, die Franzosen und wir selbst – im Grunde ihres Herzens, dass ein geteiltes Deutschland zurzeit die sicherste Lösung ist. Aber keiner von uns wagt dies, wegen seiner Auswirkungen auf die öffentliche Meinung in Deutschland, auch offen zuzugeben. Deshalb unterstützen wir alle öffentlich ein vereintes Deutschland, jeder allerdings aufgrund seiner eigenen Bedingungen.

Zit. nach: Manfred Görtemaker, Geschichte der Bundesrepublik Deutschland, München 1999, S. 323

1. *Ordne Stalins Vorschläge (M 1) in den historischen Kontext ein. Berücksichtige dabei die Interessen der Siegermächte und der Bundesrepublik.*
2. *Vergleiche die Argumente in M 2 bis M 4 zum Thema „Wiedervereinigung".*
3. *Stellt die Positionen für und gegen Westintegration und Wiederbewaffnung in einem Streitgespräch gegenüber.*

„Wirtschaftswunder“ im Westen?

Die „Bewährungsprobe“

In der Bundesrepublik wurde anfangs bezweifelt, ob das von Bundeswirtschaftsminister *Ludwig Erhard* eingeleitete Experiment der Sozialen Marktwirtschaft gelingen würde. Die Entwicklung nach der Währungsreform schien den Skeptikern recht zu geben: Die Preise stiegen und die Arbeitslosigkeit wuchs. Doch ab 1951 begann ein Wirtschaftsaufschwung. Dazu trug die internationale Nachfrage nach deutschen Produkten bei. Die westdeutschen Ausfuhren stiegen, die Inlandsnachfrage nach Konsumgütern wuchs. Mit dem Aufschwung entstanden neue Arbeitsplätze, die Arbeitslosigkeit sank. Dieser Erfolg war kein *Wirtschaftswunder*, sondern das Produkt mehrerer Faktoren:

- Die westlichen Alliierten unterstützten den Wiederaufbau,
- die Regierung gab Investitionsanreize und förderte z. B. Billigprodukte und den Wohnungsbau,
- risikobereite Unternehmer schufen neue Arbeitsplätze,
- die Gewerkschaften stellten maßvolle Lohnforderungen und
- die Menschen wollten etwas leisten.

1 Feier für den „Käfer“ in Wolfsburg.
Foto vom 5. August 1955.
140 000 Menschen feiern den einmillionsten Volkswagen.

Jahr	*Registrierte Arbeitslose*	*Quote in %*
1950*	1 584 000	11,0
1951	1 435 000	10,4
1952	1 385 000	9,5
1953	1 265 000	8,4
1954	1 225 000	7,6
1955	935 000	5,6
1956	765 000	4,4
1957	759 000	3,7
1958	780 000	3,7
1959	540 000	2,6
1960	271 000	1,3

2 Gemeldete Arbeitslose.
**ohne Berlin*

Nach: Werner Abelshauser, Die Langen Fünfziger Jahre, Düsseldorf 1987, S. 80

Sozialpolitische Maßnahmen

Das „Wirtschaftswunder“ erleichterte es dem Staat, seinen sozialen Verpflichtungen nachzukommen. Zu den wichtigsten Maßnahmen zählen:

Die *Kriegsopferversorgung* (ab 1950): Über 4,5 Millionen Menschen – verwundete Soldaten, Witwen und Waisen, Personen, die durch Flucht, Verfolgung, Inhaftierung und Bombenkrieg geschädigt worden waren – erhielten Unterstützungsleistungen (u. a. Renten). Diese waren zunächst allerdings gering. Auch wurden nicht alle Opfer des NS-Regimes berücksichtigt: Ausländische Zwangsarbeiter und verfolgte Sinti und Roma erhielten keine Entschädigungen.

Der *Lastenausgleich*: Die größte gesellschaftspolitische Herausforderung war die Eingliederung der Vertriebenen. Um den sozialen Frieden zu sichern, musste Millionen Menschen wirksam geholfen werden, damit sie privat und beruflich in ihrer neuen Heimat Fuß fassen konnten. Nach dem Gesetz von 1952 erhielten Vertriebene und Flüchtlinge vom Staat einen Ausgleich für Vermögensverluste, um ihnen den Aufbau einer neuen Existenz zu erleichtern. Auf der anderen Seite mussten diejenigen, die über Grund und Boden oder andere Sachwerte verfügten, Abgaben zahlen, die zur Unterstützung für diejenigen gedacht waren, die alles verloren hatten.

3 Bundeswirtschaftsminister Ludwig Erhard.
Karikatur von 1959.

▶ ***Internettipp:***
Informationen über Erhard findest du unter www.dhm.de/lemo/html/biografien/ErhardLudwig

Der *Wohnungsbau*: Bis 1966 wurden über neun Millionen Wohnungen – zum größten Teil mit staatlicher Förderung – fertiggestellt, fast die Hälfte davon im sozialen Wohnungsbau.

M1 Wohnzimmer Ende der 1950er-Jahre.
Foto von einer Ausstellung, um 2005.
Cocktailsessel, Radioapparat mit integriertem Schallplattenspieler und Stehlampe in Tütenform sind Ausdruck dieser Zeit. Der Fernseher lässt auf einen gewissen Wohlstand schließen. Am 26. Dezember 1952 ging die „Tagesschau" auf Sendung – dreimal in der Woche. 1954 gab es in Deutschland erst 40 000 Apparate.

M2 Ausgaben eines westdeutschen 4-Personen-Arbeitnehmerhaushaltes

in Prozent der Gesamtausgaben des privaten Verbrauches

	1950	1955	1960
Nahrung	46,5	41,5	38,0
Getränke/Tabak	6,0	6,5	6,5
Bekleidung/Schuhe	13,5	13,5	13,5
Miete	10,5	9,5	10,5
Energie	5,5	5,5	4,5
Hausrat	6,5	8,5	10,0
Gesundheit/Körperpflege	2,5	2,5	3,0
Verkehr/Nachrichtenübermittlung	2,0	3,0	5,0
Bildung/Freizeit	7,0	8,5	8,5
Persönliche Güter/Reisen	–	–	–

Nach: Arne Andersen, Der Traum vom guten Leben. Alltags- und Konsumgeschichte vom Wirtschaftswunder bis heute, Frankfurt a. M. 1997, S. 25

M3 Die „Constructa-Siedlung" Hannover entsteht.
Foto, um 1951.

M4 Sinnbild für satte Bürger.
Werbefoto von 1958.

M5 „Exportmesse Hannover."
Plakat (84 x 59 cm) von 1947.
Auf Anordnung der britischen Besatzungsbehörde und in Absprache mit dem Oberbefehlshaber der amerikanischen Zone fand vom 18. August bis zum 7. September 1947 die erste deutsche Exportmesse statt, um „eine Erhöhung des Exportes des Vereinigten Wirtschaftsgebietes [in der Bizone] zu erreichen". Es kamen 4 000 Kaufinteressenten aus 53 Ländern.

1. *Arbeite aus M1 bis M5 die Kennzeichen des beginnenden Wohlstandes heraus.*
2. *Nenne Gründe, weshalb die westlichen Besatzungsmächte an einer deutschen Exportmesse interessiert waren (M5).*
3. *Der Hermes-Kopf auf dem Plakat (M5) wurde zum Wahrzeichen der Hannover-Messe. Erläutere seine symbolische Bedeutung.*

Karikaturen analysieren

M1 „Blick zurück – nicht im Zorn."
„Och, guck' mal, Onkel Ludwig, das waren wir, vor zehn Jahren!"
Karikatur von Hanns-E. Köhler aus der Wochenzeitung „Die Zeit" vom 19. Juni 1958.

Was wollen Karikaturen?

Sie kommentieren und bewerten politische oder gesellschaftliche Ereignisse, Zustände und Entwicklungen. Sie spitzen Meinungen zu und beziehen Stellung. Da sie in zeitlicher Nähe zu einem bestimmten Geschehen entstehen, sind sie historische Quellen. Worüber die Zeitgenossen lachten oder sich ärgerten, was ihnen gefiel oder was sie ablehnten, erkennen wir aber später selten auf Anhieb. Einerseits, weil die Zeichner gerne Symbole und Zeichen benutzen, die es zu entschlüsseln gilt. Andererseits, weil sie ohne Wissen über den historischen Kontext nicht angemessen verstanden werden können.

Um die Aussage einer Karikatur zu verstehen, muss sie analysiert werden. Dabei helfen Antworten auf folgende Fragen:

- Wer hat die Karikatur gezeichnet, wann und wo wurde sie erstmals veröffentlicht?
- Welche Symbole, Zeichen und Personifikationen verwendet der Zeichner? Was beabsichtigt er damit?
- Auf welches Ereignis, welche Entwicklung und/oder welche Personen bezieht sich die Karikatur?
- Welche Absicht verfolgt der Zeichner?
- Wie bewertest du die Aussage der Karikatur?

Beschreibung: Siehe die Hinweise an der Karikatur.

Erste Hinweise zur Analyse: Die Karikatur stammt vom 19. Juni 1958. Die westdeutsche Bevölkerung feiert den zehnten Geburtstag der „D-Mark". Die Überschrift deutet die Skepsis von 1948 gegenüber der Sozialen Marktwirtschaft an. Der „Deutsche Michel" und die „D-Mark" blicken mit Ludwig Erhard, auf die Entwicklung von 1948 bis 1958 zurück – „nicht im Zorn". Alle drei sind fröhlich, geht es ihnen doch viel besser als vor zehn Jahren. Sie sind wohlgenährt und machen einen rundum zufriedenen Eindruck.

1. *Recherchiere (z. B. im Internet) über den Zeichner und die politische Haltung der Zeitung, in der die Karikatur veröffentlicht wurde.*
2. *Informiere dich über die wirtschaftliche Entwicklung zwischen 1948 und 1958 (lies dazu auch Seite 197 und 207).*
3. *Interpretiere die Karikatur. Wie beurteilt der Zeichner die Entwicklung von 1948 bis 1958? Wie bewertest du die Aussage? Berücksichtige dabei alle dir vorliegenden und recherchierten Informationen.*

Jugend in West und Ost

„Wer die Jugend gewinnt, dem gehört die Zukunft“

Schon vor der Gründung der beiden deutschen Staaten im Mai und Oktober 1949 wurden die Weichen für zwei unterschiedliche Gesellschaftssysteme gestellt. In den westlichen Besatzungszonen setzten die Verantwortlichen auf Demokratie, Freiheit und einen raschen wirtschaftlichen Aufbau (u.a. durch den Marshall-Plan), in der sowjetischen dagegen auf eine neue kommunistische Gesellschaft. Die Erziehung der Jugend sollte diesen Zielen dienen.

1 Schulbeginn in der „Wilhelm-Pieck-Schule“ in Ost-Berlin.
Foto vom 4. September 1951.

........te Klasse Abteilung

Lfd. Nr.	Namen der Schüler	Zeit der Bestrafung	Anlaß der Bestrafung	Art der Strafe
14	[redacted] Kl. 5b	28.2.59	Er hat den Anzug eines Lehrers absichtlich mit Tinte bespritzt	Direktorats-verweis
15	[redacted] Kl.1b	15.4.59	Andauernde Vergeßlichkeit, Unaufmerksamkeit und Faulheit	Direktorats-verweis
16	[redacted] Kl.5b	14.5.59	Er hat unzüchtige Bilder in die Schule mitgebracht und seinem Banknachbar zugänglich gemacht	Androhung der Entlassung und 2 Std. Arrest
17	[redacted] Kl.5b	14.5.59	Er hat unzüchtige Bilder in der Schule von einem Mitschüler übernommen und	Androhung der Entlassung un 2 Std. Arrest
18	[redacted] Kl.5a	14.5.59	Er hat dem Mitschüler [redacted] unzüchtige Bilder überlassen. Durch Beschluß des Lehrerrates vom 14.5.1959 wurde ihm auf Antrag der Mutter der Austritt (Übertritt in das Berufsleben) gestattet.	
19	[redacted]	22.6.1959	Er hat die Hausordnung	2 Stunden

Erziehung zum Sozialismus

In der DDR wurden die Schüler auf die kommunistische Weltanschauung und die deutsch-sowjetische Freundschaft eingeschworen. Die Erziehung zur „sozialistischen Persönlichkeit“ gehörte seit 1952 zum offiziellen Erziehungsziel der Schule. Alle Unterrichtsfächer hatten dieser Vorgabe zu folgen. Zugleich bemühte sich das SED-Regime, die jungen Menschen dem familiären Einfluss zu entziehen, sie politisch zu manipulieren und für ihre Zwecke zu benutzen. Dazu diente die Ganztagsschule sowie die einzig zugelassene Jugendorganisation in der DDR: die *Freie Deutsche Jugend* (FDJ). Sie war die „Kampfreserve der SED“, und ihr gehörten 98 Prozent aller Schüler an. Wer ihr fernblieb, verbaute sich seine Zukunft.

Von den Jugendlichen wurde eine öffentliche Parteinahme für den sozialistischen Staat gefordert, nicht nur bei Wahlen, sondern auch bei der Jugendweihe* oder den Demonstrationen am 1. Mai. Wer sich kritisch über die Regierung oder den Staat äußerte, musste mit hohen Freiheitsstrafen rechnen. So verurteilte 1951 das Landgericht Zwickau Schülerinnen und Schüler aus Werdau zu zwei bis 15 Jahren Zuchthaus, nur weil sie ein Jahr zuvor mit Flugblättern gegen die Scheinwahlen zur Volkskammer protestiert hatten.**

In der Bundesrepublik entschieden die Jugendlichen selbst, ob sie sich gesellschaftlich engagierten. Nur freiwillig trafen sie sich in den Nachwuchsorganisationen der Parteien oder den Jugendgruppen der Kirchen.

**Zur Jugendweihe lies Seite 256.*
*** Informationen über den Protest der Werdauer Oberschüler von 1950 findest du unter www.jugendopposition.de*

2 Erfassungsbogen für Schulstrafen (Auszug).
Johannes-Turmair-Gymnasium, Straubing 1959.

■ Diskutiert *anhand des Fotos (Abb. 1) und des Formulars (Abb. 2) Erziehungsziele der 1950er-Jahre.*

▶ ***Lesetipp:***
Claudia Seifert, Wenn du lächelst, bist du schöner! Kindheit in den 50er und 60er Jahren, München 2011

▶ ***Geschichte In Clips***
Jugend in der DDR, siehe Clip-Code 4493-07

M1 Nachkriegszeit

Bernd Rabehl, Ende der 1960er-Jahre einer der Wortführer der Studentenbewegung in der Bundesrepublik, erinnert sich um 1980 an seine Nachkriegszeit in der SBZ:

Eine Familie im traditionellen Sinn existierte zu diesem Zeitpunkt kaum. Die Väter waren in Gefangenschaft, verschollen, gefallen, abgehauen oder selbst in einer moralischen Krise, die alle väterlichen Funktionen unterlief. Die Mütter sorgten für die Ernährung. [...]

Wir waren frei, auf uns selbst gestellt, frei von unmittelbaren Disziplinzwängen der Schule, frei auch weitgehend von dem familiären Druck, keineswegs frei von Ängsten und Aggressionen.

Bernd Rabehl, „Schattenspiele. Mühseliges Erinnern an die fünfziger Jahre", in: Götz Eisenberg/Hans-Jürgen Linke (Hrsg.), Fuffziger Jahre, Gießen 1980, S. 166

M2 Kampf um die Jugend

Der Funktionär Paul Verner stellt im April 1948 auf einer Tagung des SED-Parteivorstandes fest:

Die Jugendpolitik unserer Partei und der Freien Deutschen Jugend muss sich in drei Richtungen bewegen, wenn Demokratie und Fortschritt eine noch wesentlich breitere Basis in der Jugend finden sollen. Einmal in der Richtung der politischen Aufklärung und Erziehung, zweitens in der Richtung der stärkeren Einbeziehung der Jugend für die Lösung der Aufgaben des wirtschaftlichen Aufbaus [...]. Drittens in der Richtung der wesentlich breiteren Entfaltung der kulturellen Tätigkeit [...].

Dem reaktionären Gedankengut müssen wir stärker als bisher das neue, das bessere und erstrebenswertere Ideal gegenüberstellen, um das Sehnen der Jugend zu entfachen und ihnen einen neuen Weg zu zeigen. Das Bessere und Höhere, das wir vor sie stellen müssen, kann nur unsere sozialistische Weltanschauung, unser Weltbild sein.

Zit. nach: Ulrich Mählert/Gerd-Rüdiger Stephan, Blaue Hemden – Rote Fahnen. Die Geschichte der Freien Deutschen Jugend, Opladen 1996, S. 62f.

M3 Unter amerikanischem Einfluss

Der Historiker Arne Andersen schreibt über die 1950er-Jahre in Westdeutschland:

Die US-Soldaten hatten ihr Image in den Besatzungsjahren durch Kaugummis, Süßigkeiten, Schokolade, Lebensmittel und Zigaretten geprägt [...]. Bei der jungen Generation bildete sich in den ersten Nachkriegsjahren eine deutlich positive Haltung zu den USA heraus. Daran hatten auch die vielen amerikanischen Jugendclubs in der Besatzungszone nicht unerheblichen Anteil, die mit Ausflügen, Tanzveranstaltungen und Sportkursen den deutschen Jugendlichen wieder ein umfangreiches Freizeitprogramm anboten. Nichts war mehr von oben verordnet, und die amerikanischen Beigaben bei Veranstaltungen wie Kakao und Schokolade erhöhten den Reiz der Mitgliedschaft in diesen Clubs beträchtlich.

Arne Andersen, Der Traum vom guten Leben. Alltags- und Konsumgeschichten vom Wirtschaftswunder bis heute, Frankfurt a. M. 1997, S. 213f.

M4 Jugendpolitik des Bundes

Im Oktober 1957 äußert sich Bundesinnenminister Gerhard Schröder (CDU) über das Verhältnis von Jugend und Staat:

Die untergründigen Nachwirkungen unserer jüngsten Vergangenheit machen es einer staatlichen Hilfe für die Jugend schwieriger als zu anderen Zeiten. Zwar konnten im wirtschaftlichen Bereich die Aufgaben schnell angepackt und gelöst werden. Aber bei allen anderen Fragen, die den jungen Menschen aus ihrem Lebensbereich aufgetragen sind, konnte nur sehr behutsam eine Hilfestellung gegeben werden. Für die kameradschaftliche Erziehung und Selbsterziehung etwa oder für die Entwicklung eines eigenen Lebensbildes sollten die Jugendlichen selbst Weg und Gangart wählen. Denn es liegt uns ja völlig fern, eine „Staatsjugend" heranzuziehen. [...] Unser Staat wird stets zur Initiative ermuntern, er wird für jedes Anliegen ein offenes Ohr haben, er wird anregen und fördern – aber er wird seine Sorge für die Jugend selbstverständlich nie in die Formen der Reglementierung kleiden dürfen, die ihr von totalitären Systemen gegeben werden. Ein anderer als der von uns mit Erfolg beschrittene Weg ist für eine freiheitliche Demokratie nicht gangbar.

Zit. nach: Werner Bührer (Hrsg.), Die Adenauer-Ära. Die Bundesrepublik Deutschland 1949-1963, München 1993, S. 258

M5 Freizeit im Westen.

Foto aus Dortmund von Josef H. Darchinger, 1959. Mopeds, Rockmusik und Sport interessierten die Jugendlichen in Ost und West.

1. *Nenne Faktoren, die Kindheit und Jugend in den 1950er-Jahren in Ost- und Westdeutschland beeinflussten (M1 bis M5).*
2. *Vergleiche die jugendpolitischen Vorstellungen (M2 und M4) und nimm dazu schriftlich Stellung.*

Freizeit in den Fünfzigern

M1 „Micky Maus", Heft Nr. 1.
Das erste Monatsheft erschien am 1. September 1951 in einem Stuttgarter Verlag. „Micky Maus" wurde das auflagenstärkste deutsche Comic-Heft.

M2 „Mosaik", Heft Nr. 1.
Als Reaktion auf die westlichen Comics entstanden in der DDR die „Mosaik"-Hefte. Herausgeber war die offizielle Jugendorganisation „Freie Deutsche Jugend" (FDJ).

M3 „Mit dem Motorroller nach Italien ..."
Werbefoto, Ende der 1950er-Jahre.

M4 „Die Halbstarken."
Filmplakat von 1957.

M5 „Berlin – Ecke Schönhauser ..."
Filmplakat von 1957.

1. *Erklärt den Einfluss der USA auf die westliche Jugendkultur nach 1945 (M 1).*
2. *Vergleicht die Herausgeber der beiden Jugendzeitschriften (M 1 und M 2). Was lässt sich daraus ablesen?*
3. *Erläutert, wovon viele Menschen in den 1950er-Jahren träumten (M 3). Welcher Wunsch erfüllte sich für die Ostdeutschen nicht?*
4. *Informiert euch im Internet über die beiden Filme (M 4 und M 5). Vergleicht die Inhalte. Was sagen sie über die Jugend in Ost und West aus?*
5. *Beschreibt Aussehen und Freizeit der Jugendlichen in den 1950er-Jahre, indem ihr eure Großeltern interviewt und in Fotoalben, Büchern und Museen stöbert. Sammelt Beschreibungen für euer Portfolio.*

▶ ***Internettipp:*** *Informationen, Bilder und Texte zum kulturellen Leben zwischen 1949 und 1955 findest du unter www.dhm.de/lemo/html/DasGeteilte Deutschland/JahreDesAufbausInOstUndWest/Kulturelles Leben*

Auf dem Weg in ein neues Europa

Die Motive

Noch im Februar 1945 hatten sich der amerikanische Präsident Roosevelt, der sowjetische Regierungschef Stalin und der britische Premierminister Churchill auf der Konferenz in Jalta für ein nationalstaatliches Europa stark gemacht. Dagegen meinte wenige Jahre später der amerikanische Außenminister *John Foster Dulles*: „Europa muss sich vereinigen oder untergehen." Was waren die Gründe für diesen Meinungswandel nach dem Krieg?

- Die Einsicht der Siegermächte, dass das zerstörte Europa nur gemeinsam wiederaufgebaut werden könne;
- der beginnende Kalte Krieg;
- das Interesse Großbritanniens und Frankreichs, Deutschland in eine westeuropäische Ordnung einzubinden, um neue Sonderwege zu verhindern;
- die Hoffnung, ein einiges Westeuropa könne zu einer „dritten Kraft" zwischen den USA und der Sowjetunion werden.

Die Zukunftspläne wurden beeinflusst von Europavorstellungen der Zwischenkriegszeit und der Widerstandskämpfer gegen die NS-Herrschaft. Ein Zusammenschluss der Staaten blieb aber zunächst aus, weil die Regierungen nach 1945 ihre nationale Unabhängigkeit nicht für eine vage Europa-Idee aufgeben wollten. Hinzu kam, dass die Form einer künftigen Verbindung umstritten war: Sollte es ein europäischer *Bundesstaat* oder ein *Staatenbund* werden? Diese Frage erweist sich bis in die Gegenwart als Schlüsselproblem des Vereinigungsprozesses.

Start mit dem Europarat

Der erste politische Zusammenschluss westeuropäischer Staaten nahm im Mai 1948 auf dem *Haager Europakongress* konkretere Formen an. Am 5. Mai 1949 wurde in London ein Abkommen zur Gründung des *Europarates* unterzeichnet. Am 10. August 1949 fand dann die Gründungssitzung in Straßburg statt. Großbritannien, Frankreich, Irland, Italien, Dänemark, Norwegen, Schweden und die drei Beneluxstaaten (Niederlande, Belgien und Luxemburg) hatten Politiker ihrer Parlamente entsandt.*

Der Europarat sollte die politische und kulturelle Einigung Westeuropas vorantreiben. Da er aber keine Gesetzgebungsrechte erhielt, blieb ihm nur die Möglichkeit, freiwillige zwischenstaatliche Abkommen (*Konventionen*) zu verabschieden. Zu den wirkungsvollsten Abkommen der ersten Jahre zählten:

- die *Europäische Konvention zum Schutz der Menschenrechte und Grundfreiheiten* (1950) und
- die *Sozialcharta* (1961).

** Die Türkei und Griechenland wurden 1949, die Bundesrepublik Deutschland 1951 Mitglieder des Europarates.*

1 Zerstörung der Grenzschranken.
Foto vom 7. August 1950.
300 Studenten aus acht europäischen Ländern trafen sich an der deutsch-französischen Grenze, zerbrachen die Grenzschranken zwischen Wissembourg und St. Germanshof und verbrannten sie. Sie forderten ein europäisches Parlament und eine europäische Regierung.

Europa einigt sich wirtschaftlich

Mit der 1951 gegründeten *Montanunion* gaben die Regierungen von Belgien, Frankreich, Holland, Italien, Luxemburg und der Bundesrepublik Deutschland zum ersten Mal wirtschaftliche Zuständigkeiten an eine supranationale europäische Behörde ab. Sie sollte auch sicherstellen, dass die damals wichtigsten Grundlagen industrieller Produktion nicht militärisch missbraucht wurden.

Der Erfolg veranlasste die Mitglieder, die Gemeinschaft auszubauen. Am 25. März 1957 unterschrieben sie in Rom die Verträge über die *Europäische Wirtschaftsgemeinschaft* (EWG) und die *Europäische Atomgemeinschaft* (EURATOM). Vereinbart wurden in den *Römischen Verträgen*

- eine gemeinsame Politik in der Landwirtschaft, der Fischerei und im Verkehr,
- die schrittweise Abschaffung der Zölle bei der Ein- und Ausfuhr von Waren sowie der Kontrollen und Beschränkungen für den Personen-, Dienstleistungs- und Kapitalverkehr,
- eine gemeinsame Zoll- und Handelspolitik gegenüber Staaten außerhalb der EWG sowie
- die Zusammenarbeit bei der friedlichen Nutzung der Atomenergie.

1967 wurden EGKS, EURATOM und EWG zur *Europäischen Gemeinschaft* (EG) zusammengefasst.

Aussöhnung mit Israel

„Fremd im eigenen Land"

„Die Epoche der Juden in Deutschland ist ein für allemal vorbei", sagte 1945 der Berliner Rabbiner *Leo Baeck*, der den Holocaust überlebt hatte. Er stand mit seiner Meinung nicht allein. Denn von den 500 000 deutschen Juden (Stand: 1933) überlebten lediglich 15 000 das „Dritte Reich" auf deutschem Boden. 230 000 konnten ihre Heimat nach 1933 noch verlassen, die anderen wurden Opfer des nationalsozialistischen Völkermordes.

Hitler und seine Mitverbrecher behielten nicht das letzte Wort: Unmittelbar nach dem Krieg kehrten deutsche Juden in ihre von den Alliierten besetzte Heimat zurück. Über 200 000 jüdische Flüchtlinge aus Osteuropa kamen nach ihrer Befreiung aus den Konzentrationslagern in westliche Lager für Heimatlose. Sie wurden als *Displaced Persons* bezeichnet. Von ihnen blieben nur wenige. Die meisten waren nur gekommen, um von hier aus in andere Länder weiterzureisen.

Anfang der 1950er-Jahre lebten in der Bundesrepublik etwa 20 000 Juden. Obwohl die *Jewish Agency* sie im August 1950 ultimativ aufforderte, das „Land der Mörder" innerhalb von sechs Wochen zu verlassen, blieb die Mehrzahl. Trotzdem: Viele Juden lebten damals auf gepackten Koffern und bereiteten ihre Auswanderung nach Israel vor. Mit dem 1948 gegründeten Staat* identifizierten sie sich mehr als mit der Bundesrepublik. Angesichts des Holocaust, antisemitischer Einstellungen und wiederholter Schändungen jüdischer Friedhöfe fühlten sie sich fremd und bezweifelten, ob es richtig sei, hier zu leben.

Ein Neuanfang

1950 entstand der *Zentralrat der Juden in Deutschland*. Er setzte sich für die Rechte der Juden ein und forderte Wiedergutmachung für erlittenes Unrecht. Zum *Tag der Opfer des Nationalsozialismus* am 10. September 1950 veröffentlichte der Zentralrat einen Aufruf: „Heute, nach fünf Jahren, sind wir weiter entfernt denn je, eine Anerkennung für diese Opfer [des Holocaust] in dem Land zu erhalten, das als erstes verpflichtet gewesen wäre, in innerer Einkehr und Demut die Sühne für das Opfer unserer Gemeinschaft auf sich zu nehmen."

Bundeskanzler Adenauer ging – nicht zuletzt auf Druck der USA – auf die Forderungen ein. Ende September 1951 bot er im Bundestag Israel Wiedergutmachungsverhandlungen an und nahm Gespräche mit Vertretern des israelischen Staates und der *Claim Conference*** auf. Bereits im Dezember 1951 hatte er in geheimen Verhandlungen einen Beitrag der Bundesregierung zum Aufbau des Staates Israel in Form von Waffenlieferungen zugesichert.

Lies dazu Seite 226 f.

1 Schmierereien an der gerade erst eingeweihten Kölner Synagoge.
Foto vom Dezember 1959.
Die Täter wurden schnell gefasst und verurteilt.

Wiedergutmachungsabkommen

Am 10. September 1952 wurde in Luxemburg zwischen Israel, jüdischen Organisationen und der Bundesrepublik Deutschland ein Wiedergutmachungsabkommen geschlossen. Es stellte unter anderem drei Milliarden DM (1,53 Mrd. Euro) für die Eingliederung von etwa einer halben Million Holocaust-Überlebender in Aussicht. Der Bundestag verabschiedete den *Luxemburger Vertrag* am 18. März 1953 mit 239 Ja-Stimmen. Ohne die geschlossene Zustimmung der oppositionellen SPD-Abgeordneten wäre die Ratifizierung gescheitert, da Adenauer in den eigenen Reihen keine Mehrheit für das Abkommen gefunden hatte.

Die Vereinbarungen schufen die Voraussetzungen für die politische, wirtschaftliche und kulturelle Zusammenarbeit zwischen Israel, der Bundesrepublik und den hier lebenden Juden. Immer mehr von ihnen entschieden sich dafür, ihre Koffer auszupacken und sich auf Dauer in der Bundesrepublik einzurichten. 1989 lebten hier rund 30 000 Juden.

Juden in der DDR

Nach Kriegsende waren etwa 3500 Juden in die Sowjetische Besatzungszone gekommen, darunter viele Kommunisten, die sich zu ihrem Judentum kaum noch bekannten. Sie wurden in der DDR als „Opfer des Faschismus" anerkannt. Einige spielten beim Aufbau der DDR eine wichtige Rolle. Die Zahl der Juden in der DDR sank aber rasch. 1967 waren nur noch 1200, 1989 nur noch 350 registriert. Wiedergutmachung gegenüber Israel und den Juden lehnte die SED mit dem Hinweis ab, die DDR sei nicht Rechtsnachfolgerin des NS-Staates.

Claim Conference: *internationaler Zusammenschluss jüdischer Organisationen. Die Claim Conference vertritt die Entschädigungsansprüche jüdischer Opfer des Nationalsozialismus und Holocaust-Überlebender. Sie wurde 1951 gegründet und hat ihren Hauptsitz in New York.*

M 1 Adenauer antwortet

In seiner ersten Regierungserklärung vom 20. September 1949 spricht Bundeskanzler Konrad Adenauer eine Entschädigung für die jüdischen Opfer des Nationalsozialismus nicht an. Am 25. November 1949 führt er ein Interview mit der „Allgemeinen Wochenzeitung der Juden". Auf die Frage, was die Bundesregierung für die Wiedergutmachung tun wolle, antwortet Adenauer:

Die moralische Wiedergutmachung ist ein Teil unseres rechtsstaatlichen Wiederaufbaus. Die Bundesregierung wird aufmerksam über die Einhaltung des Grundrechtartikels wachen, der es verbietet, irgendjemand wegen seiner Abstammung, seiner Rasse oder seines Glaubens zu benachteiligen. Ich möchte keinen Zweifel darüber lassen, dass die Schändung jüdischer Kultstätten und die Verwüstung jüdischer Friedhöfe, die leider in den vergangenen Jahren immer noch vorgekommen sind, ohne Nachsicht geahndet und bestraft werden. [...]

Wir werden jeden Antisemitismus nicht nur bekämpfen, weil er uns innen- und außenpolitisch unerwünscht ist, sondern weil wir ihn aus Gründen der Menschlichkeit mit aller Entschiedenheit ablehnen. [...]

Ihre besondere Aufmerksamkeit wird die Bundesregierung dem Ausgleich der den jüdischen Staatsangehörigen zugefügten wirtschaftlichen Schäden widmen. Die bestehende Gesetzgebung bedarf hier mancher Verbesserung und Ergänzung. Der Staat Israel ist die nach außen sichtbare Zusammenfassung der Juden aller Nationalitäten. Die Bundesregierung beabsichtigt, dem Staat Israel Waren zum Wiederaufbau im Werte von 10 Millionen DM zur Verfügung zu stellen, und zwar als erstes unmittelbares Zeichen dafür, dass das den Juden in aller Welt von Deutschen zugefügte Unrecht wiedergutgemacht werden muss.

Zit. nach: Werner Bührer (Hrsg.), Die Adenauer-Ära. Die Bundesrepublik Deutschland 1949-1963, München – Zürich 1993, S. 102

1. Arbeite *die Motive Adenauers zur Wiedergutmachung und Aussöhnung mit den Juden aus den Materialien* heraus *(M 1 bis M 3).*
2. *In Teilen der Presse wurde der deutsche Wille zur Wiedergutmachung und Versöhnung bezweifelt.* Begründe, *was für und was gegen diese Einschätzung sprach. Berücksichtige auch Abb. 1 auf Seite 216.*

M 2 Die Bundesregierung erklärt

Am 27. September 1951 gibt Konrad Adenauer folgende Regierungserklärung ab:

Die Bundesregierung und mit ihr die große Mehrheit des deutschen Volkes sind sich des unermesslichen Leides bewusst, das in der Zeit des Nationalsozialismus über die Juden in Deutschland und in den besetzten Gebieten gebracht wurde. [...]

Die Bundesregierung wird für den baldigen Abschluss der Wiedergutmachungsgesetzgebung und ihre gerechte Durchführung Sorge tragen. Ein Teil des identifizierbaren jüdischen Eigentums ist zurückerstattet worden; weitere Rückerstattungen werden folgen. Hinsichtlich des Umfanges der Wiedergutmachung – in Anbetracht der ungeheuren Zerstörung jüdischer Werte durch den Nationalsozialismus ein sehr bedeutsames Problem – müssen die Grenzen berücksichtigt werden, die der deutschen Leistungsfähigkeit durch die bittere Notwendigkeit der Versorgung der zahllosen Kriegsopfer und der Fürsorge der Flüchtlinge und Vertriebenen gezogen sind. Die Bundesregierung ist bereit, gemeinsam mit Vertretern des Judentums und des Staates Israel, der so viele heimatlose jüdische Flüchtlinge aufgenommen hat, eine Lösung des materiellen Wiedergutmachungsproblems herbeizuführen, um damit den Weg zur seelischen Bereinigung unendlichen Leides zu erleichtern. Sie ist tief davon durchdrungen, dass der Geist wahrer Menschlichkeit wieder lebendig und fruchtbar werden muss. Diesem Geist mit aller Kraft zu dienen, betrachtet die Bundesregierung als die vornehmste Pflicht des deutschen Volkes.

Zit. nach: Carl-Christian Kaiser/Wolfgang Kessel, Deutscher Bundestag 1949-1999. Debatte und Entscheidung – Konsens und Konflikt, München 1999, S. 66f.

M 3 Adenauers Motive

In einem Interview nennt Konrad Adenauer 1966 die Motive, die ihn als Bundeskanzler dazu bewogen haben, die Aussöhnung mit den Juden zu suchen:

Erstens aus einem Gefühl der Gerechtigkeit. Wir hatten den Juden [...] so viel [...] Unrecht angetan, wir hatten solche Verbrechen an ihnen begangen, dass sie irgendwie gesühnt werden mussten oder wiedergutgemacht werden mussten, wenn wir wieder Ansehen unter den Völkern der Erde gewinnen wollten. Und weiter: Die Macht der Juden, auch heute noch, insbesondere in Amerika, soll man nicht unterschätzen. Und daher habe ich sehr überlegt und sehr bewusst, und das war von jeher meine Meinung, meine ganze Kraft drangesetzt, so gut es ging, eine Versöhnung herbeizuführen zwischen dem jüdischen Volk und dem deutschen Volk.

Zit. nach: Julius H. Schoeps, Jüdisches Leben im Nachkriegsdeutschland, in: Andreas Nachama u. a. (Hrsg.), Jüdische Lebenswelten. Essays, Berlin 1991, S. 365

Nach sowjetischem Vorbild: die DDR

Ein stalinistisches Regime

Nach der Gründung der DDR setzte die SED den eingeschlagenen undemokratischen Weg fort. An der Spitze des *SED-Staates* stand Walter Ulbricht. Er verstand sich als „Mann Moskaus“ und besaß das Vertrauen der sowjetischen Führung.

Die SED-Spitze wollte den Staatsapparat zentral lenken. Dazu löste sie im Juli 1952 Länder und Landtage auf. Die DDR wurde in Bezirke gegliedert. Das Ergebnis war eine „Volksdemokratie“: ein sozialistischer Zentralstaat nach sowjetischem Muster.

1 „Von den Sowjetmenschen lernen ...“
Das Plakat (84 x 59 cm) wurde vom „Amt für Information der DDR“ nach sowjetischen Vorlagen um 1952 herausgegeben.

Die Blockparteien durften bestehen bleiben, um demokratische Verhältnisse vorzutäuschen. Doch ihre Parteibüros, Zeitungen und Mitgliederentwicklung wurden kontrolliert.

Wahlen in der DDR waren Propagandaveranstaltungen: Die Wähler erhielten eine von der SED vorbereitete *Einheitsliste* der in der „Nationalen Front“ zusammengeschlossenen Blockparteien und Organisationen vorgelegt, die sie nur mit „Ja“ oder „Nein“ entweder bestätigen oder ablehnen konnten. Eine Auswahl war nicht möglich. So sicherte sich die SED immer die meisten Sitze in der Volkskammer. Gewählt wurde meist offen und ohne Benutzung der Wahlkabinen – „Zettelfalten“ hieß das im Volksmund. Wer nicht oder geheim wählte, machte sich verdächtig. So verzeichnete die SED stets hohe „Wahlerfolge“: Bei der ersten Volkskammerwahl von 1950 erhielt die „Einheitsliste“ 99,7 Prozent Stimmen bei einer Wahlbeteiligung von 98,5 Prozent. Die folgenden Wahlen bestätigten dieses Ergebnis mit geringen Abweichungen.

„Die Partei hat immer recht!“

Auch in der SED selbst wurden „Abweichungen“ nicht zugelassen. Die erste große „Säuberungsaktion“ mit öffentlichen Schauprozessen gegen frühere Sozialdemokraten, die den stalinistischen Kurs der SED-Führung ablehnten, fand 1950/51 statt. Etwa 150 000 Parteimitglieder wurden aus der SED ausgeschlossen. Ganz im Sinne des sowjetischen Vorbildes galt für alle SED-Mitglieder der Leitsatz: „Die Partei hat immer recht!“

Aufbau des Sozialismus

1950 trat die DDR dem Rat für Gegenseitige Wirtschaftshilfe (RGW) bei. Die Wirtschaftspläne waren damit abhängig von den Vorgaben Moskaus.

Der „Aufbau des Sozialismus“ nach sowjetischem Vorbild wurde in der DDR ab 1951 mit der Losung „Von den Sowjetmenschen lernen, heißt siegen lernen“ populär gemacht. Die Güterproduktion wurde von der Regierung zentral geplant und durch *Fünfjahrespläne* gelenkt. Dabei hatten die Konsumbedürfnisse der Menschen hinter dem Aufbau der Schwerindustrie, der chemischen Industrie und der Energiewirtschaft zurückzustehen. Folge des starren Systems waren ständige Engpässe in der Belieferung der Industrie (z.B. mit Ersatzteilen) sowie in der Versorgung der Bevölkerung mit Gütern des täglichen Lebens. Der Lebensstandard blieb trotz hoher Arbeitsleistungen deutlich niedriger als in der Bundesrepublik.

Die nach 1945 einsetzende Verstaatlichung von Industrie und Handel wurde vorangetrieben. Die „Volkseigenen Betriebe“ erwirtschafteten 1947 etwas über ein Drittel, 1950 bereits mehr als die Hälfte aller Güter und Dienstleistungen, später über 90 Prozent.

Mit dem „Aufbau des Sozialismus“ war die Kollektivierung der Landwirtschaft verbunden. Um die Produktivität zu erhöhen, wurden die Bauern aufgefordert, ihr Land, ihre Maschinen und Viehbestände in *Landwirtschaftliche Produktionsgenossenschaften* (LPG) einzubringen. Wer gegen diese Form der Enteignung war, wurde massiv unter Druck gesetzt. Zahlreiche Landwirte, vor allem die, die gerade erst durch die Bodenreform eigenen Grund und Boden erhalten hatten, flohen daraufhin in den Westen. Die Folge war eine noch schlechtere Versorgung der Bevölkerung.

Sozialisierung und Kollektivierung bildeten die Voraussetzungen für den Ausbau der *Planwirtschaft* nach sowjetischem Vorbild. Partei- und Staatsführung legten in Fünfjahresplänen fest, welche Güter in welchem Umfang und zu welchen Preisen hergestellt werden sollten.

▶ ***Geschichte In Clips***
Zur Wirtschaft in der Frühphase der DDR siehe Clip-Code 4493-08

Staatliche Neugliederung und Militarisierung

Im Juli 1952 beschloss die DDR-Volkskammer eine staatliche Neugliederung. Sie löste die fünf Länder Mecklenburg, Brandenburg, Sachsen-Anhalt, Thüringen und Sachsen in 14 Bezirke auf und beseitigte damit alle früheren föderalen Einrichtungen.
Zugleich wurde die Militarisierung Ostdeutschlands fortgesetzt. Mit Verweis auf ähnliche Bestrebungen in Westdeutschland wurden in der DDR militärische Verbände aufgebaut. Die 1952 eingerichtete *Kasernierte Volkspolizei* (KVP) umfasste See- und Lufteinheiten.
Im Mai 1952 beschloss der DDR-Ministerrat, ein Sperrgebiet an der innerdeutschen Grenze einzurichten. Nur die Grenze in Berlin blieb wegen der gemeinsamen Kontrolle der Stadt durch vier Siegermächte durchlässig.
Am 5. Mai 1955 trat die Bundesrepublik Deutschland der NATO bei. Die Sowjetunion schloss 14 Tage später ein militärisches Bündnis mit den osteuropäischen Staaten ab: den Warschauer Pakt. Im September unterzeichnete eine DDR-Regierungsdelegation in Moskau einen *Vertrag über die Beziehungen zwischen der DDR und der UdSSR*. Daraufhin erklärte die Sowjetunion die DDR für souverän. Eine Woche danach verabschiedete die Volkskammer ein Gesetz, das den Aufbau der *Nationalen Volksarmee* regelte und den bewaffneten Dienst zur „Ehrenpflicht" erklärte. Die von Moskau abhängige DDR wurde Anfang 1956 „gleichberechtigtes Mitglied" des Warschauer Paktes.

2 Stacheldrahtzäune entlang der innerdeutschen Grenze.
Foto vom Juli 1952 aus dem Harz.
1952 wurde entlang der Zonengrenze eine fünf Kilometer breite, militärisch gesicherte Sperrzone eingerichtet, um die anhaltende Fluchtbewegung zu stoppen. Die genaue Zahl der Opfer an dieser Grenze bis zum 12. August 1961 ist unbekannt. Die Angaben schwanken zwischen 101 und 407 Todesopfern.

Ohne Opposition

In der DDR gab es von Anfang an Widerstand gegen die rücksichtslose Politik der Parteiführung, aber keine eigentliche Opposition – weder in der Volkskammer noch außerhalb. Dazu fehlte die „vierte Gewalt": freie und unabhängige Medien. Presse, Funk und Fernsehen wurden zentral gelenkt und zensiert.
Die SED-Führung versuchte, das Fehlen der Opposition so zu rechtfertigen: Ihre Politik, die allein dem Wohl des Volkes diene, brauche keinen Widerspruch. Eine Opposition sei letztlich verbrecherisch, da sie in der DDR nur gegen diejenigen Kräfte gerichtet sein könne, die die „wahren" Interessen der Bevölkerung kennen und vertreten würden: die Partei- und Staatsführung.

Umgang mit Andersdenkenden

Um Opposition von vornherein auszuschließen, wurden die Menschen so früh wie möglich in die von der SED kontrollierten Parteien und Massenorganisationen eingebunden und vom 1950 eingerichteten *Ministerium für Staatssicherheit* (MfS) überwacht, eingeschüchtert und bestraft. Die *Stasi*, so die Abkürzung für die Geheimpolizei, die auch geheimdienstliche Aufgaben (Spionage) im Ausland betrieb, unterstand allein der SED-Spitze. Eine parlamentarische Kontrolle bestand nicht. Dies unterschied das MfS von den Sicherheitsdiensten in demokratisch regierten Staaten. Wer Kritik an den politischen Entscheidungen und wirtschaftlichen Maßnahmen der SED übte oder Flugblätter gegen Missstände verteilte, riskierte schlimmste Strafen. Allein 1950 wurden in der DDR über 78 000 Menschen wegen politischer Vergehen verurteilt, in einigen Fällen sogar zum Tode.
Die Justiz war in diesen Fällen ein willfähriges Instrument der SED. Opposition wurde als „Boykotthetze gegen demokratische Einrichtungen und Organisationen" bestraft. Die Unabhängigkeit der Richter, wie sie in der Bundesrepublik durch das Grundgesetz gewährleistet wird, war in der DDR nicht gesichert: Richter wurden zu Befehlsempfängern der SED.

Unzufriedenheit und Flucht

Für die Bevölkerung der DDR bedeutete der „Aufbau des Sozialismus" auch Verzicht auf Konsum. Trotz schlechter Versorgung sollte immer mehr gearbeitet werden. Proteste in Betrieben wurden unterdrückt und als Störaktionen „westlicher Agenten" abgetan. Die Unzufriedenheit wuchs, als Anfang Mai 1953 etwa zwei Millionen Menschen – vor allem den kleinen Selbstständigen und ihren Angehörigen – die Lebensmittelkarten entzogen und die Verbraucherpreise drastisch erhöht wurden.
Der anhaltende politische Druck auf die Bevölkerung und die sich verschlechternden Lebensbedingungen ließen zwischen Januar 1951 und April 1953 etwa 450 000 (von 18 Millionen) Menschen aus der DDR in den Westen fliehen. Dennoch hielt SED-Parteichef Ulbricht – in Einklang mit Stalin – an dem eingeschlagenen Kurs eines raschen „Aufbaus des Sozialismus" in der DDR fest.

M1 „Stalin, das ist der Frieden."
Das Plakat (83,3 x 58,5 cm) wurde 1952 vom „Amt für Informationen" herausgegeben.

M2 „Unser Gruß dem Genossen Stalin ..."
Der Vorstand der SED verkündet zum 70. Geburtstag von Stalin am 14. Dezember 1949 u.a. folgende Losungen für die Parteiarbeit:

- Es lebe Stalin, der beste Freund des deutschen Volkes!
- Die Deutsche Demokratische Republik dankt Stalin für sein Vertrauen!
- Das deutsche Volk grüßt Stalin, den bewährten Führer der Weltfriedensbewegung!
- Stalin ist unser großer Helfer im Kampf um die Einheit Deutschlands und einen gerechten Frieden!
- Stalin lehrte uns höchste Wachsamkeit gegenüber allen Agenten der Volksfeinde!
- Wir danken Stalin für seine großzügige Hilfe beim Aufbau der deutschen Friedenswirtschaft!

Zit. nach: Ernst Deuerlein (Hrsg.), DDR 1945-1970. Geschichte und Bestandsaufnahme, München 1971, S. 105f.

M3 Den Vater „abgeholt"
Joachim Gauck, früher Pfarrer in Rostock, von 1990 bis 2000 Leiter der Bundesbehörde für die Unterlagen des ehemaligen Staatssicherheitsdienstes der DDR und seit 2012 Bundespräsident, erinnert sich an das Schicksal seines Vaters:

Ein mich lange Zeit quälendes Ereignis war, als am helllichten Tage, mitten im Sommer des Jahres 1951, mein Vater plötzlich „abgeholt" wurde – ein Begriff des Schreckens, der noch in der Nazizeit geprägt worden war. Die Großmutter in Wüstrow hatte Geburtstag, und man saß gerade an der Kaffeetafel, als zwei Männer ins Haus kamen, die sich als Angehörige der Werft ausgaben, in der mein Vater als Arbeitsschutz-Inspekteur beschäftigt war. „Abgeholt" zu werden bedeutete auch, dass man in einem willkürlichen Verfahren verurteilt werden würde. Üblich waren damals zweimal 25 Jahre, zweimal 50 Jahre oder zweimal die Todesstrafe – ohne dass ein nennenswertes Verschulden vorlag.

Meinem Vater wurde angelastet, dass er zeitweise zu einer Schiffsbesatzung gehört hatte, von der ein Kollege in den Westen geflohen war, dem die Russen Geheimdienstkontakte unterstellten. Weil dieser ehemalige Kollege zu einigen Mitgliedern der Schiffsbesatzung wieder Kontakt aufgenommen hatte, wurden alle Mannschaftsmitglieder festgenommen, die man noch finden konnte. Jetzt musste man ihnen nur etwas anhängen. Bei einer Hausdurchsuchung fanden die Russen bei meinem Vater eine legal aus Hamburg eingeführte Fachzeitschrift für Fragen der Schifffahrt.

Dem russischen Richter in Schwerin reichte das Wort „Hamburg" für einen Schuldspruch von zweimal 25 Jahren Zwangsarbeit in Sibirien. Davon ahnte meine Mutter, die mit ihren vier Kindern zurückgeblieben war, nichts. Meine Mutter und meine Großmutter liefen damals von Pieck zu Grotewohl zu Ulbricht, suchten sogar die Russen in Berlin-Karlshorst auf, aber sie bekamen immer nur ein und dieselbe Auskunft: „Uns ist diese Person unbekannt." Mein Vater war einfach weg.

Erst nach zweieinhalb Jahren erhielten wir das erste Lebenszeichen von meinem Vater – eine Postkarte, wie sie Kriegsgefangene schickten. Er war in einem Lager in der Nähe des Baikalsees und arbeitete als Sklavenarbeiter im Wald.

Joachim Gauck, Die Stasi-Akten. Das unheimliche Erbe der DDR, Hamburg 1991, S. 42ff. (gekürzt)

1. *Erläutere, was die SED mit dem Plakat und den Losungen (M1 und M2) erreichen wollte.*
2. *Verfasse Erwiderungen auf die Losungen (M2) aus der Sicht von Gegnern der SED.*
3. *Erkläre den Begriff „Willkürherrschaft" mithilfe der Erinnerungen (M3).*

Der 17. Juni 1953

Volksaufstand

Nachdem Stalin am 5. März 1953 gestorben war, erwarteten viele Menschen in der DDR eine Verbesserung der Lage. Doch die Hoffnungen sanken, als die Verantwortlichen im Mai 1953 die Arbeitsnormen in den „Volkseigenen Betrieben" um zehn Prozent erhöhten. Bei gleichem Lohn sollte also mehr gearbeitet werden. Daraufhin kam es zu Unruhen unter den Arbeitern.

Die neue sowjetische Parteispitze befürchtete den wirtschaftlichen und politischen Zusammenbruch der DDR und befahl einen Kurswechsel: Die SED sollte den „Aufbau des Sozialismus" langsamer und unter Rücksichtnahme auf die Bevölkerung betreiben.

Obwohl die Partei- und Staatsführung die Arbeitsnormerhöhung kurzfristig zurücknahm, legten Berliner Bauarbeiter am 16. Juni ihre Arbeit auf den Baustellen in der Stalinallee nieder. Aus dem Streik entwickelte sich ein Volksaufstand. Am 17. Juni und den folgenden Tagen demonstrierten und streikten die Menschen im gesamten Land. Sie forderten „Nieder mit der SED", „Freie Wahlen", „Freilassung aller politischen Häftlinge", „Rücktritt der Regierung", „Abzug der Besatzungstruppen aus Deutschland" und „Wiedervereinigung".

Am frühen Nachmittag des 17. Juni war die Partei- und Staatsführung praktisch machtlos, obwohl sie die Arbeitsnormerhöhung zurückgenommen hatte. Die in der DDR stationierten sowjetischen Soldaten sicherten der SED die Herrschaft. Die Sowjets verhängten in 167 von 217 Stadt- und Landkreisen den Ausnahmezustand. Es galt das Kriegsrecht. Panzer fuhren auf und öffentliche Versammlungen wurden verboten. Unterstützt von Volkspolizei und Staatssicherheitsdienst schlugen die sowjetischen Soldaten den Aufstand nieder.

Die Bilanz des Aufstandes

Zwischen dem 16. und 21. Juni 1953 beteiligten sich rund eine Million Menschen in mehr als 700 Orten an Streiks, Demonstrationen oder Kundgebungen. In über 1000 Betrieben und Genossenschaften ruhte die Arbeit. Aus zwölf Haftanstalten wurden etwa 1500 Häftlinge befreit.

Bei den Unruhen kamen zwischen 40 und 50 Menschen ums Leben. Etwa 15000 Personen wurden festgenommen, darunter 226 aus West-Berlin und zwei aus Westdeutschland. Bis Ende Januar 1954 wurden über 1500 Demonstranten verurteilt, davon zwei zum Tode.*

Die SED machte für den Aufstand „westliche Kriegstreiber" verantwortlich. Dagegen protestierte die Bundesregierung. Sie und die Westmächte hatten sich während des Aufstandes zurückgehalten, weil sie einen Krieg vermeiden wollten. Nur wenige Wochen nach dem Ereignis erklärten die Abgeordneten des Deutschen Bundestages auf Anregung der SPD den 17. Juni zum *Tag der deutschen Einheit*. Bis 1990 hielt man an dem Gedenktag fest.

Die DDR schaffte die Todesstrafe erst im Juli 1987 ab.

1 Steine gegen sowjetische Panzer.
Foto von Wolfgang Albrecht vom 17. Juni 1953. Ort: Ost-Berlin, Leipziger Straße/Potsdamer Platz; links im Hintergrund die Ruine des Kaufhauses Wertheim, rechts das Gebäude des Preußischen Landtages (heute: Sitz des Bundesrates).

- *Von dem Foto werden oft nur Ausschnittvergrößerungen (siehe Unterlegungen) veröffentlicht. Beschreibe, wie sie die Wirkung des Bildes verändern.*

Gehen oder bleiben?

Nach dem 17. Juni 1953 lockerte die SED-Führung den politischen Druck nicht, versuchte aber, die Bevölkerung durch ein besseres Angebot an Konsumgütern zum Bleiben zu bewegen. Darüber hinaus sollte sich die wirtschaftliche Lage durch den Verzicht der Sowjetunion auf weitere Reparationsleistungen verbessern. Tatsächlich stieg langsam der Lebensstandard. 1958 wurden die Lebensmittelkarten abgeschafft und die Rationierung für Fleisch, Fett und Zucker wurde aufgehoben.

Doch die fortgesetzte Kollektivierung und Verstaatlichung trug zu wirtschaftlichen Rückschlägen und Versorgungsengpässen bei. Immer mehr Menschen – vor allem junge und gut ausgebildete Frauen und Männer – kehrten der DDR den Rücken und gingen in den Westen.

▶ **Geschichte In Clips**
Zum „Volksaufstand" siehe Clip-Code 4493-09

▶ ***Internettipp:*** *Informationen und Materialien zum 17. Juni 1953 siehe www.17juni53.de/home*

▶ ***Lesetipp:*** *Erich Loest, Sommergewitter, Göttingen 2005*

▶ ***CD-ROM-Tipp:*** *17. Juni 1953. Zeitzeugen berichten, Köln: DeutschlandRadio 2003*

M1 Aufgebrochene Gefängnistore in Jena.
Foto vom 17. Juni 1953.
Am Vormittag des 17. Juni waren etwa 1500 Menschen in die Jenaer Untersuchungshaftanstalt eingedrungen und hatten 61 Häftlinge befreit.

M2 „Es lebe die Junirevolution"

Ost-Berlin bildet den Ausgangspunkt der Unruhen. Aber in manchen Städten geht der Aufstand weiter. So in Görlitz, einer Stadt mit 110 000 Einwohnern an der Grenze zu Polen. Ein Höhepunkt der Kundgebung vom 17. Juni auf dem Görlitzer Marktplatz ist folgende Ansprache:

Görlitzer! Die meisten von Euch werden mich kennen. Ich bin der alte Latt. Seit 1904 habe ich der Sozialdemokratischen Partei angehört und ich habe in meinem Leben nun drei Revolutionen mitgemacht: die Revolution von 1918, die von 1945 und heute die Revolution vom 17. Juni 1953.

Görlitzer, ich muss offen bekennen, das ist die größte Freude meines Lebens, dass ich diesen Tag erleben durfte. Acht Jahre lang waren wir gefesselt und geknebelt, acht Jahre lang durften wir nicht so sprechen, wie wir dachten. Nun ist das alles vorbei. Die Stunde der Freiheit hat geschlagen: Wir brauchen keine Wahl mehr, denn wer Augen hat zu sehen und Ohren hat zu hören, der weiß, wie die Bevölkerung der Ostzone denkt und sich entschieden hat. Die Wahl ist einstimmig ausgefallen und die SED und ihre Funktionäre sollen sich aus dem Staube machen, bevor sie der gerechte Zorn der 18 Millionen trifft. Görlitzer, es lebe die Junirevolution von 1953.

Minutenlanger Beifall brandet nach diesen Worten auf. So ähnlich hatten sie alle gedacht und nun war dies in Worten ausgesprochen worden, was jeder sagen wollte.

Zit. nach: www.17juni53.de/forum/forum/dach.html (Zugriff: 29. September 2009)

M3 Ein Vernehmungsprotokoll

Die Bezirkspolizei Gera vernimmt am 23. Juni 1953 einen Beschuldigten und hält folgende Aussage fest:

Als der Beschuldigte am 16. Juni 1953 von der Arbeit nach Hause kam, hat ihm seine Ehefrau die neuesten Nachrichten des RIAS, über die „Unruhen", „Streiks" und ähnliche Hetzparolen von Berlin, unterrichtet. In den Abendstunden hat [der Beschuldigte] mit seiner Ehefrau abermals die Hetznachrichten angehört und die im gleichen Haus wohnenden Radewitz hierzu eingeladen.

Als der Beschuldigte am 17. Juni 1953 in den Betrieb kam, hat er die soeben geschilderten Neuigkeiten sofort unter den Belegschaftsmitgliedern verbreitet und hat somit wesentlich zu den Unruhen unter der Belegschaft herbeigetragen.

Während im Gemeinschaftsraum des Autoreparaturwerks 1 eine „Geheime Beratung" stattfand, forderte er die Belegschaft auf, hieran teilzunehmen. Zwischenzeitlich bekam der Beschuldigte von den Arbeitskollegen [...] den Auftrag, mehrere Transparente zu malen, die folgende Aufschrift tragen sollten: „Nieder mit der Regierung, geheime und freie Wahlen für ganz Deutschland". Hierzu kam es jedoch nicht, da zwischenzeitlich die geheime Beratung beendet war und sich die Belegschaft zu einer Demonstration formierte. [...]

Als der Beschuldigte in der Nähe der Haftanstalt in der Greizer Straße einen Volkspolizisten bemerkte, brachte er folgende Parole: „Volkspolizisten, reiht Euch ein, oder wollt ihr unsere Unterdrücker sein". Die Masse wiederholte auch hier die Losung in lauten Sprechchören, während auf dem gesamten Marsch eine Reihe von anderen Losungen von Sprechchören gerufen wurden. [...]

Man ruft Losungen, die in kräftigen Sprechchören wiederholt wurden. Hierdurch wurde der große Teil der Masse angefeuert und nun rief der unbekannte Redner: „Jetzt holen wir den Spitzbart herunter!" (Hier handelt es sich um das angebrachte Bildnis des Genossen Walter Ulbricht).

Während nun dieser unbekannte Redner versuchte, den Fenstersims hinauszuklettern, was ihm misslang, rissen einige männliche Personen die dort stehende Fahnenstange heraus und holten damit das Transparent herunter.

Nunmehr erging die Aufforderung, zur Haftanstalt zu marschieren, um die dort befindlichen Häftlinge zu befreien. Durch den Einsatz der Volkspolizei wurde dieses Vorhaben verhindert.

Zit. nach: Andrea Herz (Hrsg.), Quellen zur Geschichte Thüringens. Der 17. Juni 1953 in Thüringen, Erfurt 2003, S. 110-112

---

1. *Die Rede macht deutlich, worum es den Aufständischen ging (M2). Nenne die zentralen Forderungen.*

2. *Der Redner (M2) bezeichnet die Ereignisse vom 17. Juni als „Revolution". Erläutere sein Revolutionsverständnis und beurteile es. Berücksichtige dabei auch M1 und M3.*

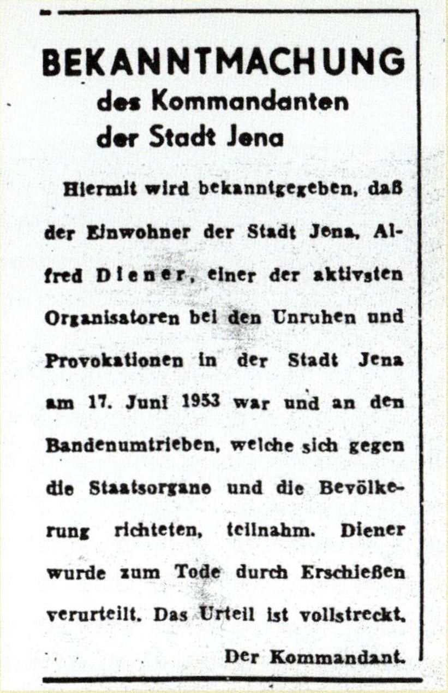

BEKANNTMACHUNG
des Kommandanten der Stadt Jena

Hiermit wird bekanntgegeben, daß der Einwohner der Stadt Jena, Alfred Diener, einer der aktivsten Organisatoren bei den Unruhen und Provokationen in der Stadt Jena am 17. Juni 1953 war und an den Bandenumtrieben, welche sich gegen die Staatsorgane und die Bevölkerung richteten, teilnahm. Diener wurde zum Tode durch Erschießen verurteilt. Das Urteil ist vollstreckt.

Der Kommandant.

M4 Der Kommandant der Stadt Jena gibt bekannt.
Die Bekanntmachung erschien am 20. Juni 1953 in der Jenaer „Volkswacht“ und wurde auch in anderen Zeitungen verbreitet. Zu Alfred Diener siehe M6.

M6 Gedenktafel an den 17. Juni 1953 in Jena.
Die Tafel wurde am 14. Juni 2001 am Hauptgebäude der Sparkasse in Richtung Löbdergraben angebracht.
Der Schlosser Alfred Diener (geb. 1927) hatte sich an den Aktionen in Jena beteiligt. Am 18. Juni 1953 wurde er als „Rädelsfüher des faschistischen Putsches“ durch ein Sondergericht der Sowjetischen Militärverwaltung in Weimar zum Tode verurteilt und standrechtlich erschossen. Urteil und Vollstreckung wurden öffentlich über Lautsprecherwagen, Rundfunk und Zeitungen bekanntgegeben.

M5 Agenten und Provokateure
In einem DDR Geschichtsbuch von 1983 für die Klasse 10 heißt es:

Am 17. Juni 1953 gelang es Agenten verschiedener imperialistischer Geheimdienste, die von West-Berlin aus zahlreich in die Hauptstadt und einige Bezirke der DDR eingeschleust worden waren, in der Hauptstadt und in verschiedenen anderen Orten der Republik einen kleinen Teil der Werktätigen zu zeitweiligen Arbeitsniederlegungen und Demonstrationen zu bewegen. In einigen Städten plünderten Gruppen von Provokateuren und Kriminellen. Sie legten Brände, rissen Transparente herunter, misshandelten und ermordeten Funktionäre der Arbeiterbewegung, holten verurteilte Kriegsverbrecher aus Gefängnissen und forderten den Sturz der Arbeiter-und-Bauern-Macht.

Doch der junge sozialistische Staat bestand unter Führung der Partei auch diese Belastungsprobe. Die Mehrheit der Arbeiterklasse und der Bevölkerung stand zu ihrem Staat. [...] Durch das entschlossene Handeln der fortgeschrittensten Teile der Arbeiterklasse und ihrer Verbündeten gemeinsam mit sowjetischen Streitkräften und bewaffneten Organen der DDR brach der konterrevolutionäre Putsch innerhalb von 24 Stunden zusammen. Der Versuch, die DDR und den Sozialismus auf deutschem Boden gewaltsam zu beseitigen, war gescheitert.

Rudolf Dau u. a., Geschichte. Lehrbuch für Klasse 10, Berlin (Ost) 1983, S. 129f.

M7 Ein Bewertung nach über 50 Jahren
Die Historiker Ehrhart Neubert und Thomas Auerbach fassen die Ergebnisse des Volksaufstandes 2005 so zusammen:

Mit dem Eingreifen der sowjetischen Truppen war der kollektive Versuch der Ostdeutschen gescheitert, die schweren Eingriffe der Sowjets und der deutschen Kommunisten in die gesellschaftlichen, kulturellen und politischen Strukturen wieder rückgängig zu machen. Die strikten politischen Forderungen nach freien Wahlen, Bürgerrechten und der Einheit Deutschland weisen den 17. Juni als Revolution aus, die freilich damals noch scheitern musste.

Ehrhart Neubert/Thomas Auerbach, „Es kann anders werden“. Opposition und Widerstand in Thüringen 1945-1989, Köln 2005, S. 69

▶ ***Internettipp:***
www.17juni53.de/tote/diener.html

1. *Erläutere die Motive für die Bekanntmachung (M4).*
2. *Prüfe die Darstellung zum 17. Juni im DDR-Lehrbuch (M5), beachte dabei auch die Wortwahl. Erläutere die Absicht des Textes.*
3. *Recherchiere, was im Juni 1953 an deinem Schul- oder Wohnort stattfand. In welcher Form wird heute daran erinnert?*

1 **Stalin-Denkmal in Budapest.**
Foto vom 23. Oktober 1956.
Während des Aufstandes sollen etwa 25 000 Ungarn und 7000 Sowjetsoldaten getötet worden sein. Über 20 000 Ungarn wurden in Gefängnisse und Tausende in sowjetische Arbeitslager gesteckt. Etwa 200 000 gingen nach Jugoslawien oder in den Westen ins Exil.

„Friedliche Koexistenz"?

Ein neuer Kurs?

1955, zwei Jahre nach Stalins Tod, hatte *Nikita S. Chruschtschow* die Führung der Sowjetunion übernommen. Auf dem XX. Parteitag der KPdSU 1956 rechnete er mit Stalins Herrschaft ab und kündigte einen neuen innen- und außenpolitischen Kurs an. Chruschtschow wollte die Außenpolitik dem atomaren Zeitalter anpassen und verkündete die *friedliche Koexistenz* von Staaten unterschiedlicher Weltanschauungen sowie Gesellschafts- und Wirtschaftsordnungen.

Aufstände in Polen und Ungarn

In Polen und Ungarn prangerten daraufhin die Menschen Gewaltherrschaft und Misswirtschaft offen an. Streiks setzten die kommunistischen Partei- und Staatsführungen unter Druck und erzwangen erste Reformen.
Da die Sowjetunion den Zerfall ihres kommunistischen Herrschaftssystems befürchten musste, präzisierte Chruschtschow seine Vorstellungen von der „friedlichen Koexistenz": Sie sollte nicht für die Staaten des eigenen Bündnisses gelten. Unterstützt von moskauhörigen Kommunisten ließ er in Polen und Ungarn sowjetische Truppen einmarschieren.
Als der ungarische Reformkommunist und neue Ministerpräsident *Imre Nagy* den Austritt aus dem Warschauer Pakt und die Neutralität seines Landes erklärte, griffen sowjetische Truppen ein. In Budapest kam es am 10./11. November 1956 zu blutigen Straßenkämpfen, doch der Volksaufstand scheiterte.
Angesichts des atomaren Patts reagierte der Westen auf die Hilferufe der Ungarn nicht. Die Vereinigten Staaten und ihre Verbündeten respektierten den sowjetischen Einflussbereich.
Nach den Aufständen in Warschau und Budapest wurden wieder prosowjetische Regierungen eingesetzt und die Überwachung der Bevölkerung verstärkt. Zugleich bemühten sich die neuen Machthaber verstärkt, die Konsumbedürfnisse der Massen zu befriedigen.

Die Suez-Krise

Die Niederschlagung des ungarischen Volksaufstandes fand während einer international angespannten Situation statt. Zur selben Zeit schwelte auch im Nahen Osten zwischen Ägypten, den USA, Frankreich und Großbritannien eine schwere Krise.
Die ägyptische Regierung hatte durch eine „Pendelpolitik" versucht, Vorteile zu erlangen. Von den USA erbat sie öffentlich Geld für den Bau des Assuan-Staudammes, von der Sowjetunion gleichzeitig im Geheimen Waffen. Als die USA ablehnten, verstaatlichte die ägyptische Regierung die *Allgemeine Suez-Kanal-Gesellschaft* und ließ den für die Ölversorgung der Industriestaaten wichtigen Schifffahrtsweg besetzen.
Während die USA nichts unternahmen, einigten sich Frankreich und Großbritannien auf einen militärischen Schlag gegen Ägypten. Sie wollten ihren Einfluss auf diese Region und den kürzesten Weg nach Fernost nicht aufgeben, zumal ihnen 90 Prozent der Aktien der Suez-Kanal-Gesellschaft gehörten. Nach geheimen Absprachen mit London und Paris griff die israelische Armee am 29. Oktober 1956 die Ägypter auf der Sinai-Halbinsel an. Einen Tag später bombardierten britische Kampfflugzeuge die Suez-Kanalzone, um die Landung britischer und französischer Fallschirmtruppen vorzubereiten. Erst die Drohung der Sowjets, Frankreich und Großbritannien mit Atomwaffen anzugreifen, stoppte die Aktion. Gleichzeitig missbilligten die USA das Vorgehen ihrer NATO-Partner. Die Soldaten wurden aus Ägypten abgezogen und später durch eine Friedenstruppe der Vereinten Nationen ersetzt.
Frankreich und Israel zogen aus der politischen Niederlage die Folgerung, jeweils eine eigene atomare Rüstung voranzutreiben, um sich von ihren Bündnispartnern unabhängiger zu machen.

M1 **Abrechnung mit Stalin**

Der erste Parteitag nach Stalins Tod findet im Februar 1956 im Kreml in Moskau mit 1430 Delegierten sowie Abordnungen kommunistischer Parteien aus 55 Ländern und weiteren Gästen statt. Am letzten Tag hält Chruschtschow in einer geschlossenen Sitzung eine vierstündige Rede, in der er Stalin verantwortlich macht für Versäumnisse, Fehlentwicklungen und Verbrechen. Die Rede bleibt nicht geheim. Sie wird am 5. Juni 1957 erstmals in der „New York Times" veröffentlicht und dann weltweit verbreitet. In der sowjetischen Presse wird sie erst 1989 vollständig gedruckt.

Nach dem Tode Stalins begann das ZK*, der Partei [...] nachzuweisen, dass es unzulässig und dem Geist des Marxismus-Leninismus fremd ist, eine einzelne Person herauszuheben und sie in eine Art Übermensch mit übernatürlichen, gottähnlichen Eigenschaften zu verwandeln. Dieser Mensch weiß angeblich alles, sieht alles, denkt für alle, vermag alles zu tun, ist unfehlbar in seinem Handeln. Eine solche Vorstellung über einen Menschen, konkret gesagt über Stalin, war bei uns viele Jahre lang verbreitet. [...] Stalin handelte nicht mit den Mitteln der Überzeugung, der Erklärung, der geduldigen Arbeit mit den Menschen, sondern durch das Aufzwingen seiner Konzeptionen, indem er die absolute Unterordnung unter seine Meinung forderte. [...] Im Besitz einer unbeschränkten Macht tolerierte er grausame Willkür, erdrückte er die Menschen moralisch und physisch. [...]

Die Sowjetunion wird zu Recht als Muster eines multinationalen Staates* angesehen, denn bei uns wurden in der Praxis Gleichheit und Freundschaft aller Völker gewährleistet, die unsere große Heimat bewohnen. Umso ungeheuerlicher sind die Aktionen, deren Initiator Stalin war. [...] Die Rede ist von der Massenumsiedlung ganzer Völker aus ihren heimatlichen Orten [...].

Zit. nach: Martin Hoffmann u.a., Aufstieg und Zerfall einer Weltmacht. Die Sowjetunion von 1917 bis 1991, Bamberg 1994, S. 104f.

*multinationaler Staat: *Vielvölkerstaat*

M2 **Über die „friedliche Koexistenz"**

Während des XX. Parteitages verkündet Chruschtschow 1956 auch seine Leitlinien für die internationale Politik:

Wenn [...] eine Gefahr für die friedliche Koexistenz von Ländern mit verschiedenen sozialen und politischen Systemen besteht, so geht sie keineswegs von der Sowjetunion, keineswegs vom sozialistischen Lager aus. [...] Es gibt zwei, tatsächlich nur zwei Wege: entweder die friedliche Koexistenz oder den furchtbarsten Vernichtungskrieg der Geschichte. Einen dritten Weg gibt es nicht. Wir sind der Ansicht, dass Länder mit verschiedenen sozialen Systemen nicht nur einfach nebeneinander bestehen können, sondern darüber hinaus eine Verbesserung der Beziehungen, eine Festigung des Vertrauens und eine Zusammenarbeit anstreben müssen.

Zit. nach: Martin Hoffmann u.a., Aufstieg und Zerfall einer Weltmacht, a.a.O., S. 193

M3 **Chruschtschow-Plakat.**
Foto von 1964.

***ZK = Zentralkomitee:** *Das ZK ist das von den Delegierten eines Parteitages gewählte Führungsgremium der Kommunistischen Partei. Es leitet und kontrolliert die gesamte Arbeit der Partei zwischen den alle fünf Jahre stattfindenden Parteitagen und wählt zum Beispiel aus seinen Reihen den Generalsekretär.*

▶ ***Internettipp:***
Einen tabellarischen Lebenslauf von Chruschtschow findest du unter www.dhm.de/lemo/html/biografien/ChruschtschowNikitaS

1. *Erläutere Chruschtschows Motive (M1). Was wirft er Stalin konkret vor? Warum sollte die Rede geheim bleiben?*
2. *Fasse Chruschtschows Gründe für die Notwendigkeit der „friedlichen Koexistenz" zusammen (M2). Prüfe, ob er damit Abschied von der Zwei-Lager-Theorie (siehe M3, Seite 177) nahm.*
3. *Beurteile die politische Aussage des Plakates (M3). Berücksichtige die Kritik an Stalins Personenkult.*

Der Staat Israel entsteht

1 Die „Exodus 1947“ im Hafen von Haifa.
Foto vom 18. Juli 1947.
Die zionistische Untergrundorganisation „Haganah“ (dt. Verteidigung) unterlief ständig die britischen Einwanderungsbestimmungen nach Palästina. Als am 18. Juli 1947 die „Exodus“ mit etwa 4400 Holocaust-Überlebenden in Haifa ankam, versperrten britische Soldaten den Passagieren den Weg an Land und schickten sie zurück in den französischen Ausgangshafen. Als sich die Flüchtlinge weigerten, in Frankreich von Bord zu gehen, fuhren die Schiffe weiter nach Hamburg. Von dort brachten britische Soldaten sie in Lager bei Lübeck. Der Fall der „Exodus“ trug dazu bei, dass die UNO der Gründung Israels im Mai 1948 zustimmte und die Betroffenen nach Israel ausreisen konnten.
■ *Erläutere, warum der Fall „Exodus“ skandalös war.*

Palästina und der Zionismus

Um den Besitz Palästinas rangen seit der ersten Hälfte des 20. Jh. drei Parteien:

- die Briten, die im Auftrag des Völkerbundes diesen Teil des ehemaligen Osmanischen Reiches verwalteten,
- die in der Region seit Jahrhunderten lebende arabische (palästinensische) Bevölkerung und
- die Juden, die in ihre in der Bibel (Altes Testament) verheißene Heimat zurückgekehrt waren bzw. zurückkehren wollten.

Judenfeindliche (antisemitische) Ausschreitungen (*Pogrome*) in vielen europäischen Staaten hatten nach 1880 zu einer ersten Auswanderungswelle von Juden nach Palästina geführt. In den folgenden Jahren entstand der politische Zionismus, dessen Ziel es war, einen jüdischen Staat in Palästina zu errichten. (*Zion* steht für Jerusalem, die Stadt ist für die Juden der Mittelpunkt ihres „Gottesstaates“.) Mit der Schrift *Der Judenstaat* (1895/96) prägte der österreichische Schriftsteller und Journalist *Theodor Herzl* die Vorstellungen der Zionisten maßgeblich.

Bei der Übernahme der Verwaltung Palästinas erklärte die britische Regierung 1917, für eine „nationale Heimstätte“ der Juden sorgen zu wollen. Gleichzeitig bestätigten die Briten aber auch den Palästinensern ihre Ansprüche auf einen Nationalstaat.

Von Anfang an prallten die Interessen der drei Parteien gewaltsam aufeinander: Palästinenser überfielen jüdische Siedlungen, die Juden antworteten mit der Gründung einer armeeähnlichen Untergrundorganisation, die die Siedlungen schützen sollte, und die Briten wollten sich von beiden nicht die Kontrolle über die Region entreißen lassen und nahmen wechselnd Partei. Als während und nach der nationalsozialistischen Zeit immer mehr Juden aus Europa nach Palästina flohen um zu überleben, verhinderte Großbritannien die Einwanderung zeitweise mit Gewalt. Dagegen gingen jüdische Untergrundorganisationen vor. Sie organisierten illegale Einwanderungen. Zur selben Zeit begannen die Palästinenser – von den arabischen Nachbarstaaten unterstützt –, ihre Angriffe auf die Juden zu verstärken, um einen eigenen Nationalstaat ohne Juden zu gründen. Trotzdem konnte die Zahl der in Palästina lebenden Juden von etwa 85 000 (1914) auf 650 000 (1948) zunehmen.

Der Staat Israel entsteht

Da ein friedlicher Ausgleich zwischen Palästinensern und Juden nicht gelang, baten die durch den Zweiten Weltkrieg geschwächten Briten die Vereinten Nationen um Prüfung des Problems. Die Weltorganisation legte 1947 einen Plan zur Gründung des Staates Israel vor, der sowohl den Juden als auch den Palästinensern gerecht werden wollte. Die Juden stimmten den Vorstellungen zu, die Palästinenser lehnten sie – wie alle anderen arabischen Staaten – ab.

Am 14. Mai 1948 endete das britische Palästina-Mandat, am selben Tag wurde der Staat Israel von *David Ben Gurion*, dem aus Polen stammenden Präsidenten des *Großzionistischen Weltverbandes*, ausgerufen. Der neue Staat wurde sofort von den Vereinigten Staaten und der Sowjetunion anerkannt.

▶ ***Lesetipps:***
- *Amos Oz, Panther im Keller. Roman, München 2003*
- *Leon Uris, Exodus. Roman, 1958 (München 1998)*

▶ ***Geschichte In Clips***
Zur Gründung des Staates Israel siehe Clip-Code 4493-10

M1 Die Balfour-Erklärung

Am 2. November 1917 schreibt der britische Außenminister Lord Arthur Balfour an den Vizepräsidenten der britischen Vereinigung jüdischer Gemeinden, Lord Walter Rothschild:

Seiner Majestät Regierung betrachtet die Schaffung einer nationalen Heimstätte in Palästina für das jüdische Volk mit Wohlwollen und wird die größten Anstrengungen machen, um die Erreichung dieses Zieles zu erleichtern, wobei klar verstanden werde, dass nichts getan werden soll, was die bürgerlichen und religiösen Rechte bestehender nichtjüdischer Gemeinschaften in Palästina oder die Rechte und die politische Stellung der Juden in irgendeinem anderen Lande beeinträchtigen könnte.

Zit. nach: Elmar Krautkrämer, Krieg ohne Ende? Israel und die Palästinenser – Geschichte eines Konflikts, Darmstadt 2003, S. 160 f.

M2 Der UN-Teilungsplan von 1947

Die Vollversammlung der Vereinten Nationen stimmt am 26. November 1947 im Wesentlichen den Empfehlungen des Palästinakomitees vom 31. August 1947 mehrheitlich zu; darin heißt es:

Palästina soll in einen arabischen Staat, einen jüdischen Staat und die Stadt Jerusalem geteilt werden. Der arabische und der jüdische Staat sollen nach einer Übergangsperiode von zwei Jahren (ab 1. September 1947) die Unabhängigkeit erlangen. Vor Erlangen der Unabhängigkeit müssen beide Staaten eine Verfassung annehmen, den Vereinten Nationen gewisse Garantien leisten und einen Vertrag unterzeichnen, der ein System wirtschaftlicher Zusammenarbeit ganz Palästinas vorsieht.

Zit. nach: Keesing's Archiv der Gegenwart, 16./17. Jg. (1946/47), S. 1183

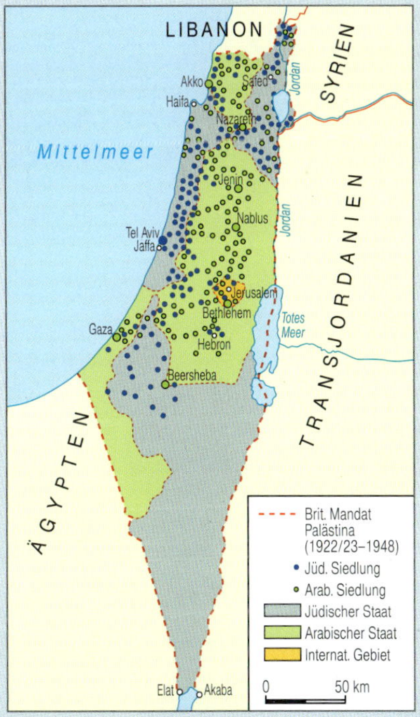

M3 Israel nach dem UN-Teilungsplan von 1947.

M4 Israel wird proklamiert

David Ben Gurion ruft vor Mitgliedern des jüdischen Nationalrates in Tel Aviv am 14. Mai 1948 den Staat Israel aus:

Im Lande Israel trat das jüdische Volk ins Leben, hier wurde sein geistiges, religiöses und politisches Antlitz geformt; hier führte es sein Leben in staatlicher Selbstständigkeit [...]. Mit Gewalt aus seinem Lande vertrieben, hielt es ihm allenthalben in der Zerstreuung die Treue und hörte niemals auf, die Rückkehr in sein Land und die Wiederherstellung seiner politischen Freiheit in ihm zu erflehen und zu erhoffen.

In historischer und überlieferter Verbundenheit erstrebten die Juden aller Zeiten die Wiedergewinnung ihrer alten Heimat; in Scharen kehrten Pioniere, Wagemutige und Helden der letzten Generation heim in ihr Land. Sie brachten die Wüste zu neuem Leben, bauten Städte und Dörfer, schufen ein im Wachstum begriffenes Siedlungswerk mit eigener Wirtschaft und Kultur, friedliebend und wehrfähig, das [...] sich nach staatlicher Selbstständigkeit sehnt. [...]

Die Katastrophe, die in unseren Tagen über das jüdische Volk hereinbrach und der Millionen Juden in Europa zum Opfer fielen, bewies erneut und eindringlich, dass es unerlässlich ist, die Frage des heimat- und staatenlosen jüdischen Volkes durch Wiedererrichtung des jüdischen Staates im Lande Israel zu lösen, der seine Tore jedem Juden weit öffnen und dem jüdischen Volk die Stellung einer gleichberechtigten Nation unter den Völkern verleihen wird. [...]

Das jüdische Volk hat gleich allen anderen Völkern das natürliche Recht, ein selbstständiges Leben in einem souveränen Staat zu führen. Daher sind wir [...] heute, am Tage, an dem das britische Mandat über das Land Israel zu Ende geht, zusammengetreten und proklamieren hiermit kraft unseres natürlichen und historischen Rechts und aufgrund des Beschlusses der Vollversammlung der Vereinten Nationen die Errichtung eines jüdischen Staates im Lande Israel, des Staates Israel. [...]

Wir bieten allen Nachbarstaaten und ihren Völkern die Hand zum Frieden und zu guter Nachbarschaft und rufen sie zur Zusammenarbeit mit dem jüdischen Volke, das in seinem Lande die Selbstständigkeit erlangte, und zu gegenseitiger Hilfe auf. Der Staat Israel ist bereit, seinen Beitrag zu den gemeinsamen Bemühungen für den Fortschritt des gesamten Mittleren Ostens zu leisten.

Zit. nach: Elmar Krautkrämer, Krieg ohne Ende?, a. a. O., S. 163 f.

1. *Nenne die Argumente für das Existenzrecht Israels (M1, M2 und M4).*
2. *Erkläre die Probleme der Gründung Israels (M1 und M3).*
3. *Arbeite heraus, wie Ben Gurion das jüdische Volk darstellt und charakterisiert (M4).*

Krieg im Nahen Osten

1 Umzingelt.
Karikatur aus der libanesischen Tageszeitung „Al' Djarida" vom 31. Mai 1967.
Die Kanonenrohre tragen die Namen der Staaten Sudan, Algerien, Ägypten, Saudi-Arabien, Jordanien, Irak, Syrien und Libanon.
■ *Analysiere die Zeichnung.*

Arabische Reaktionen

Schon am Tag nach der Ausrufung des Staates Israel griffen ihn die arabischen Nachbarstaaten Ägypten, Libanon, Syrien, Jordanien und Irak an. Sie behaupteten, Israel habe kein Recht zu existieren, und kündigten an, die Juden „ins Meer treiben" zu wollen.
Nach anfänglichen Erfolgen der Angreifer konnte Israel dank amerikanischer und europäischer Waffenlieferungen einen Gegenangriff starten. Am Ende sicherte sich Israel nicht nur sein ursprüngliches Staatsgebiet, sondern erweiterte es sogar. Unter Vermittlung der UNO, deren Mitglied Israel im Mai 1949 wurde, schloss man mit Ägypten, dem Libanon, Transjordanien und Syrien bis Juli 1949 Waffenstillstandsverträge. Sie enthielten die Verpflichtung, „die Lösung der Palästina-Frage nicht mit militärischer Gewalt herbeizuführen". Obwohl Frankreich, Großbritannien und die USA die neuen Grenzen im Nahen Osten garantierten, verweigerten die arabischen Staaten Israel das Existenzrecht.
Im Januar 1950 verlegte Israel seinen Regierungssitz von Tel Aviv in den von ihm besetzten westlichen Teil Jerusalems. Mitte 1950 beschloss das israelische Parlament: „Jeder Jude hat das Recht, in dieses Land als *oleh* (Einwanderer) zu kommen."

Ein Konflikt zieht Kreise

Der Suez-Konflikt des Jahres 1956* war Auftakt für einen weiteren Nahost-Krieg. Frankreich und Großbritannien erkannten, dass sie im Ringen um die Kontrolle des Suez-Kanals als Seeweg nach Ostasien denselben Gegner hatten wie Israel. Sie ermutigten die Israelis, auf den Sinai vorzudringen, um selbst in der von Ägypten beanspruchten Suez-Zone eingreifen zu können. Aufforderungen der UNO und der Druck der USA erzwangen den Rückzug der Truppen. Ein unkontrollierbarer *Nahost-Konflikt* oder gar ein Atomkrieg sollte verhindert werden. Trotzdem zeichnete sich hier ab, dass der Konflikt zwischen Israel und den arabischen Staaten sich immer mehr mit dem weltweiten Kalten Krieg vermischte: Die USA und ihre Verbündeten unterstützten künftig Israel, die UdSSR und die von ihr abhängigen Staaten halfen der arabischen Seite. Darüber hinaus versuchten beide Supermächte und ihre Machtblöcke, die Staaten des Nahen Ostens durch Wirtschafts- und Militärhilfen für sich zu gewinnen, damit sie in einem möglichen militärischen Konflikt auf ihrer Seite kämpften. Israel entwickelte in den 1960er-Jahren eigene Atomwaffen, ohne dies bis heute offiziell zu bestätigen.

*Siehe dazu Seite 224.

Der Sechs-Tage-Krieg

Die arabische Seite blieb unzufrieden. Vor allem die vertriebenen Palästinenser eröffneten einen Terrorkampf gegen israelische Einrichtungen. Die 1964 gegründete *Palästinensische Befreiungsorganisation* (PLO), deren Vorsitzender 1969 *Yassir Arafat* wurde, verkündete das Ziel, Israel zu zerstören und einen eigenen Staat zu gründen.
Als Anfang 1967 die Spannungen zwischen Israel und Syrien zunahmen, kam Israel am 5. Juni 1967 einem arabischen Angriff zuvor. In einem „Blitzkrieg" zerstörte die israelische Armee beinahe die gesamte Luftwaffe ihrer Gegner und stieß weit in alle Richtungen vor. Nach sechs Tagen schwiegen die Waffen. Auf Drängen der UNO trat am 11. Juni ein Waffenstillstand in Kraft. Anders als 1956 war Israel diesmal aber nicht bereit, erobertes Gebiet wieder aufzugeben: Es forderte „sichere Grenzen" und beanspruchte das Westjordanland, die ganze Stadt Jerusalem, die Golanhöhen sowie die Halbinsel Sinai mit dem Gazastreifen und dem östlichen Ufer des Suez-Kanals. Das akzeptierten die arabischen Nachbarn nicht. Sie erklärten im August 1967: „Keine Anerkennung Israels, kein Frieden und keine Verhandlungen mit Israel." Damit waren die Weichen für weitere Auseinandersetzungen gestellt.

▶ ***Internettipp:***
www.wissen.de/israels-sechstagekrieg-drei-fronten

M1 Flucht eines Palästinensers

Abu Ijad, ein führender Vertreter der palästinensischen Befreiungsbewegung, schreibt in seiner 1979 veröffentlichten Autobiografie:

Der 13. Mai 1948 wird unauslöschlich in meiner Erinnerung bleiben. An jenem Tag, weniger als 24 Stunden vor der Proklamation des Staates Israel, floh meine Familie aus Jaffa, um in Gaza Zuflucht zu suchen. Wir waren umzingelt. Die zionistischen Kampfverbände kontrollierten alle nach Süden führenden Straßen, und uns blieb als Rettung nur noch der Seeweg. Unter einem Granatenhagel der israelischen Artillerie, die in den benachbarten Siedlungen, vor allem in Tel Aviv, in Stellung gegangen war, gingen wir an Bord eines Schiffes – meine Eltern, meine vier Geschwister und ich sowie weitere Mitglieder meiner Familie.

Hunderttausende von Palästinensern machten sich unter oft tragischen Umständen auf den Weg ins Exil. Für mich, der ich noch nicht einmal fünfzehn war, kam die Flucht einer Apokalypse* gleich. Tief erschütterte mich der Anblick der Männer, Frauen, Greise und Kinder, die sich, gebeugt unter der Last ihrer Koffer und Bündel, mühsam zu den Kais von Jaffa drängten. Ihre Klageschreie und ihr Schluchzen wurden von ohrenbetäubenden Explosionen begleitet.

Kaum hatte das Schiff die Anker gelichtet, als wir das Schreien einer Frau hörten. Sie hatte gerade festgestellt, dass eines ihrer vier Kinder nicht an Bord des Schiffes war, und verlangte, dass wir zum Hafen zurückkehrten, um das Kind zu suchen. Da wir aber unausgesetzt unter dem Beschuss der jüdischen Kanonen standen, war an eine Umkehr kaum zu denken, ohne das Leben von etwa zwei- bis dreihundert Personen zu gefährden, die auf unserem Schiff zusammengedrängt waren, unter ihnen zahlreiche Kinder.

Das Flehen dieser unglücklichen Frau blieb ohne Antwort. Unter Tränen brach sie zusammen. Einige von uns versuchten, sie zu beruhigen, indem wir ihr versicherten, ihr Kind würde sicherlich gefunden und später nach Gaza gebracht werden. Vergeblich. Ihre Verzweiflung wurde immer größer, und selbst ihr Mann konnte sie nicht beruhigen. Plötzlich verlor sie die Nerven: Sie sprang über die Reling und stürzte sich ins Meer. Ihr Mann, der sie nicht hatte zurückhalten können, sprang ihr nach. Beide konnten nicht schwimmen. Die aufgewühlten Fluten verschlangen sie vor unseren Augen. Wir waren vor Schreck wie gelähmt.

Abu Ijad, Heimat oder Tod. Der Freiheitskampf der Palästinenser, Düsseldorf 1979, S. 19 f. (übers. von Elke Paquier)

***Apokalypse**: *Ende der Welt, Weltuntergang*

M2 Juden und Araber in Palästina/Israel

Jahr	Juden	Araber
Angaben in 1000		
1945	554	1256
1948 (15.5.)	650	156
1951	1404	173
1954	1526	192
1957	1763	213
1961	1932	247
1967	2384	393

Nach: Friedrich Schreiber/Michael Wolffsohn, Nahost. Geschichte und Struktur des Konflikts, Opladen [2]1989, S. 164

M3 Israel 1949-1967.

Von Anfang 1948 bis zum Ende des ersten Nahost-Krieges flohen etwa 700 000 palästinensische Araber aus dem für den jüdischen Staat vorgesehenen Gebiet in den Libanon, nach Syrien, Jordanien und Libyen. Nach dem Waffenstillstand von 1949 wurde nur wenigen die Rückkehr erlaubt.

1. *Erkläre die Probleme, die mit der Gründung des Staates Israel für Juden und Araber entstanden sind (M1 bis M3).*
2. *Nenne Gründe, warum die von Ben Gurion angebotene Zusammenarbeit (M4, Seite 227) nicht funktioniert hat.*

Durchblick – Kompetenzen überprüfen

M1 Eine Straße wird umbenannt.
Foto vom 12. Mai 1945 aus Trier.

M2 Soldatengräber an der Havel in Berlin.
Foto von 1945.

5. Juni 1945	„Berliner Erklärung"
ab Juni 1945	Parteien werden wieder zugelassen
Juli bis August 1945	Potsdamer Konferenz
20. Nov. 1945	Der Nürnberger Prozess beginnt
1. Jan. 1947	Die Bizone wird gegründet
12. März 1947	Truman-Doktrin
5. Juni 1947	Marshall-Plan wird angekündigt
20. Juni 1948	Währungsreform im Westen
23. Juni 1948	Währungsreform im Osten
24. Juni 1948	Die Berlin-Blockade beginnt
23. Mai 1949	...
7. Okt. 1949	...

M3 Kleine Chronik der Teilung Deutschlands.

M4 „Wiedervereinigung! Neutralität! Nationalarmee!"
Karikatur aus „Der deutsche Eisenbahner" vom 20. Mai 1952.
Die Zeilen rechts unten („Ich weiß nicht, was soll es bedeuten ...?") sind der Beginn eines Gedichtes von Heinrich Heine über die sagenhafte Loreley, die beim Kämmen ihrer langen blonden Haare die Rheinreisenden mit ihrem Gesang so in ihren Bann zog, dass ihre Schiffe am Felsen zerschellten.

M5 Ohne Worte.
Karikatur aus der „Hannoverschen Allgemeinen Zeitung" vom 7. Mai 1955.

M6 17. Juni 1953.
Briefmarke der Deutschen Post von 2003.

M7 „Orte der Erinnerung"
2002 fordert eine Initiative von Politikern und Persönlichkeiten des öffentlichen Lebens in einem „Aufruf":
Der Volksaufstand im Juni 1953 gehört zu den herausragenden demokratischen Massenbewegungen der deutschen Geschichte. Deshalb wollen wir Bürgerinnen und Bürger, vor allem in den Kommunen, dazu ermutigen, in ihren Regionen den Volksaufstand vom 17. Juni 1953 „vor Ort" zu erforschen und zu diskutieren. Wenn in der Folge im eigenen Ort an herausragender Stelle Straßen und Plätze nach Aktivisten des Volksaufstandes benannt werden, könnte so dauerhaft die Erinnerung an den 17. Juni und seine Akteure wachgehalten werden.

Zit. nach: Bernd Eisenfeld/Ilko-Sascha Kowalczuk/Ehrhart Neubert, Die verdrängte Revolution. Der Platz des 17. Juni 1953 in der deutschen Geschichte, Bremen 2004, S. 804

M8 „Das Veto der Bombe."
„Es wird hier dauernd vom Frieden gesprochen – meine Herren, der Friede bin ich!" Titelblatt der Satirezeitschrift „Simplicissimus" vom 10. Mai 1956.

1. *Erläutere, was das Foto M1 ausdrückt – und was es nicht deutlich macht (siehe dazu die Seiten 183 ff. und 187 ff. im Buch). Recherchiere, ob nach dem 8. Mai 1945 Straßen und Plätze in deinem Wohn- oder Schulort umbenannt wurden.*
2. *Ordne das Foto M2 in den Kontext des Nachkriegsalltages ein (siehe hier die Seiten 181 f.).*
3. *Ergänze die fehlenden Angaben in der Chronik (M3) und verbinde die historischen Fakten zu einer sinnvollen Geschichte über die Teilung Deutschlands nach 1945. Entscheide, ob alle Daten für deine Erzählung wichtig sind.*
4. *Erläutere den historischen Kontext der Karikatur (M4). Welche Haltung nimmt der Zeichner ein?*
5. *Gib der Karikatur M5 einen Titel und begründe deine Entscheidung. Berücksichtige für deine Untersuchung den Lerntipp auf Seite 209.*
6. *Nenne den Grund für die Veröffentlichung der Briefmarke (M6). Erläutere, warum das Motiv verwendet wurde.*
7. *Beurteile den Aufruf (M7). Was setzte er politisch voraus?*
8. *Interpretiere das Titelblatt (M8) im historischen Kontext. Vergleiche die Aussage mit Abb. 4 auf Seite 171.*

Höhepunkte des Kalten Krieges und die beiden deutschen Staaten

Krise in Berlin.
Foto vom 27. Oktober 1961 (Ausschnitt).
Amerikanische und sowjetische Panzer stehen sich an der Friedrichstraße gegenüber. Die Lage wurde kritisch, als die Amerikaner auf dem Recht der Westalliierten zum Betreten Ost-Berlins beharrten.

Strategien

„Und schließlich möchten wir an all jene Nationen, die sich selbst zu unserem Gegner erklären wollen, nicht ein Versprechen, sondern ein dringendes Ersuchen richten: dass beide Seiten erneut mit der Suche nach dem Frieden beginnen mögen, bevor die dunklen Mächte der Zerstörung, die von der Wissenschaft entfesselt worden sind, die ganze Menschheit in geplanter oder zufälliger Selbstvernichtung verschlingen. Wir werden sie nicht durch Schwäche in Versuchung führen. Denn nur, wenn die Stärke unserer Waffen über jeden Zweifel erhaben ist, können wir ganz sicher ausschließen, dass sie jemals angewandt werden."

US-Präsident John F. Kennedy am 20. Januar 1961

„Machen wir Schluss mit dem Wettrüsten! Verwirklichen wir die allgemeine und vollständige Abrüstung unter strenger internationaler Kontrolle! Das wird ein entscheidender Beitrag zur heiligen Sache des Friedens sein."

Botschaft der sowjetischen Parteiführung vom 12. April 1961 an die „Völker und Regierungen aller Länder"

„Es ist in den Beziehungen zu den imperialistischen Ländern möglich, gegenseitige Kompromisse einzugehen, andererseits aber muss man über alle Mittel verfügen, um die Aggressoren zu zerschmettern, wenn sie einen Krieg entfesseln sollten."

Der Vorsitzende des Ministerrates der UdSSR, Nikita Chruschtschow, am 12. Dezember 1962 vor dem Obersten Sowjet

„Wir müssen der Gewalt und der Androhung von Gewalt im Verkehr der Staaten entsagen, endgültig und ohne Ausnahme. Das schließt die Unverletzlichkeit bestehender Grenzen notwendig ein. Unantastbarkeit der Grenzen kann jedoch nicht heißen, sie als feindliche Barrieren zu zementieren."

Bundeskanzler Willy Brandt anlässlich der Verleihung des Friedensnobelpreises am 11. Dezember 1971 in Oslo

Einblick – Orientierung gewinnen

Nach dem Tod des sowjetischen Diktators Stalin blieb die zunächst erhoffte Annäherung zwischen Ost und West aus. Es folgte vielmehr ein Auf und Ab von Entspannungsbemühungen und neuen Konflikten. Dies wirkte sich auch auf die Beziehungen beider deutscher Staaten aus, die sich weiter auseinanderentwickelten.

Mit folgenden Fragen haben sich die Verfasser des Kapitels auseinandergesetzt:

- Wie wirkten sich der Bau der Berliner Mauer, die Kuba-Krise, der Vietnam-Krieg und die kommunistische Außenpolitik unter dem sowjetischen Parteichef Breschnew auf das Verhältnis der Blöcke aus?
- Was war an der Ostpolitik nach 1969 neu? Welche Voraussetzungen hatte sie und wie veränderte sie das Verhältnis der beiden deutschen Staaten zueinander?
- Wie ging man in beiden deutschen Staaten mit gesellschaftlichen Herausforderungen und Protesten um?

Antworten auf diese Fragen lassen die Ereignisse, Abläufe und Zusammenhänge besser verstehen. Du kannst beurteilen, in welcher Weise die „Deutsche Frage“ nach wie vor an die weltpolitische „Großwetterlage“ geknüpft war und wie die Geschichte der Bundesrepublik Deutschland und der DDR miteinander verflochten war.

1 **Mauerbau.**
Foto aus Berlin vom August 1961.

2 **„Thirteen Days.“**
Filmplakat von 2000. US-amerikanischer Polit-Thriller über die Kuba-Krise von 1962.

3 **Vietnamesische Kinder fliehen nach einem Napalmangriff der US-Airforce.**
Foto von Huynh Cong (genannt Nick Ut) aus einem Dorf nordwestlich von Saigon vom 8. Juni 1972.

13. August 1961: Die DDR-Regierung lässt um West-Berlin die Mauer errichten

1961/62: Kuba-Krise: Die Welt steht am Rande eines Atomkrieges

1968: Truppen des Warschauer Paktes unterdrücken politische Reformen in der ČSSR

1970: Neue Ostpolitik der sozialliberalen Regierung: Moskauer Vertrag (12. 8.), Warschauer Vertrag (8. 12.)

1960 — 1965 — 1970

1967/68: Die „68er-Bewegung“ kritisiert die politischen, gesellschaftlichen und wirtschaftlichen Verhältnisse in der Bundesrepublik

1972: Der Grundlagenvertrag (21. Dez.): Die Bundesrepublik Deutschland und die DDR erkennen sich als gleichberechtigte Staaten an

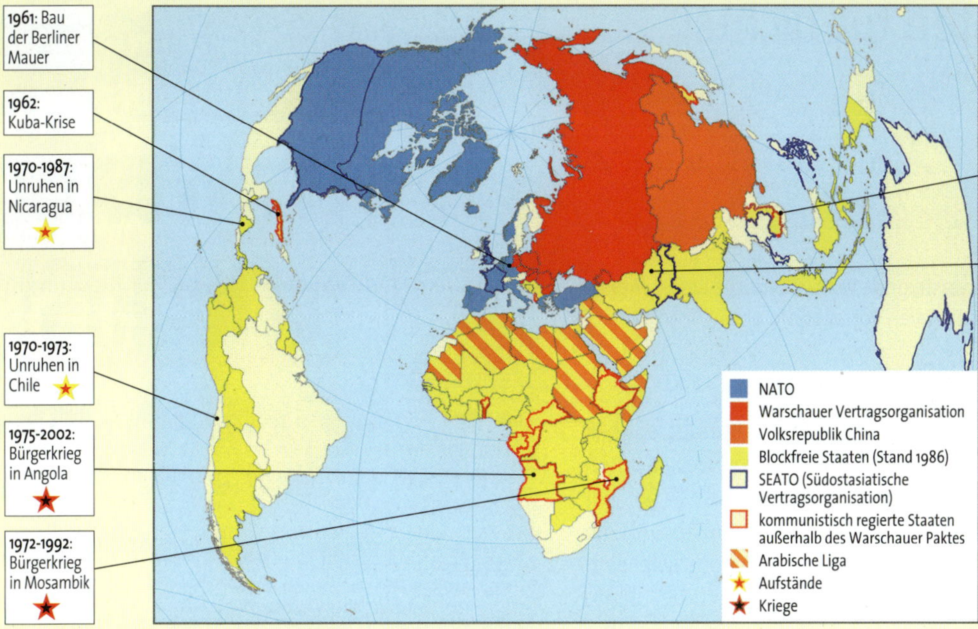

4 Die „bipolare Welt" in den 1960er- und 80er-Jahren.

5 „SDS – Revolution in Deutschland?"
Titelblatt der Wochenzeitung „Der Spiegel" vom 24. Juni 1968.
SDS: *Sozialistischer Deutscher Studentenbund*

6 Warnschild.
Um Fahnenflucht zu verhindern, gab das Ministerium für Staatssicherheit (Hauptabteilung I, Äußere Abwehr) am 3. Dezember 1974 für an der Grenze eingesetzte Stasi-Mitarbeiter die Anweisung: „Zögern Sie nicht mit der Anwendung der Schusswaffe, auch dann nicht, wenn die Grenzdurchbrüche mit Frauen und Kindern erfolgen ..."

1973: Die USA ziehen ihre Truppen aus Vietnam zurück

1975 1980

7 Willy Brandts Kniefall in Warschau vom 14. Dezember 1970.
Ausschnitt einer Collage von Axel Kilian, 1989.

„Der Westen tut nichts!“

„Niemand hat die Absicht, eine Mauer zu errichten.“

1 Der DDR-Staatsratsvorsitzende Walter Ulbricht am 15. Juni 1961 auf einer internationalen Pressekonferenz in Ost-Berlin.

Der Weg zum Mauerbau

Seit 1952 hatte die DDR ihre Grenze zur Bundesrepublik gesichert. In Berlin war der Übergang vom sowjetischen Sektor in den Westen dagegen offen geblieben. Er bot vielen Ostdeutschen ein „Schlupfloch“ in den Westen. Als die steigende Abwanderung für die DDR zu einem wachsenden wirtschaftlichen und sozialen Problem wurde, plante die SED-Führung den Bau einer Mauer, um die Fluchtbewegung zu stoppen. Anfang August 1961 stimmten die Sowjetunion und die übrigen Ostblockstaaten zu.

In der Nacht zum 13. August 1961, einem Sonntag, ließ die DDR-Regierung entlang der Berliner Sektorengrenze Stacheldrahtverhaue und Steinwälle hochziehen. Unter militärischer Bewachung errichteten Bautrupps eine Mauer quer durch die Wohngebiete.

Die Westmächte protestierten und ließen sogar Panzer auffahren, doch sie ergriffen keine Gegenmaßnahmen. Wegen der Gefahr eines Atomkrieges respektierten die USA und die Sowjetunion in Berlin gegenseitig ihre jeweiligen Einflussbereiche.

Monat	*Personen*	*Jugendliche unter 25 Jahren (in Prozent)*
Januar	16 697	47,8
Februar	13 576	49,5
März	16 094	50,6
April	19 803	49,4
Mai	17 791	50,0
Juni	19 198	50,2
Juli	30 415	51,4
August	47 433	48,2
Gesamt	*181 007*	*49,6*

2 Fluchtbewegung aus der DDR und dem Ostsektor von Berlin im Jahr 1961.

Nach: Hans-Hermann Hertle, Die Berliner Mauer. Monument des Kalten Krieges, Bonn 2007, S. 31

Zusatz: *1961 zählte die DDR noch 17,1 Millionen Einwohner. Von 1949 bis August 1961 verließen rund 3,85 Millionen Bürger die DDR. Etwa die Hälfte der Flüchtlinge in den letzten Jahren war unter 25 Jahre alt.*

- *Die Flucht aus der DDR wurde eine „Abstimmung mit den Füßen“ genannt. Erkläre die Aussage.*

Mittwoch, 16. August 1961 • 10 Pf

Bild Zeitung

Der Osten handelt – was tut der Westen?

...denn Zigarren raucht der Mann!

Der Westen tut NICHTS!

Enttäuscht

Präsident Kennedy schweigt...

Macmillan geht auf die Jagd...

... und Adenauer schimpft auf Willy Brandt

rb. Berlin, 16. August

Die Berlinkrise hat sich zugespitzt. Pankow hat Maßnahmen zur völligen Sperrung der Sektorengrenze eingeleitet. Sowjetische Truppen haben einen Ring um Berlin gezogen.

Die alliierten Stadtkommandanten haben gestern scharf gegen die Abschnürung des Sowjetsektors protestiert. Die Maßnahmen Pankows werden als ein schwerer Bruch der Vier-Mächte-Vereinbarungen über Berlin gebrandmarkt.

Die Unruhe in Ost-Berlin wächst. Immer wieder kommt es zu Zwischenfällen mit den überall patrouillierenden „Volksarmisten“ und „Vopos“.

Die Drahtverhaue, die an einigen Stellen durch Mauer-Absperrungen ergänzt wurden, können trotzdem nicht jede Fluchtmöglichkeit beseitigen. Die „Volkspolizei“ hat Befehl erhalten, auf jeden, der flieht, zu schießen.

Unter der Berliner Bevölkerung wächst die Enttäuschung darüber, daß noch immer keine wirksamen Gegenmaßnahmen getroffen worden sind. Empörung hat ein scharfer Angriff des Bundeskanzlers auf den Regierenden Bürgermeister Brandt hervorgerufen.

Mehr über das Thema Berlin auf der letzten Seite

für moderne menschen temagin ein modernes schmerzmittel

Blaue Gillette EXTRA ein völlig neues Rasiergefühl 10 Klingen DM 2.–

3 Titelblatt vom 16. August 1961.

- *Beschreibe, wie die Zeitung die Situation darstellt. Prüfe, ob die Vorwürfe berechtigt waren.*

▶ ***Geschichte In Clips***
Zum „Mauerbau“ siehe Clip-Code 4493-11

4 Abgeriegelt.
Foto, August 1961.
Mit Straßensperren und Befestigungen begann am 13. August der Mauerbau. An der Berliner Mauer starben bis 1989 mehr als 130 Menschen.

▶ ***Internettipp:*** *www.berliner-mauer-gedenkstaette.de*

M1 Sprung in die Freiheit.
Foto von Peter Leibing vom 15. August 1961 (Ausschnitt).
Ein 19-jähriger Volkspolizist flüchtet von Ost- nach West-Berlin.

M2 Letzter Ausweg.
Foto vom 24. September 1961.
Die 77-jährige Frieda Schulze flieht aus dem 1. Stock ihres Wohnhauses, das unmittelbar an der Grenze steht.

M4 Tod an der Berliner Mauer.
Foto von Wolfgang Bera vom 17. August 1962.
Der 18-jährige Peter Fechter wird auf der Flucht von Volkspolizisten niedergeschossen. Er verblutet an der Grenze, da ihm niemand hilft.

M3 Einzelheiten zum „Mauerbau"

Am 1. August 1961 treffen sich Ulbricht und Chruschtschow in Moskau und besprechen folgende Einzelheiten der Sperrung der Sektorengrenze in Berlin:

Chruschtschow: „Ich habe eine technische Frage: Wie wird die Kontrolle an den Straßen verwirklicht, deren eine Seite sich in der DDR befindet und die andere in West-Berlin?" *Ulbricht*: „Wir haben einen bestimmten Plan. In den Häusern, die einen Ausgang nach West-Berlin haben, werden wir diesen Ausgang zumauern. An den anderen Orten werden wir Sperren aus Stacheldraht errichten. Der Draht ist schon herangeschafft worden. Das alles kann man sehr schnell machen. Schwieriger ist es mit dem Transportwesen. Wir bauen die Bahnsteige der S- und U-Bahn um für das Umsteigen nach West-Berlin." *Chruschtschow*: „Aber wer wird dann denn umsteigen?" *Ulbricht*: „Jener Teil der Bevölkerung, der die Genehmigung zum Überschreiten [der Grenze] erhält. Beispielsweise wohnen etwa 14 Tausend Leute, unter ihnen viele Vertreter der Intelligenz, in West-Berlin, arbeiten aber bei uns." *Chruschtschow*: „Ich habe noch eine Frage. Wenn Sie Ihren Leuten erlauben, in West-Berlin zu wohnen, werden dann dort Personen, die bei Ihnen wohnen, arbeiten können?" *Ulbricht*: „Nein, das wird nicht erlaubt, das ist etwas anderes. Jedoch gibt es bei uns einige Tausend Kinder [...], die in Ost-Berlin wohnen und in West-Berliner Schulen lernen." *Chruschtschow*: „Das ist zu unterbinden." *Ulbricht*: „Ja, wir werden sie nicht mehr lassen."

Zit. nach: Manfred Wilke, Ulbricht und der Mauerbau, in: K.-D. Henke (Hrsg.), Die Mauer. Errichtung, Überwindung, Erinnerung, München 2011, S. 49-66, hier S. 58f.

M5 Nicht der Nabel der Welt?

Die 28-jährige DDR-Schriftstellerin Brigitte Reimann notiert unter dem 19. und 24. August 1961 in ihr Tagebuch:

Übrigens haben wir nicht geweint über diese neue Maßnahme, die eigentlich schon längst fällig gewesen wäre. Warum sollten wir nicht auch mal die Zähne zeigen? [...] Es wäre schon viel gewonnen, wenn wir uns nicht immer für den Nabel der Welt hielten und die Politik etwas nüchterner betrachteten. Man sollte in größeren Kategorien denken. Es wäre absurd, wenn zwei Weltsysteme übereinander herfielen [...], nur weil die Herren Deutschen nicht mehr nach Belieben durchs Brandenburger Tor spazieren können.

Brigitte Reimann, Die geliebte, die verfluchte Hoffnung. Tagebücher und Briefe 1947-1972, hrsg. von Elisabeth Elten-Krause und Walter Lewerenz, Darmstadt 1984, S. 128

▶ ***Internettipps:***

- *www.chronik-der-mauer.de*
- *www.die-berliner-mauer.de*
- *www.berliner-mauer-gedenkstaette.de*

1. *Beschreibe die Planungen (M3). Welche Folgen werden berücksichtigt, welche nicht?*
2. *Diskutiert, wer für den Mauerbau verantwortlich war: Ulbricht oder Chruschtschow (M3).*
3. *Bewerte die Tagebuchnotiz (M5). Berücksichtige dabei M1 bis M4.*

Die Kuba-Krise

1 „Einverstanden, Herr Präsident, wir reden miteinander."
Die Karikatur aus der britischen Zeitung „Daily Mail" vom 29. Oktober 1962 zeigt den Kremlchef Nikita Chruschtschow und US-Präsident John F. Kennedy. Hinweis: „H" ist das Zeichen für Wasserstoff.

■ *Analysiere die Aussage der Karikatur.*

Das Ende der „Politik der Stärke"?

Die Niederschlagung der Aufstände in Polen und Ungarn und die Suez-Krise (1956) hatten – wie schon zuvor der Korea-Krieg (1950-1953) – die Grenzen der amerikanischen Außenpolitik unter den Bedingungen des atomaren Patts gezeigt. Als dann die Sowjetunion 1957 den Vereinigten Staaten mit dem Start des ersten Satelliten *Sputnik* (dt. Wegbegleiter) in den Weltraum ihre wissenschaftliche und militärische Ebenbürtigkeit demonstrierte, war die westliche Welt schockiert.

Noch mehr staunte sie im April 1961, als der sowjetische Kosmonaut *Juri Gagarin* als erster Mensch die Erde umkreiste. Die Sowjetunion hatte das Zeitalter der bemannten Raumfahrt eröffnet. Erstmals war eine atomare Bedrohung der USA aus dem All durch sowjetische Raketen denkbar. Die amerikanische „Politik der Stärke" war damit fragwürdig geworden.

Der von der Sowjetunion nach ihrem Weltraumflug verkündete Friedensappell und die Aufforderung, ein Ende des Wettrüstens einzuleiten, beruhigten weder die Amerikaner noch deren Verbündete. Bestätigt sahen sie sich, als die Sowjetunion die „Schwäche" der USA im August 1961 nutzte und die „Berliner Mauer" errichten ließ.

Nach 1961 verlagerten die beiden Atommächte ihre Feindseligkeiten aus dem industrialisierten Mitteleuropa in die politisch zerbrechlichen und armen Staaten Asiens, Afrikas und Südamerikas. Einen Monat nach dem Mauerbau ordnete *John F. Kennedy*, der 1960 zum Präsidenten der USA gewählt worden war, die Verstärkung der amerikanischen Unterstützung Südvietnams an.*

Am Rande des Atomkrieges

Ende Oktober 1962 hielt die Welt den Atem an: Ein atomarer Krieg schien bevorzustehen.

Auf der Karibikinsel Kuba war 1959 die Militärdiktatur durch eine Revolution gestürzt worden. Der neue Regierungschef *Fidel Castro* hatte Enteignungen und Bodenreformen eingeleitet und sowjetische Unterstützung erhalten. Washington befürchtete, dass Kuba zum Vorbild für eine Ausdehnung des Kommunismus in Süd- und Mittelamerika werden würde. Im April 1961 wollten sie Castro mithilfe von Exil-Kubanern stürzen. Der Versuch scheiterte. Die USA stärkten ungewollt das revolutionäre Regime in Havanna und trieben es in die Arme der Sowjetunion. Der sowjetische Regierungschef *Nikita Chruschtschow* überredete den kubanischen Regierungschef, Atomraketen zum Schutze der Insel und zur Einschüchterung der USA aufzustellen.

Im Oktober 1962 entdeckten US-Aufklärungsflugzeuge den Bau von Abschussvorrichtungen sowie bereits gelieferte sowjetische Mittelstreckenraketen auf Kuba. Die US-Regierung, die 1959 atomare Mittelstreckenraketen in Italien und der Türkei zum Schutz Westeuropas stationiert hatte, wollte die atomare Bedrohung vor der eigenen Haustür nicht hinnehmen.

Die Welt erfuhr von den Vorgängen am 22. Oktober durch eine Fernsehansprache Kennedys. Er forderte die Sowjetunion und Kuba bedingungslos auf, die Raketen abzubauen; zugleich gab er eine Seeblockade um Kuba bekannt. Die Lage spitzte sich dramatisch zu, als am 27. Oktober ein amerikanisches Flugzeug über Kuba abgeschossen wurde. Während Kennedy die Streitkräfte mobilisierte und Castro Moskau aufforderte, den atomaren Erstschlag gegen die USA zu riskieren, ordnete Chruschtschow am 28. Oktober den Abbau der Raketen an.

Warum? Kennedy hatte Chruschtschow versprochen, keine Gewalt gegen Kuba anzuwenden und die Raketen in der Türkei abzubauen. Beide Seiten konnten sich damit zurückziehen, ohne Ansehen zu verlieren.

Entspannung?

Die Kuba-Krise von 1961/62 hatte den beiden Supermächten deutlich gemacht, wie schnell ein atomarer Krieg ausbrechen könnte. Im Juni 1963 zogen sie daraus Konsequenzen: Zwischen dem Kreml und dem Weißen Haus wurde ein „Heißer Draht", eine direkte Fernschreiberverbindung, eingerichtet. Zwei Monate später unterschrieben die USA, die UdSSR und Großbritannien einen Vertrag über die teilweise Einstellung von Atomwaffenversuchen über der Erde, im Weltraum und unter Wasser (*Atomteststopp-Vertrag*). Der Ost-West-Gegensatz entspannte sich, aber die Rüstungsanstrengungen gingen weiter.

Zum Krieg in Vietnam siehe Seite 240 f.

M1 „Wir schrecken nicht zurück"

Kennedy erklärt am 22. Oktober 1962 in einer Fernsehansprache:

Diese eilige Verwandlung Kubas in einen bedeutenden strategischen Stützpunkt – durch das Vorhandensein dieser großen, weitreichenden und eindeutig offensiven Waffen für die schlagartige Massenvernichtung – stellt einwandfrei eine Bedrohung des Friedens und der Sicherheit ganz Amerikas [...] dar. [...]

Wir werden nicht verfrüht oder unnötigerweise einen weltweiten Kernwaffenkrieg riskieren, bei dem selbst die Früchte des Sieges in unserem Munde zu Asche würden. Aber wir werden vor diesem Risiko auch nicht zurückschrecken, wenn wir ihm gegenüberstehen.

Zit. nach: Klaus Schoenthal (Hrsg.), Der neue Kurs. Amerikas Außenpolitik unter Kennedy, München 1964, S. 231 und 234

M3 Reichweite der sowjetischen Atomraketen auf Kuba.

M4 Reichweite der amerikanischen Atomraketen in der Türkei.

M2 Aus dem Briefwechsel

Kennedy antwortet am 27. Oktober auf ein Schreiben Chruschtschows:

Wie ich aus Ihrem Schreiben entnehme, sind die Kernpunkte Ihrer Vorschläge, die – so wie ich sie verstehe – im Allgemeinen annehmbar erscheinen, die Folgenden:

1. Sie würden der Beseitigung dieser Waffensysteme auf Kuba unter angemessener Beobachtung und Überwachung der Vereinten Nationen zustimmen und sich unter geeigneten Garantien verpflichten, die weitere Einfuhr solcher Waffen nach Kuba zu stoppen.
2. Wir würden unsererseits nach Ausarbeitung entsprechender Vereinbarungen [...] zustimmen:

a) sofort die jetzt bestehenden Sperrmaßnahmen aufzuheben und
b) Garantien gegen eine Invasion Kubas zu geben. [...]

Chruschtschow schreibt Kennedy am selben Tag:

Um den gefährlichen Konflikt schneller zu beseitigen, hat die sowjetische Regierung zur Einstellung der weiteren Arbeiten an den Waffenbaustellen eine neue Anordnung zum Abbau der Waffen und zur Rückführung in die Sowjetunion erlassen. [...]

Ich betrachte mit Achtung und Vertrauen Ihre Erklärung, dass kein Angriff auf Kuba unternommen wird, dass keine Invasion stattfinden wird, nicht nur vonseiten der USA, sondern auch vonseiten anderer Länder der westlichen Welthälfte. [...] In Anbetracht dessen sind die Motive, die uns veranlassten, Kuba Hilfe dieser Natur zu gewähren, nicht länger wirksam.

Zit. nach: Archiv der Gegenwart 32 (1962), S. 10200f.

M5 „Was für eine Unverschämtheit, mir Raketen vor die Haustür zu stellen!"
Zeichnung aus dem „Evening Standard"; Wiederabdruck: „Der Spiegel" vom 31. Oktober 1962.

▶ ***Filmtipp:***
„Thirteen Days"; Regie von Roger Donaldson, 2000

1. *Erläutere mit der Darstellung und den Materialien M1 bis M5 die Bedeutung der Kuba-Krise für*
   - *Kubas Sicherheit,*
   - *die UdSSR als Weltmacht,*
   - *die USA und die internationale Politik.*
2. *Analysiere den Briefwechsel (M2). Nenne die Stellen, die Kompromissbereitschaft und Entspannung bedeuten.*
3. *„Thirteen Days" (siehe den Filmtipp bzw. das Plakat auf Seite 234) ist ein US-amerikanischer Spielfilm über die Kuba-Krise. Informiere dich über ihn und erstelle Bewertungskriterien für ihn (siehe dazu den Lerntipp auf Seite 162).*

Der Krieg in Vietnam

1 **Vietnam und die Nachbarstaaten während des Vietnam-Krieges.**

Der amerikanische Albtraum

Lyndon B. Johnson, der nach Kennedys Ermordung 1963 Präsident wurde, war wie seine Vorgänger von der Aufgabe der USA überzeugt, den Kommunismus weltweit zurückdrängen zu müssen.

Ihre Haltung rechtfertigten die Amerikaner mit der *Domino-Theorie* von Präsident *Dwight D. Eisenhower* von 1954, wonach der Fall eines Dominosteines (Staates) zum Fall aller Steine führen würde. Die USA wollten verhindern, dass sich von Vietnam aus weitere kommunistische Regime über ganz Südostasien ausbreiteten. Diese Einstellung ließ in Fernost aus dem „kalten" einen „heißen" Krieg entstehen, der zum Albtraum der Amerikaner wurde.

Ein „Stellvertreterkrieg"?

Vietnam war lange Zeit französische Kolonie gewesen und während des Zweiten Weltkrieges von Japan besetzt worden. Nach der Kapitulation Japans rief *Ho Chi Minh*, der Führer der „Front für den Kampf um die Unabhängigkeit Vietnams" (*Viet Minh*), am 2. September 1945 die *Demokratische Republik Vietnam* aus. Als 1946 die Franzosen das zwischen Anhängern und Gegnern Ho Chi Minhs zerstrittene Land wieder zur Kolonie machen wollten, brach der erste *Indochina-Krieg* aus. Er geriet in den Sog des Ost-West-Gegensatzes. Während die Viet Minh von der Sowjetunion und der Volksrepublik China unterstützt wurden, stand Frankreich den Gegnern Ho Chi Minhs bei. Die französischen Truppen unterlagen in dem Dschungelkrieg. Vietnam wurde von den Großmächten auf der *Genfer Indochina-Konferenz* 1954 entlang des 17. Breitengrades geteilt. Die USA übernahmen den Schutz Südvietnams und unterstützten das dortige diktatorische Regime. Die UdSSR und die Volksrepublik China standen Nordvietnam bei.

Einstieg mit Beratern

Aufstände der *Nationalen Front zur Befreiung Südvietnams* („Vietcong") sowie Übergriffe Nordvietnams steigerten das Engagement der USA. Im November 1963 standen 16 000 amerikanische „Militärberater" in Südvietnam. Ein gesamtvietnamesischer Krieg hatte begonnen. Als die südvietnamesischen Regierungstruppen schwere Niederlagen erlitten, ermächtigte der Kongress Präsident Johnson 1964, Nordvietnam bombardieren zu lassen. Ein Jahr später griffen erstmals amerikanische Bodentruppen in den Krieg ein. 1967 kämpften rund 550 000 US-Soldaten in Vietnam, darunter Wehrpflichtige. Trotzdem gelang es den Amerikanern nicht, den Dschungel- und Partisanenkrieg zu gewinnen.

Der Rückzug

Im Mai 1968, also noch unter Johnson, wurden in Paris Friedensverhandlungen aufgenommen. Ende des Jahres fanden in den USA Präsidentenwahlen statt. Angesichts der Proteste gegen den Krieg war klar, dass nur ein Politiker gewinnen würde, der das schnelle Ende des Vietnam-Krieges versprach. Die Amerikaner wählten *Richard Nixon*. Er kündigte die „Vietnamisierung" des Krieges an, reduzierte die Bodentruppen und rüstete die südvietnamesische Regierung mit modernsten Waffen aus. Die Bombardierung Nordvietnams ging trotzdem weiter. 1973 wurde ein Waffenstillstand zwischen den USA und Nordvietnam geschlossen. Danach verließen die letzten Amerikaner Vietnam. Erst zwei Jahre später endete der Krieg mit einem Sieg Nordvietnams.

Im Vietnam-Krieg starben nach amerikanischen Angaben zwischen 1961 und 1972 über 1,1 Millionen Soldaten (davon 58 000 Amerikaner). Die Zahl der Opfer unter der Zivilbevölkerung in Nord- und Südvietnam wird auf 1,5 bis drei Millionen geschätzt.

M1 „Warum sind wir in Südvietnam?"

Der US-Präsident Johnson spricht am 7. April 1965 über „Friedensmöglichkeiten in Südostasien"; zum Einsatz in Vietnam sagt er:

Warum sind wir in Südvietnam? [...] Wir sind dort, weil wir ein Versprechen zu halten haben. Seit 1954 hat jeder amerikanische Präsident dem Volk von Südvietnam Hilfe angeboten. Wir haben geholfen aufzubauen, wir haben geholfen zu verteidigen. Durch viele Jahre hindurch haben wir versprochen, Südvietnams Unabhängigkeit verteidigen zu helfen. Und ich beabsichtige, dieses nationale Versprechen zu halten. Das Versprechen zu missachten, die kleine tapfere Nation ihren Feinden und dem dann folgenden Terror preiszugeben, wäre ein unverzeihlicher Fehler.

Wir sind auch dort, um die Weltordnung zu stärken. Rund um die Erde, von Berlin bis Thailand, leben Völker, deren Wohlergehen zum Teil auf dem Glauben beruht, dass sie auf uns zählen können, wenn sie auch angegriffen würden. Vietnam seinem Schicksal zu überlassen, würde das Vertrauen aller dieser Völker in den Wert einer amerikanischen Verpflichtung und den Wert von Amerikas Wort erschüttern. [...]

Die wichtigste Lehre unserer Zeit ist, dass der Appetit der Aggression niemals befriedigt ist. Rückzug von einem Schlachtfeld bedeutet nur Vorbereitung des nächsten. [...] Es gibt Leute, die sich fragen, warum wir dort Verantwortung tragen. Nun, wir haben dort aus demselben Grund Verantwortung wie in Europa. Im Zweiten Weltkrieg kämpften wir sowohl in Europa als auch in Asien, und als er endete, fanden wir uns in fortdauernder Verantwortung für die Verteidigung der Freiheit.

Zit. nach: Helmut Krause/Karlheinz Reif (Bearb.), Die Welt seit 1945. Geschichte in Quellen, München 1980, S. 601f.

M2 „Execution ..."

Foto von Eddie Adams vom 1. Februar 1968.
Die Aufnahme wurde am 2. Februar 1968 erstmals in der „New York Times" mit folgender Bildunterschrift veröffentlicht:
„Execution: Brig. Gen. Nguyen Ngoc Loan, South Vietnam's national police chief, kills the prisoner with a single round from his revolver. The prisoner's face shows the impact of the bullet. He had been turned over to General Loan after his capture."

- *Für die Veröffentlichung wurde das Foto rechts und links beschnitten (siehe Linien). Erkläre, wie dadurch die Wirkung verändert wurde.*

M3 Ho Chi Minh fordert

Ho Chi Minh, der Präsident des kommunistischen Nordvietnam (Demokratische Republik Vietnam), antwortet am 13. Februar 1967 auf einen Friedensappell des Papstes:

Sie [die Amerikaner] haben die furchtbarsten Waffen wie Napalm, chemische Produkte und toxische* Gase benutzt, um unsere Landsleute zu töten und unsere Dörfer, Pagoden**, Kirchen, Krankenhäuser und Schulen niederzubrennen. [...]

Um seine Unabhängigkeit und seinen Frieden zu verteidigen, kämpft das vietnamesische Volk entschlossen gegen die Aggressoren. Es vertraut darauf, dass die Gerechtigkeit triumphieren wird. Die US-Imperialisten müssen ihre Aggression gegen Vietnam beenden, bedingungslos und endgültig der Bombardierung und allen anderen Kriegshandlungen gegen die Demokratische Republik von Vietnam ein Ende setzen, von Südvietnam alle [...] Truppen zurückziehen, die Nationale Front zur Befreiung Südvietnams anerkennen und das vietnamesische Volk seine Angelegenheiten selbst bestimmen lassen. Nur unter solchen Bedingungen kann der Friede in Vietnam wiederhergestellt werden.

Zit. nach: Helmut Krause/Karlheinz Reif (Bearb.), Die Welt seit 1945, a. a. O., S. 602

*toxisch: *giftig*
**Pagode: *Tempel*

1. *Arbeite aus Johnsons Rede die außenpolitischen Grundsätze seiner Regierung heraus (M1).*
2. *Diskutiert, warum die USA in Vietnam, aber nicht in Berlin militärisch eingriffen.*
3. *Fasse Ho Chi Minhs Vorwürfe gegenüber den USA in Thesen zusammen (M3).*
4. *Analysiere die Kuba-Krise und den Vietnam-Krieg. Berücksichtige dabei,*
   - *inwiefern die Konflikte charakteristisch für den Kalten Krieg waren,*
   - *wieso die Kuba-Krise glimpflich beigelegt wurde, der Vietnam-Krieg aber nicht.*

   Halte die Untersuchungsergebnisse in deinem Portfolio fest.

Die Ära Breschnew in der UdSSR

1 Anschlag aus Prag von 1968.

■ *Erläutere die Aussage der Bilder.*

Moskau und der „Prager Frühling"

Nach der Kuba-Krise nahm die Zahl der innenpolitischen Gegner Chruschtschows zu. Im Oktober 1964 wurde er gestürzt. An seine Stelle trat für die folgenden 18 Jahre *Leonid I. Breschnew*. Er kehrte teilweise zu stalinistischen Methoden zurück. Ausdruck dafür wurde die Niederschlagung des *Prager Frühlings*.

Im Januar 1968 war in Prag die reformfeindliche Regierung gestürzt und *Alexander Dubček* in geheimer Wahl zum neuen KP-Chef gewählt worden. Er versuchte, in der ČSSR einen „Sozialismus mit menschlichem Antlitz" einzuführen. Dubček befürwortete eine Trennung von Partei und Regierung, verzichtete auf die in der Verfassung festgelegte Führungsrolle der Partei im Staat, lockerte die Zensur und verkündete ein Recht auf Auslandsreisen. Darüber hinaus wurde ein behutsames Abrücken von der Planwirtschaft eingeleitet und eine Öffnung nach Westen ausgelotet.

Panzer stoppen Reformen

Der Reformkurs in der ČSSR passte den regierenden Kommunisten in der Sowjetunion und anderen Ostblockstaaten, darunter die DDR, nicht. Sie sahen ihre Macht gefährdet. Am 21. August 1968 besetzten Truppen des Warschauer Paktes (650 000 Mann) die ČSSR. Auf den Einsatz der *Nationalen Volksarmee* der DDR hatte Moskau, wie erst 1989 bekannt wurde, verzichtet, obwohl die Truppen bereits mobilisiert worden waren.

Als Grund für den Einmarsch wurde ein „Hilferuf" anonymer „Persönlichkeiten der Partei und des Staates" genannt. In Wirklichkeit stand dahinter die *Breschnew-Doktrin*. Sie verbot jedem Mitglied der kommunistischen Staatengemeinschaft, „vom Weg des Sozialismus" abzuweichen.

Das Vorgehen der Sowjetunion fand nicht nur im Westen Kritik. Auch in der DDR wurde dagegen demonstriert.

Das Ende der Reformen

Die Truppen stießen bis auf wenige Ausnahmen auf einen gewaltlosen Widerstand. Nachdem die Prager Reformpolitiker verhaftet worden waren, machten die Sowjets *Gustáv Husák* zum neuen KP-Chef. Er war in der stalinistischen Ära selbst eingekerkert gewesen und besaß in der Bevölkerung Vertrauen. Unter ihm wurden aber alle Reformpolitiker aus der Partei ausgeschlossen. Die Opposition konnte nur noch aus dem Untergrund weiterarbeiten. Viele Tschechen verließen ihre Heimat und gingen ins Exil.

Rückschritte statt Fortschritte

Gegenüber dem Westen setzte Breschnew die begonnene Entspannungspolitik fort. Er nutzte sie aber nicht für die Senkung der Rüstungsausgaben und eine Verbesserung des Lebensstandards der Bevölkerung. Stattdessen wurden Kritiker wieder – wenn auch nicht so häufig wie zu Zeiten Stalins – mit gesellschaftlicher Ausgrenzung, Gefängnis, Verbannung, Einweisung in psychiatrische Kliniken oder auf andere Weise zum Schweigen gebracht. Der Literaturnobelpreisträger *Alexander I. Solschenizyn* wurde 1974 ausgebürgert und der Atomphysiker und Friedensnobelpreisträger *Andrei D. Sacharow* 1980 aus Moskau in die Provinz verbannt.

Einmarsch in Afghanistan

Trotz Entspannungspolitik bemühte sich die Sowjetunion, ihre Einflusszonen auszubauen – vor allem in Afrika, im Fernen und im Mittleren Osten.

Das nach dem Sturz der Monarchie (1973) von bürgerkriegsähnlichen Konflikten heimgesuchte Afghanistan wurde Ziel der sowjetischen Politik. Ende Dezember 1979 marschierten, unter Berufung auf einen 1978 abgeschlossenen sowjetisch-afghanischen *Vertrag über gegenseitige Hilfeleistung und Freundschaft*, sowjetische Truppen in Afghanistan ein. Moskau wollte damit die Macht einer im Lande umstrittenen prosowjetischen Führungsgruppe sicherstellen.

Die Rote Armee verstrickte sich – wie die Amerikaner zuvor in Vietnam – in einen militärisch nicht zu lösenden Konflikt. Der Einmarsch in Afghanistan führte zu einer neuen Phase der Ost-West-Konfrontation* und einer Verschärfung der bereits bestehenden inneren Probleme.**

Breschnew starb 1982. Seine Nachfolger brachten weder die Kraft auf, den Krieg in Afghanistan zu beenden, noch gelang es ihnen, den sozialen, wirtschaftlichen und ökologischen Verfall im eigenen Land zu stoppen.

*Siehe Seite 279, M 1.
**Lies dazu Seite 280.

M 1 Aus dem Manifest der 2000 Worte

Im Juni 1968 erscheint auf Anregung von Wissenschaftlern in der Presse ein Aufruf, der sich „an die Arbeiter, Bauern, Angestellten, Künstler, Wissenschaftler, Techniker und an alle" richtet. Er beeinflusst die Diskussion um die Demokratisierung der ČSSR maßgeblich.

Die Kommunistische Partei, die nach dem Krieg das große Vertrauen der Menschen genoss, tauschte dieses Vertrauen allmählich gegen Ämter ein. [...] Die Tätigkeit des Staates und der Wirtschaftsorganisationen unterlagen keiner Kritik. Das Parlament verlernte zu beraten, die Regierung zu regieren und die Direktoren zu leiten. Die Wahlen hatten keine Bedeutung; die Gesetze verloren ihr Gewicht. [...]

Die persönliche und die gemeinsame Ehre verfiel. Ehrlich währte nicht am längsten, und von irgendeiner Bewertung nach Fähigkeiten konnte nicht die Rede sein. Darum verloren die meisten Leute das Interesse für öffentliche Dinge und kümmerten sich nur um sich selbst und ums Geld [...].

Für den heutigen Zustand sind wir alle verantwortlich; mehr jedoch die Kommunisten unter uns. Die Hauptverantwortung aber tragen jene, die Teilhaber oder Instrument der unkontrollierten Macht waren. Es war dies die Macht einer starrsinnigen Gruppe, die ihren Einfluss mithilfe des Parteiapparates von Prag aus bis in jeden Bezirk und in jede Gemeinde ausdehnte. [...] Der große Betrug dieser Herrschsüchtigen war es, dass sie ihre Willkür für den Willen der Arbeiterschaft ausgaben. [...] Kein vernünftiger Mensch wird selbstverständlich an eine solche Schuld der Arbeiterschaft glauben. Wir alle wissen, insbesondere jeder Arbeiter, dass die Arbeiterschaft praktisch über nichts entscheiden konnte. Während viele Arbeiter meinten, sie regierten, regierte in ihrem Namen eine eigens erzogene Schicht von Funktionären des Partei- und Staatsapparates. Diese nahm faktisch den Platz der gestürzten Klasse ein und wurde selber zur neuen Obrigkeit.

Zit. nach: Otfried Pustejovsky, In Prag kein Fenstersturz, München 1968, S. 128 ff.

M 2 Protest gegen den Einmarsch.
Foto vom 21. August 1968 aus Bratislava.
Mit 1000 Flugzeugen, 7500 Panzern, 300 000 Soldaten und Spezialkräften der Geheimdienste fielen sowjetische, bulgarische, polnische und ungarische Truppen in die Tschechoslowakei ein.

M 3 Aus der Breschnew-Doktrin

Unter Leitung des sowjetischen Staats- und Parteichefs Breschnew verfassen die Parteiführer Bulgariens, Ungarns, der DDR und Polens am 15. Juli 1968 einen Brief an die KP-Führung der ČSSR, in dem erstmals die „Breschnew-Doktrin" formuliert wird. In dem Brief heißt es:

Wir können [...] nicht damit einverstanden sein, dass feindliche Kräfte Ihr Land vom Weg des Sozialismus stoßen und die Gefahr einer Lostrennung der Tschechoslowakei von der sozialistischen Gemeinschaft heraufbeschwören. Das sind nicht mehr nur Ihre Angelegenheiten. Das sind die gemeinsamen Angelegenheiten aller kommunistischen und Arbeiterparteien und aller durch Bündnis, durch Zusammenarbeit und Freundschaft vereinten Staaten.

Zit. nach: Boris Meissner, Die „Breshnew-Doktrin", Köln 1969, S. 47 f.

1. *Arbeite heraus, was die Verfasser des Manifestes (M 1) kritisieren und was sie fordern.*
2. *Das Foto M 2 wurde zu einem Symbol für die „Macht der Ohnmächtigen". Erkläre die Aussage.*
3. *Erläutere die Breschnew-Doktrin (M 3).*
4. *Befragt eure Eltern und Großeltern, inwieweit die Ereignisse von 1968 ihre politischen Einstellungen beeinflussten.*

Deutschland im Schatten der Mauer

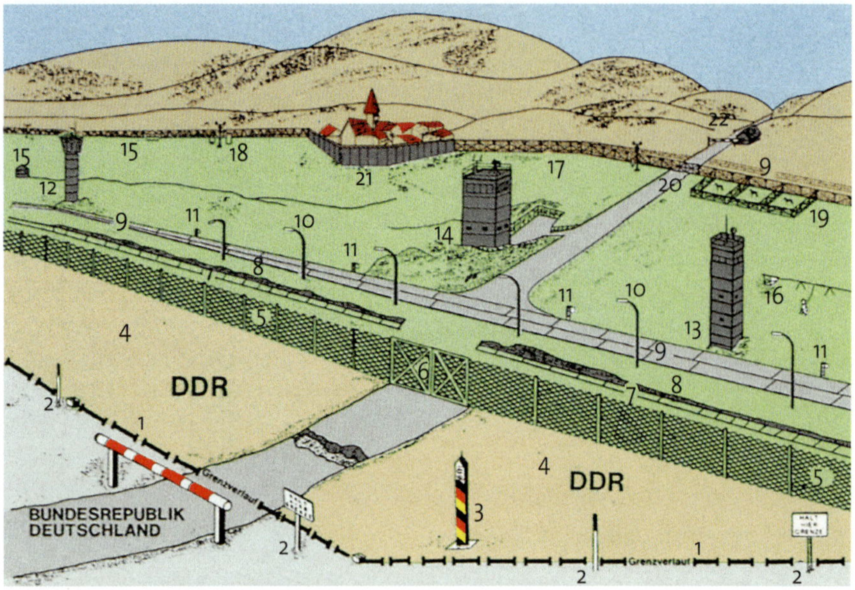

1 DDR-Grenzsperranlagen. *Schematische Darstellung für den Bundesgrenzschutz aus den 1980er-Jahren.* **1** *Grenzverlauf mit Grenzsteinen,* **2** *Grenzhinweisschild,* **3** *DDR-Grenzsäule,* **4** *abgeholzter Geländestreifen,* **5** *Gitterzaun (3,2 m hoch),* **6** *Durchlass im Gitterzaun,* **7** *Kfz-Sperrgraben,* **8** *Kontrollstreifen,* **9** *Kolonnenweg mit Fahrspurplatten,* **10** *Lichtsperre,* **11** *Anschlusssäule für das Grenzmeldenetz,* **12-14** *Beobachtungstürme,* **15** *Beobachtungsbunker,* **16** *Hundelaufanlage,* **17** *Schutzstreifenzaun mit Signalanlagen,* **18** *Stromverteilungs- und Schalteinrichtungen am Schutzstreifenzaun,* **19** *Hundelaufanlage,* **20** *Durchlasstor,* **21** *Betonsperrmauer,* **22** *Kontrollpassierpunkt. Für den Reiseverkehr gab es an der über 1 000 km langen deutsch-deutschen Grenze nur zehn Straßenübergänge. Minenfelder und Selbstschussanlagen wurden erst nach 1983 als Gegenleistung für einen Milliardenkredit aus der Bundesrepublik abgebaut.*

Die Sperranlagen werden ausgebaut

Nach 1961 wurden sowohl die 156,4 km lange Grenze rund um West-Berlin als auch die Sperranlagen an der 1378 km langen deutsch-deutschen Grenze weiter ausgebaut. Mauer, Stacheldraht, Minen, Selbstschussanlagen und Schießbefehl hinderten die Menschen in der DDR an einer freien Wahl ihres Wohnsitzes. Bereits Planung oder Vorsatz der „Republikflucht" standen unter Strafe.

Von 1961 bis 1989 wurden über 100 000 Personen wegen des Versuches verurteilt, die DDR zu verlassen, davon drei Viertel auch inhaftiert. In dieser Zeit starben mehrere Hundert Menschen an der Grenze.

Für die Zeit von 1949 bis 1989 zählen die Behörden und Opferverbände zwischen 270 und 1135 Opfer. Verantwortlich für die Zahlenunterschiede sind u.a. verschiedene Statistiken. Manche zählen nur durch fremde Gewalt getötete Flüchtlinge, andere beziehen auch Unfälle (z.B. durch Ertrinken), Selbstmorde, getötete DDR-Grenzsoldaten sowie unklare Fälle in die Opferstatistik ein.

▶ ***Exkursionstipps:***

- *Grenzmuseum Seiffersgrund, Asbach-Sichenberg*
- *Grenzlandmuseum Eichsfeld, Teistungen*
- *Grenzmuseum „Schifflersgrund" bei Bad Sooden-Allendorf*

▶ ***Internettipp:***
www.grenzerinnerungen.de

▶ ***Filmtipp:***
Heldentod – der Tunnel und die Lüge; Regie: Britta Wauer, 2001

Nicht absolut undurchlässig

Trotzdem gelangen immer wieder Fluchten, teilweise unter spektakulären Umständen über die Ostsee oder durch Tunnel. Von 1961 bis 1988 flohen über 40 000 Personen – die meisten noch in den 1960er-Jahren – aus der DDR und Ost-Berlin in den Westen. Die Kontrollen bei Fahrten zwischen der Bundesrepublik und der DDR blieben bis 1989 wegen ihrer Strenge berüchtigt. Dennoch blieb die Grenze nicht undurchlässig. Bereits zwei Jahre nach dem Mauerbau gelang es, die Mauer erstmals durch ein Passierscheinabkommen zwischen dem West-Berliner Senat und den Ost-Berliner Behörden ein wenig zu öffnen. Und ab September 1964 durften Rentner der DDR einmal pro Jahr zum Verwandtenbesuch in den Westen reisen. Darüber hinaus fanden immer wieder kulturelle, wissenschaftliche und sportliche Begegnungen zwischen West und Ost statt. Ferner blieben die wirtschaftlichen Verbindungen bestehen. Die DDR lieferte bis zu 15 Prozent ihrer Exporte gegen harte Devisen in die Bundesrepublik und bezog wichtige Technologie aus dem Westen.

M1 Annäherung

Egon Bahr, der Leiter des Presse- und Informationsamtes von Berlin, und Willy Brandt, der Regierende Bürgermeister von Berlin, versuchen, die deutsch-deutsche Grenze durchlässiger zu machen. 1963 leiten sie die Neue Ostpolitik ein (siehe dazu auch Seite 253). Am 15. Juli 1963 sagt Bahr auf einer Tagung in der Evangelischen Akademie Tutzing (Bayern):

Die Voraussetzungen zur Wiedervereinigung sind nur mit der Sowjetunion zu schaffen. Sie sind nicht in Ost-Berlin zu bekommen, nicht gegen die Sowjetunion, nicht ohne sie. [...]

Wenn es richtig ist, und ich glaube, es ist richtig, dass die Zone dem sowjetischen Einflussbereich nicht entrissen werden kann, dann ergibt sich daraus, dass jede Politik zum direkten Sturz des Regimes drüben aussichtslos ist. Diese Folgerung ist rasend unbequem und geht gegen unser Gefühl, aber sie ist logisch. Sie bedeutet, dass Änderungen und Veränderungen nur ausgehend von dem zurzeit dort herrschenden verhassten Regime erreichbar sind. [...]

Wir haben gesagt, dass die Mauer ein Zeichen der Schwäche ist. Man könnte auch sagen, sie war ein Zeichen der Angst und des Selbsterhaltungstriebes des kommunistischen Regimes. Die Frage ist, ob es nicht Möglichkeiten gibt, diese durchaus berechtigten Sorgen dem Regime graduell so weit zu nehmen, dass auch die Auflockerung der Grenzen und der Mauer praktikabel wird, weil das Risiko erträglich ist.

Das ist eine Politik, die man auf die Formel bringen könnte: Wandel durch Annäherung. Ich bin fest davon überzeugt, dass wir Selbstbewusstsein genug haben können, um eine solche Politik ohne Illusion zu verfolgen, die sich außerdem nahtlos in das westliche Konzept der Strategie des Friedens einpasst, denn sonst müssten wir auf Wunder warten, und das ist keine Politik.

Zit. nach: Rolf Steininger, Deutsche Geschichte. Darstellung und Dokumente in vier Bänden, Bd. 3: 1955-1974, Frankfurt a. M. 2002, S. 290

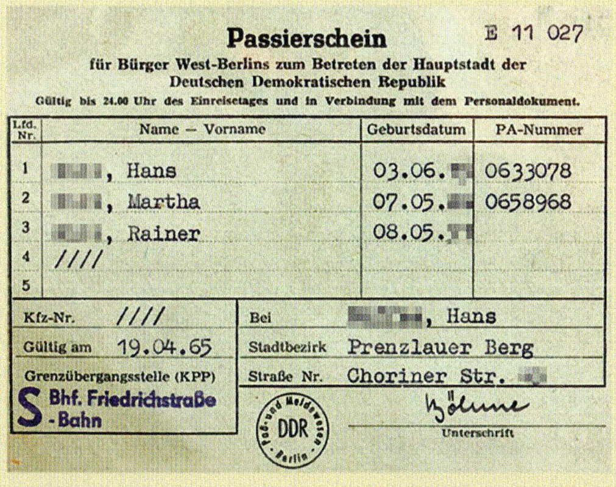

Passierschein E 11 027

für Bürger West-Berlins zum Betreten der Hauptstadt der Deutschen Demokratischen Republik

Gültig bis 24.00 Uhr des Einreisetages und in Verbindung mit dem Personaldokument.

Lfd. Nr.	Name – Vorname	Geburtsdatum	PA-Nummer
1	[redacted], Hans	03.06.[redacted]	0633078
2	[redacted], Martha	07.05.[redacted]	0658968
3	[redacted], Rainer	08.05.[redacted]	
4	////		
5			

Kfz-Nr. ////

Gültig am 19.04.65

Grenzübergangsstelle (KPP) S Bhf. Friedrichstraße - Bahn

Bei [redacted], Hans

Stadtbezirk Prenzlauer Berg

Straße Nr. Choriner Str. [redacted]

Paß- und Meldewesen DDR Berlin

Unterschrift

M2 Passierschein.

M3 Vor der Antragsstelle für Passierscheine in West-Berlin.
Foto vom 19. Dezember 1963.
Das erste Passierscheinabkommen zwischen dem West-Berliner Senat und den Ost-Berliner Behörden ermöglichte West-Berlinern erstmals seit dem 13. August 1961 wieder den Besuch ihrer Ost-Berliner Verwandten über Weihnachten und Neujahr 1963/64. 730 000 Menschen nutzten das Abkommen zu rund 1,2 Millionen Besuchen in Ost-Berlin. Weitere Passierscheinabkommen für Zeiträume von jeweils zwei bis drei Wochen folgten in den Jahren 1964, 1965 und 1966.

M4 Reisen zwischen DDR und Bundesrepublik

	aus der DDR in die Bundesrepublik	*aus der Bundesrepublik in die DDR*
1960	807 000	700 000
1961	675 000	700 000
1962	27 000	300 000
1963	50 000	1 400 000
1964	664 000	1 800 000
1965	1 219 000	1 800 000
1966	1 055 000	1 500 000
1967	1 072 000	1 400 000
1968	1 047 000	1 200 000
1969	1 042 000	1 100 000
1970	1 048 000	1 200 000
1971	1 045 000	1 200 000
1972	1 079 000	1 500 000
1973	1 298 000	2 200 000

Nach: Deutscher Bundestag (Hrsg.), Materialien der Enquete-Kommission „Aufarbeitung von Geschichte und Folgen der SED-Diktatur in Deutschland", Bd. V,3, Baden-Baden 1995, S. 2024-2026

1. *Beurteile den Zusammenhang zwischen den Überlegungen Bahrs, dem Passierscheinabkommen und den Reisen zwischen DDR und Bundesrepublik (M1 bis M4).*
2. *Gestalte aus M4 ein Diagramm und erläutere die Tabelle. Was sagt die Entwicklung über die deutsch-deutschen Beziehungen aus?*

Proteste und Reformen

1 Studenten protestieren während der Feier des Rektorenwechsels an der Hamburger Universität.
Foto vom 9. November 1967.

Die Große Koalition

1963 folgte Wirtschaftsminister Ludwig Erhard dem 87-jährigen Konrad Adenauer als Bundeskanzler. Doch als das bisherige Wirtschaftswachstum stockte und die Zahl der Arbeitslosen kurzzeitig leicht anstieg,* verloren die Regierungsparteien an Vertrauen. Gleichzeitig zogen 1966/67 erstmals Abgeordnete der 1964 gegründeten rechtsextremen *Nationaldemokratischen Partei Deutschlands* (NPD) in mehrere Länderparlamente ein.

1966 kam es zum Kanzlersturz, als die FDP wegen Problemen beim Ausgleich des Bundeshaushaltes die Koalition verließ. CDU/CSU und SPD einigten sich auf eine *Große Koalition* unter *Kurt Georg Kiesinger* (CDU), der am 1. Dezember 1966 zum neuen Bundeskanzler gewählt wurde. Wichtige Ministerämter übernahmen die Sozialdemokraten *Willy Brandt* (Außen) und *Karl Schiller* (Wirtschaft); der Vorsitzende der bayerischen CSU *Franz Josef Strauß* wurde Finanzminister.

Die Große Koalition leitete eine Reihe von Reformen wie den Ausbau des Sozialstaates und des Bildungswesens ein. In der Außenpolitik begann sie, die Beziehungen zur Sowjetunion zu verbessern.

Die Notstandsgesetze und die APO

Ein wichtiges Projekt waren die *Notstandsgesetze*, für die das Grundgesetz geändert werden musste. Bislang hatten die früheren Besatzungsmächte das Recht, im Fall eines inneren und äußeren Notstandes einzugreifen. Dies sollte nun auf die Bundesregierung übergehen.

Gegen die Notstandsgesetze entstand eine *Außerparlamentarische Opposition* (APO) aus Intellektuellen, Studierenden und einigen Gewerkschaftern. Sie setzten das Notstandsrecht mit dem früheren Artikel 48 der Weimarer Verfassung** gleich und fürchteten die Einschränkung von Grundrechten.

Trotz einer Protestwelle verabschiedete der Bundestag die Notstandsgesetze im Mai 1968. Sie schränkten das Brief-, Post- und Fernmeldegeheimnis sowie die Unverletzlichkeit der Wohnung unter bestimmten Umständen ein, vermieden aber weitergehende Eingriffe.

Die Proteste

Die *„68er-Bewegung"*, zu der die internationale Jugendbewegung und die Empörung über die Grausamkeiten des Vietnam-Krieges beitrugen, erfasste Tausende Schüler und Studenten und richtete sich bald auch gegen überlieferte Vorstellungen in Elternhaus, Schule, Universität und Gesellschaft. Die „Kinder des Wirtschaftswunders" wandten sich gegen das Konsumdenken ihrer Eltern. Sie fragten nach deren Verantwortung für die Verbrechen des NS-Regimes und warfen ihnen vor, nach dem Krieg die Chance eines Neubeginns versäumt zu haben. Teilweise sahen sie die Bundesrepublik sogar auf dem Weg in eine neue Diktatur und lehnten die „kapitalistischen Verhältnisse" ab, gegen die eine Revolution nötig sei. Ihre Gegner konterten dies gerne mit der Aufforderung: „Geht doch nach drüben!" und meinten damit die sozialistische DDR.

Nach zwei Ereignissen in West-Berlin erreichte die Protestbewegung ihren Höhepunkt:

- die Erschießung des Studenten *Benno Ohnesorg* am 2. Juni 1967 durch einen Polizisten*** während einer Demonstration gegen den Staatsbesuch des iranischen Schahs, in dem viele einen brutalen Diktator sahen
- das Attentat auf einen Wortführer der APO, den aus der DDR stammenden Soziologiestudenten *Rudi Dutschke*, am 11. April 1968

In vielen Großstädten prallten Demonstranten und Polizei aufeinander. 400 Verletzte und zwei Tote waren zu beklagen. Einige politisch Verantwortliche begannen danach, über die Berechtigung des Protestes nachzudenken. Allgemein stieg das politische Interesse. Der größte Teil der „68er" ergriff später normale Berufe, engagierte sich oft in linken Parteien oder Bürgerbewegungen und trat so den „Marsch durch die Institutionen" an. Vor allem durch ihren neuen Lebensstil**** prägten sie die Kultur der folgenden Jahrzehnte.

Siehe dazu M 2 und M 2, Seite 264.

***Siehe Seite 68.*
****2009 stellte sich heraus, dass dieser Polizist Inoffizieller Mitarbeiter des Ministeriums für Staatssicherheit (MfS) der DDR und Mitglied der SED war.*
*****Lies dazu Seite 256 f.*

Weltweiter Terrorismus

Weltweit hat sich seit den 1960er-Jahren der politisch motivierte *Terrorismus* ausgebreitet. Er setzt Mord, Erpressung, Flugzeugentführung und Brandstiftung für seine Ziele ein. So überfielen palästinensische Terroristen 1972 während der XX. Olympischen Spiele in München die israelische Mannschaft. Bei dem Attentat wurden elf Israelis, ein Polizist und fünf Terroristen getötet. Später stellte sich heraus, dass die politische Führung der DDR den Terrorismus der Palästinenser gegen Israel gefördert hatte.

Die Anfänge des politisch motivierten Terrorismus in der Bundesrepublik reichen bis in die Zeit der Studentenunruhen zurück. Studenten diskutierten, ob Gewalt ein Mittel sein dürfe, Staat und Gesellschaft zu verändern. Die ersten Brandanschläge trafen zwei Kaufhäuser in Frankfurt am Main im April 1968, um auf das Grauen des Vietnam-Krieges aufmerksam zu machen.

2 **Der entführte Hanns Martin Schleyer.** *Ein von den Terroristen an die Bundesregierung geschicktes Foto des Arbeitgeberpräsidenten.*

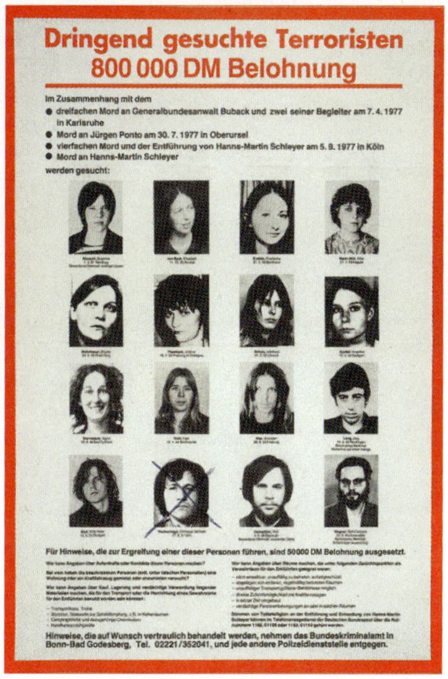

3 **„Dringend gesuchte Terroristen."** *Fahndungsplakat (86 x 71 cm) des Bundeskriminalamtes von 1977.*

Die RAF

Anfang der 1970er-Jahre bildete sich eine Handvoll gewalttätiger Gruppen, darunter die linksextremistische *Rote-Armee-Fraktion** (RAF). Diese arbeitete im Untergrund und erklärte, einen „Krieg" gegen die „kapitalistische" Bundesrepublik zu führen, um einen Umsturz der politischen und wirtschaftlichen Ordnung herbeizuführen. Vorbild war die lateinamerikanische „Stadtguerilla", deren Idol *Che Guevara* 1959 die Revolution in Kuba zum Sieg geführt hatte. Die Mitglieder der RAF griffen Einrichtungen der Polizei und der US-Armee an, legten Bomben und überfielen Banken. 1972 gelang es, einige führende RAF-Mitglieder festzunehmen, darunter *Andreas Baader* und *Ulrike Meinhof*. Während der ersten Terroristenprozesse versuchte die RAF, ihre inhaftierten Mitglieder durch Mordanschläge sowie Entführungen prominenter Persönlichkeiten aus Wirtschaft und Politik freizupressen.

*Rote Armee: *Hinweis auf die bewaffnete Organisation der Arbeiterklasse;* **Fraktion**: *Teil derselben*

▶ ***Internettipp:*** *Zum Linksterrorismus siehe www.hdg.de/lemo/html/DasGeteilteDeutschland/NeueHerausforderungen/Linksterrorismus*

▶ ***Filmtipp:*** *Das Todesspiel; Regie Heinrich Breloer, 1997*

Totale Missachtung der Menschen

1977 erreichten die Anschläge ihren blutigen Höhepunkt. Ein Kommando der RAF entführte den Arbeitgeberpräsidenten *Hanns Martin Schleyer* und – mit Beteiligung palästinensischer Luftpiraten – ein deutsches Verkehrsflugzeug. Damit wollte die RAF die Freilassung von elf inhaftierten Terroristen erzwingen. Bundeskanzler *Helmut Schmidt* (SPD) und sein überparteilicher Krisenstab ließen sich aber nicht erpressen: Eine Sondereinheit des Bundesgrenzschutzes befreite die 87 Geiseln in Mogadischu (Somalia). Daraufhin verübten drei inhaftierte RAF-Mitglieder Selbstmord. Die Polizei fand Schleyer am Tag darauf tot im Kofferraum eines Autos.

Eine grausame Bilanz

Zwischen 1974 und 1992 ermordeten RAF-Mitglieder 39 Menschen, über 100 wurden verletzt. Anfang der 1980er-Jahre konnten sich mit Zustimmung und Unterstützung des SED-Regimes zehn Terroristen aus der RAF in die DDR absetzen. Die RAF-Aussteiger erhielten dort neue Biografien, bekamen die DDR-Staatsbürgerschaft und konnten ein weitgehend normales Leben führen. Erst nach der Wiedervereinigung wurden sie enttarnt und vor Gericht gestellt.

Der menschenverachtende Terrorismus blieb nicht auf „linke" Täter beschränkt. Auch Rechtsextremisten, die die nationalsozialistischen Verbrechen leugneten und Fremdenhass schürten, bedrohten mit ihren Terroranschlägen die Demokratie.

M2 Demonstration in West-Berlin.
Foto vom 18. Februar 1968 (Ausschnitt). Mit Plakaten und Postern ihrer Vorbilder protestierten viele Studenten 1968 gegen den Krieg in Vietnam. Die Porträts zeigen (von links nach rechts) den nordvietnamesischen Präsidenten Ho Chi Minh, die sozialistische Politikerin und Theoretikerin Rosa Luxemburg, den kubanischen Revolutionär Che Guevara und den Begründer des Sowjetkommunismus Lenin.

▶ ***Internettipps:***
- *www.hdg.de/lemo/html/1968*
- *www.bpb.de/geschichte/deutsche-geschichte/68er-bewegung (mit zahlreichen Links)*

▶ ***Lesetipp:*** *Uwe Timm, Heißer Sommer, München 1998*

M1 „Volksempfinden"
Ein Leserbrief aus einer Berliner Zeitung von 1967:
Wir, die arbeitende Bevölkerung, haben es satt, uns von den dummen Jungen, die erst einmal hinter den Ohren trocken werden sollen, terrorisieren zu lassen. Wann greift die Polizei endlich mit einem harten Besen durch? Diese Lümmel, die auf Kosten der Steuerzahler ein nicht gerade schlechtes Leben führen, sollte man einmal für ein Jahr ins Arbeitshaus sperren, damit sie wieder zur Vernunft kommen. [...] Sie [die Studenten] sind nichts, sie haben nichts (außer einem wirren Kopf) und wollen uns beibringen, was Demokratie ist. Ich habe in der Bekanntschaft einen Studenten, der am Sonnabend auch seinen Mund groß aufmachen musste. Er will Lehrer werden. Gott behüte meine Kinder vor solchen Pädagogen.

Zit. nach: Kai Hermann, Die Revolte der Studenten, Hamburg 1967, S. 133

1. *Vergleiche den Leserbrief (M1) mit Heinemanns Appell (M3).*
2. *Verfasse eine Antwort auf den Leserbrief (M1) aus der Sicht eines politisch engagierten Studenten.*
3. *Informiere dich über die Vorbilder der Studenten (M2) und stelle Vermutungen darüber an, wer ihre Demonstrationen begrüßt oder unterdrückt hätte.*
4. *Sucht Zeitzeugen, die in den 1960er-Jahren studiert haben. Lasst euch über den damaligen Alltag der Studenten und ihr politisches Verhalten berichten. Erörtert mit ihnen den möglichen Einfluss der „68er-Bewegung" auf die Gegenwart.*

M3 Appell an alle
Aus Anlass des Attentates auf Rudi Dutschke und der anschließenden Unruhen sagt Bundesjustizminister Gustav W. Heinemann (SPD) am 14. April 1968 in einer Rundfunk- und Fernsehansprache:
Sowohl der Attentäter, der Rudi Dutschke nach dem Leben trachtete, als auch die elftausend Studenten, die sich an den Demonstrationen vor Zeitungshäusern beteiligten, sind junge Menschen.
Heißt das nicht, dass wir Älteren den Kontakt mit Teilen der Jugend verloren haben oder ihnen unglaubwürdig wurden?
Heißt das nicht, dass wir Kritik ernst nehmen müssen, auch wenn sie aus der jungen Generation laut wird? [...]
Zu den Grundrechten gehört auch das Recht zu demonstrieren, um öffentliche Meinung zu mobilisieren. Auch die junge Generation hat Anspruch darauf, mit ihren Wünschen und Vorschlägen gehört und ernst genommen zu werden. [...]
Unser Grundgesetz ist ein großes Angebot. Zum ersten Mal in unserer Geschichte will es in einem freiheitlich-demokratischen und sozialen Rechtsstaat der Würde des Menschen volle Geltung verschaffen. In ihm ist Platz für eine Vielfalt der Meinungen, die es in offener Diskussion zu klären gilt.
Uns in diesem Grundgesetz zusammenzufinden und seine Aussagen als Lebensform zu verwirklichen, ist die gemeinsame Aufgabe. Die Bewegtheit dieser Tage darf nicht ohne guten Gewinn bleiben.

Gustav W. Heinemann, Reden und Schriften, Bd. 3, hrsg. v. H. Lindemann, Frankfurt a. M. 1977, S. 334 ff.

„Mehr Demokratie wagen“

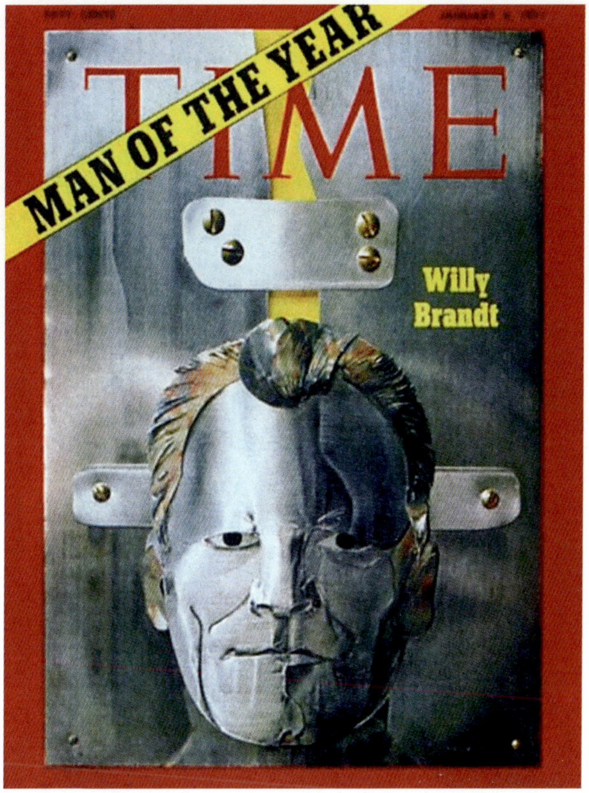

1 „Man of the year.“
Titelblatt des amerikanischen Nachrichtenmagazines „Time“ vom 4. Januar 1970.
Das Bild zeigt eine Skulptur des Künstlers George Giusti von 1969.

▶ ***Internettipp:*** *Informationen über Willy Brandt findest du unter www.dhm.de/lemo/html/biografien/BrandtWilly*

Für Gerechtigkeit und Chancengleichheit

Nach 1968 erfasste die westdeutsche Bevölkerung eine breite Reformstimmung. Dies zeigten die Bundestagswahlen von 1969. Auf die Große Koalition folgte eine sozial-liberale Regierung von SPD und FDP unter Willy Brandt. Die CDU/CSU ging erstmals in die Opposition.
In seiner Regierungserklärung sprach der neue Kanzler mit der Losung „Wir wollen mehr Demokratie wagen“ die Erwartungen vieler Bürger aus.
Besonders die Jugend und die Arbeitnehmer erhofften sich mehr Mitbestimmung. 1970 setzte die sozial-liberale Koalition mit einer Grundgesetzänderung ein neues *Wahlrecht* durch. Das Recht zu wählen wurde von 21 auf 18 und das Recht sich wählen zu lassen von 25 auf 21 Jahre herabgesetzt – allerdings ohne gleichzeitig das Volljährigkeitsalter zu senken.*
Das *Betriebsverfassungsgesetz* von 1972 erweiterte die Rechte von Arbeitnehmern, Betriebsräten und Gewerkschaften in den Unternehmen. Für Großbetriebe mit über 2 000 Beschäftigten legte das *Mitbestimmungsgesetz* von 1976 eine annähernde Gleichberechtigung der Besitzer und der Arbeitnehmer im Aufsichtsrat fest.
Für mehr Gerechtigkeit sollte der weitere Ausbau des Sozialstaates sorgen. So brachte die Rentenreform vielen alten Menschen höhere Renten – vor allem Frauen. Weitere Leistungsverbesserungen betrafen die Krankenversicherung, das Bundesausbildungsförderungsgesetz für Schüler und Studenten (*BAfög*) und das Kindergeld.
Bildung sollte zum „allgemeinen Bürgerrecht“ werden. Ziele waren Chancengleichheit für alle – unabhängig von sozialer Herkunft und Geschlecht – und Deckung des Bedarfs der Wirtschaft an qualifizierten Mitarbeitern. Allerdings waren die Bundesländer für diese Bildungsreform zuständig.

Der „Radikalenerlass“

Im Februar 1972 beschlossen die Regierungschefs der Länder den „*Radikalenerlass*“. Danach durften nur noch Personen in den Staatsdienst aufgenommen werden, die für die freiheitliche demokratische Grundordnung eintraten. Der Erlass richtete sich gegen Mitglieder der 1969 gegründeten *Deutschen Kommunistischen Partei* und linksradikalen Gruppen und führte zu einer regelmäßigen Überprüfung aller Bewerber für den öffentlichen Dienst durch den Verfassungsschutz. Dieses Verfahren fand anhaltende Kritik.

Misstrauensvotum und Neuwahlen

Im Verlauf des Streites um die Ostpolitik** verlor Bundeskanzler Brandt seine parlamentarische Mehrheit. Mehrere Abgeordnete der FDP und SPD wechselten zur Opposition. *Rainer Barzel*, der Fraktionsvorsitzende der CDU/CSU, nutzte am 27. April 1972 diese Lage zum Versuch, Brandt durch ein *konstruktives Misstrauensvotum**** zu stürzen. Zwei Abgeordnete der CDU/CSU stimmten gegen Barzel, einen davon hatte – wie sich nach 1990 herausstellte – die DDR bestochen. Trotz Barzels Misserfolg waren Neuwahlen nötig, weil es im Bundestag keine Mehrheit mehr gab. Brandts Beliebtheit brachte der sozial-liberalen Koalition einen klaren Sieg: Die SPD erhielt 45,8, die FDP 8,4 und die CDU/CSU 44,9 Prozent der Stimmen.

In der DDR galt dieses Wahlalter bereits seit 1949; zur Volljährigkeit lies Seite 256.

***Lies dazu Seite 253.
***Lies dazu nochmals Seite 200.*

Regierungserklärung mit großen Reformplänen

Kanzler: Wir fangen erst richtig an

Eine viertel Million ist zu

Bonn (AZ) — „Wir wollen

M1 Schlagzeile der Bild-Zeitung vom 29. Oktober 1969.

M2 Umfassende Reformen

Am 28. Oktober 1969 stellt Bundeskanzler Willy Brandt (SPD) in seiner Regierungserklärung sein Reformprogramm vor:

Wir wollen mehr Demokratie wagen. Wir werden unsere Arbeitsweise öffnen und dem kritischen Bedürfnis nach Information Genüge tun. Wir werden darauf hinwirken, dass nicht nur durch Anhörungen im Bundestag (*Abg. Dr. Barzel [CDU]: Anhörungen?*), sondern auch durch ständige Fühlungsnahme mit den repräsentativen Gruppen unseres Volkes und durch eine umfassende Unterrichtung über die Regierungspolitik jeder Bürger die Möglichkeit erhält, an der Reform von Staat und Gesellschaft mitzuwirken. (*Abg. Dr. Barzel: Die Regierung will uns gnädigst anhören?! – Abg. H. Wehner [SPD]: Beruhigen Sie sich! Das heißt neudeutsch „Hearing", nichts anderes! – Abg. Dr. Barzel: Dann soll er es doch richtig sagen!*)

Wir wenden uns an die im Frieden nachgewachsenen Generationen [...]; jene jungen Menschen, die uns beim Wort nehmen wollen – und sollen. Diese jungen Menschen müssen aber verstehen, dass sie auch gegenüber Staat und Gesellschaft Verpflichtungen haben.

Wir werden dem Hohen Hause ein Gesetz unterbreiten, wodurch das aktive Wahlrecht von 21 auf 18, das passive von 25 auf 21 herabgesetzt wird. (*Beifall bei den Regierungsparteien.*) Wir werden auch die Volljährigkeitsgrenze überprüfen.

Mitbestimmung, Mitverantwortung in den verschiedenen Bereichen unserer Gesellschaft wird eine bewegende Kraft der kommenden Jahre sein. Wir können nicht die perfekte Demokratie schaffen. Wir wollen eine Gesellschaft, die mehr Freiheit bietet und mehr Mitverantwortung fordert. [...]

Meine Damen und Herren, in unserer Bundesrepublik stehen wir vor der Notwendigkeit umfassender Reformen. Die Durchführung der notwendigen Reformen und ein weiteres Steigen des Wohlstandes sind nur möglich bei wachsender Wirtschaft und gesunden Finanzen. Doch diese Bundesregierung hat ein schwieriges wirtschaftspolitisches Erbe übernommen, das zu raschem Handeln zwang. (*Beifall bei den Regierungsparteien. – Lachen und Widerspruch bei der CDU/CSU.*) [...]

Meine Damen und Herren, Bildung und Ausbildung, Wissenschaft und Forschung stehen an der Spitze der Reformen, die es bei uns vorzunehmen gilt. [...] Das Ziel ist die Erziehung eines kritischen, urteilsfähigen Bürgers, der imstande ist, durch einen permanenten [anhaltenden] Lernprozess die Bedingungen seiner sozialen Existenz zu erkennen und sich ihnen entsprechend zu verhalten. Die Schule der Nation ist die Schule. (*Lebhafter Beifall bei der SPD und Beifall bei der FDP. – Lachen bei der CDU/CSU.*)

Wir brauchen das 10. Schuljahr, und wir brauchen einen möglichst hohen Anteil von Menschen in unserer Gesellschaft, der eine differenzierte Schulbildung bis zum 18. Lebensjahr erhält. Die finanziellen Mittel für die Bildungspolitik müssen in den nächsten Jahren entsprechend gesteigert werden. (*Zuruf von der CDU/CSU: Wie?*) [...]

Meine Damen und Herren, die Bundesregierung ist [...] der Überzeugung, dass dem Schutz der Natur, von Erholungsgebieten, auch dem Schutz der Tiere, mehr Aufmerksamkeit geschenkt werden muss. (*Beifall bei den Regierungsparteien und bei Abgeordneten der CDU/CSU. – Zurufe von der CDU/CSU.*)

Verhandlungen des Deutschen Bundestages, 6. Wahlperiode, Stenographische Berichte, Bd. 71, 1969, S. 20ff.

1. *Erläutere, wie Brandt die Losung „Wir wollen mehr Demokratie wagen" umsetzen will (M2). Welche konkreten Ziele nennt er? Wie reagiert die Opposition?*
2. *Erörtert, warum wohl der Bundeskanzler in der Regierungserklärung bestimmte Teile der Gesellschaft ansprach (M2).*
3. *Prüfe, ob Brandt in seiner Regierungserklärung Themen nennt, die heute noch aktuell sind (M2). Begründe dein Urteil.*

Wie festigt die SED ihre Macht?

1 Walter Ulbricht (links) und Erich Honecker.
Buchillustration von 1971.

Von Ulbricht zu Honecker

Der ostdeutschen Bevölkerung blieb nach 1961 kaum eine andere Wahl, als sich mit dem DDR-System abzufinden. Wirtschaftlich verbesserte sich ihre Lage allmählich. Zeitweise wurde die strenge Lenkung von oben etwas gelockert und die Eigenverantwortung gefördert. Ausdruck für die SED-Position sollte die von der DDR-Volkskammer verabschiedete zweite Verfassung von 1968 sein. Sie schrieb die führende Rolle der marxistisch-leninistischen Partei sowie ihr Verständnis von Deutschland fest und schloss den Aufbau der sozialistischen „Volksdemokratie" rechtlich ab. Die DDR hatte sich damit den übrigen Ostblockstaaten angepasst.

Der Vorsitzende des Staatsrates Walter Ulbricht regierte selbstherrlich. Er wollte den Sieg über den Kapitalismus auf deutschem Boden erzwingen. Der Lebensstandard in der DDR sollte den der Bundesrepublik „überholen". Ulbricht scheiterte, da er sich der neuen Entspannungspolitik widersetzte.

In Absprache mit dem sowjetischen Parteichef Leonid Breschnew leitete *Erich Honecker*, der in der SED-Führung vor allem für Sicherheitsfragen zuständig war, den Sturz des 77-jährigen Ulbricht ein. Im Mai 1971 wurde Honecker 1. Sekretär der SED (ab 1976 Generalsekretär). Bald darauf übernahm er auch das Amt des Staatschefs und stieg zum mächtigsten Mann der DDR auf.

Anerkennung

Die DDR war bis 1971 erst von 29 Regierungen als Staat anerkannt. Eine breitere internationale Akzeptanz fand sie erst nach dem deutsch-deutschen Grundlagenvertrag von 1972.* Auf dieser Basis wurden beide deutsche Staaten in die Vereinten Nationen aufgenommen. Seitdem nahmen die Bundesrepublik Deutschland und die DDR an allen wichtigen internationalen Konferenzen mit eigenen Delegationen teil. Bis Ende 1988 hatten 135 Staaten die DDR völkerrechtlich anerkannt.

*Lies dazu Seite 253.

▶ **Geschichte In Clips**
Zur Ära Honecker siehe Clip-Code 4493-12

Abgrenzung

Während für die westdeutsche Regierung die „deutsche Frage" auch nach den Verträgen offen blieb, hielt die SED-Führung sie für geklärt. Deshalb bemühte sie sich, in der Bevölkerung ein besonderes DDR-Bewusstsein zu verankern, und verwarf jeden Gedanke an eine Wiedervereinigung. Die vorhandenen familiären Bindungen zwischen Ost und West, die gemeinsame Geschichte und Kultur wurden verdrängt oder verleugnet. Jede Gelegenheit der Abgrenzung von der „kapitalistischen" Bundesrepublik wurde genutzt. 1974 strich die SED alle gesamtdeutschen Bezüge aus der (dritten) DDR-Verfassung. Der Text der Nationalhymne, den 1949 der SED-Funktionär *Johannes R. Becher* geschrieben hatte, durfte nicht mehr gesungen werden: „Auferstanden aus Ruinen und der Zukunft zugewandt, lass uns dir zum Guten dienen, Deutschland einig Vaterland."

Erfolge im Sport

Zur Identifikation der Bürger mit ihrem Land trugen die internationalen Erfolge der Spitzensportler bei. Zwischen 1956 und 1988 gewann die DDR neben zahlreichen Welt- und Europameistertiteln 578 olympische Medaillen, davon 203 goldene. Der Staat förderte den Sport intensiv und setzte gezielt Dopingmittel ein. Auch die Bundesbürger verglichen in den Medaillenspiegeln die Ränge beider Staaten. Nur im Massensport Fußball blieb der Westen führend.

M1 Aus den Verfassungen der DDR

Text aus der ersten Verfassung vom 7. Oktober 1949: Siehe M4, Seite 203.

Aus der zweiten Verfassung vom 6. April 1968:

Präambel

Getragen von der Verantwortung, der ganzen deutschen Nation den Weg in eine Zukunft des Friedens und des Sozialismus zu weisen, in Ansehung der geschichtlichen Tatsache, dass der Imperialismus unter Führung der USA im Einvernehmen mit Kreisen des westdeutschen Monopolkapitals Deutschland gespalten hat, um Westdeutschland zu einer Basis des Imperialismus und des Kampfes gegen den Sozialismus aufzubauen, was den Lebensinteressen des Volkes widerspricht, hat sich das Volk der Deutschen Demokratischen Republik, fest gegründet auf den Errungenschaften der antifaschistisch-demokratischen und der sozialistischen Umwälzung der gesellschaftlichen Ordnung, [...] diese sozialistische Verfassung gegeben.

Artikel 1

Die Deutsche Demokratische Republik ist ein sozialistischer Staat deutscher Nation. Sie ist die politische Organisation der Werktätigen in Stadt und Land, die gemeinsam unter Führung der Arbeiterklasse und ihrer marxistisch-leninistischen Partei den Sozialismus verwirklichen.

Artikel 8

(2) Die Herstellung und Pflege normaler Beziehungen und die Zusammenarbeit der beiden deutschen Staaten auf der Grundlage der Gleichberechtigung sind nationales Anliegen der Deutschen Demokratischen Republik. Die Deutsche Demokratische Republik und ihre Bürger erstreben [...] die schrittweise Annäherung der beiden deutschen Staaten bis zur ihrer Vereinigung auf der Grundlage der Demokratie und des Sozialismus.

Aus der geänderten Verfassung vom 7. Oktober 1974:

Präambel

In Fortsetzung der revolutionären Tradition der deutschen Arbeiterklasse und gestützt auf die Befreiung vom Faschismus hat das Volk der Deutschen Demokratischen Republik in Übereinstimmung mit den Prozessen der geschichtlichen Entwicklung unserer Epoche sein Recht auf sozial-ökonomische, staatliche und nationale Selbstbestimmung verwirklicht und gestaltet die entwickelte sozialistische Gesellschaft. [...]

Artikel 6

[...] Die Deutsche Demokratische Republik ist für immer und unwiderruflich mit der Union der Sozialistischen Sowjetrepublik verbündet.

Zit. nach: Matthias Judt (Hrsg.), DDR-Geschichte in Dokumenten, Berlin 1997, S. 508f.

M2 Staatsflagge der DDR.
Dieses Hoheitszeichen wurde am 1. Oktober 1959 eingeführt. Bis dahin nutzten Bundesrepublik und DDR die gleiche Flagge.

M3 „Deutschland gibt es nicht mehr"

Der sowjetische Parteichef Leonid Breschnew am 20. August 1970 zu Erich Honecker:

Wichtig ist, dass die DDR eine Struktur haben muss wie die Sowjetunion und die sozialistischen Länder, sonst bekommen wir Schwierigkeiten. [...] Die DDR ist für uns, die SU, und für die vereinigten sozialistischen Bruderländer ein wichtiger Posten. Sie ist das Ergebnis des Zweiten Weltkrieges, sie ist unsere Errungenschaft, die mit dem Opfer des Sowjetvolkes, mit dem Blut der Sowjetsoldaten erzielt wurde. Die DDR ist nicht nur Eure, sie ist unsere gemeinsame Sache. Die DDR ist für uns etwas, das man nicht erschüttern darf. [...] Die Politik der Reg[ierung] Brandt ist [trotz des Vertrages mit der UdSSR*] darauf gerichtet, die DDR zu erschüttern. Weder wir noch Ihr könnt Euch gleichgültig gegenüber einer solchen Gefahr verhalten. [...] Nochmals – die Existenz der DDR entspricht unseren Interessen, den Interessen aller sozialistischen Staaten. Sie ist das Ergebnis des Sieges über Hitlerdeutschland. Deutschland gibt es nicht mehr. Es gibt die sozialistische DDR und die kapitalistische Bundesrepublik. [...] Die Zukunft der DDR liegt in der sozialistischen Gemeinschaft. Wir haben unsere Truppen bei Ihnen. Das ist gut so und wird so bleiben.

Zit. nach: Matthias Judt (Hrsg.), DDR-Geschichte in Dokumenten, a. a. O., S. 516

1. *Vergleiche die Verfassungstexte (M1 und M4, Seite 203) hinsichtlich*
   - *der Rolle der SED,*
   - *des Begriffes „Nation",*
   - *der deutschen Staatsangehörigkeit und*
   - *des Verhältnisses zur Sowjetunion.*
2. *Nenne die Symbole der Staatsflagge der DDR und erkläre sie (M2).*
3. *Seit 1949 hatte die DDR eine eigene Nationalhymne. Suche den Text und vergleiche die Aussagen über Deutschland mit der 3. Strophe unserer Nationalhymne.*
4. *Erkläre, welche Ansprüche Breschnew an die DDR-Führung stellt. Beurteile den politischen Spielraum Honeckers (M3).*

Die Neue Ostpolitik

„Wandel durch Annäherung"

1961 hatte sich US-Präsident *John F. Kennedy* in seiner Antrittsrede für eine Annäherung zwischen Ost und West eingesetzt. Aber erst nach der *Kuba-Krise* von 1962 begann eine *Entspannungspolitik* zwischen den beiden Supermächten. Sie machte es auch den westdeutschen Politikern möglich, das Verhältnis zu den kommunistisch regierten Staaten neu zu gestalten (*Neue Ostpolitik*). Verständigungsschwierigkeiten mit der Sowjetunion, Polen und der Tschechoslowakei gab es nicht nur wegen der unterschiedlichen Staats- und Gesellschaftsordnungen, der Zugehörigkeit zu unterschiedlichen Bündnissen (*NATO* und *Warschauer Pakt*) und des Mauerbaus. Belastend wirkten auch die Erinnerungen an die deutschen Kriegsverbrechen im Zweiten Weltkrieg und die Vertreibung der deutschen Bevölkerung bei Kriegsende.

Bundeskanzler Brandt und Außenminister *Walter Scheel* (FDP) gelang mit den westlichen Bündnispartnern der Durchbruch in der Ostpolitik. Zwischen 1970 und 1973 schlossen sie die sogenannten *Ostverträge* mit der Sowjetunion, Polen und der Tschechoslowakei ab. Dabei betonte die Bundesregierung, dass sie „auf einen Zustand des Friedens in Europa hinwirken" wolle, „in dem das deutsche Volk in freier Selbstbestimmung seine Einheit wiedererlangen" könne. Brandt und Scheel bestätigten in diesen Verträgen die Nachkriegsordnung, um so den „Eisernen Vorhang" durchlässiger zu machen. Langfristig sollte ein „Wandel durch Annäherung" zur Überwindung der deutschen und europäischen Teilung beitragen.

Als Gegenleistung erkannte die Sowjetunion nach Verhandlungen mit den Vereinigten Staaten, Großbritannien und Frankreich 1971 im *Viermächte-Abkommen* die besondere Bindung West-Berlins an die Bundesrepublik an und bestätigte die Viermächte-Verantwortung für ganz Berlin.

Deutsch-deutsche Beziehungen

Da der DDR frei gewählte politische Einrichtungen fehlten, beanspruchten die westdeutschen Regierungen, das ganze deutsche Volk völkerrechtlich zu vertreten. Dieser Alleinvertretungsanspruch war von den Westalliierten bekräftigt worden.

Mit den Ostverträgen wurde eine neue Politik der Bundesrepublik gegenüber der DDR notwendig. Erste Gespräche zwischen Bundeskanzler Brandt und dem Vorsitzenden des DDR-Ministerrates, *Willi Stoph*, fanden 1970 in Erfurt und Kassel statt. Mit den Begegnungen kam Bewegung in die deutsch-deutschen Beziehungen. 1971 wurde eine Vereinbarung getroffen, die den Verkehr zwischen der Bundesrepublik und West-Berlin erleichterte (*Transitabkommen*). Es war das erste Abkommen zwischen den beiden deutschen Regierungen.

1 Willy Brandt in Erfurt.
Foto vom 19. März 1970.
Vor dem Tagungshotel hatten sich tausende DDR-Bürger versammelt. Sie riefen „Willy, Willy!" und „Brandt ans Fenster!".
■ *Nenne mögliche Gründe für das Verhalten.*

Der Grundlagenvertrag

Im Mai 1973 billigte der Bundestag nach heftigen Diskussionen den am 21. Dezember 1972 unterschriebenen *Grundlagenvertrag*. Die Bundesrepublik Deutschland und die DDR erkannten sich als gleichberechtigte Staaten an und verpflichteten sich zu „gutnachbarschaftlichen Beziehungen". Wie schon anlässlich der Unterzeichnung des „Moskauer Vertrages" übergab die Bundesregierung jetzt auch der Regierung der DDR einen „Brief zur deutschen Einheit". Er wies auf das Recht des deutschen Volkes hin, seine Einheit in „freier Selbstbestimmung" anzustreben. Darüber hinaus hielt die Bundesregierung fest, dass beide Seiten füreinander kein Ausland waren. Deshalb tauschten die Regierungen keine Botschafter, sondern nur „Ständige Vertreter" aus.

Die bayerische Staatsregierung ließ den Grundlagenvertrag vom Bundesverfassungsgericht prüfen. Das höchste bundesdeutsche Gericht wies im Juli 1973 die Klage ab. Es erklärte aber, dass Bundesrepublik und DDR „Teile eines noch immer existierenden, wenn auch handlungsunfähigen, umfassenden Staates Gesamtdeutschland" seien und eine völkerrechtliche Anerkennung der DDR durch die Bundesrepublik durch diesen Vertrag nicht ausgesprochen werde. Darüber hinaus stellte es fest, dass „Mauer, Stacheldraht, Todesstreifen und Schießbefehl" an der Grenze mit dem Geist des Grundlagenvertrages unvereinbar seien.

M1 „Die Unterschrift des Jahres."

Karikatur von Hanns-Erich Köhler aus der „Frankfurter Allgemeinen Zeitung" vom 8. Dezember 1970.
Am 7. Dezember 1970 wurde der „Warschauer Vertrag" unterschrieben. Die Bundesrepublik und Polen stellten darin fest, dass „die bestehende Grenzlinie, deren Verlauf im Kapitel IX der Beschlüsse der Potsdamer Konferenz vom 2. August 1945 [...] festgelegt worden ist, die westliche Staatsgrenze der Volksrepublik Polen bildet" (Artikel 1).

M2 Aus dem „Moskauer Vertrag"

Am 12. August 1970 akzeptieren Vertreter der Bundesregierung und der Sowjetunion folgende Punkte:

- Sie verpflichten sich, die territoriale Integrität* aller Staaten in Europa in ihren heutigen Grenzen uneingeschränkt zu achten;
- sie erklären, dass sie keine Gebietsansprüche gegen irgendjemand haben und solche in Zukunft auch nicht erheben werden;
- sie betrachten heute und künftig die Grenzen aller Staaten in Europa als unverletzlich, wie sie am Tage der Unterzeichnung dieses Vertrages verlaufen, einschließlich der Oder-Neiße-Linie, die die Westgrenze der Volksrepublik Polen bildet, und der Grenze zwischen der Bundesrepublik Deutschland und der Deutschen Demokratischen Republik.

Zit. nach: Dieter Blumenwitz, Denk ich an Deutschland – Antworten auf die Deutsche Frage. Dokumentenband, München 1989, S. 76

* **Integrität**: *Unversehrtheit, Unverletzlichkeit*

1. *Bewerte die historische Bedeutung der Ostverträge (M1 und M2). Begründe, warum es wichtig war, dass die Bundesrepublik Deutschland der Volksrepublik Polen eine vom eigenen Territorium weit entfernte Grenze garantierte.*
2. *Willy Brandt fasste seine Politik gegenüber der DDR in der Formel „zwei Staaten, eine Nation" zusammen. Erläutere seine Position mithilfe des Grundlagenvertrages (M3). Berücksichtige dabei auch M4.*

M3 Aus dem Grundlagenvertrag

Am 21. Dezember 1972 wird in Ost-Berlin der „Vertrag über die Grundlagen der Beziehungen zwischen der Bundesrepublik Deutschland und der Deutschen Demokratischen Republik" abgeschlossen.

Artikel 1

[Sie] entwickeln normale gutnachbarschaftliche Beziehungen zueinander auf der Grundlage der Gleichberechtigung. [...]

Artikel 3

[Sie] bekräftigen die Unverletzlichkeit der zwischen ihnen bestehenden Grenze jetzt und in der Zukunft und verpflichten sich zur uneingeschränkten Achtung ihrer territorialen Integrität.

Artikel 4

[Sie] gehen davon aus, dass keiner der beiden Staaten den anderen international vertreten oder in seinem Namen handeln kann. [...]

Artikel 6

[Sie] respektieren die Unabhängigkeit und Selbstständigkeit jedes der beiden Staaten in seinen inneren und äußeren Angelegenheiten. [...]

Artikel 7

[Sie] erklären ihre Bereitschaft, im Zuge der Normalisierung ihrer Beziehungen praktische und humanitäre Fragen zu regeln. Sie werden Abkommen schließen, um auf der Grundlage dieses Vertrages und zum beiderseitigen Vorteil die Zusammenarbeit auf dem Gebiet der Wirtschaft, der Wissenschaft und Technik, des Verkehrs, des Rechtsverkehrs, des Post- und Fernmeldewesens, des Gesundheitswesens, der Kultur, des Sports, des Umweltschutzes und auf anderen Gebieten zu entwickeln und zu fördern.

Zit. nach: Dieter Blumenwitz, Denk ich an Deutschland, a. a. O., S. 103 f.

M4 Keine „deutsche Frage" mehr?

Das DDR-Lehrbuch „Geschichte" für Klasse 10 von 1983 bewertet die Ostverträge und den Grundlagenvertrag wie folgt:

Mit dem von den sozialistischen Staaten geschaffenen System von Verträgen, Abkommen und Vereinbarungen in Europa wurde der völkerrechtliche Rahmen für die friedliche Gestaltung der Beziehungen zwischen den beiden Teilen des Kontinents geschaffen. [...] Mit der weltweiten Anerkennung der DDR und der gleichberechtigten Aufnahme der DDR und der BRD in die UNO wurde endgültig klargestellt, dass es keine „offene deutsche Frage" mehr gibt.

Geschichte. Lehrbuch für Klasse 10, Berlin (Ost) 1983, S. 218

▶ **Internettipp:** *Die Verträge findest du vollständig unter: www.documentarchiv.de*

Gesten vergleichen

Das Foto vom Kniefall des Bundeskanzlers Willy Brandt in Warschau von 1970 steht für die Aussöhnung mit dem östlichen Nachbarn. Das Bild von Staatspräsident Mitterrand und Bundeskanzler Kohl in Verdun von 1984 ist ein weiteres Beispiel für symbolisches Handeln.
Um beide Gesten deuten zu können, ist es erforderlich, sich über den jeweiligen Ort, die Umstände, die Vorgeschichte und die Reaktion in der Öffentlichkeit zu informieren, beispielsweise in den Erinnerungen der beteiligten Politiker und ihren Biografien. Darüber hinaus ist zu prüfen, mit welchen Mitteln die Fotos die Ereignisse hervorheben.

M2 Titelblatt der Wochenzeitung „Der Spiegel" vom 14. Dezember 1970.

M1 Bundeskanzler Willy Brandt am Ehrenmal für die Helden des Warschauer Ghettos.
Foto von Sven Simon (d. i. Axel Springer jr.) vom 7. Dezember 1970.

M3 Bundeskanzler Helmut Kohl und Staatspräsident François Mitterrand in Verdun.
Foto vom 22. September 1984.
Die beiden Staatsmänner standen minutenlang auf dem Soldatenfriedhof von Douaumont vor dem mit der deutschen und französischen Fahne bedeckten Sarg.

▶ ***Lesetipps:***
- *Willy Brandt, Erinnerungen, Frankfurt a. M. 1989*
- *Adam Krzeminski, Der Kniefall, in: Etienne François/Hagen Schulze (Hrsg.), Deutsche Erinnerungsorte. Eine Auswahl, München 2005, S. 431-446*
- *Michael Wolffsohn/Thomas Brechenmacher, Denkmalsturz? Brandts Kniefall, München 2005*
- *Helmut Kohl, Erinnerungen. 1982-1990, Bd. 2, Stuttgart 2005*
- *Hans-Peter Schwarz, Helmut Kohl. Eine politische Biographie, Stuttgart ³2012*

1. *Das Titelblatt (M 2) hat die Aussage des Fotos (M 1) verändert. Erkläre!*
2. *Vergleiche die Gesten der Politiker (M 1 bis M 3). Informiere dich über die Motive des Verhaltens. Finde heraus, ob die Gesten spontan oder geplant waren.*
3. *Arbeite die Symbolik der Gesten (M 1 bis M 3) heraus. Berücksichtige dabei auch die Abbildungen auf Seite 214.*

Geteiltes Land – geteilte Jugend?

1 **Kommune 1 in Berlin.**
Foto von Werner Kohn, 1968.
Die aus sechs Männern und drei Frauen bestehende Wohngemeinschaft verstand sich als Alternative zur Kleinfamilie und probierte neue Formen des Zusammenlebens und -arbeitens aus. Sie bestand von Januar 1967 bis November 1969.

2 **Feier der Jugendweihe in Ost-Berlin.**
Foto vom 15. April 1979.
Lehrer gratulieren den Schülern der 8. Klasse der Karl-Grünberg-Oberschule in der Kongresshalle am Alexanderplatz zur Jugendweihe.
Während die in der DDR schwach vertretene katholische Kirche eine Teilnahme von Kommunionsempfängern ablehnte, konnten evangelische Jugendliche sowohl zur Konfirmation als auch zur Jugendweihe gehen.

- *Erläutere, warum die Jugendweihe der DDR-Staatsordnung diente.*
- *Informiere dich über die aktuelle Bedeutung der Jugendweihe.*

▶ ***Geschichte In Clips***
Zur Jugend in der DDR siehe Clip-Code 4493-07

Neuer Lebensstil der Jugend
Fast in allen westlichen Staaten gab es seit den 1960er-Jahren in der Jugend eine Protestbewegung, die teilweise politische Ziele hatte.* Zugleich entstand ein neuer Lebensstil, der Ältere provozierte: lange Haare, bunte und nachlässige Kleidung, unangepasste Umgangsformen. Darüber hinaus wurden neue Formen des Zusammenlebens wie Wohngemeinschaften ausprobiert, antiautoritäre Erziehungsideen praktiziert, sexuelle Tabus zurückgedrängt und „Ehen ohne Trauschein" üblich.
Weltweit erfasste die neue angloamerikanische Musikszene die Jugendlichen. Seit Mitte der 1960er-Jahre prägten z. B. der amerikanische Protest- und Rocksänger *Bob Dylan* und britische Gruppen wie die *Beatles* oder die *Rolling Stones* den Musikgeschmack in beiden deutschen Staaten.

Staatsjugend im Osten
Während in der DDR das Alter der Volljährigkeit bereits im Mai 1950 von 21 auf 18 Jahre gesenkt worden war, dauerte dies in der Bundesrepublik 25 Jahre länger. Der Deutsche Bundestag beschloss die Herabsenkung erst im März 1974; sie galt dann ab dem 1. Januar 1975.
Die kommunistischen Machthaber in der DDR setzten auf eine angeblich bessere Gesellschaft. Die Jugend sollte zum Sozialismus „mit Wort und Tat und, wenn nötig, mit der Waffe in der Hand" erzogen werden – so die Volksbildungsministerin *Margot Honecker* noch im Juni 1989.
Der breite Ausbau des Bildungssystems war ein Hauptziel der SED. Der Staat beanspruchte dafür das Erziehungsmonopol und bemühte sich mit allen Mitteln, westdeutsche Einflüsse zu verhindern. Ob im Kindergarten, in der Schule, am Arbeitsplatz, in der Freizeit – die Partei war immer dabei und warb für die Verachtung des „Klassenfeindes" im Westen, Dankbarkeit gegenüber der SED-Führung und Freundschaft mit der Sowjetunion.
Kaum einer konnte sich dem staatlichen Einfluss entziehen. Mit sechs Jahren kam man zu den *Jungen Pionieren* (rund 98 Prozent aller Schulkinder) und ab dem 14. Lebensjahr in die *Freie Deutsche Jugend* (FDJ). Ihr gehörten 1986 2,3 Millionen Mitglieder an, fast 75 Prozent der Jugendlichen im Alter von 14 bis 25 Jahren. Wer nicht mitmachte, konnte sich seine berufliche Zukunft verbauen.
Die *Jugendweihe* wurde ab 1955 für die 14-jährigen Jungen und Mädchen üblich. Sie knüpfte an Traditionen der Arbeiterbewegung an und galt in der sozialistischen Gesellschaft als Schritt ins Erwachsenenleben. Rund 98 Prozent der Jugendlichen nahmen seit Mitte der 1970er-Jahre daran teil. Das Fest gibt es in den ostdeutschen Bundesländern bis heute; es hat das Ende der DDR überlebt.

**Lies dazu nochmals Seite 246.*

M1 „Der schädliche Einfluss ..."

In Ost und West sorgen in den 1960er-Jahren „Gammler" für Aufregung. Sie tragen lange Haare und Jeans, hören Beatmusik und lehnen bürgerliche Lebensformen offen ab. Auch die Politiker reagieren darauf. In der DDR sagt Erich Honecker im Dezember 1965 vor der Parteispitze:

Der schädliche Einfluss solcher Musik auf das Denken und Handeln von Jugendlichen wurde grob unterschätzt. Niemand in unserem Staate hat etwas gegen eine gepflegte Beat-Musik. Sie kann jedoch nicht als die alleinige und hauptsächlichste Form der Tanzmusik betrachtet werden. Entschieden und systematisch müssen ihre dekadenten* Züge bekämpft werden, die im Westen in letzter Zeit die Oberhand gewannen und auch bei uns Einfluss fanden. Daraus entstand eine hektische, aufpeitschende Musik, die die moralische Zersetzung der Jugend begünstigt.

In der Bundesrepublik erklärt Bundeskanzler Ludwig Erhard 1966: „Solange ich regiere, werde ich alles tun, um dieses Unwesen [der Gammler] zu zerstören." In der Gewerkschaftszeitung „Metall" heißt es daraufhin:

Hat dieser Unwille etwas mit den Beatles, den langen Haaren oder der Beatmusik zu tun? Oder hängt dieser Unmut mit anderen Vorgängen zusammen? Die Langeweile einer gleichgeformten Gesellschaft, die Drohung der Atombombe, der Kalte Krieg, die unveränderten sozialen Ungerechtigkeiten und die Unwahrhaftigkeit der Politik lassen eine Niedergeschlagenheit entstehen, in der viele junge Menschen sich fragen, ob gewisse starre Vorstellungen des stereotypen faschistischen Denkens eigentlich wirklich von einer neuen Freiheit abgelöst wurden. [...] Wir vergessen zumeist, dass die heutige Gammler Kinder der Geburtsjahrgänge 1946 bis 1950 sind. Hatten die Erwachsenen damals wirklich Zeit für sie, als sie klein waren und Zuwendung gebraucht hätten? Oder sind nicht viele Eltern in diesen Jahren gerannt, um am Wirtschaftswunder teilzuhaben?

Erster Text zit. nach: Matthias Judt (Hrsg.), DDR-Geschichte in Dokumenten, Berlin 1997, S. 338. Zweiter Text zit. nach: Christoph Kleßmann, Zwei Staaten, eine Nation. Deutsche Geschichte 1955-1970, Göttingen [2]1997, S. 545f.

***dekadent**: im Verfall begriffen*

▶ ***Lesetipp:** Claudia Rusch, Meine freie deutsche Jugend, Frankfurt a. M. [5]2005*

1. *Arbeite die Gründe und Motive für das jugendliche Verhalten heraus (M1). Diskutiert, ob die genannten Gründe und Motive auch auf die Jugendlichen in der DDR zutrafen.*
2. *Vergleiche die Haltung von Politikern in Ost und West gegenüber „Gammlern" (M1).*
3. *Beurteile das Vorgehen der Polizei (M2).*
4. *Verfasse einen Antwortbrief des RIAS an den Jugendlichen (M3).*

M2 Beim Polizeifriseur

Ein Mitarbeiter der Volkspolizei von Glauchau (Sachsen) berichtet am 20. Juni 1967 dem Staatssicherheitsdienst:

Am 19.06.1967, gegen 16:00 Uhr, erschien auf Vorladung des Leiters der Jugendliche [...] sowie der Jugendliche [...]. Ich erhielt die Weisung, bei Eintreffen beider Jugendlichen diesen zu eröffnen, dass sie in der Dienststelle die Haare geschnitten bekommen. Es wurde ihnen nochmals eingehend zu verstehen gegeben, dass es sich für einen Jugendlichen unseres Staates gehöre, mit einem anständigen Haarschnitt aufzutreten. Die wiederholten Ermahnungen blieben erfolglos, und sie lehnten konsequent ab, sich die Haare schneiden zu lassen. [...]
Der Jugendliche [...] weigerte sich, auf dem Stuhl Platz zu nehmen, und musste unter Anwendung von körperlicher Gewalt auf den Stuhl gesetzt werden. Bei dieser Handlung leistete er energisch Widerstand, sodass mehrere Genossen notwendig waren, ihn auf dem Stuhl zu halten. Zu bemerken ist jedoch, dass sich sein Widerstand nicht gegen die Volkspolizisten richtete, sondern lediglich darauf gerichtet war, das Schneiden der Haare zu verhindern. [...]
Beiden Jugendlichen wurden die Haare unter Beachtung der jetzt verbreiteten Mode geschnitten.

Zit. nach: Paul Kaiser, Heckenscheren gegen Feindfrisuren, in: Michael Rauhut/Thomas Kochan (Hrsg.), Bye bye, Lübben City. Bluesfreaks, Tramps und Hippies in der DDR, erw. Neuausgabe, Berlin 2009, S. 329

M3 „Was ich noch bemerken wollte ..."

1984/85 schreibt ein Jugendlicher aus der DDR an den RIAS:*

Zu meiner Person möchte ich bemerken, dass ich mit Sicherheit nicht zu den bewussten DDR-Bürgern oder gar Hurra-Schreiern gehöre. Das heißt aber noch lange nicht, dass ich bedingungslos alles gut finde, was bei Euch passiert. [...]
[Ich finde,] dass wir Jugendliche hier (gezwungenermaßen) ein bisschen mehr dazu angeregt werden, über das nachzudenken, was so in der Welt passiert. Das liegt vielleicht auch daran, dass wir hier nicht so mit allem überschüttet werden und vor allem nicht mit materiellen Dingen. Sicher haben wir genauso Fußballrowdys, Punker oder Alkoholkranke, aber ich finde es zum Beispiel nicht unbedingt lebensnotwendig, dass in einer Familie 2 Autos existieren, oder dass ich alle Schallplatten auf Anhieb zu kaufen kriege. Selbstverständlich ärgere ich mich mächtig, wenn ich einem bestimmten Artikel ewig hinterherlaufen muss, das ist doch für mich kein Anlass, dass ich unbedingt hier raus will!

Zit. nach: Christoph Kleßmann/Georg Wagner (Hrsg.), Das gespaltene Land. Leben in Deutschland 1945-1990. Texte und Dokumente zur Sozialgeschichte, München 1993, S. 474f.

***RIAS**: Rundfunk im amerikanischen Sektor (in West-Berlin)*

Frauen fordern gleiche Rechte

1 Titelblatt einer westdeutschen Illustrierten vom 6. Juni 1971.
In der Zeitschrift bekannten 374 Frauen öffentlich, dass sie abgetrieben hatten. Angeregt hatte diese Aktion gegen das geltende Abtreibungsrecht die Journalistin Alice Schwarzer. Sie wurde mit der 1977 gegründeten Frauenzeitschrift „Emma" zur bekanntesten Vertreterin der neuen deutschen Frauenbewegung.

Frauenarbeit und Familie

Die Verfassungen der Bundesrepublik wie der DDR forderten die Gleichberechtigung von Mann und Frau sowie den Schutz von Ehe und Familie. Trotzdem hatten Frauen schlechtere Ausbildungschancen, waren ihre Gehälter niedriger, ihre Pflichten im Haushalt größer als die der Männer. Dafür mitverantwortlich war ein althergebrachtes Frauen- sowie Ehe- und Familienverständnis in beiden Gesellschaften.
In der Bundesrepublik ging die Politik lange von einer kinderreichen Familie ohne Berufstätigkeit der Ehefrau aus. Diese wurde in den 1950er- und 60er-Jahren gesellschaftlich nur akzeptiert, wenn das Einkommen des Mannes zum Unterhalt nicht ausreichte.
Andererseits erforderte das Wirtschaftswachstum die Arbeitskraft auch der Frauen. Die Durchschnittsfamilie benötigte das zusätzliche Einkommen, um sich die gestiegenen Konsumwünsche – Urlaubsreise, Auto und Eigenheim – erfüllen zu können. Daher wurde verstärkt gefordert, die Berufstätigkeit von Müttern durch mehr Kindergartenplätze und Ganztagsschulen möglich zu machen.

Zur Rolle der Frau im Osten

Der „Aufbau des Sozialismus" in der DDR sollte auch die Frauenfrage lösen. Hier wurden die Frauen früher und fast ohne Ausnahme in den Arbeitsprozess eingegliedert. Aus dem garantierten „Recht auf Arbeit" wurde eine „Pflicht zur Arbeit". Der Staat ermöglichte die hohe Erwerbstätigkeit der Frauen durch sozialpolitische Maßnahmen: Die Kinderbetreuung war kostenlos, Familiengründungen wurden finanziell gefördert und in den 1970er-Jahren wurde ein vollbezahltes „Babyjahr" eingeführt. Diese Regelungen halfen, Beruf und Familie miteinander zu vereinbaren. Zugleich sollten sie eine ausreichende Geburtenrate sichern.
Eine von der SED unabhängige Frauenbewegung war in der DDR nicht denkbar. Trotz der frauenfreundlichen Parolen blieb die Wirklichkeit dahinter zurück. Die Männer überließen den meist voll berufstätigen Ehefrauen rund drei Viertel der Hausarbeit. Das Durchschnittseinkommen der Frauen lag – wie im Westen – um 25 bis 30 Prozent unter dem der Männer. Von den führenden Positionen in Partei und Staat blieben die Frauen weitgehend ausgeschlossen. 1988 gab es nur eine Ministerin: Margot Honecker an der Spitze des „Ministeriums für Volksbildung".

Eine neue Frauenbewegung entsteht im Westen

Parallel zur „68er-Bewegung" pochten Frauen in der westlichen Welt stärker auf ihre Gleichberechtigung (*Emanzipation*) und die Verbesserung ihrer schulischen und beruflichen Möglichkeiten. Ihre Forderungen fanden nur allmählich Gehör in der Politik.
Dazu trug die Anfang der 1970er-Jahre in der Bundesrepublik entstandene autonome, von Parteien und Verbänden unabhängige Frauenbewegung bei. Sie nutzte die Medien, um Missstände anzuprangern. Besondere Resonanz fand 1971 die Aktion zur *Abschaffung des Abtreibungsverbotes* (*§ 218 Strafgesetzbuch*). Zahlreiche Frauen bekannten öffentlich, abgetrieben zu haben. Sie forderten mehr Aufklärung und das Recht auf Schwangerschaftsabbruch. Viele Christen und besonders die katholische Kirche lehnen dies bis heute ab. In der DDR wurde 1972 die Abtreibung innerhalb der ersten zwölf Schwangerschaftswochen nach dem Willen der Frau freigegeben.
1977 trat eine *Reform des Ehe- und Scheidungsrechts* in der Bundesrepublik in Kraft. Eheliche Pflichten und Rechte wurden weitgehend geschlechtsneutral geregelt und das Leitbild der Hausfrauenehe rechtlich aufgegeben. Ehescheidungen sind seitdem vom Verschulden des Einzelnen abgekoppelt, es gilt das „Zerrüttungsprinzip". Durch die *Reform des Namensrechts* wurde es Eheleuten möglich, den Namen der Frau als Familiennamen zu führen.

M1 Frauen im Deutschen Bundestag 1949 bis 1980*

Wahlperiode	*Abgeordnete insgesamt*	*darunter Frauen*	*Frauenanteil in %*
1949-53	410	28	6,8
1953-57	509	45	8,8
1957-61	519	48	9,2
1961-65	521	43	8,3
1965-69	518	36	6,9
1969-72	518	34	6,6
1972-76	518	30	5,8
1976-80	518	38	7,3

**jeweils zu Beginn der Wahlperiode*

Nach: Beate Hoecker (Hrsg.), Handbuch politische Partizipation von Frauen in Europa, Opladen 1998, S. 72

M2 Frauen in der DDR-Volkskammer

Wahlperiode	*Abgeordnete insgesamt*	*darunter Frauen*	*Frauenanteil in %*
1954-58	466	128	27,5
1958-63	500	114	24,5
1963-67	500	137	27,4
1967-71	500	153	30,6
1971-76	500	159	31,8
1976-81	500	168	33,6

Notwendiger Hinweis: *Bei dieser Übersicht ist zu beachten, dass die Abgeordneten der DDR-Volkskammer nicht im Rahmen einer freien und geheimen Wahl bestimmt wurden und keinen vergleichbaren Einfluss nehmen konnten wie Bundestagsabgeordnete.*

Nach: Werner J. Patzelt/Roland Schirmer (Hrsg.), Die Volkskammer der DDR. Sozialistischer Parlamentarismus in Theorie und Praxis, Wiesbaden 2002, S. 392 f. (die Anzahl der Abgeordneten wurde hinzugefügt)

M3 „Zweite Schicht."
Gemälde des Leipziger Malers Kurt Dornis von 1986 (Ausschnitt).

M4 Weibliche Erwerbsquote in der Bundesrepublik Deutschland

Anteil der Erwerbspersonen an 100 Frauen*			
1950	1960	1970	1980
31,3	33,6	30,2	32,6

**In der Bundesrepublik werden als „Erwerbspersonen" sowohl die „Erwerbstätigen" als auch die „Erwerbslosen" gezählt.*

Statistisches Bundesamt (Hrsg.), Datenreport 2002, Bonn ^{2}2003, S. 89

M5 Anteil der weiblichen Erwerbstätigen an der weiblichen Bevölkerung in der DDR

(in Prozent)		
1955	1970	1980
52,5	66,1	73,2

Die Mitarbeiter der Armee, Polizei, Staatssicherheit, Parteien und sonstigen Organisationen wurden nicht berücksichtigt.

Nach: Gunnar Winkler (Hrsg.), Frauenreport '90, Berlin 1990, S. 63

▶ ***Internettipps:***
- *Archiv der deutschen Frauenbewegung: www.addf-kassel.de*
- *Haus der FrauenGeschichte: www.hdfg.de*
- *Informationen zur Gleichstellung von Männern und Frauen: www.bmfsfj.de/BMFSFJ/gleichstellung.html*

1. *Vergleiche und erläutere die Statistiken M1 und M2 sowie M4 und M5 hinsichtlich des Verfassungsgebotes der Gleichberechtigung.*

2. *Informiere dich über den aktuellen Frauenanteil im Deutschen Bundestag und im Landtag deines Bundeslandes sowie über den aktuellen Anteil der weiblichen Erwerbstätigkeit in deinem Bundesland.*

3. *Interpretiere das Bild (M3). Inwiefern traf die Aussage stärker auf die DDR als auf die Bundesrepublik Deutschland zu? Erörtert, ob das Problem noch aktuell ist.*

Ein Umweltbewusstsein entsteht

1 Duisburg-Bruckhausen im Sommer.
Foto von J. H. Darchinger, 1971.
■ Beschreibe *die Auswirkungen der Schadstoffe.*

Eine neue politische Aufgabe

Etwa um 1960 begann eine internationale Debatte über Umweltschutz. Dabei erwies sich die Veröffentlichung des Buches „Der stumme Frühling“ von *Rachel Carson* 1962 als besonders medienwirksam. Sie informierte erstmals über die giftigen DDT-Rückstände in den Nahrungsmitteln.

Zur gleichen Zeit wurde Umweltschutz auch zum Thema in der bundesdeutschen Politik. So versprach die SPD im Wahlkampf 1961 einen „blauen Himmel über der Ruhr“. Ein breiteres Umweltbewusstsein entstand durch Naturschutzverbände und Bürgerinitiativen. Langsam erkannte die Politik die Notwendigkeit umfassender Aktivität.

Die umweltpolitische Wende im Westen

Eine der ersten Maßnahmen zum Umweltschutz der sozial-liberalen Koalition war das *Gesetz zur Verminderung von Luftverunreinigungen durch Benzin* von 1971. Weitere Gesetze und Verordnungen folgten. Die Industrie erfüllte die Auflagen aus Kostengründen zunächst nur widerwillig. Erst 1975 wurde bleifreies Benzin für Personenkraftwagen eingeführt. Es setzte sich am Markt durch und trug zum Rückgang der Umweltbelastung mit Blei bei.

Mit der Parole „AKW – nee!“ demonstrierten Ende der 1970er- und Anfang der 1980er-Jahre Atomkraftgegner sowohl gegen das nukleare Entsorgungszentrum in Gorleben (Niedersachsen) als auch gegen die Wiederaufbereitungsanlage Wackersdorf in der Oberpfalz (Bayern) für abgebrannte Brennstäbe aus Kernkraftwerken sowie den Bau neuer Kernkraftwerke. Diese Forderungen der Umweltschützer fanden noch wenig politische Unterstützung, obwohl der Umweltschutz seit Anfang der 1970er-Jahre zum Programm aller Parteien gehörte. Davon profitierte die 1980 auf Bundesebene gegründete Partei *Die Grünen*. Abgeordnete der Partei wurden 1983 erstmals in den Bundestag gewählt. Sie forderten Alternativen zur wachstumsorientierten Wirtschaft und engagierten sich in der Friedensbewegung.

Nach der Reaktorkatastrophe von Tschernobyl bei Kiew/ Sowjetunion im April 1986,* von der auch die Deutschen durch den Anstieg der Strahlenbelastung betroffen waren, wurde ein *Bundesministerium für Umwelt, Naturschutz und Reaktorsicherheit* eingerichtet. Schon vorher gelangten weitere ökologische Fragen in die politische Debatte: der Zustand der Wälder, die bedrohte Ozonschicht und seit den 1990er-Jahren die globale Klimaerwärmung.

Umwelt im Sozialismus

Große Umweltprobleme gab es auch in der DDR. Doch die SED unterdrückte eine breite öffentliche Diskussion darüber. Wegen fehlender Filter und der üblichen Braunkohleheizung wurde die Luftverschmutzung ganzer Regionen immer brisanter. Die Atomkraftwerke galten im Sozialismus als sicher. Gegen diese Verharmlosung wehrten sich seit Ende der 1970er-Jahre vermehrt Umweltgruppen, häufig im Austausch mit bundesdeutschen Partnern. Sie wurden misstrauisch von der Stasi überwacht. Bis zum Ende der DDR kamen aus Finanznot kaum ökologische Verbesserungen auf den Weg.

Siehe dazu auch Seite 280.

M1 Ausstoß von Schadstoffen

Angaben: 1000 t pro Jahr	1975		1985		1989	
	BRD	DDR	BRD	DDR	BRD	DDR
Stickstoffoxide	2550	610	2950	670	2700	700
Schwefeldioxid	3350	4100	2400	5400	1000	5250
Kohlenmonoxid	14000	2950	8900	3700	8250	3750
Staub	810	2700	580	2350	460	2100
Kohlendioxid	738000	306000	738000	350000	705000	343000

Nach: Mike Dennis/Johannes-Dieter Steinert, Deutschland 1945-1990. Von der bedingungslosen Kapitulation zur Vereinigung, Schwalbach/Ts. 2005, S. 228

▶ ***Internettipps:***
- *www.bmu.de*
- *www.umwelt.org*

M2 Erste Fahrraddemonstration in Ost-Berlin.
Foto von Tom Sello vom 4. Juli 1982. Die Teilnehmer wurden vom Ministerium für Staatssicherheit observiert und fotografiert.

M3 „Ein Umbruch ist notwendig"
Im ersten Bundesprogramm der Grünen, das auf dem Saarbrücker Bundesparteitag im März 1980 verabschiedet wird, heißt es:
Die in Bonn etablierten* Parteien verhalten sich, als sei auf dem endlichen Planeten Erde eine unendliche industrielle Produktionssteigerung möglich. [...]
Die ökologische Weltkrise verschärft sich von Tag zu Tag: Die Rohstoffe verknappen sich, Giftskandal reiht sich an Giftskandal, Tiergattungen werden ausgerottet, Pflanzenarten sterben aus, Flüsse und Weltmeere verwandeln sich in Kloaken, der Mensch droht inmitten einer späten Industrie- und Konsumgesellschaft geistig und seelisch zu verkümmern, wir bürden den nachfolgenden Generationen eine unheimliche Erbschaft auf. [...]
Ein völliger Umbruch unseres kurzfristig orientierten wirtschaftlichen Zweckdenkens ist notwendig. [...]
Ausgehend von den Naturgesetzen und insbesondere von der Erkenntnis, dass in einem begrenzten System kein unbegrenztes Wachstum möglich ist, heißt ökologische Politik, uns selbst und unsere Umwelt als Teil der Natur zu begreifen. [...]
Unsere Politik ist eine Politik der aktiven Partnerschaft mit der Natur und dem Menschen. Sie gelingt am besten in selbstbestimmten und selbstversorgenden überschaubaren Wirtschafts- und Verwaltungseinheiten.

Zit. nach: Irmgard Wilharm (Hrsg.), Deutsche Geschichte 1962-1983, Bd. 2, Frankfurt a. M. 1985, S. 227

* **in Bonn etabliert**: *im Bundestag (Parlament) vertreten*

M4 Die Grünen.
Plakat (84,5 x 59,7 cm) zur Europaparlamentswahl von 1979.

1. *Informiere dich über die Schadstoffe und analysiere die Statistik (M1).*
2. *Nenne die Schwierigkeiten, auf die die Umweltbewegung in der DDR stieß (M2 und Darstellung).*
3. *Erkläre, weshalb Umweltschutzmaßnahmen auf Widerstände stießen.*
4. *Nenne die Ziele der Grünen. Erörtere die Argumente (M3 und M4).*
5. *Recherchiert in Gruppenarbeit konkrete Beispiele, wie die Regierungen in der Bundesrepublik auf Umweltprobleme reagiert haben, ob diese gelöst oder gemindert werden konnten oder heute noch bestehen. Erarbeitet daraus politische Forderungen. Ihr könnt eure Ergebnisse in euer Portfolio aufnehmen.*

Zwei deutsche Konsumgesellschaften

1 VW 1300.
Modell von 1967.
Der Volkswagen wurde von 1938 bis 2003 stetig weiterentwickelt, ohne seine Grundform zu verändern. Ende der 1960er-Jahre kostete der VW in der Bundesrepublik etwa fünf Bruttomonatsgehälter eines Industriefacharbeiters.

2 Trabant P 60.
Modell von 1962.
Der Trabi wurde von Mitte der 1950er-Jahre bis 1990 kaum verändert produziert. Der Preis entsprach etwa dem Jahreseinkommen eines DDR-Industriefacharbeiters.

Gegensätzliche Wirtschaftssysteme

Beide deutsche Staaten waren fortgeschrittene Konsumgesellschaften, in denen das jahrzehntelange Wachstum der Industrie einen hohen Wohlstand ermöglichte. Dabei erwies sich die marktwirtschaftliche Bundesrepublik der planwirtschaftlichen DDR als klar überlegen. Technische Erneuerungen wurden im Westen schneller und effektiver umgesetzt als im Osten. Während sich der Export ostdeutscher Waren auf den Ostblock konzentrieren musste, exportierte der Westen in die ganze Welt.

Soziale Sicherheit in der DDR

In der DDR gab es keine direkte Arbeitslosigkeit, obwohl hier die Erwerbstätigkeit der Frauen bedeutend höher war als in der Bundesrepublik. Doch die Arbeitskräfte wurden hier oft nicht produktiv eingesetzt – und deutlich geringer bezahlt als im Westen. In der Bundesrepublik wuchs die Produktivität* der Arbeitnehmer, und die Einkommen der gut ausgebildeten Erwerbstätigen stiegen. Gleichzeitig nahm aber seit Mitte der 1970er-Jahre die Arbeitslosigkeit zu.

Während die Regierung in Ost-Berlin durch kostspielige Subventionen der Preise im Grundbedarf wie für Brot und Mieten ein Gefühl sozialer Sicherheit für alle Bürger erzeugen wollte, setzte der Westen auf gezielte Unterstützung und Förderung der Arbeitslosen und sozial Schwachen.

Die Bundesrepublik – ein „Modell Deutschland"?

Die Bundesrepublik befand sich Mitte der 1960er-Jahre in ihrer ersten Rezession. Das Wirtschaftswachstum sank und die Zahl der Arbeitslosen stieg. Um die Probleme zu lösen, führte die ab 1966 regierende Große Koalition aus SPD und CDU/CSU eine *Konzertierte Aktion* ein: Alle an der Wirtschaft beteiligten Gruppen sollten zusammenarbeiten, die Regierung und die Opposition, der Bundesrat, Banken, Gewerkschaften und Arbeitgeberverbände sowie Vertreter der Städte und Gemeinden, um Verbesserungen zu erreichen.

Auch später versuchten die Bundesregierungen vielfach, im Konsens mit den sozialen Gruppen und politischen Vertretern durch Interessenausgleich wichtige Maßnahmen durchzusetzen, um für die Bürger soziale Sicherheit und wirtschaftliches Wachstum zu sichern. Ein hoher sozialer Standard wurde erzielt. Zwar zeigten sich bald Grenzen der Mitbestimmung in den Unternehmen, dennoch prägte der „rheinische Kapitalismus" mit dem Streben nach Konsens lange Jahrzehnte die soziale Atmosphäre der Bundesrepublik. 1976 führte die SPD ihren Bundestagswahlkampf für dieses politische „Modell Deutschland". Zu seinen Schwachpunkten gehörte aber das Vermeiden harter Reformeinschnitte, wie sie andere europäische Staaten wie z.B. Großbritannien teilweise gegen eine wachsende Staatsverschuldung durchführten.

*__Produktivität__: *Wirtschaftsleistung im Verhältnis zu den Kosten*

Die DDR – ein diktatorischer Wohlfahrtsstaat?

Glaubte man der SED, wurde „alles getan für das Wohl der Menschen, für das Glück des Volkes, für die Interessen der Arbeiterklasse und aller Werktätigen" (*Sozialpolitisches Programm* von 1972).

Unter Honecker versuchte die SED, den Bedürfnissen nach Konsum und sozialer Sicherheit besser als bisher gerecht zu werden. Die Mindestlöhne und Renten stiegen, Urlaub wurde verlängert und bis 1990 sollte es endlich genug Wohnungen geben. Doch blieb das Warenangebot immer hinter den Wünschen zurück. Verfallende Häuser in den historischen Innenstädten, Warteschlangen vor den Geschäften und zeitweilige Unterversorgung mit Konsumgütern kennzeichneten den „real existierenden Sozialismus".

Privater Konsum im Vergleich

In der Ausstattung mit hochwertigen Konsumgütern wie Autos oder Unterhaltungselektronik behielt der Westen einen deutlichen Vorsprung, auch wenn der Osten meist im Abstand einiger Jahre nachzog. Noch 1989 mussten Ostdeutsche allerdings bis zu zwölf Jahre auf ein neues, aber technisch rückständiges Auto warten. Urlaubsreisen wurden seit den 1960er-Jahren üblich. Die Bundesbürger konnten ihre Ferienorte je nach Einkommen frei wählen. Dagegen blieb der Horizont der Ostdeutschen begrenzt: Für Reisen in den Westen gab es kaum Genehmigungen. Während in der Bundesrepublik der „Traum vom Eigenheim" vom Staat gefördert wurde, lebten die meisten DDR-Bürger in beengten Hochhauswohnungen („Plattenbauten") oder unsanierten Altbauten zur Miete.

Ostdeutsche „Nischengesellschaft"

Trotz bescheidener Fortschritte gelang es der SED nie, die Mehrheit der Bevölkerung für sich zu gewinnen. Freie Wahlen blieben daher undenkbar. Die von der Partei unter dem Motto „Arbeite mit, plane mit!" ständig geforderten Aktivitäten, entsprachen nicht dem Willen der Mehrheit. Die Menschen passten sich allerdings an, um persönliche Nachteile zu vermeiden. In der Öffentlichkeit „beteten" sie die Parolen der SED nach, insgeheim dachten viele anders. Die Familien schauten oft Westfernsehen, doch durften die Kinder darüber in der Schule nicht sprechen. So entstand allmählich eine „*Nischengesellschaft*". Man zog sich in die Privatsphäre, in den Freundeskreis und die Schrebergärten („*Datschen*") zurück. Weitere „Ausweichräume" boten ansonsten nur noch die Kirchen. In diesen „Nischen" lebten die DDR-Bürger ohne Risiko, oft in gegenseitiger Hilfe solidarisch und „geborgen".

3 Preise in der DDR von 1989.
Die Preise hatten nichts mit den Kosten für die Herstellung oder die Bereitstellung von Gütern und Leistungen zu tun.

Grenze der Leistungsfähigkeit

Die DDR lebte seit den 1970er-Jahren ständig über ihre finanziellen Verhältnisse. Zu den Subventionen für die „sozialistischen Errungenschaften" kamen die gewaltigen Ausgaben für das Militär und den Sicherheitsapparat zur Überwachung und Einschüchterung der Bevölkerung. Die zentral gelenkte Planwirtschaft war immer weniger in der Lage, auf die steigenden Rohstoffpreise und die beschleunigte technische Entwicklung (z.B. im Bereich der Mikroelektronik) zu reagieren. Wirtschaftliche Einbußen und Rückstände waren die Folge.

Die hohen Staatsschulden konnten in der DDR nur notdürftig gedeckt werden: durch Waffenexporte und Müllimporte, Kredite aus dem Westen sowie geheim gehaltene Einnahmen für die Freilassung politischer Gefangener. Für etwa 34 000 Häftlinge zahlte die Bundesrepublik von 1963 bis 1989 3,56 Mrd. DM (= 1,8 Mrd. Euro) an die DDR.

- *In der DDR wurde folgender Witz erzählt: „Warum kostet eine S-Bahn-Fahrkarte bei uns 20 Pfennig und im Westen 2 Mark?" „Bei uns musst du zehnmal fahren, um etwas zu kriegen." Erkläre die Pointe.*

M1 Das Wirtschaftswachstum der Bundesrepublik Deutschland.

Daten nach: Bundesministerium für Wirtschaft (Hrsg.), Leistung in Zahlen bzw. Wirtschaft in Zahlen, verschiedene Jahrgänge

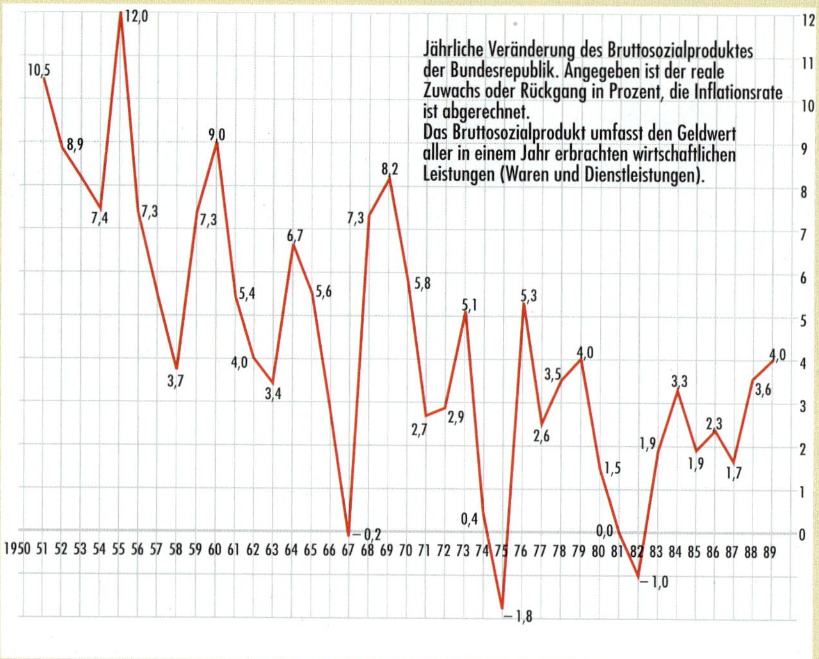

M2 Der Arbeitsmarkt in der Bundesrepublik Deutschland.

Daten nach: Jahresgutachten 1979, Tab. 9 und Bundesministerium für Wirtschaft (Hrsg.), Wirtschaft in Zahlen, Jg. '87 und '92

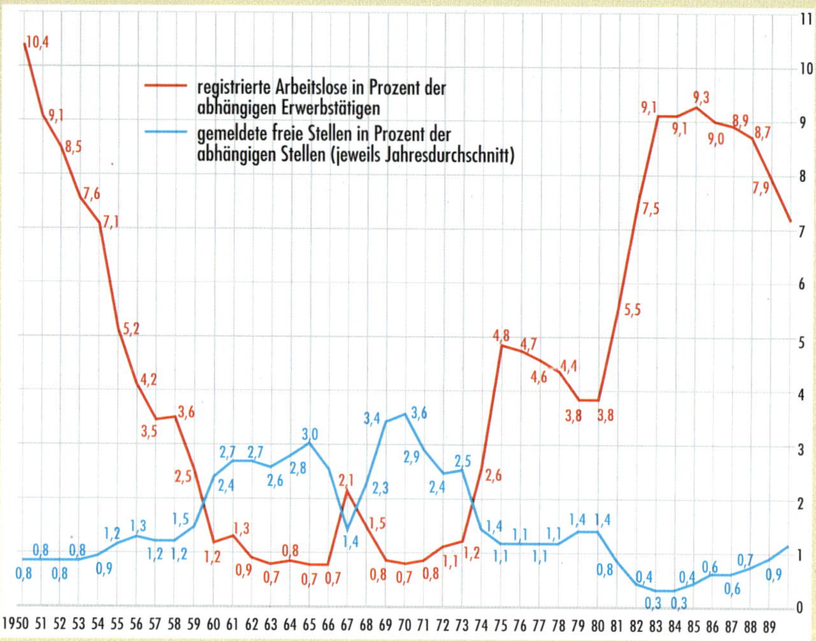

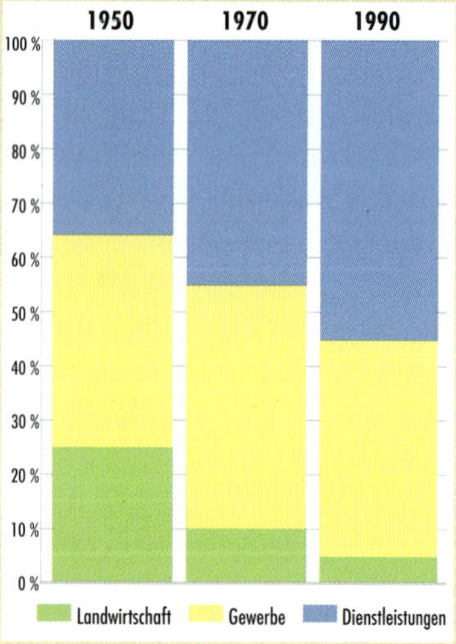

M3 Erwerbstätige nach Wirtschaftsbereichen in der Bundesrepublik Deutschland.

1. *Beschreibe den Konjunkturverlauf (M 1). Vergleiche die Entwicklung mit M 2 und M 3.*
2. *Nenne Berufe des Wirtschaftsbereiches, in dem zwischen 1950 und 1990 die meisten Stellen geschaffen wurden (M 3).*
3. *Informiere dich über den Wandel der Wirtschaftsstruktur in deinem Wohn- oder Schulort und der Region. Setze dich mit den Folgen auseinander. Präsentiere deine Ergebnisse in einem Vortrag.*

M4 Preisunterschiede 1985

	DDR (Mark)	*BRD (DM)*
Miete	75,00[1]	411,00[2]
Strom (75 kWh)	7,50	31,60
Straßenbahn/Bus	0,20	2,07
Brot (1 kg)	0,52	3,17
Rinderbraten (1 kg)	9,80	17,19
Kartoffeln (5 kg)	0,85	4,94
Kaffee (500 g)	35,00	8,93
Damenstrumpfhose	14,00	5,23
Kühlschrank	1425,00[3]	559,00[4]
Radio-Recorder	1160,00	194,00
Farbfernseher	4900,00[5]	1593,00[6]
Waschmaschine	2300,00	981,00
Taschenrechner	123,00	25,00

[1] 2-Zimmer-Wohnung; [2] 3-Zimmer-Wohnung; [3] 125 l; [4] 160 l; [5] 51 cm; [6] 66 cm

Nach: Ulrich Bongertmann, Deutschland 1949-1990, in: Praxis Geschichte 3/2005, S. 14

M5 Beschwerden

1987 teilt ein Bürger dem Ministerium für Handel und Versorgung in Ost-Berlin mit:

Wegen eines beabsichtigten Kaufes eines Waschvollautomaten [...] suchten meine Frau und ich die einschlägigen Verkaufseinrichtungen [...] unter Verwendung von zwei Urlaubstagen vergeblich auf. Die in den Verkaufseinrichtungen ausgestellten Geräte stellen nur Beratungsmuster dar. Wie uns von den mit dem Verkauf beauftragten Mitarbeitern übereinstimmend mitgeteilt wurde, werden zu unbestimmbaren Zeiträumen lediglich 4-5 Maschinen angeliefert, die natürlich sofort verkauft sind. Alle Menschen, die tagsüber ehrlich ihrer Arbeit nachgehen, haben so ständig das Nachsehen.

Zit. nach: Annette Kaminsky, Wohlstand, Schönheit, Glück. Kleine Konsumgeschichte der DDR, München 2001, S. 150

M6 „Heute keine Ware."
Schild (18 x 33 cm) eines DDR-Blumenladens, 1975.

M7 Ausstattung privater Haushalte mit langlebigen Gebrauchsgütern

	1960 *DDR*	**1962** *Bundesrepublik*	**1965** *DDR*	**1973** *Bundesrepublik*	**1975** *DDR*	**1988** *Bundesrepublik*	**1988** *DDR*
Von je 100 Haushalten besaßen:							
PKW	3	27	8	55	26	68	52
Kühlschränke	6	52	26	93	85	104	99
Gefrierschränke	–	3	–	28	4	72	43
Fernsehgeräte	17	36	49	89	82	97	96
Farbfernsehgeräte	–	–	–	15	3	87	52

Angaben auf- bzw. abgerundet nach: Klaus Schroeder, Der SED-Staat. Geschichte und Strukturen der DDR, München 1998, S. 577; Statistisches Bundesamt (Hrsg.), Statistisches Jahrbuch 1988, passim; Statistisches Bundesamt (Hrsg.), Datenreport 1992, München 1992, S. 130

M8 Verbrauchsausgaben 1989

Von den Verbrauchsausgaben einer vierköpfigen Arbeitnehmerfamilie mit mittlerem Einkommen sind bestimmt für:

	in der Bundesrepublik Deutschland	*in der DDR*
Angaben in %		
Miete, Heizung, Strom, Gas	24	6
Ernährung	20	30
Genussmittel	6	11
Verkehr, Auto, Post	16	9
Möbel, Hausrat	8	11
Bildung und Unterhaltung	8	12
Bekleidung und Schuhe	8	12
Persönliche Ausstattung	7	6
Körper und Gesundheitspflege	3	3

Angaben nach: Globus Infografik 8008

▶ ***Internettipp:*** *Zu Wirtschaft, Arbeit und Gesellschaft in der DDR siehe www.deinegeschichte.de*

1. *Eine durchschnittliche DDR-Arbeitnehmerfamilie hatte 1989 – nach Kaufkraft in DM umgerechnet – ein Nettoeinkommen von rund DM 2 000,00; eine vierköpfige Arbeitnehmerfamilie kam in der Bundesrepublik mit allen Nebeneinnahmen, Gratifikationen und Kindergeld auf etwa DM 4 000,00 netto. Vergleiche vor diesem Hintergrund die Preisunterschiede (M 4), die Ausstattung privater Haushalte (M 7) und die Verbrauchsausgaben (M 8).*
2. *Erläutere, was M 5 und M 6 über das Wirtschaftssystem der DDR aussagen.*

Krisen in West und Ost

1 Titelblatt des Nachrichtenmagazins „Der Spiegel" vom 6. Dezember 1982.
Noch nie seit 1954 waren in der Bundesrepublik so viele arbeitslos: 2,03 Millionen Menschen.

Stimmungswechsel

Der Nahost-Konflikt führte nach 1973 zu einer ersten Ölkrise.* Folge der gestiegenen Energiekosten waren Wachstumsschwächen der Wirtschaft (*Stagnationen*). Die Bürger in Ost und West forderten von der Politik, die soziale Sicherheit und den Massenkonsum weiter zu garantieren.

In der Bundesrepublik wurden die teuren Reformen der sozial-liberalen Regierung von vielen Politikern infrage gestellt, als das Haushaltsdefizit vor allem wegen erhöhter Sozialausgaben eine Rekordhöhe erreichte. Eine konservative Wende deutete sich an. Resigniert trat Brandt im Mai 1974 zurück, nachdem sein langjähriger Mitarbeiter *Günter Guillaume* als Spion der DDR enttarnt worden war.

Die Aufgabe der Stabilisierung fiel dem Finanzminister *Helmut Schmidt* (SPD) als neuem Bundeskanzler zu. Er verstand sich als „Krisenmanager", der den Staat durch schwierige Zeiten zu führen hatte, darunter den Terrorismus der RAF. Da sich die Konjunktur trotz weiterer Staatsverschuldung nicht verbessern ließ, wurden die Sozialleistungen gekürzt und gleichzeitig den Unternehmern Steueranreize für Investitionen gegeben. Dennoch stieg ab 1980 die Arbeitslosenzahl über eine Million.

**Lies dazu Seite 309.*

Die „Wende" in Bonn

Der FDP fiel die Reformpolitik der eigenen Koalitionsregierung nicht entschlossen genug aus. Der Parteivorsitzende *Hans-Dietrich Genscher* forderte im August 1981 eine „Wende", Wirtschaftsminister *Otto Graf Lambsdorff* wurde im September 1982 konkret: Kürzungen der Ausbildungsförderung und Arbeitslosenhilfe sowie die Reform der Krankenversicherung. Außerdem wollte er die Altersgrenze für Rentner anheben.

Als die SPD-Basis diesen Kurswechsel nicht mittrug und ihrem Kanzler Schmidt auch wegen des von ihm angeregten NATO-Doppelbeschlusses** das Vertrauen entzog, entschied sich die FDP zum Koalitionswechsel. Am 1. Oktober 1982 bestimmte der Deutsche Bundestag erstmals in seiner Geschichte durch ein konstruktives Misstrauensvotum einen neuen Kanzler. Gewählt wurde der CDU-Vorsitzende *Helmut Kohl*. Er verkündete eine „Wende", um die Beschäftigungskrise zu überwinden.

Neuwahlen

In den vorgezogenen Wahlen vom März 1983 wurde die christlich-liberale Koalition bestätigt. Durch stärkeres Sparen und noch mehr Investitionsanreize für die Unternehmer strebte die CDU/FDP-Regierung Erfolge an. Trotz weltwirtschaftlicher Erholung gelang ihr dies nur teilweise. Im Februar 1985 wurden 2,6 Millionen Arbeitslose gezählt. Die Ursachen lagen in der steigenden Zahl der Erwerbsfähigen, die auf den Arbeitsmarkt drängten, sowie in der weiteren Modernisierung der Betriebe. Trotz zwei Millionen neuer Arbeitsplätze sank die Zahl der Arbeitslosen kaum.

Auch die notwendigen Reformen der Renten- und Krankenversicherung unterblieben. Und trotz aller Einsparungen im sozialen Bereich stiegen die Staatsausgaben und wuchsen die Staatsschulden.

Was Honecker von Kohl fordert

1980 verlangte Honecker von der Bundesregierung die Anerkennung „zweier souveräner, voneinander unabhängiger Staaten" und einer DDR-Staatsbürgerschaft. Darauf ließen sich die westdeutschen Politiker nicht ein. Als Druckmittel erhöhte die DDR daraufhin den Zwangsumtausch für bundesdeutsche Besucher. Bonn setzte die deutsch-deutschen Kontakte fort, um ein weiteres Auseinanderleben zu verhindern. Dies nutzte die DDR aus: Alle Übereinkünfte musste die Bundesrepublik bezahlen – vom Postabkommen 1976 über mehrere Reise- und Verkehrsvereinbarungen bis zum Kulturvertrag 1986.

***Lies dazu Seite 278.*

▶ ***Lesetipp:***
Barbara Bollwahn, Der Klassenfeind + ich, Hamburg 2009

Die DDR erstarrt

Auch die DDR musste höhere Preise für das von der Sowjetunion bezogene Erdöl zahlen und steigerte deshalb den umweltschädlichen Abbau heimischer Braunkohle. Für Honecker kam es aber nicht infrage, den Massenkonsum durch drastisches Sparen einzuschränken. Fehlende Investitionen in die Produktionsanlagen und technologischer Rückstand (*Computerindustrie*) waren die Folge. Die DDR fiel immer weiter hinter den Westen zurück. Viele Ostdeutsche resignierten und stellten trotz Repressalien Ausreiseanträge.

Die wirtschaftliche Krise vergrößerte die Staatsverschuldung. 1983 half die Bundesregierung der DDR mit einem Milliardenkredit aus der Schuldenklemme heraus, wofür sie einen Teil der Sicherungsanlagen an der Grenze abbaute. 1989 mussten die ostdeutschen Ökonomen die Zahlungsunfähigkeit ihres Staates eingestehen. Das taten sie natürlich nicht öffentlich.

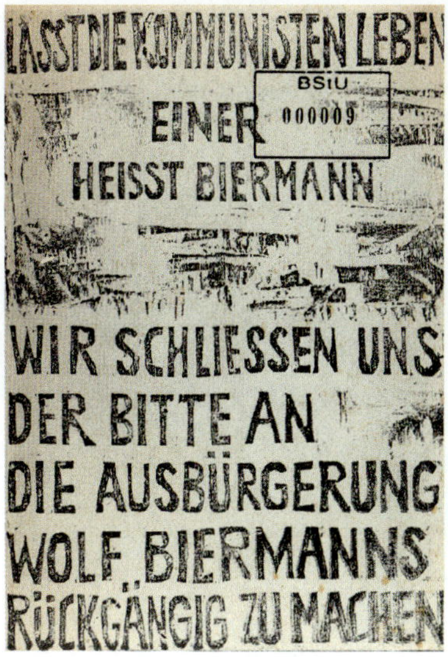

2 **Vom MfS beschlagnahmtes Flugblatt.**
Flugblatt von 1976.
Die Ausbürgerung Wolf Biermanns im November 1976 löste eine Protestwelle aus. Zwölf namhafte Schriftsteller der DDR unterschrieben eine Petition dagegen; 400 weitere DDR-Bürger solidarisierten sich mit ihnen. Als Folge der Ausbürgerung registrierte das MfS: 1096 Flugblätter, 101 vorläufig festgenommene Personen und 180 Aktionen in den Bezirken Halle, Potsdam, Gera, Dresden, Karl-Marx-Stadt (heute: Chemnitz), Berlin und Leipzig.

Der Stasi-Staat wird ausgebaut

Der Machtanspruch der SED nahm keine Rücksicht auf Menschen- und Bürgerrechte – trotz ihrer Verankerung in der Verfassung. Zensur, Wahlbetrug, Reisebeschränkungen sowie Eingriffe in das Post- und Fernmeldegeheimnis waren alltäglich.

„Schild und Schwert" der Partei war das *Ministerium für Staatssicherheit* (MfS) unter *Erich Mielke*. Es arbeitete eng mit den Geheimpolizeien aller Ostblockstaaten zusammen. Die *Stasi* kontrollierte, überwachte und schüchterte die Bevölkerung ein. Bei seiner Gründung 1950 zählte das MfS etwa 2700, nach dem 17. Juni 1953 fast 14000 Mitarbeiter. Zwanzig Jahre später wuchs der Apparat auf 52700 Beschäftigte an. Auch während der Entspannungspolitik erhöhte sich die Zahl weiter auf am Ende 91000 Mitarbeiter. Außerdem bespitzelten im Auftrag der Stasi 1989 flächendeckend etwa 174000 *Inoffizielle Mitarbeiter* (IM) Nachbarn, Freunde, Arbeitskollegen, Mitschüler und sogar Ehepartner! Auch Westdeutsche haben für die Stasi gearbeitet. Insgesamt waren wohl von 1949 bis 1989 mehr als 12000 Bundesbürger im Westen als IM tätig, zuletzt waren es noch etwa 1550.

Kritik am Regime

Offener Widerspruch gegen die SED war in der DDR immer gefährlich. Regimekritiker wie der international anerkannte Naturwissenschaftler *Robert Havemann* und der Liedermacher *Wolf Biermann* – überzeugte Kommunisten – wurden in den 1970er-Jahren wegen ihres öffentlichen Eintretens für die Meinungsfreiheit mit Berufsverbot bestraft, ständig überwacht und bedroht und im Fall Biermann auch in die Bundesrepublik ausgebürgert (1976). Künstler und Schriftsteller, die dagegen protestierten, wurden teilweise genauso behandelt oder kamen ins Gefängnis.

Nach der Unterzeichnung der KSZE-Schlussakte 1975* entstanden in der DDR neue Gruppen von Regimekritikern. Sie organisierten sich in Friedensseminaren, Umweltschutz-, Frauen- und Menschenrechtsinitiativen. Häufig trafen sie sich im Schutz der evangelischen Kirche, die ihre Räume zur Verfügung stellte.

Immer dringlicher und mutiger forderten die Gruppen in den 1980er-Jahren von der SED mehr Rechte. Stasi-Mitarbeiter versuchten sie zu zermürben und auszuschalten. Personen wurden verhaftet und gegen ihren Willen ausgebürgert. Überall wurden Spitzel in Gruppen eingeschleust. Verdächtige verloren ihren Arbeitsplatz, wurden bei Freunden in Misskredit gebracht, bedroht und erpresst. Dennoch: Die Zahl der Oppositionellen und Sympathisanten wuchs ständig.

Bürgerrechtler, kritische Marxisten, Anhänger der Friedens- oder Umweltbewegung, engagierte Christen und Übersiedlungswillige, aber auch unangepasste Jugendliche wie Punks – alle galten in der DDR als „Staatsfeinde".

▶ ***Filmtipps:***
- *Das Leben der Anderen; Regie: Florian von Donnersmarck, 2006*
- *Das Haus; Regie: Thomas Heise, 1984/85 (DVD 2011)*
- *Volkspolizei; Regie: Thomas Heise, 1984/85 (DVD 2011)*

Lies dazu Seite 276.

▶ ***Internettipp:***
Informationen zum MfS siehe unter www.bstu.bund.de

M1 Unangepasste Jugendliche.
Foto von Ralf Vogel von einer Wochenendveranstaltung in Rudolstadt vom 20. bis 22. Juni 1986. Unter dem Dach der Evangelischen Kirche trafen sich verschiedene alternative Jugendgruppen.

M2 „Prügelknaben"
Dieter („Otze") Ehrlich von der Punkband „Schleim-Keim" aus Stotternheim bei Erfurt schreibt 1984 folgenden Song:

Sie sitzen ganz oben in hohem Amt
Sie sind allmächtig, sie regieren das Land
Gesetze aus Gummi, Schutz ihrer Macht
Das Volk ist beschnitten und wird überwacht
Gedanken werden sterilisiert
Worte durch Zensur kastriert
Bilder verfälscht, um den Schein zu wahren
Sich stärker zeigen nach langen Jahren
Den Willen nehmen und verformen
In den Normen durch genormte Normen
Aufgebehren durch Gewalt verwehren
Sich nur um des Nachbars Fehler scheren
Das ist die Realität
Und du merkst, wie die Zeit vergeht
Du merkst, wie du langsam hier verfaulst
Und langsam wie eine Katze jaulst
Wir wollen nicht mehr, wie ihr wollt
Wir wollen unsere Freiheit
Wir sind das Volk, wir sind die Macht
Wir fordern Gerechtigkeit
Wir sind das Volk, wir sind die Macht
Es ist zu spät, wenn es erstmal kracht
Wir wollen nicht länger eure Prügelknaben sein.

Zit. nach: Michael Rauhut, Rock in der DDR 1964 bis 1989, Bonn 2002, S. 117

M3 Für Menschenrechte
Die DDR-Führung unterschreibt in den 1970er- und Anfang der 1980er-Jahre internationale Menschenrechtsvereinbarungen (siehe M1, Seite 277). Daraufhin richten Anfang Juli 1985 einige Bürger aus kirchlichen Kreisen der DDR folgenden offenen Brief an die Teilnehmer der kommunistischen Weltjugendfestspiele in Moskau:

Wir meinen, dass die volle und allseitige Entwicklung und Verwirklichung der Menschen, speziell der Jugend, nur möglich ist, wenn die in der Allgemeinen Erklärung der Menschenrechte festgeschriebenen Grundrechte voll verwirklicht werden. Da dies bisher nach unserer Kenntnis in keinem Land erreicht ist, sehen wir es als eine internationale Aufgabe an, die volle Verwirklichung der Allgemeinen Menschenrechte durchzusetzen [...]. Für uns in der DDR ist die Durchsetzung folgender Rechte eine wichtige Aufgabe:

- Recht auf freie Meinungsäußerung
- Recht auf freie Information
- Recht auf Freizügigkeit
- Recht auf uneingeschränkte Reisefreiheit
- Recht auf Versammlungs- und Vereinigungsfreiheit
- Chancengleichheit in der Bildung, unabhängig von Religion und Weltanschauung. [...]

Wir möchten mit diesem Brief nicht eine gegen die DDR gerichtete Propaganda unterstützen, sondern möchten konstruktiv* an der Gestaltung der gesellschaftlichen Verhältnisse in unserem Lande mitarbeiten.

Frankfurter Allgemeine Zeitung vom 18. Juli 1985

* **konstruktiv**: *aufbauend*

▶ ***Lesetipps:***
- *Klaus Kordon, Auf der Sonnenseite. Roman, Weinheim 2011*
- *Grit Poppe, Weggesperrt, Hamburg 2011*
- *Hermann Vinke, Gegen den Strom der Unfreiheit. Zeitzeugen der DDR erinnern sich, Ravensburg 2013*

▶ ***Filmtipp:***
Nikolaikirche; Regie: Frank Beyer, 1995 (nach dem gleichnamigen Roman von Erich Loest)

▶ ***Internettipps:***
- *www.jugendopposition.de*
- *www.archiv-buergerbewegung.de*
- *www.havemann-gesellschaft.de*

1. *Erläutere mithilfe von M1 bis M3 die politischen und gesellschaftlichen Verhältnisse in der DDR in den 1980er-Jahren.*
2. *Beschreibe, was vor allem junge Menschen in der DDR störte (M2 bis M3). Welche Handlungsmöglichkeiten hatten sie?*

Jugendlicher Protest gegen den „Mauerstaat“

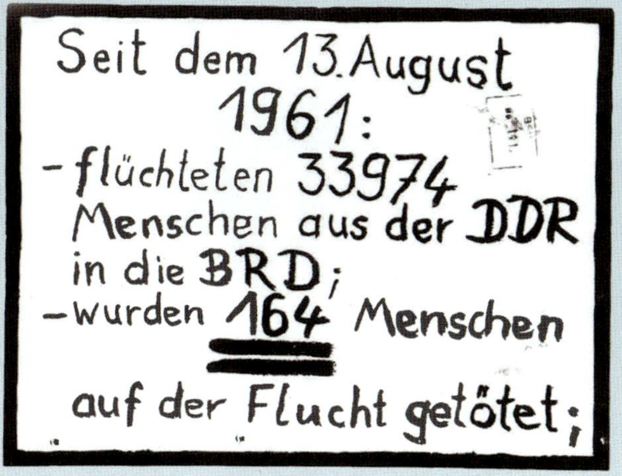

M1 Plakat von Jörg Drieselmann vom 13. August 1974.

„Staatsfeindliche Hetze“

Seit 1973 steht der 17-jährige Lehrling Jörg Drieselmann im Visier der Staatsmacht. Am 13. August 1974, dem Jahrestag des Mauerbaus, bringt er ein Plakat im A3-Format mit zur Arbeit und legt es zusammengerollt auf seinen Arbeitsplatz. Er hatte es erstellt, nachdem er am Abend zuvor mit einem Freund zusammen eine Sendung im Westfernsehen über die aktuellen Flüchtlings- und Todeszahlen gesehen hatte. Das Plakat wird von einem Arbeitskollegen entdeckt – und noch am selben Tag wird er von der Stasi in die Erfurter Untersuchungshaftanstalt überführt.

Während der einjährigen Untersuchungshaft werden die Schuldvorwürfe gegen Jörg Drieselmann ausgeweitet. Als Anführer einer „Untergrundgruppe“ soll er Flugblätter verteilt, Drohanrufe durchgeführt sowie Überfälle auf die Polizei geplant haben. Fünf Freunde werden inhaftiert und verurteilt. Am 28. Juli 1975 wird Jörg Drieselmann durch das Bezirksgericht Erfurt wegen mehrfacher, gemeinschaftlich begangener „Staatsfeindlicher Hetze“ und „Terror“ zu vier Jahren und drei Monaten Freiheitsstrafe verurteil und in die Strafvollzugseinrichtung nach Cottbus eingewiesen. Am 15. September 1976 kauft ihn die Bundesrepublik frei. Heute ist Jörg Drieselmann Leiter des „Stasi-Museums“ in Berlin.

▶ ***Exkursions- und Internettipps:***

- *Bildungs- und Gedenkstätte Andreasstraße in Erfurt (http://gesellschaft-zeitgeschichte.de/stasi-u-haft)*
- *Gedenkstätte Amthordurchgang in Gera (www.torhaus-gera.de)*
- *www.bstu.bund.de (Behörden in Erfurt, Gera und Suhl)*
- *www.jugendopposition.de*

M2 Erste geheime Personeneinschätzung

Bereits vor der Plakataktion verfasst ein Berufsschullehrer für die Staatsmacht am 4. März 1974 folgenden Bericht:

Der Lehrling Drieselmann ist mir seit 1½ Jahren aus dem Unterricht in den Fächern Staatsbürgerkunde und Betriebsökonomie bekannt.

Während er sich im 1. Halbjahr kaum am Unterricht in diesen Fächern beteiligte und sich überhaupt schlaksig benahm, begann er im 2. Halbjahr außerordentlich provokative Fragen zu stellen. [...] Verschiedene persönliche Aussprachen hatten keinen Erfolg.

Im Januar ds. Jahres hatte Drieselmann die Frühdiskussion zu bestreiten. Er trat vor die Klasse und stellte die Frage: „Hat der sozialistische Staat das Recht, die freie Meinungsäußerung zu unterbinden bzw. zu unterdrücken?“ [...]

Vierzehn Tage später legte die Klasse die Prüfung für das „Abzeichen für gutes Wissen“ ab. Drieselmann machte die Prüfung für das Abzeichen in Gold.*

In der Frühdiskussion wurde er von seinen Klassenkameraden gefragt, wie gerade er dazu käme, das „Abzeichen für gutes Wissen“ zu erwerben. Das entspräche nicht seiner Überzeugung und er würde auch gar nicht entsprechend handeln.

Antwort Drieselmanns: „Es gibt in der BRD einen Jesuitenpater der sagt: Man muss den Marxismus-Leninismus studieren, um ihn widerlegen zu können, und danach handle ich.“ [...]

Da ich den Eindruck hatte, Dieselmann bewege sich in einer gewissen Gruppe, informierte ich darüber die Schulleitung mit der Bitte um Weitergabe an die staatlichen Organe.

Erfurt, den 4.3.1974

Aus dem Aktenbestand der Staatssicherheit (BStU, MfS, BV Erfurt, AOP, Nr. 1704/75, S. 57)

**„Abzeichen für gutes Wissen“ war eine Auszeichnung der FDJ, die im Rahmen des (schulbegleitenden) „FDJ-Studienjahres“ nach einer Prüfung zum marxistisch-leninistischen Wissen in den Stufen Gold, Silber und Bronze vergeben wurde.*

1. *Arbeite aus M2 heraus, wie der Berufsschullehrer seinen Lehrling einschätzt.*
2. *Beurteile die Argumentation und das Verhalten des Lehrers (M2). Beachte, wen er informierte.*
3. *Charakterisiere den Jugendlichen. Hältst du ihn für übermütig und dumm oder mutig und selbstbewusst? Begründe deine Meinung (M1 und M2).*
4. *Führt ein Zeitzeugenprojekt zum Thema „Jugendliche und Stasi“ durch. Projektangebote und Hilfestellungen findet ihr unter www.thueringen.de/de/tlstu.*

Durchblick – Kompetenzen überprüfen

M1 Zwei Weltanschauungen

„Der einzige Weg zur restlosen Befreiung der Menschen", behauptete 1960 Nikita Chruschtschow, Nachfolger Stalins im Kreml, sei der „Weg des Kommunismus". Der damalige US-Präsident John F. Kennedy hielt dagegen: „Die Zukunft gehört denjenigen, die sich für die Freiheit des Einzelnen einsetzen."

Zit. nach: Georg Bönisch/Klaus Wiegrefe, Am Abgrund, in: Norbert F. Pötzl/Rainer Traub, Der Kalte Krieg, München 2009, S. 19

M2 Mauerbau.
Karikatur aus der westdeutschen Zeitung „Die Welt" vom 14. August 1961.
Die Figur auf dem Brandenburger Tor stellt Walter Ulbricht dar.

M3 Nach dem Mauerbau.
Karikatur aus dem „Neuen Deutschland", dem Zentralorgan der SED, vom 23. August 1961.

Atomwaffen – Berliner Mauer – Demokratie – Diktatur – Entspannungspolitik – Freiheit – Kapitalismus – Kommunismus – Konsumbedürfnisse – Kuba-Krise – freie Marktwirtschaft – NATO – Planwirtschaft – Vietnam-Krieg – Warschauer Pakt – Wettrüsten

M4 Stichwörter zu den Höhepunkten des Kalten Krieges.

M5 „Die Welt ist gerettet."
Karikatur von Paul Flora, die am 14. Juni 1963 in der Wochenzeitung „Die Zeit" veröffentlicht wurde.

M6 „Gewiss nicht komfortabel, aber statt des Seils doch immerhin schon ein Brett."
Karikatur aus den „Stuttgarter Nachrichten" vom 11. November 1971.
Egon Bahr, der die Ostpolitik der SPD maßgeblich mitgestaltet hat, zeigt dem „deutschen Michel" den Weg.

M 7 „Die Ausgezeichnete."
Ölgemälde (124,5 x 100,0 cm) von Wolfgang Mattheuer, 1973/74. Das Bild stellt eine von der SED-Führung ausgezeichnete „Heldin der Arbeit" dar.

M 8 Frauen in Ost und West
Die westdeutsche Reporterin Eva Windmöller berichtet um 1980:

Wir waren dabei, als zwei junge uneheliche Mütter aus West- und Ost-Berlin, beide Grafikerinnen, einen Abend lang Erfahrungen austauschten. Am Ende war die West-Berlinerin, die mit Baby, Beruf und Privatleben nicht zurande kam, so beeindruckt davon, wie die Ost-Berlinerin ihr Leben schmiss: der Junge in einer Wochenkrippe für 1,40 Mark am Tag versorgt, dazu noch Kraft für den Freundeskreis, das Wochenende intensiv mit dem Kind – dass sie ernsthaft überlegte, ob sie in der DDR nicht besser dran wäre.

Zit. nach: Eva Windmöller/Thomas Höpker, Leben in der DDR, Hamburg 1980, S. 197

M 9 Gedenktafel an der ehemaligen MfS-Untersuchungshaftanstalt in Erfurt.
Das Gefängnis ist heute die „Bildungs- und Gedenkstätte Andreasstraße". An der Mauer vor dem Haupteingang befindet sich die abgebildete Bronzetafel von 1992.

1. *Erkläre die in M 1 zitierten Weltanschauungen. Erörtere ihre Bedeutung für den Kalten Krieg.*
2. *Die „Berliner Mauer" galt als ein Symbol des Kalten Krieges. Erläutere diese Behauptung. Analysiere die Sichtweisen der Karikaturen (M 2 und M 3).*
3. *Gestalte mit den Stichwörtern in M 4 ein Schaubild zum Kalten Krieg. Tipps: Gehe von den weltanschaulichen (siehe M 1) und militarischen Voraussetzungen aus, nenne dann die Herrschafts- und die Wirtschaftsformen und zähle zuletzt einige innen- und außenpolitischen Folgen auf.*
4. *Interpretiere die Karikatur M 5. Berücksichtige den historischen Kontext. Tipp: Lies dazu Seite 238.*
5. *Historiker haben behauptet, das „Gleichgewicht des Schreckens" habe die Atommächte berechenbarer gemacht. Beurteile diese Aussage. Berücksichtige dabei die „heißen" Kriege mit Millionen von Toten.*
6. *Analysiere die Karikatur M 6. Beachte, dass der Grundlagenvertrag Teil der Ostpolitik war (siehe Seite 253 f.), die sich um einen „Wandel durch Annäherung" (siehe Seite 245, M 1) bemühte. Wie interpretiert der Zeichner die Chancen für die deutsch-deutschen Beziehungen?*
7. *Beschreibe das Gemälde (M 7) und seine Wirkung auf dich. Welche Absichten könnte Mattheuer mit dem Bild verfolgt haben? Berücksichtige dabei die Rolle der Frau in der DDR (siehe Seite 258 f.).*
8. *Erläutere, wozu du der West-Berlinerin geraten hättest (M 8). Begründe deine Meinung.*
9. *Diskutiert, ob es einen Zusammenhang zwischen dem Kalten Krieg, der „Stasi" und den politischen Häftlingen in der DDR gibt. Was bedeutet das für das Gedenken an die Opfer der SED-Herrschaft (M 9)?*

Einblick – Orientierung gewinnen

Noch Mitte der 1980er-Jahre gingen die wenigsten Zeitgenossen davon aus, dass der Ost-West-Konflikt schon bald Geschichte sein würde. Noch weniger haben sie vorhergesehen, dass es 1991 keine Sowjetunion und keinen Warschauer Pakt mehr geben und dass sich die EU und die NATO nach Ostmitteleuropa ausdehnen würde. Wie dies möglich wurde und welche neuen weltpolitischen Gefahren seither heraufzogen, erfährst du im folgenden Kapitel. Dabei sind die Autoren folgenden Fragen nachgegangen:

- Welche Ursachen hatten die Aufstände und Revolutionen im sowjetischen Machtbereich? Welche Rolle spielte Gorbatschows Politik dabei?
- Warum zerfielen die UdSSR und der Warschauer Pakt?
- Unter welchen Bedingungen stimmten die ehemaligen Alliierten einer Wiedervereinigung Deutschlands zu?
- Wie ging die Wiedervereinigung vonstatten?
- Wie entwickelte sich die EU seither und welche Rolle spielen die USA und Russland in der Weltpolitik?
- Wieso gelingt es nicht, den Nahen Osten zu befrieden?
- Welche Folgen hatten die Anschläge vom 11. September 2001 für die internationale Sicherheit?

An den behandelten Ereignissen kannst du die Bedeutung der Wendejahre 1989/90 für die Geschichte Deutschlands sowie für die Weltgeschichte untersuchen.

1 „Helsinki und die Folgen."
Karikatur von Ivan Staiger aus dem „Deutschen Allgemeinen Sonntagsblatt" vom 19. Oktober 1975.

2 „Die Russen einfach totrüsten."
Karikatur von Luis Murschetz aus der Wochenzeitung „Die Zeit" vom 28. August 1981.

3 „Schwerter zu Pflugscharen."
Die ostdeutsche Friedensbewegung organisierte sich seit Anfang der 1980er-Jahre unter diesem biblischen Motto.

1970 – 1980 – 1990

- **1975**: Die KSZE-Schlussakte von Helsinki nennt Grundsätze für das friedliche Zusammenleben der Völker in Europa
- **1979**: Sowjetischer Einmarsch in Afghanistan
- **1985**: Gorbatschow beginnt in der Sowjetunion seine Glasnost- und Perestroika-Politik
- **1988/89**: Friedliche Revolutionen in Mittel- und Osteuropa
- **18. März 1989**: Freie Wahlen zur DDR-Volkskammer
- **9. Nov. 1989**: Fall der Berliner Mauer: Grenzübergänge nach West-Berlin und in die Bundesrepublik werden geöffnet
- **3. Okt. 1990**: Wiedervereinigung: Mit dem Beitritt der fünf ostdeutschen Länder und Ost-Berlins zur Bundesrepublik wird die deutsche Einheit hergestellt
- **1991**: Die Sowjetunion und der

4 Wandel in Mittel-, Ost- und Südosteuropa bis 1991.

Angaben in Prozent	erfolgt	erfolgt nicht
1960	58	32
1980	17	82
1987	3	97

6 Gibt es noch eine Wiedervereinigung der beiden deutschen Staaten?
Angaben von westdeutschen Bürgern nach Umfragen von Meinungsforschungsinstituten.
Nach: Deutschland Archiv 22. Jg. (1989), H. 10, S. 1139 f.

5 Demonstration vor der Kreuzkirche in Dresden.
Foto vom 13./14. Februar 1988.

7 „Ohne Worte."
Karikatur von Horst Haitzinger vom 20. November 1990.
Hinweis: Die Karikatur zeigt (von rechts nach links) den deutschen Bundeskanzler Helmut Kohl, den französischen Staatspräsidenten François Mitterrand, US-Präsident George Bush und den sowjetischen Staatspräsidenten Michail S. Gorbatschow.

Mehr Freiheit im Ostblock?

1 KSZE-Schlusskonferenz in Helsinki.
Foto vom 1. August 1975.
Bundeskanzler Helmut Schmidt (vorne rechts) spricht mit dem DDR-Staatsratsvorsitzenden Erich Honecker.

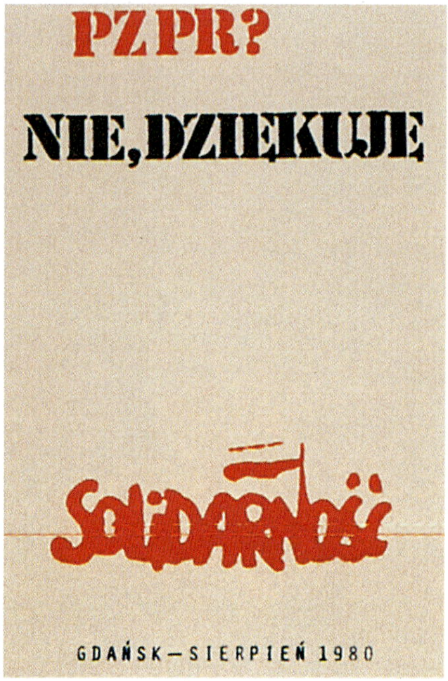

2 „PZPR? Nein, danke!"
Plakat der Gewerkschaftsbewegung „Solidarność" aus Danzig vom August 1980.

PZPR: *Abk. für die kommunistische „Polnische Vereinigte Arbeiterpartei"*

Der Anfang: die Schlussakte von Helsinki

Eine neue Runde internationaler Zusammenarbeit begann mit der *Konferenz über Sicherheit und Zusammenarbeit in Europa* (KSZE). Darin hatten sich alle Staaten zusammengeschlossen, die Verantwortung für Europa trugen. Dazu gehörten die Mitglieder des *Warschauer Paktes* ebenso wie die der *NATO*. Mit einem Treffen der Außenminister begannen 1971 die Verhandlungen in Helsinki. Am 1. August 1975 unterschrieben 35 Staats- und Regierungschefs die *KSZE-Schlussakte von Helsinki*. Sie war zwar kein völkerrechtlich verbindlicher Vertrag, aber politisch folgenreich. Bürgerrechtsgruppen machten sie zum Prüfstein der Innen- und Außenpolitik ihrer Regierungen. In den Ostblockstaaten ermutigte die Schlussakte einige Intellektuelle, Verletzungen der Menschenrechte öffentlich anzuzeigen. Die Forderung nach Menschenrechten blieb in den kommunistischen Staaten aber trotz KSZE-Vereinbarung gefährlich. Bürgerrechtler wurden weiterhin öffentlich verleumdet und verfolgt, erhielten Berufsverbote oder wurden – wie der tschechoslowakische Schriftsteller *Václav Havel* – ins Gefängnis gesteckt.

Die Solidarność in Polen

Der KSZE-Prozess stärkte auch in Polen die Oppositionskräfte. Ende der 1970er-Jahre war es zu Konflikten zwischen den Arbeitern und der Kommunistischen Partei gekommen. Die Arbeiter forderten weitreichende wirtschaftliche und politische Reformen.
Nach einem landesweiten Streik im Jahre 1980, den Werftarbeiter in Danzig ausgelöst hatten, wurde die unabhängige Gewerkschaft *Solidarność* (dt. Solidarität) gegründet. Sie zählte bald neun Millionen Mitglieder und konnte von den Regierungen weder in Warschau noch in Moskau ignoriert werden.
Obwohl die polnische Krise sich zuspitzte, lehnte die sowjetische Führung anders als 1956 ein militärisches Eingreifen ab. Angesichts eigener Probleme war sie bereit, den polnischen Kommunisten die Klärung ihrer Angelegenheiten selbst zu überlassen. Nur die „führende Rolle der Partei", wie sie in der Verfassung festgeschrieben war, sollte nicht angetastet werden. Die polnische Regierung verhängte daraufhin 1981 das Kriegsrecht und verbot die zuvor zugelassene Solidarność. Trotzdem wurde es für die Kommunisten immer schwieriger, gegen die von der katholischen Kirche unterstützte Opposition unter der Führung des Elektrikers *Lech Walesa* zu regieren.

M1 **Die zehn KSZE-Prinzipien von 1975**

Die zehn Prinzipien für das friedliche Zusammenleben der Staaten gelten als eine Art „Grundgesetz". Alle Prinzipien sind von grundlegender Bedeutung, keines darf ohne die anderen ausgelegt werden:

I. Souveräne Gleichheit [...].
II. Enthaltung von der Androhung oder Anwendung von Gewalt [...].
III. Unverletzlichkeit der Grenzen [...].
IV. Territoriale Integrität der Staaten [...].
V. Friedliche Regelung von Streitfällen [...].
VI. Nichteinmischung in die inneren Angelegenheiten [...].
VII. Achtung der Menschenrechte und Grundfreiheiten, einschließlich der Gedanken-, Gewissens-, Religions- oder Überzeugungsfreiheit [...].
VIII. Gleichberechtigung und Selbstbestimmungsrecht der Völker [...].
IX. Zusammenarbeit zwischen den Staaten [...].
X. Erfüllung völkerrechtlicher Verpflichtungen nach Treu und Glauben [...].

Zit. nach: Europa-Archiv, 30. Jg. (1975), S. D 438 ff.

M2 **Die „Charta 77" in der ČSSR**

Nachdem die kommunistische Regierung in Prag die KSZE-Prinzipien (M1) bestätigt und im März 1976 in Kraft gesetzt hat, veröffentlicht eine Bürgerrechtsgruppe, zu der auch der Schriftsteller Václav Havel gehört, am 1. Januar 1977 eine Grundsatzerklärung. Sie kann in der ČSSR nur im Untergrund erscheinen. Ihre Verfasser und viele der Unterzeichner werden verhaftet:

[Die Veröffentlichung der KSZE-Prinzipien] ruft uns [...] mit neuer Eindringlichkeit in Erinnerung, wie viele Grundrechte des Bürgers in unserem Lande vorerst – leider – nur auf dem Papier gelten. Völlig illusorisch ist zum Beispiel das Recht auf freie Meinungsäußerung [...].

Zehntausenden von Bürgern wird es nur deshalb unmöglich gemacht, in ihrem Fach zu arbeiten, weil sie Ansichten vertreten, die sich von den offiziellen Ansichten unterscheiden. [...]

Die Verantwortung für die Einhaltung der Bürgerrechte im Lande obliegt selbstverständlich vor allem der politischen und staatlichen Macht. Aber nicht nur ihr. Jeder trägt sein Teil Verantwortung für die allgemeinen Verhältnisse [...].

Wir glauben daran, dass „Charta 77" dazu beitragen wird, dass in der Tschechoslowakei alle Bürger als freie Menschen arbeiten und leben können.

Durch ihren symbolischen Namen betont „Charta 77", dass sie an der Schwelle eines Jahres entsteht, das zum Jahr der Rechte politischer Gefangener erklärt wurde [...].

Zit. nach: Jiří Pelikán/Manfred Wilke (Hrsg.), Menschenrechte. Ein Jahrbuch zu Osteuropa, Reinbek bei Hamburg 1977, S. 221-225 (stark gekürzt)

M3 **Streikführer Lech Walesa auf der Lenin-Werft in Danzig.**
Foto vom 26. August 1980.
Unter Walesas Führung hatte ein Streikkomitee mit einer Regierungskommission über Forderungen (siehe M4) verhandelt und ein Abkommen geschlossen, das den Arbeitern das Streikrecht, die Gründung einer unabhängigen Gewerkschaft und soziale Verbesserungen versprach.

M4 **Forderungen von Danzig**

Am Anfang der oppositionellen Entwicklung in Polen stehen die 21 Forderungen des Danziger „Überbetrieblichen Streikkomitees" vom August 1980:

1. Akzeptierung von der Partei und den Arbeitgebern unabhängiger freier Gewerkschaften [...].
2. Garantie des Rechts auf Streik [...].
3. Einhaltung der von der Verfassung der Volksrepublik Polen garantierten Freiheit des Wortes, des Drucks und der Publikation, somit auch Duldung unabhängiger Zeitschriften und Zugang für Vertreter aller Glaubensbekenntnisse zu den Massenmedien. [...]

12. Einstellung von Führungskräften nach dem Prinzip der Qualifikation und nicht nach Parteizugehörigkeit sowie Abschaffung von Privilegien für Polizei, Sicherheitsdienst und Parteiapparat [...].

Zit. nach: Osteuropa-Archiv, 31. Jg. (1981), A S. 1 f.

1. *Nenne die KSZE-Grundsätze, die für die kommunistischen Herrscher und für die Bürger besonders wichtig waren (M1). Erläutere deine Auswahl.*

2. *Erläutere, was die Verfasser der „Charta 77" anklagen und einfordern (M2). Warum weisen sie darauf hin, dass jeder Bürger für die Einhaltung der Bürgerrechte mitverantwortlich ist?*

3. *Arbeite den möglichen Zusammenhang zwischen der Schlussakte von Helsinki (M1), der „Charta 77" (M2), den Forderungen von Danzig (M4) und dem offenen Brief an die Teilnehmer der Weltjugendfestspiele von 1985 (siehe M3, Seite 268) heraus.*

Doch keine Entspannung?

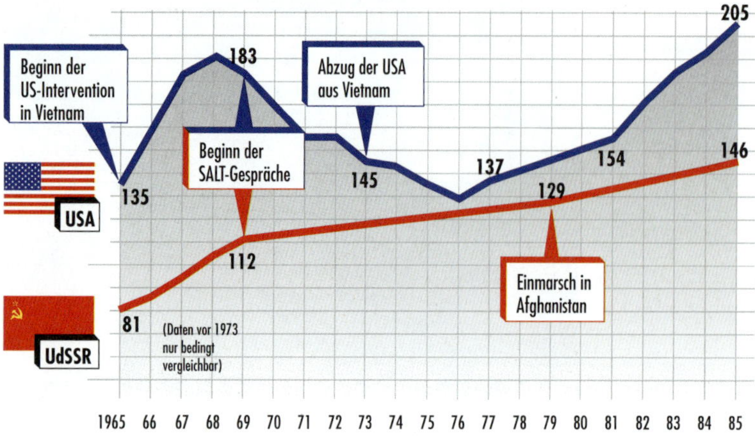

1 Verteidigungsausgaben der Supermächte in Mrd. Dollar (in Preisen von 1980).

Eine neue Phase der Ost-West-Konfrontation

Ab 1969 führten die beiden Supermächte in Helsinki Verhandlungen über die Beschränkung strategischer Nuklearwaffen (SALT). 1972 wurde das erste *SALT-Abkommen* unterzeichnet. Es beschränkte die Zahl der atomaren Angriffswaffen. Die weiteren SALT-Verhandlungen und der KSZE-Prozess hielten die Sowjetunion nicht davon ab, ihre Einflussbereiche in Afrika und Asien auszubauen und weiter aufzurüsten.

2 Friedensdemonstration im Bonner Hofgarten.
Foto vom 10. Oktober 1981.
Die von zahlreichen Organisationen aus dem In- und Ausland organisierte Demonstration in der damaligen Hauptstadt der Bundesrepublik stand unter dem Motto „Gegen die atomare Bedrohung gemeinsam vorgehen". An der Abschlusskundgebung nahmen etwa 250 000 Menschen teil. Zu den Rednern zählte auch der Literaturnobelpreisträger Heinrich Böll. Weitere Großdemonstrationen, an denen zum Teil noch mehr Menschen teilnahmen, folgten.

Der NATO-Doppelbeschluss

In Westeuropa entzündete sich die Diskussion an den neuen sowjetischen SS-20-Mittelstreckenraketen. Diese konnten selbst vom asiatischen Teil der Sowjetunion aus alle europäischen Länder erreichen. Da die UdSSR diese Waffen aus den SALT-Verhandlungen ausgeklammert hatte, drohte eine militärische Überlegenheit der Sowjetunion in Europa. Angeregt durch Bundeskanzler *Helmut Schmidt* fasste das westliche Verteidigungsbündnis daher am 12. Dezember 1979 den *NATO-Doppelbeschluss*: Von Ende 1983 an sollten neue nukleare Mittelstreckenflugkörper in Westeuropa stationiert werden, falls die Sowjetunion nicht Zugeständnisse in den Abrüstungsverhandlungen machen würde. Obwohl die UdSSR gegen neue Mittelstreckenraketen in Westeuropa protestierte und es vor allem in der Bundesrepublik zu Massendemonstrationen kam, wurde die Stationierung durchgeführt.

Die Konfrontation nimmt zu

Eine neue Phase des *Kalten Krieges* hatte begonnen. Ein bereits unterschriebener Vertrag, der die Zahl der Interkontinentalraketen begrenzen sollte, wurde vom amerikanischen Senat nicht ratifiziert. Stattdessen schraubten die USA die Rüstungsausgaben in die Höhe und leiteten Handelsbeschränkungen gegenüber der Sowjetunion und deren Verbündeten ein. Von ihren westlichen Partnern erwarteten die Amerikaner, dass sie sich an diesen Aktionen ebenso beteiligten wie am Boykott der Olympischen Spiele 1980 in Moskau.

Auswirkungen der Hochrüstung

Mit der Aufstellung neuer Mittelstreckenraketen in Westeuropa wurden 1983 die sowjetisch-amerikanischen Rüstungskontrollverhandlungen abgebrochen. US-Präsident *Ronald Reagan*, der 1981 ins Weiße Haus eingezogen war, steigerte den Rüstungswettlauf. Er belastete die Staatshaushalte aller vom Kalten Krieg betroffenen Nationen enorm. Ende der 1980er-Jahre betrugen die Rüstungsausgaben der Sowjetunion 20 bis 25 Prozent des Bruttosozialproduktes. Ähnliche Verhältnisse sind für die Mitglieder des Warschauer Paktes anzunehmen. Dagegen lagen die Rüstungsausgaben der USA und ihrer Bündnispartner bei etwa sieben Prozent des Bruttosozialproduktes.

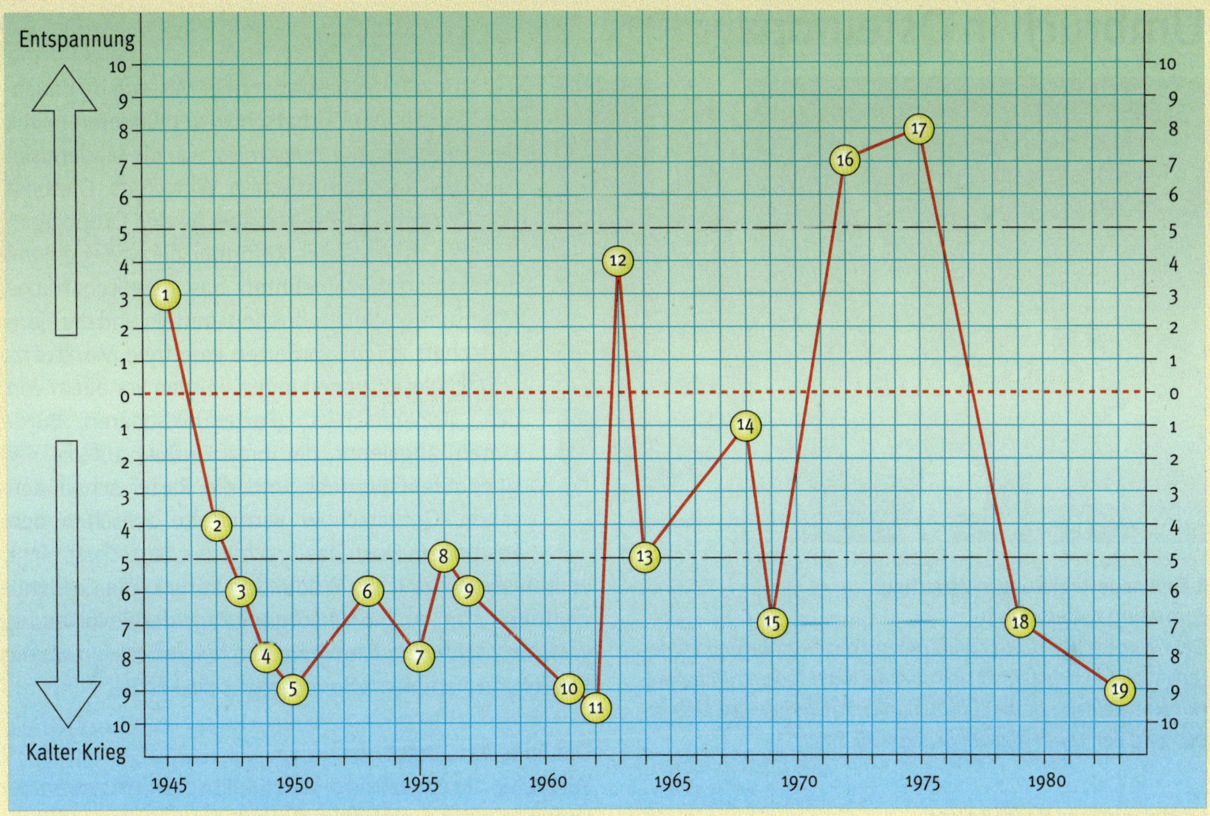

M1 „Fieberkurve."
Die Schärfe der Konfrontation und der Grad der Entspannung wurden von dem Politikwissenschaftler Karl Dietrich Bracher in eine Skala von –10 bis +10 eingeteilt. Im Mittelpunkt seiner Wertungen standen die amerikanisch-sowjetischen Beziehungen.
Grafik nach einer Idee von: Karl Dietrich Bracher, Die Krise Europas 1917-1975, Frankfurt a. M. 1976, S. 443

- (1) 1945 Ende des Zweiten Weltkrieges; Gründung der UNO
- (2) 1947 Truman-Doktrin und Marshall-Plan; Zwei-Lager-Theorie
- (3) 1948 Kommunistischer Umsturz in der ČSSR und Beginn der sowjetischen Blockade Berlins
- (4) 1949 Gründung der NATO; kommunistische Staatsgründung in der DDR
- (5) 1950 Ausbruch des Korea-Krieges
- (6) 1953 Tod Stalins; Volksaufstand in der DDR; Waffenstillstand in Korea
- (7) 1955 Bundesrepublik wird NATO-Mitglied; Gründung des Warschauer Paktes
- (8) 1956 Aufstände in Polen und Ungarn; Suez-Krise
- (9) 1957 „Sputnik"-Erfolg der Sowjetunion
- (10) 1961 Bau der Berliner Mauer
- (11) 1962 Kuba-Krise
- (12) 1963 Vertrag über Stopp von Atomtests; „Heißer Draht"
- (13) 1964 Die USA erhöhen ihren militärischen Einsatz in Vietnam
- (14) 1968 Kernwaffensperrvertrag; Ende des „Prager Frühlings"
- (15) 1969 Mondlandung der Amerikaner
- (16) 1972 SALT I-Abkommen begrenzt die Zahl nuklearer Angriffswaffen zwischen den USA und der UdSSR, Laufzeit 5 Jahre
- (17) 1975 Schlussakte der KSZE in Helsinki
- (18) 1979 NATO-Doppelbeschluss; sowjetischer Einmarsch in Afghanistan
- (19) 1983 Abbruch aller Rüstungskontrollverhandlungen

1. *Gliedere die Nachkriegsgeschichte in einer Tabelle in bestimmte Phasen (M1). Benenne die Abschnitte und begründe deine Gliederung.*
2. *Lege für dein Portfolio eine Liste der Ursachen für die Höhe- und Tiefpunkte im amerikanisch-sowjetischen Verhältnis an (M1).*
3. *Erstelle eine vergleichbare Fieberkurve zur deutsch-deutschen Entwicklung nach 1945. Vergleiche deine Kurve mit M1 und erläutere die Zusammenhänge.*

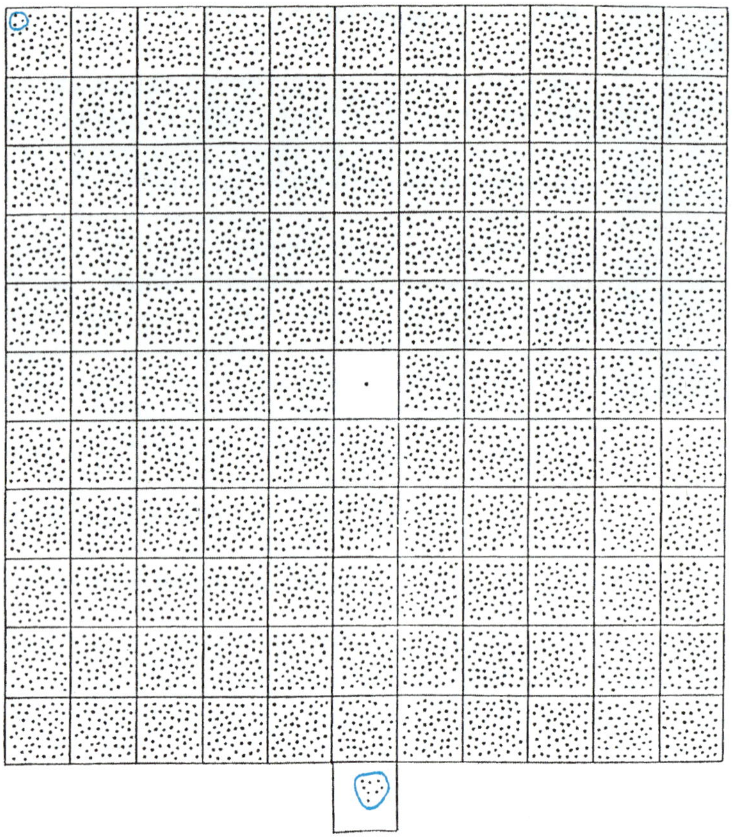

1 **Zerstörungskraft der Atomwaffen.**
Grafik aus der Wochenzeitung „Die Zeit“ vom 11. Januar 1985.
Der Punkt im Quadrat in der Mitte symbolisiert die gesamte im Zweiten Weltkrieg verwendete Zerstörungskraft der Waffen, der 55 Millionen Menschen zum Opfer fielen: drei Megatonnen. Die anderen Punkte stellen die Nuklear-Arsenale um 1985 dar. Die Vereinigten Staaten und die Sowjetunion verfügen über eine gleich große Zerstörungskraft. Der Kreis oben links schließt neun Megatonnen ein, die Waffen eines einzigen „Poseidon“-U-Bootes. Sie würden genügen, um die 200 größten sowjetischen Städte zu vernichten.
Der Kreis unten in der Mitte schließt 24 Megatonnen ein. Die Zerstörungskraft würde ausreichen, um alle größeren Städte der nördlichen Erdhalbkugel zu vernichten. Zwei Quadrate dieser Grafik (300 Megatonnen) stellen die Zerstörungskraft dar, die nötig wäre, um alle mittleren und großen Städte der Welt zu vernichten.

Das Ende des Kalten Krieges

„Politik der Stärke und des Dialogs“

US-Präsident Ronald Reagan, der 1984 mit großer Mehrheit wiedergewählt worden war, leitete trotz des beginnenden politischen Wandels in der Sowjetunion ein Programm der strategischen Erneuerung ein, zu dem auch die Aufrüstung des Weltraums (*Star Wars*) gehörte. Er scheute sich nicht, damit den Rüstungswettlauf weiter anzukurbeln. Als er es für möglich hielt, einen atomaren Krieg auf Europa zu begrenzen, wurde er von der Friedensbewegung scharf kritisiert.

Parallel zu den neuen Rüstungsanstrengungen nahm der US-Präsident mit der Sowjetunion *Verhandlungen über den Abbau strategischer Rüstungssysteme* (START) auf. Sie lösten die SALT-Verhandlungen ab. Reagans Bemühungen scheiterten zunächst an den Ausgangspositionen der beiden Supermächte: Die Amerikaner wollten die Rüstung vermindern, die Sowjets nur die Zahl der Waffen „einfrieren“.

Erst unter Gorbatschow konnten die Rüstungskontrollbemühungen erfolgreich weitergeführt werden. Im Dezember 1987 unterschrieben die beiden Staatschefs die ersten Abrüstungsvereinbarungen über nukleare Waffensysteme. Im Mai 1989 zogen sich die sowjetischen Truppen aus Afghanistan zurück. Ein halbes Jahr später verkündeten beide Mächte das Ende des Kalten Krieges.

2 „Glasnost.“
Titel eines Brettspiels, um 1990.

M1 **Generalsekretär Michail S. Gorbatschow trifft US-Präsident Ronald Reagan.**
Foto von der Genfer Gipfelkonferenz, November 1985.

M2 **Das Ende des Kalten Krieges**

Am 2. und 3. Dezember 1989 erörtern George H.W. Bush, Nachfolger Ronald Reagans, und Michail S. Gorbatschow die beiderseitigen Beziehungen. Auf der anschließenden Pressekonferenz kommt es zu folgender Aussage:

Frage: Vorsitzender Gorbatschow, Präsident Bush hat Sie aufgefordert, den Kalten Krieg ein für alle Mal zu beenden. Ist das Ihrer Ansicht nach jetzt geschehen?

Gorbatschow: Zunächst einmal habe ich dem amerikanischen Präsidenten versichert, dass die Sowjetunion niemals einen heißen Krieg gegen die Vereinigten Staaten beginnen würde. [...] Wir haben beide erklärt, die Welt trete nunmehr nach dem Kalten Krieg in eine neue Epoche ein. [...]

Viele Merkmale des Kalten Krieges sollten fallen gelassen werden, etwa das Wettrüsten, das Misstrauen, psychologische und ideologische Kontroversen usw. All das sollte der Vergangenheit angehören.

Zit. nach: Europa-Archiv, 45. Jg. (1990), S. D 41

M3 **Ein neues Zeitalter für Europa**

Am 21. November 1990 treffen sich die Staats- und Regierungschefs der KSZE-Teilnehmerstaaten in Paris; sie erklären:

Das Zeitalter der Konfrontation und der Teilung Europas ist zu Ende gegangen. Wir erklären, dass sich unsere Beziehungen künftig auf Achtung und Zusammenarbeit gründen werden.

Europa befreit sich vom Erbe der Vergangenheit. Durch den Mut von Männern und Frauen, die Willensstärke der Völker und die Kraft der Ideen der Schlussakte von Helsinki bricht in Europa ein neues Zeitalter der Demokratie, des Friedens und der Einheit an.

Zit. nach: Hagen Schulze/Ina Ulrike Paul (Hrsg.), Europäische Geschichte. Quellen und Materialien, München 1994, S. 306

M4 **Ein Vergleich**

Der Politikwissenschaftler Ernst-Otto Czempiel stellt 1991 in einer Studie fest:

Die Machtfiguren, die das internationale System seit 1945/46 bestimmt hatten, sind zerflossen; die Struktur des Ost-West-Konflikts, die die Nachkriegszeit beherrschte, hat sich aufgelöst. Das globale* System durchläuft einen Wandlungsprozess, der dem nach dem Zweiten Weltkrieg vergleichbar ist. Damals wie jetzt war ein großer globaler Konflikt zu Ende gegangen, damals wie jetzt formierte sich die internationale Politik neu. Zwar darf man die Unterschiede nicht verwischen. Der Zweite Weltkrieg hatte nur sechs Jahre gedauert, aber er hatte die gesamte damalige Welt verwüstet [...]. Der Ost-West-Konflikt artete nie in einen Krieg aus, selbst sein Ende verlief sanft. Seine politischen Wirkungen aber waren ungleich größer. Er hatte viel länger gedauert, verschlang in seiner akuten Phase nach 1949 fast 20 Billionen USD** an Rüstungsausgaben und beeinflusste die gesamte Welt. Insofern sind die Veränderungen, die er schuf, größer als die von 1945. Damals wurde ein Konflikt in Europa und Asien beendet. 1989/90 ging ein globaler Konflikt zu Ende, der die gesamte Welt erfasst und in seinen Bann geschlagen hatte.

Ernst-Otto Czempiel, Weltpolitik im Umbruch. Das internationale System nach dem Ende des Ost-West-Konflikts, München [4]2003, S. 12

***global**: *weltumspannend*
****USD**: *US-Dollar*

1. *Erläutere die Ursachen für den Wandel der Welt- und Europapolitik (M2 und M3).*
2. *Diskutiert Czempiels Urteil, die Welt sei durch den Kalten Krieg stärker als durch den Zweiten Weltkrieg verändert worden (M4).*

Die Sowjetunion zerfällt

1 „Ein Weltreich zerbricht."
Titelblatt vom 2. September 1991.
■ *Erkläre die verwendeten Symbole.*

Abkehr von Moskau

Das erste Zeichen für die Auflösung der Sowjetunion setzten die Bürger der *Estnischen Sozialistischen Sowjetrepublik*: Sie wollten ihre Souveränität zurück, die sie wie Letten und Litauer 1940 mit dem „Hitler-Stalin-Pakt" und dem folgenden Einmarsch sowjetischer Truppen verloren hatten. 1988 erklärten sie ihre Unabhängigkeit.

Das Beispiel der Esten ermutigte andere Sowjetrepubliken und Völker, mehr Selbstständigkeit oder nationale Unabhängigkeit zu fordern.

Gorbatschow versuchte, die Unabhängigkeitsbewegungen mit wirtschaftlichen, politischen und militärischen Mitteln zu stoppen. Während er eine Volksbefragung über den Fortbestand der Sowjetunion und einen neuen Unionsvertrag mit den Republiken ankündigte, gingen gleichzeitig Truppen gegen die Unabhängigkeitsbestrebungen in den baltischen Republiken vor. Doch die Unterdrückung scheiterte

- am Widerstand der Bevölkerung,
- wegen der solidarischen Unterstützung durch oppositionelle (demokratische) Kräfte anderer Republiken und
- weil der Westen protestierte und seine Wirtschaftshilfen für die UdSSR unterbrach.

Im März 1991 sprach sich die Mehrheit der Sowjetbürger für eine „erneuerte Föderation gleichberechtigter souveräner Republiken" mit garantierten Rechten für Angehörige aller Nationalitäten aus. Doch sechs Unionsrepubliken – neben den drei baltischen auch Armenien, Georgien und Moldawien – hatten an der Volksabstimmung nicht teilgenommen. Sie forderten ihre Unabhängigkeit von Moskau.

Am Rande des Abgrundes

Um 1990 kämpfte die politische Führung nicht nur gegen den Zerfall der Sowjetunion. Zugleich mussten immer größer werdende wirtschaftliche Probleme gelöst werden. Als die Mischung aus plan- und marktwirtschaftlichen Reformen keine Verbesserungen brachte, wurde der Übergang zur Marktwirtschaft in 500 Tagen beschlossen. Doch die Produktion sank weiter, die Versorgungslage verschlechterte sich und die Inflation wuchs.

Nach der Volksabstimmung über die Sowjetunion versuchten zwischen dem 18. und 21. August 1991 einige Männer aus Regierung, Staatssicherheitsdienst, Militär und KPdSU, die Macht an sich zu reißen, um die Sowjetunion und die kommunistische Gesellschaftsordnung zu „retten". Gorbatschow wurde unter Hausarrest gestellt. In Moskau, Leningrad und anderen Städten fuhren Panzer auf. Zeitungen, Rundfunk und Fernsehen wurden kontrolliert und Demonstrationen verboten.

Die Putschisten scheitern

Hunderttausende gingen dennoch auf die Straßen, um für Freiheit und Demokratie zu demonstrieren. An ihre Spitze stellte sich *Boris Jelzin*. Er war im Juli 1990 aus der KPdSU ausgetreten und in den ersten freien Wahlen nach der Oktoberrevolution seit 1917 im Juni 1991 zum Präsidenten der Sowjetrepublik Russland gewählt worden. Nach drei Tagen gaben die Putschisten auf. Sie waren ohne Unterstützung geblieben. Aus dem Machtkampf ging Jelzin als Gewinner hervor, weil Teile der Armeeführung und breite Bevölkerungskreise hinter ihm standen. Gorbatschow wurde für die Berufung der Putschisten in hohe Positionen verantwortlich gemacht. Er legte seine Funktion als Generalsekretär der Partei nieder, nachdem Jelzin der KPdSU jede Tätigkeit in Russland verboten hatte. Gorbatschow blieb aber das Amt des Staatspräsidenten.

Das Ende der Sowjetunion

Der Putschversuch ermutigte weitere Unionsrepubliken, ihre Unabhängigkeit zu erklären. Im September 1991 beschloss der „Kongress der Volksdeputierten" das Ende der Sowjetunion. Damit eröffnete dieses oberste sowjetische Verfassungsorgan den Weg von der zentralistischen UdSSR zu einem neuen Bund unabhängiger Staaten. Im Dezember 1991 vereinbarten die Regierungschefs Russlands, Weißrusslands und der Ukraine, die *Gemeinschaft Unabhängiger Staaten* (GUS) zu gründen. Dem Abkommen schlossen sich noch im selben Monat acht weitere Republiken an. Das war das Ende der Sowjetunion und der Präsidentschaft Gorbatschows.

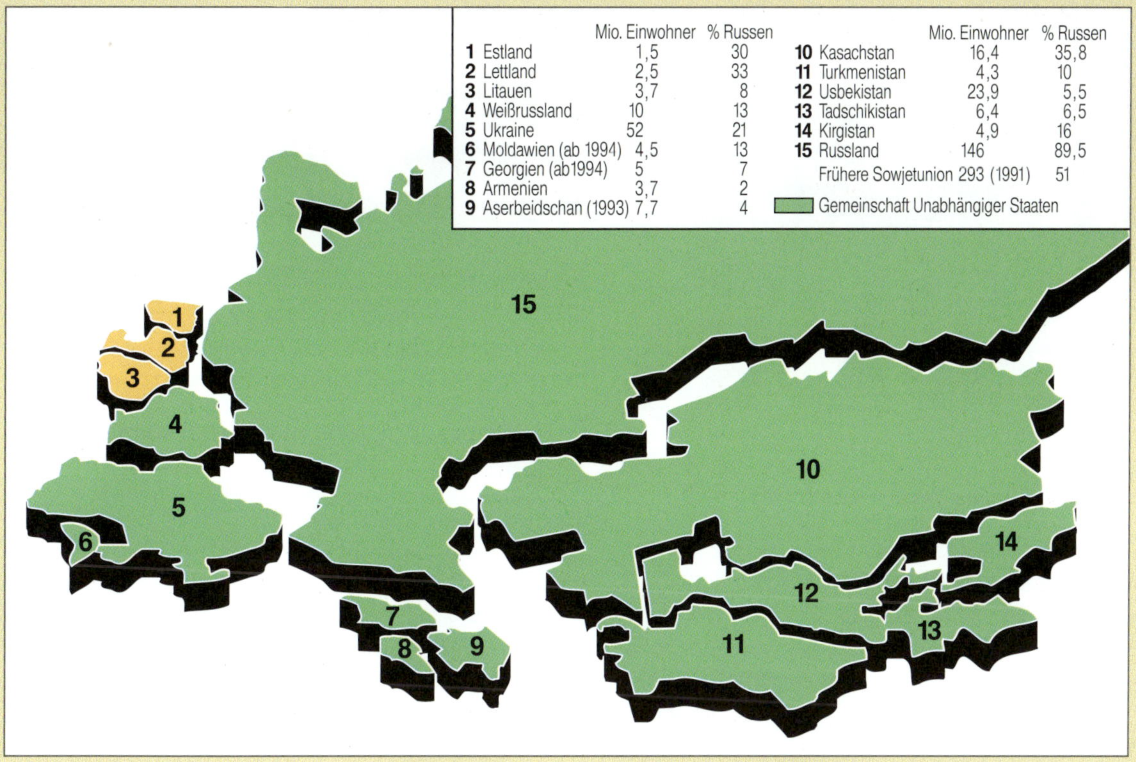

	Mio. Einwohner	% Russen
1 Estland	1,5	30
2 Lettland	2,5	33
3 Litauen	3,7	8
4 Weißrussland	10	13
5 Ukraine	52	21
6 Moldawien (ab 1994)	4,5	13
7 Georgien (ab1994)	5	7
8 Armenien	3,7	2
9 Aserbeidschan (1993)	7,7	4
10 Kasachstan	16,4	35,8
11 Turkmenistan	4,3	10
12 Usbekistan	23,9	5,5
13 Tadschikistan	6,4	6,5
14 Kirgistan	4,9	16
15 Russland	146	89,5
Frühere Sowjetunion	293 (1991)	51

M1 Die frühere Sowjetunion und die Staaten der GUS.
Stand: 1998.

M2 „Wir stehen am Abgrund"

Der russische Schriftsteller und Nobelpreisträger Alexander Solschenizyn, der 1974 aus seiner Heimat ausgewiesen worden ist, veröffentlicht vor seiner Rückkehr in seine Heimat im Juli 1990 folgende vielbeachtete Erklärung:

Wer von uns weiß heute nicht um unsere Nöte, die in verfälschten Statistiken versteckt wurden? Siebzig Jahre lang folgten wir der blind geborenen, missratenen marxistisch-leninistischen Utopie, verloren ein Drittel unserer Bevölkerung, sei es im Schlund eines stümperhaft und selbstzerstörerisch geführten „Vaterländischen Krieges", sei es auf dem Richtblock. Wir verschleuderten unseren einstigen Überfluss, vernichteten die Bauernklasse und ihre Dörfer. Wir wussten nicht mehr, was es heißt, Brot zu geben, gewöhnten der Erde ab, Frucht hervorzubringen, verwandelten sie in künstliche Meere und Sümpfe. Wir verpesteten Flüsse, Seen und Fische mit Industrieabfällen. Wir verdarben das letzte Wasser, die Luft, den Boden mit den Dreingaben des Atomtodes [...], [wir] holzten [...] räuberisch unsere Wälder ab, zerstörten ihre unvergleichlichen Schätze – das nicht wiederherzustellende Eigentum unserer Enkel. Gnadenlos haben wir es ins Ausland verkauft. Wir haben unsere Frauen durch körperliche Schwerstarbeit erschöpft, haben sie ihren Kindern entrissen, die Kinder der Barbarei, der Krankheit und einer falschen Erziehung ausgesetzt. Unsere Gesundheit ist vollständig zerrüttet, und es gibt keine Arzneien. Wir haben schon längst vergessen, wie man sich gesund ernährt. Millionen Menschen sind obdachlos, eine völlige Rechtlosigkeit hat das Land ganz und gar überflutet, und wir klammern uns nur an eins: Man soll uns nicht auch noch das ständige Besäufnis nehmen.

Doch der Mensch ist so beschaffen, dass er all diese Unsinnigkeit, all dieses Unheil ein Leben lang erträgt. Aber wehe, jemand wagt es, unsere Nation zu beleidigen! Dann hält uns nichts in unserer althergebrachten Demut. In kühnem Zorn ergreifen wir Steine, Stöcke, Lanzen, Gewehre und stürzen uns auf die Nachbarn, um ihre Häuser anzuzünden und sie selber totzuschlagen. So ist der Mensch! Nichts kann uns davon überzeugen, dass unser Hunger, unsere Armut, unser frühes Sterben, unsere missgebildeten Kinder – dass diese Nöte Vorrang haben vor unserem Nationalstolz!

Alexander Solschenizyn, Rußlands Weg aus der Krise. Ein Manifest, München 1990, S. 7f. (übers. von Hedwig Pross)

1. *Beschreibe Solschenizyns Haltung zur Situation in Russland (M2). Welche Gründe nennt er für die Lage? Sind seine Argumente stichhaltig?*
2. *Die „Gemeinschaft Unabhängiger Staaten" vereinbarte eine gemeinsame Wirtschaftspolitik. Diskutiert, ob diese Politik angesichts des Zusammenbruches der Wirtschaft in allen Staaten überhaupt eine Chance hat – und welche Rolle Russland dabei zukommen dürfte.*

Die friedliche Revolution in der DDR

1 „Ohne Worte."
Karikatur aus dem „Südkurier" vom 11. August 1989.

Zuzüge aus der Bundesrepublik in die DDR	
von 1950 bis 1961	400315
von 1962 bis 1989	75072

Flüchtlinge/Übersiedler aus der DDR in den Westen	
von 1950 bis 1961	3854552
von 1962 bis 1988	625751*
vom 1.1. bis 9.11.1989	225233**

** etwa ein Drittel davon unter großer Gefahr als Republikflüchtlinge*
*** Durchschnittsalter der Flüchtlinge/Übersiedler: 23,5 Jahre*

2 Flüchtlinge und Übersiedler zwischen DDR und Bundesrepublik von 1950 bis 1989.
Nach: Paul Gans/Franz-Josef Kemper (Hrsg.), Mobilität und Migration in Deutschland, Erfurt 1995, S. 6 (ergänzt)

Der „Eiserne Vorhang" hebt sich

In der DDR rechnete die Parteispitze um Erich Honecker mit dem Scheitern der Reformen in den sozialistischen „Bruderstaaten". Sie sah trotz enormer wirtschaftlicher Probleme keinen Grund für eine neue Politik. Statt Reformen durchzuführen, vergrößerte sie ihren Unterdrückungsapparat.

Zwei Ereignisse in ihrem 40. Gründungsjahr standen am Anfang vom Ende der DDR: Am 2. Mai 1989 bekam der „Eiserne Vorhang" zwischen Ost und West sein erstes Loch: Die Reformkommunisten in Ungarn schnitten den Stacheldraht an der österreichisch-ungarischen Grenze durch. DDR-Bürger durften die Grenze zwar noch nicht regulär überschreiten, doch nutzten immer mehr Menschen die nun ungefährliche Grenze, um in den Westen zu fliehen. Als dann die ungarische Regierung in der Nacht zum 11. September die Grenze zu Österreich für die DDR-Bürger öffnete, reisten innerhalb von drei Tagen 15000 DDR-Bürger in die Bundesrepublik aus.

Das zweite Ereignis waren die Kommunalwahlen vom 7. Mai 1989. Die Parteispitze fälschte wie üblich das Ergebnis. Doch erstmals konnten Bürgerrechtsgruppen dies nachweisen. Das westdeutsche Fernsehen, das trotz offizieller Ächtung zum DDR-Alltag gehörte, sorgte dafür, dass die Verantwortlichen bloßgestellt wurden.

Als immer mehr Menschenrechtsverstöße an die Öffentlichkeit drangen, solidarisierten sich breite Bevölkerungskreise mit den Oppositionellen und forderten ein Ende der Missstände. Viele DDR-Bürger verloren jede Hoffnung auf eine Verbesserung der Verhältnisse. Sie sahen nur noch einen Weg: die Übersiedlung in den Westen.

▶ ***Lesetipps:***
- *Waldtraut Lewin, Mauersegler – Ein Haus in Berlin – 1989, Ravensburg [6]2010*
- *Anne C. Voorhoeve, Lilly unter den Linden, Ravensburg [8]2013*

Die SED feiert – Menschen fliehen

Die Zahl der Ausreiseanträge war seit Mitte der 1980er-Jahre stark gestiegen und lag Mitte 1989 bei rund 250000. Trotzdem glaubte die Parteispitze noch, den Unmut der Bevölkerung ohne Veränderungen überstehen zu können. Die SED-Führung täuschte sich. Während im September 1989 die Vorbereitungen zum 40. Staatsjubiläum liefen, suchten immer mehr Menschen Zuflucht in der Ständigen Vertretung der Bundesrepublik in Ost-Berlin sowie in den westdeutschen Botschaften in Budapest, Warschau und Prag. Sie wollten die DDR verlassen. Ende September/Anfang Oktober ließ die SED-Führung die „Botschaftsflüchtlinge" nach Verhandlungen mit der Bundesregierung widerwillig in verriegelten Sonderzügen durch die DDR „ausreisen", damit die Feiern zum 40. Gründungsjubiläum der DDR ungestört stattfinden konnten.

3 Militärparade zum 40. Staatsjubiläum.
Foto aus Ost-Berlin vom 7. Oktober 1989.

Die Opposition formiert sich

Während die Ausreisewelle zunahm, gab die Bürgerrechtsbewegung das Motto „Wir bleiben hier!" aus und forderte demokratische Reformen. Sie folgte darin den Beispielen aus Prag, Warschau und Budapest. Gleichzeitig wurden – trotz Verboten – ab Juli/August 1989 politische Vereinigungen und Parteien wie *Demokratie Jetzt, Demokratischer Aufbruch* und die *Sozialdemokratische Partei* gegründet. Bei allen programmatischen Unterschieden forderten sie gemeinsam freie Wahlen und Rechtsstaatlichkeit für die DDR.

„Wer zu spät kommt ..."

Erstmals hatten am Montag, den 4. September 1989, nach einem Friedensgebet in der Leipziger Nikolaikirche etwa 1200 Menschen für Reisefreiheit und Demokratie demonstriert. Damit hatten die *Montagsdemonstrationen* begonnen, die bald regelmäßig in immer mehr Städten stattfanden. Während die Machthaber den 40. Jahrestag der DDR am 6. und 7. Oktober vor den Augen der Welt und mit dem sowjetischen Staatschef Gorbatschow in Ost-Berlin mit Pomp und Militarparaden feierten, spitzte sich die Lage zu. Mit einem Riesenaufgebot bewaffneter Sicherheitskräfte ging die Staatsmacht gegen die Demonstranten vor. Die von Gorbatschow geäußerte Warnung „Wer zu spät kommt, den bestraft das Leben" überhörte Honecker.

„Wir sind das Volk – keine Gewalt!"

Eine Wende brachte die Montagsdemonstration vom 9. Oktober in Leipzig. Obwohl Pläne der Stasi für die Inhaftierung aller Oppositionellen bestanden und die bewaffneten Kräfte in höchste Alarmbereitschaft versetzt worden waren, blieb der Befehl zur Zerschlagung der Demonstration aus. Der Ruf „Wir sind das Volk – keine Gewalt!" und eine unter dramatischen Umständen von dem Kapellmeister des Gewandhausorchesters, *Kurt Masur*, im letzten Augenblick mit Sekretären der SED-Bezirksleitung getroffene Verabredung verhinderten einen blutigen Zusammenstoß. Die Demonstration wirkte wie ein Dammbruch. In den nächsten Wochen gingen die Menschen von Rostock bis Karl-Marx-Stadt (seit 1990 wieder Chemnitz) an jedem Montag auf die Straße. Sie protestierten gegen den Führungsanspruch der SED und forderten Reise- und Meinungsfreiheit sowie die Zulassung neuer Parteien.

Die SED-Führung reagierte nur zögernd. Am 18. Oktober musste der 77-jährige Staatsratsvorsitzende Honecker seine Ämter abgeben. Nachfolger wurde der 52-jährige *Egon Krenz*, der seit 1984 sein Stellvertreter war. Der Ministerrat trat am 7., das Politbüro am 8. November geschlossen zurück. Damit reagierte die SED auf die Demonstrationswelle, die ihren Höhepunkt in der Großdemonstration vom 4. November auf dem Alexanderplatz in Ost-Berlin gefunden hatte.

4 **Montagsdemonstration.**
Foto aus Leipzig vom 9. Oktober 1989.
Etwa 70 000 Menschen zogen friedlich durch die Innenstadt.

Die deutsch-deutsche Grenze wird geöffnet

Die letzte Möglichkeit, die eigene Macht zu retten, sah die SED-Spitze in der Öffnung der Grenzen. Am 9. November teilte das Politbüro-Mitglied *Günther Schabowski* den Beschluss des DDR-Ministerrates der Presse mit, dass ab dem 10. November „Privatreisen nach dem Ausland [...] ohne Vorliegen von Voraussetzungen" beantragt werden können. Das Westfernsehen machte daraus die Nachricht von der Öffnung der Grenzen. Von Ost- und West-Berlin zogen daraufhin Tausende an die Mauer. Gegen 23:14 Uhr wurde aufgrund des Ansturms ein erster Übergang geöffnet.

▶ ***Geschichte In Clips***
Zur Öffnung der Mauer siehe Clip-Code 4493-13

▶ ***Internettipps:***
- *www.friedlicherevolution.de*
- *http://revolution1989.de*

5 **Menschen feiern auf der Berliner Mauer.**
Foto vom 9./10. November 1989.
■ *Stelle fest, von welcher Seite der Mauer das Foto gemacht wurde. Was sagt das über die Feiernden aus?*

M1 „Jedes Land wählt seine Lösung"

Im Frühjahr 1987 geht der DDR-Spitzenfunktionär Kurt Hager in einem Gespräch mit Redakteuren des „Stern" über die „Umgestaltung" in der Sowjetunion auch indirekt auf die Situation in der DDR ein:

Stern: „Perestroika", Umgestaltung also auch in der DDR? [...]

Hager: Wir deutschen Kommunisten haben dem Land Lenins stets große Achtung und Bewunderung entgegengebracht, und daran wird sich nichts ändern. [...] Dies bedeutete jedoch auch in der Vergangenheit nicht, dass wir alles, was in der Sowjetunion geschah, kopierten.

Stern: Ein hartes Wort ...

Hager: [...] Würden Sie, wenn Ihr Nachbar seine Wohnung neu tapeziert, sich verpflichtet fühlen, Ihre Wohnung ebenfalls neu zu tapezieren?

Stern, H. 16/1987, S. 140

M2 „Bürger der Stadt Plauen!"

Im sächsischen Plauen ruft die „Initiative zur demokratischen Erneuerung der Gesellschaft" zu einer Demonstration am 7. Oktober 1989 mit folgender Begründung auf:

Seit Monaten führt das SED-Regime eine bisher beispiellose Hetz- und Verleumdungskampagne gegen alle demokratisch gesinnten Kräfte in Europa! [...] Doch am schlimmsten sind die Fußtritte des SED-Regimes gegen das eigene Volk! In Funk, Fernsehen und Presse der DDR werden wir offen für unmündig erklärt. Die SED betreibt eine zügellose Volksverhetzung. [...]

40 Jahre lang wurde den Menschen in unserem Staat jegliches Mitspracherecht verweigert, sie wurden politisch und ideologisch verdummt, eingelullt, unmündig gemacht und eingeschüchtert. Überall spürt man die Ohnmacht des Volkes, deren Folge meist Resignation und Verweigerung sind, und für viele ist die Ausreise die einzige Alternative. Doch es gibt noch eine zweite Alternative, in der jeder Einzelne von uns seinen Beitrag leisten kann – ja, muss, und die heißt: Schluss mit Resignation und stummem Protest! Wir müssen endlich handeln – aktiven und energischen Widerstand leisten! Veränderungen können nur ERZWUNGEN werden. [...] Dieser angeblich „sozialistische" Staat „DDR" [...] ist das am perfektesten organisierte und funktionierende Ausbeutersystem in der Geschichte der Menschheit. [...]

Unsere Forderungen lauten: – Versammlungs- und Demonstrationsrecht; – Streikrecht; – Meinungs- und Pressefreiheit; – Zulassung der Oppositionsgruppe „Neues Forum"; – Freie, demokratische Wahlen; – Zulassung unabhängiger Parteien und Umweltgruppen; – Reisefreiheit für alle. [...] BÜRGER! Überwindet Eure Lethargie und Gleichgültigkeit! Es geht um unsere Zukunft! JETZT ODER NIE!!!

Zit. nach: Ilko-Sascha Kowalczuk, Endspiel. Die Revolution von 1989 in der DDR, München 2009, S. 396-398 (Hervorhebungen im Original)

M3 Großdemonstration in Ost-Berlin.

Foto vom 4. November 1989. Vertreter der Künstlerverbände und Theater hatten die fünfstündige Protestkundgebung auf dem Alexanderplatz organisiert. Zwischen 150 000 und 170 000 Menschen kamen. Ihre Wirkung erhielt die Veranstaltung durch die Liveübertragung im DDR-Fernsehen. Abgesehen davon: Am selben Tag fanden in über 50 weiteren Städten der DDR Kundgebungen statt.

M4 „Was wir brauchen ..."

Pfarrer Friedrich Schorlemmer aus Wittenberg, der die Friedens- und Menschenrechtsbewegung in der DDR geprägt hat, sagt am 4. November 1989 auf der Großdemonstration:

Plötzlich ist es zum Erlebnis geworden, unsere Zeitungen zu lesen. Aus Zerrspiegeln wurden Spiegel. Warum mussten wir so lange darauf warten?! Ist das alles nur ein Traum, aus dem es ein bitteres Erwachen gibt? Oder sind wir mitten in einem wirklichen, dauerhaften, demokratischen Aufbruch? Wir brauchen jetzt, denke ich, Toleranz und kritische Solidarität miteinander. [...] Der nun begonnene Dialog darf sich aber nicht aufs Dampfablassen beschränken, sonst entartet er zum großen Papperlapapp des Volkes. [...] Wir brauchen nun eine Struktur der Demokratie von unten nach oben. Die Regierung hat auf das Volk zu hören und nicht das Volk auf die Regierung. Wir lassen uns nicht mehr bevormunden.

Zit. nach: „Initiativgruppe 4. 11. 89" (Hrsg.), 40 Jahre DDR – TschüSSED. Ausstellung der „Initiativgruppe 4. 11. 89" im Museum für Deutsche Geschichte, Berlin-Ost, und im Haus der Geschichte der Bundesrepublik Deutschland, Bonn 1990, S. 36

M5 Losungen vom 4. November 1989

- „Das Volk sind wir, gehen solltet ihr"
- „Eure Politik ist zum Davonlaufen"
- „Pässe für alle – Laufpass für die SED"
- „Visafrei bis Hawaii"
- „Wir fordern freie Wahlen"

Zit. nach: „Initiativgruppe 4. 11. 89" (Hrsg.), 40 Jahre DDR – TschüSSED., a. a. O., passim

1. *Vergleiche die Politik der SED sowie die Situation von 1989 (M1 bis M5) mit dem 17. Juni 1953 (siehe Seite 221). Nenne wichtige Unterschiede.*
2. *Erkläre die einzelnen Slogans (M5).*

Zeitzeugen befragen

Über den „Fall der Mauer" kannst du auch selbst Betroffene, Handelnde oder Zuschauer befragen. Du findest sie in der Familie, in der Bekanntschaft, in Parteien oder im Internet.

Die Befragung muss gut vorbereitet werden. Du benötigst Grundkenntnisse des Ereignisses. Ein Zettel mit persönlichen Angaben zum Interviewpartner und einigen Leitfragen hilft dir, das Gespräch zu führen und die Informationen zu ordnen. Fotos aus der Zeit, an die sich Erinnerungen knüpfen, sind ergiebige Gesprächsanlässe. Höre konzentriert zu und frage an unklaren Stellen sofort nach. Berücksichtige immer auch, dass das Gedächtnis trügen kann. Nachfragen kann dann manchmal weiterhelfen. Nur so kannst du den Dingen auf den Grund gehen.

Ein Hilfsmittel für Befragungen ist das Diktiergerät. Damit kannst du alles festhalten, was gesagt wurde. Aber du kannst in zu vielen Einzelheiten leicht „ertrinken", das heißt, du musst aus zu vielen allgemeinen Aussagen die für dein Thema wichtigen mühsam heraussuchen.

Eine andere Möglichkeit ist es, Stichworte per Hand oder Laptop mitzuschreiben und erst später auszuformulieren. Dabei kann dir allerdings auch etwas entgehen.

Deinen Text solltest du deinem Interviewpartner zur Überprüfung vorlegen. Beachte: Jeder Gesprächspartner kann dir nur aus seiner persönlichen Sicht berichten. Ein anderer Zeitzeuge hat vielleicht dieselben Ereignisse anders wahrgenommen. Vergleiche daher die Aussagen mit anderen Quellen.

▶ ***Internettipps:***

Zeitzeugenberichte, Fotos, Ton- und Filmdokumente zum 9. November findest du unter

- *www.chronik-der-wende.de*
- *www.wir-waren-so-frei.de*
- *www.zeitzeugenportal8990.de*
- *http://1989.dra.de*
- *www.gedaechtnis-der-nation.de*

▶ ***Lesetipps:***

- *Rolf Steininger/Heribert Schwan (Hrsg.), Mein 9. November 1989, Düsseldorf 2009*
- *Alfred Neven DuMont (Hrsg.), Mein 9. November. Der Tag, an dem die Mauer fiel, Köln 2009*

1. *Vergleiche und erkläre die Reaktionen der drei Zeitzeugen (M1).*

2. *Suche weitere Zeitzeugenberichte. Bestimme zuvor einen Adressatenkreis (Politiker, Jugendliche, Frauen ...). Erstelle aus den Berichten eine kleine Dokumentation für dein Portfolio.*

M1 „Keine Experimente mehr!"

In einem Bericht von einer Demonstration in Leipzig vom 20. November heißt es:

Am allerschönsten in meinem ganzen Leben war der 9. November. [...] Wir gingen zur Friedrichstraße, weil sie im Fernsehen gesagt hatten, dass die Grenze aufgeht. Wir wollten es nicht glauben, und meine Mutter hatte gesagt: „Wenn ihr rüberdürft – ihr geht nicht! Wer weiß, ob das nur für die Ausreiser ist, und ihr dürft vielleicht nicht zurück." Dann haben die Menschen dort mit den Grenzern diskutiert. Und Punkt null Uhr kam ein Oberst und sagte: „Die Grenze ist offen." Dann sind wir zum [Bahnhof] Zoo gefahren. [...] Als wir da ausstiegen, das war ein Aufatmen in mir – jetzt bist du wirklich in der Welt. Die Gedächtniskirche bei Nacht, das war so beeindruckend. Dann kamen die ganzen Ostautos.

Die Leute haben getanzt auf den Autodächern mit Sekt in der Hand. Das war ganz irre. Dann bin ich zu meiner Tante, die vor drei Jahren rübergegangen war. Die wurde leichenblass, denn die dachte, wir sind abgehauen. Aber als wir ihr alles erzählten, hat sie sich sehr gefreut. Wir blieben dann bis um fünf Uhr früh.

Der damalige Chefredakteur der „Berliner Zeitung", Benedict Sedlmaier, erinnert sich 1999:

„Die öffnen noch heute Abend die Mauer??? Das kann doch nicht wahr sein!" [...] So lebte ich meinen Freudenschock an diesem Abend am Redaktionsschreibtisch aus: Eingedeckt von den Reporter-Berichten über den Mauerfall, unterbrochen von Blitz-Besuchen freudetrunkener Politiker, überfallen mit „Congratulation to the Berliners"-Telefonaten aus den USA, gerührt vom Anruf der urlaubenden Ehefrau aus dem Westen: „Ich kehre noch heute nach Berlin zurück."

Horst Linke, ein ehemaliger DDR-Offizier aus Thüringen, erzählt um 1992 einem Journalisten:

Ich war in dieser Nacht „Offizier vom Dienst" im Regiment Plauen gewesen, da haben sie am späten Abend im Radio gemeldet, dass die Grenzen offen sind.

Am nächsten Morgen bin ich zurück nach Probstzella gefahren, immer am Schutzstreifen entlang, weil ich gedacht habe, dass da die Straßen noch nicht so verstopft sind; bin da langgefahren und hab glückliche Gesichter gesehen. Die Leute waren alle begeistert. Ein bissl was Befreiendes war es schon. Ich hab mich auch gefreut.

Als ich im Stau stand, bin ich ausgestiegen und hab mit den Leuten gesprochen. Ich hatte Uniform an, aber die waren freundlich. Mich hat keiner beschimpft oder was. Wir waren ja alle irgendwie froh, ich weiß auch nicht ...

Erster Text zit. nach: Vera-Maria Baehr, Wir denken erst seit Gorbatschow, Recklinghausen 1990, S. 34f. Zweiter Text zit. nach: Hans-Hermann Hertle/Kathrin Elsner, Mein 9. November, Berlin o. J. [1999], S. 224. Dritter Text zit. nach: Roman Grafe, Die Grenze durch Deutschland, Berlin 2002, S. 360

Die Wiedervereinigung

Die katastrophale Lage

Erst nach der Öffnung der Grenzen erkannten die Bürger in Ost und West, wie katastrophal die wirtschaftlichen und ökologischen Verhältnisse in der DDR waren. Dazu wurden die Bestechlichkeit und Misswirtschaft der alten SED-Führung sowie der Umfang der Spitzeltätigkeit des Ministeriums für Staatssicherheit bekannt. Die Menschen in der DDR reagierten verbittert. Täglich verließen über 2000 das Land. Ihre Zukunft suchten sie in Westdeutschland.

1 „Wir sind ein Volk.“ *Pappschild (80 x 60 cm) vom Dezember 1989.*

„Wir sind ein Volk!“

Ab Mitte November 1989 waren in Leipzig und vielen anderen Städten Deutschlandfahnen zu sehen und die Parole „Deutschland, einig Vaterland!“ zu hören. Auf Massenkundgebungen wurde aus dem Slogan „Wir sind das Volk!“ der Ruf „Wir sind ein Volk!“ Nicht mehr die Reform der DDR, sondern die deutsche Einheit wurde Ziel der Demonstrationen.

Die im November neu gebildete Regierung unter *Hans Modrow* (SED) konnte gegen den Willen der Bevölkerung nicht regieren. Auf Initiative der Kirchen fanden ab dem 7. Dezember Gespräche zwischen Regierung und Vertretern der Bürgerrechtsbewegung am *Runden Tisch* statt. Wichtige Entscheidungen sollten von nun an bis zu den ersten freien Wahlen in der DDR gemeinsam abgesprochen werden.

Der Druck wächst

Der schnelle politische und wirtschaftliche Verfall der DDR und die anhaltend hohen Übersiedlerzahlen setzten die Regierenden in Ost und West unter Zugzwang. Am 17. November 1989 machte Modrow erste Vorschläge für eine engere Zusammenarbeit zwischen der DDR und der Bundesrepublik.

Elf Tage später stellte Bundeskanzler *Helmut Kohl* im Deutschen Bundestag ein *Zehn-Punkte-Programm* zur Überwindung der Teilung Deutschlands und Europas vor. Darin machte die Bundesregierung eine umfassende Hilfe von unumkehrbaren Reformen in der DDR abhängig. Am Ende einer stufenweisen Zusammenarbeit beider Länder sollte die *Wiedervereinigung* der Deutschen stehen. Doch bereits Ende des Jahres war die DDR aus eigener Kraft zu keiner Reform mehr fähig. Unruhen waren nicht auszuschließen. Losungen bei Massendemonstrationen wie „Kommt die D-Mark, bleiben wir, kommt sie nicht, geh'n wir zu ihr!“ verstand die Bundesregierung als dringliche Aufforderung der DDR-Bürger zum Handeln.

In der SPD befürwortete ein Teil der Partei um Willy Brandt die deutsche Einheit, andere zögerten, weil sie die Art der beabsichtigten Vereinigung ablehnten und den Zusammenbruch der DDR-Wirtschaft fürchteten.

Die ersten freien Wahlen

Hauptthema des im Dezember 1989 einsetzenden Wahlkampfes in der DDR war die Vereinigung der beiden deutschen Staaten. Während die Bürgerbewegungen (*Neues Forum*, *Demokratie Jetzt* und andere) die Einheit nicht „so schnell wie möglich, sondern so gut wie möglich“ forderten, wollte die *Allianz für Deutschland** die Einheit so rasch wie möglich verwirklichen.

In den ersten freien Volkskammerwahlen am 18. März 1990 entschied sich die große Mehrheit der Bürger für die schnelle Einheit. Am 12. April 1990 wählte die Volkskammer *Lothar de Maizière* (Ost-CDU) zum Ministerpräsidenten und bestätigte sein Kabinett der Großen Koalition aus CDU, SPD, Liberalen, DSU und DA. In seiner Regierungserklärung vom 19. April nannte de Maizière seinen Wählerauftrag: „Die Einheit muss so schnell wie möglich kommen, aber ihre Rahmenbedingungen müssen so gut, so vernünftig und so zukunftsfähig sein wie nötig.“

Eine gemeinsame Wirtschaftsordnung

Der erste Schritt zur Vereinigung der gegensätzlichen Gesellschafts- und Wirtschaftssysteme war die Währungs-, Wirtschafts- und Sozialunion am 1. Juli 1990. Sie beruhte auf einem Vertrag, der von den Regierungen in Bonn und Ost-Berlin erarbeitet und von der Volkskammer sowie vom Deutschen Bundestag verabschiedet worden war. Die Soziale Marktwirtschaft und die Deutsche Mark hielten Einzug in die noch bestehende DDR.

Reaktionen des Auslandes

Angesichts der sich anbahnenden Vereinigung erinnerten Politiker und Bürger in Israel und Polen an die deutsche Vergangenheit, vor allem an die beiden Weltkriege, die von Deutschland ausgegangen waren, und die Ermordung der europäischen Juden. Während in den Vereinigten Staaten keine Vorbehalte gegen ein vereintes Deutschland geltend gemacht wurden, beschwor die britische Regierung für kurze Zeit die Gefahr eines *Fourth German Reich* herauf. Italienische und französische Politiker befürchteten ein Nachlassen des deutschen Einsatzes für die europäische Integration.

**Zusammenschluss aus der CDU (Ost), dem „Demokratischen Aufbruch“ (DA) und der „Deutschen Sozialen Union“ (DSU)*

2 Einheitsgleichung.
Karikatur von Brigitte Schneider aus der Wochenzeitung „Das Parlament" vom 22. Juni 1990.

Aus zwei mach' eins

Die Wiederherstellung der Einheit Deutschlands war ohne Zustimmung der Siegermächte des Zweiten Weltkrieges nicht möglich. Dies war 1945 in Potsdam festgelegt worden. Besonders problematisch war, dass beide deutsche Staaten Teile gegensätzlicher militärischer und wirtschaftlicher Bündnisse waren. Deshalb bemühte sich die Bundesregierung unter Bundeskanzler Kohl seit Februar 1990 um die außenpolitische Absicherung der Einigung. Ihre wichtigsten Verhandlungspartner waren der amerikanische Präsident *George H. W. Bush* und der sowjetische Staats- und Parteichef Michail S. Gorbatschow.
Aufgrund vorheriger amerikanisch-sowjetischer Vereinbarungen über die zukünftige Mitgliedschaft Gesamtdeutschlands in der NATO erhielt Bundeskanzler Kohl während eines Treffens im Kaukasus am 15./16. Juli 1990 von Gorbatschow die öffentliche Zusage zur deutschen Einheit. Die Sowjetunion sicherte den Abzug der Roten Armee aus der DDR bis 1994 zu. Dafür versprach der Kanzler, die gesamtdeutschen Streitkräfte zu reduzieren und auf die Herstellung, den Besitz und den Einsatz von ABC-Waffen* zu verzichten. Darüber hinaus sagte Kohl der Sowjetunion umfangreiche wirtschaftliche Unterstützung zu.
Danach konnten die *Zwei-plus-Vier-Gespräche* zwischen den Außenministern der vier Siegermächte und den beiden deutschen Staaten über die äußeren Aspekte der Herstellung der deutschen Einheit abgeschlossen werden.**
Am 12. September 1990 wurde der *Zwei-plus-Vier-Vertrag* unterzeichnet. Dieser Friedensvertrag bestätigte die „endgültigen" Grenzen des vereinten Deutschland wie die „volle Souveränität über seine inneren und äußeren Angelegenheiten".

*ABC-Waffen: *Sammelbezeichnung für atomare, biologische und chemische Waffen*
***An den Beratungen über die deutsch-polnische Grenze wurde Polen, das besonders nachhaltig ein Mitspracherecht gefordert hatte, beteiligt.*

Der Einigungsvertrag

Vor der Wiedervereinigung war die Verfassungsfrage zu klären: Sollte die DDR dem Geltungsbereich des Grundgesetzes beitreten? Oder sollte das vereinigte Deutschland eine neue Verfassung erhalten, die dem deutschen Volk zur Abstimmung vorgelegt würde? Das Grundgesetz ließ beide Möglichkeiten zu.
In einer Sondersitzung der Volkskammer wurde am 23. August 1990 um 2:47 Uhr der Beitritt nach Artikel 23 des Grundgesetzes beschlossen. Über zwei Drittel der Abgeordneten stimmten dafür, nur die *Partei des Demokratischen Sozialismus* (PDS), die Nachfolgerin der SED, und das Bündnis 90 stimmten dagegen. Sie wollten die Wiedervereinigung mit einer neuen Verfassung verbinden.
Den rechtlichen Rahmen der Vereinigung bildete der am 31. August abgeschlossene *Einigungsvertrag*. Die staatliche Existenz der DDR endete am 3. Oktober 1990 mit dem Beitritt der fünf „neuen" Bundesländer Brandenburg, Mecklenburg-Vorpommern, Sachsen, Sachsen-Anhalt und Thüringen zur Bundesrepublik Deutschland, der Auflösung von DDR-Regierung und Volkskammer sowie der Übernahme von 144 Abgeordneten in den gesamtdeutschen Bundestag. An diesem Tag wurde der neue Nationalfeiertag, der *Tag der deutschen Einheit*, erstmals festlich begangen.

Mehrheiten bestätigen den Weg

Die Ergebnisse der ersten Landtagswahlen in den fünf neuen Bundesländern vom 14. Oktober und der ersten gesamtdeutschen Wahlen vom 2. Dezember 1990 bestätigten den eingeschlagenen Weg der deutschen Einheit. Mit stattlichen Mehrheiten stimmten die Wählerinnen und Wähler für die Politik der Regierungskoalition von CDU/CSU und FDP, die auf eine schnelle Einheit gesetzt und eine rasche Angleichung der Lebensverhältnisse versprochen hatte. Die Bedenken der oppositionellen SPD wegen der Finanzierung der Aufbauhilfe und ihre Warnungen vor den sozialen Folgen einer zu raschen Privatisierung der früheren Staatsbetriebe erwiesen sich als nicht wählerwirksam.

■ *Ergänze deine „Fieberkurve" zu den deutsch-deutschen Beziehungen (siehe Aufgabe 3, Seite 279) bis zum Jahre 1990.*

M1 „Keine Experimente mehr!"

In einem Bericht aus Leipzig vom 20. November 1989 heißt es:

„Ich bin Werkzeugmacher und heiße Hans Teschnau", stellt sich ein Redner vor. Er habe vierzig Jahre Sozialismus ertragen und keine Lust mehr auf neue Varianten. „Keine Experimente mehr! Wir sind keine Versuchskaninchen!", lautet seine Losung. Vor der Tür gebe es schließlich ein funktionierendes Gegenmodell. Freie Marktwirtschaft und Wiedervereinigung seien der einzige Ausweg. Die Reaktion ist eindeutig: langer Beifall und Sprechchöre: „Deutschland, einig Vaterland."

Zit. nach: Christoph Links/Hannes Bahrmann, Chronik der Wende. Die Ereignisse in der DDR zwischen 7. Oktober 1989 und 18. März 1990, Berlin 1999, S. 89

M2 „Wiedervereinigung jetzt – keine Experimente mehr?"

„Demokratischer Aufbruch", „Neues Forum" und „Sozialdemokratische Partei" formulieren am 1. Dezember 1989 auf einem Flugblatt:

- Wiedervereinigung jetzt – keine Experimente mehr?

Wir sagen: Wiedervereinigung jetzt ist ein unkalkulierbares Experiment, ökonomisch, sozial und politisch!

- Deutschland – einig Vaterland!

Wir sagen: Einheit in Würde und Gleichberechtigung, nicht einfach Einverleibung!

Darum: Thema Nummer 1 für uns ist: Demokratisierung und enge Kooperation mit der Bundesrepublik und mit Europa. In diesem Sinne brauchen wir Konzepte, die die Vereinigung der beiden deutschen Staaten in Zukunft ermöglichen.

Zit. nach: Archiv Bürgerbewegung Leipzig (http://revolution89.de)

M4 „Blühende Landschaften"

Aus Anlass des Inkrafttretens der Währungs-, Wirtschafts- und Sozialunion sagt Bundeskanzler Helmut Kohl am 1. Juli 1990:

Es wird harte Arbeit erfordern, bis wir Einheit und Freiheit, Wohlstand und sozialen Ausgleich für alle Deutschen verwirklicht haben. Viele unserer Landsleute in der DDR werden sich auf neue und ungewohnte Lebensbedingungen einstellen müssen – und auch auf eine gewiss nicht einfache Zeit des Übergangs. Aber niemandem werden dabei unbillige Härten zugemutet. Den Deutschen in der DDR kann ich sagen [...]: Es wird niemandem schlechter gehen als zuvor – dafür vielen besser.

Nur die Währungs-, Wirtschafts- und Sozialunion bietet die Chance und die Gewähr dafür, dass sich die Lebensbedingungen rasch und durchgreifend bessern. Durch eine gemeinsame Anstrengung wird es uns gelingen, Mecklenburg-Vorpommern und Sachsen-Anhalt, Brandenburg, Sachsen und Thüringen schon bald wieder in blühende Landschaften zu verwandeln, in denen es sich zu leben und zu arbeiten lohnt. [...]

Die Menschen [in der DDR] sind vier Jahrzehnte durch eine sozialistische Diktatur um die Früchte ihrer Arbeit betrogen worden. Sie verdienen unsere Unterstützung. Und für die Menschen in der Bundesrepublik gilt: Keiner wird wegen der Vereinigung Deutschlands auf etwas verzichten müssen. Es geht doch allenfalls darum, Teile dessen, was wir in den kommenden Jahren zusätzlich erwirtschaften, unseren Landsleuten in der DDR zur Verfügung stellen zu wollen – als Hilfe zur Selbsthilfe. Dies ist für mich ein selbstverständliches Gebot nationaler Solidarität.

Zit. nach: www.helmut-kohl.de/index.php?msg=555 (Zugriff: 12. Juli 2010)

M3 Wahlergebnis der Volkskammerwahl vom 18. März 1990

Wahlbeteiligung: 93,4 %		*Stimmen (%)*	*Mandate*
CDU*	Christlich-Demokratische Union**	40,82	163
SPD	Sozialdemokratische Partei Deutschlands	21,88	88
PDS	Partei des Demokratischen Sozialismus**	16,40	66
DSU*	Deutsche Soziale Union	6,31	25
BFD	Bund freier Demokraten: Deutsche Forumpartei, Liberaldemokratische Partei**, Freie Demokratische Partei	5,28	21
Bündnis 90	Neues Forum, Demokratie Jetzt, Initiative Freiheit und Menschenrechte	2,91	12
DBD	Demokratische Bauernpartei Deutschlands**	2,18	9
Grüne-UFV	Grüne Partei + Unabhängiger Frauenverband	1,97	8
DA*	Demokratischer Aufbruch – sozial + ökologisch	0,92	4
Sonstige		0,89	4

Allianz für Deutschland (CDU, DSU und DA)
**ehemalige Blockparteien*

Nach: Uwe Andersen/Wichard Woyke (Hrsg.), Handwörterbuch des politischen Systems der Bundesrepublik Deutschland, Berlin [2]1995, S. 676

1. *Erläutere, warum die Mehrheit der DDR-Bürger keine Reform der DDR, sondern den Anschluss an die Bundesrepublik Deutschland wollte (M1 bis M3).*
2. *Erörtert die Rede des Bundeskanzlers aus damaliger und heutiger Sicht (M4).*

M5 Aus dem Einigungsvertrag

Der „Vertrag zwischen der Bundesrepublik Deutschland und der Deutschen Demokratischen Republik über die Herstellung der Einheit Deutschlands" überträgt das gesamte rechtliche System der Bundesrepublik auf die zum damaligen Zeitpunkt noch nicht bestehenden fünf neuen Bundesländer im Osten Deutschlands.
Die DDR-Volkskammer stimmt am 20. September 1990 mit 299 gegen 80 Stimmen (PDS und Bündnis 90/Grüne) und einer Enthaltung für den Einigungsvertrag. Der Deutsche Bundestag setzt den Vertrag am selben Tag mit 440 gegen 47 Stimmen (Die Grünen) und drei Enthaltungen in Kraft. Einen Tag später verabschiedet der Bundesrat den Vertrag einstimmig.

Artikel 1 (Länder)

(1) Mit dem Wirksamwerden des Beitritts der Deutschen Demokratischen Republik zur Bundesrepublik Deutschland gemäß Artikel 23 des Grundgesetzes am 3. Oktober 1990 werden die Länder Brandenburg, Mecklenburg-Vorpommern, Sachsen, Sachsen-Anhalt und Thüringen Länder der Bundesrepublik Deutschland. [...]
(2) Die 23 Bezirke von Berlin bilden das Land Berlin.

Artikel 2
(Hauptstadt, Tag der Deutschen Einheit)

(1) Hauptstadt Deutschlands ist Berlin. Die Frage des Sitzes von Parlament und Regierung wird nach der Herstellung der Einheit Deutschlands entschieden.*
(2) Der 3. Oktober ist als Tag der deutschen Einheit gesetzlicher Feiertag.

Zit. nach: Presse- und Informationsamt der Bundesregierung (Hrsg.), Bulletin Nr. 104 vom 6. September 1990, S. 877 f.

**Am 20. Juni 1991 bestimmten die Abgeordneten des Deutschen Bundestages mit knapper Mehrheit Berlin zum Sitz von Parlament und Regierung.*

M6 Bundestagswahl vom 2. Dezember 1990

	Ost	West	Gesamt
Angaben in %			
Wahlbeteiligung	73,9	79,1	77,8
CDU/CSU	41,8	44,3	43,8
SPD	24,3	35,7	33,5
FDP	12,9	10,6	11,0
B 90/Grüne	6,1	4,8	3,8/1,2*
PDS	11,1	0,3	2,4

Grüne und Bündnis 90/Grüne traten in den alten und neuen Bundesländern getrennt an.

Nach: www.bundeswahlleiter.de/de/bundestagswahlen/fruehere_bundestagswahlen/btw1990.html (Zugriff: 12. Januar 2013)

M7 Vor dem Reichstagsgebäude.
Foto vom 3. Oktober 1990.

M8 Kommentare aus dem Ausland

Der „Tages-Anzeiger" aus Zürich schreibt:

Die Hochgefühle der Regierungskoalition werden bald einer nüchternen Stimmungslage weichen müssen. Denn jetzt wird der ganz gewöhnliche Alltag die Phase der historischen Höhenflüge ziemlich rasch ablösen. Außenpolitisch muss das groß gewordene Deutschland seine neue Rolle finden, was nicht einfach sein wird. Innenpolitisch rücken die garstigen Sachthemen wieder in den Vordergrund [...]. Vor allem aber wird die Einheitsfinanzierung die Regierung [...] bald einholen und auch belasten.

Der britische „Guardian" bemerkt:

Das übrige Europa betrachtet die Zukunft Deutschlands mit gemischten Gefühlen. [...] Deutschland ist eine regionale Macht geworden und besitzt ein ähnliches Gewicht wie Japan. Von Moskau bis London hat diese Veränderung ungeahnte Konsequenzen hinsichtlich unserer Position zur europäischen Einigung und darüber hinaus. Man könnte mit Recht sagen, dass Deutschland – genau wie Japan – einen größeren Anspruch auf einen ständigen Sitz im Weltsicherheitsrat* als Großbritannien besitzt.

Zit. nach: Frankfurter Rundschau vom 4. Dezember 1990

**Gemeint ist der UN-Sicherheitsrat.*

1. *Arbeite heraus, was der Vertrag für alle Deutschen änderte (M5).*
2. *Vergleiche die Bundestagswahl (M6) mit der Volkskammerwahl (M3, Seite 292).*
3. *Arbeite die Einstellungen der Kommentatoren zur Wahl heraus (M8). Nimm dazu Stellung.*
4. *Beschreibe, was dir auf dem Foto auffällt (M7).*
5. *Erörtert, welche Vorgänge von 1989/90 als „demokratisches Vermächtnis" für das Handeln künftiger Generationen angesehen werden sollten. Stellt als Grundlage einer Diskussion Thesen zu dem Thema auf.*

Was können Popsongs über Geschichte erzählen?

Popsongs als Zeichen der Zeit

Popmusik spielt in unserem Leben eine große Rolle. Wir wachsen mit ihr auf, sie begleitet uns über Radio, MP3-Player und Smartphone ständig – bis in den Supermarkt oder die Autobahntoilette. Unsere Lieblingstitel spiegeln oft Wünsche und Träume und schaffen Entspannung vom Alltag. Manche Songs spielen auch auf aktuelle Ereignisse oder gesellschaftliche Verhältnisse an. Das macht sie für den Geschichtsunterricht interessant: Sie zeichnen ein Bild des Zeitgeistes und beziehen politisch Stellung, beispielsweise

- *The Beatles* und *The Rolling Stones* zu den Jugendprotesten der „68er",
- *Bob Dylan* oder *John Lennon* zum Vietnam-Krieg oder
- *Nicole* und *Nena* zur deutschen Friedensbewegung.

Außerdem drücken sich in einigen Songs Stimmungen und Wünsche der Menschen – nicht nur Jugendlicher – nach Veränderungen aus. Popsongs werden gewollt oder ungewollt zu Hymnen für politische und gesellschaftliche Bewegungen wie zum Beispiel

- „My Generation" von *The Who* für die 1960er-Jahre,
- „Neue Frauen braucht das Land" von *Ina Deter* für die Frauenbewegung der 1970er-Jahre und
- „Wind of change" der *Scorpions* für die revolutionären Veränderungen Ende der 1980er-Jahre.

Fragen an einen Popsong

Antworten auf folgende Fragen können helfen, Popsongs historisch einzuordnen, zu beurteilen und zu bewerten:

- Was sagt der Text aus? Beschreibe seine „Botschaft".
- Wann ist der Text verfasst und veröffentlicht worden? Beachte den gesellschaftlichen und politischen Kontext.
- Welche Gefühle vermittelt der Song musikalisch?
- Warum und mit welcher Intention wurde der Song geschrieben?
- Welche kommerzielle und gesellschaftliche Wirkung hatte er?

M1 „Wind of change"

Der von Klaus Meine im Herbst 1989 (siehe M4) verfasste Text beginnt so:

I follow the Moskva
And down to Gorky Park
Listening to the wind of change

An August summer night
Soldiers passing by
Listening to the wind of change

The world is closing in
And did you ever think
That we could be so close, like brothers

The future's in the air
I can feel it everywhere
Blowing with the wind of change

Take me to the magic of the moment
On a glory night
Where the children of tomorrow dream away
In the wind of change

Walking down the street
And distant memories
Are buried in the past forever

[...]

Zit. nach: www.songtexte.com/songtext/scorpions/wind-of-change-4bd92f8e.html (Zugriff: 22. Dezember 2013) (© BMG Rights Management GmbH, Berlin)

M2 Welche Gefühle vermittelt der Song?

Nach: Fridolin Wimmer, Das historisch-politische Lied im Geschichtsunterricht, Frankfurt a. M. 1994, S. 152 (gekürzt)

M3 **Der historische Kontext des Songs**

Im April 1988 spielen die Scorpions insgesamt zehnmal hintereinander vor jeweils 15 000 Fans in St. Petersburg (damals noch Leningrad). Sie gehören zu den wenigen westlichen Rockgruppen, die damals in der UdSSR auftreten. Im August 1989 sind sie beim „Moscow Music and Peace Festival" vertreten (75 000 Zuschauer). Das macht sie spätestens zu Superstars in der Sowjetunion. Zurückgekehrt nach Deutschland überstürzen sich die weltpolitischen Ereignisse: Am 11. September öffnet Ungarn seine Grenzen. Im selben Monat entsteht der Song „Wind of change". Im November fällt die Mauer. Im Juli 1990 sind die Scorpions beim Berliner Konzert-Spektakel „The Wall", inszeniert von *Roger Waters*, dabei. Am 6. November 1990 wird der Song auf dem Album „Crazy world" veröffentlicht.

Verfassertext

M4 **Zeitgeschichtliche Inspiration**

Klaus Meine, der Songwriter der Scorpions, antwortet in einem 2012 veröffentlichten Interview auf die Frage „Wie wichtig sind zeitgeschichtliche Anstöße für Euer Songwriting und Composing überhaupt?":

Zeitgeschichtliche Inspirationen entstehen dann, wenn man an einem zeitgeschichtlichen Moment ganz nah dabei ist, wenn man das miterlebt und diese Veränderung selbst empfindet und spürt. [...] Zeuge eines zeitgeschichtlichen Moments zu sein, und das waren wir 1988/1989 ja, diese Erfahrung und Inspiration drückt halt ein Song wie „Wind of change" aus, aber das ist nichts, was man planen könnte. Als Songwriter oder als Künstler wartest du ja nicht auf igendwelche Umbrüche, um dann darüber einen Song zu schreiben. Mit unseren Shows in der Sowjetunion 1988 und 1989 waren wir aber sehr nah dran an dem, was sich zeitgeschichtlich ergeben hat. All die Umbrüche und Umwälzungen, das Ende des Kalten Krieges, der Fall der Mauer, davon waren wir ein Teil, als Musiker, als Künstler, als Deutsche und auch als Bürger, die im Schatten der Mauer, 100 km vom Zollkontrollpunkt Helmstedt entfernt, aufgewachsen sind.

Interview Klaus Meine, Folge deinem Herzen, Follow Your Dream, in: Thomas Mania (Hrsg.), SCORPIONS. Rock You Like A Hurricane, Münster 2012, S. 72 f.

M5 **Der Song auf dem Konzert „The Wall"**

Der mit den Scorpions befreundete Sachbuchautor Rainer M. Schröder und der Musikjournalist Edgar Klüsener schreiben 1993 über den Auftritt der Band auf dem Berliner Konzert „The Wall":

Die definitive Hymne für diese Zeit des Umbruchs und die Jahre, die ihnen, geprägt durch viel Licht und Schatten, noch folgen sollen, ist bereits geschrieben. Nur kennt sie an diesem 21. Juli 1990 in Berlin noch kaum jemand. „Der Wind der Veränderungen treibt uns vor sich her, aber ein wenig haben wir jetzt auch die Chance, seine Richtung mitzubestimmen", philosophiert *Rudolf Schenker** kurz vor dem Auftritt der Scorpions auf der gigantischen Bühne auf dem Potsdamer Platz. „The Wind of change" ist deutlich spürbar, in der Tat. Mehrere hunderttausend Menschen, angereist aus allen Teilen Europas, aus Amerika und Asien, drängeln sich auf dem Potsdamer Platz. Hinter der Bühne ist das Brandenburger Tor zu ahnen, vor dem sich Legionen von Straßenhändlern breitgemacht haben. Verkauft wird alles, was den Wandel dokumentiert, sowjetische Uniformen, westliche Band-T-Shirts, Bootlegs, Orden der DDR-Volksarmee und Eintrittskarten zu Schwarzmarktpreisen.

Zit. nach: Rainer M. Schröder/Edgar Klüsener, Scorpions. Wind of Change, St. Andrä-Wördern 1993, S. 263 f.

* **Rudolf Schenker:** *Gitarrist der Band*

M6 **Zur Wirkung des Songs**

Der Song „Wind of change" führt in elf Ländern die Charts an und ist die erfolgreichste Single des Jahres 1991 mit rund neun Millionen verkauften Platten. Im November 2005 lässt das ZDF die Zuschauer über „Unsere Besten – Jahrhunderthits" abstimmen. „Wind of change" belegt den ersten Platz. Rainer M. Schröder und Edgar Klüsener (siehe M5) schreiben 1993:

Als sie [die Scorpions] im Sommer 1991 zurück nach Europa kommen, können nur Taube diesem Song noch entgehen. Er läuft rund um die Uhr im Radio, wird in Kaufhäusern und Aufzügen gespielt, in Discotheken und als Begleitmusik zu Fernsehdokumentationen, dröhnt aus Discothekenlautsprechern und erklingt in Millionen von Familien-Wohnstuben und Kinderzimmern.

Zit. nach: Rainer M. Schröder/Edgar Klüsener, Scorpions. Wind of Change, St. Andrä-Wördern 1993, S. 268 f.

---

1. *Bearbeitet die „Fragen an einen Popsong" (siehe Seite 294) für „Wind of change" mithilfe der Materialien. Den vollständigen Song findet ihr im Internet.*
2. *Arbeite heraus, welche Gefühle der Song bei dir auslöst (M2). Schreibe dazu alle Adjektive heraus, die deiner Meinung für den Song zutreffen.*
3. *Erklärt den Zusammenhang zwischen den politischen Ereignissen, der Intention des Songwriters und dem Zeitpunkt der Veröffentlichung des Songs sowie seiner Wirkung (M3 bis M6).*
4. *Beurteilt die Wirkungsgeschichte des Songs (M6).*

Welcher Nationalfeiertag?

M1 Neuer Straßenname?
Foto aus Berlin vom 12. November 1989.

Gedenktage
Ein nationaler Gedenktag soll die Menschen anregen, sich mit der Geschichte und Verfassung ihres Staates zu beschäftigen.
In der Bundesrepublik Deutschland löste der SPD-Vorsitzende Hans-Jochen Vogel am 12. November 1989 die Diskussion um einen neuen Nationalfeiertag aus. Er fragte öffentlich, ob die Deutschen nicht statt des gescheiterten Arbeiteraufstandes vom 17. Juni 1953 in der DDR die Öffnung der innerdeutschen Grenzen am 9. November 1989 feiern sollten. Die Abgeordneten der DDR-Volkskammer und des Deutschen Bundestages stimmten dagegen. Sie entschieden sich am 20. September 1990 mehrheitlich für den 3. Oktober als „Tag der deutschen Einheit".

▶ ***Lesetipps:***
- *Horst Möller, Der 9. November in der deutschen Geschichte des 20. Jahrhunderts, in: Eckart Conze/Thomas Nicklas (Hrsg.), Tage deutscher Geschichte. Von der Reformation bis zur Wiedervereinigung, Darmstadt 2004, S. 195-216*
- *Peter Reichel, Der 9. November: Triumph oder Trauer?, in: ders., Schwarz-Rot-Gold. Kleine Geschichte deutscher Nationalsymbole, München 2005, S. 89-97*
- *Peter Steinbach, Der 9. November in der Erinnerung der Bundesrepublik, in: Deutschland Archiv 41. Jg. (2008), S. 877-882*

▶ ***Geschichte In Clips***
Zum 9. November siehe den Clip-Code 4493-00 sowie die auf den Seiten 60, 74, 126, 152, und 287 angegebenen Codes.

1. *Erörtert die Vorschläge (M1) und entwerft Alternativen.*
2. *Der 9. November scheint ein Schicksalstag der Deutschen zu sein. Diskutiert, ob zwischen den Daten von 1918, 1923, 1938 und 1989 Zusammenhänge bestehen.*

M1 Was Historiker dazu meinen
Auf die Frage nach einem deutschen Nationalfeiertag antworten im Juni 1990 auch bekannte Historiker:
Braucht man einen Nationalfeiertag? Wenn ja, dann kann man ihn nicht künstlich ins Leben rufen, sondern er muss in der Tradition und aus ihr leben. Der 9. November ist ungeeignet, zum einen wegen seiner Vieldeutigkeit von 1918, 1923, 1938. Zum anderen war es 1989 der Tag, an dem das SED-Regime jene Entscheidung traf, die sich als seine letzte herausstellte. Man wird den Tag der Vollendung der deutschen Einheit auf den 17. Juni oder den 23. Mai zu legen haben, um einen davon fortan zum Nationalfeiertag zu machen: den 17. Juni 1953 als Tag der moralisch-politischen Verwahrung gegen die Diktatur, den 23. Mai 1949 als Tag, an dem den Deutschen das Glück zuteil wurde, eine Verfassung von Maß und Mitte zu gewinnen, die allen gut gedient hat – und hoffentlich weiter dienen wird. Ich würde dem 23. Mai den Vorzug geben.

Michael Stürmer

Der 17. Juni ist schon längst zum Feiertag geworden und symbolisiert erstens ein Scheitern, zweitens eine deutsch-sowjetische Repression gegen andere Deutsche. Der 9. November ist nur tragbar, wenn zugleich der 9. November 1938 in Trauer erwähnt wird. Aber es wäre kein unrichtiges Datum. Warum aber nicht von vorne anfangen und den Tag nehmen, an dem zum ersten Mal das neue gesamtdeutsche Parlament tagen wird?

Alfred Grosser

Ich unterstütze die Idee einer vor über einem Jahrzehnt gegründeten Initiative „18. März – Nationalfeiertag in beiden deutschen Staaten", das Erbe der gesamtdeutschen und liberal-demokratischen Revolution von 1848 in der Form des deutschen Nationalfeiertages zu ehren. [...] Die Bewegung von 1848 war zugleich eine gesamteuropäische für nationale und staatsbürgerliche Freiheit. Beide bisherigen deutschen Staaten haben sich stets positiv auf die Revolution von 1848/49 bezogen.

Peter Brandt

Der 9. November 1989 wäre an sich der ideale Festtag, nicht grimmig wie die Erstürmung der Bastille, sondern freundlich und freudig. Aber eine Schwierigkeit gibt es: Die älteren Generationen erinnern sich auch noch an den 9. November 1918 als Beginn der sogenannten Revolution und an Hitlers allzu oft wiederholten Schwur: „Einen 9. November 1918 wird es nie wieder geben!" [...] Es wäre also wohl besser, den 10. November zum nationalen Feiertag zu erheben.

Golo Mann

Die Zeit vom 15., 22. und 29. Juni 1990

Friedenslösungen vergleichen – ein Projekt

Ist Frieden möglich?
Wie kann es nach Kriegen, die Tod und Verwüstungen bringen, Frieden geben? Diese Frage gehört zu den zentralen Problemen der Menschheitsgeschichte. Wir kennen eine Vielzahl von Friedensverträgen, die am Ende eines Konfliktes zwischen den Kriegsparteien zustande kamen, um die politischen und territorialen Verhältnisse neu zu regeln, militärische Konsequenzen oder Entschädigungsleistungen zu klären.
Bei einigen Historikern gilt der *Westfälische Frieden* von 1648 als das größte „Friedenswerk der Neuzeit". Dort hatte man nach dem Dreißigjährigen Krieg beschlossen, alle Kriegsteilnehmer sollen für immer Vergessen und Vergeben, „was seit Anbeginn dieser Unruhen an irgendeinem Ort und auf irgendeine Weise vom einen oder andern Teil, hüben und drüben feindlich begangen worden ist" (*Artikel II des am 25. Oktober 1648 verkündeten Friedensvertrages*).
In den folgenden Jahrhunderten blieben diese Voraussetzungen für Frieden oft unbeachtet. Das Streben der absolutistischen Herrscher nach Vormacht (*Hegemonie*) verhinderte die Gleichgewichtspolitik (engl. *balance of power*) der Großmächte. Auch die von den Fürsten auf dem *Wiener Kongress* 1815 gefundene europäische Friedensordnung hatte keinen dauerhaften Bestand. Nationale Bestrebungen in den Vielvölkerreichen, das nach drei Kriegen 1871 gegründete Deutsche Reich sowie imperialistische Konflikte um die „Aufteilung der Welt" trugen zum Zerfall der Friedensordnung von 1815 bei.
Nach der Oktoberrevolution und dem Ersten Weltkrieg, dessen Grausamkeit ein bislang nicht gekanntes Ausmaß erreicht hatte, wurde es schwer, eine neue internationale Friedensordnung aufzubauen. Probleme machten die umstrittene Frage nach der Kriegsschuld, die Umsetzung des Selbstbestimmungsrechts der Völker sowie die Anerkennung der Sicherheitsinteressen der Staaten. Nach dem Holocaust und dem Zweiten Weltkrieg war es noch schwerer, einen für alle Seiten akzeptablen Friedensvertrag zu schließen. Der einsetzende „Kalte Krieg" erschwerte die entsprechenden Bemühungen.
Im folgenden Projekt sollen die Friedensschlüsse nach dem Ersten und Zweiten Weltkrieg sowie der „Zwei-plus-Vier-Vertrag" von 1990, der das endgültige Ende der Nachkriegszeit markiert, vergleichend untersucht werden.

▶ ***Internettipps:***
- *www.documentarchiv.de*
- *www.2plus4.de*

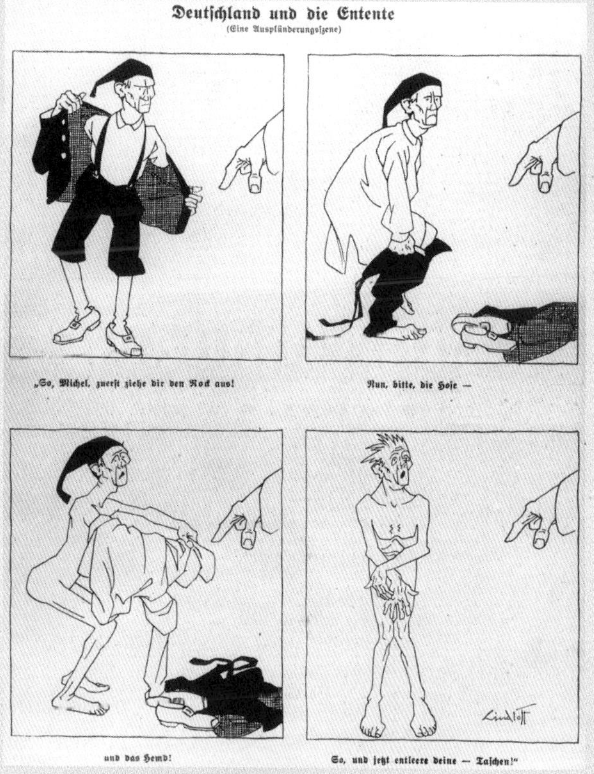

M1 **„Deutschland und die Entente (Eine Ausplünderungsszene)."**
Karikatur von Hans Lindhoff aus dem „Kladderadatsch" Nr. 3 vom 18. Januar 1920. Die Texte unter den Bildern lauten:
„So, Michel, zuerst ziehe dir den Rock aus! / Nun, bitte, die Hose – / und das Hemd! / So, und jetzt entleere deine – Tuschen!"
Entente: *Bündnis (der Siegermächte)*

M2 **„Die Komödie des Elends."**
„Pass auf, Marianne, pass auf, Tag und Nacht bereitete sie [Germania] sich vor."
Karikatur aus der Zeitschrift „Le Ruy Blas" vom 15. Mai 1921.

M3 **Der Versailler Vertrag und die „deutsche Frage“**

Der Historiker Hans-Ulrich Wehler schreibt dazu 1987:

Als das Deutsche Reich erwartungsgemäß den Krieg gegen eine Welt voll selbstgeschaffener Feinde verliert und die Siegermächte in Versailles über den knapp 50-jährigen Staat zu befinden haben, wird die neue deutsche Frage von 1918/19 im Grund auf erstaunliche Weise gelöst: Trotz einiger Gebietsamputationen bleibt das Reich [...] als Staat, damit aber auch als potenzielle Großmacht erhalten. Ebenso gut hätte es wieder aufgeteilt werden können, keine deutsche Gegenmacht hätte diese hypothetische Alternative zu verhindern vermocht. Ein Hauptmotiv für das Gegenteil ist der Aufbau eines möglichst auch Deutschland umfassenden „cordon sanitaire“* gegenüber der jungen Sowjetunion. Aber selbst wenn man davon absehen könnte, ist es im Vergleich mit dem Frieden von Brest-Litowsk**, den Deutschland unlängst noch Lenins Russland zugemutet hat, alles andere als ein karthagischer Frieden***. Im Gegenteil, er fällt mild aus, auch wenn die deutsche Öffentlichkeit von rechts bis links den Frieden, das „System von Versailles“ beklagt und [...] jede Erinnnerung an das eigene Verhalten verbannt.

Hans-Ulrich Wehler, Die Deutsche Frage in der europäischen Politik 1648-1986, in: ders., Aus der Geschichte lernen?, München 1988, S. 39

__cordon sanitaire__: Sicherheitsgürtel

*** Siehe hier Seite 43.*

****__karthagischer Frieden__: ein besonders grausamer Frieden; der dritte Punische Krieg endete 146 v. Chr. mit der Zerstörung der nordafrikanischen Stadt Karthago durch die Römer*

M4 **Was brachte die Potsdamer Vereinbarung?**

Der Direktor des Militärgeschichtlichen Forschungsamtes in Potsdam, Rolf-Dieter Müller, bewertet 2004 die Potsdamer Konferenz:

Der bekundete Wille der Siegermächte richtete sich auf ein Provisorium während der Besatzungszeit bis zum Abschluss eines Friedensvertrages, und es enthielt das Versprechen, dass es nicht die Absicht der Alliierten sei, „das deutsche Volk zu vernichten oder zu versklaven“. [...]

Wie nach dem Ersten Weltkrieg veränderte sich auch im Ergebnis des Zweiten Weltkrieges die weltpolitische Karte. Anders als damals zielten die Veränderungen aber auf die Herausbildung einer bipolaren Weltordnung, die das internationale System für fast 50 Jahre bestimmt und das ideologische Zeitalter auf den Höhepunkt führte. Zusammen mit dem Gleichgewicht des atomaren Schreckens sorgte es zumindest in Europa für eine fragile Stabilität und scheinbare Koexistenz zwischen dem kommunistischen Imperium und der freien Welt. [...]

Jahrzehnte wurde auch in der Historiografie über die Bedeutung des Potsdamer Abkommens und über die Interpretation der Ergebnisse des Zweiten Weltkrieges gestritten. Die von Stalin installierte „Deutsche Demokratische Republik“ reklamierte sie als Legitimation für den eigenen Anspruch, die „richtigen“ Schlussfolgerungen aus der Niederlage des deutschen Faschismus gezogen zu haben und die „fortschrittliche“ Richtung der deutschen Geschichte zu vertreten. In der Bundesrepublik wurde im Zuge der Entspannungspolitik der siebziger und achtziger Jahre das Potsdamer Abkommen immer stärker als Schlussdokument des Zweiten Weltkrieges betrachtet, das die deutsche Teilung besiegelt habe. Das Beharren auf dem Fortbestand des Deutschen Reiches, der deutschen Einheit und dem Ziel eines Friedensvertrages schwand ebenso im öffentlichen Bewusstsein wie die Erkenntnis, dass die Völker Ostmitteleuropas in Jalta und Potsdam um ihre Hoffnung auf Freiheit betrogen worden waren.

Erst der Umbruch im sowjetischen Imperium, der in Polen seinen Anfang nahm, öffnete schließlich überraschend den Weg zu jenem Ziel, das im Potsdamer Abkommen als Perspektive für die Nachkriegszeit skizziert worden war.

Rolf-Dieter Müller, Der Zweite Weltkrieg 1939-1945, in: Gebhardt, Handbuch der deutschen Geschichte, Bd. 21, Stuttgart [10]2004, S. 383 f.

M5 **„United Surgery in Germany.“**

Karikatur von David Low aus dem „Evening Standard“ vom 26. Oktober 1945.

Der Text lautet übersetzt: „Was! Er soll zusammengeflickt werden? Man könnte meinen, Sie wollen, dass sich der Patient wieder berappelt!“

M6 „March oft the Fourth Reich."

Karikatur von Bill Caldwell aus der britischen Tageszeitung „Daily Star" vom 20. Februar 1990.

M7 Der Integrationsfrieden

Der Politikwissenschaftler Hanns Jürgen Küsters schreibt in einer wissenschaftlichen Arbeit von 2000 über den „Vertrag über die abschließende Regelung in Bezug auf Deutschland" („Zwei-plus-Vier-Vertrag") von 1990:

Die eigentlichen Schwierigkeiten, [nach 1945] zu einem Friedensvertrag über Deutschland zu kommen, bestanden nicht zwischen Siegern und Besiegten, sondern unter den Siegern, sich über die Interessen und Prinzipien zu verständigen. [...]

1919 wollten die Siegermächte absolute Sicherheit und totale Gerechtigkeit erreichen und heraus kam ein zerbrechlicher Waffenstillstand. Der Diktatfrieden mit harten Strafmaßnahmen implizierte den Anreiz für revisionistische* Forderungen und zerstörte das eigene Vertragswerk. [...]

Nach dem Zweiten Weltkrieg wäre ein Diktatfriede möglich gewesen, schien aber angesichts der Erfahrungen mit Versailles nicht opportun**. Ein Verhandlungsfriede kam nicht in Betracht. Die Weisheit, die internationalen Beziehungen zu stabilisieren und zum Verlierer wieder normale Verhältnisse herzustellen, lag wohl in der Entscheidung für den Integrationsfrieden. [...]

Integrationsfriede bedeutet, der Sieger unterwirft nicht den Besiegten, sondern gibt ihm im Rahmen eines internationalen Verbundsystems die Möglichkeit zur Rückkehr in die internationale Staatengemeinschaft in fester politischer, wirtschaftlicher und militärischer Bindung an eine Staatengruppierung, jedoch unter Wahrung seiner legitimen Rechte als Staat. [...]

Integrationsfriede bezeichnet einen vorausschauenden Frieden, der den Gegner nicht zerschmettert, sondern ihm die Möglichkeit zugesteht, unter Kontrolle eines Allianzsystems, das ein gewisses Machtgleichgewicht herzustellen vermag, seine Verteidigungsfähigkeit wiederzuerlangen. [...] Elementare Voraussetzung für die positive Wirkung des Integrationsfriedens ist die politische und vor allem die Adaption*** der gesellschaftlichen Werteordnung des Siegers durch den Besiegten unter Beibehaltung des Zustandes der sicherheitspolitischen und wirtschaftlichen Bindungen. Dabei sind die Herstellung der Nichtangriffsfähigkeit des Besiegten und der Verzicht auf Dominanz des Siegers Garantien für den Erhalt der bestehenden Friedensordnung.

Hanns Jürgen Küsters, Der Integrationsfriede. Viermächte-Verhandlungen über die Friedensregelung mit Deutschland 1945-1990, München 2000, S. 894-898 (stark gekürzt, ohne Anmerkungen)

* **revisionistisch**: *eine Veränderung anstrebend*
** **opportun**: *angebracht*
*** **Adaption**: *Anpassung*

Projektvorschlag

Vergleicht die drei Friedenslösungen von 1919, 1945 und 1990 in Gruppenarbeit. Jedes Team untersucht einen Friedensschluss anhand der hier vorgelegten Materialien, der Informationen auf den entsprechenden Seiten des Buches (siehe zum Nachschlagen das Sachregister) und weiterer Recherchen nach folgenden Fragen:

1. *Was ging dem Friedensschluss voraus?*
2. *Wer waren die beteiligten Mächte? Welche Motive und Ziele verfolgten sie bei der neuen Friedensordnung? Wie kam der Vertrag/das Abkommen zustande?*
3. *Was regelt er? Wie sollte der Frieden gesichert werden?*
4. *Wie wurde der Friedensschluss von den Zeitgenossen aufgenommen? Analysiert in dem Zusammenhang die Karikaturen M1, M2, M5 und M6.*
5. *Inwiefern konnten langfristige und stabile Friedensordnungen geschaffen werden?*
6. *Wie beurteilen Historiker/Politikwissenschaftler heute die Bedeutung der Friedensabkommen für Deutschland, Europa und die Welt? Arbeitet dazu die wesentlichen Aussagen aus M3, M4 und M7 heraus.*
7. *Gestaltet in eurer Gruppe einen Vortrag und ein Plakat mit euren Arbeitsergebnissen.*
8. *Stellt eure Ergebnisse in der Klasse vor. Arbeitet danach zusammen Gemeinsamkeiten und Unterschiede der Friedensverträge heraus.*

Vereinigt, aber doch getrennt?

1 **Alt und Neu.**
Foto von Peter Hirth, um 1995. Wohnhaus in Threna (Sachsen).

Die Wirtschaft im Osten zerfällt

Die zentrale Planwirtschaft der DDR wurde auf die wettbewerbsorientierte Soziale Marktwirtschaft umgestellt. Ganze Wirtschaftszweige mit nicht konkurrenzfähigen Produkten brachen zusammen, etwa vier Millionen Arbeitsplätze gingen verloren. Was waren die Ursachen?

- Mit der Einführung der D-Mark in der DDR wurden auch die Löhne im Verhältnis 1:1 umgestellt. Schlagartig verteuerten sich die Waren um ein Vielfaches, sodass sie auf den bisherigen osteuropäischen Märkten nicht mehr bezahlbar waren. Der Absatz brach ein. Die meisten neuen Bundesbürger kauften lieber Güter aus dem Westen; Ostprodukte waren auch im Westen nicht gefragt.
- Weil die Eigentumsverhältnisse mancher Betriebe nicht zu klären waren, konnte nicht rechtzeitig investiert werden, um die Herstellung der Güter rentabel zu machen oder neue Produkte anbieten zu können.

Privatisierung und Arbeitslosigkeit

Die im März 1990 vom Bund gegründete *Treuhandanstalt* in Berlin sollte die ehemaligen 12 000 Staatsbetriebe sanieren, an private Unternehmer verkaufen oder – wenn dies nicht möglich war – stilllegen.

- Viele Betriebe fanden kaum Interessenten oder nur dann, wenn die Käufer hohe staatliche Zuschüsse zur Tilgung bestehender Schulden erhielten.
- Zahlreiche Firmen fielen in die Hände zweifelhafter Geschäftemacher und Spekulanten, die die Probleme nicht lösen konnten oder wollten.

Die Folge waren Betriebsschließungen und eine steigende Arbeitslosigkeit. 2,8 Millionen Menschen suchten daher zwischen 1990 und 2005 ihre berufliche Zukunft im Westen. Die Ansiedlung einiger Großunternehmen besonders aus dem Automobilbau, 856 000 neue kleine und mittlere Betriebe (Stand: 2005) sowie der allgemeine Wirtschaftsaufschwung 2006/07 verbesserten die Lage vor allem in Dresden, Jena und Leipzig. An anderen Regionen ging der Aufschwung jedoch vorbei. Positiv entwickelte sich allerdings der Tourismus.

Der wirtschaftliche Umbau und die Angleichung der Lebensverhältnisse an den westlichen Standard haben gewaltige öffentliche Investitionen verschlungen. Bis 2006 wurden für den Aufbau der Infrastruktur, für Wohnungen und Restaurierung öffentlicher Bauten, für die Förderung der Wirtschaft, für Renten und sonstige Sozialleistungen rund 1400 Milliarden Euro aus Steuern, Sozialversicherungsbeträgen und staatlichen Schulden aufgebracht. Durch die in diesem Umfang nicht vorhersehbaren Kosten der Wiedervereinigung verlor die Bundesrepublik Deutschland für einige Jahre erheblich an wirtschaftlicher Leistungsfähigkeit.

▶ ***Lesetipp:*** *Jana Simon, Denn wir sind anders. Die Geschichte des Felix S., Berlin 2011*

▶ ***Filmtipp:*** *Zusammenwachsen – 20 Jahre Deutsche Einheit (DVD), Hamburg 2010*

2 **Arbeitslosenquoten in Ost- und Westdeutschland (in Prozent).**
Nach: www.destatis.de (Zugriff: 20. Dezember 2013)

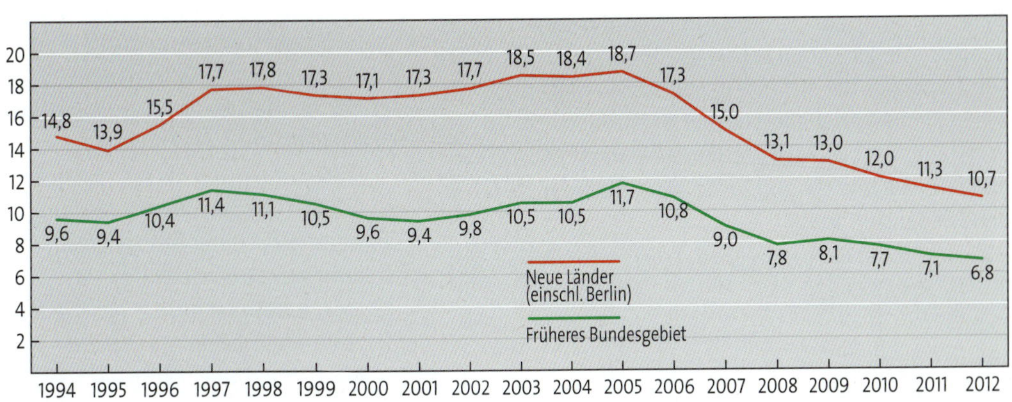

Vom Westen überrollt?

Obwohl Löhne und Gehälter inzwischen weitgehend angeglichen wurden und es den Rentnern in den neuen Bundesländern besser als je zuvor ging, fühlte sich ein Teil der Ostdeutschen durch die radikale politische und wirtschaftliche Umstellung ungerecht behandelt. Orientierungslosigkeit, Rechtsradikalismus und DDR-Nostalgie („*Ostalgie*") machten sich breit – vor allem bei jungen Erwachsenen.
Insgesamt sind die Menschen in den neuen Bundesländern mit Demokratie, pluralistischer Gesellschaft und Marktwirtschaft weniger zufrieden als die im Westen. Auch in ihrem Wahlverhalten werden Kritik und Skepsis deutlich. So erreichte die CDU in den neuen Bundesländern bei keiner Bundestagswahl mehr ihr Spitzenergebnis vom Dezember 1990. Die aus der SED hervorgegangene Partei *Die Linke* veränderte die Parteienlandschaft. Ihr Erfolg im Osten beruht darauf, dass sie die Unzufriedenheit vieler Ostdeutscher mit den neuen Verhältnissen aufgriff.

Das Erbe der Stasi

Erst nach dem Ende der DDR bekamen die Bürger Einblicke ins Zentrum des SED-Staates: das Ministerium für Staatssicherheit (MfS)*. Gigantische Aktenberge (112 Kilometer Akten, das entspricht drei Millionen Büchern von 400 Seiten), zahllose Tonaufnahmen, Fotos, Filme und Geruchskonserven belegen die umfassenden Kontroll- und Bespitzelungsaktionen sowie Menschenrechtsverletzungen der Stasi-Mitarbeiter.
Die Unterlagen des MfS wurden auf Initiative von Bürgerrechtlern sichergestellt und einer 1991 geschaffenen Bundesbehörde für die Aufarbeitung der Stasiunterlagen der ehemaligen DDR übertragen. Seit Öffnung des Archives stellten bis Ende 2011 rund 6,7 Millionen Menschen aus den neuen und alten Bundesländern Anträge auf Einsicht in ihre Akten. Erst daraus erfuhren viele, warum sie von der Staatsmacht überwacht worden waren, wer sie verraten und hintergangen hatte. Gleichzeitig belegen diese Akten auch den Widerstandswillen zahlreicher Bürger, die sich nicht von der Stasi anwerben ließen und dafür Nachteile in Kauf nahmen.

**Lies nochmals Seite 267.*

▶ ***Exkursionstipp:***
Bildungs- und Gedenkstätte Andreasstraße, Erfurt

▶ ***Internettipps:***
Zur Arbeit der Bundesbeauftragten für die Unterlagen des Staatssicherheitsdienstes der ehemaligen DDR siehe www.bstu.bund.de; weitere Informationen über Ursachen, Geschichte und Folgen der SED-Diktatur und der deutschen Teilung siehe www.bundesstiftung-aufarbeitung.de

3 Von Bürgerrechtlern besetzte Stasi-Zentrale in Berlin.
Foto vom Februar 1990.

„Wir wollten Gerechtigkeit ..."

Bereits im Einigungsvertrag wurde festgelegt, die ostdeutschen Abgeordneten und Mitarbeiter des öffentlichen Dienstes zu überprüfen. Viele Prominente aus Politik, Wissenschaft, Kultur und Sport wurden als *Inoffizielle Mitarbeiter* (IM) der Stasi enttarnt. Damit war ihre Karriere meist beendet. Einige redeten sich heraus, weil die Beweise nicht eindeutig waren. Unter den aus der *Nationalen Volksarmee* in die *Bundeswehr* übernommenen Soldaten waren 20 Prozent als IM tätig, bei den Lehrern 4,5 Prozent.
Weil dem Rechtsstaat im Gegensatz zur Willkürjustiz der SED-Diktatur enge Grenzen gesetzt sind, blieb die strafrechtliche Ahndung des DDR-Unrechts für die Opfer des SED-Regimes unbefriedigend. Viele zeigten sich enttäuscht über die Ergebnisse der Ermittlungsverfahren und Prozesse. Die Bürgerrechtlerin *Bärbel Bohley* fasste die Stimmung um 1994 so zusammen: „Wir wollten Gerechtigkeit und bekamen den Rechtsstaat."
Frühere Unrechtsurteile der DDR-Justiz wurden inzwischen aufgehoben und politische Opfer rehabilitiert. Einige erhielten für Haft und Verfolgung eine geringe staatliche Entschädigung. 2007 beschloss der Bundestag eine Ehrenpension für einen kleinen Kreis armer ehemaliger Häftlinge der DDR.

Der neue deutsche Nationalstaat

Das wiedervereinigte Deutschland ist gemäß Grundgesetz ein „Nationalstaat des Rechts und der Freiheit". Er unterscheidet sich wesentlich vom Macht- und Obrigkeitsstaat der Vergangenheit. Wichtige Grundlagen wurden in der Weimarer Republik und in der alten Bundesrepublik gelegt, besonders das Konzept des föderalen und sozialen Rechtsstaates. Deutschland setzt sich heute als konstruktives Mitglied von EU, NATO und UNO für Frieden, Sicherheit und Wohlstand in der Welt ein, ohne allerdings seine nationalen Interessen zu verstecken.

M1 Rückblicke – 20 Jahre nach der friedlichen Revolution

Das Meinungsforschungsinstitut Emnid befragt im April 2009 Bürgerinnen und Bürger in allen Bundesländern.

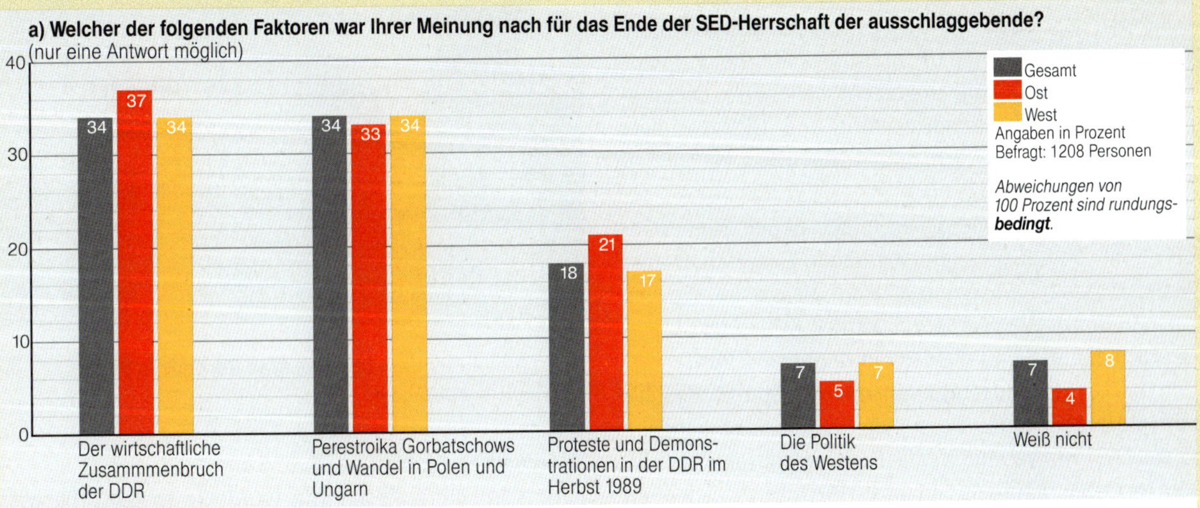

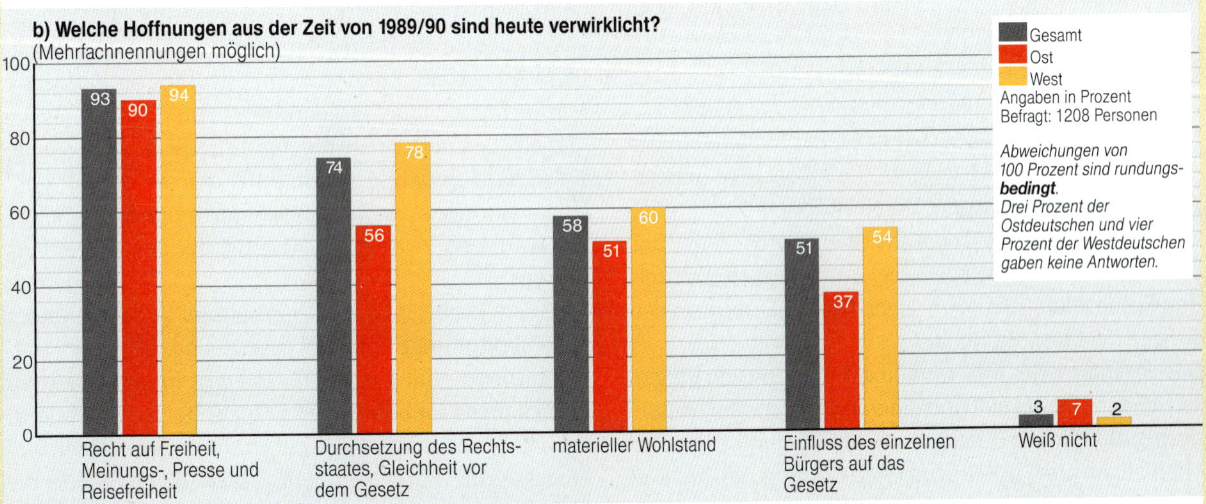

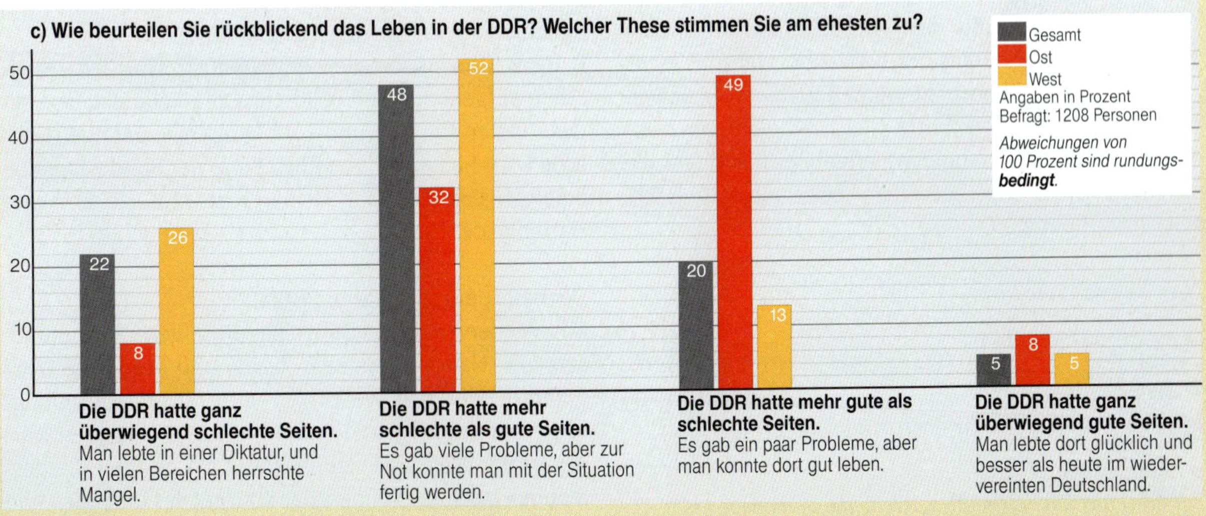

Nach: Stefan Wolle, 20 Jahre nach der Friedlichen Revolution in der DDR, hrsg. vom Bundesministerium für Verkehr, Bau- und Stadtentwicklung, Berlin 2009, S. 13, 17 und 18

1. *Erläutere die Ergebnisse der drei Umfragen. Berücksichtige dabei die Unterschiede zwischen Ost und West.*
2. *Diskutiert, welche politischen Konsequenzen aus den Umfrageergebnissen gezogen werden können.*

Europa nach dem Kalten Krieg

1 Sonderbriefmarke der Deutschen Post, Januar 2002.

Nicht nur Wirtschaftsgemeinschaft

Das Ende des Kalten Krieges, die Vereinigung Deutschlands und der Zerfall des sowjetischen Machtbereiches 1990/91 beschleunigten die europäische Einigung. Am 7. Februar 1992 unterzeichneten die Staats- und Regierungschefs der zwölf Mitgliedstaaten der *Europäischen Union* (EU) den *Vertrag über die Politische Union und die Wirtschafts- und Währungsunion* (*Vertrag von Maastricht*). Er trat am 1. November 1993 in Kraft und legte drei „Säulen" der Zusammenarbeit fest:

- eine gemeinsame Wirtschafts- und Währungspolitik;
- eine gemeinsame Außen- und Sicherheitspolitik in allen wichtigen Bereichen wie Friedenserhaltung, Menschenrechte und Abrüstung;
- eine Zusammenarbeit in der Innen- und Rechtspolitik, z.B. in der Asylpolitik sowie bei der Bekämpfung des Terrorismus und der internationalen Kriminalität.

Mit „Maastricht" wurde die EU ein Wirtschaftsraum ohne innere Zollkontrollen, ohne Passkontrollen und mit der Möglichkeit, in einem anderen Mitgliedstaat Ausbildung und Arbeit zu suchen. Darüber hinaus wurde die *Unionsbürgerschaft* eingeführt. Sie verleiht den EU-Bürgern mit Wohnsitz in einem anderen EU-Land das aktive und passive Wahlrecht bei Kommunal- und Europawahlen.

Nachdem am 1. Januar 1995 Österreich, Schweden und Finnland der Europäischen Union beigetreten waren, wurde vier Jahre später die *Währungsunion* eingeführt. Ab 1. Januar 2002 ist der Euro das Zahlungsmittel der Europäer; er wurde aber zunächst nur in elf von 15 Ländern eingeführt. Inzwischen benutzen 18 EU-Staaten den Euro (Stand: 1. Januar 2014). Er soll die Wettbewerbsbedingungen Europas auf dem Weltmarkt verbessern und zur weiteren politischen Integration beitragen.

Osterweiterung

Mit dem Zusammenbruch der kommunistischen Diktaturen richteten sich die Hoffnungen vieler Menschen in Ost- und Mitteleuropa auf die EU. Polen, Ungarn und die Tschechoslowakei wünschten die „Rückkehr" nach Europa. Sie waren die Ersten, die nach dem Zerfall des Rates für Gegenseitige Wirtschaftshilfe und des Warschauer Paktes 1991 auf eine Eingliederung in den Europarat*, die NATO** und die EU drängten.

1993 hatten die Regierungschefs die *Kopenhagener Kriterien* für die Aufnahme neuer Mitglieder festgelegt. Danach sind Demokratie, Rechtsstaatlichkeit und freie Marktwirtschaft Voraussetzungen für die Aufnahme von Beitrittsverhandlungen.

Im April 2003 wurden in Athen die Beitrittsabkommen mit insgesamt zehn neuen Mitgliedsländern, darunter acht ehemalige Ostblockstaaten, unterzeichnet. Die *Osterweiterung der EU* trat 2004 in Kraft. Sie berücksichtigte einige Sonderregelungen: So haben die Bundesrepublik Deutschland und Österreich erreichen können, dass die Freizügigkeit der Arbeitnehmer aus den Beitrittsländern erst nach sieben Jahren wirksam wird. Seit Juli 2013 gehören der EU 28 Staaten mit rund 505 Millionen Einwohnern an. Weitere Staaten streben den Beitritt an.

**Dem Europarat gehören inzwischen 47 Staaten an (Stand: 2010). Von 1990 bis 2007 traten ihm allein 22 osteuropäische Staaten bei, darunter auch Russland (1996).*

***Polen, Tschechien und Ungarn sind seit 1999 Mitglieder der NATO. 2004 traten Estland, Lettland, Litauen, die Slowakei, Slowenien, Rumänien und Bulgarien, 2009 Albanien und Kroatien dem Bündnis bei; siehe die Karte auf Seite 315.*

2 Die EU-Osterweiterung.
Karikatur von Walter Hanel, 1995.

- *Erkläre die Figur rechts hinten in der Karikatur. Sie steht für einen bestimmten Staat und trägt die Gesichtszüge des damaligen Präsidenten. Recherchiere und bewerte kritisch.*

3 Entwicklung der EU bis 2013.

Schwierigkeiten

Die Erweiterungen haben die wirtschaftlichen und rechtlichen Probleme der EU nicht verringert. Die Unterschiede zwischen den armen und reichen Mitgliedsländern sind nach wie vor groß. So wird der Wettbewerb zwischen den europäischen Unternehmen durch weit auseinanderliegende Lohnkosten oder unterschiedliche soziale und ökologische Standards (*Sozialversicherung*, *Schadstoffbelastungen* u.a.m.) stark verzerrt.

Besondere Schwierigkeiten zeigten sich immer schon auf dem gemeinsamen Agrarmarkt, wo der Zusammenschluss am weitesten fortgeschritten ist. Die Verbraucher verstehen nicht, dass z.T. über die Hälfte des Haushaltes der Gemeinschaft dafür ausgegeben wird, Agrarüberschüsse wie Äpfel, Rotwein oder Milch zu vernichten.

Viel kritisiert wird die bürokratische Regulierungswut der EU. Normen legen beispielsweise fest, wie Sitze von Traktoren beschaffen oder Bananen geformt sein müssen.

Grundsätze der Zusammenarbeit

Die EU ist kein Zentralstaat, sondern ein Verbund von Staaten. In zahlreichen Verträgen haben die Mitgliedstaaten zwar immer mehr Rechte an europäische Institutionen (*Rat*, *Kommission*, *Parlament*) übertragen, doch ihre nationale Selbstständigkeit in wichtigen Bereichen wie Haushalts- und Sozialpolitik nicht aufgegeben.

Die Verträge halten fest, dass für alle Mitgliedstaaten verbindliche Entscheidungen nur getroffen werden dürfen, wenn die EU allein zuständig ist (z.B. Währungspolitik für die Euro-Staaten und gemeinsame Handelspolitik). Sonst gilt der Grundsatz der *Subsidiarität*, nach dem die EU nur solche Aufgaben übernehmen soll, die Länder und Regionen nicht erfüllen können.

1 Freier Personenverkehr

> Wegfall von Grenzkontrollen
> Harmonisierung der Einreise-, Asyl-, Waffen-, Drogengesetze
> Niederlassungs- und Beschäftigungsfreiheit für EU-Bürger
> Verstärkte Außenkontrolle

2 Freier Dienstleistungsverkehr

> Liberalisierung der Finanzdienste
> Harmonisierung der Banken- und Versicherungsaufsicht
> Öffnung der Transport- und Telekommunikationsmärkte

3 Freier Warenverkehr

> Wegfall von Grenzkontrollen
> Harmonisierung oder gegenseitige Anerkennung von Normen und Vorschriften
> Steuerharmonisierung

4 Freier Kapitalverkehr

> Größere Freizügigkeit für Geld- und Kapitalbewegungen
> Schritte zu einem gemeinsamen Markt für Finanzleistungen
> Liberalisierung des Wertpapierverkehrs

4 Die vier Freiheiten im Binnenmarkt der EU (Stand: 2008).

Quelle: Bergmoser + Höller Verlag (Zahlenbild 715320)

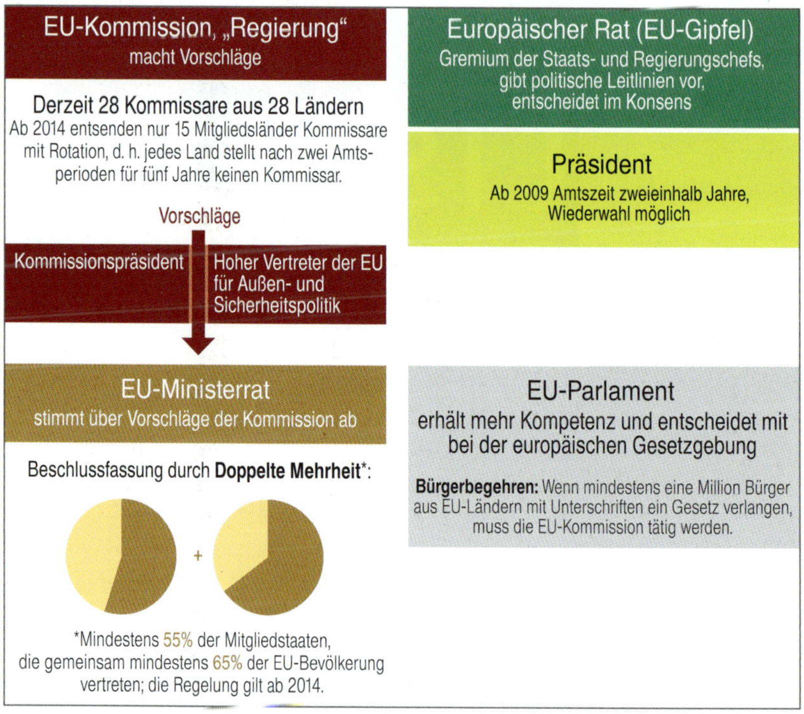

5 Kernbereiche der EU.
Quelle: dpa-Grafik (überarbeitet)

▶ ***Internettipp:*** *Informationen und Links zu allen EU-Institutionen bietet das Portal der EU: http://europa.eu*

Demokratischer und handlungsfähiger

Seit dem Jahr 2000 wurden Reformen der europäischen Institutionen vorangetrieben, um die EU handlungsfähiger und demokratischer zu machen. Im Verlauf der oft zähen Verhandlungen entwickelten sich zwischen Rat, Parlament und Kommission nach und nach Ansätze einer Gewaltenteilung, die der in den Mitgliedstaaten näher kommt.

Am 29. Oktober 2004 unterzeichneten 25 Staats- und Regierungschefs in Rom einen Verfassungsentwurf. Die Urkunde fasste die bisherigen Verträge zu einem Gesamtdokument zusammen und legte institutionelle Reformen der EU fest. Das Parlament erhielt mehr Rechte und die Macht der Kommissare wurde vergrößert. Darüber hinaus erhielten die EU-Bürger die Möglichkeit eingeräumt, durch Bürgerbegehren stärker Einfluss auf die Arbeit der Kommission zu nehmen.

Denkpause

Der Verfassungsentwurf sollte nach Annahme durch alle Mitgliedstaaten in Kraft treten. Dazu kam es nicht. Während in der Bundesrepublik der Vertrag am 12. Mai 2005 fast einstimmig im Parlament angenommen worden war und weitere 14 Staaten dafür stimmten, sprachen sich am 29. Mai bzw. 1. Juni 2005 Franzosen und Niederländer in Volksabstimmungen mehrheitlich gegen ihn aus. Enttäuscht beschloss man daraufhin, eine Denkpause einzulegen und gemeinsam mit den Bürgerinnen und Bürgern über die Zukunft der EU nachzudenken.

Vertrag von Lissabon

Zwei Jahre später wurde unter der deutschen Ratspräsidentschaft eine Vertragsreform auf den Weg gebracht, die im Dezember 2007 in Lissabon von den Staats- und Regierungschefs unterschrieben wurde. Neu geregelt wurden u.a. das Abstimmungsverfahren im EU-Ministerrat (*Prinzip der doppelten Mehrheit*), die Zuständigkeit in der Außen- und Sicherheitspolitik, die Zahl der EU-Kommissare sowie die Möglichkeit der nationalen Parlamente, innerhalb von acht Wochen gegen beabsichtigte Rechtsakte der EU Einspruch erheben zu können. Am 1. Dezember 2009 trat der Vertrag von Lissabon in Kraft.

Perspektiven

Viele haben ein gespaltenes Verhältnis zur EU. Während es zahlreichen Bürgern inzwischen alltäglich erscheint, sich frei und ohne Geldumtausch in den Mitgliedstaaten zu bewegen oder Schulpartnerschaften mit anderen Ländern zu unterhalten, schlägt sich diese europäische Selbstverständlichkeit nicht in aktiver Teilhabe am Projekt Europa nieder: Bei den Europawahlen 1979 lag die Wahlbeteiligung bei 62 Prozent, 2009 wählten nur noch 43 Prozent der Bürger ihre Abgeordneten.

Dennoch bleiben unter dem Strich erstaunliche Erfolge: Europa ist weitgehend zu einer Friedenszone geworden. Der Güteraustausch stieg ständig und der Wohlstand der EU-Bürger wuchs, auch in den Ländern wie Irland, die lange Zeit am Ende der Entwicklung standen.

2012 erhielt die EU für ihren Beitrag zur Förderung von Frieden, Demokratie und Menschenrechten den Friedensnobelpreis.

M1 Gemeinsame Grundlage statt Verfassung

Die 27 Mitgliedstaaten der EU nehmen am 25. März 2007 in Berlin folgende unverbindliche Erklärung an:

Europa war über Jahrhunderte eine Idee, eine Hoffnung auf Frieden und Verständigung. Diese Hoffnung hat sich erfüllt. [...] Wir Bürgerinnen und Bürger der Europäischen Union sind zu unserem Glück vereint.

I. [...] Für uns steht der Mensch im Mittelpunkt. Seine Würde ist unantastbar. Seine Rechte sind unveräußerlich. Frauen und Männer sind gleichberechtigt. Wir streben nach Frieden und Freiheit, nach Demokratie und Rechtsstaatlichkeit, nach gegenseitigem Respekt und Verantwortung, nach Wohlstand und Sicherheit, nach Toleranz und Teilhabe, Gerechtigkeit und Solidarität. [...] Die Europäische Union gründet sich auf Gleichberechtigung und solidarisches Miteinander. [...] Wir wahren in der Europäischen Union die Eigenständigkeit und die vielfältigen Traditionen ihrer Mitglieder. Die offenen Grenzen und die lebendige Vielfalt der Sprachen, Kulturen und Regionen bereichern uns. [...]

II. [...] Dieses europäische Modell vereint wirtschaftlichen Erfolg und soziale Verantwortung. Der Gemeinsame Markt und der Euro machen uns stark. [...] Europas Reichtum liegt im Wissen und Können seiner Menschen; dies ist der Schlüssel zu Wachstum, Beschäftigung und sozialem Zusammenhalt.

Wir werden den Terrorismus, die organisierte Kriminalität und die illegale Einwanderung gemeinsam bekämpfen. Die Freiheits- und Bürgerrechte werden wir dabei auch im Kampf gegen ihre Gegner verteidigen. Rassismus und Fremdenfeindlichkeit dürfen nie wieder eine Chance haben. Wir setzen uns dafür ein, dass Konflikte in der Welt friedlich gelöst [...] werden. [...] Wir wollen Armut, Hunger und Krankheiten zurückdrängen. [...] Wir wollen in der Energiepolitik und beim Klimaschutz gemeinsam vorgehen und unseren Beitrag leisten, um die globale Bedrohung des Klimawandels abzuwenden.

III. [...] Mit der europäischen Einigung ist ein Traum früherer Generationen Wirklichkeit geworden, Unsere Geschichte mahnt uns, dieses Glück für künftige Generationen zu schützen. Dafür müssen wir die politische Gestalt Europas immer wieder zeitgemäß erneuern. [...] Denn wir wissen: Europa ist unsere gemeinsame Zukunft.

Zit. nach: Blätter für deutsche und internationale Politik, 52. Jg. (2007), H. 5, S. 628f.

TRATADO DE
LISBOA
PORTUGAL 2007

M2 Logo der Regierungskonferenz zum Vertrag von Lissabon.

M3 Was bringt der Lissabon-Vertrag?

Am 1. Dezember 2009 tritt der Lissabon-Vertrag in Kraft. Der Journalist Thomas Gack gibt dazu folgenden Kommentar:

Der große Gewinner ist das Europäische Parlament – und damit die europäische Demokratie. Ohne Europas Volksvertreter werden so gut wie keine europäischen Gesetze und Regeln mehr beschlossen werden können. Sie werden über den Haushalt entscheiden und bei der Ernennung der Exekutive, der Europäischen Kommission, das letzte Wort haben. An den [...] Abgeordneten, der neuen EU-Kommission und an den 27 Regierungen wird es nun liegen, dass aus den Buchstaben des neuen Lissabonner Vertrages politische Praxis wird. [...] EU-Mitgliedstaaten wie Großbritannien, Tschechien oder Polen jedoch werden wohl auch weiter auf ihre nationale Souveränität pochen und sich vermutlich gegen zu große Schritte in Richtung europäischer Integration sperren. [...]

Die Regierungen dürften die Erweiterung der EU fortsetzen – wohl ohne weitere Vertiefung der Integration. Je größer und heterogener* die EU aber wird, desto größer ist die Gefahr, dass ein gesichtsloses Vielvölkergebilde entsteht, in dem es den Menschen schwerfällt, europäische Identität, Zusammengehörigkeitsgefühl und Solidarität zu erleben. Dass die Bürger der EU zum ersten Mal die Möglichkeit haben, in europaweiten Bürgerbegehren von der EU-Kommission eine Gesetzesinitiative zu fordern, soll helfen, aus dem Europa der Regierungen ein Europa der Bürger werden zu lassen.

Zit. nach: www.tagesspiegel.de/politik/international/Lissabon-Vertrag-EU; art123,2963696m (Zugriff: 7. Dezember 2009)

***heterogen**: *uneinheitlich*

1. *Nenne die zentralen Punkte der Erklärung (M1). Erörtere, ob sie die bestehende Skepsis vieler Menschen gegenüber der EU vermindern kann.*
2. *Arbeite heraus, worin der Autor die Vorzüge des Vertrages sieht und welche Probleme er für ungelöst hält (M3).*

Russland nach 1990

Eine neue Verfassung

Russland übernahm in den internationalen Organisationen wie den *Vereinten Nationen* die Rechtsnachfolge der Sowjetunion und bemüht sich seitdem um die Anerkennung als Großmacht.

Im Frühjahr 1993 ließ sich Präsident Boris Jelzin in einer Volksabstimmung seinen wirtschafts- und verfassungspolitischen Kurs bestätigen. Doch seine radikalen Reformen führten im Oktober 1993 zu einem Konflikt mit den Kommunisten, die eine Wiederherstellung der Sowjetunion forderten. Jelzin konnte sich nur mit Gewalt durchsetzen. Es folgten Wahlen und eine Neuordnung der Machtverhältnisse zwischen Präsident und Parlament (*Duma*). Mit knapper Mehrheit (58,4 Prozent) stimmte das Parlament Ende 1993 einer neuen Verfassung zu. Sie erklärt Russland zu einer föderativen, demokratischen Republik, sichert dem Präsidenten eine starke Stellung gegenüber dem Parlament, garantiert ein Mehrparteiensystem, schützt das Privateigentum und bekennt sich zu den Menschenrechten.

Neue Herausforderungen

Nationalistische Bestrebungen verstärkten die Probleme. Gewählte oder selbst ernannte Führer forderten neue Grenzen nach ethnischen Gesichtspunkten. 1992 brachen in Georgien, Armenien, Aserbaidschan und Tadschikistan Bürgerkriege aus. Im Dezember 1994 begannen russische Truppen, die Unabhängigkeitswünsche der am Rande des Kaukasus lebenden Tschetschenen niederzuschlagen. Angesichts der atomaren Waffen in einigen Nachfolgestaaten der UdSSR bedeuteten diese Konflikte eine internationale Gefahr.

Nach Jelzin

Jelzins Wirtschaftsreformen waren erfolglos. Die Arbeitslosigkeit blieb hoch, die Armut nahm noch zu. Korruption und weiter wachsende Kriminalität vergrößerten die Probleme. Während Jelzin sich mit dem Westen arrangierte und 1997 den Weg für die Erweiterung der NATO nach Osten freigab, konnte er wichtige innenpolitische Reformen nicht durchsetzen. Am Silvestermorgen 2000 übergab der gesundheitlich angeschlagene Präsident sein Amt an *Wladimir Putin*.

Unter Putin erholte sich die wirtschaftliche Lage. Mehr ausländische Investitionen flossen ins Land. Russland wurde zweitgrößter Ölförderer der Welt. Doch die großen sozialen Probleme blieben.

Der Krieg gegen die abtrünnigen Tschetschenen und der Kampf gegen Terroranschläge prägten Putins autoritäre Innenpolitik. Dabei schränkte er die Presse- und Meinungsfreiheit sowie die Wirtschaftsfreiheit ein.

1 Zerstörungen in Grosny. *TV-Bild vom 22. Oktober 1999 aus der tschetschenischen Hauptstadt vom russischen Fernsehsender NTV. Der Bürgerkrieg in Tschetschenien hat zwischen 1994 und 2003 etwa 220 000 zivile Opfer gefordert. Vom 1. Oktober 1999 bis 15. Dezember 2002 starben nach amtlichen Angaben 4 750 russische Soldaten und Polizisten sowie 14 133 Rebellen.*

Putins Weltmachtanspruch

Aus innenpolitischen und wirtschaftlichen Gründen strebte Putin zunächst nach stabilen und langfristigen Beziehungen zu den westeuropäischen Staaten und den USA. Nach dem Anschlag auf das World Trade Center am 11. September 2001* erklärte er seine Unterstützung im Kampf gegen den internationalen Terrorismus. 2002 einigte er sich mit den USA über eine Verringerung der Atomwaffen. Gleichzeitig beendete er die alten Rivalitäten mit China, dem weltweit größten Kunden der russischen Rüstungsindustrie.

Inzwischen nutzt das rohstoffreiche Russland die weltweit wachsende Nachfrage nach Energie, um seinen Weltmachtanspruch auszubauen. Selbstbewusst kritisierte Putin die amerikanische Außen- und Rüstungspolitik. Als die USA in Polen und der Tschechischen Republik Raketenabwehranlagen errichten wollten, drohte er, die Abrüstungsvereinbarungen zu kündigen und neue Atomwaffen zu entwickeln. Auch die Beziehungen Russlands zur Europäischen Union sind belastet, seit das Europäische Parlament 2006 die Putin-Regierung wegen mangelnder Meinungsfreiheit in Russland kritisiert hatte.

*Lies dazu Seite 316.

2 Wladimir Putin. *Titelblatt vom November 2003. Der 1952 geborene Putin begann seine Karriere 1975 beim Geheimdienst. Das Amt des Staatspräsidenten der Russischen Föderation übernahm er von 2000 bis 2008. Anschließend war er (wie schon von 1999 bis 2000) vier Jahre Ministerpräsident. Seit 2012 ist er wieder Staatspräsident.*

M1 Wandel der politischen Vorstellungen in Russland 1993-2000

Auf der Grundlage von gesamtrussischen Meinungsumfragen mit jeweils 1700 bis 2100 Befragten konnten die Anhänger unterschiedlicher Gesellschaftsmodelle ermittelt werden:

Politischer Standort (in %)	1993	1995	1997	2000
Radikale Marktreformen und Annäherung an den Westen (Liberale)	24,0	17,0	11,0	7,8
Wiedergeburt der russischen Nation und russischer Sonderweg (Nationalisten und „National-Patrioten“)	10,0	10,0	22,0	9,2
Wiedergeburt/Erneuerung des Sozialismus (Kommunisten, Reformsozialisten)	14,0	14,0	18,0	22,2
Gemäßigte Ideen und Konzepte, Ablehnung radikaler Lösungen („Zentristen“)	keine Angaben	17,0	15,0	16,1
Kein Interesse an Politik	keine Angaben	41,0	32,0	33,8
Rest	52,0	1,0	2,0	10,9

M2 Außenpolitische Überlegungen

Am 10. Februar 2007 sagt der russische Präsident Putin auf der Münchener Sicherheitskonferenz:

Vor nun zwei Jahrzehnten war die Welt ideologisch und wirtschaftlich gespalten, und es war das gewaltige strategische Potenzial zweier Supermächte, das die globale Sicherheit gewährleistete. [...] Die unipolare Welt, die nach dem Kalten Krieg postuliert wurde, kam jedoch ebenfalls nicht zustande. [...]

Doch was ist das, eine unipolare Welt? In wie freundlichen Farben auch immer man diese ausmalen mag, am Ende bleibt doch immer, dass der Terminus sich auf eine ganz bestimmte Situation bezieht, nämlich ein einziges Zentrum der Staatsgewalt, ein Machtzentrum, ein Entscheidungszentrum. Das ist eine Welt, in der es einen Herrn gibt, einen Souverän. [...] Und mit Demokratie hat dies ganz gewiss nichts gemein. Denn Demokratie ist, wie Sie wissen, die Herrschaft der Mehrheit unter Berücksichtigung der Interessen und Meinungen der Minderheit. [...]

Ich bin der Auffassung, dass das unipolare Modell nicht nur inakzeptabel, sondern in der heutigen Welt auch unmöglich ist. [...]

Wir erleben mehr und mehr Abneigung gegen die Grundprinzipien des Völkerrechts. Und Rechtsnormen, die unabhängig sein sollten, nähern sich in Wirklichkeit zunehmend dem Rechtssystem eines einzelnen Staates an. Ein Staat – und dabei spreche ich natürlich zunächst und vor allem von den Vereinigten Staaten – hat seine nationalen Grenzen in jeder Hinsicht überschritten. Das zeigen die wirtschaftlichen, politischen, kulturellen und Bildungsstandards, die es anderen Nationen aufnötigt. [...]

Natürlich ist das äußerst gefährlich. Es führt zu der Tatsache, dass niemand sich sicher fühlt. [...] Natürlich stimuliert eine derartige Politik das Wettrüsten. Die Dominanz der Gewalt regt unweigerlich eine ganze Reihe von Ländern dazu an, Massenvernichtungswaffen zu erlangen. [...]

Ich bin überzeugt, dass der einzige Mechanismus, der Entscheidungen über den Einsatz militärischer Gewalt als letztes Mittel treffen kann, die Charta der Vereinten Nationen ist. [...] Der Einsatz von Gewalt kann nur dann legitim sein, wenn die Entscheidung dazu von den Vereinten Nationen getroffen oder bestätigt wird. Es besteht keine Notwendigkeit, die UNO durch NATO oder EU zu ersetzen. [...]

Russland ist ein Land mit über tausendjähriger Geschichte und hat so gut wie stets von dem Vorrecht Gebrauch gemacht, eine unabhängige Außenpolitik zu führen. Wir haben nicht die Absicht, heute von dieser Tradition abzugehen.

Blätter für deutsche und internationale Politik, 52. Jg. (2007), S. 374f.

M3 Flagge der Russischen Föderation.

Am 22. August 1991 beschloss das russische Parlament, die 1918 abgeschaffte weiß-blau-rote Flagge des ehemaligen Russischen Reiches wieder einzuführen.

1. *Erläutere den Wandel der politischen Vorstellungen (M1).*
2. *Arbeite Putins Kritik an der „unipolaren Welt“ heraus (M2).*
3. *Verfasse eine Antwort auf Putins Rede aus westlicher Sicht (M2).*

Israel – Krieg ohne Ende?

Die Palästinenserfrage

Sechs Jahre nach dem Sechs-Tage-Krieg* griffen Ägypten und Syrien am 6. Oktober 1973 Israel an – am höchsten jüdischen Feiertag *Jom Kippur*, dem „Tag der Versöhnung". Die israelische Armee konnte sich behaupten und die seit 1967 besetzten Gebiete sichern, bevor am 24. Oktober ein von den Vereinten Nationen (UNO) vermittelter Waffenstillstand in Kraft trat. Er kam auf Druck der USA zustande, Israels wichtigstem Verbündeten. Um den Rückzug der Israelis doch noch zu erreichen, lieferten die Araber dem Westen danach weniger Erdöl zu deutlich höheren Preise als bisher und lösten damit in den Industrieländern eine Ölkrise aus.

1974 erreichte *Yassir Arafat*, der 1969 die Leitung der *Palästinensischen Befreiungsorganisation* (PLO) übernommen hatte, einen ersten politischen Erfolg, indem die UNO das Recht des palästinensischen Volkes auf Selbstbestimmung und Unabhängigkeit anerkannten.

„Land gegen Frieden"

Die Fronten im Nahost-Konflikt lockerten sich, als die verfeindeten Mächte die Formel „Land gegen Frieden" akzeptierten. Ägypten erkannte Israels Existenzrecht zuerst an. Als Gegenleistung dafür sollte es die Sinai-Halbinsel zurückerhalten. 1979 wurde der durch amerikanische Vermittlung zustande gekommene Friedensvertrag unterschrieben. Er legte die Rückgabe des Sinai bis 1982 fest. Im arabischen Lager galt Ägypten danach als Verräter. 1981 ermordete ein Extremist in Kairo Staatspräsident *Anwar as-Sadat* wegen seiner Friedenspolitik.

Die Erste Intifada

Trotz der Friedensbeteuerungen der PLO kam es immer wieder zu Anschlägen der Palästinenser auf israelische Einrichtungen und die jüdische Bevölkerung. 1982 marschierten israelische Truppen im benachbarten Libanon ein und forderten den Abzug der PLO-Kämpfer. Gleichzeitig besetzten sie im Süden des Libanons eine zehn Kilometer breite „Sicherheitszone".

Die Palästinenser gaben ihren Widerstand nicht auf. Im Dezember 1987 begann im Gazastreifen und im Westjordanland eine Erhebung: die *Erste Intifada* (wörtlich übersetzt: „abschütteln"). Der Aufstand der jungen Palästinenser, die nichts anderes erfahren hatten als Besatzung und Unterdrückung, war nicht einzudämmen. Auf beiden Seiten starben viele Menschen. Israel musste erkennen, dass eine rein militärische Lösung des Konflikts nicht möglich war.

*Lies dazu nochmals Seite 228.

1 Eine Wende im Nahost-Konflikt?
Foto vom 13. September 1993.
Israels Ministerpräsident Yitzhak Rabin (l.) und PLO-Führer Yassir Arafat (r.) besiegeln unter den Augen von US-Präsident Bill Clinton im Garten des Weißen Hauses in Washington das Gaza-Jericho-Abkommen. Rabin und Arafat erhielten 1994 für ihre Verständigungsbemühungen den Friedensnobelpreis.

Eine Zwei-Staaten-Lösung in Sicht

1988 erklärte König *Hussein* von Jordanien, auf das von Israel besetzte Westjordanland (*Westbank*) verzichten zu wollen. Daraufhin tagte der *Palästinensische Nationalrat* in Algier und rief einen unabhängigen Palästinenserstaat mit der Hauptstadt Jerusalem aus. Gleichzeitig erklärten sich die Palästinenser bereit, Israel auf der Grundlage bestehender UN-Resolutionen anzuerkennen. Doch die israelische Regierung lehnte die Zwei-Staaten-Lösung der „Terrororganisation" PLO ab.

Weitere Fortschritte im Friedensprozess waren erst möglich, als sich Israel auf Druck der USA bereit erklärte, direkt mit der PLO zu verhandeln. 1993 unterzeichneten Israels Ministerpräsident *Yitzhak Rabin* und PLO-Chef Arafat in Washington die Prinzipienerklärung über die Selbstverwaltung der Gebiete um Gaza und Jericho (*Gaza-Jericho-Abkommen*). Eine Wende des Konflikts schien nahe. Doch die Umsetzung der Grundsätze erwies sich als schwierig. Obwohl die palästinensische Selbstverwaltung in Gaza begann und weitere Abkommen zwischen Israel und der PLO geschlossen wurden, störten Anhänger der radikalen islamischen Organisation *Hamas* (dt.: religiöser Eifer; Abkürzung für „islamische Widerstandsbewegung") und uneinsichtige jüdische Siedler den Friedensprozess. Obwohl im November 1995 Rabin von einem jüdischen Extremisten in Tel Aviv ermordet wurde, schien ein Frieden aber in greifbarer Nähe.

2 Israel 1995.

3 Gazastreifen 2000.

Vergebliche Hoffnungen

Rabins Nachfolger *Benjamin Netanyahu* hielt sich aber nicht an die Vereinbarungen. Er unterstützte die Siedler und beließ die Soldaten in den besetzten Gebieten. Als Arafat im Mai 1999 drohte, einseitig einen Palästinenserstaat auszurufen, kam wieder Bewegung in den Friedensprozess. Doch die Verhandlungen zwischen den Israelis und Palästinensern scheiterten trotz amerikanischer und europäischer Vermittlung.

Im September 2000 besuchte der israelische Politiker *Ariel Sharon* mit rund 2000 Soldaten und Polizisten den Tempelberg von Jerusalem. Dies verstanden die Palästinenser als Provokation – die *Zweite Intifada* begann.

Eine neue Welle der Gewalt

Sharon gewann 2001 die Wahlen und wurde Ministerpräsident. Seine Regierung versuchte, die Erhebung der Palästinenser mit allen Mitteln zu unterdrücken. Palästinensische Terroristen reagierten darauf mit einer Welle von Selbstmordattentaten.

Für den Terror wurde Arafat persönlich verantwortlich gemacht. Da der PLO-Chef ihn nicht eindämmen konnte oder wollte, verlor er international an Ansehen. Unabhängig davon reagierte die israelische Regierung auf jeden Terrorakt mit Vergeltung.

Die „Road map"

Wieder erst auf Druck der US-Regierung stimmte das israelische Kabinett am 25. Mai 2003 dem vom „Nahostquartett" (Vereinte Nationen, Europäische Union, USA und Russland) vorgelegten „Fahrplan" für eine dauerhafte Zwei-Staaten-Lösung im israelisch-palästinensischen Konflikt zu. Diese *„Road map"* für den Frieden sah die Gründung eines Palästinenserstaates im Jahre 2005 vor. Doch die Umsetzung des Planes scheiterte.

Das trieb immer mehr enttäuschte Palästinenser auf die Seite der radikal-islamischen Hamas, die eine Zwei-Staaten-Lösung ablehnt und ganz Israel und ganz Jerusalem für sich fordert.

Uneinigkeit im Palästinenserlager

Als Ende 2004 Arafat starb, nahm die Uneinigkeit unter den Palästinenser zu. Die bislang stärkste Partei in den Autonomiegebieten, die gemäßigte *Fatah* (dt. Eroberung, Sieg; Abkürzung für „Bewegung zur nationalen Befreiung Palästinas"), galt der Hamas als zu israelfreundlich und wurde bekämpft. Als Anfang 2006 die Hamas die Wahlen in den Palästinensergebieten gewann, wurde die neue Regierung international boykottiert. Seit die Hamas die Fatah aus dem Gazastreifen vertrieben hatte, werden die Palästinenser im Gazastreifen von der Hamas und im Westjordanland von der Fatah regiert.

Voraussetzungen für den Frieden

Ein dauerhafter Frieden zwischen Israelis und Palästinensern hängt davon ab, dass

- die internationale Staatengemeinschaft für alle Seiten annehmbare Lösungsstrategien entwickelt und durchsetzen hilft,
- alle Palästinenser und alle Staaten im Nahen Osten das Existenzrecht Israels anerkennen,
- Israel die Siedlungspolitik beendet und sich aus den seit 1967 besetzten Gebieten zurückzieht,
- eine Lösung für das von den Israelis und den Palästinensern beanspruchte Jerusalem gefunden,
- der Konflikt zwischen den Palästinensern beigelegt,
- der Terror als Mittel der Politik geächtet und
- die Flüchtlingsfrage gelöst wird,
- die wirtschaftlichen und sozialen Probleme der Region beseitigt werden und
- religiöse Toleranz herrscht.

M1 UN-Entschließung 242

Am 22. November 1967, sechs Monate nach der Niederlage der Araber im Sechs-Tage-Krieg, veröffentlicht der UN-Sicherheitsrat die Resolution 242; darin heißt es u. a.:

Um einen gerechten und dauerhaften Frieden in Nahost herzustellen, sind folgende Grundsätze anzuwenden: „(I) Rückzug der israelischen Streitkräfte aus den Gebieten, die während des jüngsten Konflikts besetzt wurden; (II) Einstellung aller Behauptungen oder Formen eines Kriegszustandes sowie die Beachtung und Anerkennung der Souveränität, der territorialen Unversehrtheit und der politischen Unabhängigkeit eines jeden Staates in diesem Gebiet und die seines Rechts, innerhalb sicherer und anerkannter Grenzen frei von Drohungen und Akten der Gewalt in Frieden zu leben."

Zit. nach: Elmar Krautkrämer, Krieg ohne Ende? Israel und die Palästinenser – Geschichte eines Konflikts, Darmstadt 2003, S. 165f.

M2 Schlechte Erfahrungen

Keine Generation von Israelis oder Palästinensern erlebt im 20. Jahrhundert eine Zeit ohne militärische Auseinandersetzungen. Beide Seiten sind von Kriegen und Anschlägen traumatisiert. Jede israelische Familie kennt jemanden, der in einem Krieg oder bei einem Anschlag der radikalen Palästinenserorganisationen zu Schaden gekommen ist. Die 1922 in Bethlehem geborene Palästinenserin Amelie Dschaqaman fasst am 26. April 2008 die Geschichte ihrer Familie so zusammen:

Meine Mutter kam während der osmanischen Besatzung auf die Welt. Ich wurde während der englischen Besatzung geboren, meine Kinder während der jordanischen, deren Kinder während der israelischen. Es gibt immer jemanden, der dieses Land will, aber nie jemanden, der uns will. Ist das keine Tragödie?

Zit. nach: Noah Flug/Martin Schäuble, Die Geschichte der Israelis und Palästinenser, München 2009, S. 153

M3 „Der einzige Ausweg wäre ein Dialog ..."

Die 1946 in einem Lager für Displaced Persons in Eschwege geborene Aliza Olmert lebt seit 1949 in Israel. Sie ist Schriftstellerin und Ehefrau von Ehud Olmert, der von 2006 bis 2009 Ministerpräsident Israels war. In einem am 3. September 2007 veröffentlichten Gespräch sagt sie:

Es ist ein ständiger Kampf ums Überleben. Ich habe fast 60 Jahre meines Lebens in einer Kriegszone gelebt. Es gab Pausen, in denen das Leben normal schien, es gab die Hoffnung auf Frieden, aber wir mussten uns immer mit wirklichen Problemen auseinandersetzen, mit Fragen von Leben und Tod, von Leben und Überleben, von Israel hier und Diaspora dort. [...]

Sie sind nie frei von einem Gefühl der Bedrohung, die über ihnen schwebt. [...] Ich bin eine Pazifistin in meinen Ansichten, in meiner Einstellung. Aber es ist in unserer Situation sehr schwierig, ein praktizierender Pazifist zu sein. Wir werden ständig angegriffen, wir sind in dieser Gegend noch immer nicht willkommen. Existieren bedeutet, sich verteidigen müssen. Wenn es eine Alternative zum Kämpfen gäbe, würde ich mich dafür entscheiden. [...]

Wir sind eine Minderheit, die hier bleiben möchte. Inmitten einer arabischen Welt, die uns gegenüber nicht freundlich eingestellt ist. Der einzige Ausweg wäre ein Dialog mit gegenseitigem Verständnis füreinander. Wir haben sehr viel Mitgefühl für unsere Leiden, aber nicht für die Leiden der Palästinenser. Und umgekehrt ist es genauso. [...]

Ich habe nur eine Wunschvorstellung. Dass wir uns mit den Palästinensern verständigen, dass es zwei Staaten gibt, die voneinander profitieren, dass Israel eine Hightech-Gesellschaft wird, dass unsere Kinder und die Kinder der Palästinenser in Frieden und Wohlstand leben können.

Zit. nach: Der Spiegel, 36/2007, S. 138f.

M4 Israelische Sperrmauer bei Jerusalem.
Foto von Meike Rademacher vom 27. Juni 2011. Zum Schutz vor Heckenschützen und Selbstmordattentaten baut Israel seit 2002 an einem fast 760 Kilometer langen „Anti-Terror-Zaun". Er trennt Israel vom palästinensischen Westjordanland. Die Anlage besteht zum größten Teil aus einem elektronisch gesicherten Zaun mit einem Graben. In besiedelten Gebieten und an belebten Kreuzungen wurde eine bis zu neun Meter hohe Betonmauer errichtet. Die Sperranlage verläuft zum Teil durch palästinensisches Siedlungsgebiet und behindert Hunderttausende auf dem Weg zu Arbeitsplätzen, Feldern, Krankenhäusern und Schulen. Im Juli 2004 erklärte der Internationale Gerichtshof in Den Haag die Sperranlage für völkerrechtswidrig. Unabhängig davon: Der palästinensische Terror ließ nach der Errichtung der Grenzanlage nach.

▶ ***Lesetipp:*** *Noah Flug/Martin Schäuble, Die Geschichte der Israelis und Palästinenser, München 2009*

1. *Erörtert, welche politischen Verhaltensweisen die Friedenschancen fördern, welche sie behindern können. Berücksichtigt dabei auch M 1.*
2. *Vergleiche die Sichtweisen (M 2 und M 3).*
3. *Informiere dich über den aktuellen Stand des israelisch-palästinensischen Konflikts und halte die Auskünfte in deinem Portfolio fest.*

Krisenherd Nahost

Eine unruhige Region

Der Konflikt zwischen den Israelis und den Palästinensern* ist nicht der einzige Krisenherd im Nahen Osten. In den arabischen Staaten gibt es Monarchien, Republiken und Militärdiktaturen verschiendenster Art. Die starken politischen, wirtschaftlichen, sozialen und religiösen Gegensätze in der Region führten von 1945 bis 1989 zu über 30 Kriegen in der arabischen Welt.

Religiös und politisch gespalten

Judentum, Christentum und Islam stammen aus dem Nahen Osten. Auch wenn alle drei Religionen in dem Raum vertreten blieben, prägte der muslimische Glaube die drei Hauptvölker der Region: die Araber, Perser und Türken.
Die islamische Welt ist aber religiös und politisch gespalten. Während sich die *Sunniten*, die weltweit 90 Prozent der Muslime ausmachen, als rechtgläubig verstehen, gelten ihnen die *Schiiten* als Ketzer. Innermuslimische Auseinandersetzungen waren und sind die Folge. Unabhängig davon grenzen sich seit den 1970er-Jahren strenggläubige Muslime immer stärker von der nichtmuslimischen Welt ab.

Schlüsselregion der Weltenergieversorgung

Im Nahen Osten lagern 60 Prozent der Ölvorkommen der Erde und 40 Prozent der Welterdgasreserven. Dieser natürliche Reichtum ist ungleich verteilt. Zwischen den reichen Ölländern und den bitterarmen Bauern- und Nomadenvölkern bestehen große Gegensätze. Während die Wirtschaftsleistung im Irak 1988/89 rund 2000 Euro pro Einwohner betrug, erwirtschafteten statistisch gesehen die Einwohner des kleinen Kuwait etwa sechs Mal so viel. Dieses große Wohlstandsgefälle verschärfte nicht nur die sozialen Spannungen in der Region, sondern trug auch zu zwischenstaatlichen Konflikten bei.

Das Wasser wird knapp

Im Nahen Osten herrscht Wassermangel. Es regnet wenig und das vorhandene Wasservorkommen kann oft wegen mangelnder Infrastruktur nicht richtig verteilt werden. Bevölkerungswachstum, Klimawandel und Verstädterung vergrößerten in den letzten Jahrzehnten das Problem. Gab es 1970 erst zwei Millionenstädte im Nahen Osten, waren es 2002 schon fünfzehn. Zukünftige Kriege um Trinkwasser sind daher in dieser Region immer wahrscheinlicher.

*Siehe Seite 309f.

Konfliktherd Afghanistan

Der Einmarsch der sowjetischen Truppen in Afghanistan 1979** hatte im Westen die Besorgnis ausgelöst, die UdSSR könne bis an den Persischen Golf vorstoßen und die Erdölvorkommen unter ihre Kontrolle bringen. Aus strategischen Gründen unterstützten daraufhin die USA und Saudi-Arabien islamische Glaubenskämpfer (*Mudschaheddin*) im Kampf gegen die kommunistische Regierung in Kabul. Nach dem Abzug der Roten Armee 1989 konnten die Mudschaheddin 1992 die Herrschaft in Kabul übernehmen. Trotzdem kam das Land nicht zur Ruhe. Ein Bürgerkrieg zwischen Gruppen der Mudschaheddin begann. Diesen Konflikt nutzten die *Taliban* („Koranschüler"), eine von Pakistan unterstützte radikalislamische Bewegung. Die Taliban nahmen 1996 Kabul ein und riefen einen islamischen Gottesstaat aus. Musik, Sport, Bilder und Fernseher wurden verboten, Mädchenschulen geschlossen und Frauen gezwungen, auf der Straße einen Ganzkörperschleier zu tragen.***

Der Erste Golfkrieg

1980 begann der irakische Diktator *Saddam Hussein* einen Krieg gegen den Iran, um die führende Rolle in der Golfregion zu übernehmen. Die *Islamische Republik Iran* war ein Jahr zuvor nach dem Sturz der autoritären Monarchie gegründet worden und lehnte die westliche Kultur und Politik offen ab.
Der Irak-Iran-Krieg fiel in die Endphase des Kalten Krieges. In dessen Verlauf wurde der Irak von der Sowjetunion ebenso wie von den USA, von Frankreich und England zur größten Militärmacht im Nahen Osten aufgerüstet. Der von der Re-Islamisierungs-Bewegung unabhängige irakische Staatschef galt den westlichen und östlichen Regierungen als zuverlässiger Partner und Garant für ihren Einfluss auf die Region. Der Krieg, der später zum *Ersten Golfkrieg* erklärt wurde, dauerte acht Jahre, forderte mehrere hunderttausend Tote und konnte erst durch Vermittlung der Vereinten Nationen beendet werden.

Die „Kurdenfrage"

In der Türkei, in Syrien, im Irak und Iran leben zwischen zwölf und 30 Millionen Kurden. Sie bilden in den Ländern Minderheiten. Ihre Bemühungen, einen eigenen Staat zu gründen, wurden und werden unterdrückt. Anhaltende Unruhen und Aufstände sind die Folge.
Als es 1988 im Norden des Irak zu Aufständen der Kurden kam, setzten irakische Truppen am 16. März Giftgas ein und töteten allein bei einer Großoffensive etwa 5000 Männer, Frauen und Kinder in der nordirakischen Stadt Halabia. 500000 irakische Kurden flüchteten daraufhin in die Türkei und den Iran.

**Siehe Seite 242.
***Zur weiteren Entwicklung lies Seite 314f.

M1 Der Nahe Osten.
Die Bezeichnung „Naher Osten" ist seit dem Zerfall des Osmanischen Reiches zu Beginn des 20. Jh. gebräuchlich. Das Gebiet umfasst arabische und nicht-arabische Staaten.

M2 Die fünf Länder mit den größten Erdölreserven*

Angaben für 2006	*Reserven in Mio. t*	*Anteil in %*
Saudi-Arabien	35347	21,7
Iran	18707	11,5
Irak	15646	9,6
Kuwait	13810	8,5
V.A.E.**	13307	8,2
Sonstige	65990	40,5
Welt	162807	100,0

**Unter Reserven versteht man die zu gegenwärtigen Preisen und mit heutigen Fördertechnologien gewinnbare Menge an Rohstoffen. Der weltweite Rohölbedarf lag 2007 bei 4216 Millionen Tonnen pro Jahr.*
****V.A.E.**: *Vereinigte Arabische Emirate*

Nach: Bundesanstalt für Geowissenschaften und Rohstoffe, 2007

M3 Strukturdaten einiger Staaten im Nahen Osten 1990 bis 2005

	Einwohner (in Mio.)		*Brutto-inlands-produkt** in Mrd. US-$*		*Pro-Kopf-Einkommen in US-$*		*Warenexporte in Mrd. US-$*	
	1990	**2005**	**1990**	**2005**	**1990**	**2005**	**1990**	**2005**
Afghanistan	16,1	29,9	2,8	7,3	155	k.A.	0,2	0,6
Ägypten	52,1	74,0	33,2	89,4	600	1260	3,3	21,0
Irak	18,9	28,8	63,7	33,2	1808	k.A.	16,8	30,1
Iran	56,9	68,3	116,0	189,8	2490	2600	17,8	62,4
Israel	4,8	6,9	53,2	123,4	10920	18560	11,9	46,4
Jordanien	3,2	5,5	3,3	12,7	1240	2460	1,1	3,7
Kuwait	2,1	2,5	23,5	80,8	8610	30630	8,3	64,3
Libanon	2,8	3,6	3,3	21,9	1124	6320	0,6	2,2
Palästinensische Gebiete	0,8*	3,6	k.A.	4,0	k.A.	1230	k.A.	0,3
Saudi-Arabien	14,9	23,1	80,9	309,8	7050	12510	31,1	19,0
V.A.E.	1,6	4,5	28,3	104,2	19860	23950	58,1	107,9

**Palästinenser im besetzten Westjordanland*
****Bruttoinlandsprodukt**: *Wert aller Waren und Dienstleistungen eines Jahres*

Zusammengestellt aus: Fischer Weltalmanache 1993 bis 2008

1. *Erläutere die Bedeutung der Erdölreserven für die betreffenden Staaten (M2). Erörtere mögliche Folgen dieser Verteilung für die internationale Staatengemeinschaft.*
2. *Bildet Arbeitsgruppen zu den angegebenen Staaten (M3) und*
– *informiert euch über die Gründung und die jeweilige Staatsform und*
– *beschreibt die Strukturdaten.*
3. *Nenne die auffallendsten politischen und wirtschaftlichen Unterschiede innerhalb der Region (M1 bis M3).*
4. *Beschreibe aus der Sicht eines deutschen Außenministers die Bedeutung der Probleme des Nahen Ostens für die Bundesrepublik. Erstelle dazu für dein Portfolio eine Mindmap.*

Die Rolle der USA in der Welt nach 1990

Nach dem Zerfall der Sowjetunion

Die USA verfolgten den Zusammenbruch der UdSSR erleichtert und besorgt zugleich. Der seit 1989 amtierende Präsident George H. W. Bush befürchtete die unkontrollierte Verbreitung von Atomwaffen aus dem riesigen Bestand der Roten Armee. Er unterstützte daher die Umwandlung der Sowjetunion in Einzelstaaten und schloss mit der neu gegründete *Russischen Föderation* Abrüstungsverträge ab, um zu verhindern, dass die früheren sowjetischen Teilrepubliken Massenvernichtungswaffen erhielten. Bushs Nachfolger *Bill Clinton*, der ab 1993 regierte, setzte 1999 gegen russische Vorbehalte den Beitritt Polens, Ungarns und Tschechiens zur NATO durch.

Der Zweite Golfkrieg

Nur zwei Jahre nach dem Ersten Golfkrieg* besetzten irakische Truppen im August 1990 Kuwait und bedrohten Saudi-Arabien und Israel. Der UN-Sicherheitsrat verurteilte das Vorgehen. Einstimmig stellte er dem irakischen Diktator Saddam Hussein ein Ultimatum: Er solle Kuwait räumen, ansonsten werde er militärische Gewalt anwenden. Als der Irak das Ultimatum verstreichen ließ, befreiten alliierte Truppen aus 27 Ländern unter Führung der USA im Januar 1991 Kuwait mit Gewalt. Den Irak besetzten die Truppen nicht, da der Auftrag der Vereinten Nationen dies nicht vorsah. Saddam Hussein blieb an der Macht. Als er UN-Kontrollen seiner Rüstungsindustrie verweigerte, flogen die USA 1998 mit britischer Unterstützung massive Luftangriffe gegen den Irak.

**Siehe Seite 312.*

1 US-Soldaten vor brennenden Ölquellen in Kuwait.
Foto vom 2. März 1991.
Am Ende des Zweiten Golfkrieges steckte die irakische Armee die kuwaitischen Ölquellen in Brand und ließ Öl ins Meer laufen.
■ *Nenne Gründe und Folgen der Handlung. Bewerte sie.*

Die letzte verbleibende Supermacht

Nach dem Ende des Kalten Krieges stellte sich die Frage, wie und wozu die einzige Supermacht USA ihre wirtschaftliche, militärische und technologische Überlegenheit nutzen würde. Die Regierungen Bush und Clinton zeigten sich entschlossen, mit UNO und NATO weltweit Demokratie und Menschenrechte durchzusetzen, aber auch eigene ökonomische Interessen zu wahren. Allerdings zeigte sich in Somalia, Haiti und im ehemaligen Jugoslawien, dass militärische Mittel nur bedingt dazu taugten. In andere Konflikte griffen die USA diplomatisch ein. Während Clintons Bemühungen zur Lösung des Streites zwischen Israel und den Palästinensern scheiterten, glückte seine Vermittlung im Nordirland-Konflikt.

Wirtschaftsboom und Skandal

Erfolgreich war Clintons Wirtschaftspolitik. Er schloss viele Freihandelsabkommen, die der US-Wirtschaft neue Märkte in Lateinamerika und im asiatisch-pazifischen Raum öffneten. Auch das gewaltige Staatsdefizit der USA konnte er abbauen: Ein Wirtschaftsboom sorgte für einen Haushaltsüberschuss. Die US-Wirtschaft baute ihre Rolle als technologischer Vorreiter der digitalen Revolution aus. Die Zahl der Arbeitslosen sank, doch die Kluft zwischen Arm und Reich blieb. Da Clintons Versuch zum Ausbau des Gesundheitssystems scheiterte, blieben viele Menschen weiterhin ohne Krankenversicherung; zudem wurden die staatlichen Sozialleistungen gekürzt.
Eine unter Eid geleugnete Affäre mit einer Praktikantin schränkte Clintons Handlungsfähigkeit nach 1998 ein. Sie gipfelte in einem erfolglosen Amtsenthebungsverfahren und beschädigte das Ansehen der Vereinigten Staaten erheblich.

Der Beginn des Terrors

In die Regierungszeit Clintons fällt der Beginn des islamistischen Terrors. Nachdem bereits 1993 ein Bombenattentat auf das *World Trade Center* in New York verübt worden war, folgten 1998 verheerende Bombenanschläge auf die US-Botschaften in Kenia und Tansania. Verantwortlich war das Terrornetzwerk *al-Qaida* („die Basis") um den saudi-arabischen Millionär *Osama bin Laden*, der bei den radikal-islamistischen Taliban in Afghanistan Unterschlupf gefunden hatte. Als Reaktion bombardierten die USA deren Ausbildungslager. Gleichzeitig wurden umfangreiche Rüstungsprogramme eingeleitet. Der Kampf gegen den Terrorismus ließ sich damit nicht gewinnen; das machten 2000 ein Attentat auf ein US-Kriegsschiff im Jemen sowie die Anschläge vom 11. September 2001 deutlich.*

Lies dazu das folgende Kapitel.

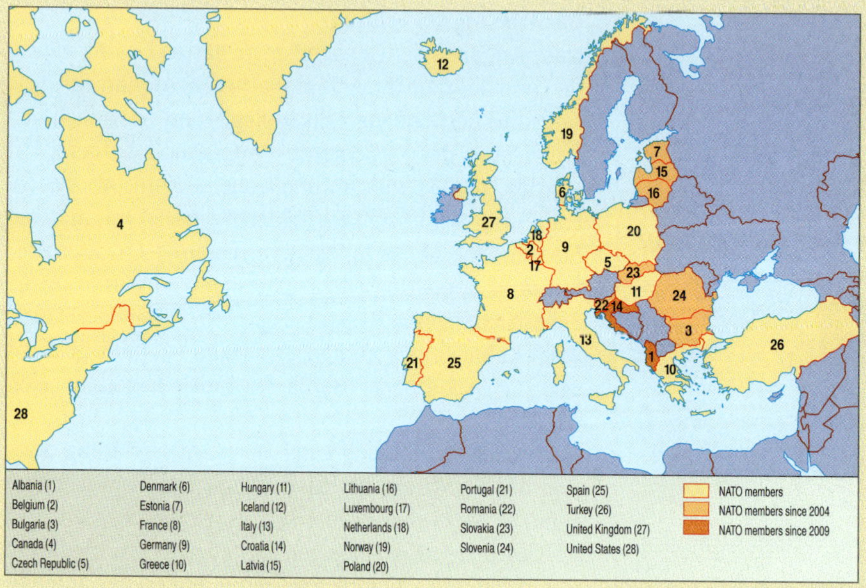

M1 NATO member countries (2009).

M2 "Toward a New World Order"

On September 11, 1990, President George H. W. Bush speaks before a joint session of Congress, regarding the Persian Gulf War. Among other topics, he states that the war presented an opportunity for a "New World Order" to emerge.

We stand today at a unique and extraordinary moment. The crisis in the Persian Gulf, as grave as it is, also offers a rare opportunity to move toward an historic period of cooperation. Out of these troubled times, our [...] objective – a new world order – can emerge: a new era – freer from the threat of terror*, stronger in the pursuit of justice**, and more secure in the quest for peace***. An era in which the nations of the world, East and West, North and South, can prosper**** and live in harmony. [...] Today that new world is struggling to be born, a world quite different from the one we've known. A world where the rule of law supplants the rule of the jungle. A world in which nations recognize the shared responsibility for freedom and justice. A world where the strong respect the rights of the weak. This is the vision that I shared with President Gorbachev [...].

Zit. nach: www.sweetliberty.org/issues/war/bushsr.htm (Zugriff: 20. April 2008)

*__threat of terror__: *Bedrohung durch Terror*
**__pursuit of justice__: *Durchsetzung der Rechtsstaatlichkeit/ der Gerechtigkeit*
***__quest for peace__: *Suche nach Frieden*
****__to prosper__: *gedeihen, wachsen; prosperity: Wohlstand*

▶ ***Tipp:** Auf Seite 133 findest du den Lerntipp „Fremdsprachige Quellen bearbeiten".*

M3 "We must lead ..."

President Clinton says on October 22, 1998, in Detroit to an invited audience of university professors, ethnic leaders, businessmen, and grammar school students:

We must lead in two ways: first, by meeting the immediate challenges to our interests from rogue regimes*; from sudden explosions of ethnic and religious and tribal hatreds**, from short term crises; and, second, by making long term investments in security, prosperity, peace and freedom that can prevent these problems from arising in the first place, and that will help all of us to fully seize the opportunities*** of the 21st century [...] I came to office convinced that NATO can do for Europe's East what it did for Europe's West: prevent a return to local rivalries, strengthen democracy against future threats, and create the conditions for prosperity to flourish****. That's why the United States has taken the lead in a three part effort to build a new NATO for a new era. First, by adapting NATO with new capabilities for new missions. Second, by opening its doors to Europe's emerging democracies. Third, by building a strong and cooperative relationship between NATO and Russia. [...]

As we enter the 21st century, we must make a commitment to remain true to the legacy***** of America's leadership to make sure America remains the indispensable****** nation, not only for ourselves, but for what we believe in and for all the people of the world. That is our burden. That is our opportunity. And it must be our future. Thank you and God bless you all.

Zit. nach: www.nato.int/docu/speech/1996/s961022a.htm (Zugriff: 20. April 2008)

*__rogue regime__: *„Schurkenstaat"*
**__tribal hatred__: *ethnisch begründeter Hass, Hass zwischen Volksstämmen*
***__to seize the opportunity__: *die Gelegenheit nutzen*
****__to flourish__: *gedeihen*
*****__legacy__: *Erbe, Tradition*
******__indispensable__: *unentbehrlich*

1. *Look at the map (M 1) and describe the expansion of the NATO.*
2. *President Bush speaks about a "new world order" (M 2). Work out the political vision behind this term.*
3. *Compare President Bush's political ideas to President Clinton's ideas (M 2 und M 3). How does he legitimize America's leadership? What role is NATO supposed to play?*

"All the News That's Fit to Print"

The New York Times

Late Edition

VOL. CL . . No. 51,874 — NEW YORK, WEDNESDAY, SEPTEMBER 12, 2001 — 75 CENTS

U.S. ATTACKED

HIJACKED JETS DESTROY TWIN TOWERS AND HIT PENTAGON IN DAY OF TERROR

A CREEPING HORROR

Buildings Burn and Fall as Onlookers Search for Elusive Safety

By N. R. KLEINFIELD

President Vows to Exact Punishment for 'Evil'

By SERGE SCHMEMANN

A Somber Bush Says Terrorism Cannot Prevail

By ELISABETH BUMILLER with DAVID E. SANGER

Awaiting the Aftershocks

Washington and Nation Plunge Into Fight With Enemy Hard to Identify and Punish

By R. W. APPLE Jr.

1 Titelblatt der „New York Times" vom 12. September 2001.

Der 11. September 2001 und die Folgen

Die Anschläge

Dienstag, der 11. September 2001, bedeutet einen Einschnitt im Bewusstsein der Weltöffentlichkeit. An diesem Tag hatten radikal-islamistische Terroristen in den USA vier Passagierflugzeuge entführt. Zwei steuerten sie in die Türme des *World Trade Centers* in New York und eines in das *Pentagon* (Verteidigungsministerium) in Washington. Das vierte Flugzeug stürzte nach Kämpfen zwischen Entführern, Besatzung und Fluggästen über Shanksville (Pennsylvania) ab. Die Anschläge forderten mehr als 3000 Tote und etwa doppelt so viele Verletzte.
Für diese Selbstmordattentate – von den westlichen Staaten als „Krieg gegen die Zivilisation" interpretiert – wurden Osama bin Laden und seine multinationale Terrororganisation al-Qaida verantwortlich gemacht.
Die Welt war schockiert – und US-Präsident *George W. Bush* verkündete einen „Feldzug" gegen den Terrorismus.

Der Afghanistan-Feldzug

Nach Angaben der Geheimdienste hatten Osama bin Laden und al-Qaida ihr „Hauptquartier" in Afghanistan. Die seit 1996 herrschende Taliban-Regierung* war nach den Ereignissen des 11. September wiederholt aufgefordert worden, den Terroristenführer auszuliefern. Als sie der Forderung nicht nachkam, bildeten die USA mit anderen Staaten eine Antiterrorkoalition, die am 7. Oktober 2001 mit vom UN-Sicherheitsrat gebilligten Angriffen gegen Ziele in Afghanistan begann. Ende 2001 konnte die Hauptstadt Kabul eingenommen, das Taliban-Regime gestürzt und die Suche nach Osama bin Laden begonnen werden.**
Auch nach der Bildung einer Übergangsregierung 2002 und der Besetzung des Landes fand der Vielvölkerstaat keine Ruhe. Immer wieder kam es zu Terroranschlägen der gestürzten Taliban gegen die neue Regierung und die internationale Schutztruppe. Hinzu traten gewalttätige Konflikte mit islamischen Glaubenskämpfern und Rivalitäten untereinander verfeindeter Clanchefs (*Warlords*).
Im Herbst 2003 war das UN-Mandat auf die NATO übertragen worden. Die Gesamtstärke der westlichen Truppen stieg bis Mai 2012 auf fast 130000 Soldaten, darunter zeitweise bis zu 4350 aus Deutschland. Trotzdem konnte das Land nicht befriedet und demokratisiert werden. Schon 2010 hatte die NATO erklärt, die Verantwortung für die Sicherheit des Landes bis 2014 an die Afghanische Nationalarmee zu übergeben und ihre Kampftruppen abzuziehen. Bei den Einsätzen kamen bis Mai 2013 über 3300 Soldaten der NATO ums Leben, darunter über 50 aus Deutschland. Darüber hinaus starben bis dahin über 3000 afghanische Zivilsten bei Terroranschlägen der Taliban.

Der Irak und die „Achse des Bösen"

US-Präsident Bush hatte erklärt, dass der Krieg gegen den Terror nicht auf Osama bin Laden und al-Qaida beschränkt bleiben dürfe. Anfang 2002 sprach er von einer „Achse des Bösen", womit er die Staaten Nordkorea, Iran, Libyen und Irak meinte. Diese Staaten hatten zwar nicht direkt etwas mit den Anschlägen vom 11. September zu tun, würden aber den Weltfrieden bedrohen.
2002 wurde der „Antiterrorkampf" auf den Irak ausgeweitet. Es war der einzige Staat, der die Terroranschläge nicht verurteilt hatte und sie als Folge der US-Außenpolitik wertete. Saddam Hussein, der trotz des verlorenen Zweiten Golfkrieges in Bagdad an der Macht geblieben war, galt als große Gefahr, zumal zahlreiche UN-Resolutionen, die Massenvernichtungswaffen zu vernichten, nicht befolgt worden waren.

**Siehe Seite 312 und Seite 314.*
***Er wurde erst im Mai 2011 in Pakistan gefunden und von US-Soldaten erschossen.*

„Operation Irakische Freiheit": der Dritte Golfkrieg

Nach zahllosen vergeblichen Vermittlungsversuchen der Vereinten Nationen begann am 20. März 2003 die *Operation Irakische Freiheit*. Ohne einen Beschluss des UN-Sicherheitsrates abzuwarten, begannen die USA und Großbritannien, den Irak zu bombardieren, nachdem ein von Präsident Bush dem irakischen Diktator Saddam Hussein gestelltes Ultimatum, sein Land zu verlassen, verstrichen war. Als unmittelbarer Kriegsgrund wurden irakische Massenvernichtungswaffen angegeben. Als Kriegsziel nannte die US-Regierung die Beseitigung des diktatorischen Regimes.

Gegen den Krieg protestierten Menschen in vielen Staaten – auch in Deutschland. Sie verurteilten ihn als Präventivkrieg und als Verstoß gegen das Völkerrecht. Am 1. Mai 2003 wurde der Krieg, an dem sich 30 Verbündete der Amerikaner beteiligten, von Bush für erfolgreich beendet erklärt. Saddam Hussein konnten die Truppen aber erst im Dezember festnehmen.

Befreier oder Besatzer?

Die alliierten Streitkräfte wurden zwar als „Befreier" begrüßt, als „Besatzer" aber abgelehnt. Trotz intensiver Suche wurden im Irak keine Massenvernichtungswaffen gefunden. Die politische Neuordnung des Landes erwies sich als äußerst schwierig. Die „Besatzungspolitik" der Siegermächte führte zu nachhaltigen Protesten irakischer Gruppen, vor allem der Schiiten und ehemaliger regimetreuer Kräfte. Es kam wiederholt zu Bombenattentaten auf US-Soldaten, auf UN-Einrichtungen und Mitglieder der irakischen Übergangsregierung.

Anfang Juni 2004 verabschiedete der UN-Sicherheitsrat einstimmig eine weitere Resolution, die den Übergang des Irak zu demokratischen Verhältnissen regelte und eine befristete „Sicherheitspartnerschaft" zwischen der neuen irakischen Regierung und der von den USA geführten multinationalen Truppe begründete.

Auch nach der Verkündung einer neuen Verfassung und den Wahlen vom 15. Dezember 2005 blieb die Sicherheitslage im Irak äußerst schwierig. Zu den Anschlägen gegen die US-Soldaten und ihre Verbündeten kamen nun vermehrt Auseinandersetzungen zwischen sunnitischen und schiitischen Muslimen. Extremisten beider Gruppen ließen das Land nicht zur Ruhe kommen. Ende 2010, inzwischen hatten die USA eine neue Regierung unter *Barack Obama*, zogen sich die US-Streitkräfte aus dem politisch noch nicht stabilen Irak zurück. Über 4400 amerikanische und etwa 10 000 irakische Soldaten ließen in dem Konflikt ihr Leben. Dazu kamen allein von 2004 bis 2008 etwa 86 000 Iraker, die Opfer politisch motivierter Terroranschläge wurden.

2 **Demontage einer Saddam-Statue in Bagdad.**
Foto vom April 2003 (Ausschnitt).
■ *Nenne Gründe für die Demontage der Statue.*

Die internationalen Folgen

Die von Washington geführten „Antiterrorkriege" machten deutlich, dass die Vereinigten Staaten ihre Position als alleinige Weltmacht zu festigen versuchten. Dies brachte ihnen den Vorwurf ein, die Rolle der Vereinten Nationen als „Weltpolizist" zu ignorieren und Entscheidungen nur nach eigenen Interessen und Vorstellungen zu treffen.

Das Verhalten der USA und ihrer Verbündeten löste internationale und nationale Kritik aus. Darüber hinaus verloren die westlichen Soldaten an Glaubwürdigkeit in ihrem Kampf für Freiheit und Demokratie, nachdem 2004 Fotos von Misshandlungen irakischer Gefangener aus dem Abu Ghraib-Gefängnis in Bagdad veröffentlicht worden waren. „Wir sind mit Tricks in den Krieg gegen den Irak getrieben worden", rief der demokratische Senator *Edward Kennedy* 2004 aus, „der einen Erfolg in dem tatsächlichen Krieg gegen den Terrorismus erschwert und unser Ansehen in der Welt auf den niedrigsten Punkt in unserer gesamten Geschichte gebracht hat."

Die vorläufige Bilanz der Interventionspolitik im Irak und in Afghanistan fällt daher negativ aus, denn beide Kriege

- dauerten länger und waren verlustreicher als erwartet,
- brachten weder Frieden noch Demokratie,
- führten zum Anwachsen der Staatsschulden in den kriegführenden Staaten und
- verschlechterten das Ansehen und die Glaubwürdigkeit der USA und des Westens in der muslimischen Welt.

M1 **Krieg gegen den Terror**

US-Präsident George W. Bush erklärt am 20. September 2001 vor dem Kongress:

Unsere Antwort [auf den Anschlag vom 11. September] umfasst weit mehr als unmittelbare Vergeltung und einzelne militärische Schläge. Die Amerikaner sollten sich nicht auf eine Schlacht, sondern auf einen lang andauernden Feldzug einstellen, wie wir ihn bislang noch nicht erlebt haben. [...]

Und wir werden Staaten verfolgen, die ihnen [den Terroristen] Hilfe oder Unterschlupf gewähren. Jede Nation in jeder Region muss nun eine Entscheidung treffen. Entweder sind sie auf unserer Seite oder auf der Seite der Terroristen. Von diesem Tage an wird jeder Staat, der weiterhin Terroristen unterstützt oder ihnen Unterschlupf gewährt, von den USA als feindliches Regime betrachtet.

In einer Rede zur Lage der Nation sagt Bush am 29. Januar 2002:

Unser [...] Ziel ist es, den Terror unterstützende Regime daran zu hindern, Amerika oder seine Freunde und Bündnispartner mit Massenvernichtungswaffen zu bedrohen. Einige dieser Regime haben sich seit dem 11. September ziemlich ruhig verhalten. Aber wir kennen ihr wahres Gesicht. Nordkorea ist ein Regime, das sich mit Raketen und Massenvernichtungswaffen ausrüstet und gleichzeitig seine Bürger verhungern lässt.

Der Iran strebt aggressiv den Besitz dieser Waffen an und exportiert den Terror, während einige wenige Ungewählte die Hoffnung des iranischen Volkes auf Freiheit unterdrücken.

Der Irak stellt weiterhin seine Feindseligkeit gegenüber Amerika zur Schau und unterstützt den Terror. Das irakische Regime plant insgeheim seit über zehn Jahren die Herstellung von Milzbranderregern, Nervengas und von Nuklearwaffen. [...] Dies ist ein Regime, das internationalen Inspektionen zustimmte – und dann die Inspektoren hinausschmiss. Dies ist ein Regime, das etwas vor der zivilisierten Welt zu verstecken hat.

Staaten wie diese und ihre terroristischen Verbündeten stellen eine Achse des Bösen dar, die sich bewaffnet, um den Frieden auf der Welt zu bedrohen. Diese Regime sind eine ernste und wachsende Gefahr, da sie den Besitz von Massenvernichtungswaffen anstreben. Sie könnten Terroristen ihre Waffen zur Verfügung stellen und ihnen damit die Mittel geben, ihren Hass zu verwirklichen. Sie könnten unsere Bündnispartner angreifen und versuchen, die Vereinigten Staaten zu erpressen. Auf jeden Fall wäre der Preis der Gleichgültigkeit katastrophal.

Erster Text zit. nach: Blätter für deutsche und internationale Politik, 46. Jg. (2001), H. 11, S. 1400; zweiter Text zit. nach: ebda., 47. Jg. (2002), H 3, S. 368

M2 **„Spiegel"-Titel vom 18. Februar 2002.**
Die Illustration stammt von Jean-Pierre Kunkel. Dargestellt sind (v.l.n.r.): Außenminister Powell, Verteidigungsminister Rumsfeld, Präsident Bush, Vizepräsident Cheney und Sicherheitsberaterin Rice.

M3 **„Etwas läuft grundverkehrt ..."**

Der ehemalige US-Vizepräsident Al Gore sagt am 7. August 2003 vor Studenten der New York University über George W. Bushs Politik:

Die Richtung, in die unsere Nation geführt wird, beunruhigt mich zutiefst. [...] Zu den Annahmen, die wir heute als irrig erkennen, gehören auf jeden Fall folgende:

1) Saddam Hussein trug Mitverantwortung für den Angriff auf uns am 11. September 2001, weshalb die Invasion seines Landes und sein gewaltsamer Sturz eine angemessene Antwort auf diesen Angriff darstellen.

2) Saddam arbeitete eng mit Osama bin Laden zusammen und unterstützte Mitglieder der Terroristengruppe al-Qaida, indem er ihnen Waffen und Geld, Stützpunkte und Ausbildung zukommen ließ. [...]

3) Saddam stand im Begriff, den Terroristen Giftgas und biologische Waffen zu geben, tödliche Bakterien, mit denen sie Millionen Amerikaner töten könnten.

4) Saddam stand kurz davor, Atombomben zu bauen und sie den Terroristen zu geben. [...]

5) Unsere GIs* würden mit offenen Armen empfangen werden. [...]

6) Auch wenn der Rest der Welt den Krieg überwiegend ablehnte, würde er doch nach unserem Sieg rasch einschwenken und uns sodann mit jeder Menge Geld und Soldaten aushelfen. [...]

Natürlich ist inzwischen allgemein bekannt, dass jede einzelne dieser Annahmen schlechterdings grundfalsch war.

Zit. nach: Blätter für deutsche und internationale Politik, 48. Jg. (2003), H. 3, S. 1136 f.

**GI: eigentlich Abk. für „Government Issue", die staatlich gelieferte Ausrüstung für die Soldaten; übertragen: der amerikanische Soldat*

1. *Bushs Aussagen (M1) waren in den Vereinten Nationen umstritten. Erkläre, warum.*
2. *Interpretiere die Aussage des Titelbildes (M2). Nimm Stellung dazu.*
3. *Verfasse aufgrund von M3 politische Forderungen an die US-Regierung.*

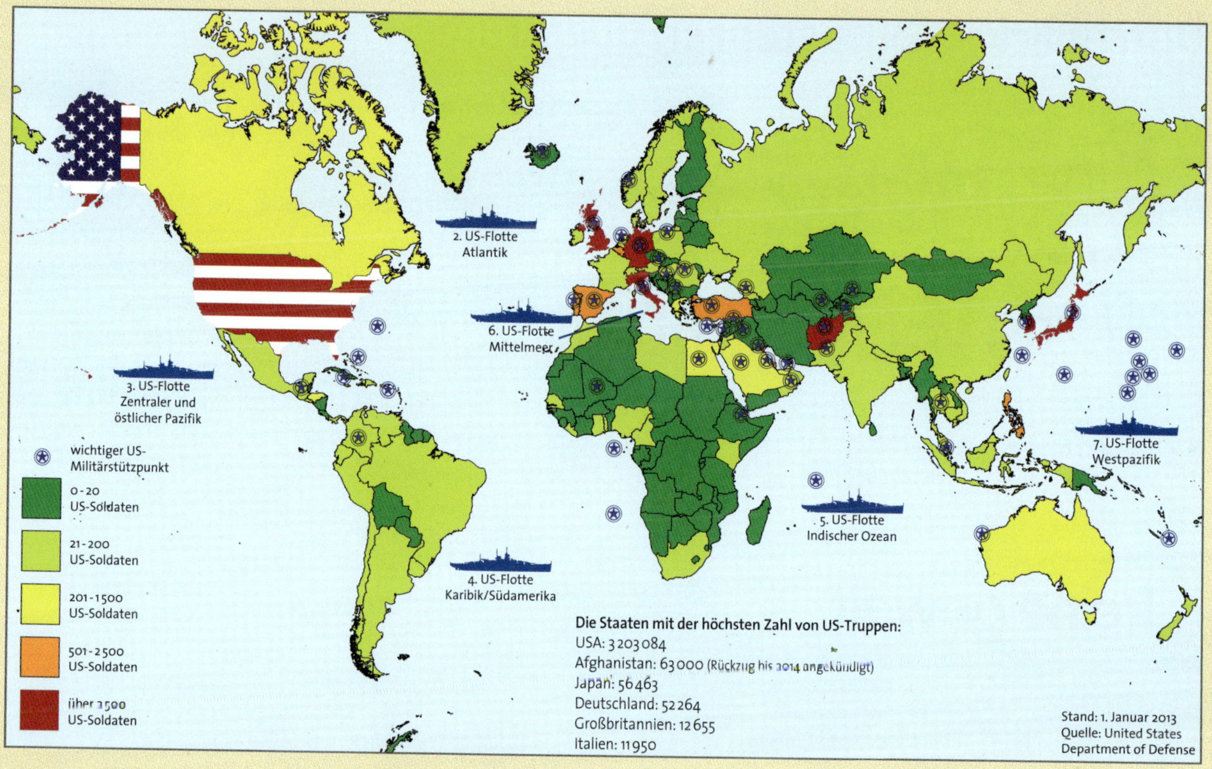

M4 **US-Soldaten in Ländern mit amerikanischen Stützpunkten.**
2004 unterhielten die USA 725 Militärbasen außerhalb ihrer Grenzen, dazu eine unbestimmte Anzahl geheimer Stützpunkte.

M5 **Mehr Ungemach als Freiheit?**
Stephen Kinzer von der New York Times schreibt 2006 über die Interventionspolitik der USA:

Als der Kalte Krieg endete, hielten es die Amerikaner offenbar nicht mehr für nötig, andere Menschen über ihre Lebensweise aufzuklären. Sie erlagen zwei großen Irrtümern. Erstens nahmen sie an, der Zusammenbruch des Kommunismus werde alle Welt davon überzeugen, dass das politische und wirtschaftliche Modell der amerikanischen Gesellschaft ideal für jedermann sei. Zweitens stellten sie sich vor, ihre überwältigende militärische Schlagkraft werde ihnen erlauben, jede Macht, die sich gegen diese übereinstimmende Überzeugung auflehnte, niederzuwerfen.

Wäre es möglich, das Weltgeschehen durch die Absetzung fremder Regierungen zu lenken, so könnte den Vereinigten Staaten niemand die Stirn bieten. Sie haben weit mehr Regierungen gestürzt als jede andere Nation unserer Zeit. Schaut man sich freilich an, was nach diesen Operationen jeweils geschah, so wird deutlich, dass die Vereinigten Staaten mit den Ländern, deren Regierungen sie aus dem Amt entfernt haben, nichts weiter anzufangen wissen. [...]

Wenn die Vereinigten Staaten sich um strategischer Vorteile willen im Ausland einmischen, wenn sie Regierungen stürzen, denen sie Repression vorwerfen, oder ihr politisches oder religiöses System auszubreiten suchen, dann handeln sie zugleich im kommerziellen Eigeninteresse. Das Motiv, Zugang zu Märkten und zu Naturschätzen zu finden, spielt in der amerikanischen Geschichte eine ebenso zentrale Rolle wie von jeher in der Geschichte jeder anderen großen Nation. [...]

Der Erfolg beim Aufbau des eigenen Landes ließ viele Amerikaner zu der Überzeugung gelangen, diesen Erfolg im Ausland wiederholen zu können und von der Vorsehung dazu regelrecht ausersehen zu sein. Aufgrund dieses Missionsbewusstseins und ihrer Überzeugung, Anspruch auf einen Löwenanteil an den Naturreichtümern dieser Welt zu haben, fingen sie an, fremde Regierungen zu stürzen. Die meisten dieser abenteuerlichen Unternehmungen haben ihnen und den Völkern, in deren Geschichte sie eingriffen, weit mehr Ungemach als Freiheit gebracht.

Stephen Kinzer, Putsch! Zur Geschichte des amerikanischen Imperialismus. Aus dem Amerikanischen von Ulrich Enderwitz, Frankfurt a. M. 2007, S. 482f. (übers. von Ulrich Enderwitz)

1. *Arbeitet die Vorwürfe des Autors gegen die US-Politik heraus (M5). Diskutiert seine Argumente.*
2. *Erläutere, welche Rolle die Geschichte der USA für ihr Selbstverständnis als heutige Weltmacht spielt (M5).*

Durchblick – Kompetenzen überprüfen

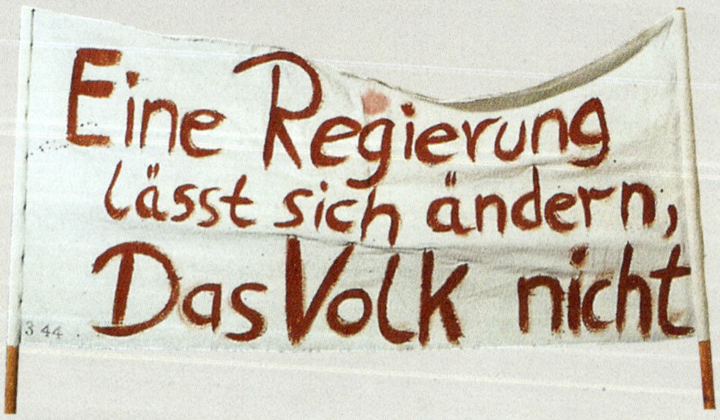

M1 Transparent von der Ost-Berliner Großdemonstration vom 4. November 1989.

M2 Stirn- und Armbinde.
Getragen auf der Ost-Berliner Großdemonstration vom 4. November 1989.

M3 Umjubelter Grenzübertritt in Berlin.
Foto vom 9./10. November 1989.
Mehr als eine halbe Million DDR-Bürger nutzten die Grenzöffnung zu einem Kurzbesuch in West-Berlin.

M4 Die Öffnung der Mauer – Beginn einer Revolution?
Der Historiker Heinrich August Winkler bewertet den Fall der Mauer so:

Die Öffnung der Berliner Mauer am 9. November 1989 war für die DDR das, was der Sturm auf die Pariser Bastille am 14. Juli 1789 für das französische Ancien régime* gewesen war: der Schlag, von dem sich die bisherige Ordnung nicht mehr erholen konnte. Die Mauer war nicht minder als die Bastille ein Symbol der Unfreiheit. Als das Symbol fiel, war das Ende der alten Herrschaft gekommen. Die „friedliche Revolution" in der DDR hatte das Ziel erreicht, über das alle vorwärtsdrängenden Kräfte einig waren.

Heinrich August Winkler, Der Lange Weg nach Westen II. Deutsche Geschichte 1933-1990, München 2000, S. 517

***Ancien régime**: *alte, ehemalige Regierung; der Begriff steht für vorrevolutionäre Zustände*

M5 Mindmap zur Wiedervereinigung.

M6 Über die deutsche Einigung von 1990

Der Mainzer Geschichtswissenschaftler Andreas Rödder von der Universität Mainz schreibt dazu:

Die deutsche Einigung von 1990 fand – bei allen Differenzen im Einzelnen – erstmals im Einklang mit den Nachbarn und nicht in jenem Zeichen kriegerischer Gewalt statt, in dem das moderne deutsche (und nicht nur das deutsche) Nationalbewusstsein von seiner Geburt im Aufstand gegen Napoleon 1813 bis zum Untergang von 1945 gestanden hatte. Das vereinigte Deutschland von 1990 war saturiert*, und es vereinte erstmals Volkssouveränität und Freiheit, Einheit und Frieden – als gingen nach den katastrophalen Umwegen die Hoffnungen des 19. Jahrhunderts doch noch in Erfüllung.

Andreas Rödder, Geschichte der deutschen Wiedervereinigung, München 2011, S. 115

*saturiert: *ohne Ansprüche, selbstzufrieden*

M8 Gedenken an die deutsche Teilung.
Foto von Doreen Eschinger, 2011.
Am Potsdamer Platz in Berlin wurden Teile der Mauer und Informationstafeln aufgestellt.

M7 „Still Standing."
Karikatur von Mike Ritter aus den in Phoenix (Arizona) erscheinenden „Tribune Newspapers" vom 12. September 2001.

M9 Gibt es ein „kurzes 20. Jahrhundert"?

Der Historiker Hans-Ulrich Wehler stellt mit Blick auf historische Epocheneinteilungen die Frage, welches 20. Jahrhundert dem „langen 19. Jahrhundert" gefolgt sei, und schreibt:

Hobsbawm* hat frühzeitig, zu Beginn der 1990 Jahre, für die Epoche eines „kurzen 20. Jahrhunderts" plädiert. [...] Da er auch einer der Verfechter des „langen 19. Jahrhunderts" von 1789 bis 1914 war, setzte er mit 1914/17 als dem Beginn des 20. Jahrhunderts ein und ließ es mit dem Zerfall der Sowjetunion seit 1991 enden. Die Auflösung einer Weltmacht, dazu ohne großen Krieg, ist in der Tat ein spektakuläres Ereignis, das die globale Konstellation von Grund auf veränderte.

Hans-Ulrich Wehler, Notizen zur deutschen Geschichte, München 2007, S. 41 f.

Eric J. Hobsbawm (1917-2012), englischer Historiker, der eine Weltgeschichte des 20. Jahrhunderts geschrieben hat und diesem Buch den Titel „Das Zeitalter der Extreme" gab.

---

1. *In der Geschichtsschreibung ist umstritten, ob die Ereignisse in der DDR von 1989/90 ein „Zusammenbruch" oder eine „Revolution" waren. Gegen den ersten Begriff sprächen die vielen Demonstrationen, gegen den zweiten die mangelnde Gewalt. Diskutiert die Positionen! Berücksichtigt dabei M 1 bis M 4 sowie die Seiten 286 ff.*
2. *Schreibe mithilfe der Mindmap-Angaben (M 5) eine Geschichte der Wiedervereinigung. Berücksichtige auch M 8.*
3. *Erläutere die deutsche Wiedervereinigung (M 6) im Zusammenhang mit dem Wandel der Friedensschlüsse (siehe Seite 298 f.).*
4. *Analysiere die Karikatur (M 7). Gibt sie die Reaktion auf den Anschlag vom 11. September 2001 angemessen wieder? Begründe deine Meinung.*
5. *Diskutiert auf der Grundlage von M 9 die Frage, ob die Zeit zwischen dem Ersten Weltkrieg und dem Zerfall der Sowjetunion 1991 eine eigene historische Epoche darstellt. Zu Wendepunkten in der Geschichte lies nochmals Seite 51.*
6. *Für viele Historiker und Politiker hat erst mit dem 11. September 2001 eine neue Epoche begonnen. Fasse die zentralen Ereignisse nach „Nine eleven" in einer Übersicht zusammen (siehe Seite 316 ff.) und beurteile die Einschätzung.*

Kleines Lexikon zur Geschichte

Daten

1871 *Am Ende des Deutsch-Französischen Krieges wird auf Betreiben → Bismarcks das → Deutsche Reich mit einem Kaiser an der Spitze gegründet.*

1888 *→ Wilhelm II. wird mit 29 Jahren deutscher Kaiser.*

1890 *Der preußische Ministerpräsident (seit 1862) und Reichskanzler (seit 1871) → Bismarck tritt zurück.*

1914 *Ein Serbe erschießt das österreichisch-ungarische Thronfolgerpaar in Sarajewo (28. Juni); der → Erste Weltkrieg beginnt mit den Kriegserklärungen Österreich-Ungarns an Serbien (28. Juli) und des → Deutschen Reiches an Russland (1. August).*

1917 *Am 6. April treten die USA in den Krieg ein; aus dem europäischen Krieg wird ein Weltkrieg (→ Erster Weltkrieg).*
In Russland wird der Zar gestürzt und eine → Republik ausgerufen (Februarrevolution); die Bolschewiki (→ Bolschewismus) übernehmen unter → Lenins Führung im Herbst die Macht in Russland (→ Oktoberrevolution).

1918 *Am 9. November wird die Deutsche Republik (→ Republik) ausgerufen; Kaiser → Wilhelm II. tritt wie alle regierenden Fürsten im Reich zurück.*
Deutsche Politiker müssen am 11. November in der nordfranzösischen Stadt Compiègne das Waffenstillstandsabkommen unterschreiben; damit endet der → Erste Weltkrieg.

1919 *Der → Versailler Vertrag wird am 28. Juni unterschrieben; er legt die europäische Nachkriegsordnung fest.*

1923 *Krisenjahr der Weimarer Republik mit „Ruhrkampf", → Inflation, → Währungsreform und → Hitler-Putsch in München.*

1924 *In der Sowjetunion übernimmt → Stalin die Macht; er regiert die Sowjetunion bis 1953 totalitär (→ Stalinismus, → Totalitarismus).*

1926 *Deutschland wird in den → Völkerbund aufgenommen.*

1929 *Mit dem Absturz der Aktienkurse an der New Yorker Börse beginnt eine Weltwirtschaftskrise.*

1933 *Am 30. Januar ernennt Reichspräsident → Hindenburg den Vorsitzenden der → NSDAP, → Hitler, zum Reichskanzler einer nationalkonservativen Koalitionsregierung.*
Am 27. Februar brennt das Reichstagsgebäude, einen Tag später setzt die „Reichstagsbrandverordnung" Grundrechte außer Kraft. Am 23. März nimmt der → Reichstag das → „Ermächtigungsgesetz" an: Die Hitler-Regierung kann Gesetze ohne Zustimmung von Reichstag, Reichsrat und Reichspräsident erlassen.

1938 *Der 9. November bildet den Höhepunkt der von den Nazis motivierten Ausschreitungen gegen die jüdische Bevölkerung, um sie aus dem → Deutschen Reich zu vertreiben (→ Novemberpogrome).*

1939 *Am 1. September beginnt mit dem deutschen Angriff auf Polen der → Zweite Weltkrieg.*

1944 *Am 20. Juli scheitern das Attentat auf → Hitler und der versuchte Staatsstreich (→ Widerstand).*

1945 *Am 27. Januar werden die Überlebenden des → Konzentrations- und Vernichtungslagers Auschwitz von sowjetischen Truppen befreit (→ Holocaust).*
Mit der → bedingungslosen Kapitulation des → Deutschen Reiches am 8./9. Mai endet der → Zweite Weltkrieg in Europa.
Die drei Siegermächte USA, UdSSR und Großbritannien legen im Juli/August auf der → Potsdamer Konferenz Grundsätze für die Behandlung Deutschlands fest.
Mit den amerikanischen Atombombenabwürfen auf Hiroshima (6. August) und Nagasaki (9. August) endet der Zweite Weltkrieg auch in Fernost.

1947 *US-Präsident Truman sagt allen Staaten mit einer freiheitlichen politischen und wirtschaftlichen Ordnung die Unterstützung der USA zu (→ Truman-Doktrin); US-Außenminister Marshall kündigt ein Wiederaufbauprogramm für Europa an (→ Marshall-Plan); der → Kalte Krieg hatte begonnen.*

1948 *Am 14. Mai ruft → Ben Gurion den Staat Israel aus.*
Im Juni findet eine → Währungsreform in den drei Westzonen statt; die Sowjetunion führt daraufhin eine eigene Währungsreform in der SBZ durch und blockiert alle Land- und Wasserwege von und nach West-Berlin bis zum 12. Mai 1949; die USA und Großbritannien versorgen die West-Berliner mit einer „Luftbrücke".

1949 *Die Ministerpräsidenten der Länder, die Landtagspräsidenten und die Mitglieder des Parlamentarischen Rates unterzeichnen am 8. Mai in Bonn das → Grundgesetz. Am 23. Mai wird im Westen die Bundesrepublik Deutschland mit dem Einverständnis der drei Westmächte und am 7. Oktober die Deutsche Demokratische Republik unter Aufsicht der Sowjetunion gegründet.*

1950/53 *Korea-Krieg: Krieg zwischen der von der Sowjetunion unterstützten Demokratischen Volksrepublik Korea (Nord-Korea) und der von den USA und den Vereinten Nationen (→ UNO) unterstützten Republik Korea (Süd-Korea); aus dem → Kalten Krieg wurde in Fernost ein „heißer Krieg".*

1953 *Der Volksaufstand in der DDR gegen das SED-Regime wird niedergeschlagen.*

1956 *In Ungarn wird der Aufstand gegen die kommunistische Regierung gewaltsam niedergeschlagen.*

1957 *Gründung der → Europäischen Wirtschaftsgemeinschaft (→ europäische Einigung).*

1961 *Die DDR-Regierung lässt mit Einwilligung der Sowjetunion um West-Berlin die Mauer (→ Berliner Mauer) errichten (am 13. August).*

1961/62 *Während der Kuba-Krise steht die Welt am Rande eines Atomkrieges.*

1967 *Sechs-Tage-Krieg: Israel befürchtet einen Angriff Ägyptens, greift an und erobert den Sinai, den Gazastreifen, das Westjordanland und den Golan.*

1968 *Höhepunkt der → „68er-Bewegung" in der Bundesrepublik Deutschland.*
Truppen des → Warschauer Paktes marschieren im August in die ČSSR ein und unterdrücken politische → Reformen.

1970/73 *Als Beitrag zur → Entspannungspolitik schließt die sozialliberale Regierung unter Bundeskanzler → Brandt die Ostverträge ab (→ Neue Ostpolitik); die Bundesrepublik Deutschland und die DDR erkennen sich im → Grundlagenvertrag vom 21. Dezember 1972 als gleichberechtigte Staaten an.*

1973 *Die USA ziehen ihre Truppen aus Vietnam zurück.*

1975 *Die KSZE-Schlussakte von Helsinki nennt Grundsätze für das friedliche Zusammenleben der Völker in Europa; die Akte wird von allen KSZE-Staaten (→ Konferenz über Sicherheit und Zusammenarbeit in Europa) angenommen.*

1979 *Israel und Ägypten schließen Frieden.*

1985 *In der Sowjetunion leitet → Gorbatschow mit → Glasnost und Perestroika umfangreiche → Reformen ein.*

1989/90 *In Mittel-, Ost- und Südosteuropa treten die kommunistischen Regierungen ab. Am 9. November 1989 führt die „friedliche Revolution" (→ Revolution) in der DDR zur Öffnung der → Berliner Mauer. Mit dem Beitritt der fünf ostdeutschen Bundesländer zur Bundesrepublik Deutschland wird am 3. Oktober 1990 die Wiedervereinigung vollzogen.*

1991 *Der → Warschauer Pakt zerfällt (1. Juli) und die Sowjetunion wird aufgelöst (25. Dezember); Russland übernimmt die Führungsrolle in der ehemaligen UdSSR.*

1992 *Zwölf westeuropäische Regierungschefs unterschreiben in Maastricht den „Vertrag über die Europäische Union"; er tritt 1993 in Kraft (→ europäische Einigung).*

2001 *Bei Anschlägen radikal-islamistischer Terroristen kommen mehr als 3 000 Menschen in New York und Washington ums Leben; die US-Regierung kündigt einen „Feldzug" gegen den Terrorismus an; in Afghanistan und im Irak beginnen „Antiterrorkriege".*

2004 *Die Europäische Union wächst von 15 auf 25 Mitgliedstaaten (→ europäische Einigung).*

2014 *Die NATO-Truppen (→ NATO) ziehen sich aus Afghanistan zurück.*

Weimarer Republik missbraucht. Sie verwendeten ihn im Sinne von „Verzichtspolitik" zur Herabsetzung der republikanischen Politiker.

„Ermächtigungsgesetz": vom → *Reichstag* am 23. März 1933 beschlossenes Gesetz, das der Koalitionsregierung unter → *Hitler* erlaubte, Gesetze ohne den Reichstag zu beschließen. Gegen das zunächst befristete Gesetz, das die → *„Gleichschaltung"* und die nationalsozialistische → *Diktatur* (→ *Nationalsozialismus*) förderte, stimmten nur die Abgeordneten der SPD (→ *Sozialdemokratie*), die kommunistischen Abgeordneten (→ *Kommunismus*) waren bereits verhaftet worden oder ins Exil gegangen.

Erster Weltkrieg: Die Ursachen des von 1914 bis 1918 dauernden „Großen Krieges", wie er in England und Frankreich heißt, lagen in den machtpolitischen Gegensätzen, dem Rüstungswettlauf, der imperialistischen Politik (→ *Imperialismus*) der europäischen Großmächte und der Risikobereitschaft der Regierungen und Militärs zu einem begrenzten Konflikt. Anlass war die Ermordung des österreichischen Thronfolgerehepaares in Sarajewo am 28. Juni 1914. Die deutsche Reichsleitung unterstützte den Bündnispartner Österreich-Ungarn bedingungslos, erklärte am 1. August Russland den Krieg und überfiel das neutrale Belgien, um gegen Frankreich zu ziehen, dem es am 3. August den Krieg erklärt hatte. Die Versenkung amerikanischer Schiffe durch deutsche U-Boote sowie das sich andeutende Ende des russischen Zarenreiches (→ *Oktoberrevolution*) trugen dann zum Kriegseintritt der USA am 6. April 1917 gegen die Mittelmächte (Deutschland, Österreich-Ungarn) bei. Industriell gefertigte neue Waffen wie Panzer, U-Boote, Flugzeuge und Giftgas töteten viele Millionen Menschen (→ *Verdun*). Der Krieg trug zum Aufstieg der USA als Weltmacht und zum Niedergang der Vorherrschaft Europas in der Welt bei.

Europäische Einigung: Am Anfang des Einigungsprozesses nach dem → *Zweiten Weltkrieg* stand die Zusammenarbeit der westeuropäischen Staaten im 1949 gegründeten Europarat und in der 1951 entstandenen „Europäischen Gemeinschaft für Kohle und Stahl" (EGKS, → *Montanunion*). Der Erfolg führte 1957 zur Gründung der → *Europäischen Wirtschaftsgemeinschaft* (EWG) und der „Europäischen Atomgemeinschaft" (EURATOM). EGKS, EURATOM und EWG wurden 1967 zur „Europäischen Gemeinschaft" (EG) zusammengefasst. Sie erhielten gemeinsame Organe (Kommission, Ministerrat, Parlament und Gerichtshof). Ihre Mitglieder vereinbarten eine intensive wirtschaftliche, außenpolitische, soziale, ökologische und kulturelle Zusammenarbeit. Der „Vertrag von Maastricht" erweiterte 1992 die Zuständigkeit der „Europäischen Gemeinschaft". Er machte den Weg für die „Wirtschafts- und Währungsunion" frei und erklärte das Staatenbündnis zur „Europäischen Union" (EU). Die wichtigsten Veränderungen waren die engere Zusammenarbeit in der Außen- und Wirtschaftspolitik und die gemeinsame Währung „Euro" (1999/2002). Nach der Auflösung des sowjetischen Machtbereiches nahm die EU zwölf weitere Mitglieder auf, davon zehn ehemalige Ostblockstaaten. Seit 2013 zählt die EU 28 Mitgliedstaaten.

Europäisches Gleichgewicht: Grundsatz in den Beziehungen der europäischen Mächte, um die Vorherrschaft (→ *Hegemonie*) eines Staates zu vermeiden (Gleichgewichtspolitik). Die Gründung des → *Deutschen Reiches* 1871 stellte das auf dem Wiener Kongress 1815 geschaffene Gleichgewicht zwischen Großbritannien, Frankreich, Russland, Österreich-Ungarn und dem Deutschen Reich infrage. Mit dem → *Ersten Weltkrieg* zerbrach es.

Europäische Wirtschaftsgemeinschaft (EWG): Im März 1957 vereinbarten die Mitglieder der → *Montanunion* (Belgien, Frankreich, Italien, Luxemburg, die Niederlande und die Bundesrepublik Deutschland) in den „Römischen Verträgen" eine gemeinsame Wirtschafts- und Handelspolitik. Der Anfang 1958 in Kraft getretene Vertrag war Grundlage der → *europäischen Einigung*.

Europäische Union → *Europäische Einigung*

„Euthanasie" (abgeleitet von griech. „guter" oder „leichter Tod"): Mit diesem Begriff wurde während des → *„Dritten Reiches"* die Ermordung an behinderten, unheilbar erkrankten sowie altersschwachen Menschen verschleiert.

Faschismus: antidemokratische (→ *Demokratie*) und antikommunistische (→ *Kommunismus*) sowie extrem nationalistische (→ *Nationalismus*) Weltanschauung und Bewegung. Sie entstand nach dem → *Ersten Weltkrieg* in Italien und fand in fast allen europäischen Ländern Anhänger. In Deutschland vertraten die Nationalsozialisten (→ *NSDAP*) unter → *Hitler* faschistische Vorstellungen.

Flucht und Vertreibung: Gemeint ist sowohl die am Ende des → *Zweiten Weltkrieges* einsetzende Flucht von Deutschen aus ihren Heimatgebieten vor der sowjetischen Armee und ihren osteuropäischen Verbündeten sowie die erzwungene Vertreibung, Umsiedlung oder Ausweisung der in den deutschen Ostgebieten und den deutschen Siedlungsgebieten im Ausland lebenden Deutschen nach 1945. Ihre Zahl wird auf etwa zwölf bis 14 Millionen (1950) geschätzt.

Friedliche Revolution → *Revolution*

„Führerprinzip": In der → *NSDAP* und ihren Organisationen waren demokratische Beschlüsse (→ *Demokratie*) nicht üblich, alle Entscheidungen ergingen von oben nach unten. Seit 1922 wurde → *Hitler* in der NSDAP „Führer" genannt, ab 1934 ernannte er sich in Deutschland zum „Führer und Reichskanzler".

Genozid → *Völkermord*

Geschichte (lat. *historia*): alles, was Menschen in der Vergangenheit gemacht haben und was durch → *Quellen* überliefert ist.

Ghetto: Bezeichnung für ein von anderen Stadtteilen abgetrenntes Wohngebiet. Judenviertel gab es bereits in der Spätantike. Anfang des 13. Jh. beschloss die Kirche die räumliche Trennung von Juden und Christen. Sie wurde zunächst kaum befolgt. Das erste Ghetto im Heiligen Römischen Reich Deutscher

Nation entstand 1462 in Frankfurt am Main. Die Bezeichnung stammt aus Venedig, wo die Juden seit 1516 im Stadtteil „Ghetto Nuovo" wohnen mussten. Nach dem Einmarsch deutscher Truppen im Jahre 1939 in Polen und 1941 in die Sowjetunion wurden zahlreiche Ghettos errichtet. Das größte Ghetto entstand in Warschau. Darin wurde die enteignete jüdische Bevölkerung gefangen gehalten und zur Arbeit für die Besatzer gezwungen (→ *Zwangsarbeit*). Viele Ghettobewohner starben an Hunger und Krankheit. Die Überlebenden wurden ab 1941 in die → *Konzentrations- und Vernichtungslager* deportiert und damit Opfer des → *Holocaust*.

Glasnost und Perestroika: Die Begriffe „Glasnost" (dt. Offenheit, Durchsichtigkeit) und „Perestroika" (dt. Umbau, Umgestaltung) stehen für → *Gorbatschows* Reformpolitik in der Sowjetunion von 1985 bis 1991. Sie sollte die kommunistische Herrschaft (→ *Kommunismus*) in der Sowjetunion und den Ostblockstaaten sichern, erreichte aber das Gegenteil.

„Gleichschaltung": So nannten die Nationalsozialisten (→ *Nationalsozialismus*) ihre Maßnahmen, Staat, Gesellschaft und Kultur mit ihrer Partei (→ *NSDAP*) personell und ideologisch zu durchdringen und damit zu beherrschen. Nach der Ernennung → *Hitlers* zum Reichskanzler am 30. Januar 1933 (→ *„Machtergreifung"*) begann die „Gleichschaltung" mit dem → *„Ermächtigungsgesetz"* vom 23. März 1933. Sie beendete die demokratische Gewaltenteilung (→ *Demokratie*). Die Nationalsozialisten nahmen den Ländern ihre Eigenständigkeit, führten eine Einparteienherrschaft ein, kontrollierten die Medien, lösten alle Verbände und Einrichtungen auf und integrierten sie in ihre Organisationen.

Grundgesetz: Die vom Parlamentarischen Rat 1948/49 ausgearbeitete und nach Annahme durch die Länderparlamente am 23. Mai 1949 in Kraft getretene → *Verfassung* der Bundesrepublik Deutschland. Im Gegensatz zur → *Weimarer Verfassung* sind die Grundrechte (→ *Menschen- und Bürgerrechte*) nicht nur politische Leitlinien, sondern von jedem Bürger vor Gericht einklagbare Rechte.

Grundlagenvertrag: In dem 1972 unterschriebenen Dokument erkannten die Bundesrepublik Deutschland und die DDR sich als gleichberechtigte Staaten an und verpflichteten sich zu „gutnachbarschaftlichen Beziehungen". Die Bundesrepublik Deutschland hielt an dem Recht des deutschen Volkes fest, seine Einheit „in freier Selbstbestimmung" anzustreben. Der Bundestag billigte den Vertrag im Mai 1973.

Hegemonie (griech. *hegemonia*: Oberbefehl): Streben eines Herrschers oder Staates nach der Vorherrschaft in einem Bündnis oder einem Gebiet. Im Zeitalter des → *Imperialismus* strebten die wirtschaftlich-industriellen Mächte Europas, die USA und Japan eine Hegemonie über unterlegene Regionen auf anderen Kontinenten an. Im → *Zweiten Weltkrieg* kämpfte Deutschland um eine Vorherrschaft in Europa und in der Welt. Es verlor den Krieg. Während des → *Kalten Krieges* übernahmen die Sowjetunion und die USA Führungsrollen in ihren Einflussbereichen.

Hitler-Jugend (HJ): von der → *NSDAP* 1926 gegründete NS-Jugendorganisation. Die HJ erreichte nach dem Verbot anderer Jugendorganisationen ab 1933 großen Einfluss. Ende 1936 wurde die Mitgliedschaft in der HJ für alle Kinder und Jugendlichen zwischen zehn und 18 Jahren gesetzliche Pflicht.

Hitler-Putsch: misslungener Versuch der → *NSDAP* unter → *Hitler* und nationalkonservativer Kreise, am 8./9. November 1923 in Bayern die Macht gewaltsam an sich zu reißen und mit einem „Marsch auf Berlin" die Reichsregierung in Berlin zu stürzen. Während des → *„Dritten Reiches"* wurde der 9. November als „Tag der nationalen Erhebung" gefeiert.

Hitler-Stalin-Pakt: deutsch-sowjetischer Nichtangriffsvertrag von 1939. Er sicherte das → *„Dritte Reich"* vor einer militärischen Auseinandersetzung mit der Sowjetunion und ermöglichte so den deutschen Angriff auf Polen am 1. September 1939. In einem geheimen Zusatzprotokoll wurde die Aufteilung Polens zwischen Deutschland und der Sowjetunion beschlossen.

Holocaust. Der griechische Begriff *holókaustos* (dt. „völlig verbrannt" bzw. „Brandopfer") bedeutet im Englischen „Inferno" und „Zerstörung". Er wird heute für die systematische Vernichtung von etwa sechs Millionen europäischer Juden und anderer Opfergruppen während des → *„Dritten Reiches"* verwendet. Im Hebräischen wird für das Leiden der Juden während dieser Zeit der Begriff *Shoa* („Großes Unheil", „Katastrophe") gebraucht. 1996 wurde der 27. Januar in Deutschland zum „Holocaust-Gedenktag" erklärt. Das Datum erinnert an die Befreiung des → *Konzentrations- und Vernichtungslagers* Auschwitz. Seit 2006 gilt auf Beschluss der → *UNO* der „Tag des Gedenkens an die Opfer des Holocaust" weltweit.

Ideologie: Vorstellung, die die Welt aus einer bestimmten Sicht erklärt und dazu auffordert, nach ihren Ideen zu handeln. Beispiele: → *Kommunismus*, → *Imperialismus*, → *Nationalismus* und → *Rassenideologie*.

Imperialismus (lat. *imperium*: Herrschaft): „Großreichspolitik" in allen Epochen. Im engeren Sinne die direkte oder indirekte Herrschaft wirtschaftlich-industriell entwickelter Mächte Europas, der USA und Japans über unterlegene Regionen von ungefähr 1880 bis zum Ende des → *Ersten Weltkrieges*.

Inflation (lat. *inflatio*: Anschwellen): anhaltende Geldentwertung durch Ansteigen aller Preise. Opfer der Inflation sind vor allem Menschen, die von Ersparnissen leben. Zu besonders starken Inflationen kam es nach dem → *Ersten Weltkrieg* in fast allen kriegführenden Staaten und nach dem → *Zweiten Weltkrieg*. Zu den Ursachen zählte die enorme Staatsverschuldung wegen hoher Rüstungsausgaben vor und während der Kriege. Die → *Währungsreformen* von 1923 und 1948 beendeten sie in Deutschland.

Kalter Krieg: Bezeichnung für den seit 1945/46 herrschenden politischen, wirtschaftlichen und militärischen Konkurrenzkampf zwischen den Großmächten USA und UdSSR und ihren Bündnissen (→ *NATO* und → *Warschauer Pakt*). Erstes Zeichen des Kalten Krieges war die → *Truman-Doktrin* von 1947. Frühe Höhepunkte waren die Blockade West-Berlins von 1948 und der Korea-Krieg (1950-1953). Die amerikanische „Politik der Stärke und des Dialogs" und die → *Reformen* → *Gorbatschows* in der Sowjetunion (→ *Glasnost und Perestroika*) beendeten 1989/90 den Kalten Krieg. Die USA wurden einzige Weltmacht.

Kapitalismus: Wirtschafts- und Gesellschaftsordnung, in der die Interessen der (Privat-)Unternehmer, die Eigentümer von Besitz und Kapital sind, die Politik bestimmen. → *Kommunismus* und → *Sozialismus* verstehen sich als politische Alternativen zum Kapitalismus.

Koexistenz: das Nebeneinander politisch, wirtschaftlich und kulturell stark unterschiedlicher Staaten oder Staatengruppen.

Kollektivschuldthese: Unmittelbar nach 1945 unterstellten die Siegermächte des → *Zweiten Weltkrieges* allen Deutschen eine Mitschuld an den NS-Verbrechen (→ *Holocaust*). Bei der → *Entnazifizierung* wurde dann in den westlichen → *Besatzungszonen* schuldhaftes Verhalten einzelner Personen, nicht einer Gruppe (Kollektiv) untersucht und bestraft. In der Sowjetischen Besatzungszone reichte oft die Zugehörigkeit zu einer Gruppe wie Gutsbesitzer, Unternehmer oder Bankiers, um kollektiv verurteilt und enteignet zu werden.

Kolonisation (von lat. *colere*: Land bebauen): Nach der Entdeckung Amerikas 1492 begann ein Kolonialzeitalter, in dem die wirtschaftlich und politisch führenden Mächte Europas Kolonien in anderen Kontinenten errichteten. Der → *Imperialismus* führte im 19. und 20. Jh. zum schnellen Ausbau von Kolonialreichen. Das → *Deutsche Reich* verlor nach dem → *Ersten Weltkrieg* seine Kolonien. Der → *Zweite Weltkrieg* leitete das Ende des Kolonialzeitalters ein. In den folgenden 60 Jahren wurden rund 120 ehemalige Kolonien oder abhängige Territorien selbstständig (Dekolonisation).

Kommunismus (lat. *communis*: allgemein, allen gemeinsam): eine politische, soziale und wirtschaftliche Weltanschauung (→ *Ideologie*), die von einem gemeinsamen Eigentum an den Produktionsmitteln wie Boden, Kapital, Fabriken und Maschinen ausgeht, in der es keine Ausbeutung der Arbeiter mehr gibt und Frieden und Gerechtigkeit herrschen. Gegenteil des Kommunismus ist der → *Kapitalismus*. Nach → *Marx* und → *Engels* ist der Kommunismus das anzustrebende Endstadium der gesellschaftlichen Entwicklung (→ *Marxismus*). Seit der → *Oktoberrevolution* betrachteten es Sowjetrussland bzw. die UdSSR als ihre Aufgabe, den Kommunismus weltweit durchzusetzen.

Konferenz über Sicherheit und Zusammenarbeit in Europa (KSZE): Die erste KSZE-Konferenz wurde 1973 eröffnet. Es nahmen die Regierungschefs von 35 Staaten (Mitglieder der → *NATO*, des → *Warschauer Paktes* sowie neutrale und ungebundene europäische Staaten) teil. Sie verpflichteten ihre Länder am Konferenzende 1975 in der „Schlussakte von Helsinki" zu Gewaltverzicht, zur Unverletzlichkeit der bestehenden Staatsgrenzen, zur Wahrung der → *Menschen- und Bürgerrechte* und zum ständigen Dialog. Mit dem Ende des → *Kalten Krieges* und der Auflösung des „Warschauer Paktes" änderten sich die Aufgaben der Konferenz. Seit 1995 heißt sie „Organisation für Sicherheit und Zusammenarbeit in Europa". Sie hat 57 Teilnehmer- und 11 Partnerstaaten (Stand: 2013) und ihren Sitz in Wien.

Konstitutionelle Monarchie: Regierungsform, in der die Macht eines Monarchen durch eine Verfassung (lat. *constitutio*) gesetzlich begrenzt ist. Das → *Deutsche Reich* war von 1871 bis 1918 eine konstitutionelle Monarchie.

Konzentrations- und Vernichtungslager: Anfang des 20. Jh. wurden erstmals für Gefangene Konzentrationslager eingerichtet. Einen Tag nach dem Reichstagsbrand wurde am 28. Februar 1933 mit der Verordnung des Reichspräsidenten „zum Schutz von Volk und Staat" die „Rechtsgrundlage" für die Konzentrationslager geschaffen. Sie entwickelten sich zum wichtigsten Instrument des Staatsterrors im → *SS-Staat*. In ihnen wurden politische Gegner und unerwünschte Minderheiten gefangen gehalten, misshandelt und zur Arbeit gezwungen (→ *Zwangsarbeit*). Zu den größten KZ in Deutschland gehörten die Lager in Dachau (bei München), Buchenwald (bei Weimar) und Sachsenhausen (bei Berlin). Während des → *Zweiten Weltkrieges* wurden Konzentrationslager in fast allen von den Deutschen besetzten Gebieten eingerichtet, das größte in Auschwitz bei Krakau. Darüber hinaus wurden in den östlichen Gebieten Vernichtungslager eingerichtet. In diesen „Tötungsanstalten" wurden die Menschen nach ihrer Ankunft fast ausnahmslos sofort getötet. Solche Lager gab es u. a. in Chelmno (dt. Kulmhof), Belzec, Sobibor, Treblinka, Birkenau und Auschwitz. Dort wurden vor allem jüdische Männer, Frauen und Kinder millionenfach ermordet (→ *Holocaust*).

Lebensraumideologie: fester Bestandteil der NS-Außenpolitik (→ *Nationalsozialismus*) zur Vergrößerung des deutschen „Lebensraumes im Osten" (Polen und Russland). Das Recht dazu leiteten → *Hitler* und andere NS-Größen aus der → *Rassenideologie* ab, nach der das deutsche „Herrenvolk" berechtigt sei, über „minderwertige" Völker zu herrschen (→ *Ideologie*).

„Machtergreifung": nationalsozialistische Bezeichnung für die Übernahme der Regierung durch → *Hitler* am 30. Januar 1933, der die Weimarer Republik in einen totalitären Staat umwandelte (→ *Nationalsozialismus*, → *Totalitarismus*, → *„Drittes Reich"*). Nach dem → *„Ermächtigungsgesetz"* vom 23. März 1933 begann die → *„Gleichschaltung"* von Staat, Gesellschaft und Kultur.

Marshall-Plan: US-Außenminister George C. Marshall kündigte am 5. Juni 1947 ein „Europäisches Wiederaufbauprogramm" (ERP: *European Recovery Program*) für alle europäischen Staaten an. An den Verhandlungen über das Programm und an der Gründung der für die Verteilung der Mittel vorgesehenen „Organisation für Europäische Wirtschaftliche Zusammenarbeit" (OEEC) beteiligten sich aber 1948 nur westeuropäische Staaten.

Die Hilfe sollte den Wiederaufbau fördern und zur politischen Stabilisierung des Westens im → *Kalten Krieg* beitragen. Von den rund 14 Mrd. US-Dollar erhielten die Westzonen bzw. die Bundesrepublik 1,4 Mrd. als Kredit, davon zahlte sie etwa 1 Mrd. zurück.

Marxismus: die von → *Marx* in Zusammenarbeit mit → *Engels* entwickelte Weltanschauung (→ *Ideologie*), nach der wirtschaftliche Veränderungen und nicht Ideen die Gesellschaft beeinflussen. Die Auseinandersetzungen zwischen den Klassen der Ausbeuter (Bourgeoisie, Unternehmer) und der Ausgebeuteten (→ *Proletariat*) führe zwangsläufig zum Sieg des Proletariats in einer → *Revolution* und zu einer kommunistischen Weltordnung (→ *Kommunismus*).

Mauerfall: Öffnung der → *Berliner Mauer* am 9. November 1989. Während die SED-Spitze auf Druck der Bürgerrechtsbewegung vorsichtige → *Reformen* der DDR diskutierte und ein neues Reisegesetz auf den Weg brachte, um die Fluchtbewegung aufzuhalten und die Demonstranten zu beruhigen, gab ein Politbüromitglied am 9. November auf einer Pressekonferenz bekannt, dass ständige Ausreisen und Privatreisen in den Westen ab sofort beantragt werden könnten. Nachdem die Medien in Westdeutschland diese Information verkürzt verbreitet hatten, erzwangen tausende Ost-Berliner noch in der Nacht die Öffnung der Grenze. Danach wurden auch die Kontrollen an den Grenzübergängen zwischen der DDR und der Bundesrepublik Deutschland eingestellt.

Menschen- und Bürgerrechte: die unantastbaren und unveränderlichen Freiheiten und Rechte aller Menschen, die ihnen von Natur aus, d.h. mit ihrer Geburt, zustehen – unabhängig von ihrer Stellung in Staat, Gesellschaft, Beruf und Religion (Naturrecht). Dazu zählen das Recht auf Leben, die Unverletzlichkeit der Person, Freiheit, Eigentum, aber auch die Gleichheit vor dem Gesetz, das Recht auf Meinungs- und Glaubensfreiheit sowie auf Widerstand gegen Unterdrückung. Die „Magna Charta libertatum“ (1215), die „Bill of Rights“ (1689), die „Virginia Bill of Rights“ und die amerikanische Unabhängigkeitserklärung von 1776 sowie die französische Verfassung von 1791 und die Erklärung der Grundrechte der Frankfurter Nationalversammlung von 1848 sind Zeugnisse der Menschenrechtsentwicklung. Die 1948 von der → *UNO* verkündete „Allgemeine Erklärung der Menschenrechte“ steht in dieser Tradition.

Militarismus: die besondere Wertschätzung von Befehl, Gehorsam und Disziplin und die bevorzugte Stellung von Offizieren in einer Gesellschaft. Die Verbindung von Militarismus, → *Nationalismus* und → *Imperialismus* prägte das → *Deutsche Reich* vor dem → *Ersten Weltkrieg*.

Ministerium für Staatssicherheit (MfS): Das MfS wurde 1950 auf Beschluss der DDR-Volkskammer gegründet. Es unterstand der SED-Führung und unterlag keiner parlamentarischen Kontrolle. Die „Stasi“ kontrollierte, überwachte und schikanierte die Bevölkerung und verstieß massiv gegen anerkannte → *Menschen- und Bürgerrechte*.

Montagsdemonstrationen: Aus den Friedensgebeten in der Leipziger Nikolaikirche entwickelten sich ab dem 4. September 1989 Demonstrationen gegen die Herrschaft der SED und für mehr Reise- und Meinungsfreiheit. Höhepunkt war die Montagsdemonstration vom 9. Oktober 1989 in Leipzig, auf der im letzten Moment Gewaltanwendung durch die Staatorgane verhindert werden konnte. In den folgenden Wochen demonstrierten die Bürger bis zur Öffnung der Mauer am 9. November 1989 (→ *Mauerfall*) in zahlreichen Städten der DDR montags friedlich, anfangs unter dem Motto „Wir sind das Volk!“ für Reformen in der DDR und zuletzt auch mit dem Slogan „Wir sind ein Volk!“ für die Wiedervereinigung.

Montanunion: die 1951 gegründete „Europäische Gemeinschaft für Kohle und Stahl“ (EGKS). Sie förderte die Zusammenarbeit in der Montanindustrie (montan: Bergbau und Hüttenwesen betreffend). Ihr Erfolg leitete die Gründung der → *Europäischen Wirtschaftsgemeinschaft* ein.

Münchener Abkommen: ein am 30. September 1938 zwischen Deutschland, Italien, Großbritannien und Frankreich ohne die Tschechoslowakei abgeschlossener Vertrag. Er bestätigte, dass die überwiegend von Deutschen bewohnten Grenzgebiete Böhmens (Sudetenland) an Deutschland abzutreten seien. Großbritannien und Frankreich stimmten dieser Forderung → *Hitlers* zu, um den Frieden zu sichern. Doch die → *Appeasement-Politik* blieb wirkungslos; im März 1939 ließ Hitler ganz Böhmen und Mähren besetzen.

Nahost-Konflikt: Streit zwischen dem 1948 gegründeten Staat Israel, seinen arabischen Nachbarn und der palästinensischen Bevölkerung um die staatliche Organisation Palästinas und das Existenzrecht Israels. Mehrere Kriege und zahllose Terrorakte prägen bis heute den Konflikt.

Nation (lat. *natio*: Herkunft, Abstammung): Als Nation wird seit dem 18. Jh. eine große Gruppe von Menschen mit gleicher Abstammung, Geschichte, Sprache und Kultur oder mit gemeinsamer Regierung und Staatsordnung (→ *Verfassung*) in einem Staat bezeichnet. Nationen sind insofern keine natürlichen Gebilde. Sie sind einerseits Konstruktionen der Politik und leben andererseits davon, dass sich Menschen zu ihr bekennen.

Nationalismus: weltanschauliches Bekenntnis (→ *Ideologie*) zur eigenen → *Nation* und dem Staat, dem man angehört. Auf der einen Seite stand die Überzeugung, dass alle Völker einen Anspruch auf nationale Selbstbestimmung haben, auf der anderen die Hochschätzung des eigenen Volkes. Die Abwertung anderer Nationen trug seit der Mitte des 19. Jh. zu einem übersteigerten Nationalbewusstsein (Chauvinismus) bei, einem Kennzeichen des → *Imperialismus* und des → *Nationalsozialismus*.

Nationalsozialismus: Von 1933 bis 1945 herrschte die demokratiefeindliche und antisemitische (→ *Antisemitismus*, → *Demokratie*) → *NSDAP* in Deutschland. Nach der → *„Machtergreifung“* führten das → *„Ermächtigungsgesetz“* und die → *„Gleich-*

schaltung" zum Ende der parlamentarisch-demokratischen Republik und des Rechtsstaates. Die nationalsozialistische Politik war verantwortlich für den → *Zweiten Weltkrieg* und den → *Völkermord* (Genozid) an den Juden (→ *Holocaust*), Sinti und Roma.

NATO (*North Atlantic Treaty Organization*): ein im → *Kalten Krieg* gegründetes Militärbündnis mit Sitz in Brüssel. Die NATO wurde 1949 zur gemeinsamen Verteidigung und zur Sicherung von Frieden und Freiheit von zehn westeuropäischen Staaten, den USA und Kanada gegründet. Die Bundesrepublik Deutschland trat ihr 1955 bei. Nach dem Zerfall des → *Warschauer Paktes* 1991 schlossen sich gegen den Willen Russlands einige ost- und mitteleuropäische Staaten der NATO an. Seit 2009 gehören der NATO 28 Staaten an.

Neue Ostpolitik: die von der SPD/FDP-Koalition unter Bundeskanzler → *Brandt* (SPD) ab 1969 praktizierte → *Entspannungspolitik*. Sie führte zu Verträgen mit der Sowjetunion, Polen, der Tschechoslowakei und zu dem 1973 in Kraft getretenen → *Grundlagenvertrag* mit der DDR.

Notverordnung: Verordnung mit Gesetzeskraft, die in Notfällen erlassen werden kann. In einem Rechtsstaat ist dies nur in den von der → *Verfassung* bestimmten Fällen zulässig. Nach Artikel 48 der → *Weimarer Verfassung* konnten der Reichspräsident und die Reichsregierung Notverordnungen erlassen, wenn „die öffentliche Sicherheit und Ordnung erheblich gestört oder gefährdet" war. Dabei konnten die Grundrechte (→ *Menschen- und Bürgerrechte*) ganz oder teilweise außer Kraft gesetzt werden.

Novemberpogrome: Bezeichnung für die freiwilligen sowie angeordneten Gewalttaten der Nationalsozialisten (→ *Nationalsozialismus*) gegen die jüdische Bevölkerung in Deutschland nach einem Attentat auf den Diplomaten Ernst vom Rath durch den jüdischen Jugendlichen Herschel Grynszpan. Höhepunkt der Pogrome waren die Zerstörungen jüdischer Synagogen sowie Geschäfte und Privatwohnungen am 9./10. November 1938 in Deutschland. Ziel war es, damit die Juden aus Wirtschaft und Gesellschaft auszuschließen und zu vertreiben (→ *„Arisierung"*, → *Antisemitismus*).

NSDAP (Nationalsozialistische Deutsche Arbeiterpartei): 1920 gegründete demokratiefeindliche, extrem nationalistische (→ *Nationalismus*) und antisemitische (→ *Antisemitismus*) Partei, an deren Spitze seit 1921 → *Hitler* stand. Nach der Weltwirtschaftskrise von 1929 entwickelte sich die NSDAP zur Massenpartei. Seit 1932 stellte sie die stärkste Fraktion im → *Reichstag*. Nach der Ernennung Hitlers zum Reichskanzler am 30. Januar 1933 trugen das → *„Ermächtigungsgesetz"* und die → *„Gleichschaltung"* zum Ende der → *parlamentarischen Demokratie* und des Rechtsstaates (→ *„Machtergreifung"*) sowie zum Aufbau eines totalitären Staates (→ *Totalitarismus*) bei. Die nationalsozialistische Politik (→ *Nationalsozialismus*) von 1933 bis 1945 war verantwortlich für die Verfolgung und Misshandlung politischer Gegner, den → *Zweiten Weltkrieg*, für die → *Zwangsarbeit* in den → *Konzentrations- und Vernichtungslagern* sowie für den → *Völkermord* (Genozid) an den Juden (→ *Holocaust*), Sinti und Roma.

„Nürnberger Gesetze": die am 15. September 1935 von den Nationalsozialisten (→ *NSDAP*, → *Nationalsozialismus*) auf dem „Reichsparteitag der Freiheit" in Nürnberg verabschiedeten antisemitischen Rassegesetze (→ *Antisemitismus*, → *Rassenideologie*). Juden verloren das Wahlrecht und durften keine öffentlichen Ämter mehr übernehmen. Eheschließungen zwischen Juden und Nichtjuden wurden verboten. Verstöße konnten mit Gefängnis bestraft werden.

Oktoberrevolution: Sturz der Provisorischen Regierung in Russland am 7./8. November (25./26. Oktober nach russischem Kalender) 1917 und gewaltsamer Aufbau einer kommunistischen Gesellschafts- und Wirtschaftsordnung (→ *Kommunismus*, → *Rätesystem*, → *Revolution*).

Ostverträge → *Neue Ostpolitik*

Parlamentarische Demokratie: Staatsform, in der die gesetzgebende Gewalt bei den vom Volk frei gewählten Abgeordneten des Parlaments liegt (→ *Demokratie* , → *Republik*). Die ausführende Gewalt (Regierung) wird vom Staatsoberhaupt ernannt, ist aber von Mehrheiten im Parlament abhängig. Die nach der Novemberrevolution von 1918 (→ *Revolution*) erarbeitete → *Weimarer Verfassung* war Grundlage der ersten parlamentarischen Demokratie in Deutschland. Das am 23. Mai 1949 verkündete → *Grundgesetz* machte die Bundesrepublik Deutschland zu einer parlamentarischen Demokratie.

Partei: Vereinigung von Personen, die sich zur Durchsetzung politischer Ziele dauerhaft zusammenschließen. Kennzeichen einer Partei sind: feste, langfristig angelegte Organisation, Parteiprogramm (in dem die Ziele formuliert sind) und der Wille ihrer Mitglieder, in gewählten Volksvertretungen wie Gemeinderäten oder Parlamenten (z. B. im → *Reichstag*) die Verhältnisse im Staat mitzugestalten. Nach Programm und Weltanschauung (→ *Ideologie*) werden seit dem 19. Jh. Sozialisten (→ *Sozialismus*), Liberale, Nationale (→ *Nationalismus*), politische Katholiken („Zentrum") und Konservative unterschieden.

Perestroika → *Glasnost und Perestroika*

Planwirtschaft: Wirtschaftsordnung, in der die Produktion von Gütern sowie deren Verteilung anders als in einer → *Sozialen Marktwirtschaft* nach staatlich festgelegten Plänen (z. B. Fünfjahrespläne) vorgenommen wird. Sie kennzeichnete die Wirtschaftspolitik der UdSSR und der von ihr abhängigen Staaten wie der DDR.

Pogrom → *Novemberpogrome*

Potsdamer Konferenz: die letzte große Kriegs- und erste Nachkriegskonferenz in Europa vom 17. Juli bis 2. August 1945. Teilnehmer waren die Regierungschefs der Vereinigten Staaten,

Großbritanniens und der Sowjetunion. Verhandelt wurden die Zukunft Deutschlands und das Ende des Krieges in Fernost. Für Deutschland einigten sich die „Großen Drei" auf folgende Ziele:

- Das in → *Besatzungszonen* aufgeteilte Deutschland soll als wirtschaftliche Einheit behandelt werden.
- Die Gebiete östlich der Oder und Görlitzer Neiße sollen bis zur endgültigen Festlegung durch einen Friedensvertrag mit Deutschland unter polnischer und sowjetischer Verwaltung stehen.
- Demilitarisierung (Entwaffnung)
- Demontage (Abbau kriegswichtiger Industrien)
- Verurteilung von Kriegsverbrechern und verantwortlichen Nationalsozialisten (→ *Entnazifizierung*)
- Demokratisierung des politischen Lebens
- Dezentralisierung der Verwaltung und Zerschlagung der großen Wirtschaftsunternehmen

Präsidialkabinett: Von 1930 bis 1933 hatten die Regierungen in Deutschland keine Mehrheit im → *Reichstag*; sie waren auf das Vertrauen des Reichspräsidenten → *Hindenburg* angewiesen, der nach der → *Weimarer Verfassung* ohne parlamentarische Zustimmung Verordnungen mit Gesetzeskraft (→ *Notverordnungen*) erlassen durfte, wenn „die öffentliche Sicherheit und Ordnung erheblich gestört oder gefährdet" war (Artikel 48).

Proletariat: die besitzlosen Massen in der industriellen Gesellschaft. → *Marx* machte aus der Bezeichnung im „Kommunistischen Manifest" von 1848 ein Schlagwort: Für ihn ist das Proletariat der Teil der Gesellschaft, der nichts besitzt als seine Arbeitskraft. Seine Aufgabe sei es, die kapitalistische Eigentums-, Wirtschafts- und Gesellschaftsordnung (→ *Kapitalismus*) zu beseitigen, um den → *Kommunismus* herbeizuführen (→ *Marxismus*).

Quellen: Texte, Bilder, Gegenstände (Überreste) und mündliche Überlieferungen, aus denen wir Kenntnisse über die → *Geschichte* gewinnen. Sie sind die Grundlage für die Geschichtsschreibung.

Rätesystem: Herrschaftsform, die eine direkte → *Demokratie* mit Räten (russ. *Sowjets*) verwirklichen will. Während der → *Oktoberrevolution* von 1917 in Russland (→ *Revolution*) und der Revolution von 1918 in Deutschland wählten Arbeiter, Soldaten und Bauern in ihren Betrieben, Einheiten und Dörfern Räte. Diese wählten regionale Räte bis hin zu einem gesamtstaatlichen Zentralrat. Die Räte waren an Weisungen ihrer Wähler gebunden und jederzeit abwählbar. Sie vereinten die gesetzgebende, die rechtsprechende und die ausführende Gewalt und lehnten damit Gewaltenteilung und → *parlamentarische Demokratie* ab.

Rassenideologie: Rasse ist ein Begriff der Biologie (Zoologie) und bezeichnet eine größere Gruppe von Einzelwesen mit einheitlichen Erbmerkmalen. Erst im 19. Jh. wurde der Begriff auf Menschen angewandt und zur weltanschaulichen Frage (→ *Ideologie*). Rassistisches Denken geht davon aus, dass die eigene Rasse einer fremden überlegen ist (→ *Sozialdarwinismus*). Kennzeichen von Rassismus sind: Benachteiligung, Ausgrenzung und Unterdrückung von Menschen wegen ihrer Herkunft, Hautfarbe oder Religion. Rassismus fand immer dort Anhänger, wo andere Bevölkerungsgruppen unterdrückt und entrechtet wurden, um eigene Machtpositionen zu behaupten oder zu erlangen. Der nationalsozialistische → *Antisemitismus* (→ *Nationalsozialismus*) war eine Rassenideologie, sie endete im → *Holocaust*.

Reform: Seit dem 18. Jh. wird darunter die gewaltlose Umgestaltung und Verbesserung von politische, wirtschaftlichen und sozialen Verhältnissen im Rahmen einer bestehenden politischen Ordnung verstanden. Reformprozesse sind das Gegenteil von revolutionärem Wandel (→ *Revolution*).

Reichstag: Im → *Deutschen Reich* und der Weimarer Republik setzte sich der Reichstag aus den gewählten Vertretern der → *Parteien* zusammen (Parlament). Der Reichstag konnte Gesetzesanträge stellen und musste den Staatshaushalt (Budget) genehmigen. Reichskanzler und Reichsregierung waren dem Reichstag nicht verantwortlich, das änderte sich erst 1918 mit Einführung der → *parlamentarischen Demokratie*.

Reparationen: Wiedergutmachungsleistungen der Verlierer an die Sieger für Kriegsschäden. Bei der Festlegung von Reparationen geht es – wie der → *Versailler Vertrag* nach dem → *Ersten Weltkrieg* belegt – nicht nur um Wiedergutmachung, sondern auch um die künftige wirtschaftliche und militärische Schwächung eines bisherigen Gegners. Auch nach dem → *Zweiten Weltkrieg* verlangten die Siegermächte zunächst Reparationen.

Republik (lat. *res publica*: öffentliche Angelegenheit, „Gemeinwesen"): Staatsform ohne monarchisches Staatsoberhaupt (König oder Kaiser). Sie besteht heute vor allem als → *parlamentarische Demokratie*, in der die Regierung abhängig vom Parlament ist. Zu den Kennzeichen einer Republik zählen → *Verfassung*, Gewaltenteilung sowie die Vergabe öffentlicher Ämter durch regelmäßige Wahlen.

Revolution (lat. *revolutio*: Umwälzung): grundlegende und tief greifende Veränderungen; in der Politik wird von Revolutionen gesprochen, wenn der Zugang zur Macht in einem Staat in kurzer Zeit grundlegend verändert wird (z. B. während der Französische Revolution 1789 und der → *Oktoberrevolution*). Revolutionen sind in der Regel mit kulturellen, sozialen, wirtschaftlichen und rechtlichen Veränderungen und der Anwendung von Gewalt verbunden. Unter Berufung auf die KSZE-Schlussakte (→ *Konferenz über Sicherheit und Zusammenarbeit in Europa*) und die → *Menschen- und Bürgerrechte* leiteten Menschen durch „friedliche Revolutionen" in Ost- und Mitteleuropa 1989/90 einen demokratischen Wandel ein.

Shoa → *Holocaust*

Sozialdarwinismus: die Übertragung der biologischen Evolutionstheorie Charles Darwins (1809-1882) von der natürlichen Auslese und vom Kampf ums Dasein auf die Gesellschaft. Sozialdarwinistische Vorstellungen gingen von der Überlegenheit der industrialisierten über die nichtindustrialisierten Völker aus und rechtfertigten so den → *Imperialismus*, die → *Rassenideologie* und den → *Antisemitismus*.

Sozialdemokratie: seit Mitte des 19. Jh. Teil der politisch organisierten Arbeiterbewegung, die unter dem Einfluss von → *Marx* und → *Engels* stand und sich seit Ferdinand Lassalle (1825-1864) nicht mehr nur für die Lösung der sozialen Probleme, sondern auch für das allgemeine Wahlrecht und damit die → *parlamentarische Demokratie* einsetzte. Die Sozialdemokratie wandelte sich von einer revolutionären Arbeiterpartei (→ *Revolution*) zu einer reformorientierten Volkspartei (→ *Partei*, → *Reform*).

Soziale Marktwirtschaft: eine Wirtschaftsordnung, in der anders als in der → *Planwirtschaft* der Wettbewerb auf dem freien Markt die Produktion und Verteilung von Gütern regelt. Angebot und Nachfrage regulieren weitgehend die Preise. Der Staat garantiert die Vertragsfreiheit, den Wettbewerb und ein funktionierendes Geldwesen. Die Soziale Marktwirtschaft bemüht sich im Vergleich zur freien Marktwirtschaft durch gesetzliche Rahmenbedingungen um einen möglichst gerechten Ausgleich zwischen wirtschaftlich stärkeren und schwächeren Gruppen der Gesellschaft.

Sozialismus (lat. *socius*: Genosse): eine Wirtschafts- und Gesellschaftsordnung, die auf gesellschaftlichen oder staatlichen Besitz der Produktionsmittel zielt und eine gerechte Verteilung der Güter an alle Mitglieder der Gemeinschaft anstrebt. In Russland sollte nach der → *Oktoberrevolution* von 1917 (→ *Revolution*) der → *Sozialismus* die kommunistische Gesellschaftsordnung (→ *Kommunismus*) vorbereiten. Nach der deutschen Revolution von 1918 vertrat die KPD sozialistische Positionen nach sowjetischem Vorbild, lehnte die → *parlamentarische Demokratie* ab und setzte sich für ein → *Rätesystem* ein.

SS-Staat: Bezeichnung für den verbrecherischen Staat der Nationalsozialisten (→ *Nationalsozialismus*). Nach der Ernennung → *Hitlers* zum Reichskanzler am 30. Januar 1933, der → *„Machtergreifung"*, dem → *„Ermächtigungsgesetz"* und der → *„Gleichschaltung"* beherrschte die 1925 gegründete SS („Schutzstaffel") der → *NSDAP* die gesamte Polizei. Sie wurde zum Hauptträger des NS-Terrors, der mit der Verfolgung politischer Gegner begann und mit dem → *Holocaust* endete. Der Begriff „SS-Staat" darf nicht darüber hinwegtäuschen, dass auch andere NS-Institutionen sowie die Wehrmacht für Verbrechen im NS-Staat mitverantwortlich waren.

Stalinismus: Bezeichnung für das Gesellschafts- und Herrschaftssystem, das in der UdSSR unter → *Stalin* entstand. Seine Kennzeichen waren eine undemokratische und totalitäre Herrschaft (→ *Demokratie*, → *Totalitarismus*), in der sich alle dem Führungsanspruch der kommunistischen Partei (→ *Kommunismus*) unterordnen mussten, ein Personenkult der Parteiführer sowie Terror und Zwang bei der Umsetzung politischer, wirtschaftlicher und weltanschaulicher Ziele.

„Stunde Null": Der Begriff enthält sowohl die Vorstellung vom totalen Zusammenbruch nach der → *bedingungslosen Kapitulation* vom 8./9. Mai 1945 als auch die Hoffnung auf einen radikalen Neubeginn. Er sollte nicht darüber hinwegtäuschen, dass trotzdem politische, wirtschaftliche und gesellschaftliche Einstellungen aus der Zeit vor 1945 beibehalten wurden.

„Totaler Krieg": Bezeichnung für die vollständige Erfassung aller menschlichen, materiellen und propagandistischen Mittel für den Krieg. Diese Form der Kriegsführung wurde schon im → *Ersten Weltkrieg* verkündet. Im → *Zweiten Weltkrieg* bereitete → *Hitler* nach der Niederlage der deutschen Armee in Stalingrad (heute Wolgograd) im Winter 1942/43 den „totalen Krieg" vor. Mit wenigen Ausnahmen wurden alle Männer zwischen 16 und 65 Jahren und alle Frauen zwischen 18 und 50 zum Arbeitsdienst verpflichtet und alle nicht kriegs- und lebenswichtigen Betriebe stillgelegt. Mit viel Propaganda verkündete → *Goebbels* am 18. Februar 1943 im Berliner Sportpalast den „totalen Krieg".

Totalitarismus (lat. *totus*: ganz, völlig): undemokratische und diktatorische Herrschaftsform (→ *Diktatur*), in der keine Freiheit herrscht, keine freien Wahlen erlaubt sind und in der die Menschen mit allem, was sie sind, in den Dienst des Systems gestellt werden. Der → *Stalinismus* in der Sowjetunion und der von ihr abhängigen Staaten, der → *Faschismus* in Italien und die Herrschaft der Nationalsozialisten (→ *„Drittes Reich"*, → *Nationalsozialismus*, → *SS-Staat*) sind Beispiele totalitärer Herrschaft.

Truman-Doktrin: US-Präsident Harry S. Truman versprach 1947 jedem Staat, der sich für die demokratische Lebensweise (→ *Demokratie*) entscheidet, Militär- und Wirtschaftshilfe (→ *Marshall-Plan*). Er reagierte damit auf den wachsenden Einfluss der Sowjetunion auf Griechenland und die Türkei. Die Truman-Doktrin ist ein Zeichen des → *Kalten Krieges*.

UNO (*United Nations Organization*): Die Weltorganisation mit Sitz in New York wurde 1945 als Nachfolgerin des → *Völkerbundes* gegründet. Ihr gehören inzwischen fast alle Staaten an. Die Hauptziele der UNO sind die Erhaltung des Friedens, Abrüstung und Garantie der → *Menschen- und Bürgerrechte*. 2001 erhielt die Organisation den Friedensnobelpreis.

Verdun: Der französische Ort Verdun gilt als der Inbegriff des Stellungskrieges und der Materialschlachten des → *Ersten Weltkrieges*. Beim Kampf um Verdun starben zwischen Februar und Dezember 1916 etwa 700 000 Franzosen und Deutsche.

Verfassung: zunächst eine Satzung, die die Wahl sowie die politischen Rechte und Aufgaben der Könige, Regierungen und der Vertreter des Adels, des Klerus und der Bürger festlegte. Im Laufe der Geschichte änderte sich die Verteilung der Macht und wurde allmählich in Verfassungen (Konstitutionen) schriftlich festgelegt (→ *konstitutionelle Monarchie*, → *parlamentarische Demokratie*).

Vernichtungskrieg: Mit dem Einmarsch der deutschen Wehrmacht in Polen begann am 1. September 1939 ein Rassen- und Vernichtungskrieg; er wurde 1941 gegen die Sowjetunion fortgesetzt. Internationale Regeln der Kriegsführung wurden missachtet, gefangene Soldaten und Zivilisten genossen keinen Schutz, Kommunisten (→ *Kommunismus*) und Juden wurden erschossen und die eroberten Gebiete ausgeraubt und zerstört.

Vernichtungslager → *Konzentrations- und Vernichtungslager*

Versailler Vertrag: Ergebnis der Pariser Friedenskonferenz von 1919, an der das Deutschland und Sowjetrussland nicht teilnehmen durften. Der Vertrag wurde am 28. Juni 1919 im Schloss von Versailles unterzeichnet, trat am 10. Januar 1920 in Kraft, beendete mit weiteren Verträgen den → *Ersten Weltkrieg* und war Grundlage für den → *Völkerbund*. Der Vertrag machte Deutschland und seine Verbündeten für den Kriegsausbruch verantwortlich (Art. 231) und legte umfangreiche Gebietsabtretungen sowie → *Reparationen* fest. Die Siegermächte bestanden auf einer vorbehaltlosen Anerkennung des Vertrages. Das „Versailler Diktat" führte vor und nach der Unterzeichnung zu innenpolitischen Auseinandersetzungen in der nach der → *Revolution* von 1918 entstandenen Weimarer Republik (→ *„Erfüllungspolitik"*).

Völkerbund: nach dem → *Ersten Weltkrieg* im Zusammenhang mit dem → *Versailler Vertrag* 1920 von 32 Staaten gegründete internationale Organisation zur Wahrung des Friedens und zur Zusammenarbeit aller Völker mit Sitz in Genf. 1926 wurde Deutschland, 1934 auch die Sowjetunion aufgenommen. Unter → *Hitler* verließ Deutschland 1933 die Organisation, 1939 wurde die Sowjetunion ausgeschlossen. Von Anfang an litt der Völkerbund darunter, dass die USA ihm nicht beitraten. Die 1945 gegründete → *UNO* ist die Nachfolgerin des Völkerbundes.

Völkermord (eng. *genocide*): Auslöschung willkürlich bestimmter Gruppen von Menschen. Beispiele dafür sind die versuchte Ausrottung der Herero durch deutsche Kolonialtruppen 1904 und der → *Holocaust*. 1948 definierte die → *UNO* Völkermord als eine Handlung, die in der Absicht begangen wird, eine nationale, ethnische, rassische oder religiöse Gruppe als solche ganz oder teilweise zu zerstören.

„Volksgemeinschaft": nach der völkischen Weltanschauung (→ *Ideologie*) und Propaganda die soziale Einheit aller Deutschen unabhängig von Stand, Beruf und Konfession. Gemäß den rassistischen Vorstellungen (→ *Rassenideologie*, → *Antisemitismus*) der Anhänger der → *NSDAP* zählten zur „Volksgemeinschaft" weder Juden, Roma und Sinti, noch Homosexuelle und „Asoziale". Ihnen allen sagten die Nationalsozialisten (→ *Nationalsozialismus*) den „Kampf" an und steckten sie in → *Konzentrations- und Vernichtungslager*.

Währungsreform: Einführung einer neuen Währung in einem bestimmten Verhältnis zur vorherigen. 1948 ordneten die Siegermächte das durch die Kriegsfinanzierung zerrüttete deutsche Geldwesen (→ *Inflation*) neu; in den westlichen → *Besatzungszonen* wurde die „Deutsche Mark", in der Sowjetischen Besatzungszone die „Deutsche Mark der deutschen Notenbank" (später „Mark der DDR") eingeführt. Die unterschiedlichen Währungen vertieften die Teilung Deutschlands (→ *Deutsche Frage*). Die Einführung des Euro (1999/2002) war keine Währungsreform, sondern lediglich eine Währungsumstellung.

Warschauer Pakt (auch „Warschauer Vertragsorganisation"): Die 1955 gegründete Organisation fasste unter Führung der Sowjetunion alle militärischen Kräfte Osteuropas einschließlich der DDR zusammen. Der Pakt ergänzte die zwischenstaatlichen Verträge der Sowjetunion mit den von ihr abhängigen Staaten und war das östliche Gegenstück zur 1949 gegründeten → *NATO*. Nach dem Ende des → *Kalten Krieges* und der Sowjetunion zerfiel das Bündnis 1991. Einige ehemalige Mitglieder schlossen sich danach gegen den Willen Russlands der NATO an.

Weimarer Verfassung: die 1919 von der in Weimar tagenden Nationalversammlung erarbeitete → *Verfassung*. Sie trat am 11. August 1919 in Kraft und machte das → *Deutsche Reich* zur → *Republik* und → *parlamentarischen Demokratie*. Die Verfassung enthielt umfangreiche Grundrechte (→ *Menschen- und Bürgerrechte*) und wies dem → *Reichstag* eine zentrale Rolle im Gesetzgebungsverfahren zu. Trotzdem war der Reichspräsident das mächtigste Verfassungsorgan, da der Reichskanzler sein Vertrauen benötigte, er den Reichstag auflösen konnte und das Recht hatte, → *Notverordnungen* zu erlassen. Dieses Nebeneinander von Präsidentenmacht und Parlamentsdemokratie führte am Ende der Weimarer Republik zu Problemen.

Westintegration: die politische, wirtschaftliche, militärische und kulturelle Einbindung der Bundesrepublik Deutschland in die westliche Welt nach 1945, besonders in die → *NATO* und in Europa (→ *europäische Einigung*, → *Europäische Wirtschaftsgemeinschaft*, → *Montanunion*). Als ihr Wegbereiter gilt der erste Bundeskanzler → *Adenauer* (CDU).

Widerstand: allgemein die Bezeichnung für die Opposition gegen → *Hitler* und das → *„Dritte Reich"*. Im engeren Sinne war Widerstand das Verhalten von Personen und Gruppen, die das NS-Regime als Ganzes ablehnten und aktiv beseitigen wollten. Höhepunkt des militärischen Widerstandes war das Attentat auf Hitler am 20. Juli 1944 durch → *Stauffenberg*. Beispiele des zivilen Widerstandes sind der Attentatsversuch des Tischlers → *Elser* und die Flugblattaktionen der „Weißen Rose" (→ *Hans und Sophie Scholl*), Beispiele für kirchliche Widerstandskämpfer sind die Theologen → *Graf von Galen* und → *Bonhoeffer*.

Zwangsarbeit: Um den wachsenden Bedarf an Arbeitskräften zu decken, wurden im Verlauf des → *Zweiten Weltkrieges* ausländische Zivilisten und Kriegsgefangene nach Deutschland verschleppt. Im August 1944 arbeiteten etwa 7,6 Millionen ausländische Männer und Frauen im Deutschen Reich, darunter mehr als zwei Millionen aus der Sowjetunion.

Zweiter Weltkrieg: Am 1. September 1939 begann der Zweite Weltkrieg mit dem Überfall Deutschlands auf Polen. Im Westen setzten die Kämpfe 1940 mit der Besetzung aller Anliegerstaaten ein. Im Sommer 1941 marschierten deutsche Truppen in die Sowjetunion ein. Gegen Deutschland und seine Verbündeten schlossen sich die USA, Großbritannien und die Sowjetunion zur → *Anti-Hitler-Koalition* zusammen, um eine → *bedingungslose Kapitulation* Deutschlands, Italiens und Japans zu erreichen. Am 8./9. Mai 1945 endete der → *„totale Krieg“* in Europa. In Fernost fand er erst nach dem Abwurf zweier amerikanischer Atombomben auf die japanischen Industriestädte Hiroshima und Nagasaki sein Ende. Über 55 Millionen Menschen verloren im Zweiten Weltkrieg ihr Leben.

Namen

Adenauer, Konrad (1876-1967): Jurist; 1917 bis 1933 Oberbürgermeister von Köln, 1949 bis 1963 erster Bundeskanzler der Bundesrepublik Deutschland und 1950 bis 1966 Bundesvorsitzender der CDU. Er sorgte für die → *Westintegration* der Bundesrepublik Deutschland, engagierte sich für die deutsch-französische Freundschaft und die → *europäische Einigung* (→ *Europäische Wirtschaftsgemeinschaft*, → *Montanunion*) sowie für die Aussöhnung mit Israel.

Arafat, Yassir Mohammed (1929-2004), palästinensischer Politiker. Arafat gründete 1958 die Untergrundorganisation „Fatah“ und wurde 1979 Vorsitzender der „Palästinensischen Befreiungsorganisation“ (PLO). 1988 wurde er zum Präsidenten des im selben Jahr proklamierten, aber von Israel nicht anerkannten Staates Palästina. In Geheimverhandlungen erreichte er die Anerkennung der PLO durch Israel und eine begrenzte Selbstständigkeit der Palästinenser im Gazastreifen. Dafür erhielt er gemeinsam mit zwei israelischen Politikern 1994 den Friedensnobelpreis.

Ben Gurion, David (eigentlich D. Gruen, 1886-1973), israelischer Staatsmann; er organisierte die Einwanderung jüdischer Flüchtlinge aus Europa nach Palästina. Am 14. Mai 1948 rief er den Staat Israel aus. Als Ministerpräsident und Verteidigungsminister (1948-1953, erneut 1955-1963) prägte er den Staat politisch, wirtschaftlich und militärisch.

Bismarck, Otto Fürst von (1815-1898): Jurist, Gutsherr und Diplomat; 1862 bis 1890 preußischer Ministerpräsident und Minister des Auswärtigen, 1871 bis 1890 auch Reichskanzler. Er ist der eigentliche Gründer des → *Deutschen Reiches*. Sein → *Bündnissystem* war dem → *europäischen Gleichgewicht* verpflichtet.

Bonhoeffer, Dietrich (1906-1945; ermordet): evangelischer Theologe. 1935 übernahm er die Leitung des Predigerseminars der Bekennenden Kirche. Er schloss sich dem → *Widerstand* an und wurde 1943 als Gegner → *Hitlers* verhaftet. Nach dem 20. Juli 1944 wurde er mit dem Attentat auf Hitler in Verbindung gebracht, inhaftiert und im Konzentrationslager Flossenbürg (→ *Konzentrations- und Vernichtungslager*) 1945 ermordet.

Brandt, Willy (geboren unter dem Namen Herbert Frahm, 1913-1992): Journalist und SPD-Politiker; 1957 bis 1966 Regierender Bürgermeister von West-Berlin, 1964 bis 1987 Bundesvorsitzender der SPD. Als Bundesaußenminister (1966-1969) und Bundeskanzler (1969-1974) war er verantwortlich für die Reformpolitik (→ *Reform*) der sozial-liberalen Koalition und die → *Neue Ostpolitik*. 1971 erhielt Brandt für seine Ostpolitik den Friedensnobelpreis.

Briand, Aristide (1862-1932): französischer Politiker; mehrmals Außenminister, zuletzt 1925-1932. Er bemühte sich nach dem → *Ersten Weltkrieg* mit → *Stresemann* um die deutsch-französische Aussöhnung zur Sicherung des Friedens in Europa. Beide Staatsmänner erhielten 1926 den Friedensnobelpreis.

Brüning, Heinrich (1885-1970): Wirtschaftswissenschaftler und führender Zentrumspolitiker; 1921 bis 1930 Geschäftsführer des christlichen Deutschen Gewerkschaftsbundes. Er hatte sich als Steuer- und Finanzexperte einen Namen gemacht. Als Vorsitzender der Reichstagsfraktion (→ *Reichstag*) des Zentrums wurde er 1930 mithilfe → *Hindenburgs* Reichskanzler eines → *Präsidialkabinetts*. Während der Weltwirtschaftskrise versuchte er, mit → *Notverordnungen* den Staatshaushalt durch strenge Sparpolitik zu sanieren und die Reparationsfrage (→ *Reparationen*) zu lösen. 1932 entzog Reichspräsident Hindenburg ihm das Vertrauen und entließ ihn.

Chruschtschow, Nikita S. (1894-1971): Der gelernte Maschinenschlosser stand von 1953 bis 1964 an der Spitze der KPdSU, gleichzeitig war er von 1958 bis 1964 Vorsitzender des Ministerrates der UdSSR. 1956 kritisierte er den Personenkult um → *Stalin* und dessen Verbrechen (→ *Stalinismus*). Er setzte sich für eine „friedliche Koexistenz" der unterschiedlichen Gesellschafts- und Wirtschaftsordnungen ein, unterdrückte aber 1956 gewaltsam die → *Reformen* in Ungarn und Polen. Seine eigenmächtige Innen- und Außenpolitik führte im Oktober 1964 zur Entlassung aus seinen Ämtern.

Ebert, Friedrich (1871-1925): gelernter Sattler; ab 1913 Vorsitzender der SPD. Nach Ausrufung der → *Republik* am 9. November 1918 in Berlin übernahm Ebert als Führer der stärksten Fraktion das Amt des Reichskanzlers. 1919 wurde er erster Reichspräsident der Weimarer Republik (→ *Weimarer Verfassung*).

Elser, Georg (1903-1945; ermordet): gelernter Tischler. Im November 1938 beschloss er allein, → *Hitler* zu ermorden (→ *Widerstand*). Sein Bombenattentat vom 8. November 1939 im Münchener Bürgerbräukeller scheiterte. Er wurde verhaftet und am 9. April 1945 auf Befehl Hitlers im Konzentrationslager Dachau (→ *Konzentrations- und Vernichtungslager*) umgebracht.

Engels, Friedrich (1820-1895): Kaufmann, Philosoph und sozialistischer Politiker aus Barmen. Mit seinem Freund → *Marx* prägte er die Arbeiterbewegung und die → *Sozialdemokratie*.

Galen, Clemens August Kardinal Graf von (1878-1946): katholischer Theologe; seit 1933 Bischof von Münster. Er klagte in seinen Predigten die → *Rassenideologie* und die Ermordung von „lebensunwertem Leben" (→ *„Euthanasie"*) der Nationalsozialisten (→ *Nationalsozialismus*) öffentlich an. 1946 wurde er Kardinal.

Gaulle, Charles de (1890-1970): französischer General und Staatsmann; 1945 bis 1946 Ministerpräsident und vorläufiger Staatspräsident, 1958 bis 1969 Staatspräsident. Er förderte mit → *Adenauer* die → *europäische Einigung*.

Goebbels, Paul Joseph (1897-1945; Selbstmord): Germanist, Schriftsteller und führender Politiker der → *NSDAP*; von 1933 bis 1945 Reichsminister für Volksaufklärung und Propaganda. Nach der Gründung der → *Anti-Hitler-Koalition* verkündete er 1943 den → *„totalen Krieg"*. Ab Juli 1944 war er „Generalbevollmächtigter für den totalen Kriegseinsatz".

Gorbatschow, Michail S. (*1931): Agrarwirt; ab 1985 Generalsekretär des Zentralkomitees der KPdSU und von März 1990 bis Dezember 1991 sowjetischer Staatspräsident. Seine Politik (→ *Glasnost und Perestroika*) sollte die Sowjetunion reformieren (→ *Reform*) und festigen, trug aber stattdessen zu ihrem Zerfall bei. Für seinen Beitrag zur Beendigung des → *Kalten Krieges* erhielt er 1990 den Friedensnobelpreis.

Himmler, Heinrich (1900-1945; Selbstmord): diplomierter Landwirt; ab 1923 in der → *NSDAP* aktiv; ab 1929 Reichsführer der SS und ab 1936 Chef der Deutschen Polizei; ab 1939 Reichskommissar für die Festigung des deutschen Volkstums und ab 1943 Reichsinnenminister. Himmler war Herr über die → *Konzentrations- und Vernichtungslager*. Ende April 1945 schloss ihn → *Hitler* wegen heimlicher Friedensverhandlungen mit dem Feind aus der Partei aus.

Hindenburg, Paul von (1847-1934): 1914 bis 1916 Oberbefehlshaber Ost; 1916 bis 1918 Chef des Generalstabs und Oberbefehlshaber aller deutschen Soldaten im → *Ersten Weltkrieg*. Er vertrat nach dem Krieg die → *„Dochstoßlegende"*, bekannte sich später aber zur → *Weimarer Verfassung*. Von 1925 bis 1934 war er Reichspräsident. Am 30. Januar übertrug er → *Hitler* die Bildung einer Koalitionsregierung

Hitler, Adolf (1889-1945; Selbstmord): deutscher Politiker österreichischer Herkunft; Kriegsfreiwilliger im → *Ersten Weltkrieg*; seit 1921 Vorsitzender der → *NSDAP*; ab dem 30. Januar 1933 Reichskanzler (→ *„Machtergreifung"*). 1934 übernahm er auch das Amt des Reichspräsidenten (Titel: „Führer und Reichskanzler"). Sein → *Antisemitismus*, seine → *Rassenideologie* und seine Vorstellung von der Ausdehnung des Deutschen Reiches (→ *Lebensraumideologie*) prägten die totalitäre Politik (→ *Totalitarismus*) des → *SS-Staates*, die zum → *Vernichtungskrieg* und zum → *Holocaust* führte.

Honecker, Erich (1912-1994): Der ehemalige Dachdeckergehilfe und KPD-Politiker wurde nach 1933 verfolgt. Er baute nach 1946 die Jugendorganisation der SED, die „Freie Deutsche Jugend", auf. 1961 organisierte Honecker den Bau der → *Berliner Mauer*. Zehn Jahre später wurde er mit sowjetischer Unterstützung Nachfolger von → *Ulbricht* als SED-Chef. Von 1976 bis 1989 war er auch Staatsratsvorsitzender in der DDR. Infolge der Ausreisewelle aus der DDR und den Massendemonstrationen gegen die SED-Politik zwang ihn das SED-Politbüro am 18. Oktober 1989 zum Rücktritt.

Kennedy, John F. (1917-1963; ermordet): zunächst Reporter; Politiker der Demokratischen Partei. 1960 wurde Kennedy zum Präsidenten gewählt. In seine Amtszeit fallen der Bau der → *Berliner Mauer* (1961), die Kuba-Krise (1962) und die Entscheidung für das amerikanische Engagement in Vietnam. Seine Ermordung in Dallas (Texas) schockierte die Welt; die Hintergründe des Attentates sind bis heute nicht geklärt.

Kohl, Helmut (*1930): Historiker; von 1969 bis 1976 war der CDU-Politiker Ministerpräsident des Landes Rheinland-Pfalz und von 1982 bis 1998 Bundeskanzler der Bundesrepublik Deutschland. Er förderte den europäischen Einigungsprozess (→ *europäische Einigung*) und gestaltete 1989/90 die deutsche Wiedervereinigung wesentlich mit.

Lenin, Wladimir I. (eigentlich Wladimir Iljitsch Uljanow, 1870-1924): bedeutendster kommunistischer Theoretiker (→ *Kommunismus*); Mitbegründer der bolschewistischen Partei (→ *Bolschewismus*) und 1917 führender Revolutionär während der → *Oktoberrevolution* (→ *Revolution*). Sein Nachfolger wurde → *Stalin*.

Luxemburg, Rosa (1870-1919; ermordet): Journalistin und Politikerin. Die aus einer jüdischen Familie stammende Politikerin war zunächst Mitglied der „Sozialdemokratischen Arbeiterpartei Polens". 1898 kam sie nach Berlin und schloss sich der „Sozialdemokratischen Partei Deutschlands" (SPD; → *Sozialdemokratie*) an. 1918 beteiligte sie sich an der Gründung der „Kommunistischen Partei Deutschlands" (KPD; → *Kommunismus*). Rosa Luxemburg setzte sich für einen auf Freiheit und → *Demokratie* beruhenden → *Sozialismus* ein. Im Januar 1919 wurden sie und Karl Liebknecht von Freikorps-Soldaten verschleppt, misshandelt und umgebracht.

Marx, Karl (1818-1883): protestantisch getaufter Jude aus Trier; Journalist, Philosoph und Begründer des → *Marxismus*. Gemeinsam mit → *Engels* prägte er die Arbeiterbewegung und die → *Sozialdemokratie*.

Scheidemann, Philipp (1865-1939): gelernter Schriftsetzer; Redakteur und seit 1917 neben → *Ebert* im Vorstand der SPD. Am 9. November 1918 rief er in Berlin die → *Republik* aus, wurde Mitglied des „Rates der Volksbeauftragten" und führte als Ministerpräsident die erste gewählte Reichsregierung. Scheidemann akzeptierte den → *Versailler Vertrag* nicht und trat von seinem Amt zurück.

Schmidt, Helmut (*1918): Diplomvolkswirt und SPD-Politiker; 1969 bis 1972 Bundesverteidigungsminister und danach zwei Jahre Finanzminister. 1974 wurde Schmidt Bundeskanzler. Er regierte bis 1982. In seine Regierungszeit fielen die erste große Wirtschaftsrezession der Nachkriegszeit, die Höhepunkte des Terrorismus, die Schlussakte von Helsinki 1975 (→ *Konferenz über Sicherheit und Zusammenarbeit in Europa*) und der NATO-*Doppelbeschluss* 1979.

Scholl, Hans (1918-1943; hingerichtet): Student der Medizin. Er gründete an der Münchener Universität die Widerstandsgruppe „Weiße Rose" (→ *Widerstand*). Der Volksgerichtshof verurteilte ihn zum Tode.

Scholl, Sophie (1921-1943; hingerichtet): Studentin der Biologie und Philosophie; sie schloss sich der von ihrem Bruder → *Hans Scholl* gegründeten Widerstandsgruppe an (→ *Widerstand*) und wurde wie er vom Volksgerichtshof zum Tode verurteilt.

Schumacher, Kurt (1895-1952): Journalist und SPD-Politiker; 1930 bis 1933 Mitglied des → *Reichstages* und während des → *„Dritten Reiches"* politisch verfolgt und mehrfach in Konzentrationslagern inhaftiert (→ *Konzentrations- und Vernichtungslager*). Seit 1946 war er Vorsitzender der SPD. Schumacher lehnte nach 1945 die Zusammenarbeit mit der KPD ab und kritisierte die Nachkriegspolitik → *Adenauers* scharf.

Stalin, Josef W. (eigentlich Jossif Wissarionowitsch Dschugaschwili, 1878-1953): aus Georgien stammender russischer Revolutionär; ab 1922 Generalsekretär der Kommunistischen Partei (→ *Kommunismus*). Er errichtete in der Sowjetunion eine totalitäre Herrschaft (→ *Totalitarismus*, → *Stalinismus*), die er nach dem → *Zweiten Weltkrieg* auf die von der Sowjetunion abhängigen Staaten ausdehnte und die bis zu seinem Tod dauerte. Er war mitverantwortlich für den → *Kalten Krieg*.

Stauffenberg, Claus Schenk Graf von (1907-1944; hingerichtet): Offizier und Widerstandskämpfer (→ *Widerstand*). Am 20. Juli 1944 scheiterte sein Attentat auf → *Hitler*. Er wurde noch am Abend des Attentates von regimetreuen Offizieren verhaftet und mit weiteren Verschwörern erschossen.

Stresemann, Gustav (1878-1929): Wirtschaftsfachmann und Politiker; 1923 Reichskanzler; 1923 bis 1929 Außenminister. Er prägte die Außenpolitik der Weimarer Republik (→ *Republik*), setzte sich für die Aufnahme Deutschlands in den → *Völkerbund* ein, bemühte sich mit → *Briand* um die Verständigung mit Frankreich und erhielt mit ihm 1926 den Friedensnobelpreis.

Ulbricht, Walter (1893-1973): Der gelernte Tischler war Mitbegründer der KPD in Leipzig, ging 1933 ins Exil und organisierte nach 1945 den Aufbau der KPD und die Gründung der SED. Als Erster Sekretär des Zentralkomitees der SED war er von 1950 bis 1971 verantwortlich für den Aufbau der von Moskau abhängigen DDR. Von 1960 bis 1971 war Ulbricht auch Vorsitzender des DDR-Staatsrates.

Wilhelm II. (1859-1941): 1888-1918 König von Preußen und Kaiser des → *Deutschen Reiches*. Er setzte den Rücktritt → *Bismarcks* durch. Seine Vorstellungen von Gottesgnadentum und Weltmacht sowie seine Einstellung zum Militär (→ *Militarismus*) prägten die „Wilhelminische Gesellschaft".

Wilson, Thomas Woodrow (1856-1924): Jurist, Historiker und Politiker der Demokratischen Partei; 1913 bis 1921 Präsident der USA. Er war 1917 verantwortlich für den Eintritt der USA in den → *Ersten Weltkrieg* und regte die Bildung des → *Völkerbundes* an.

Wo steht was?

*Auf den mit einem * gekennzeichneten Seiten findest du Begriffserklärungen.*

Wer steht wo?

*Auf den mit einem * gekennzeichneten Seiten findest du eine kurze Lebensbeschreibung der Person.*

Abkürzungen

APO Außerparlamentarische Opposition

B 90/Grüne Bündnis 90/Die Grünen
BVP Bayerische Volkspartei

CDU Christlich-Demokratische Union
CSU Christlich-Soziale Union

DAF Deutsche Arbeitsfront
DAP Deutsche Arbeiterpartei
DDP Deutsche Demokratische Partei
DDR Deutsche Demokratische Republik
DKP Deutsche Kommunistische Partei
DSU Deutsche Soziale Union
DM Deutsche Mark
DNVP Deutschnationale Volkspartei (1918-1933)
DVP Deutsche Volkspartei (zuvor DDP)

EG Europäische Gemeinschaft
EGKS Europäische Gemeinschaft für Kohle und Stahl (Montanunion)
ERP European Recovery Program (Marshall-Plan)
EU Europäische Union
EURATOM Europäische Atomgemeinschaft
EWG Europäische Wirtschaftsgemeinschaft

FDGB Freier Deutscher Gewerkschaftsbund
FDJ Freie Deutsche Jugend
FDP Freie Demokratische Partei

Gestapo Geheime Staatspolizei
GG Grundgesetz für die Bundesrepublik Deutschland
GUS Gemeinschaft Unabhängiger Staaten

HJ Hitler-Jugend

IM Inoffizieller Mitarbeiter des → *MfS*

KdF Kraft durch Freude
KPD Kommunistische Partei Deutschlands
KPdSU/B Kommunistische Partei der Sowjetunion/Bolschewiki
KSZE Konferenz über Sicherheit und Zusammenarbeit in Europa → *OSZE*
KVP Kasernierte Volkspolizei
KZ Konzentrationslager

LDPD Liberal-Demokratische Partei Deutschlands
LPG Landwirtschaftliche Produktionsgenossenschaft

MfS Ministerium für Staatssicherheit

NATO North Atlantic Treaty Organization (Nordatlantische Verteidigungsgemeinschaft)
NS Nationalsozialismus
NSDAP Nationalsozialistische Deutsche Arbeiterpartei
NVA Nationale Volksarmee

OECD Organization for Economic Cooperation and Development (Organisation für Wirtschaftliche Zusammenarbeit und Entwicklung)
OSZE Organisation für Sicherheit und Zusammenarbeit in Europa

PDS Partei des Demokratischen Sozialismus
PLO Palästinensische Befreiungsorganisation

RAD Reichsarbeitsdienst
RGW Rat für Gegenseitige Wirtschaftshilfe
RM Reichsmark
RSHA Reichssicherheitshauptamt

SA Sturmabteilung der → *NSDAP*
SALT Strategic Arms Limitation Talks (Verhandlungen über die Beschränkung strategischer Nuklearwaffen)
SBZ Sowjetische Besatzungszone
SEATO South-East-Asia Treaty Organization (Südostasien-Pakt)
SED Sozialistische Einheitspartei Deutschlands
SMAD Sowjetische Militäradministration in Deutschland
SPD Sozialdemokratische Partei Deutschlands
SS Schutzstaffel der NSDAP
START Strategic Arms Reduction Talks (Verhandlungen über den Abbau strategischer Rüstungssysteme)
Stasi Staatssicherheitsdienst

UdSSR Union der Sozialistischen Sowjetrepubliken
UN(O) United Nations Organization (Vereinte Nationen)
USA United States of America (Vereinigte Staaten von Amerika)
USPD Unabhängige Sozialdemokratische Partei Deutschlands

VEB Volkseigener Betrieb

WEU Westeuropäische Union
WVO Warschauer Vertragsorganisation (Warschauer Pakt)

ZK Zentralkomitee

Textnachweise für die Auftaktseiten

Seite 11 *Erstes Zitat*: Michael A. Obst (Hrsg.), Die politischen Reden Kaiser Wilhelms II. Eine Auswahl, Paderborn 2011, S. 203-204
Zweites Zitat: Michael A. Obst, „Einer nur ist Herr im Reiche", Kaiser Wilhelm II. als politischer Redner, Paderborn 2010, S. 238

Seite 55 *Erstes Zitat*: Bernd Sösemann (Hrsg.), Theodor Wolff. Der Journalist. Berichte und Leitartikel, Düsseldorf 1993, S. 127 und 130
Zweites Zitat: Heinrich August Winkler, Mittelstand, Demokratie und Nationalsozialismus. Die politische Entwicklung von Handwerk und Kleinhandel in der Weimarer Republik, Köln 1972, S. 78
Drittes Zitat: Wolfgang Michalka/Gottfried Niedhart (Hrsg.), Deutsche Geschichte 1918-1933. Dokumente zur Innen- und Außenpolitik, Frankfurt a. M. 1992, S. 170
Viertes Zitat: Friederike Schubart, Zehn Jahre Weimar – Eine Republik blickt zurück, in: Heinrich August Winkler (Hrsg.), Griff nach der Deutungsmacht. Zur Geschichte der Geschichtspolitik in Deutschland, Göttingen 2004, S. 153

Seite 101 *Erstes Zitat*: Melita Maschmann, Fazit. Mein Weg in der Hitler-Jugend, München ^{4}1981, S. 8 f.
Zweites Zitat: Fritz Stern, Der 30. Januar 1933, in: Thomas Karlauf (Hrsg.), Der historische Moment. Ein deutsches Lesebuch, Berlin 1991, S. 220 f.

Seite 169 *Erstes Zitat*: Alexander Fischer (Hrsg.), Teheran, Jalta, Potsdam. Die sowjetischen Protokolle von den Kriegskonferenzen der „Großen Drei", Köln ^{3}1985, S. 186
Zweites Zitat: Milovan Djilas, Gespräche mit Stalin, Frankfurt a. M. 1962, S. 146 (übers. von Hermann Junius)
Drittes Zitat: Wilfried Loth, Die Teilung der Welt. Geschichte des Kalten Krieges 1941-1955, München ^{8}1990, S. 104
Viertes Zitat: Werner Bührer (Hrsg.), Die Adenauer-Ära. Die Bundesrepublik Deutschland 1949-1963, München – Zürich 1993, S. 43 f.

Seite 233 *Erstes Zitat*: Herbert Schambeck u. a. (Hrsg.), Dokumente zur Geschichte der Vereinigten Staaten von Amerika, Berlin ^{2}2007, S. 549
Zweites Zitat: Archiv der Gegenwart 33 (1963), S. 10620 f.
Drittes Zitat: Sowjetunion heute: Beilage, 1963, unpag.
Viertes Zitat: Auswärtiges Amt (Hrsg.), Außenpolitik der Bundesrepublik Deutschland. Eine Dokumentation, Bonn 1989, S. 253

Seite 273 *Erstes Zitat*: *www.berlin.de/berlin-im-ueberblick/geschichte/mauerfall.de.html* (Zugriff: 13. Mai 2010)
Zweites Zitat: Hans Georg Lehmann, Deutschland-Chronik 1945 bis 1995, Bonn 1995, S. 357
Drittes Zitat: Marie-Louise von Plessen (Hrsg.), Idee Europa. Entwürfe zum „Ewigen Frieden", Berlin 2003, S. 367 (übers. von Marie-Louise von Plessen und Meredith Dale)
Viertes Zitat: Blätter für deutsche und internationale Politik, 54. Jg. (2009), Heft 7, S. 117
Fünftes Zitat: Francis Fukuyama, Das Ende der Geschichte. Wo stehen wir?, übers. von Helmut Dierlamm, Ute Mihr und Karlhein Dürr, München 1992, S. 83 f.

Bildnachweis

Akademie der Künste, Berlin / © The Heartfiled Community of Heirs/VG Bild-Kunst, Bonn 2014 – S. 88; Alimdi.net / Thomas Müller, Deisenhofen – S. 320; Archiv der Gutehoffnungshütte, Oberhausen – S. 47; Archiv der sozialen Demokratie der Friedrich-Ebert-Stiftung, Bonn – S. 62, 67, 81, 192; Archiv für Kunst und Geschichte, Berlin – S. 29, 35, 36, 46, 52, 57, 108, 155, 166, 171, 181, 204, 230, 256; Archiv für Kunst und Geschichte / AP – S. 234; Archiv für Kunst und Geschichte / Ladislav Bielik – S. 243; Archiv für Kunst und Geschichte / Justin Creedy Smith – S. 167; Archiv für Kunst und Geschichte / © VG Bild-Kunst, Bonn 2014 – 102; Archiv für Kunst und Geschichte / VG Bild-Kunst, Bonn 2014 – 271; Bauhaus-Archiv, Berlin – S. 83; Bauhaus-Archiv / Brandenburgisches Landesamt für Denkmalpflege, Messbildarchiv, Berlin – S. 83; Bauhaus-Archiv / Markus Hawlik, Berlin / © VG Bild-Kunst, Bonn 2014 – S. 82; Bauhaus-Archiv / Musche, Berlin – S. 83; Bayerische Staatsbibliothek, München – S. 250; Bayerisches Hauptstaatsarchiv, München – S. 77, 78; BBC Hulton Picture-Library, London – S. 12; Margit Becker, Meinersen – S. 48; Fritz Behrend – S. 214; Bildarchiv Cinetext / New Line Cinema, Allstar, Frankfurt – S. 234; Bildarchiv Cinetext / Richter – S. 57; Bildarchiv Cinetext / X Verleih – S. 103; Ulrike Bons, Machern – S. 154; Bundesarchiv – Sig. Bild-102-02985A, Bild 102, Aktuelle Bilder Centrale, Foto Georg Pahl, Koblenz – S. 4, 100/101; Bundesarchiv – Sig. Bild 146-1990-009-13, Sammlung von Repro Negativen – S. 276; Bundesarchiv – Sig. Bild-183-B0313-0014-067, Bild 183, Allgemeiner Deutscher Nachrichtendienst, Zentralbild – S. 3, 10/11; Bundesregierung / Bestand B 145, Presse- und Informationsamt der Bundesregierung / Sig. B145 Bild-00009315, Foto: Egon Steiner, Berlin – S. 214; Bundeszentrale für politische Bildung, Bonn – S. 244; Bundeszentrale für politisch Bildung. Der israelisch-arabische Konflikt, Bonn 1991, S. 62 – S. 228; Bündnis 90/Die Grünen – Bundeszentrale, Berlin – S. 261; CM2. Histoire la France au fil du temps de 1789 á nos jours, 1985, S. 77 – S. 35; Daily Herald, London – S. 170; Josef H. Darchinger, Bonn – S. 211, 260; David King Collection, London – S. 93; Der Bundesbeauftrage für die Unterlagen des Staatssicherheitsdienstes der ehemaligen Deutschen Demokratischen Republik, Berlin – S. 267, 301; Der Spiegel, Hamburg – S. 114, 235, 255, 266, 284, 318; Der Stern, Hamburg – S. 258; Deutsch-Französisches Geschichtsbuch, S. 230 – S. 297; Deutsches Filmmuseum, Frankfurt – S. 212; Deutsches Historisches Museum, Berlin – S. 3, 13, 33, 54/55, 59, 63 (2), 64, 70 (3), 77, 80, 85, 98, 115, 118 (2), 120, 124, 125, 127, 140 (2), 142, 165, 195, 197, 198, 203, 206, 208, 212, 218, 220, 235, 246, 253, 265, 280, 320; Deutsches Historisches Museum / S. Ahlers – S. 57; Deutsches Historisches Museum / I. Desnica – S. 190; Die Zeit, 14. Juni 1963 – S. 270; Die Zeit, 19. Juni 1958 – S. 209; R. Dingemann / Renate Lüdde, Leben in den 50er Jahren – S. 208; DIZ Süddeutscher Verlag / Bilderdienst, München – S. 5, 121, 148, 149, 152, 166, 168/169, 178/179, 213, 219, 224, 225, 237, 241; DIZ Süddeutscher Verlag / Bilderdienst, dpa – S. 278; DIZ Süddeutscher Verlag / Bilderdienst, Rue des Archives – S. 36; DIZ Süddeutscher Verlag / Bilderdienst, Scherl – S. 68(2), 97, 103, 115, 118, 158, 166; dpa Picture-Alliance, Frankfurt – S. 134, 196, 234, 296, 307, 317; dpa Picture-Alliance / akg-images – S. 13; dpa Picture-Alliance / AP – S. 237; dpa Picture-Alliance / EPA, AFP – S. 314; dpa Picture-Alliance / Wolfgang Kumm – S. 293; dpa Picture-Alliance / Reportagebild – S. 277; dpa Picture-Alliance / Repro – S. 171; dpa Picture-Alliance / United Archives – S. 214; dpa Picture-Alliance / UPI – S. 216; dpa Picture-Alliance / ZB, Michael Hauschke – S. 103; Günter Drommer, 50 Jahre DDR. Der Alltag der DDR – erzählt in Fotografien aus dem Archiv des ADN. Berlin 1993, S. 182 – S. 210; Albrecht Eckhardt / Heinrich Schmitt, Geschichte des Landes Oldenburg, 1987 – S. 58; Editions Gallimard Jeunesse, Paris – S. 38; Doreen Eschinger, Bamberg – S. 321; Larissa Förster, Postkoloniale Erinnerungslandschaften. Wie Deutsche und Herero in Namibia des Krieges von 1904 gedenken. Frankfurt/M. 2010 – S. 52; Friedrich-Naumann-Stiftung für die Freiheit – Archiv des Liberalismus, Gummersbach – S. 189; Getty Images / Gamma Keystone, München – S. 44; Getty Images / Time & Life Pictures – S. 283; Horst Haitzinger, München – S. 275, 286; Walter Hanel, Bergisch-Gladbach – S. 303; Haus der Geschichte der Bundesrepublik Deutschland, Bonn – S. 184, 186, 199, 200, 230, 235, 282; Historisches Museum, Hannover – S. 208; Adolf Hitler, Bilder aus dem Leben des Führers. Hrsg. Cigaretten Bilderdienst, Hamburg 1935, S. 125 – S. 114; Werner Höfer, Weltpanorama 1971, Eine Chronik des Weltgeschehens, S. 94 – S. 251; Heinrich Hoffmann, Deutschland in Paris, München 1937, S. 22 – S. 116 (2); http://www.wikimedia.org – Axel Maurus-

Fachliteratur finden und nachweisen

Wenn du ein Thema gründlich erarbeiten und darüber ein Referat halten sollst, benötigst du Fachliteratur. In der Bibliothek sind Bücher alphabetisch in einem Verfasser- und in einem Sachkatalog aufgelistet. Auf einer Karteikarte oder am Bildschirm erhältst du Angaben über Verfasser, Erscheinungsort und -jahr sowie die Signatur: eine Folge von Zahlen und Buchstaben, mit denen das Werk in der Bibliothek eingetragen und leicht auffindbar ist.
Hast du zu deinem Thema mehr Bücher, als du auswerten kannst, musst du einige auswählen. Prüfe anhand des Inhaltsverzeichnisses, der Einführung und/oder der Zusammenfassungen, ob das Buch für dich ergiebig sein könnte. Benutze im Zweifel das neueste.
Hast du ein Buch für dein Referat verwendet, nennst du es am Schluss deines Textes. So weist du nach, woher du dein Wissen hast. Also schreibe dir genau auf, welche Bücher du gelesen hast. Aussagen, die du wörtlich oder indirekt zitierst, belegst du mit Seitenangaben. So kann jeder deine Aussagen im Zusammenhang nachlesen und überprüfen.

Und so sieht eine korrekte *Literaturangabe* aus:

Vorname und Name des Autors | Titel

Steffen Raßloff, Friedliche Revolution und Landesgründung in Thüringen 1989, Erfurt 2013

noch Titel | Verlagsort | Jahr der Veröffentlichung

Ein Beitrag in einem Sammelband wird so nachgewiesen:

Vorname und Name des Autors | Titel des Beitrages | Vornamen und Namen der Herausgeber des Sammelbandes

Gerhard A. Ritter, Der „17. Juni 1953", in: Roger Engelmann/Ilko-Sascha Kowalczuk (Hrsg.), Volkserhebung gegen den SED-Staat, Göttingen 2005, S. 16-44

Titel des Sammelbandes | Verlagsort | Jahr der Veröffentlichung | Seitenangabe

Fachliteratur bearbeiten

Trotz aller Bemühungen um Objektivität enthält jede Darstellung von Forschungsergebnissen die besondere Perspektive ihres Verfassers. Bei der Auswertung dieser sogenannten Sekundärliteratur helfen Antworten auf folgende Fragen:

1. Wer ist der Autor des Textes? Wann, wo und ggf. in wessen Auftrag hat er den Text verfasst?
2. Was wird dargestellt?
3. Zu welchen zentralen Aussagen gelangt der Autor?
4. Wie wird das Dargestellte bewertet? Liegen dieser Bewertung erkennbare Wertmaßstäbe zugrunde?

Tipp: Kopiere den zu bearbeitenden Text. Markiere beim Lesen wichtige Begriffe, die du nachschlagen musst, sowie Behauptungen (Thesen) und Begründungen (Argumente). Kennzeichne den Gedankengang eines Autors durch Schlagworte am Rand und gliedere ihn in Sinnabschnitte.

Lies dazu auch Seite 45.

Zeitzeugen befragen

Über noch nicht so lange zurückliegende Ereignisse kannst du Betroffene, Handelnde oder Zuschauer befragen. Du findest sie in der Familie, in der Bekanntschaft, in Parteien oder im Internet.
Beachte: Jeder Gesprächspartner kann dir nur aus seiner persönlichen Sicht berichten. Ein anderer Zeitzeuge hat vielleicht dieselben Ereignisse anders wahrgenommen. Vergleiche daher die Aussagen mit anderen Quellen.

Siehe dazu auch Seite 289.